སྒར་རྫོང་གི་ལོ་རྒྱུས།

噶尔县志

西藏自治区地方志编纂委员会　总编
西藏自治区阿里地区噶尔县志编纂委员会　编

四川出版集团　巴蜀书社

图书在版编目(CIP)数据

噶尔县志／西藏自治区阿里地区噶尔县地方志编纂委员会编．—成都:巴蜀书社,2013.6
ISBN 978－7－5531－0272－6

Ⅰ.①噶…　Ⅱ.①西…　Ⅲ.①噶尔县－地方志
Ⅳ.①K297.54

中国版本图书馆 CIP 数据核字(2013)第 144335 号

噶尔县志　西藏自治区阿里地区噶尔县地方志编纂委员会　编

责任编辑	陈　礼
封面设计	张　科
出　　版	四川出版集团巴蜀书社 成都市槐树街 2 号　邮编 610031 总编室电话:(028)86259397
网　　址	http://www.bsbook.com
发　　行	巴蜀书社 发行科电话:(028)86259422　86259423
经　　销	新华书店
印　　刷	安徽新华印刷股份有限公司(0551)65859128
版　　次	2013 年 6 月第 1 版
印　　次	2013 年 6 月第 1 次印刷
成品尺寸	185mm×260mm
印　　张	53
字　　数	1200 千
书　　号	ISBN 978-7-5531-0272-6
定　　价	220.00 元

本书如有印装质量问题,请与我社发行科联系调换

狮泉河全景图

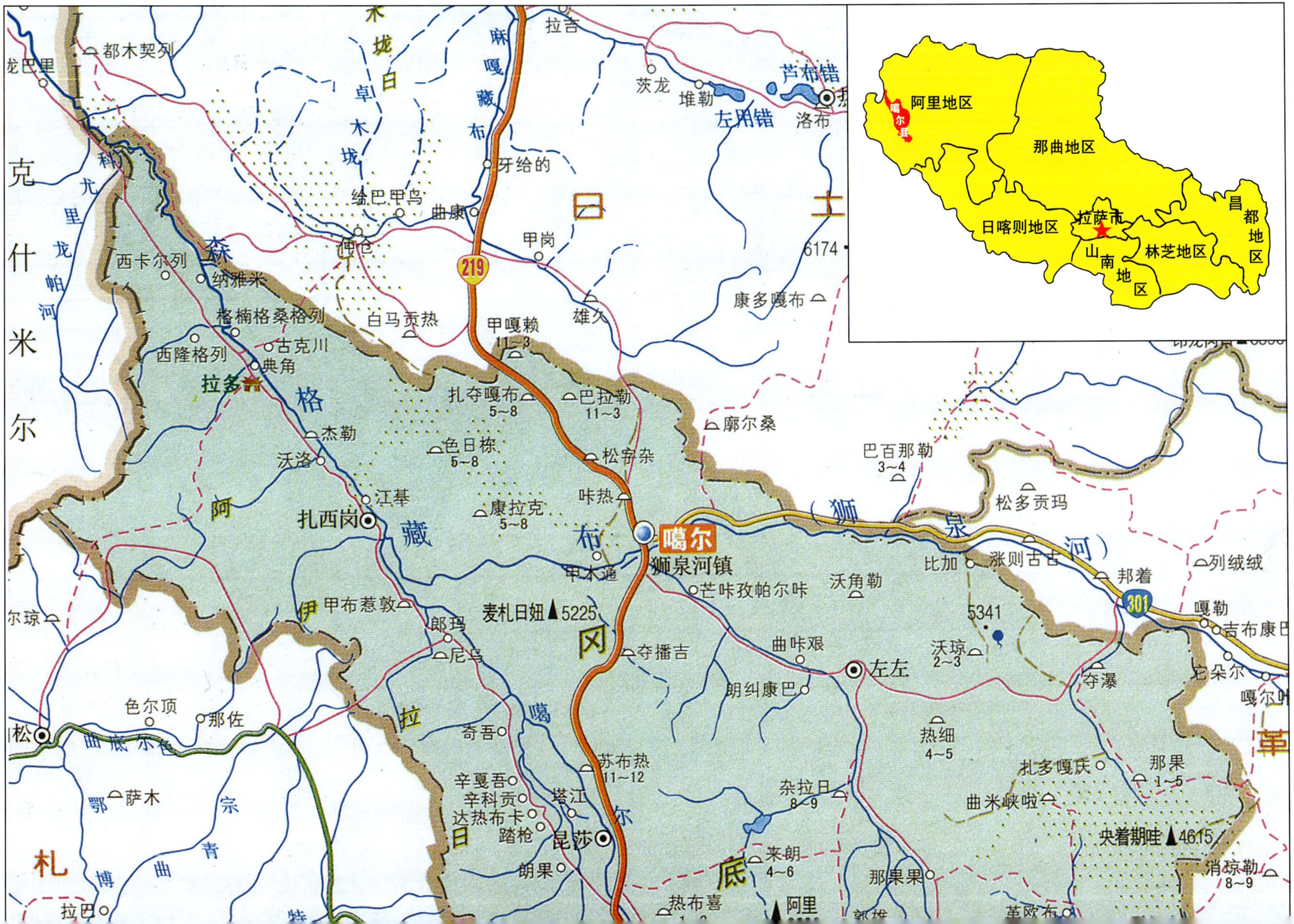

阿里地区
噶尔县
那曲地区
日喀则地区
拉萨市
山南地区
林芝地区
昌都地区
噶尔
狮泉河镇
扎西岗
昆莎
左左
拉多
麦札日妞 5225
央着期哇 4615
5341
6174
219
301
狮泉河
森格藏布
噶尔藏布
麻嘎藏布
卓木垅
阿伊拉日
冈底斯
克什米尔
日土
札
革
都木契列
龙巴里
拉吉
茨龙
堆勒
芦布错
左用错
洛布
牙给的
绒巴甲乌
曲康
甲岗
雄久
康多嘎布
白马贡热
甲嘎赖 11~3
扎夺嘎布 5~8
巴拉勒 11~3
廓尔桑
巴百那勒 3~4
松多贡玛
色日栋 5~8
松宗杂
咔热
康拉克 5~8
江基
杰勒
沃洛
西卡尔列
纳雅米
格楠格桑格列
古克川
西隆格列
典角
甲木通
芒咔孜帕尔咔
沃角勒
比加
涨则古古
邦着
列绒绒
嘎勒
吉布康巴
甲布惹敦
郎玛
尼乌
夺播吉
曲咔艰
朗纠康巴
沃琼 2~3
夺瀑
仁朵尔
嘎尔咔
热细 4~5
扎多嘎庆
那果 1~5
曲米峡啦
苏布热 11~12
杂拉日 8~9
奇吾
辛戛吾
辛科贡
达热布卡
踏枪
塔江
朗果
来朗 4~6
那果果
热布喜
阿里
消琼勒 8~9
革欧布
尔琼
色尔顶
那佐
松
曲底尔仓
萨木
鄂
宗
青
博
曲
拉巴

狮泉河全景图

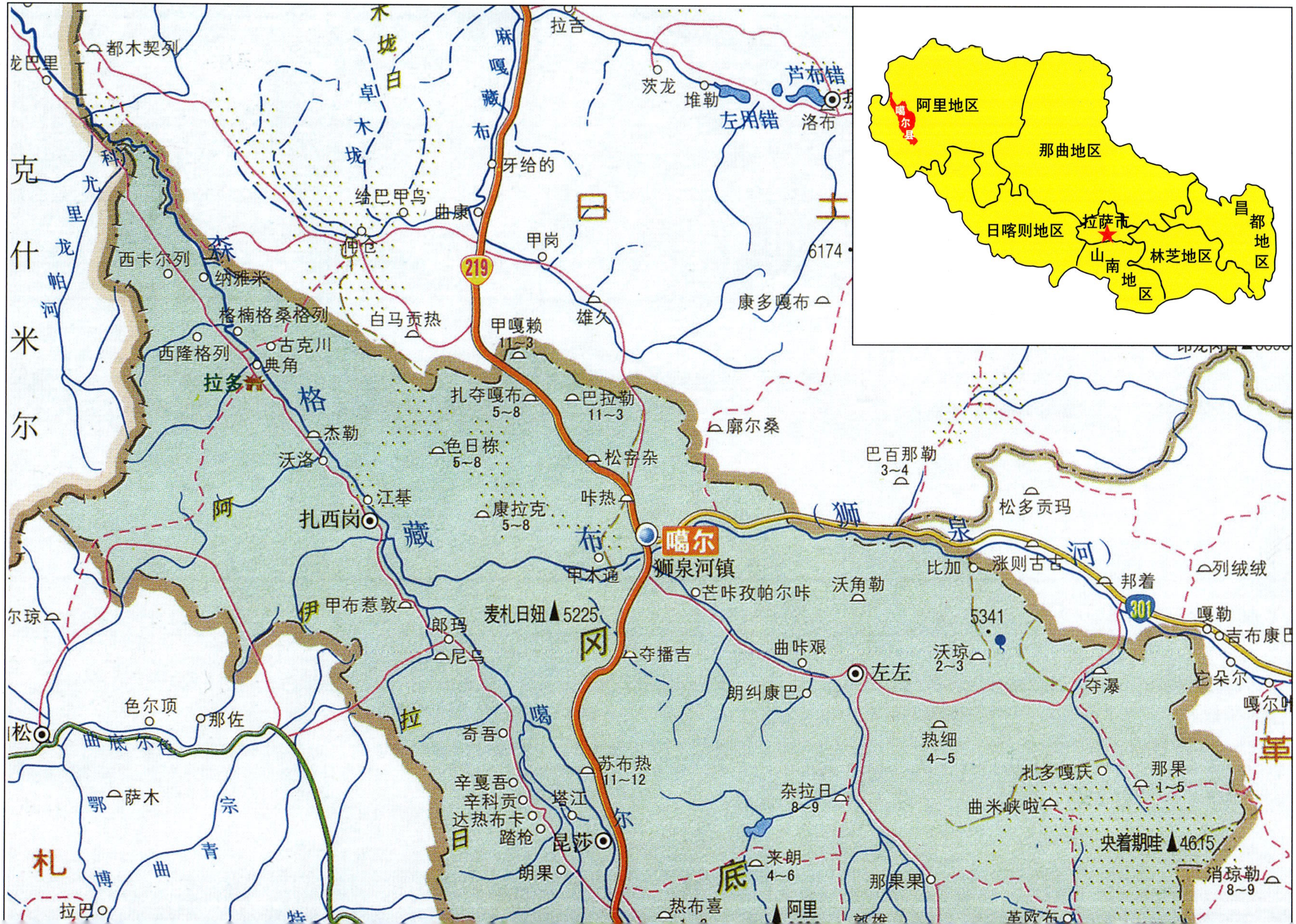

阿里地区
噶尔县
那曲地区
日喀则地区
拉萨市
山南地区
林芝地区
昌都地区
噶尔
狮泉河镇
狮泉河
219
301
扎西岗
左左
昆莎
门士
麦札日妞 5225
央着期哇 4615
6174
5341
拉多
都木契列
龙巴里
拉吉
茨龙
堆勒
芦布错
左用错
洛布
牙给的
绛巴甲乌
曲康
甲岗
雄久
康多嘎布
西卡尔列
纳雅米
格楠格桑格列
白马贡热
甲嘎赖
11~3
古克川
西隆格列
典角
扎夺嘎布
5~8
巴拉勒
11~3
廓尔桑
巴百那勒
3~4
松多贡玛
杰勒
沃洛
色日栋
5~8
松穷杂
江基
咔热
康拉克
5~8
甲木通
芒咔孜帕尔咔
沃角勒
比加
涨则古古
邦着
列绒绒
嘎勒
吉布康巴
甲布惹敦
郎玛
尼乌
夺播吉
曲咔艰
沃琼
2~3
朗纠康巴
夺瀑
尔琼
色尔顶
那佐
松
奇吾
热细
4~5
苏布热
11~12
扎多嘎庆
那果
1~5
辛戛吾
辛科贡
达热布卡
塔江
杂拉日
8~9
曲米峡啦
踏枪
来朗
4~6
朗果
那果果
消琼勒
8~9
热布喜
阿里
萨木
拉巴
克什米尔
日土
革吉
札达
狮泉河
森格藏布
噶尔藏布
阿伊拉日
冈底斯
卓木垅
尤里龙帕河
曲底尔仓
宗青曲

札达
托林镇
达巴
门士
托林寺
古格王国遗址
木咔尔贡巴
嘎宗棍巴
故如甲木寺
芝达布日寺
顿久寺
门士煤矿
219
达
钦
朗
皮
河
藏
玛
那
布
象
泉
卓
那
克
曲
兰
成
舵
斯
山
县
普兰县
马
雅
拉
印
度
夏赛错
罗王瓜错
加德
其尼普
拉嘎
鲁巴
松主果
滚萨庆莫
那嘎
培旺
柏东坡
博依
卡孜
热木
多香
莫岭
波林
西勒
扎母军
玛朗
4915
东萨
直计
拉布扎
久贵
东波
查仓
哈拉
卡站
达昌
丁香
6261
拉吾且
夺热
7~8
亚儿得
7~8
尼查
6~7
扎通
扎勒
10~3
嘎喳
3~4
务仓
拖格勒
7~8
贡西
7~8
拉沃布
改嘎
热玛
吾木栋
4~6
热咔玛加木
顶琼康巴
3~4
卓热
6~9
弄玛如
5871
5702
拉指多布
7~8
索多
萨咔勒
5~6
甲木琼
纳布勒
错布扎
6~9
莫落江
6~7
折布咔
9~10
普孜顶
给廓勒
5~7
夏查勒庆
7~8
卯多嘎尔簸
错麦
勒贡玛
松白达若
翁布通通
5~7
扎那堆仓
查仁
5~7
6192
加日
典孜
昂玲玲
5~7
曲龙
隅尔浪
扎贡阿
5014
喜宗
嘛呢尖
5047
玛粗
山也
热希甲玛
5589
西兰塔
岗子
乌热
然冲
均郎
仲尼拉
5611
条塔尔
萨拉瓦提
卡将
加司托里
西巴珍
巴德里那斯
岗
比例尺
0
15
30
45
60千米

噶尔县行政区划图

功在修志、
利在育人。

陈燊元勤

二〇一三年四月

《噶尔县志》编纂委员会

（1998年2月~1999年9月）

主　　任：欧珠次仁
副 主 任：格桑朗杰
委　　员：益西桑布　拉巴次仁　次仁央金　晋美多吉　仁　　增
　　　　　次仁旺推　冯 小 华

（1999年9月~2002年8月）

主　　任：尼　　平
副 主 任：其　　美
委　　员：程 文 献　刘 保 全　拉巴次仁　张 建 林　杨 爱 民
　　　　　顿　　珠　扎西顿珠　仁　　增　益西桑布　晋美多吉
　　　　　明玛丹增　次仁央金　次旺罗杰　尼　　琼

（2002年9月~2007年6月）

主　　任：普　　布
副 主 任：党 建 政
委　　员：尼　　琼　普布次仁　次仁央金　张 建 林　伦　　珠
　　　　　欧珠次仁　程 文 献　拉巴次仁　卓　　嘎　王　　华
　　　　　格桑达瓦　阮 永 红　任 广 军　次旺罗杰　王 福 军

（2007年7月~2009年2月）

主　　任：白玛萨珍
副 主 任：刘　　波
委　　员：尼　　琼　普布次仁　次仁央金　欧珠多吉　拉巴次仁
　　　　　卓　　嘎　王 福 军　格桑达瓦　阮 永 红　卫　　东
　　　　　张 建 林　王　　华

（2002年9月~2007年）

主　　任：索朗次仁
副 主 任：程 文 杰　巴桑央宗　阿旺顿珠
委　　员：伦　　珠　欧珠多吉　尼　　琼　普布次仁　次仁央金
欧珠多吉　王 福 军　格桑达瓦　旺　　庆　阮 永 红
格桑顿珠　卫　　东　次仁旺推　王　　华　扎西次旦
危　　森　元　　旦　达瓦多布杰　伦　　珠（住建局）

《噶尔县志》编辑室

（1998年2月~1999年9月）

主　　任：欧珠次仁
副 主 任：格桑朗杰
委　　员：冯 小 华　次仁旺推

（1999年9月~2002年9月）

主　　任：尼　　平
副 主 任：其　　美
委　　员：张　　刚　王　　华

（2002年9月~2007年6月）

主　　任：普　　布
副 主 任：党 建 政　尼　　琼
委　　员：马 静 雅　王　　华

（2002年9月~2007年6月）

主　　任：白玛萨珍
副 主 任：王　华
委　　员：石　达　次仁卓嘎

（2012年2月~2010年7月）

主　　任：索朗次仁
副 主 任：巴桑央宗　尼　琼　伦　珠
成　　员：石　达　王　华　顿　旦　国　杰
特邀顾问：扎　西
执行主编：古格•其美多吉
常务副主编：尼　琼

（2012年2月~2010年7月）

主　　任：索朗次仁
副 主 任：巴桑央宗　伦　珠
成　　员：王　华　顿　旦
特邀顾问：扎　西
执行主编：古格•其美多吉
副 主 编：尼　琼

《噶尔县志》初审领导小组

（2010年11月6日）

组　　长：加　措

副 组 长：索朗次仁　凌旭峰　巴桑央宗

特邀领导：索巴多吉　格巨坚赞

成　　员：尼　琼　伦　珠　荔建军　加　措　贡　嘎　顿　珠　旦　增　洛　桑　扎西次仁　琼玛次仁　陈贤刚　其美次旺　米玛旺久

《噶尔县志》复审领导小组

（2011年9月10日）

组　　长：加　措

副 组 长：索朗次仁　巴桑央宗　凌旭峰

特邀领导：索巴多吉　格巨坚赞

成　　员：卢晓宇　尼　琼　伦　珠　其美次旺　米玛旺久　扎西次仁　洛　桑　荔建军　加　措　贡　嘎　顿　珠

《噶尔县志》终审审稿委员会领导小组

（2012年5月23日）

组　　长： 王　印　增　张　　宇　索朗次仁
副 组 长： 凌　旭　峰　巴桑央宗
特邀领导： 加　　措　索巴多吉　贡　　布　格巨坚赞
成　　员： 杨　家　龙　琼玛次仁　张　建　林　次仁扎西　仁青桑布　卢　晓　宇　其美次旺　米玛旺久　扎西次仁　尼　　琼　洛　　桑　伦　　珠

《噶尔县志》志稿验收领导小组

（2012年8月23日）

组　　长： 车　明　怀
副 组 长： 王　印　增　冯　志　端　凌　旭　峰　巴桑央宗
特邀领导： 曲　　加　贡　　桑
成　　员： 刘　务　林　次仁加布　陈　祖　军　陆　　彦　宋　　玲　米玛次仁　范　晓　燕　代　晓　宁　次旺贡布　卢　晓　宇　伦　　珠

《噶尔县志》志稿总编领导小组

（2012年11月1日）

组　　长： 车明怀

副 组 长： 王印增　索朗次仁　何本林　凌旭峰　巴桑央宗　冯志端

特邀领导： 其美多吉　扎　西

成　　员： 贡　久　周　平　代晓宁　贡　布　刘务林　次仁加布　陈祖军　陆　彦　宋　玲　伦　珠　陈　鹏

解放前的噶尔昆萨牧民

和平解放前,11岁的农奴洛桑为农奴主背水

1954年，全国人民慰问团抵达噶尔昆萨受到各族各界群众的热烈欢迎

1951年8月3日，中国人民解放军进驻噶尔雅萨（噶大克），标志着阿里和平解放

1956年，西藏自治区筹委会外事处阿里分处干部同印度商务代表在雅萨合影

1959年10月，索麦乡召开群众诉苦大会

1958年，为庆祝“五四”青年节，共青团阿里分工委在昆萨举行青年茶话会，宣传“十七条协议”

1960年初，工作组在索麦乡互助组与牧民座谈

1972年，县工作队在慰问牧民群众

1961年2月,阿里分工委在噶尔昆萨举行春节联欢活动

1965年，阿里《新闻简讯》刊物记者李佳俊在鲁玛乡采访

1971年，昆萨群众和孩子们首次翻看《西藏画报》

1974年，噶尔县革委会副主任白玛多吉（右）在参加阿里地区学大寨会议上发言

1974年，噶尔县革委会部分干部在昆萨合影

1981年12月23日，噶尔县第三届人民代表大会在县机关礼堂隆重召开，图为大会会场

县委书记周俊光在出席县第三届人民代表大会上参加投票选举

农牧民代表在参加第三届人民代表大会上投票，行使当家作主权利

农牧民代表在县机关礼堂讨论第三届人民代表大会工作报告

1991年，西藏自治区常务副主席马李胜（左二）在参加阿里庆祝西藏和平解放40周年大庆活动时在噶尔视察指导工作

1992年，阿里地委书记孔繁森（右一）陪同自治区副主席拉巴平措（前中）在噶尔县视察工作

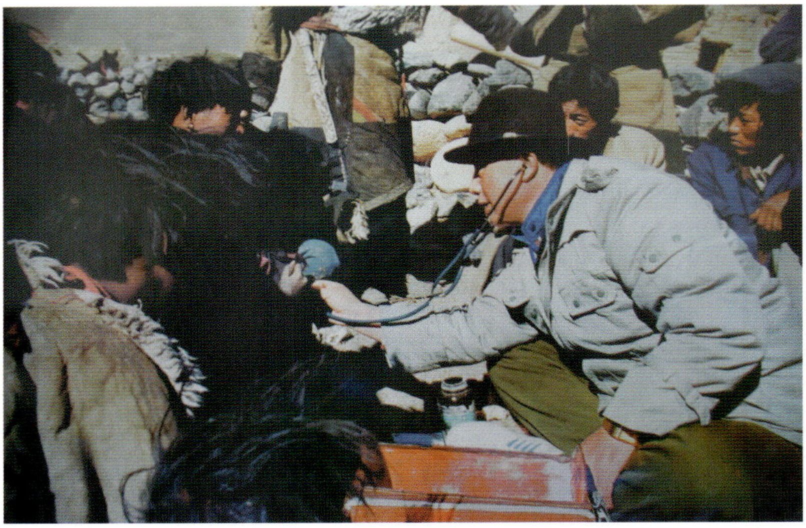

1994年,阿里地委书记孔繁森在噶尔县门士乡视察工作时为群众看病

1997年，政协噶尔县四届一次会议在县政协会议室隆重召开

1994年，县委副书记、县长格巨坚赞在县七届人大二次会议上作政府工作报告

2000年，孔繁森烈士妻子王庆芝和女儿在孔繁森小学参观

军　事

1953年，驻昆萨解放军官兵搭建彩门迎国庆

1959年，阿里军管会收缴的噶本政府的部分枪支弹药

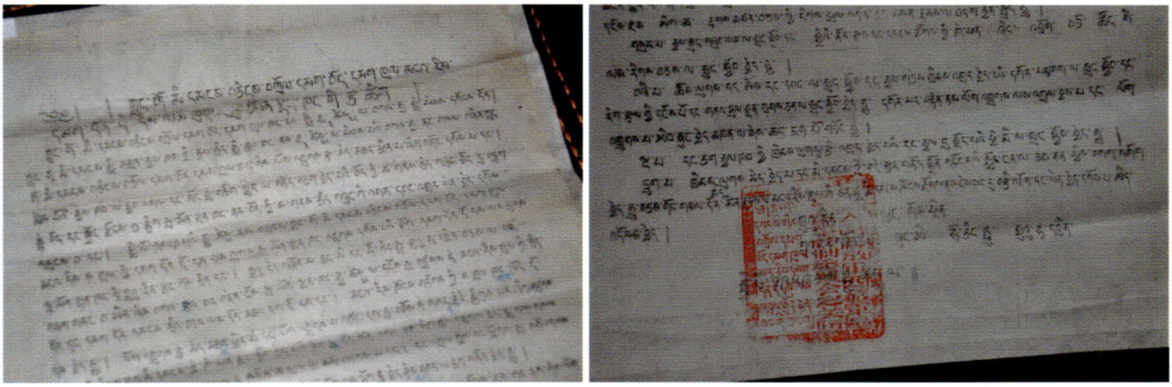

1959年4月5日，阿里军事管制委员会发布的第一号布告，宣布解散噶本政府

1962年，对印自卫反击战中，扎西岗典角群众向人民解放军报告印军入侵中国领土情况

1962年，对印自卫反击战中，噶尔县组织的群众支前牦牛运输队

1962年，印军入侵扎西岗转经台旁建立的拉多军事据点

1998年，扎西岗边防连官兵在海拔5700多米的雪山上巡逻

1999年，正在演练中的噶尔县女子民兵

1950年，解放军在昆萨帮助群众进行田间管理

1960年，解放军向昆萨牧民传授青稞种植技术

1961年，解放军在噶尔试种蔬菜获得成功

1962年，噶尔县机关干部在索麦帮助群众收割青稞

1978年，修建的吾仓水渠

1965年，县贸易公司干部下乡为群众送生产工具

噶尔昆萨推广种植的优质高原青稞

昆萨乡那木如村推广种植的优质油菜

昆萨牧场

家庭饲养的优质牦牛

2000年，那木如村在实施土壤改良时进行土地平整

2000年，昆萨乡干部职工带领群众在噶尔新村种树

工业贸易

1975年6月10日，在门士区举行门士煤矿建成庆祝大会

1976年6月10日，门士煤矿正式投产，煤矿工人进矿作业

1985年，阿里郎久地热电站一号机组建成发电，并在郎久村举行庆典仪式

郎久地热电站厂区一角

90年代末，狮泉河镇农贸市场琳琅满目的蔬菜

2000年，建成的典角边贸市场

交通城建

1955年6月，从新疆调入阿里的第一批干部骑骆驼一个多月后，抵达昆萨

1957年12月，新藏公路建成通车，“铁牦牛”驶进昆萨

1962年,县城及阿里地委行署驻地——昆萨一角

1972年,中共阿里地委副书记冯培正在噶尔县扎西岗区视察本县第一座现代化桥梁——鲁玛大桥

20世纪70年代，县机关干部在狮泉河大桥前留影

1995年，县委书记贡布（左二）等领导视察门士乡政府改造工程

20世纪90年代，农牧民住房

1995年，噶尔县检察院和公安局办公场所

2000年，狮泉河镇全景

2000年，左左乡全景

2000年，门士乡全景

2000年，昆萨乡全景

2000年，扎西岗乡全景

热拉卡玛城堡废墟遗址

噶宗寺佛塔及玛尼堆遗址

亚古塔废墟

噶尔“拉姆康”遗址

噶尔“拉姆康”遗址中的石刻

古如江寺始建者——
琼珠·晋美朗嘎

门士乡出土的各种墓葬陶器

古如江寺修行洞

加木拉康

顿久寺石刻

扎西岗寺

神山西南处的顿久寺

芝达布日寺

扎西岗寺收藏的海螺

扎西岗寺收藏的大量供养器具

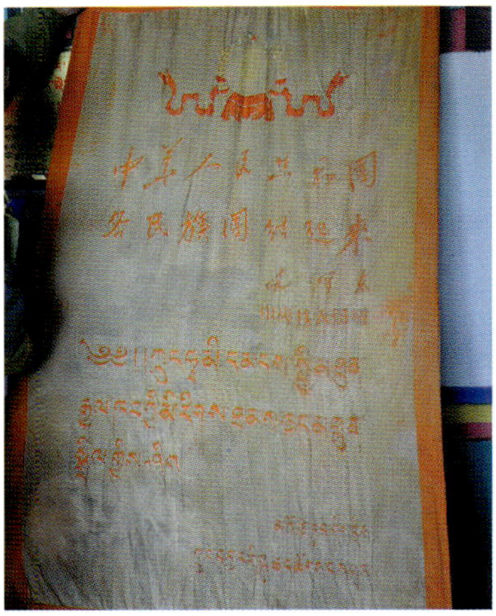

1954年，中央代表团赠送扎西岗寺的旌旗

古如江寺出土的纹饰陶罐

噶尔县境内出土的石器

20世纪80年代末，废弃的噶尔县城旧址

门士乡境内出土的古墓葬随葬品

古如江寺

毛主席万岁山

教卫文体

1961年，“六一”儿童节，昆萨小学学生在阿里分工委门前合影

1961年7月12日,昆萨小学第一任老师旺堆罗布与学生合影

1962年，阿里专署干部王玉兰(左一)在教昆萨小学学生跳舞

1961年，昆萨小学学生在写藏文

孔繁森小学学生洛桑贡觉带着胡锦涛总书记的寄语荣归学校受到全体师生热烈欢迎

农牧民群众在接受扫盲教育

孔繁森小学学生在做早操

著名藏医、古如江寺主持、苯教活佛——丹增旺扎

丹增旺扎（中）在指导藏药生产

1966年，昆萨卫生所的白衣战士们

20世纪70年代末，顾客在狮泉河镇新华书店选购书籍

1955年，部队在噶尔雅萨为群众表演文艺节目

八一电影制片厂白辛导演和噶尔的妇女干部职工一起留影

1962年,县委书记王占彪（左一）为获得国庆节赛马比赛的冠军敬献哈达，并颁发奖品

参赛的骑手们

1953年，阿里分工委干部职工在昆萨利用极其简陋的设施，举行各种球类比赛

1995年，县领导陪同阿里地区领导在昆萨调研乡小学建设选址

援藏干部在观看学校举办的体育竞赛

噶尔县妇女服饰（罗巴迦玛）

2000年，狮泉河镇加木村妇女装扮

修志工作

2010年5月，县委书记张宇在审阅《噶尔县志》志稿

2010年6月，县委副书记、县长索朗次仁在审阅《噶尔县志》志稿

2011年4月，县委副书记、常务副县长巴桑央宗在审阅《噶尔县志》志稿

噶尔县地方志工作人员在左左乡收集口碑资料

2010年11月12日，《噶尔县志》初审会议在噶尔县会议中心狮泉河厅召开

2011年9月10日，《噶尔县志》复审会议在噶尔县会议中心狮泉河厅召开

2012年5月23日，参加《噶尔县志》终审会议的与会代表合影

2012年7月23日，《噶尔县志》验收会议在拉萨召开

自　　然

高原秀丽水柏枝红柳

加木红柳林地

左左乡境内盛开的羊羔花

索麦村奇吾拉峰山脚下的雪莲花

岩羊

黑颈鹤

野牦牛

野驴

郎久喷景图

郎久林措

门士温泉

那木如温泉

昆萨湿地

蜿蜒的森格藏布

木亚菊草

门士河漫滩草甸

古拉朗松山

总 序

中国是统一的多民族国家，编修地方志是中华民族的优良传统。追溯历史，“方志”一词最早语出《周礼·春官》：“外史掌四方之志。”汉唐盛世，国力倍增，史志学家辈出。司马迁、班固、常璩拔其萃，《禹贡》、《汉书·地理志》、《华阳国志》括四方；宋元继其后，州县编修方志蔚然成风；及至明清，地方志的编纂不仅成为官民文化传承的一部分，而且纳入了国家正常的运行机制。清朝初年，雍正帝曾晓谕各省督抚，重视治内志书的修纂，并将志书修纂之优劣作为考绩铨叙之内容。民国之际，军阀混战，国无宁日，且遇强敌入侵，仍颁布《修志事例概要》，督促各地设立通志馆。中华人民共和国成立后，党和政府继承了中华民族这一优良传统，将编修社会主义新方志提上议事日程，至20世纪60年代中期，全国已有530多个县（市）成立了地方志编纂机构。自80年代始，在全国各省市相继成立修志馆（办），确然形成了“盛世修志”局面的背景下，西藏自治区编修方志的工作开始起步，但由于各方条件的限制，未能跟上全国修志工作的步伐。至90年代，相关机构正式设立，编纂工作全面展开。

一

西藏自治区地处祖国西南边疆，面积120多万平方千米，它北邻青海、新疆，东接四川、云南，以南、以西与缅甸、印度、不丹、尼泊尔等国家接壤，边境线约4000千米，其中横亘于西南的喜马拉雅山脉2500多千米，构成了祖国西南边疆的天然屏障。西藏地处青藏高原主体部分，东部和南部为海拔2000～4000米的高山谷地，西部和北部为海拔4000～5500米的大山环绕的雪地草原，中部为拉萨河、年楚河、雅鲁藏布江冲积而成的河谷低地。区域内山脉连绵，雪峰重叠，江河纵横，湖泊棋布，东南边缘森林茂密，西部、北部地区草原相接，中部河谷地带良田广布。西藏自治区辖有昌都、林芝、山南、拉萨、那曲、日喀则、阿里等7地（市）、74个县（市、区），718个乡（镇）。截止到2000年底，全区总人口262万人，以藏族为主体，藏、汉、蒙古、回、门巴、珞巴等多民族聚居，其中，藏族占区内总人口的92.2％。西藏有着悠久的历史和灿烂的文化，独特的地理环境造就了别具一格的生存面貌。在传统文化领域，有古代科技的天文、历算、医学，有卷帙浩繁的文史作品和佛教典籍，有源远流长的绘画、建筑、雕刻、音乐、舞蹈、戏剧等等。这些名胜古迹和文物典籍丰富了中华民族的文化宝库，为中华文化增添了一朵朵鲜艳的奇葩。西藏地处高原，山川奇险，自然风光雄浑秀丽，人文风景丰富多彩，其多样性的自然生态和文化生态，构成了祖国西南边疆的秀美图画。

二

长期以来，西藏地区各民族相互交流，相互学习，共同开发了这片辽阔的土地，创造了悠久的历史。据考古资料证实，西藏地区早在数万年前就有人类活动，经过漫长的原始社会，逐步向阶级社会过渡。约在西汉时期，西藏地区就出现了悉补野王统世系的第一个部落王聂赤赞普；经过800余年的发展，至隋唐时期，松赞干布逐步削平群雄，统一青藏地区，建立了吐蕃政权，同时与华夏各民族建立了密切的联系。唐太宗贞观年间，松赞干布两次派遣大臣赴长安向唐朝请婚，并于公元641年迎娶唐宗室女文成公主。公元710年，唐金城公主又嫁与吐蕃赞普赤德祖赞，再传“和亲”佳话。唐与吐蕃间或激烈（表现为征战）或和平（表现为联姻、商贸等）的交往，大大推动了青藏高原各民族与内地其各民族之间的联系，对唐、吐蕃、吐谷浑、突厥、回纥、南诏等各民族间的政治、经济、文化的交往和发展产生了深远的影响。

9世纪末至10世纪初，唐朝在藩镇割据和农民起义的双重打击下开始崩溃解体，吐蕃也于此时走向衰落，形成了互不统属、各自为政的地方割据集团，藏史称之为“分治时期”。直到宋代，仍有辽、金、西夏、唃厮啰等势力并存。尤其是崛起于河湟地区的吐蕃后人建立的唃厮啰政权，与西南方向噶举、噶当、萨迦等教派势力相联系，在东面和北面与宋、西夏、契丹相沟通，以此为桥梁，青藏高原诸部与华夏各民族之间的交往从未中断。及至元世祖忽必烈以武力击败南宋，统一中国之时，西藏诸部顺应历史潮流，归入了元代中央政府统一管理的范畴。其后，历代中央政府对西藏实行有效管理，如：元朝在中央设立宣政院，专门管理西藏地区事务，在西藏设置驿站，清查户口，征收赋税，考核官员，驻扎军队。明朝敕封帕木竹巴政权和噶举、萨迦、格鲁诸派宗教首领，“大宝法王”等三大法王和“阐化王”等五个王及多个国师名号，西藏地方的各级官员和上层僧侣，都须经中央政府正式册封方有合法地位。清朝在西藏设驻藏大臣制度，建驻藏大臣衙门，定期委派驻藏大臣管理西藏军政事务和财政开支，主持和监督达赖、班禅及其他大活佛转世、坐床，册封其名号，并于1793年颁行《钦定藏内善后章程》（二十九条），进一步强化对西藏的治理。民国时期，国民政府根据临时大总统孙中山宣言精神和《中华民国临时约法》，明确宣告西藏为中华民国的领土，南京国民政府也颁布《中华民国宪法》，规定“西藏自治区制度，应予以保障”。在强敌入侵，边疆管理薄弱的情况下，先后派大员黄慕松、吴忠信入藏，代表中央政府存问藏事，验视备选灵童，主持达赖喇嘛转世、坐床事宜。

元代以来，西藏在历代中央政府的直接管理下，其行政区划、名称时有变化。元朝设“乌思、藏、纳里速古鲁孙”等宣慰使司都元帅府，隶属于宣政院，其管辖范围即前、后藏和阿里地区。明朝时期，中央政府将管理其他少数民族地区的军事和行政制度施行于西藏，设置乌思藏卫指挥使司、朵甘卫指挥使司和俄力思军民元帅府，分别管理卫、藏、阿里和昌都地区，后又提升乌思藏、朵甘两卫指挥使司为行都指挥使司，其下设卫、所等机构，管理军政事务。清朝年间，为了强化中央政府对西藏的管理，朝廷派员勘定西藏与四川、云南、青海等省省界，将康定、理塘、巴塘等地划归四川管理，将中甸、阿墩子、维西等地划归云南管理，至此，西藏区划基本固定，除民国年间一度将昌都、察隅等以东地区划归西康省管理外，其行政区划一直延续至今。

三

20世纪50年代前的旧西藏实行封建农奴制度，占人口不足5%的官家、贵族、上层僧侣三大领主占据了西藏的绝大部分耕地、草原、山林及大部分牲畜，并以封建领主庄园的形式为其服务，而占总人口95%以上的农奴、奴隶几乎没有属于自己的生产资料，不得不终身依附于三大领主。三大领主结成一体，构成了政教合一的统治政权。在这一制度统治下，西藏的经济、社会长期停滞不前，生产力日益萎缩，政治经济文化长期处于落后状况。

1949年10月1日，中华人民共和国成立。1951年5月23日，中央人民政府与西藏地方政府签订了《中央人民政府与西藏地方政府关于和平解放西藏办法的协议》（简称《十七条协议》），实现了西藏的和平解放及社会历史的伟大跨越，从此，西藏地区在中国共产党的领导下开始了社会变革和经济跨越发展的伟大实践。五十多年来，中国共产党把马克思主义关于民族理论的基本原理运用于中国的民族地区，创建了符合中国特色的民族理论、政策和民族区域自治制度，开创了西藏在社会主义祖国大家庭中从黑暗走向光明、从落后走向进步、从贫穷走向富裕、从专制走向民主、从封闭走向开放的光辉历程。

20世纪50年代，中央人民政府按照《十七条协议》的规定，在保留旧的政治制度不变的环境下发展生产，抗灾扶贫，全心全意地为西藏人民谋利益，赢得了西藏人民的衷心拥护和爱戴。1959年，西藏上层反动集团在帝国主义的支持下，公然撕毁了《十七条协议》，发动了旨在分裂祖国、维护封建农奴制度的叛乱。为了维护国家统一，中央人民政府解散了西藏地方政府，平息叛乱，进行了民主改革。1965年，西藏自治区成立，西藏实现了社会制度的彻底变革，从此走上了社会主义现代化建设的康庄大道。20世纪80年代以后，西藏紧跟全国改革开放的步伐，坚持以经济建设为中心，不断深化改革，扩大开放，抓住机遇，社会经济进入快速发展的轨道。到2000年，全自治区实现国内生产总值117.42亿元，较旧西藏以几十倍幅度增长；社会文明程度大大增强，人民生活水平日益提高，大部分群众过上了小康生活；基础设施明显改善，交通运输、邮电通讯发展迅速，形成连接祖国各地的交通干线和航空、邮电网络；现代教育事业得到长足发展，到2000年，各级各类学校已达956所，教学点3000多个，在校学生38万人，适龄儿童入学率已达80%以上，具有地方特色的幼儿教育、小学教育、中等教育、高等教育及成人教育体系业已形成；人民群众的科学文化素质明显提高，民族的优秀传统文化得到继承和发展。

50多年来，西藏自治区始终得到中央的特殊关怀和全国人民的大力支持。中央从战略全局的高度，确立“西藏是边疆民族工作的重点地区，是保证国家安全的重要前沿，具有特殊的战略地位”，“西藏的工作在党和国家的全部工作中居于重要的战略地位”。“西藏的稳定，涉及国家的稳定；西藏的发展，涉及国家的发展；西藏的安全，涉及国家的安全”。西藏的繁荣与发展与中央长久以来的特殊关怀及全国人民的大力支援是密不可分的。和平解放初期，进藏人民解放军和大批专业技术人员、干部就积极投身于西藏的革命和建设事业。民主改革之后，大批各民族的干部、科技人员、教师、医生和技术工人响应党的号召，不怕艰苦，奔赴西藏，为西藏各项事业作出了巨大贡献。改革开放以来，中央先后为西藏确立了四十三项、六十二项等重大工程，确立兄弟省市和中央各部委按照第三次西藏工作座谈会所确定的“分片负责，对口支援，定期轮换”的方式支援西藏，落实了大批项目。这些项目涉及农业、工业、交通、能源、教育、文化、卫生、市政建设等领域，分布于西藏的各地、市、县。在中央特殊关怀和全国人民的大力支援下，西藏经济社会发展正在实现伟大的跨越。

四

近代以来，中国边疆各民族地区几乎都遭受过帝国主义的入侵，西藏地区也未能幸免。19世纪中叶，帝国主义在疯狂侵犯我国沿海地区的同时，也将其魔爪伸进了西藏地区。在一百多年的时间里，帝国主义借传教、考察、探险之名，派出一批批所谓的“传教士”、“探险家”、“学者”先后进入西藏，调查社会、经济状况，刺探情报。及至19世纪末20世纪初，英国殖民主义者撕下了伪装，于1888年、1904年两次派兵入侵西藏地区。西藏军民在武器十分落后的情况下，坚决抗击敌人，打击了敌人的入侵。帝国主义的武力入侵不能实现其分裂西藏的目的，便利用各种手段在西藏地方内部培植亲信，挑拨民族关系，并策划臭名昭著的“西姆拉会议”、“泛亚洲会议”，制造所谓的“西藏独立”，企图将中国西藏地区分裂出去。其中非法的“麦克马洪线”将喜马拉雅山脉以南9万多平方千米的中国领土划归印度，遗患至今。可以说，所谓“西藏独立”的出现，是与近代一百多年来帝国主义以分裂中国边疆地区为目的的侵略分不开的。与此相伴随，分裂与反对分裂、坚决捍卫国家统一和主权的斗争一直未有中断。

西藏和平解放以后，原西藏地方政府中的上层分裂势力以及其后流亡在外的达赖分裂集团从未停止过分裂祖国的活动，而国际反华势力根据地缘政治和国际战略的需要，变本加厉地以各种方式鼓励和支持境内外分裂势力从事分裂活动。在各种形式的分裂活动中，向精神领域渗透成为一个重要的组成部分。特别是民主改革以后，逃亡在外的达赖集团及国际反华势力常常聚拢一些所谓的“学者”、“藏学家”，捡拾道听途说的材料，东拼西凑，貌似考据和研究，实则为分裂势力服务。更有一些所谓的“藏学家”，编纂了经过篡改的虚假历史，极力抹杀历代中央政府对西藏行使主权的历史，否定西藏与内地各民族的经济文化联系，并企图从历史领域打开缺口，使分裂活动披上一层纯学术的外衣，以此迷惑欺骗世人。当他们的所谓“研究成果”被揭穿后，便一改“学者”之面孔，别有用心地散布“西藏文化毁灭论”，企图诋毁西藏民族文化的发展与繁荣，以此达到混淆视听的目的。可以说，精神领域的斗争与近代反对分裂、维护国家统一的斗争相伴随，而修志工作也成为与分裂势力争夺精神领域阵地的重要组成部分。

西藏地方修史编志的传统可以上溯到吐蕃时期，有敦煌所藏8世纪的吐蕃历史文献为证。其后有《西藏王统记》、《西藏王臣记》、《红史》、《青史》、《萨迦世系史》等，文、史、哲合璧为其特色。清代修史甚为普及，乾嘉年间，时任驻藏大臣的和宁、松筠等，有感于藏治任重，国事危艰，疆阔遥远，地理奇险，信息通达阻隔于山川，乃编撰、刊刻《西藏志》、《卫藏通志》、《西招图略》等，记述西藏的疆域、山川、寺庙、天时、物产、边防、粮台、程站等数十目，以供朝廷决断藏事参阅，使官中大臣及国人了解藏地。其后两百多年间特别是近代一百多年来，一些驻藏大臣、边关将领、民国要员等目睹帝国主义入侵日甚、分裂主义势力日见坐大，为了向内地介绍西藏情况，以引起国人对西藏地区的关注，在极为艰苦复杂的情况下，凭借个人热情和毅力，上下察访、广征博览，记事编撰，形成了传于后人的史志著述。较为著名的有李梦皋的《拉萨厅志》，黄沛翘的《西藏图考》，刘赞廷的太昭、察隅、波密、科麦、冬久、硕都等县《志略》等等。这些以一人之力而成一地之说的著述与大量的藏文史籍一道，客观地记述了西藏的历史沿革、风物人情、地理山川、文化宗教、典章制度等，力所能及地记录了体现中央政府对西藏地方行使主权的宸章、奏牍、遗迹、碑文、石刻等，侧面反映了当时西藏复杂的局势，特别是面临帝国主义入侵和分裂势力企图脱离祖国的危局。但由于当时的客观条件，特别是限于撰修者多方面的局限性，不可能系统地反映劳动人民的生产生活，也难以全面反映西藏的地情、人情、物情和政治、经济、历史、文化、宗教全貌，这些缺憾不仅留下了许多历史领域的空白，也给分裂主义势力编造谎言提供了可乘之机。正因如此，编修西藏社会主义新方志的意义已远远超出文化建设的范畴。

五

鉴于编修西藏地方志对反对分裂、维护祖国统一、促进西藏社会经济发展、存史教化、资政育人的重要作用，自治区党委、人民政府高度重视方志编修工作，并将其纳入重要工作议事日程。政府主要领导亲自挂帅，成立专门机构，动手规划、启动了150多部、总字数达1亿多的社会主义新方志的巨大工程，并组织动员各行各业投入方志的编修，形成了各级领导高度重视、社会各界通力合作编修社会主义新方志的大好局面。志书内容涉及经济、政治、文化、科技、教育、宗教等，领域遍及党务、政务、人大、政协、军事、公检司法、群团民宗、体卫文教、农牧林业、交通能源、邮电通信、经贸旅游、财税金融、城乡建设、水利气象、工商劳动等70多个行业系统和7地市70多个县市，谋篇包括图照、凡例、概述、志、记、人物、图表、附录、索引等，是目前唯一能够充分体现西藏区情及全貌的新型的百科全书。

西藏地方志以马克思列宁主义、毛泽东思想、邓小平理论和“三个代表”重要思想为指导，坚持辩证唯物主义和历史唯物主义，客观地记述和反映党的路线、方针、政策在西藏的光辉实践；记述马克思主义的民族理论同西藏自治区的实际相结合的成功经验；记述和反映自西藏和平解放以来中国共产党领导西藏各族人民进行革命和建设的伟大功绩，特别是客观地反映中国共产党以西藏人民的利益高于一切、以推动西藏社会进步为最高境界的高尚风范和带领西藏人民实现和平解放、进行民主改革、砸碎封建农奴制枷锁、推动社会变革、实行改革开放、促进西藏社会繁荣进步、为西藏人民谋幸福的光辉历史，使后人了解前人的奋斗业绩，从而继承前辈未竟的事业。

西藏地方志积极为西藏经济建设和社会发展、繁荣进步提供智力支持，为社会主义精神文明建设贡献力量。各类志书充分记述西藏经济建设和社会发展的历史轨迹，以丰富的资料、翔实的数据反映经济战线和社会战线所取得的辉煌成就；详细记载西藏的人文、地理、山川、河流、自然气候、经济资源以及能够为西藏现代化建设提供可持续发展动力的人力资源、自然资源、社会资源等，充分反映社会事业发展的历史轨迹、人民物质文化生活的变迁和人民生活水平提高、精神面貌变化的程度，充分反映中央关心西藏、全国人民支援西藏对西藏经济发展和社会进步的巨大促进作用。各专业志以文字、图片、图表的形式实录西藏和平解放五十多年来每一行业的建设数据、发展进程、重大项目建设始末、发展中的经验与失误等，为分析经济发展脉络、预测其前景、判断其发展中的不确定因素、制定科学发展规划提供翔实的资料。

西藏地方志以维护祖国统一为职责，将反对分裂、维护祖国统一、加强民族团结、促进西藏的社会局势稳定作为修志的历史使命和历史责任。志书客观公正地记载西藏地方的主权归属；记载自古以来西藏地方与内地各民族的关系和元代以来西藏地方与中央政府的政治、经济、文化联系；记载历代中央政府在西藏派驻军队，委任驻藏大臣，主持寻访、认定、批准、册封达赖、班禅世系及其他大活佛的历史；记载自近代帝国主义入侵以来西藏地方所面临的反分裂斗争的客观现实以及帝国主义、殖民主义为分裂中国边疆地区所从事的煽动、支持分裂主义分子搞“西藏独立”的史实；客观记述达赖与班禅历史地位及十四世达赖叛逃之后从事分裂祖国活动的基本情况。各专业志和县志将充分收录反映中央政府对西藏地方行使主权的历史文物、遗迹、碑文、石刻等。

西藏地方志以大历史观的视点记述西藏恢宏的历史和丰富的文化，客观地记录西藏的历史、文化、宗教的演变过程及其与中华民族史密不可分的联系，昭示西藏的历史是中华文明史的一部分；充分反映在人类社会漫长的发展进程中，各民族的共同发展构成了中华民族的整体，形成了中华民族统一的历史格局的客观进程；反映在中国几千年的发展史中，各民族相互联系、相互交融、相互促进、相互依存、密不可分的历史实践。

西藏地方志站在历史唯物主义的立场上，对人民群众的历史活动给予充分的反映。本着明古详今、鉴古知今的原则，志书如实地记录人民群众的历史活动，记录当地的行政区划、历史沿革、城垣、民俗、营生、教育、寺庙、艺文、交通、吏治、典章等等。

鉴古知今、继往开来。西藏地方志经过数年的努力，现已结出了丰硕成果，其间凝聚了各级领导的关爱和广大编撰人员的心血。在各类志书陆续付梓的时候，我们向读者奉上此序，以明修志宗旨，以示修志原则，以彰各界对修志工作的支持和贡献，并通过提挈志书之纲领，向社会和读者推介社会主义新方志的重大成果，为西藏社会局势的稳定、经济的发展和社会主义精神文明建设尽一份力量。

西藏自治区地方志编纂委员会

2010 年 6 月

序　一

修志是认识过去、服务现在、开创未来的宏伟事业。闻《噶尔县志》即将出版，作为噶尔昆萨人备感欣慰。噶尔是阿里地区行署所在地，是全地区政治、经济、文化中心。自古以来，生活在森格藏布（狮泉河）及噶尔藏布流域的噶尔先民，历经风雨沧桑、饱尝人间忧患，用勤劳、智慧、勇敢，创造出了灿烂的文明。苯教文化震古烁今，琼隆遗址闻名遐迩。噶尔前有甘丹次旺率领蒙藏联军击败拉达克、收复阿里的可歌可泣；后又有面对侵略者，全西藏人民团结一心、不畏强暴、同仇敌忾、勇挫森巴的不屈不挠。

西藏和平解放后，经过民主改革，摧毁了“政教合一”的封建农奴制度，噶尔人民同全西藏人民一起从此获得新生，经历了社会主义改造、建设和改革开放各个重要时期，揭开了噶尔历史的新篇章。半个多世纪以来，噶尔人民在中国共产党的坚强领导下，发扬“爱国团结、艰苦奋斗、实事求是、众志成城”的精神，开拓创新，拼搏进取，创造了噶尔县前所未有的辉煌成就。现在的噶尔，经济快速发展、社会持续稳定、边防日益巩固、人民安居乐业，到处呈现出一派繁荣景象。

《噶尔县志》立足当代，纵写千年，横涉百科，较为全面系统地记述了噶尔自然与社会的历史和现状，真实客观地记录了千百年来噶尔人民为祖国统一、民族振兴作出的艰苦努力和辉煌业绩，侧重反映了西藏和平解放以来的发展巨变。《噶尔县志》的完成，填补了噶尔长期县情地貌典籍方面的空白。

以史为鉴、以志为借、服务现在是修志的归宿；修志重在用志，在于“存史、资治、教化”，推动社会主义现代化建设。《噶尔县志》的问世，将为各级党政机关施政和决策提供翔实的科学依据，为后人及四方友人提供系统的县情和宝贵的历史资料，体现了社会主义新方志的时代特征和地方特色，具有鉴往知来、有益当代、惠及后人的重要价值，对噶尔未来美好发展前景产生重大影响，对维护祖国统一、加强民族团结具有积极作用。

在噶尔这样一个地处偏远、资料散落不齐的地方，能够编修一部翔实的地方志书极为不易。只有各级领导的高度重视，专家学者的悉心指导及全体修志人员的不辞辛劳、广征博采、核实论证、布局谋篇、字斟句酌、反复修改、辛勤笔耕，花费大量心血，才得以顺利完成。值此，对所有为本志书作出贡献的同志谨表衷心的感谢，并致以崇高的敬意！

西藏自治区政协副主席：
西藏自治区民族宗教事务委员会主任： **洛桑久美**

2011年1月30日于拉萨

序　二

“治天下者以史为镜、治郡县者以志为鉴。”“以铜为镜，可以正衣冠；以史为镜，可以知兴替；以人为镜，可以知得失；以志为镜，可以存史、资政、教化。”《噶尔县志》经过10年的编撰，即将面世。《噶尔县志》是噶尔历史上第一部以马克思列宁主义、毛泽东思想、邓小平理论、“三个代表”重要思想、科学发展观为指导，坚持辩证唯物主义和历史唯物主义立场、观点和方法编修的志书。《噶尔县志》上接事物发端之初，下至2000年底。纵贯噶尔古今，横及噶尔百业，地理、沿革直书于内，大事、考略附于其中，文化、民俗不厌其详，人物、传记量而叙之，政法、农牧、交通、水利、民政足见县委、政府拳拳之用心，教育、卫生、商业、科技、金融又现地委、行署无微不至之关怀。

噶尔历史悠久。据考证，距今两万年前，噶尔境内已有人类活动。后来，象雄的都城琼隆银城就在噶尔境内。噶尔亦因17世纪末的甘丹次旺率蒙藏联军驱逐拉达克军队而得名。之后，西藏地方政府在阿里地方建立噶本政府，从此阿里的政治中心由象泉河流域转移到噶尔河流域。19世纪中叶，西藏历史上规模最大的反侵略战争森巴战争，其主战场就在噶尔境内，在祖国东南沿海正遭受英帝国主义侵略之际，全西藏人民支援战区，噶尔人民用鲜血和不屈捍卫了祖国西南边陲的安全。新中国成立后，噶尔经过西藏和平解放、民主改革、社会主义建设，焕发出新的生命力。改革开放以来，在中国共产党的领导下，噶尔社会生产力得到极大的解放和发展，各项事业日新月异，呈现出多点开花、齐头并进的喜人局面。

狮泉河水承载噶尔荣辱，扬巍山山巅放歌噶尔沉浮。旧西藏，噶尔百业凋敝；新社会，噶尔欣欣向荣。以志书的形式如实载录噶尔的历史与现实，真实反映噶尔的昨天与今天，这是一项功德无量的好事实事。

编修方志是一项文化系统工程，《噶尔县志》出版之时，谨以此序，一者表达我们内心的喜悦，二者对自治区、阿里地区两级专家学者的指导报以感激之情，对《噶尔县志》的所有编撰人员表以慰问之情，也对社会各界的支持配合馈以鸣谢之意。

中共噶尔县委书记：张宇

噶尔县委副书记、县长：索朗次仁

2010年3月13日于狮泉河镇

凡　例

一、《噶尔县志》以马克思列宁主义、毛泽东思想、邓小平理论、“三个代表”重要思想和科学发展观为指导，坚持辩证唯物主义、历史唯物主义的观点，实事求是地全面记述噶尔县的历史与现状。

二、本志所取事件，上限自事物在本县的发端及有史记载时始，下限为2000年12月底。

三、本志为噶尔建县以来由官方编纂的第一部县志。志书从本县实际出发，力求内容完整、资料详实，坚持“详近略远、详今明古”，重点记述西藏和平解放后噶尔县的发展历史和现状，对具有地方特色的事与物，力求详述。

四、本志首设概述，综述噶尔县的基本情况和特点。正志按篇章节结构，横陈百业。志尾设大事记、人物、附录等体裁。

五、人物体裁坚持“生不立传”的原则，立传人物只收录已过世，且在噶尔影响较大或有代表性的人物。

六、本志所用数据，均以噶尔县统计局提供的数据为准。统计部门所缺的数据则采用有关单位提供的数据。凡录用的档案资料、口碑资料、历史文献以及县直各部门提供的资料，一般不另注出处。

七、本志纪年1949年10月1日前用朝代纪年，并在括号内加注公元和藏历纪年，之后统一用公元纪年。公元纪年用阿拉伯数字，传统纪年用汉文数字。志中所称的“西藏和平解放前、后”，均以1951年5月23日为界。“西藏民主改革前、后”，均以1959年3月为界。“文化大革命”期间，即

1966 年 5 月至 1976 年 10 月之间。

八、地理名称、人名、机构及官职的称谓均为当时当地的称呼，如噶本、昆萨等。

九、计量单位，除面积习惯上用亩以外，其余均以国家标准计量法换算为公制。

十、凡需说明和解释的事宜，或引文出处，以脚注为主，简单注释采用文后加注方式。

目　录

第二篇　政区建置

第三篇　政党　政协　群团

第四篇　政权　政务

第五篇　公检法

第六篇　军　事

第七篇　政事纪要

第八篇　经济综合管理

第九篇　农牧林水

第十篇　交通　邮电　城建　旅游

第十一篇　工商粮贸

第十二篇　财税　金融

第十三篇　文化　广播　影视

第十四篇　教育　体育　卫生　科技

第十五篇　社　会

概　述

一

噶尔县地处冈底斯山脉西部端，喜马拉雅山和冈底斯山脉之间的森格藏布及其支流噶尔藏布流域。位于中国西南部、西藏自治区西部、西藏阿里地区西南部。东南与阿里地区普兰县相邻，南及西南与阿里地区札达县接壤，西北与印控克什米尔地区相连，北靠阿里地区日土县，东与阿里地区革吉县毗邻。地理坐标为东经 79°07′～81°10′，北纬 30°58′～33°17′。平均海拔 4500 米以上。辖域总面积 19983 平方千米，边界（实控）线约 100 千米。县城驻地狮泉河镇，海拔 4277.38 米；距西藏自治区首府拉萨市 1760 千米（北道）或 1500 千米（南道），距新疆叶城县城 1067 千米。狮泉河镇也是西藏阿里地区行署所在地。

境内有冈底斯山脉和阿伊拉山脉及其众多支脉，走向为自北西—南东逐渐转为东南。海拔 6000 米以上的山峰有 23 座，其中最高峰是位于昆萨乡索麦村境内的奇吾拉峰（海拔 6493 米），最低点为扎西岗乡典角村森格藏布出境处（海拔 4250 米），相对高差 2243 米。山脉间分布有森格藏布及其支流噶尔藏布河谷和湖盆。地势东北高、西南低，起伏不平，属高原山谷地区，分布着高山、河谷、湖盆、冰蚀冰碛等地貌类型。主要河流有朗钦藏布（象泉河）、森格藏布（狮泉河）及其支流噶尔藏布、郎久河、得吾查吾河等。其中森格藏布为印度河源头。境内湖泊较少，湖泊面积较小，多为咸水湖，主要有郎久湖、杂贡错、昆萨湖等。

噶尔境内地壳经历了元古代—古生代—中生代—新生代地壳活动、建造、构造的多阶段复杂演化过程。约300～400万年前由大海转变为陆地。其中，冈底斯山脉主脉（西段）为中生代燕山运动晚期形成，山脊海拔5500米～5800米；南部的阿依拉山脉形成于新生代喜马拉雅山造山运动初期，山脊海拔5700米左右。境内主要有三个区域构造单元和两处断裂带。土壤类型有高山寒漠土、高山草甸土、亚高山草原土、草甸土、新积土、粗骨土、石质土七种类型，其中高山寒漠土面积最大。境内植被稀疏，多数地带属荒漠化。成林树种有秀丽水柏枝（红柳）、变色锦鸡儿、沙棘等。耕地面积小，主要农作物有青稞、油菜、蔬菜等；饲养牦牛、山羊、绵羊、马等牲畜，是以牧为主农牧结合的经济县。

境内广阔的荒原及高寒气候条件，成为各种野生动物的自由世界。常见有大群西藏野驴、藏羚、盘羊和岩羊、黑头角雉等。其中，黑头角雉是中国境内分布在此的特有珍稀动物。河流和湖泊分布有大量高原裂腹鱼。矿产及能源资源较丰富，已勘探出的矿产种类有铬、镍、钴、铜、砂金等金属矿和盐、石灰岩、石膏等非金属矿，探明矿产地23处，蕴藏18个矿种。能源资源有水能、地热能、太阳能和风能。其中太阳能和风能的理论蕴藏量丰富，水能理论蕴藏量达14.6万千瓦。

噶尔县深居内陆，属高原亚寒带干旱气候。气温较低，冬季漫长，夏季短暂，春季升温慢，秋季降温快。气温年较差小、日较差大。狮泉河气象站2000年记录，年平均气温3.7℃，年平均气压604.4毫帕，年平均无霜期81天，降水量100～300毫米。

境内自然灾害频繁，有“一年一小灾、三年一大灾”之说，主要灾害有雪灾、旱灾、水灾、霜冻、病虫害、泥石流、地震等。西藏和平解放后，曾两次动用飞机救灾。

二

“噶尔”为藏语的音译，汉语意为“兵营”。17世纪80年代，因军队在此安营扎寨，故名。历史上曾汉译为克尔、堆噶尔、噶尔、波错等名称[①]。

噶尔历史悠久。据境内考古发现的石器分析，1～2 万年前，境内已有古人类活动。今门士乡政府驻地曾有小坟，是古人类用火的巨大灶灰堆。

约在公元前后，噶尔为象雄部落之一部，与今阿里、日喀则地区西部、藏北一部分同被汉文史籍称“大羊同”。“大羊同东接吐蕃，西接小羊同，北直于阗[②]。”唐贞观十八年（644），悉补野部落赞普松赞干布建立吐蕃政权，随后将象雄收归治下，设立象雄上下赤岱（茹，意为“万户”）。

吐蕃政权分裂后，末代赞普乌东赞曾孙吉德尼玛衮为避战乱，于 923 年逃往象雄，在境内的热拉（今噶尔县扎西岗乡）地方落脚，建立城堡。10 世纪末后，噶尔先后被阿里地方割据政权普兰王和古格王统治。明崇祯三年（1630 年，藏历第十一饶迥铁马年），古格被拉达克攻占，噶尔归其统治 50 余年。

1683 年，根据清朝中央政府旨意，西藏地方政府派出蒙藏联军收复被拉达克统治的阿里全境，噶尔收归西藏地方政府直接管理。随后在阿里建立噶本政权，其最高军政长官噶本驻扎在噶尔昆萨和雅萨，噶尔随之成为阿里地区政治、军事中心。其下又按差税区域将县境划分为噶本直管区、噶本属下左左本和那木如本统治区、扎西岗寺庙统治区。

1951 年 8 月 3 日，中国人民解放军新疆独立骑兵师安志明率领的后续部队进驻噶大克雅萨，噶尔和平解放。根据“十七条协议”规定，噶尔行政制度仍维持原状，中共西藏工委在噶本驻扎地昆萨和雅萨成立中共阿里分工委，驻噶尔人民解放军和中共阿里分工委派出的工作队、工作组，围绕贯彻“十七条协议”，通过各种渠道，开展对地方头人的统战工作，相应影响群众，以结成最广泛的反帝爱国统一战线。严格执行“三大纪律、八项注意”，执行党的民族政策，尊重本地的风俗习惯，为群众防病治病，兴办学校、修筑公路、发放无息贷款，开展大规模的开荒种地和生产自救活动，从根本上“消除隔阂、搞好团结”，密切民族关系，在人民群众中产生了很深的影响，得到了当地广大农奴和僧俗群众的信任和拥护。

1959 年 3 月，进行民主改革，设立噶尔县，隶属西藏阿里专区，县城驻地昆萨，噶尔成为中华人民共和国的一个县级行政区域。1960 年 1 月 8

---

① 英国在地图上标为“噶大克”。
② 《册府元龟》记载。

日，正式成立噶尔县人民政府。全县划分为4个区、11个乡，区、乡各级人民政权和党的组织陆续建立。随后，在各区、乡以委派形式建立区公所和乡人民政府。1960年5月，县治从昆萨搬迁至雅萨。1961年，根据西藏自治区筹委会指示，阿里专区在本县索麦乡开展普选试点，选举产生乡人民政府组成人员。1966年，县治又迁回昆萨。1970年至1979年，阿里地区划归新疆维吾尔自治区代管，噶尔县也随之由新疆维吾尔自治区管理。1989年，在毗邻克什米尔的中方境内设立典角乡，隶属本县扎西岗区，全县行政区划为4个区12个乡。1998年，西藏自治区批准成立狮泉河镇①。1999年，西藏自治区统一安排在全区实施“撤区并乡”工作，本县各区更名为乡，乡改为村，并在狮泉河镇设立森格居委会和藏布居委会。

到2000年底，噶尔县下辖4乡1镇（左左乡、昆萨乡、门士乡、扎西岗乡、狮泉河镇）及12个行政村、2个居民委员会。总户数为4024户，总人口13364人，居住有藏、汉、蒙古、回、壮、白、土家、塔吉克、门巴等19个民族。其中藏族占总人口的90.9%。

三

在“政教合一”的封建农奴制时期，政府、寺庙、贵族为代表的“三大领主”占有农奴的人身自由，农奴只是“会说话的工具”。土地、草场、牲畜等95%生产资料被“三大领主”占有，经济为封闭单一的农牧自然经济，占总人口95%的广大农牧民遭受着沉重的压迫和剥削，过着极其悲惨的生活，社会经济处于极端落后状态。

和平解放初期，中共阿里分工委和阿里骑兵支队在噶尔境内组织开展生产自救，开荒种地，向农区群众发放贷款和农贷粮，抵制“三大领主”和外商对农牧民的高利贷盘剥，实现“站稳脚跟”的目的。1956～1957年，以噶尔昆萨为中心的黑阿公路和新藏公路相继通车，结束了噶尔无公路的历

① 1965年，经国务院批准，阿里专区驻地由昆萨迁至森格藏布中游北岸狮泉河镇地方，后经过多年建设，狮泉河镇发展成为阿里地区的政治、经济、文化、军事中心。

史，打通了噶尔县与拉萨和内地的交通通道。随后，1958年8月1日，噶大克至新疆喀什汽车邮路开通。1959年，在中共阿里分工委的直接领导下，噶尔开展民主改革，彻底废除封建农奴制度，噶尔实现了由封建农奴制向社会主义制度的历史性跨越，生产力得到空前解放和发展。农牧业生产通过认真贯彻中共西藏工委和西藏自治区筹委会确定的“稳定发展”方针，开展互助合作，粮食播种面积、产量，牲畜数量都有了不同程度的增长。1965年，粮食实播面积达到1700亩，总产量24.3万千克，是1959年的3.4倍和4.46倍；牲畜存栏由1959年的8.32万头（只、匹）增加到1965年的19.84万头（只、匹）。现代交通、邮电、城建、商业等开始起步。1961年4月，县贸易公司成立，在巩固和发展传统边贸基础上，大力发展城乡国营和集体商业。1962年，在扎西岗区、左左区成立供销社，并迅速成为农牧区工农产品交换的主渠道。同时，包裹收寄、报刊投递、电报等邮电业务开始出现。为解决党政机关办公及住房，中共阿里分工委组织干部职工和驻军官兵，自力更生，在雅萨和昆萨两地修建土木结构的房屋，城镇雏形初现。尤其是1959年，在昆萨修建的城墙，成为阿里专区的代表性建筑。1964年，狮泉河大桥建成，成为连接阿里西南与西北的交通咽喉，也是阿里地区第一座钢筋水泥结构的现代化桥梁。1965年，阿里专区驻地由噶尔昆萨迁至森格藏布河畔，迁建工程成为阿里地区有史以来最大规模的建设项目。

“文化大革命”开始后，由于推行极“左”路线，限制个体、私营经济发展，片面追求产值产量，民族用品被当作“四旧”①，经济、社会发展停滞不前。1970年，根据新疆维吾尔自治区革委会部署，继续对农牧业、手工业和工商业进行社会主义改造。1971年后，噶尔县开展“农牧业学大寨”活动，兴修水利，大搞农田基本建设。通过抓好良种引进、培育和推广，牲畜改良，农牧业病虫害防治，使用和推广太阳能，加速科技成果向现实生产力的转化，取得良好的经济效益和社会效益。1976年，噶尔县牲畜存栏达23.33万头（只、匹），比1965年增长3.48万头（只、匹）。全县粮食播种面积1.02万亩，是1965年的6倍，粮食总产量91万千克，是1965年的3.74倍。但由于违背自然社会发展规律，造成一定浪费和失误。

1980年，中央召开第一次西藏工作座谈会，提出“拨乱反正、加快经济发展、努力改善人民生活”的西藏工作方针，制定了一系列休养生息的特

① 四旧：旧思想、旧道德、旧风俗、旧习惯。

殊政策，为噶尔县的经济大发展带来历史性转机。噶尔县认真贯彻落实西藏自治区党委发出的《关于阿里地区工作的指示》，全面落实“减、免、放”政策，开始冲破人民公社体制，在全县积极推行以“双包”为主要形式的生产责任制。1985 年，根据中央制定的“两个长期不变”和自治区制定的“一个解放、两个为主、两个转变”等一系列方针，不断巩固和完善农牧区生产责任制，极大地调动农牧民生产积极性，农牧区面貌发生新变化。1992 年 2 月，噶尔县认真落实《关于认真贯彻区党委进一步搞好农业和农牧区工作的决定》，继续深化农牧业体制改革，稳定和完善农牧区现行政策，在坚持“两个长期不变”政策不变的前提下，对农牧区实行以家庭经营责任制为主的统分结合的双层经营体制，壮大集体经济实力，确立了建立社会主义市场经济的总方向和总目标。1994 年 7 月，中央召开第三次西藏工作座谈会，制定了“分片负责，对口支援”的援藏办法，由陕西省对口支援噶尔县。县委、县政府抓住这一难得的历史机遇，认真落实《立足新起点，拓宽新思路，制定新战略，开创新局面》的意见，加大农牧业投入，积极调整农牧业产业结构，增加农牧业科技含量，农牧区面貌开始发生变化，出现郎久等乡镇企业，部分农牧民从传统的农牧业生产中脱离出来，开办茶馆、从事运输等多种经营，群众收入明显增加，收入构成呈现多元化。粮食产量基本稳定在 60 万千克，畜产品产量由 1981 年的 1887.1 吨增加到 2000 年的 2101.05 吨，农牧区居民人均年收入由 1995 年的 512 元增长到 2000 年的 1135 元，增长了 1 倍多。

积极实施项目拉动战略，改善基础设施条件。1982 年，狮泉河镇至拉萨无线单边电话开通。1984 年，开工建设郎久地热电站，努力寻求解决狮泉河镇的常规能源办法。1987 年，噶尔县首次开通无线长话，1993 年开通 1000 门程控电话交换机。1995 年 7 月 1 日，狮泉河镇开通无线寻呼。1997 年建成“一点多址”农村电话系统。此后模拟移动电话、数字移动电话、光缆通信相继开通，通讯手段日益现代化。

城镇建设开始起步。1984 年，建成狮泉河城镇供应水工程，后经多次改造，实现了自来水进户。1988 年，建成狮泉河西路水泥路面，成为噶尔县乃至阿里地区的第一条硬化道路。随着改革开放的不断深入，区内外个体、私营商户进入噶尔县从事日用工业品、农副产品经销，饮食服务业经营和蔬菜种植等人员大量增加，第三产业和非公有制经济比重不断提高，已成为噶尔经济新的增长点。至 2000 年底，全县个体、私营商户达到 1169 户，县财政收入达到1259万元。城镇面貌焕然一新，狮泉河镇由昔日的戈壁荒滩建设成为藏西北的一颗璀璨明珠。

四

噶尔地处素有“世界屋脊之屋脊”的阿里，自然环境异常艰苦。千百年来，生活和繁衍在这片土地上的各族儿女艰苦奋斗，生生不息，是象雄文明重要发祥地，是苯教文化、藏医文化的发祥地之一。

在公元前后，辛绕米沃且创立原始苯教，并逐步向卫藏地区传播。古如江寺是著名的苯教寺庙。公元7世纪，佛教传入，并逐步形成藏传佛教，扎西岗寺、芝达布日寺、顿久寺等为藏传佛教寺院。和平解放后，县委、政府认真贯彻执行党的民族宗教政策，建立广泛的反帝爱国统一战线，实行宗教信仰自由和民族平等政策。各寺庙成为信教群众主要的宗教活动场所。改革开放时期，党和政府拨专款对“文化大革命”中遭到破坏或自然损坏的寺庙及建筑进行了保护维修，成立寺庙民主管理委员会，依法对寺庙进行管理。

相传，苯教祖师辛绕米沃且及其弟子在包括噶尔在内的象雄一带行医，对中毒的诊断和治疗颇有研究。后来，随着佛教及中原文化传入噶尔，包括医学、历算在内的“大小五明学”也随之传入。在噶本政府时期，由于战乱频繁和农耕文化萎缩，包括医学在内的文化、科学、技术等社会事业受到一定影响。和平解放以后，随着经济的发展，噶尔县原来一穷二白的各项社会事业从无到有，从小到大，逐步发展。1961年10月，创办第一所学校——昆萨公办小学，开噶尔现代教育先河，此后又陆续建立扎西岗区初级小学、门士完全小学、左左区初级小学。大力推进“普三”工作和素质教育，不断加大教育投入，深化教育改革，调整教师结构，提高教学质量。至2000年，有各类学校5所，在校生678名，适龄儿童入学率达到82%。噶尔县民间节庆活动丰富，传统体育源远流长，主要体育项目有赛马、射箭、抱石头、掷骰子等。在噶本政府时期每年藏历八月一日至八日举行噶尔恰钦节，并延续下来，成为阿里影响最大的节日活动。医疗卫生事业在继承和发扬传统藏医药学的基础上，得到快速发展。1960年底，建立县人民医院。开展西医诊疗和妇幼卫生保健，建立公费、免费医疗制度，全面推进农牧区的合作医疗，加大防治传染病的力度，使医疗卫生事业有了长足发展，至2000年底，已基本形成县、乡、村三级医疗网，有医疗卫生专业技术人员32人。

五

噶尔人民具有悠久的反帝爱国、维护祖国统一的光荣传统，谱写出以反击森巴入侵等为代表的爱国主义乐章。1841年4月5日，在英帝国主义的唆使下，道格拉王室①利用鸦片战争英国侵略中国东南沿海之机，发兵侵略阿里。中路军从今噶尔县扎西岗典角沿森格藏布河谷进入阿里腹地。清朝中央政府驻藏大臣和西藏地方政府调遣军队，进行反击，击败侵略者，收复噶尔县在内的阿里全境。在和平解放、平叛改革、社会主义建设、改革开放的各个时期，战斗在雪域高原上的噶尔县党、政、军、民在极其艰苦的条件下，紧密团结在中共中央周围，坚持走社会主义道路，团结一心，反对分裂，顽强拼搏，艰苦创业，勇于开拓。如今的噶尔县，经济快速发展，社会持续稳定，人民安居乐业，各项事业蒸蒸日上。

尽管噶尔县经济社会取得了举世瞩目的巨大成就，但依然存在不少制约科学发展和长治久安的消极因素。主要是地处边陲，远离全区政治、经济、文化中心，发展成本相对较大；基础设施条件落后，经济发展瓶颈制约较多；经济结构不尽合理，经济增长相对乏力；群众科学文化素质普遍较低，各类建设人才十分紧缺；同时还要长期面对达赖集团的分裂破坏的干扰影响。解决前进道路上的诸多困难，需要长期不懈地作出巨大努力，需要全县党政军警民的顽强拼搏。噶尔县委、县政府将一如既往地团结带领全县各族人民，坚定不移地坚持中央关于新时期西藏工作的指导思想，进一步解放思想、与时俱进，团结奋斗、真抓实干，奋力促进经济发展方式根本转变，着力加快改革开放步伐，积极改善民生状况，全面推进社会事业进步，不断夺取噶尔县的社会主义政治建设、经济建设、文化建设、社会建设、生态文明

① 称“森巴”，即印度旁遮普邦的锡克族人。

建设新的更大成绩。

以史为鉴，可以知兴替。历史中蕴藏着无穷的智慧和力量。历史经验告诉人们，只要始终不渝地坚持中国共产党的领导，坚持中国特色社会主义道路，坚持民族区域自治制度，坚持中央确定的新时期西藏工作指导思想和一系列大政方针，充分用好中央关心、全国支援的历史机遇，充分发挥噶尔县的独特优势，全县上下同心同德、群策群力，坚定不移地朝着既定的目标奋斗下去，就一定能够谱写出噶尔县发展进步事业更加辉煌的篇章！

第一篇

自然地理

第一章　地质　地貌

第一节　地　质

一、地层

境内出露的地层比较复杂，分属两大地层区的三个地层分区中的四个地层小区。以达机翁—巴尔断裂为界，以北地区属冈底斯—念青唐古拉地层区，以南属喜马拉雅地层区的雅鲁藏布地层分区。其中境内的冈底斯—念青唐古拉地层区以狮泉河断裂为界又分为两个小区：以北属班公错—怒江地层分区的狮泉河小区，以南属措勤—申扎分区的噶尔小区；而雅鲁藏布地层分区又以门士乡断裂为界，北部属曲松小区，南部属仲巴小区。

（一）狮泉河小区的地层

狮泉河小区的地层分布在县境北部，为班公湖—怒江结合带中的地层，主要为一套侏罗—白垩系。其中包括晚侏罗世—早白垩世的狮泉河蛇绿混杂岩和早白垩世的火山岩—碎屑岩。

狮泉河蛇绿混杂岩（$J_3K_1s^{mlg}$）主要由砂板岩、基性火山岩等构成基质，其中夹有大量岩片。岩片大小不一，大者长轴可达3～4千米，其类型主要有超基性岩岩片（变质的辉橄岩、橄辉岩或蛇纹岩等）、玄武岩岩片、辉绿岩岩片、硅质岩岩片、浊积成因的砂板岩岩片和少量灰岩岩片等。各类岩片在平面上均呈不规则构造透镜体、菱形体或条带相互混杂，边界为脆韧性断层。基质和岩片还往往一起构成褶皱。硅质岩中采获有晚侏罗世—早白垩世放射虫化石组合。

下白垩统去申拉岩组（K_1q）为一套中酸性和粗安质火山岩—火山碎屑岩、生物碎屑灰岩、砂岩、砾岩、泥岩等组成的构造地层。火山岩的主要岩性有角砾状安山岩、流纹岩、粗安岩、粗面岩、碱长流纹岩及火山碎屑岩等，其岩石化学特征等表明为岛弧火山岩。由于构造破坏，这套岩层已支离破碎，顶底不全。在砂岩中可见植物根茎化石，灰岩中见早白垩世的圆笠虫、固着蛤、牡蛎及螺、腕足、来齐藻、有孔虫、介形虫等化石。

下白垩统朗山组（K_1l）分布在扎西岗乡北部，出露局限，不整合覆盖了上述两套构造地层，表明该组沉积时，狮泉河结合带的构造混杂作用已基本完成。其岩性主要由生物碎屑灰岩、泥晶灰岩、砾屑灰岩、粉砂岩、泥质板岩、岩屑杂砂岩等组成，局部地带发育堡礁，底部附近发育底砾岩。其中采获早白垩世的双壳、珊瑚、圆笠虫、腹足类等化石。

（二）噶尔小区的地层

噶尔小区的地层分布在县境中部，为冈底斯陆块最西部的地层。出露的地层包括前震旦系念青唐古拉岩群、二叠系昂杰组、下拉组和坚扎弄组、下中三叠统淌那勒组、下白垩统则弄组和捷嘎组、上白垩统竞柱山组等。县境内该小区未见侏罗系出露。新生界包括古新统—始新统林子宗群陆相火山沉积地层、始新统秋乌组、渐新统—中新统大竹卡组陆相沉积地层等。

1. 前震旦系念青唐古拉岩群（$AnNq$）

分布在县境西部的阿伊拉山脉的东坡，呈多个片麻岩或斜长角闪岩的残留体分布在阿依拉复合花岗岩体中。

2. 二叠系昂杰组

仅出露在狮泉河镇北侧的扬巍山至左左乡一带。

下统昂杰组（P_1a）的下部为石英细砂岩、含长石石英砂岩及含砾岩屑石英砂岩代表的粗碎屑与钙泥质页岩代表的细碎屑等组成韵律，上部为一套砂屑灰岩夹泥钙质板岩，顶部与下拉组整合接触。

中统下拉组（P_2x）为一套砂屑灰岩夹硅质灰岩（灰岩内含硅质条带、角砾），在薄层硅质灰岩中含较多生物碎屑，生物种属有珊瑚、腕足等。

上统坚扎弄组（P_3j）出露局限，不整合在下拉组之上，为一套含碳质较高的陆相碎屑岩夹薄层碳质页岩，底部为砂质千枚状板岩。

3. 三叠系

仅出露了下中统淌那勒组（$T_{1-2}t$），为一套白云岩，不整合在坚扎弄组或下拉组之上，产牙形化石，时代为早中三叠世。

4. 白垩系

出露了3套。

下统则弄群（K_1Z）为一套海相火山岩夹碎屑岩、碳酸盐岩，其中火山岩在下部以中基性火山岩为主夹中酸性火山岩、中部以中酸性火山岩为主、上部以碱性火山岩为主。其中的生物碎屑灰岩夹层中采集到海蛾螺、圆笠虫及珊瑚等化石，被时代为102－104Ma的石英闪长岩侵入。其时代为早白垩世。

下统朗山组（K_1l）假整合或微角度不整合在则弄群之上，为一套碳酸盐岩，下部以泥晶灰岩夹白云岩化泥晶灰岩为主，夹有石英砂岩、钙质粉砂岩、碳酸盐化绢云千枚岩等；上部由厚层泥晶灰岩和含圆笠虫生物堆积泥灰岩组成。灰岩内化石丰富，包括珊瑚、双壳类、圆笠虫、腹足类等化石。

上统竞柱山组（K_2j）为一套紫红色砾岩夹生屑泥晶灰岩，与下伏地层呈角度不整合接触。其中采获有晚白垩世赛诺曼期的圆笠虫、双壳等化石。

5. 古新统—始新统林子宗群

为一套火山沉积建造，分为3组。

古新统典中组（E_1d）一段的下部为一套中性火山碎屑岩夹中性火山熔岩，岩石多呈灰—深灰色，熔岩均具斑状结构，火山碎屑岩多具熔结特征，块状—气孔状构造；火山活动以爆发相为主，溢流相较少。上部为一套中酸性火山碎屑岩，岩石多呈灰色，夹有暗红色等杂色，岩石中以含集块、角砾为特征，火山活动以爆发相为主，形成一套火山碎屑流堆积。二段的主要岩石类型为灰色流纹质含角砾弱熔结凝灰岩、灰黑色粗安质角砾熔结凝灰岩等，被年波组火山碎屑岩假整合覆盖或被秋乌组砂砾岩角度不整合覆盖。

始新统年波组（E_2n）为一套火山碎屑—沉积岩系，岩石由灰—深灰色、暗红色凝灰质砾岩、凝灰质砂岩、凝灰质粉砂岩及粗安质熔结凝灰岩、流纹质熔结凝灰岩组成。

始新统帕那组（E_2p）下部为一套中性火山熔岩夹火山碎屑岩，主要岩石类型为灰—灰绿色、紫红色粗安岩、杏仁状安山岩、流纹质含角砾沉凝灰岩等；上部以中酸性火山碎屑岩为主，主要岩石类型为灰色粗安质角砾凝灰岩、流纹质角砾凝灰岩、流纹质集块角砾岩等，顶部夹少量中性碎屑熔岩及火山碎屑沉积岩，为火山喷发韵律为爆发—溢流、爆发—溢流—沉积，但本组中局部有少量沉火山碎屑岩表明局部为水下沉积环境。

始新统秋乌组（E_2q）分布在县境南部的门士乡一带，为一套含煤地层。下部岩性以灰色、灰绿色砂砾岩为主，覆盖在古新世侵入岩之上；上部岩性以灰黑色粉砂质页岩为主，夹细砂岩、泥质粉砂岩及碳质页岩、含煤层或煤线等。门士乡煤矿即产于此地层中。前人在上部岩层中采到大量植物化石，以常绿阔叶的桉树、榕树为主，并出现单子叶植物等。总体反映为湿热气候条件下冲积扇—滨浅湖—沼泽相沉积。

渐新统—中新统大竹卡组（E_3N_1d）分布在门士乡东部，为河流冲积扇沉积，角度不整合于秋乌组之上。主要岩性为灰—灰白色砾岩、砾质砂岩、含砾砂岩、砂岩地层。砾石成分为花岗岩、火山岩、闪长岩等，其间为粗砂充填，胶结物为钙质。该组内有植物化石，以落叶阔叶植物为主，次为柳、豆科，反映沉积环境为温带湿润环境。

渐新统—中新统日贡拉组（E_3N_1r）一套湖相一河湖相沉积，分布在狮泉河镇左左乡一带，角度不整合在下伏地层之上。该组下部为一套湖相地层，主要岩性为紫红色砾岩夹湖相的泥岩、泥灰岩，砾石以灰岩为主，大小混杂，大者可达 20 厘米，小者仅 3 厘米左右，砾石磨圆差，多呈棱角状，胶结物则主要为紫红色泥钙质及砂。上部岩性主要为一套河湖相的紫红色的含砾砂岩，底部局部发育有凝灰岩，顶部夹有两层粗面岩。化石稀少，近顶部层位含有植物化石碎片。沉积环境为炎热干旱气候环境。

上新统乌郁群（N_2w）分布在狮泉河镇及左左区一带，为一套河湖相沉积，角度不整合于下伏的日贡拉组及狮泉河蛇绿混杂岩群等地层之上。主要岩性为灰绿色含砾杂砂岩夹灰褐色—灰白色薄层砾岩、含砾杂砂岩等，厚度可达 1377.28 米。乌郁群底部的岩性主要为细碎屑岩，砾石成分以火山岩、次火山岩及硅质岩为主，花岗岩砾石较少，多具有水平层理，表明狮泉河镇一带此时为一个湖盆；中上部砾岩增多，且花岗岩砾石剧增，大型斜层理发育，表明此时构造隆升显著，从而造成了岩体的大面积出露和剥蚀，沉积相也由湖相逐步转为河流相。该套地层尚未采到化石，由于其层位和岩性特征与区域上的乌郁群层型剖面可对比，故其时代定为上新世。乌郁群沉积特点表明，区内气候由温凉湿润向干燥转化，指示此时本区地壳在逐步隆升。也正是在此时期，印度河的溯源活动打通了这一湖泊，造成这一古湖迅速萎缩，森格藏布因此成为印度河的上游。

（三）曲松小区的地层

分布在达机翁—巴尔—门士一线，雅鲁藏布江—噶尔藏布结合带的北部，为一套大致连续沉积的中生代—始新世的海相地层。由于断层破坏，这些地层体皆呈断片产出，甚至成为一套成分复杂的古新世—始新世的蛇绿混杂堆积。其上为始新统柳区组陆相地层不整合覆盖。

三叠系下中统穷果群（$T_{1-2}Q$）为一套以深海浊流相沉积为主，夹部分深海平原亚相沉积的建造，变形强烈并普遍发生低绿片岩相变质，县境内未见底。主要岩性为浅灰—灰色砂质绢云板岩、变质粉砂岩等。

上统沙赛组（$T_3\hat{s}$）假整合在穷果群之上，也为一套浊流复理石沉积，主要岩性为灰色变质长石岩屑砂岩、变质含砾砂岩、变质粉砂岩、粉砂质板岩、绿泥绢云千枚岩等。

上统拉吾且拉组（T_3l）整合在沙赛组之上，为一套浅海重力流沉积，主要岩性以深灰—灰黑色绿泥绢云板岩与浅灰—灰色变质细粒长石岩屑砂岩、变质细粒长石石英砂岩、变质细粒钙质石英砂岩等间互层发育为特征，局部夹深灰—灰黑色板状灰岩、条带状细微晶灰岩、变质粉砂岩等。县境内的这套三叠系中化石较少，有菊石、牙形刺、瓣鳃等。

侏罗系下中统宁日组（$J_{1-2}n$）为一套浅海相碳酸盐岩沉积，整合在拉吾且拉组之上，主要岩性以浅—深灰色泥粉晶灰岩、颗粒泥粉晶灰岩、亮晶颗粒灰岩为主，局部夹钙质细粒长石石英砂岩、中粒石英砂岩及粉—细晶白云岩、亮晶颗粒白云岩等。

中统扎嘎组（$J_2\hat{z}$）整合在宁日组之上，为一套浅海相碳酸盐岩夹碎屑岩不等厚土层，发生了不均匀轻度变质。主要岩性有深灰色（生物碎屑）泥晶灰岩、浅灰色含砂屑泥晶灰岩、钙质细砂岩、细粒—中粒石英砂岩、长石石英砂岩、粉砂岩及页岩等。

上统底贡组（J_3d）为一套陆棚—上斜坡环境的碎屑岩沉积，岩石已轻度变质，主要岩性为灰色粉砂岩、页岩等。县境内的这套侏罗系中化石很少，主要为菊石等。

白垩系下统亚如那嘎组（K_1y）以浅海相碳酸盐岩夹碎屑岩沉积为主，整合在底贡组之上。岩层发生了不均匀轻度变质。主要岩性有灰色粉泥晶灰岩、亮晶（鲕粒）砂屑灰岩、中细晶白云岩、绿灰色细—粉砂岩、粉砂质页岩等。顶部断失。境内这套地层化石很少，主要为菊石，可见腹足、箭石、遗迹化石等碎片。

古新统达机翁组（E_1dj）在达机翁一带呈断片产出，为一套砂岩、泥质粉砂岩、泥晶灰岩沉积组合，属残留海中三角洲相低能浅海相沉积。含丰富的古新世有孔虫、腹足类及瓣鳃类化石，其中的有孔虫含量最丰富，与其共生的有瓣鳃类、腹足类等。

始新统日康巴组（E_2r）为砾岩、含砾砂岩砂岩夹灰岩及页岩沉积组合，为浅海相沉积，晚期属三角洲前缘沉积。岩石内含有孔虫、瓣鳃类、腹足类等化石，表明该组时代为始新世早期。达机翁组和日康巴组中的底栖大有孔虫动物群的生存环境与现今底栖大有孔虫的生活区域相似，生活于热带和亚热带的沿岸浅水带内，所赋存的灰岩主要为微亮晶和泥晶胶结的生物碎屑灰岩，反映其所处总体环境为水体清洁、陆源物质较少、水动力较强、盐度正常而温暖的浅海环境。该组表明境内在始新世时尚有海相沉积。此外，达机翁—巴尔一线还可见到一条蛇绿混杂岩带（$J_1-E_2^{mlg}$），为雅鲁藏布江—印度河结合带中的拉孜—曲松蛇绿混杂岩带（北带）中的一部分，其卷入的最新地层时代为古新统。该带呈北西向延伸，呈北西向展布，由基质和岩块两部分组成。其中基质的变形极为强烈。不同位置上基质成分不同，有以方辉橄榄岩、蛇纹石化方辉橄榄岩为主的；有以杏仁状玄武安山岩、杏仁状玄武岩为主的；有以拉吾且拉组灰色变质细砂岩、页片状板岩、粉砂质板岩等为主的；也有以穷果群浅灰－深灰色变质砂岩夹板岩、粉砂质板岩等为主的。岩块成分十分复杂，既有与基质同成分的原地岩块，又含有大量外来岩块，主要包括单辉橄榄岩、二辉橄榄岩、方辉橄榄岩和纯橄榄岩（其中产铬铁矿）、辉长岩、玄武岩、辉绿岩、大理岩及安山岩等岩块，早侏罗世和早白垩世末—晚白垩世初的紫红色硅质岩，以及二叠纪的灰色生物碎屑亮晶灰岩，侏罗纪的浅灰色厚层灰岩、砂岩夹凝灰岩，古新世的紫红色生物碎屑灰岩等岩块。岩块与基质之间皆为断层接触。其中，橄榄岩、玄武岩的同位素年龄值为 89 百万年左右；硅质岩中产出的放射虫化石时代为早侏罗世—早白垩世中晚期。表明该带中的蛇绿岩最初形成于早侏罗世（或晚三叠世），而混杂岩在古新世之后形成。

始新统柳区群（E_2Lq）出露于巴尔兵站—门士一带，为一套灰绿色—紫红色的河湖相粗碎屑岩沉积，与拉孜县柳区群剖面具有较好可比性，下部为灰—灰黑色、灰绿色中厚层砾岩夹砂岩；中部以灰紫—紫红色中厚层砾岩夹砂岩为主；上部以灰绿色、灰褐色岩屑砂岩、含砾砂岩为主，夹中—厚层砾岩。该组角度不整合于雅鲁藏布江—噶尔藏布结合带中的混杂岩之上，厚度大于 2000 米。其沉积环境早期为湿润环境，晚期为干旱半干旱环境。柳区群的出现，标志着县境内在始新世完成海陆转换，海洋从此退出县境。

（四）仲巴小区的地层

该小区的地层仅出露在县境南部，为一套基本连续沉积的古生代地层，但已被一系列断裂所拆离。包括呈断片产出的奥陶系幕霞群、志留系德尼塘嘎群、下泥盆统先钦组、中上泥盆统曲门夏拉组、下石炭统哲弄组、上石炭统滚江浦组、下二叠统普次丁组、中上二叠统曲嘎组等。这些地层可和冈底斯陆块及喜马拉雅陆块中的古生界大致对比。下更新统香孜组也不整合覆盖了这些地层。

奥陶系幕霞群（O_1M）仅分布在县境最南端的三县结合部。县境内仅见其中上部的黄褐色、浅肉红色粉—细晶灰岩与钙质板岩互层，夹粉细晶白云岩、变质细砂岩、砂质绢云板岩等，未见底。化石较丰富，以腕足、海百合茎为主，少见腹足、瓣鳃、苔藓虫等。为潮坪环境沉积。

德尼塘嘎群（SD）也仅分布在县境南端，与下伏幕霞群整合接触。为一套碳酸盐岩夹碎屑岩沉积，轻度变质。下部为灰色、灰褐色钙质、砂质板岩与褐黄色、灰褐色细晶、粉晶、亮晶灰岩不等厚互层，夹变质细粒石英砂岩等，部分灰岩含有海百合茎等生物碎屑；上部为灰色、绿灰色砂质板岩、钙质板岩夹细—微晶灰岩、变质中—细粒石英砂岩等。含腕足、珊瑚、头足类化石。为一套开阔台地环境的沉积物。

泥盆系下统先钦组（D_1x）与下伏志留纪德尼塘嘎群为整合接触，为一套浅海碳酸盐岩沉积，地层轻度变质。主要岩性为中薄—厚层细晶白云岩夹强白云石化粒屑灰岩等。

中上统曲门夏拉组（$D_{2-3}q$）整合在先钦组之上，主要岩性以灰白色、灰粉色变质粗中粒—细粒石英砂岩、变质中细粒白云质石英砂岩、变质中—细粒（含）长石石英砂岩为主，局部夹灰绿色变质细粒钙质砂岩。先钦组为一套开阔台地环境的碳酸盐岩；曲门夏拉组则为浅海—滨海相的碎屑岩。泥盆系中化石较少，主要为珊瑚、层孔虫及腕足、腹足等。

石炭系下统哲弄组（C_1z）与下伏曲门夏拉组整合接触，为一套轻度变质的滨—浅海相的细碎屑岩、泥岩夹碳酸盐岩沉积。下部岩性为灰—灰白色变质细粒石英砂岩、长石石英砂岩夹细晶白云岩、砂质白云岩及板岩薄层等；中部以灰色、灰黑色绢云板岩为主，夹灰色薄层变质砂岩；上部主要为灰色变质中细粒石英砂岩与深灰色变质粗中粒—细粒岩屑砂岩互层，局部夹变质细粒长石岩屑砂岩、细粉晶白云岩等。

上统滚江浦组（C_2g）也为一套轻度变质的滨—浅海相的细碎屑岩、泥岩夹碳酸盐岩沉积，整合在哲弄组之上。下部岩性主要为深灰色变质细粒长石岩屑石英砂岩夹肉红色变质细粒石英砂岩、肉红色变质细晶白云岩等，底部见变质砂质砾岩等；中—上部岩性为浅灰色—深灰色变质中细粒长石岩屑砂岩夹变质细粒石英砂岩、变质粉砂岩、变质粗中粒岩屑砂岩、变质砂质砾岩等。县境内石炭系中的生物化石很少，仅见零星出现的双壳、腕足类化石碎片等。

二叠系下统普次丁组（P_1p）整合在滚江浦组之上，为一套滨浅海碳酸盐岩夹碎屑岩沉积。下部岩性为浅灰—深灰色变质中—细粒长石岩屑砂岩夹浅灰色变质细粒石英砂岩、浅灰色细—粉晶白云岩；中—上部灰白色—深灰色变质粉—细晶白云岩、砂质粉—细晶白云岩夹浅灰色白云质粉砂岩、深灰色变质中—细粒岩屑砂岩；顶部粉灰色、灰白色变质细粒钙质石英砂岩夹变质细砂岩。

中上统曲嘎组（$P_{2-3}q$）与下伏普次丁组整合接触。下部以陆棚相—滨海相泥岩、碳酸盐岩夹碎屑岩沉积为主，岩性以深灰色—黑灰色中—薄层变质泥粉晶灰岩、变质含生物碎屑粉晶灰岩、绢云板岩、绢云粉砂板岩为主，局部夹浅灰色变质细粒钙质石英砂岩。中部为滨—浅海相泥岩（板岩）和细粒砂岩沉积，主要岩性为灰—深灰色绢云板岩、变质中—细粒石英砂岩、绢云钙质砂板岩等。上部为浅海相碳酸盐岩夹碎屑岩沉积，岩性为灰—灰黑色泥粉晶灰岩、（含）砂屑泥粉晶灰岩夹灰色、土黄色变质粉砂岩、页岩、变质中细粒长石岩屑砂岩等。该地层向西延入札达县境后，可见下中三叠统穷果群假整合其上。县境内二叠系的生物化石丰富，主要门类有珊瑚、蜓、有孔虫、腕足类等。

（五）第四系（Q）

县境内还广泛分布有第四纪的冲积、冲洪积、湖积、残坡积、冰积等松散堆积物等。主要分布在噶尔藏布和森格藏布的河谷地区。

1. 噶尔藏布河谷的第四系

类型比较复杂，河谷地区以冲洪积物为主，谷坡地区以残坡积为主，两侧山区可见冰碛物等。

下更新统香孜组（Qp_1x）分布在昆萨乡至门士乡一线，呈北东向展布，不整合覆盖柳区群之上，其特征与札达盆地内的香孜组相似。岩石由弱固结砾岩、含砾粗（中）砂岩夹细砂岩及粉砂质泥岩组成，累计总厚度约 1136 米。砾岩成分以花岗质为主，含角砾英安质火山岩次之，二者总含量约

65%，向上砾石成分中的变质砂岩、板岩比例增多，火山岩成分少见。砾石大小以 1～12 厘米为主，少数大于 15 厘米，个别达 25 厘米，砾石磨圆度中等—良好。表明现在仅为涓涓细流的噶尔藏布曾是一条水量充沛，冲刷能力较大的大河。岩层现已总体倾向南西，倾角 15°～30°，表明县境内在早更新世末发生过不均匀隆升作用造成的掀斜运动。岩层中的孢粉组合以松、蒿、桦、冷杉为主，与札达盆地香孜组孢粉组合一致。本组底部岩层获 ESR 测年结果为（ESR1）2.3 百万年，属早更新世。当时的生态环境应为温带森林草原、草原和荒漠环境。

中更新统冲洪积物（Qp_2^{apl}）仅出露于门士附近，为具微弱固结的灰色砾岩夹粉红—褐黄色粗砂岩、粉砂质泥岩。出露厚度大于 17.2 米。砾石呈圆—次圆状，分选较差。岩层的热释光（TL）测年年龄为 13～16.1 万年前，表明此时噶尔藏布仍有较充足的水量。

上更新统冲洪积物（Qp_3^{apl}），分布在昆萨乡—门士乡一线的噶尔藏布沿岸，地貌构成冲洪积扇或河流阶地。沉积物主要为灰色细砾石层夹粗砂层、灰色中砂层，含黄褐色粉砂、泥质条带等。

上更新统坡洪积物（Qp_3^{dlp}）往往分布在冲洪积物两侧的谷坡上，沿山麓边坡地带分布，为砂砾石堆积。呈土黄色，砾石成分与附近基岩相同，多呈棱角状，大小 2～10 厘米为主，无分选。砾石间充填砂泥质，成分与砾石相同，不显层理。

上更新统冰碛物（Qp_3^{gl}）主要分布在阿伊拉日居山区，可分为两期，早期为土黄色沙砾石松散堆积，砾石成分以花岗岩为主，砂板岩次之；沙石一般 5～30 厘米，最大 1 米左右，砾石间为粗砂及砂土。热释光（TL）测年年龄分别为 7 万年左右，时代属晚更新世早期。第二期也为土黄色砂砾石松散堆积。砾石成分以花岗岩为主多呈次棱角、棱角状，表面具磨蚀凹坑及碎裂纹，常见冰臼，大小一般 10～100 厘米，最大砾径达数米。砾石间由粗砂、砂泥质充填。无层理，无分选。地貌上构成冰碛陇、冰碛扇。覆盖于早期冰碛、冰水沉积之上，推测时代为晚更新世早期末。

上更新统冰水沉积（Qp_3^{gfl}）仅见于达机翁北部，前者覆于晚更新世早期冰碛物之上，后者未见底。为灰色砂砾石堆积，砾石成分以变质砂岩、板岩为主，多呈棱角状，大小一般 5～15 厘米，表面具丁字形擦痕，其长轴略具定向排列，局部略显层理。填隙物为粗砂。

区内全新统分布广泛，成因类型复杂，包括了分布于现代河床、河漫滩及Ⅰ级阶地上的冲积物+冲洪积物（Qh^{al+dlp}），为砂、含砾砂、砾石松散堆积，砾石成分复杂，磨圆较好，分选较差。

冲积+沼积物（Qh^{al+fl}）为灰黑色黏土质砂土、砂质黏土。多覆盖于冲积、冲洪积砂砾石之上，地貌上构成现代沼泽、草滩。

风积物（Qh^{eol}）仅局部分布，堆积物为土黄色细砂、粉砂，地貌呈小型沙丘，沿山脊或山坡分布。

冰碛物（Qh^{gl}）分布于两侧山区的现代冰川附近，规模较小，多为冰斗冰碛，局部淤塞河道，形成高山湖泊，岩性为土黄色砂砾石、砾石混合堆积，砾石多呈棱角—次棱角状，无分选，无层理，和晚更新世第二期冰碛物相比，规模相对较小。

泉华堆积（Qh^{cas}）分布于巴尔、门士等现代温泉泉口附近，出露面积极小，一般为几十至几百平方米，堆积物为灰色、灰白色、淡乳黄色钙华、硅华，多呈锥状、筒状。

2. 森格藏布河谷的第四系

主要分布在狮泉河镇—左左乡一带和县境东部，主要沉积物为冲洪积物（Qh^{ap1}），其次为湖相沉积（Qh^{1}）、泥沼沉积（Qh^{f1}）等。由于这些第四系分布区的范围大且地势平缓，表明应是由古湖或汇水盆地演变而来。现代的郎久林错湖泊系这一古湖的残留体。在森格藏布沿岸可见古湖的最高湖蚀界线高出现今河床面8米以上。冲洪积物多表现为各沟口的冲洪积扇体，常成群出现，单个扇体长多小于500米，宽则与沟谷大小有关系，可在300～1000米之间变化。扇体主要由各种粒级的砾石组成，分选、磨圆差，砾径最大可达1米。现代湖积物和泥沼沉积仅局部分布，仅分布于开阔平缓的河流漫滩地带，岩性一般为灰黑色淤泥、泥炭、泥砂质亚黏土，富含植物根系及腐殖质。

二、岩浆活动

县境的岩浆岩可分为侵入岩、火山岩和蛇绿岩等三部分。

县境内发育了两条蛇绿岩带，分别为北部班公湖—怒江结合带的蛇绿岩及南部雅鲁藏布江结合带的蛇绿岩，即分别为班怒洋洋壳的碎片和雅江洋洋壳的碎片。前者的形成时代为晚侏罗世—早白垩世，后者的形成时代为早侏罗世—晚白垩世。二者的主要岩性皆包括单辉橄榄岩、二辉橄榄岩、方辉橄榄岩和纯橄榄岩（其中产铬铁矿）、辉长岩、玄武岩、辉绿岩等。

境内火山岩比较发育，主要为三套中新生代的火山岩。包括分布在班公湖—怒江结合带的下白垩统去申拉组的海相中酸性和粗安质火山岩－火山碎屑岩，主要岩性为安山岩、流纹岩、粗安岩、粗面岩、碱长流纹岩及火山碎屑岩等；分布在冈底斯陆块北部的下白垩统则弄群的海相火山岩，其中火山岩在下部以中基性火山岩为主夹中酸性火山岩、中部以中酸性火山岩为主、上部以碱性火山岩为主；主要分布在冈底斯陆块南部在古近纪（典中组、年波组、帕那组和日贡拉组）的陆相中酸性火山岩，以安山岩、英安岩、流纹岩为主，其次是少量碱性火山岩（粗面岩）。岩石化学分析表明，这三套火山岩皆属岛弧形的钙碱性火山岩，其成因和早白垩世班怒洋洋壳向南俯冲、雅江洋洋壳向北俯冲，以及印度板块和欧亚大陆的碰撞有关。

县境内的侵入岩发育，出露面积约占全县总面积的30%。可分为两条侵入岩带：一条在县境北部沿班公湖—怒江结合带延伸；另一条在县境中部的冈底斯陆块中呈北西向延伸。

北部侵入于狮泉河蛇绿混杂岩带的侵入岩主体为早白垩世的中酸性侵入岩，同位素年龄102～104百万年。该岩石序列可分为中细粒花岗闪长岩（$K_2\gamma\delta$）、中细粒英云闪长岩（$K_1\gamma o$）、细粒石英闪长岩（$K_1\delta o$）等三种主要岩性，其次有钾长花岗岩（$K_1\xi\gamma$）及闪长岩（$K_1\delta$）等。其岩石特征等表明这是一套岩浆混合作用产物，其浆混端员组分为微细粒闪长岩（基性端员）和浅色英云闪长岩（酸性端员），其余岩石类型为两种端员组分按不同比例的岩浆混合产物，属于浆混序列的过渡组分。其中浆混英云闪长岩按色率分为浅色浆混英云闪长岩、灰色浆混英云闪长岩和暗色浆混英云闪长岩。由于狮泉河断裂的影响，这套侵入岩石多发生强烈变形，往往表现有较弱的片麻状构造，而且岩体内部可见后期岩脉贯入。构造环境判别表明系火山弧＋同碰撞构造环境的产物，其成因和早白垩世班怒洋洋壳的向南俯冲以及弧—弧碰撞或弧—陆碰撞造山作用有关。

区内侵入于冈底斯陆块中的岩浆岩为晚白垩世—古近纪偏铝质花岗岩类岩石，总体构成了一个呈北西向带状展布的复式大岩基，面积达2000平方千米以上。可在其中圈出60余个侵入体。其中晚白垩世侵入岩呈北西向带状展布侧，从早到晚依次为闪长辉长岩（$K_2\delta\upsilon$）—角闪闪长岩（$K_2\delta$）—斑状石英二长闪长岩（$K_2\pi\eta\delta o$）—斑状角闪二长花岗岩（$K_2\pi\eta\gamma$），这套侵入岩岩石成分范围宽，以含角闪石、黑云母的钙碱性岩石为特征，岩体中常见有细粒闪长质包体。岩石学、岩石化学和地球化学特征表明，其成因类型为Ⅰ型（或同熔型）花岗岩。主体属火山弧花岗岩。其成因应和雅江洋洋壳向冈底斯陆块俯冲消减作用有关。当俯冲洋壳进入地幔后，地幔的熔融同化作用最终导致了这一系列的I型（或同熔型）花岗岩岩浆形成。古近纪侵入岩规模较晚白垩世侵入岩更大，也呈北西向带状展布，其时代主要为始新世。其岩性从早到晚依次为中细粒二长花岗岩（$E_2\eta\gamma$）、粗中粒二长花岗岩（$E_2\eta\gamma$）、粗中粒正长花岗岩（$E_2\xi\gamma$）、斑状石英二长岩（$E_2\eta o\pi$），与分布于其北东侧的同时期（典中组）中一酸性火山岩相伴生，其岩石化学、地球化学等特征表明它们与同期相伴生的火山岩的关系十分密切，同属钙碱性系列岩石；同时，古近纪侵入岩又明显侵入火山岩地层，表明岩浆侵入作用稍晚于同期的火山活动。侵入岩的成因类型为含少量幔源物质的S型（或改造型），与火山岩为同一构造环境的产物。属火山弧花岗岩或为火山弧花岗岩与同碰撞花岗岩的过渡类型。其成因和印度板块与欧亚大陆的碰撞活动有关，岩浆物质来源于壳、幔物质同熔，以壳源物质为主。该类花岗岩的特征是富钾、贫钙的钙碱性岩，它形成的地球动力学背景是构造体制的转换时期。

在县境南部的雅江结合带中仅见一个中新世的二云母二长花岗岩（$N_1\eta\gamma\beta m$）体，呈孤立岩株产出，侵入于三叠纪地层中。岩石为灰白色，中细粒花岗结构，块状构造。其岩石化学、地球化学等特征表明它们属钙碱性系列岩石，成因属S型（或改造型）花岗岩，同位素年龄值为12～16百万年之间。其成因和后碰撞地壳回返期间的深部壳熔活动有关。

三、构造

县境内的主干构造为两条：北部呈近东西向展布的班公湖—怒江结合带的南界断裂（狮泉河断裂），呈北西向展布的雅鲁藏布江结合带的北界断裂（达机翁—巴尔断裂）。这两条断裂将县境内的地壳划分为三部分：北部的班公湖—怒江结合带（地层属班公湖—怒江地层分区），中部的冈底斯陆块（地层属措勤—申扎地层分区），南部的雅鲁藏布江结合带（地层属雅鲁藏布地层分区）。其次是北西向的昆萨乡断裂和门士乡断裂。

县境内的达机翁—巴尔断裂为雅鲁藏布江结合带的北界断裂（达机翁—彭错林—朗县断裂）西段的一部分，县境内仅在阿伊拉山脉的南段可见其西段出露，东段在巴尔—门士一线为晚新生界掩盖。该断裂呈北西走向，断面倾向南西，倾角较陡，达75°，两侧发育有宽约百米的韧性变形带，南西盘上冲，形成了达机翁蛇绿混杂岩带，为逆断层。蛇绿岩中发育有变形强的面理构造和变形弱的透镜体，二者构成了S—C组构。

县境内的狮泉河断裂为班公湖—怒江结合带的南界断裂（狮泉河—丁青

断裂）西端。该断裂在狮泉河镇以西呈北西向，为狮泉河盆地的第四系掩盖，至扎西岗乡南部为昆沙乡断裂所截；在狮泉河镇以东为近东西向，为早白垩世的中酸性侵入岩体“焊接”，总体构成向北凸出的不规则弧状形态。断裂面总体倾向南，倾角 60°左右，该断裂属压性逆断层，发育有碎裂岩带，碎裂岩带内的矿物明显压扁拉长，有派生次级断裂。断裂具有多期活动性。在航磁等值线平面图上，沿该断裂带为明显串珠状正磁异常带，最大强度 900nT，为已知蛇绿岩形成，两侧航磁异常特征明显不同，异常带上延 20 千米后仍有强烈显示，证明为超壳源深断裂。在该断裂北盘即为狮泉河蛇绿混杂岩带，其中发育有大量近东西向和北西向的次级断裂，从而使该带中的岩层和岩体支离破碎。

昆萨乡断裂（也称噶尔曲断裂）呈北西向展布，为阿伊拉山脉的山前断裂。该断裂在晚白垩世—古近纪期间控制了阿伊拉山脉中酸性岩的侵入，山前地带岩体中普遍存在的向北东倾的低角度片麻理反映了同岩浆构造作用的强烈。第四纪以来该断裂仍在活动，从而控制了噶尔藏布河谷中第四系的沉积，以及阿伊拉山脉上晚更新世—全新世冰积物的沉积。在扎西岗附近，可见到宽达数百米的断层破碎带，带内的断层泥强烈高岭土化。

境内的北西向断裂的新构造活动相对强烈，地热活动明显。其中北西向的左左乡断裂控制了郎久地热田的活动，而北西向昆萨乡断裂和门士乡断裂等分别控制了巴尔地热田、芝达布日地热田等的活动。同时，这些北西向的断裂还控制了县境内的地震活动，近百年来，在噶尔藏布地区多次发生里氏 5 级以上的地震。总的来看，县境内地壳的构造稳定性相对较差。

四、构造演化

综合区域地质资料，县境内的地壳原属冈瓦纳古陆的一部分。元古代形成了前震旦纪的结晶基底，震旦—寒武纪形成了盖层性的变质基底（区内未出露）。从奥陶纪到二叠纪，本区一直为陆表海环境，沉积了基本连续的巨厚的海相沉积。石炭—二叠纪，冈瓦纳大陆开始裂解。三叠纪，随着冈瓦纳古陆的裂解作用，作为基麦里大陆块脱离冈瓦纳古陆向北飘移，二者之间出现了一个次生海并逐渐发展成宽度可达上千千米的新特提斯洋（也称雅江洋）。县境南部雅江结合带中的三叠系深海盆地沉积就是这一事件的产物，而该带中的侏罗—白垩纪蛇绿岩，就是雅江洋中的洋壳残片。而基梅里大陆块在北漂过程中自身也发生裂解，其中冈底斯陆块和羌南地块裂离后，其间逐渐出现了一个洋盆，称为中特提斯洋（也称班怒洋）。而班公湖—怒江结合带中的侏罗系—早白垩世蛇绿岩，就是古班怒洋中的洋壳残片。侏罗纪，县境中部的冈底斯陆块中未见侏罗系沉积，表明此时这一陆块的县境部分处于古陆环境，其北部为班怒洋，南部为雅江洋。早白垩世，随着冈底斯陆块的北进，导致班怒洋的洋壳开始双向俯冲；同时随着印度板块的北进，导致雅江洋的洋壳开始大规模地向北俯冲。故境内在北部的班怒洋中形成了典型的洋壳型的弧火山岩（去申拉组火山岩）和弧花岗岩（早白垩世侵入岩）在中部的冈底斯陆块中形成了典型的陆壳型的弧火山岩（则弄群火山岩）。班怒洋因在强烈收缩后最终关闭，覆盖在狮泉河蛇绿混杂岩带上的朗山组灰岩就是这一洋盆关闭的象征。晚白垩世，县境北部的竞柱山组磨拉石建造是班怒洋盆回返为陆的象征，而这时雅江洋的洋壳仍在继续向冈底斯陆块深部俯冲，以致陆块南部发生了强烈的中酸性岩浆岩的侵入活动。

古新世，随着北上的印度板块和欧亚大陆板块碰撞结合，新特提斯洋开始关闭。至始新世，雅鲁藏布江结合带形成，区内的达机翁蛇绿混杂岩带也在此时形成。覆盖在雅江蛇绿混杂岩带上的柳区组磨拉石建造就是这一洋盆最后关闭的象征，海洋退出县境。同时，在雅江蛇绿混杂岩带北侧形成了秋乌组含煤建造。此时期，县境中部的冈底斯陆块中形成了典型的陆壳型的同碰撞火山岩（典中组、年波组和帕那组火山岩）和陆壳型的同碰撞花岗岩（始新世侵入岩）。境内的地壳从此成为一体，“两带夹一块”构造格局也基本定型。

从渐新世开始，县境内进入了大陆演化阶段。狮泉河镇一带成为断陷盆地，沉积了渐新统—中新统日贡拉组含碱性火山岩的碎屑岩建造，以及上新统乌郁群河湖相碎屑岩建造。在门士乡东部，沉积了渐新统—中新统大竹卡组河流相的碎屑岩建造，系古雅鲁藏布江的沉积物。中新世本区进入夷平阶段，区内的高原面（即海拔 5000～5300 米的山顶面）在本阶段形成。从上新世晚期开始，本区随整个青藏高原一起进入快速隆升阶段。

第四纪，溯源作用使印度河与森格藏布（包括噶尔藏布）连通，后者的逐步侵蚀下切使本区现今地貌（山原河谷地貌）由此形成。而且，境内北西向断裂的新构造活动相对强烈，控制了本区地貌的形成，而且地热和地震活动明显。

第二节　地　貌

一、地貌特征

自西北向东南两大山脉主脊线明显，高原面从南向北次第抬升，而两大山脉主脊线逐渐降低。山脉间高亢而宽坦的高原面广布，形成高原上的平原。最高点为昆萨乡索麦村境内的奇吾拉峰，海拔为6493米，最低点为扎西岗乡典角村境内的森格藏布出境处。最大相对高差超达2243米。构造作用对地貌控制明显，地貌延伸方向与区域构造线一致。地貌成因复杂，形态多样，新老地貌共存。其形成受原岩类型、固结程度控制，又受到水流、风化等作用的影响。庞然高大的山系间，有由构造断陷作用形成的面积巨大的高原湖盆地区。山地、谷地、山间洼地以及湖泊为受水中心的外流水系，构成了噶尔县独特的地貌景观。

二、地貌类型

地貌类型有高山地貌、沟谷地貌、冰碛地貌、冲洪积地貌。

（一）高山地貌

主要分布于冈底斯山剥蚀地貌区，今噶尔县左左乡上左左村、门士乡索堆村一带，海拔高度在5000～6000米，山峰林立，坡度较陡，沟谷近垂直于山体走向分布，切割较深，最深达400米以上，两岸多形成陡壁。其形成主要是地壳快速抬升，河流下切作用的结果。

（二）河谷地貌

主要分布在森格藏布流域、噶尔藏布流域，主要包括昆萨乡的索麦和那木如、扎西岗乡的扎西岗村、狮泉河镇一带。河源地带以窄谷为主，河床纵深比降大，阶地洪冲积扇分异不明显；河谷中下游以宽谷为主，河流切割较浅，纵向比降小，河谷两岸地势平坦。河谷地貌土地适应力强，适合于农牧业生产。

（三）冰川冰缘地貌

冰川地貌无论现代冰川地貌和古冰川遗迹地貌均分布广泛。现代冰川以山谷冰川和冰斗山谷冰川为主，伴以少量的悬谷式冰川。噶尔县左左乡、昆萨乡、门士乡境内的阿伊拉山脉和冈底斯山脉海拔均在5500～6000米，发育规模较小的冰川。在其现代冰川的外围分布着不同时期的谷冰川沉积物，保存着“U”形古冰川沉积及古冰碛平台、冰碛阶地，终冰碛垄合冰碛残山等。冰缘地貌较发育。主要有以寒冬风化作用为主形成的石柱、土柱、岩屑锥、岩屑裙、岩屑坡、石海、石河、平底谷等；以融冻作用为主形成的舌状泥流、鳞片状草皮坡坎、泥流扇、冰川式泥流、泥流阶地等；以冻胀分选作用为主形成的石多边形、斑状土、石堤、石带；以冻胀作用为主形成的冻胀石笋、冻胀丘、冰锥等。

（四）洪冲积地貌

主要分布于朗钦藏布、森格藏布水系及内流水系区域，多形成洪冲积扇，阶地及河漫滩等，主要形成于新生界晚更新世—全新世。

三、山系

噶尔县境内山系走向为自北西—南东逐渐转为东向，为自西而东。较大的山系有阿依拉山系和冈底斯山系，海拔在6000米以上的山峰有23座，如表1—1—1。

噶尔县境内海拔6000米以上的山峰统计表

表1—1—1

序号	山名	海拔（米）	乡镇名	村名
1	奇吾拉	6493	昆萨乡	索麦
2	无名峰	6401	昆萨乡	索麦
3	无名峰	6367	昆萨乡	索麦
4	扎玛日	6321	昆萨乡	索麦
5	柴尔勒日	6301	昆萨乡	索麦
6	阿瓜布日	6275	昆萨乡	索麦
7	喀尔塔日	6253	昆萨乡	索麦
8	拉日	6224	左左乡	下左左
9	依隆	6221	扎西岗乡	鲁玛
10	无名峰	6187	昆萨乡	索麦
11	丁勇巴	6182	左左乡	下左左
12	夺拉峰	6174	左左乡	上左左
13	其布伦	6162	门士乡	索堆
14	无名峰	6066	昆萨乡	那木如

续表 1

序号	山名	海拔（米）	乡镇名	村名
15	拔多热巴	6036	左左乡	郎久
16	无 名 峰	6164	左左乡	下左左
17	无 名 峰	6125	左左乡	上左左
18	帮那差峰	6122	门士乡	索堆
19	隆 安 蕃	6083	昆萨乡	索麦
20	给　　查	6062	门士乡	索堆
21	直　　孜	6108	门士乡	索堆
22	瓦热尔丁	6106	扎西岗乡	典角
23	无 名 峰	6001	门士乡	索堆

第二章　气候　水文

第一节　气　候

一、气候特征

噶尔县海拔较高，空气稀薄，明洁度大，日照时间长，太阳总辐射强。地形和海拔高度对气温的影响大于纬度对温度的作用，境内各地区的气温分布差异不大，但垂直变化较明显，具有春季升温迟缓，夏季短促，秋季降温快，冬季漫长，形成寒冷期长，温凉期短，没有明显的四季之分。气温日较差较大，降水多集中在6～9月，且多雷暴、冰雹、大风。

二、气候要素

（一）气温

噶尔县全年平均气温在0.5℃左右。其中，7月份为最高，为13.8℃；最冷月均出现在1月，气温为－12.7℃。气温年内变化规律是：1月最冷，4月气温开始回升，5、6月气温升温快，幅度达6℃～7℃，7、8月气温最高，9月开始下降，10月以后降温较快，11月降温幅度达6℃～9℃。气温年较差由南向北减少。此外，随着全球气温变暖，噶尔县的气温也趋于增暖。1973年～1984年，年平均气温3.1℃，1984～1999年，年平均气温3.7℃，气温增长0.6℃。

噶尔县1973年～2000年历年气温统计情况见表1—2—1。

噶尔县 1973 年～2000 年历年气温统计表

表 1—2—1　　　　　　　　　　　　　　　　　　　　单位:℃

月 年	1月	2月	3月	4月	5月	6月	7月	8月	9月	10月	11月	12月	年平均
1973	−11.7	−9.8	−6.2	−0.2	4.3	11.2	14.2	12.7	10.5	−0.1	−6.1	−12.1	0.6
1974	−11.9	−10.5	−3.3	0.7	3.9	8.8	13.1	13.1	7.2	1.6	−8.3	−11.4	0.3
1975	−15.9	−11.7	−8	−1.5	2.5	9.5	12.5	12.5	9.2	1	−8	−10.2	−0.7
1976	−15.9	−11.7	−8	−1.5	2.5	9.5	12.5	12.5	1	−8	−10.2	−11.5	−2.4
1977	−8.9	−5.6	−0.7	3.9	8.9	13.3	11.9	7.4	−1	−4.2	−10	−10.8	0.4
1978	−10.2	−3.6	0.4	2.5	8.2	13.6	13.3	9.6	1.2	−4.9	−11.1	−13.4	0.5
1979	−10	−7.7	−1	5.4	12.4	13.5	12.5	8.6	0.7	−11.1	−22.8	−17.3	−1.4
1980	−15.6	−7	0.7	2.4	9.7	12.3	13	5.7	0.9	−4.6	−10.2	−12.2	−0.4
1981	−9.2	−6.3	0.2	4.5	10.8	13.8	13	9.1	0	−6.3	−10.9	−13	0.5
1982	−8.8	−5	−0.1	6.2	10	14.9	13.7	8	−0.5	−9.4	−13.5	−11.4	0.3
1983	−10.5	−6.2	−0.8	2.7	8.8	12.8	13.6	7.2	−0.7	−6.6	−10.7	−12.6	−0.3
1984	−13.8	−8.2	−2.5	4.1	7	11.8	13.9	10	0	−7.6	−11	−12.3	−0.7
1985	−10.8	−3.1	0.2	5.8	13.4	12.4	13.5	7.7	0.5	−6.7	−7.8	−13.5	1.0
1986	−9	−2.8	0.4	4.2	10	12.5	14.7	9.7	1.1	−5.5	−9.7	−12.6	1.1
1987	−13.5	−9	−2.8	0.4	4.2	10	12.5	14.7	9.7	1.1	−5.5	−9.7	1.0
1988	−12.6	−10.1	−5.9	−0.7	3	9.8	13.1	13	7.8	−0.7	−5.3	−14.6	−0.3
1989	−15.4	−9	−4.4	−0.5	2.6	8.8	13.4	13.2	9.4	0.9	−5.1	−13.8	0.0
1990	−9.9	−7.9	−5.6	0.2	4.9	10	14.4	13.6	9.3	−0.7	−7.2	−10.7	0.9
1991	−10.3	−5.2	−1.8	3.8	9.2	13.2	13	8.7	0	−6.7	−11.2	−7.8	0.4
1992	−8.5	−7.7	−1.4	6.8	11.8	14.2	13.7	10.2	0	−6.1	−9.1	−15.8	0.7
1993	−9.2	−4.5	−1.5	4.2	10.6	15.7	13.3	9.5	−0.2	−6.4	−9.9	−9.5	1.0
1994	−11.5	−5.4	−0.2	3.2	8.7	12.1	14.2	9.2	0.6	−6.1	−10	−10.1	0.4
1995	−6.9	−7.3	−0.4	5.6	10.9	14.6	14.1	8	1	−4.3	−9.1	−11.3	1.2
1996	−10.7	−4	−1.6	4.7	11.3	14.5	13.6	9.9	0.3	−5.6	−8.9	−16.4	0.6
1997	−11	−5.5	−1	5.8	11.5	15.1	12.5	9.4	0.8	−5.5	−9.3	−10.7	1.0
1998	−7.8	−3.3	0.4	4.6	12.1	15.2	13.5	9.3	0.5	−4.4	−8.8	−12.2	1.6
1999	−10.4	−4.3	0.3	3.6	10.4	15	13.4	10.2	−1	−6.4	−17	−14.4	1.3
2000	−8.8	−5.9	0.9	6	10.8	16	15.2	11.1	0.9	−7.7	−11.1	−10.6	1.4

噶尔县境内温度偏低、气温年较差小，冬长夏短，春秋相连，四季不明。海拔 4500 米以上地区，春秋季在 100 天以下。气温变化的另一个特点

是受太阳辐射强，日照充裕的影响，白天地面受热剧烈增温，气温升高；夜间空气保温效应弱，辐射散热快，气温迅速降低，形成日较差大，年较差相对稳定，平均年较差在22.9℃。

（二）降水

噶尔县（狮泉河站）的年降水量为66毫米左右，多年平均降水不足100毫米，多年平均降水日数仅为36天，是阿里乃至整个西藏年降水量最少的测站之一。降水量年内分配不均匀，月际变化十分明显，降水主要集中在6～9月。噶尔县（狮泉河站）呈单峰型，6～9月的降水量占全年降水量84.6%。具体见表1—2—2。

噶尔县（狮泉河站）年、月降水量和降水日数

表1—2—2　　单位：毫米、天

月份	1	2	3	4	5	6	7	8	9	10	11	12	全年
降水量	1.5	1.1	1.8	1.0	2.3	3.4	31.5	22.6	5.9	0.6	1.0	1.8	74.4
降水日数	1.7	2.0	2.7	1.3	2.0	2.2	8.0	9.4	2.8	0.9	0.6	1.6	35.3

由于受季风势力的强弱和进退以及暖湿气流的影响，夏季气温升高，降雨增多。噶尔县6月底至7月上旬进入雨季，9月下旬雨季基本结束。冬春降水稀少，空气干燥多大风，雨季和干季比较分明。狮泉河站年总降水日数（日降水量≥0.1毫米为一个降水日）为35.3天。月降水日数主要集中在6～9月，尤其是8月份最高降水日数达到9.4天。其余月份的月平均降水日数只在8天以下。具体见表1—2—3。

噶尔（狮泉河站）历年每月降水量和日最大降水量及日期

表1—2—3　　单位：毫米

年＼月	1	2	3	4	5	6	7	8	9	10	11	12	合计	日最大降水	日/月
1961	5.9	1.7	1.9	0.0	0.7	0.0	30.7	14.0	1.1	0.0	0.2	4.3	60.5	9.3	9/8
1962	3.9	0.0	1.6	0.0	0.0	0.0	11.1	4.7	7.9	0.0	0.0	4.7	33.9	5.5	27/7
1963	0.1	3.8	10.8	0.3	0.6	0.0	10.8	25.3	6.4	0.0	0.0	1.7	5906	12.8	4/8
1964	1.8	0.7	1.3	0.0	0.7	1.5	22.3	21.8	0.5	0.0	0.0	1.3	51.3	10.2	25/8
1965	0.5	2.0	2.3	0.7	0.5	0.7	15.7	34.9	0.6	8.1	0.0	0.0	66.0	20.8	22/8
1966	0.6	1.7	5.9	2.4	0.2	5.6	7.1	39.3	0.5	3.6	1.6	0.0	68.5	13.8	8/8
1967	0.0	1.7	1.7	0.3	0.0	0.0	10.6	21.1	0.0	0.0	0.0	1.8	37.2	5.6	16/8

续表 1

月 年	1	2	3	4	5	6	7	8	9	10	11	12	合计	日最大降水	日 月
1968	1.3	1.4	0.6	0.5	0.0	0.0	32.8	28.7	0.0	0.0	0.0	0.3	65.6	11.0	29/7
1969	0.5	0.7	1.8	5.5	4.3	0.0	18.1	57.6	19.6	1.6	0.0	0.0	109.7	5.0	16/8
1970	2.1	1.3	0.0	0.0	0.3	1.4	7.3	33.0	6.0	0.1	0.0	0.1	51.6	24.6	3/7
1971	0.6	0.7	0.2	0.7	12.8	51.4	30.7	13.3	6.8	5.2	0.0	0.0	112.4	20	23/6
1972	1.7	0.7	0.1	0.4	2.4	1.2	3.7	23.8	26.6	8.8	0.5	0.1	70.0	20.2	15/9
1973	1.2	0.1	0.2	0.0	0.6	10.0	27.0	54.6	2.4	4.7	0.0	0.0	100.8	14.0	7/8
1974	1.9	1.6	0.0	0.0	5.4	3.0	16.3	19.8	6.3	0.6	0.0	0.3	55.2	12.2	11/8
1975	3.2	0.6	3.2	0.1	0.2	1.8	12.1	45.7	11.1	3.3	0.0	0.0	81.3	14.6	16/8
1976	0.2	1.6	0.0	0.2	1.0	22.8	16.7	47.7	0.5	0.0	0.0	0.0	90.7	16.9	14/6
1977	4.7	0.4	0.0	4.4	2.9	17.2	29.2	15.3	5.5	0.0	0.0	0.8	80.4	7.6	26/6
1978	0.0	0.2	3.3	1.3	0.0	3.7	44.4	52.7	20.0	0.0	0.7	0.2	136.5	16.2	2/8
1979	0.8	3.3	0.1	0.0	1.8	0.0	32.8	1.9	11.3	0.9	0.0	0.1	53.0	19.9	31/7
1980	0.2	2.8	1.1	2.0	2.8	0.0	33.2	25.2	4.4	0.1	0.0	0.7	72.5	13.4	30/8
1981	0.5	0.5	1.0	2.2	3.6	1.0	7.7	21.0	0.7	0.0	2.3	0.2	40.7	5.9	5/8
1982	0.0	0.0	1.0	1.4	1.5	0.0	5.2	10.2	0.0	0.4	0.0	1.3	21.0	8.9	9/8
1983	0.7	0.4	5.7	0.8	0.7	10.2	33.3	17.1	2.9	1.1	0.0	0.1	73.0	18.4	27/7
1984	0.0	2.8	0.0	0.1	0.0	0.2	39.4	45.1	15.0	0.0	0.0	1.0	103.6	18.7	28/8
1985	3.6	0.0	1.6	2.5	0.0	6.6	88.4	27.6	0.7	2.5	0.0	1.5	135.0	34.6	26/7
1986	0.0	0.2	2.3	0.0	2.6	0.1	30.6	13.9	15.7	2.4	0.1	3.6	76.5	7.5	25/7
1987	4.7	0.5	0.5	0.9	1.8	0.0	2.8	33.8	0.0	0.1	0.0	5.9	51.0	18.0	14/8
1988	0.3	0.3	4.3	0.5	0.3	5.6	50.0	28.8	1.8	0.0	0.0	2.9	94.8	16.8	1/8
1988	4.9	0.4	0.3	0.2	0.4	0.2	27.5	6.0	1.0	0.4	0.0	0.9	48.2	12.4	29/7
1990	0.5	3.8	3.8	0.0	13.5	0.9	15.8	30.4	3.7	0.0	0.2	0.9	73.5	13.0	30/8
1991	0.4	0.1	0.3	0.4	2.5	2.0	0.1	21.1	6.5	0.0	0.0	0.2	33.6	6.6	20/8
1992	1.3	2.9	3.3	0.0	0.9	2.4	27.5	7.8	0.3	0.0	1.3	0.0	47.7	6.9	2/7
1993	0.7	1.2	1.1	0.0	0.0	7.6	1.8	0.0	43.7	0.0	0.0	0.0	56.1	18.4	6/9
1994	2.4	1.1	0.5	0.0	1.5	0.0	32.4	35.2	0.0	0.0	0.0	0.2	73.3	12.7	21/7
1995	4.3	4.2	0.0	0.0	0.1	4.4	21.2	52.6	0.7	0.3	1.6	0.0	89.4	15.4	22/8
996	0.2	0.5	4.0	3.0	0.0	1.5	0.7	15.5	8.9	0.7	0.0	0.0	35.0	6.1	1/10
1997	0.0	0.0	2.4	0.1	0.9	3.2	13.1	8.5	1.0	16.3	1.1	6.4	53.0	9.2	30/8
1998	0.2	0.7	2.3	0.0	0.1	3.8	4.5	17.1	2.2	24.5	0.0	0.0	55.4	12.6	17/10

续表 2

年＼月	1	2	3	4	5	6	7	8	9	10	11	12	合计	日最大降水	日/月
1999	0.5	2.3	0.2	1.5	0.4	2.6	35.7	66.7	6.5	0.0	0.0	0.0	116.4	26.7	31/7
2000	0.0	3.5	0.4	1.5	12.6	10.0	86.0	4.9	1.0	0.0	0.9	0.0	120.4	26.7	22/7

（三）蒸发

噶尔县干旱少雨，降水季节分布不均，常年多风日风大；日照强烈，太阳辐射强，年平均蒸发量为 2257 毫米，相当于年降水量的 13.6 倍。在一年中春夏两季蒸发最多，秋季次之，冬季最少。

（四）日照及太阳总辐射

噶尔县地处高原内陆，全年晴多雨少，日照充足。日照数受地理位置的制约，随季节变化，由冬至夏增加。5～9 月平均日照时在 14 小时以上，属长日照区域。其分布从南部边境地带向北日照时数逐渐增多。全县年日照时数 3462.9 小时，年日照率为 73%，一年中日照百分率变化冬春大于夏秋，5 月份日照最多，达 319.5 小时，2 月份最少，为 217.5 小时。

噶尔县境内空气干燥洁净，日照强烈，年总辐射量高达 6000～8000 兆焦耳/平方米。太阳辐射分布与日照时数地区分布近似。日照时数多，太阳辐射强，并富含紫外光线。各月平均日照时数情况见表 1—2—4。

噶尔县（狮泉河）年、月日照时数表

表 1—2—4　　　　单位：小时

月份	1月	2月	3月	4月	5月	6月	7月	8月	9月	10月	11月	12月	全年
小时	240.2	233.8	282.4	297.7	331.1	346.4	306.1	295.5	298.5	305.6	273.1	252.5	3462.9

（五）风

噶尔县位于高空西风带和东南季风影响范围内，四季多风，夏秋以东南风为主，冬春多为西风。西风风力强劲，常引起沙暴。年平均风速为 3.2 米/秒，最大风速为 23 米/秒（1978 年 2 月 7 日），年平均大风日数 80.1 天。全年最多风向为西南偏西（WSW），频率为 14%。县境多为西风和西南偏西风。1973～1984 年，年平均风速和大风日数分别为 3.3 米/秒和 24 天；1984～1999 年，年平均风速和大风日数分别为 3.4 米/秒和 18 天。

狮泉河气象站月平均风速和平均大风日数见表 1—2—5。

狮泉河站年、月平均风速和平均大风日数

表 1—2—5　　单位：米/秒、天

月份	1	2	3	4	5	6	7	8	9	10	11	12	全年
平均风速	2.8	3.8	3.9	3.8	3.6	3.5	3.3	3.1	3.1	2.6	2.2	2.3	3.2
大风日数	6.8	8.7	10.9	10.4	10.7	5.6	4.9	4.2	3.7	4.3	4.1	5.8	80.1

三、物候

噶尔县境内随海拔高度、冷季长短差异，物候现象从南部河谷向北部高原湖盆地区推迟。县境内 1～3 月，冰雪封罩，风沙肆虐，牧草枯萎，湖泊封冻。3～4 月，地表开始解冻。5 月下旬，牧草开始返青，青稞、小麦出苗，候鸟从南飞至湖盆，开始产卵、孵化。6 月上旬，树枝抽芽泛绿，油菜现蕾，牧草到饱青期；下旬青稞拔节，牛羊上膘，雏鸟出壳。7 月，青稞抽穗，草原上蘑菇等菌类出土，候鸟成鸟换羽，牛羊换毛。8 月，油菜终花，青稞乳熟，幼鸟羽长成飞。9 月，青稞、油菜成熟，牧草停止生长变枯黄，牛羊下膘，候鸟开始集结南飞。10 月，开始进入风雪交织的漫长寒冬。噶尔县无霜期短，有时无绝对的无霜期。

四、气候变迁

（一）气温

噶尔县（狮泉河站）的气候变化特点为趋于变暖、干旱化、大风减少。平均变暖的程度为 2.028℃/10 年。升温的主要季节是冬（12～次年 2 月）、春（3～5 月）季，狮泉河站夜晚的升温率高于白天的升温率。地表温度和日照时数气候倾向趋于增大而且是同步，气候倾向率分别为 7.271 小时/10 年和 58.453 小时/10 年。

据狮泉河镇 30 年来资料分析，四季平均气温、最低气温、最高气温都呈逐年上升趋势，其中平均气温年气候倾向率为 2.877℃/10 年①，最低气温年气候倾向率为 7.951℃/10 年，最高气温年气候倾向率为 4.387℃/10 年。狮泉河镇的年平均气温从 1980 年的 0.5℃上升到 1999 年的 3.2℃，19 年间上升了 2.8℃。进入 20 世纪 90 年代后，除 1997 年外年平均气温距平均为正值，而且冬季的气候倾向率是最大，其次为夏季。夜间升温大于白天。无霜期的天数从 1980 年的 70 天到 1999 年达到 152 天。日照时数和地表温度四季都呈增加和上升趋势。

① 即每 10 年平均气温上升 2.877℃。

（二）降水量

近 30 年来，降水量呈减少趋势，但是变小的程度较慢，气候倾向率为－4.777 毫米/10 年。夏季气候倾向趋于减少（气候倾向率为－6.699 毫米/10 年），其余季节气候倾向都趋于增加。夏季降水气候倾向率为－6.615 毫米/10 年，春、秋、冬季的气候倾向率分别为 0.226 毫米/10 年、1.159 毫米/10 年、0.45 毫米/10 年。

20 世纪 70 年代中后期为一段丰水期，降水距平基本上为正值；20 世纪 90 年代为一段枯水期，降水距平均为负值（除 1995 和年 1999 年外）。年降水量最大值为 138.3 毫米（1978 年），最小值为 22.1 毫米（1982 年），最大值与最小值相差 117 毫米，为平均值（66 毫米）的 209.55％。总云量四季都趋于减少，气候倾向率为－2.492 成/10 年。年潜在蒸发量（或蒸发潜力）量除冬季（线性拟合减少率为－5.677％/10 年）趋于增大，气候倾向率为 119.014 毫米/10 年。相对湿度除了秋季有增大的趋势（线性拟合增长率为 1.539％/10 年 ）外，其余季节呈减小趋势，气候倾向率分别为－8.417％/10。大风日数呈减少，平均每 10 年减少 36 天左右，如图 1—2—1。

图 1—2—1　狮泉河镇大风实况及气候倾向图

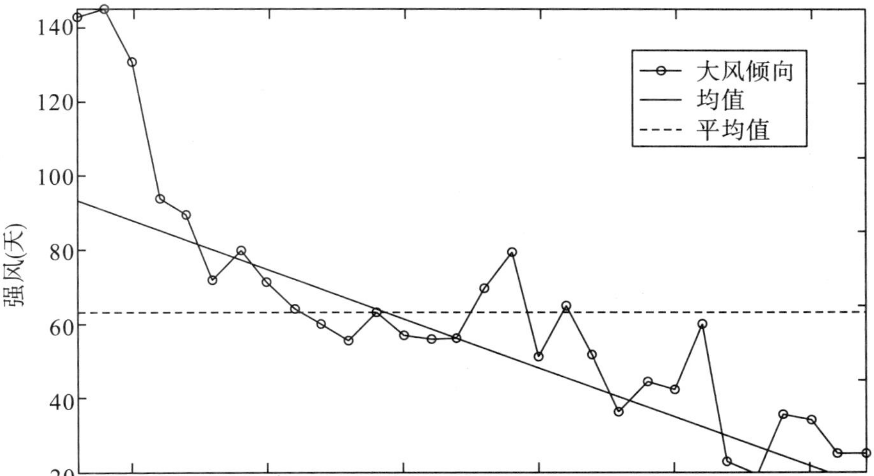

第二节　水　文

一、河流

（一）森格藏布

森格藏布，汉语译为狮泉河，是阿里境内最大的河流之一，是印度河的上源。位于喜马拉雅褶皱系东部，青藏高原的腹地，即东经79°08′～81°49′，北纬31°08′～33°17′之间。平均年径流量6.9亿立方米，流域平均径流深度仅25毫米，为西藏自治区外流水系中单位面积产水最少的河流，属不发育水系。

其流域呈扇形，流域最大长度约340千米，最大宽度约150千米，流域面积27170平方千米，其中冰川面积286平方千米。河长440千米，天然落差1668米。流域东、北部与藏北内流水系为邻；西、南部与朗钦藏布流域相连；西北端与克什米尔地区毗邻。河流大致由东南向西北流。主要支流有杰拉藏布、公前河、赤左藏布、婆肉藏布、郎久河、噶尔藏布等，其中噶尔藏布最大。

森格藏布发源于冈底斯山脉主峰冈仁波齐北部，即阿里地区革吉县亚热乡雄瓦尔山北麓森格喀巴附近，源头海拔5164米。河源区有南、北两条支流，两支流在森格普汇合，向北流经革吉后转向西流，从噶尔境内的七一桥至扎西岗附近纳噶尔藏布后又折向西北，流入克什米尔地区改称印度河。其中，北源称冈冈如马，南源为久思龙可勒，南源略长，为正源。森格藏布自源头约5000米抵森格喀巴①，在河左侧杂色火山岩陡壁的底部有终年不断的泉水补给，其山体形似狮子，故名狮泉河。平均年径流量6.9亿立方米，流域平均径流深度仅25毫米，为西藏自治区外流水系中单位面积产水最少的河流，属不发育水系。源头至革吉为上游段，长约152千米，落差646米，平均坡降3.5‰。

革吉至扎西岗为中游段，长约173千米，落差299米，平均坡降

① “森格喀”为藏语音译，意为狮子嘴；“巴”为藏语音译，意为流出。

1.9%。河流过革吉继续向西北流，在确登纳左岸支流纳入赤左藏布之水，经雅列芒波河流折向西流，至狮泉河镇。中游段革吉至曲杜布之间，有较多的沼泽地分布。除曲杜布至那芝有一峡谷外，其他河段皆为宽谷，尤以加木、江栋一带的河谷最宽，最宽处可达10余千米。在狮泉河镇上游40千米内，干流两岸有较多温泉分布，泉水不仅补给了河道径流，而且也提高了河水的温度，致使这些河段在冬季很少封冻。

扎西岗以下为下游段，长约87千米，落差319米，平均坡降3.7%；河流自扎西岗向西北流，沿程支流较多，大部分为季节性河流。至拉多附近，支流典角曲从左岸汇入，河流迂回曲折，于典角下游约50千米处流出国境，进入克什米尔地区，河流在克什米尔称印度河。下游河段以宽谷为主，因河水冲刷作用强烈，故河道较深，两岸阶地、滩地较发育。自扎西岗下游约20千米起，有一段长约10千米的激流滩。那里坡陡流急，平均坡降14‰，个别河段高达42‰，是森格藏布水流最湍急的河段。

森格藏布汛期出现在8月份，具有陡涨陡落的特点。8月份平均流量占全年的32%，年均径流量为3亿立方米。森格藏布流域处于半荒漠和荒漠地带，气候干旱少雨，8月份降水占全年的40%。11月～翌年5月为风季，3～5月多大风，无霜期短，河流除接受雨水和冰雪融水补给外，地下水补给量占比例很大，约占年径流量的67%，属地下水补给类型的河流。径流的年内分配和年际变化比较稳定。河水温度低，年平均水温3℃，河流结冰期长，一般于10月底出现岸冰，至翌年4月的中、下旬才完全消融，其中12月至翌年2月河流还出现封冻现象。最大洪峰流量一般出现在7～8月，峰高量小，峰型尖瘦，洪水过程一般为2～3天。河道流量较稳定，各月径流量一般占年径流量的5%左右；若按季节划分，春季径流量约占全年的20%，夏季占44%，秋季占22%，冬季只占14%。汛期短，约为1个月，通常在8月前后，最大月径流量占全年的32%。

河流沿岸有沼泽和温泉分布，温泉多为火成岩裂隙中涌出的潜水。河道由砂卵石组成，雨季河水浑浊。森格藏布的较大支流多从干流左侧汇入，左岸的流域面积为17767平方千米，右岸为9403平方千米，流域不对称系数为0.616。水质达地表水质量Ⅲ类标准。

表1—2—6为森格藏布径流特征值。

森格藏布（狮泉河测站）径流年内分配特征值

表 1—2—6

集水面积（平方千米）		15200
统计年		3
多年平均流量（立方米/秒）		
季径流量占年径流量的百分数	春（3～5 月）	19.8
	夏（6～8 月）	44.3
	秋（9～11 月）	21.8
	冬（12～2 月）	14.1
最小水月径流量	月份	8
	占年径流量的百分比	31.8
最大水月径流量	月份	12
	占年径流量的百分比	4.4
4～5 月径流量占年径流量的百分数		13.8
6～9 月径流量占年径流量的百分数		54.7
连续最大 4 个月径流量	月份	7～10
	占年径流量的百分数	56.6

资料来源：熊怡 张家桢．中国水文区划［M］．科学出版社，1995 年.

（二）噶尔藏布

噶尔藏布为森格藏布左岸一级支流，又名噶尔塘曲，汉语意为“兵营河、帐篷河”，发源于冈底斯山脉的主峰冈仁波齐峰的北侧。流域面积 6060 平方千米，河长 196 千米，年平均流量约为 20 立方米/秒。在扎西岗乡鲁玛村附近与森格藏布汇合，河口位于东经 79°39′、北纬 32°30′。流域呈东南—西北向带状，流域面积 6258 平方千米，其中冰川面积 195 平方千米，河长 230 千米，天然落差 1800 米。

该河流由地下水、冰雪融水及降水补给，年最大洪峰流量一般出现在 7～8 月，年最小流量发生在 1～3 月；初冰期为 10 月上旬，终冰期在次年的 5 月下旬，河流在冬季有封冻现象。河床由砂卵石组成，河水泥沙含量大，水质较好。

河流自源头沿冈底斯山脉与阿伊拉日居山之间的谷地向西北流，河道迂回曲折，河谷宽阔，河谷两侧山势挺拔。河流的上游为泥质或砾质河床，冬季经常冻结。上游两岸支流较多，主要有吓萨尔弄、巴尔曲、哈母曲、定列错布、薄果、重穷、穷布、帕弄嘎布等，支流以干流为轴呈对称。下游左岸为阿伊拉日居山的主峰区，6000 米以上的山峰有多座，地形起伏大，山上白雪皑皑，山下流水潺潺。下游主河道多岔流、浅滩及江心洲，河道多呈网状分布。网状河道的最宽处可达 10 千米，经常出现多股水流并行之状。下游支流多分布在左岸，发源于阿伊拉日居冰川的下缘。支流多而小，有 20 余条，河长多数在 10 千米以下，最长也不超过 20 千米。下游为沙质河床，河道沿岸是广阔的牧场，并有零星农田分布，是噶尔县重要的半农半牧区。

（三）赤左藏布

为森格藏布左岸的一级支流，它发源于西藏噶尔县左左乡上左左村（果仓堆）境内的久赤拉山北麓，流经革吉、噶尔两县。流域呈南—北向带状，流域面积 2500 平方千米，其中冰川面积 11 平方千米。河长 95 千米，噶尔境内长 36 千米，天然落差 1804 米。其流域西临森格藏布支流朗曲流域；南与朗钦藏布流域为邻；东、北部与森格藏布干流相连。

径流补给以地下水为主，降水及融水为辅，流域多年平均径流量 0.43 亿立方米，冬季有封冻现象。最大洪峰流量一般出现在 7～8 月，最小流量出现在 1～3 月。河道由砂卵石组成，流域内植被覆盖差，水土流失较严重，雨季河流泥沙含量大，水质未受污染。河流自河源始向东流，纳入鄂穷弄等支流后抵达芒冬，河流又折向东北流，此河段因受地形、气候、地理位置等条件制约，支流大多分布在河流右岸，且多为季节性河流。河流在芒冬下游 5000 米处转向北流，迂回曲折，水流时缓时急，途径上左左村（果仓堆）、下左左村（果仓麦）等地，于加中巴玛下游流出噶尔进入革吉县，于革吉县确登附近注入森格藏布。河口位于东经 80°51′、北纬 32°27′。

（四）郎久河

为森格藏布左岸的一级支流，又称朗曲，发源于噶尔县左左乡拉日山南侧。流域面积 1848 平方千米，河长 94 千米，天然落差 1440 米。

河流属常年性河流，河谷宽广，两岸地势开阔，山峰低矮。径流由地下水、降水和冰雪融水补给，流域多年平均年径流量为 0.37 亿立方米。年最大洪峰流量一般出现在 7～8 月，年最小流量发生在 1～3 月。冬季有封冻现象，初冰期为 10 月上旬，终冰期在翌年的 5 月下旬。流域内植被稀疏，水土流失较严重。河床由砂卵石组成，河水泥沙含量大，水质较好。

河源区水系较发育。河流自河源始向东流至 4000 米处，缓缓转向北流，经那果果至江达，纳入左岸支流龙亚，河流折向西北流至格格肉以下 2000 米处，纳入流经郎久林措的较大支流，自汇口处转向北流，抵达直布热附近又转向西北流。河流蜿蜒曲折、流水潺潺，途径郎久、加木等地，沿途纳入朗弄等支流后，于狮泉河镇下游注入森格藏布。河口位于东经80°03′、北纬32°28′。

（五）朗钦藏布

亦称朗钦喀巴[①]，汉译为象泉河，为国际河流，流入印度境内称“萨特累季河”。发源于普兰县巴噶乡毒庆拉（土青拉）山峰南麓的冰碛湖，是印度河最大支流萨特累季河的上游段，也是西藏阿里地区最主要的河流之一。其流域呈矩形，最大长度约260千米，最大宽度约140千米，流域面积23070平方千米，其中冰川面积为636平方千米，河长341千米。流域内地势东南高、西北低。其流域地跨阿里地区普兰、噶尔、札达三县。

朗钦藏布的上游部分位于噶尔县门士乡境内。河源海拔约5420米，河源至索岗绒曲汇入口为上游段，河长57千米。平均坡降19.7‰。河流自源头向西南流，源头分布有湖泊和冰川，水系发育、河谷狭窄、山势稍较高。河流自源头向西南流，至热杰淌嘎，河流进入开阔地带，左岸以低山为主，右岸地势平坦，分布有灌丛草地及荒漠，主要支流亚尔钦曲、卓布夏曲、卓布奴曲等。其中，卓布奴曲是上游段最大支流，发源于冈底斯山脉的南坡，河长55千米，落差1260米，流域面积562平方千米。

朗钦藏布每年汛期出现在7～8月，峰高量小，峰型尖瘦，洪水过程一般为2～3天。最枯流量出现在12～翌年2月。上游段河水含沙量小，冰期开始于10月中下旬，终冰期出现在翌年5月初，11～翌年4月河流为封冻期。

二、湖泊

噶尔县境内有郎久湖、杂贡错、昆萨湖等。其中，郎久湖又名郎久林措，位于左左乡，为咸水湖，常年水面面积约3平方千米；杂贡错位于扎西岗乡，1962年被印军强行占领；昆萨湖又名错朗马日湖或昆萨茶卡，为盐湖，位于昆萨乡，即东经79°55′和北纬34°20′，湖水矿化度365克/升，是西藏矿化度最高的湖[②]。湖水PH值7.1。湖面面积为0.52平方千米，湖面海拔4240米。湖水化学类型为硫酸盐型亚型硫酸钠。主要盐类沉积有石岩、无水芒硝、硼砂、钠硼解石等；碎屑物中的黏土矿物有伊利石和绿泥石。卤

① “朗钦”藏语意为大象，“喀巴”藏语意为“嘴里流出”之意，合意为“大象嘴中流出”。
② 郑喜玉等．中国盐湖志M. 北京：科学出版社，2002年，第96页。

水资源中 B 和 Li 含量较高，均达到开发利用的要求；盐类资源中有石盐、芒硝和硼酸盐等，分布面积 1.52 平方千米。

昆萨湖卤水成分见表 1—2—7。

噶尔昆萨湖卤水成分表

表 1—2—7　　单位：升/克

Na^+	K^+	Mg^{2+}	Ca^{2+}	Li^+	Cl^-	SO_4	HCO_3	Sr
119032.0	21205.5	107.3	2698.4	2895.4	186705.0	27892.0	—	3.2
B_2O_3	Rb	Cs	Br	I	U	Th	CO_3	Si
2895.4	12.10	4.28	5.33	0.079	0.028	—	—	2.56

三、机构

驻狮泉河西藏自治区水文水资源勘测局阿里大队负责对森格藏布检测段的水位进行观察，设置水位标尺，对水位变化进行记录，流量测定，观测气温、降水及蒸发；对其余河流也开展不定期的水文调查和监测。

第三章　土壤　植被

第一节　土　壤

一、土壤分布及特征

噶尔县境内夏季受孟加拉湾暖湿气流的影响，但因高大山系的重重阻挡，水热状况的变化，导致土壤类型的水平分异，但是分异并不特别显著。在这种广域的土壤分布规律的基础上尚有区域性分布，如森格藏布水系间发育草甸土或沼泽土与地带性土类—高山草原土组成树枝状组合。

（一）水平分布

噶尔县东南部的门士乡，海拔3900～4600米，降水稍多，发育的土壤为亚高山草原土；噶尔县中部噶尔藏布河谷，海拔4000～4600米，降水量少，发育的土壤为亚高山荒漠草原土；噶尔县北部为高山荒漠土。

（二）垂直分布

由于生物气候随着海拔的上升呈现规律性的变化，致使土壤类型也随海拔的上升呈现规律分布。噶尔县南部的阿依拉山系，中部的冈底斯山脉，表现出不同的土壤垂直带谱结构，但垂直带谱均简单。如冈底斯山脉，平均海拔在5500～5800米，其基带为4400～4600米，雪线高程为6000米。基带属高原温带类型，由于山地坡向不同，水热条件亦异，山地的垂直带谱的上限和下限也有所不同。阳坡海拔4400～4600米为亚高山荒漠草原土，海拔4600～5450米为高山草原土，海拔5450～5700米为高山寒漠土，海拔5700米以上为永久积雪；阴坡基带海拔为5000～5400米，属高山草原土，海拔

5400～5700 米为高山寒漠土。

二、土壤类型

噶尔境内主要土壤有高山寒漠土、高山草甸土、亚高山草原土、草甸土、新积土、粗骨土、石质土等七种类型。

（一）高山寒漠土

噶尔县高山寒漠土的面积有 496.55 万亩。主要分布于海拔 5400 米以上的山地，具体位于上左左一带和索麦一带，是土壤垂直带谱中分布最高的土壤类型，上接冰川雪原高，下接高山荒漠草原。高山寒漠土成土母质多为岩屑、滚石的冰碛物和残坡积物，地表多裸岩，土被不连续，只在岩隙中有少量的细土物质。寒冻物理风化作用强烈，生物化学风化十分微弱。高等植物的着生率极低。高山寒漠土暂只分一个高山寒漠土亚类，按成土母质的类型，高山寒漠土亚类属冰碛高山寒漠土土属。其形态以剖面浅薄、发生层分化弱为特点，剖面中富含多角状碎石，土体构型属 AC－R 型粗骨土，表土有机质层，土壤粒状或片状结构，疏松，多砾质沙壤土，根少，潮湿，表层以下为母质层，土色棕，片状结构，多砾质沙壤土，下垫石砾层。

（二）高山草甸土

高山草甸土是噶尔县分布最广、面积最大、最具代表性的一个土类。它是组成垂直带谱的成分，上接高山寒漠土，下连亚高山草原土（或亚高山荒漠土）。噶尔县境内高山草甸土面积达 1596.91 万亩，占土类总面积的 5.37％，主要分布在门士乡和左左乡、昆萨乡境内。其地貌为高原湖盆、高原宽谷及高山深谷区。按照它的发生特点，在县域内高山草甸土又分高山草原土、高山荒漠草原土和高山灌丛草原土三个亚类。

1. 高山草原土

噶尔县境内高山草原土面积达 642.87 万亩，占土类总面积的 3.71％，主要分布在门士乡和左左乡境内，分布的海拔高度为 4700～5400 米。下接河谷隐域性土壤，上承高山草原土。其剖面形态特征为高山草原土亚类土层浅薄，一般厚度 50 厘米左右。土壤剖面分化较差，一般可分出 A1. B、C 等发生层次。A1 腐殖质层较薄，呈棕—灰棕色、屑粒状或块状结构，较疏松，是植物根系集中分布层，质地多属多砾质沙壤土，石灰反应强烈。B 为淀积层。呈灰棕—棕色，块状结构，质地沙壤质，有碳酸钙淀积，新生体多以假菌丝体形式存在，或以石灰斑存在于石砾背面，较紧实、根少。C 为砾石母质层。

2. 高山荒漠草原土

高山荒漠草原土主要分布在噶尔县境内的高原湖盆、高原宽谷、低缓丘陵及海拔4700～5400米的山地。面积达880.82万亩，占土类总面积的8.95%。植被生长较差。其优势种以禾本科的沙化针茅为主，次优势种是灌木亚菊，伴有驼绒藜、藏沙蒿等。成土母质主要是沙页岩、板岩石、灰岩、花岗岩组成的残积物、坡积物、冰积物、洪积物。其剖面形态特征：土壤成土过程中附加有荒漠化过程的发生。土壤表层有弱的孔状结皮层发育，腐殖质层变薄，颜色偏淡。钙积层的层位较亚高山草原土亚类上移，在10～20厘米间。无明显石膏聚积层。

3. 高山灌丛草原土

噶尔县境内高山草原土面积达73.23万亩，占土类总面积的3.25%。分布的海拔高度为4800～5000米。母质为花岗岩、砂岩坡积物。由于灌丛植被破坏严重，每年仅有极少的灌丛落叶进入土壤。因而由灌丛落叶与草本植物共同参与的腐殖质积累作用并不十分明显。钙积层发育略强，曾为略深。

（三）亚高山草原土

又名巴嘎土，形成于剥蚀山地、丘陵、山麓洪积扇及湖盆、谷地。地表多覆粗砾和大石砾，局部地表覆砂，成土母质主要为花岗岩、石灰岩、板岩片麻岩及砂岩形成的残积、坡积、洪冲积物，多富含碳酸钙，砾石含量较高，土壤粗骨性较强。噶尔境内均以洪冲积物为主。其剖面形态特征：属该土类中发育较典型的亚类。土壤发育层次明显，一般可分为A层、B层、BC层和C层。A层厚15～20厘米，呈粒状或团块状结构，栖居于该层的掘土动物较多。B层（钙积层）出现于30～40厘米处，厚20～30厘米，但$CaCO_3$新生体发育较弱，多呈灰斑包被于石砾背面，或以斑点状淀积于土体。

亚高山草原土可分为亚高山草原土、亚高山荒漠草原土、亚高山灌丛草原土和亚高山耕种草原土。噶尔县境内有亚高山草原土和亚高山耕种草原土。其中，亚高山耕种草原土分布的地形部位多在热量、水分条件相对较好处，如洪积扇、河谷、湖滨平原及山间盆地等处的背风向阳处，海拔在4200～4500米。其成土的主要附加过程是耕种熟化过程。

（四）草甸土

噶尔县境内草甸土分布广泛，河流的低阶地、河滩地、湖泊周围的湖滨平原以及山谷低洼地形部位多有发育。呈断断续续地分布在各类地带性土壤范围内。草甸土是半水成土壤。其成土过程为有机质的积累作用；季节性的氧化一还原作用。草甸土可划分为普通草甸土、沼泽草甸土、盐化草甸土、碱化草甸土和耕种草甸土等五个亚类。

1. 普通草甸土

噶尔县境内普通草甸土面积为52.05万亩。位于低洼地和湖滨边缘，草甸植被稀疏，表层无丘状草皮层，腐殖质层较薄，有机含量较低。

2. 沼泽草甸土

噶尔县境内沼泽草甸土面积为33.79万亩。位于湖滨与河流洼地的近中心部位，位置比普通草甸低。植被以蒿草、杂类草为主，覆盖度在90%以上。成土母质依沉积物的性质而异，多为湖积和湖积物。

3. 盐化草甸土

噶尔县境内盐化草甸土面积为9.31万亩。主要分布于森格藏布、噶尔藏布等河谷中。剖面呈棕灰色，表层疏松有盐霜，深层有锈斑。植被以赖草、苔草为主，伴生少量锦鸡儿灌丛，覆盖度25%。

4. 碱化草甸土

碱化草甸土是草甸土附加碱化过程而形成的，具有普通草甸土的形态特征，但表层尚不显盐化现象。其母质为河流冲积物，表层灰白，有结皮层，深层棕灰色，强石灰反应。植被为苔草草甸，伴生锦鸡儿灌丛，覆盖度80%。

5. 耕种草甸土

噶尔县境内耕种草甸土面积为175.60万亩。零星分布在森格藏布和噶尔藏布中下游。由于耕作历史较短，草甸土原有的草皮层被破坏，具有一定熟化程度的疏松耕作层。母质多属壤质冲积物，表层棕灰色，多根系，深部有锈斑。

（五）新积土

噶尔县境内新积土面积为12.47万亩。多见于河流的河漫滩和湖泊周围的湖滩，母质为河流冲积物或湖泊沉积物。在汛期可能被河水、湖水淹没。其土层厚薄不一，质地多为砂壤质或砂质，有时有层状沉积，很少有植被生长。

（六）粗骨土

噶尔县境内粗骨土面积为3.44万亩。其地形部位为低山丘陵、侵蚀严重的山坡及洪冲积扇上部。岩石风化裸露，土层薄，砾石含砾 10%～30%。无植被生长或植被稀疏。

（七）石质土

噶尔县境内石质土面积为 72.23 万亩。分布于噶尔县各大山系和低山丘陵。其分布特点是山体陡峭，以及水土流失较为严重的阳坡。石质土因土层太薄，且石砾含量多，无法进行利用。

四、主要土壤养分和利用

（一）高山寒漠土

地处高海拔，气候十分严寒，土壤发育弱，营养元素缺乏，植被生长稀疏，利用价值不大。

（二）高山草原土

高山草原土为牧业用地。其中，高山草原土肥力低，高山灌丛草原土肥力中等，高山荒漠草原土肥力最低。高山草原土质地粗，土层薄，水热条件差，多为宜牧土地，而且多作为夏秋牧场。

（三）亚高山草原土

亚高山草原土作为草场，多为集中放牧地带，是噶尔县农牧业生产的重要区域。土层浅薄，砾石含量高，土体易干燥，有效养分含量低，热量条件不足。

（四）草甸土

普通草甸土土壤肥力较高，土层深厚，质地松，是最好的牧场之一。沼泽草甸土土壤肥力高，水分条件好，地表植被茂密，是主要的冬春牧场；盐化和碱化草甸土受盐分和碱化影响，植被较稀疏，产草量较低，生产力受到限制；耕种草甸土土壤有机含量较高，有效肥力不高，特别氮素供肥较低。

噶尔县境内主要土壤养分含量见表 1—3—1。

噶尔县主要土壤养分含量表

表 1—3—1　　单位：%

项目 土类	有机质	氮	磷	钾	碳酸钙
高山寒漠土	—	—	0.052	2.28	17.93
高山草甸土	1.04	0.054	0.054	2.31	0.62
高山草原土	3.05	0.110	0.058	1.89	11.73

续表 1

土类 \ 项目	有机质	氮	磷	钾	碳酸钙
高山荒漠草原土	1.51	0.133	0.05	1.60	33.76
亚高山草原土	0.61	0.043	0.07	2.22	7.33
草甸土	0.76	0.058	0.248	1.88	15.85
耕种草甸土	2.03	0.11	0.082	2.59	2.6
新积土	1.36	0.061	0.044	2.11	4.5
石质土	0.24	—	0.028	0.064	7.94

第二节　植　被

一、植被主要生态类型

境内植被生态类型主要有高山草甸植被、高山寒漠植被、高寒草原植被、低平地草甸植被、高山灌丛草原植被、温性荒漠植被、沼泽植被七种类型。

（一）高山草甸植被

高山草甸植被是在高寒气候条件下土壤水分适中的地方形成的植被类型，是在噶尔县广泛分布的植被类型，集中分布于冈底斯山寒漠植被以下阴坡，谷坡冲沟边坡和水分条件较好的台地。在“高、寒、冷、湿”的自然环境条件下，高山草甸具有草种丰富，覆盖度大，草地质量好，植株密度大等特点。草地群落多以耐寒的多年生草本植物为优势，常伴生青藏苔草、圆穗蓼、报春花、毛茛、矮火绒草、垫状点地梅、凤毛菊、羊茅等。具有种类组成丰富，植被覆盖度多在 50％～95％，植株密度高，草地质量好的特点。均有莎草科的植物为优势种，生活型以根茎、丛生莎草层片为主，生态类型以中生植物占主导地位。平均亩产可饲鲜草 83.1 千克，平均 46.6 亩草地饲养 1 只绵羊单位。

高山草甸类分高原高寒草甸、高寒盐化草甸、低地高寒沼泽化草甸三亚类。噶尔县境内主要以高寒盐化草甸类为主，其中优势种属经济类群，根茎小型莎草科植物为优质的层片草地类型，广泛分布海拔 4200～5100 米之间，草地植被外貌呈淡绿色。植被覆盖变幅较大，一般在 35％～95％之间，草层高度在 10～20 厘米之间。青藏苔草—高山蒿草型为优势，仅分布森格藏布各支流的河漫滩上的沼泽化草甸外围，优势种青藏苔草，次优势种高山蒿草，伴生种有垂穗披碱草、中亚早熟禾、赖草、两色蒲公英、蕨麻委陵菜、三裂碱毛茛等。年均鲜草产量 78.8 千克/亩，毒害草含量极少。高山蒿草＋羊茅状早熟禾型集中分布于噶尔藏布河谷、森格藏布河谷滩地之上。高山草地的群落盖度为 70％，高山蒿草株高 7.5 厘米，羊茅状早熟禾株高 22 厘米，主要伴生种类有蕨麻委陵草、青藏苔草、两色蒲公英、膜果龙胆和赖草。该草地毛面积为 17.39 万亩，草地可利用面积为 15.65 万亩，占小莎草组可利用面积的 21.8％。年牧草储量为 15966.82 吨，平均亩产可食鲜草 102 千克。年理论载畜量为 7114.2 只绵羊单位，平均 22 亩草地可养 1 只绵羊单位。

以藏北蒿草为优势种，高山蒿草为次优势种的草地群落广泛分布于冈底斯山地南北两侧的湖盆、河流阶地之上。其中，藏北蒿草为优势种，高度不超过 1 厘米，群落盖度在 75％～95％之间，伴生种类多达十几种，常见有矮生蒿草、展苞灯心草、云生毛茛、浮毛茛、水麦冬、蕨麻委陵草、细叶西伯利亚蓼、高山唐松草、三裂碱毛茛、光果西藏微孔草、藏豆等；以藏北蒿草为优势种，集中分布噶尔藏布河谷，群落盖度在 90％以上，藏北蒿草株高 9～17 厘米，覆盖度达 40％。平均亩产可饲鲜草 214.4 千克，9.8 亩草地可以养 1 只绵羊单位。藏北蒿草—矮生蒿草＋高山蒿草型草地仅分布于噶尔藏布和森格藏布的河流阶地之上，群落盖度为 90％，优势种为藏北蒿草，次优势种为矮生蒿草、高山蒿草，伴生种有蕨麻委陵草等。

（二）高山寒漠植被

高山寒漠植被集中分布于阿伊拉山脉和冈底斯山脉雪线以下，海拔 5200 米以上的高山寒冻荒漠带。因山势高亢，气候严酷，基岩裸露，风化微弱，土质贫瘠，土层浅薄，空气缺氧，微生物活动微弱，植被覆盖极低，多为多年生中生和旱生的草本植物、垫状植物和地衣、苔藓之类，常见的植物种类有：地衣着生在岩面之上，并在岩屑缝和流水处有垫状点地梅、三指凤毛菊、藓状雪灵芝等高等植物。植被总盖度为 1％～2％，土壤中几乎不见微生物活动迹象。优势种不明显，主要有红、黄、黑等颜色的漆皮地衣，多附生于砾石表面，呈斑状或凹状分布。石缝中时有雪莲、凤毛菊、苔状蚤缀、垫状点地梅等组成高山寒漠植被群落。一般无放牧价值。

（三）高寒草原植被

是噶尔县境内分布面积最广，植被类型较多的植被，但以紫花针茅群系和沙生针茅群系为主。主要分布在冈底斯山和阿伊拉山间地势平缓，排水良好，粗骨性较强的山前倾斜平原、山间宽谷、盆地、湖滨丘陵、浅切平缓山地、湖积平原和森格藏布两岸4300米以上的阶地等。分布海拔一般在4300～5000米，最高达5100米。其中，紫花针茅群系的分布海拔偏高，紫花针茅为建群种，草层高3厘米～19厘米，总盖度40％～50％。草群以禾本科为主，约占草类总量的60％以上，营养丰富，粗蛋白质含量高达14％，草质柔软，适口性好，宜放各类大小牲畜。但是耐牧性较差，产草量低，生态十分脆弱，平均亩产可饲鲜草低于20千克，一般百亩可载畜1头。在海拔相对较低而粗骨性较强的宽谷坡地、丘陵、浅切高山及森格藏布及噶尔藏布两岸，沙生针茅群系分布广泛，草层多高于紫花针茅群系，为10～20厘米，覆盖度为15％～30％，常伴生二裂委陵菜、轮叶棘豆、矮火绒草、沙生地蔷薇等，年产鲜草约25千克/亩，可饲鲜草90％，一般60亩能养1只绵羊单位。

（四）低平地草甸植被

是以中生性多年生草本植物为优势种类构成的草地类型。集中分布于森格藏布和噶尔藏布河谷的部分河滩地之上，产草量较高，群落盖度较大，牧草营养价值较高。该草地分两类，即低湿地草甸和低地盐渍化草甸。噶尔县境内主要是后者。它是由微温中生的耐盐碱根茎禾草组成的草地类型，对盐渍化土壤有较强的适应能力，芦苇型草地在森格藏布河谷中分布面积较大，群落盖度在45％～50％，草群高度约40厘米，伴生种类很少，仅有赖草、细叶西伯利亚蓼。亩产鲜草为103.4千克，27.2亩草地可以养1只绵羊单位。

（五）高山灌丛草原植被

主要分布在冈底斯山南麓前山带和山前斜平原。分布海拔4300～5200米，其水分条件较高，一般上接寒漠植被或高山草原草甸植被。建群种为垫状变色锦鸡儿和紫花针茅，前者高10～20厘米，呈圆形匍匐状，覆盖度25％～60％；后者一般高10～30厘米，覆盖度10％～20％，年产鲜草约100千克/亩（含灌丛），50亩草地能养1只绵羊单位，宜放牧山羊或绵羊。

（六）温性荒漠植被

是在极端干旱的条件下形成的植被类型，集中分布于森格藏布等河谷地带。植被覆盖度极低，通常在5%～30%之间，由强旱生或超旱生植物构成。平均亩产可饲鲜草29.5千克，一般177.1亩草地能养1只绵羊单位。

（七）沼泽植被

属非地带性植被，湿生或水生植物为建群种的植被群落，分布于终年积水的低洼地段，如噶尔藏布河谷积水区，分布面积很小，且很零星，主要为隐穗苔草群系，总盖度50%以上，常伴生毛茛、珠芽蓼等；咸水湖区则植被稀疏，总盖度小于20%，并伴生盐生沼泽植被。

二、植被分布特征

（一）水平地带性

植被分布呈现从南到北、从东到西的水平地带性，但是差异不显著。噶尔县东南部的门士乡，为高原温性草原植被，植被优势种以沙生针茅草为主；噶尔藏布河谷海拔4000～4600米，植被为高原温性荒漠植被类型，主要植被优势种为沙生针茅，次优势为灌木亚菊；在森格藏布流域，紫花针茅群落的分布面积显著减少，在洪积扇上生长羽柱针茅和沙生针茅群落，在干燥的谷地出现以超旱生的驼绒藜为代表的温性荒漠植被类型。北部靠近日土县以垫状驼绒藜为优势的高寒荒漠植被类型，植被稀少。

（二）垂直地带性

阿伊拉山北坡植被垂直结构表现为：海拔4200～4750米的山麓地带为荒漠或是草原化荒漠，生长旱生型的紫花针茅，沙生针茅禾本科牧草及兹逗、野草等，中低度覆盖，为牧草生长提供了广阔的暖季牧场；海拔4750～5100米处是以青藏苔草、紫花针茅为优势的高寒草原带；海拔5100米以上为羊茅、紫花针茅组成的高山冰缘植被，优势种类有垫状点地梅、鼠曲雪兔子等。

第四章　自然资源

第一节　土地资源

一、土地资源调查

1961年，中国科学院综合考察队孙鸿烈等人穿越阿里地区进行路线踏勘。1976年，中国科学院综合科学考察队在阿里开展较大规模的考察，也走遍噶尔县。1985年，根据国务院《关于进一步开展土地资源调查工作》的要求，遵照农牧渔业部、国家土地管理局关于《西藏自治区开展第一次土地资源调查工作》的有关精神，由新疆维吾尔自治区支援阿里地区，承担了县级土地资源调查工作，并指定中国科学院新疆生物土壤调查研究所分队承担噶尔县土地利用现状调查工作。1986年7月，试点工作开始，1989年11月，调查工作结束，1991年7月，由中国农业出版社出版了《西藏阿里土地资源》一书。

二、土地面积

至2000年底，噶尔县土地面积2997.45万亩，约占阿里地区土地总面积的5.78%。其中牧草地2058.24万亩，耕地1.04万亩，水域54.21万亩，未利用土地882.12万亩。人均土地面积为0.22万亩。

2000年噶尔县各类土地面积统计见表1—4—1。

2000 年噶尔县各类土地统计表

表 1—4—1

土地类别	面积（万亩）	占土地总面积（%）	备注
耕地	1.04	0.03	
林地	0.58	0.02	不含灌木林
牧草地	2058.24	68.67	
居民点及工矿用地	0.67	0.02	
交通用地	0.59	0.02	
水域	54.21	1.81	
未利用土地	882.12	29.43	
合计	2997.45	—	

三、土地类别

按土地利用现状类型噶尔县土地可划分为三级。其中，一级七类，即耕地、牧草地、林地、居民点及工矿用地、交通用地、水域、未利用土地；二级十九类，即水浇地、林地、苗圃、天然草场、人工草地、城镇、农村居民点、独立工矿用地、特殊用地、公路、河流水面、湖泊水面、冰川及永久积雪、荒草地、沙地、裸土地、裸岩石砾地、田坎、其他未利用土地；三级七类，即保灌水浇地、可灌水浇地、冬春放牧草场、夏秋放牧草场、非季节性放牧草场、临时性放牧草场、沙化石质化低质草场。

（一）耕地

1951 年，噶尔县境内仅有那木如本和左左本管理的 6 藏克耕地。

20 世纪 60 年代，开始开垦新耕地，到 1980 年，耕地面积达到 12280 亩。80 年代，压减耕地面积，稳定总产，门士区和昆萨区耕地显著减少。1987 年，耕地面积只有 8087.3 亩。90 年代末，根据阿里地区提出的到本世纪末基本实现粮食半自给的目标，大量弃耕地复耕。至 2000 年，噶尔县耕地面积 10415.55 亩，占土地总面积的 0.03%，全部为水浇地。耕地主要发育于宽谷的洪冲积扇、河漫滩，均为洪冲积母质，多砾质，土层较厚，土壤渗水性强，土质性状及肥力稍差。垦殖发育为耕种亚高山荒漠草原土、耕种亚高山草原土、耕种河谷草甸土、潮土等。种植作物以一年一熟的青稞为主。耕地平均海拔 4330 米，种植海拔最高为门士乡，海拔 4650 米。由于海拔较高，土温低，田间杂草丛生，青稞产量较低，产量在 50～100 千克/亩。

噶尔县耕地垂直分布范围如表 1—4—2。

噶尔县耕地垂直分布范围

表 1—4—2

地貌部位		乡	分布海拔高度（米）	
			最高	最低
森格藏布 噶尔藏布 高山谷底	噶尔藏布中下段 洪积扇与河漫滩 森格藏布中段河漫滩	那木如	4400	4380
		噶尔新乡	4480	4270
		辛格孔	4500	4240
		鲁玛	4300	4230
		扎西岗	4300	4140
		郎久	4450	4350
森格藏布 噶尔藏布 高山谷底	噶尔藏布中下段 洪积扇与河漫滩 森格藏布中段河漫滩	加木	4280	4260

在所有耕地中，宜农土地总面积有 7265.3 亩，按土地条件及质量可划分为Ⅴ和Ⅵ两个等级。其中Ⅴ等宜农地面积 100 亩，占亚区宜农类面积的 1.38％，主要分布在扎西岗的噶尔藏布河滩地上，土壤类型为灌耕草甸土，由草甸土开垦熟化的灌耕草甸土，耕作层有机质含量一般在 2.5％～3.0％间，C/N 值在 10 上下。氮、磷、钾养分含量较丰富，具体见表 1—4—3。

噶尔县灌耕草甸土的理化性状

表 1—4—3　　　　单位：厘米、ppm、me/100g 土％、毫米

深度	有机质	C/N	全量			速效			代换量	PH	颗粒组成			
			N	P	K	N	P	K			2.0～0.2	0.2～0.02	0.02～0.002	＜0.002
0～20	3.02	12	0.141	0.060	2.995	128	18	206	6.86	8.2	51	38	6	5
20～40	0.96	10	0.058	0.053	3.145	60	4	190	6.06	7.6	48	33	11	8
40～60	0.71	10	0.041	0.054	3.138	49	3	140	6.26	7.5	47	35	9	9

Ⅵ等宜农地面积 7165.3 亩，占宜农地面积的 98.62％，主要分布在河谷两岸的洪积扇的中下部，灌溉水源比较方便的地方。土壤类型为亚高山耕地草原土。由于开垦历史短，土壤熟化度低，土层薄，砾石含量高，土壤肥力较低，土地不平整，田间管理水平又差，青稞产量不足 50 千克/亩。

2000 年底，噶尔县耕地面积分布状况如表 1—4—4。

2000 **年噶尔县耕地面积分布表**

表 1—4—4　　　　单位：亩

镇、乡、村		总耕地面积	实播面积
昆萨乡	耕地总面积	5125.4	3329.3
	索麦村	2658.7	统计数据不详
	噶尔新村	1410.9	628.8
	那木如村	1055.8	1114
扎西岗乡	耕地总面积	1976.9	1907.85
	扎西岗村	1088.6	999.4
	鲁玛村	564.4	514.55
	典角村	323.9	303.9
门士乡	耕地总面积	1735.5	1405.8
	门士村	1150	918.3
	索堆村	585.8	487.5
左左乡	耕地总面积	495	483
	郎久村	495	483
狮泉河镇	耕地总面积	1067.2	—
	加木村	502	数据不详
	森格、藏布居委会	320	—

（二）林地

2000 年底，噶尔县林地面积 5795.4 亩（不含作为牧草地的灌木林），占土地总面积的 0.02%。噶尔县森林覆盖率为 0.0055%。

（三）牧草地

2000 年底，境内牧草地面积 2058.24 万亩，其中可利用牧草地面积 1687.10 万亩。其中，天然草地 1685.72 万亩、改良草地 1.35 万亩、人工种草 0.035 万亩。噶尔县四乡一镇均有牧草地分布。按其类型可分为高寒草原、温性荒漠、高寒草甸和附属草地等四个大类。其中，以高寒草原面积最大，占噶尔县草地可利用面积的 74.67%，占阿里地区草地可利用面积的 5.44%，其他草地占噶尔县草地可利用面积的 25.33%。宜牧土地类面积为 1735 万亩，占阿里地区草地可利用面积的 0.03%。

噶尔县宜牧土地类等级面积和生产潜力见表 1—4—5。

噶尔县宜牧等级面积及潜力统计

表 1—4—5

土地等	面积（万亩）	占宜牧土地总面积（%）	土地等理论载畜量（羊单位）	占总理论载畜量（%）
Ⅱ	38.51	2.22	19681.6	8.05
Ⅲ	41.82	2.41	12108.1	4.95
Ⅳ	101.81	5.87	30568.7	12.51
Ⅴ	1504.96	89.20	182022.9	74.79
总计	1687.10	100	244381.3	100

宜牧地总潜力为 244381.3 绵羊单位，其中 V 等宜牧地面积最大，占宜牧地总面积的 89.20%，理论载畜量占理论总载畜量的 74.49%；II 等宜牧地面积最小，仅占宜牧地面积的 2.22%，但载畜量却达 8.05%。

表 1—4—6 为噶尔县宜牧土地受限情况。

噶尔县宜牧土地限制型面积

表 1—4—6

项目＼限制型	温度（t）	土层（l）	质地（m）	砾石（r）	过牧（g）	坡度（p）	无限制	宜牧地总面积
面积（万亩）	398.34	429.67	171.36	318.71	20.38	336.55	12.09	1687.10
占宜牧地总面积（%）	23.61	25.45	10.16	18.89	1.20	19.95	0.7	100.00

（四）居民点及工矿用地

森格藏布中游的左左、加木洪冲积台地居民点，海拔 4200～4278 米。狮泉河镇海拔 4277.38 米，是世界海拔最高的城镇之一。森格藏布下游鲁玛、扎西岗洪冲积台地居民点，海拔 4270～4400 米。噶尔藏布中游的那木如、噶尔新乡、昆萨、辛格孔的宽谷洪冲积扇台地、河漫滩居民点，海拔 4480～4280 米。朗钦藏布上游门士宽谷阶地的居民点，海拔约 4400 米。

至 2000 年底，城乡居民点及工矿用地 6727.35 亩，占土地总面积的 0.022%。其中，城镇用地 5146.5 亩、农村居民点用地 611.55 亩、独立工矿用地 662.55 亩、特殊用地 306.75 亩。城镇用地和工矿用地分布在地理位置较为适中，一般在矿产资源丰富的河谷湖泊盆地和高原中低山区；农村居民点较为分散；特殊用地主要为军用地和寺庙、古文化遗址等名胜古迹用地。

（五）交通用地

至 2000 年底，噶尔县交通用地面积 5930.7 亩，均为公路用地，占土地总面积的 0.02%。

（六）水域

至2000年底，水域面积54.21万亩，占土地总面积的1.81%。其中，河流水面4.93万亩，湖泊水面1.18万亩；冰川及永久积雪地48.1万亩。

（七）未利用土地

未利用土地882.12万亩，占土地总面积的29.43%。其中，荒漠地294.43万亩、沙地2.12万亩，裸土地94.45万亩，裸岩石砾地491.05万亩，田坎0.07万亩。

第二节　水资源

噶尔县境内雪山、河流、湖泊较多，水资源较丰富，地表水总量近40亿立方米，多年平均径流近6亿立方米。2000年底，水域总面积54.21万亩，占土地总面积的1.81%，占阿里地区水域总面积的3%，冰川及永久积雪地48.1万亩。

一、地表水资源

噶尔县境内河流总长1216千米，河网密度67.23米/平方千米。

森格藏布发源于冈底斯山脉的主峰冈仁波齐峰的北侧，有六条较大的支流，在我国境内其流域面积在27450平方千米，年平均流量6.9亿立方米/秒，是印度河上游的主干流。

噶尔藏布发源于冈底斯山脉的主峰冈仁波齐峰的北侧。流域面积6060平方千米，年平均流量大约为20亿立方米/秒。

卓布奴曲发源于冈底斯山脉的南坡，年平均流量大约10.5亿立方米/秒。

二、地下水资源

在冈底斯山、阿伊拉山等山前冲—洪积倾斜平原山前冲—洪积倾斜平原区分布有较厚的第四系松散物质，孔隙率高，又有冰雪融水和地表水的渗漏补给，在沿山前形成了一系列富水地段，为地下水提供了良好的贮存条件。

自海拔5000米以下，均有地下水资源，主要是冰雪融水下渗补给而成。

森格藏布中游，近河地段地下水埋藏较浅，在河两侧小沟谷有大量的泉水补给河水。噶尔藏布中游河谷宽阔，流速缓慢，多分岔，湿地广布，地下水埋藏较浅。由于地表水大量渗入补给地下水，噶尔境内地下水多为矿化度小于 285 克/升的淡水，总硬度一般在 0.033～20.6 克/升。只有在少数温度较高的温泉或盐湖附近，矿化度高，如昆萨湖湖水矿化度 365 克/升。

第三节　植物资源

一、野生植被类型分布

噶尔县距西藏东部外流水系通道较远，自东南部沿雅鲁藏布江上溯的水汽已不易到达；而南面和西面则由于喜马拉雅山的环绕，湿润的气流难以逾越；北面紧接藏西北高原荒漠，是西藏最干旱的地区之一。植被生长条件严酷，除森格藏布下游河谷局部地带外，大部分地段属于荒漠草原地区。

（一）植被垂直分布

海拔 4200～4400 米，河谷地带，两侧山地相对较高，形成一个山地宽谷的地貌。气候温凉干旱。谷地和山坡下部分布有驼绒藜、亚菊荒漠；山坡上部常出现有斑块状的变色锦鸡儿灌丛，在个别地段上限分布到海拔 5000 米处。

海拔 4400～4750 米之间为亚高山荒漠草原带。主要种为沙生针茅，并分别与驼绒藜、木亚菊、高原芥组成荒漠化草原；局部的山麓地段上分布有小片的短花针茅群落，而在复砂地段上则生长有固沙草群落。

海拔 4750 米～5300（5400）米之间分布有高山草原带。以紫花针茅草原为主，在海拔 5000 米以上的山地，紫花针茅又和青藏苔草一起共同组成群落；局部的石砾质山地上，还分布有簇生柔籽草、蚤缀等为主的垫状植被。

海拔 5300（5400）米以上为高山冰缘植被带。生长有高山岩屑坡稀疏植物群聚。

在整个植被垂直分布系列中，基本上不出现高山草甸带，仅在局部高山冰雪融水补给的平缓阴坡上，见有呈斑块状分布的小蒿草草甸，最高上限分布到海拔 5550 米。在河谷石砾质滩地，常有大片的水柏枝灌丛，历史上曾是主要的燃料来源之一；在河旁冲积草甸土地段，生长有赖草、苔草、藏北嵩草、藏西嵩草、扁穗草等组成的草甸、沼泽化草甸和沼泽群落，是较好的放牧场。

（二）常见的植被类型

高山草原（草甸）有紫花针茅群落、沙生针茅群落，紫花针茅—高山嵩草群落，青藏苔草～赖草群落等。

高寒灌丛有变色锦鸡儿群落、垫状金露梅群落。

局部地段的沼泽植被有海韭菜群落，隐穗苔草群落，高山嵩草群落，青藏苔草、细叶西伯利亚蓼群落等。

二、主要野生植物种类

至2000年，已记录的县境内高等（维管束植物）植物有36科113属210种。其中，蕨类植物2科2属2种，裸子植物1科1属2种，被子植物35科194属208种。

噶尔县主要野生高等植物名录见表1—4—7，噶尔县药用植物资源分布情况见表1—4—8。

噶尔县主要野生高等植物名录

表1—4—7

序号	中文名称	种名	拉丁名称
	蕨类植物		
	1. 蹄盖蕨科		Athyriaceae
1	冷蕨属	皱孢冷蕨	*Cystopteris dickieana*
	2. 鳞毛蕨科		Dryopteridaceae
2	耳蕨属	浅裂高山耳蕨	*Polystichum lachenense*
	裸子植物		
	1. 麻黄科		Ephedraceae
1	麻黄属	西藏中麻黄	*Ephedra gerardiana*
2		山岭麻黄	E. *gerardiana*
	2. 荨麻科		Urticaceae
3	荨麻属	高原荨麻	*Urtica hypeborea*
	3. 蓼科		Polygonaceae
4	大黄属	菱叶大黄	*Rheum rhomboideum*
5		穗序大黄	*R. spiciforme*

续表 1

序号	中文名称	种名	拉丁名称
6	酸模属	紫茎酸模	*Runex angulatus*
7	蓼属	西伯利亚蓼	*Polygonum sibiricum*
8		细叶西伯利亚蓼	*P. sibiricum* var *thomsonii*
9		叉枝蓼	*P. tortuosum*
10		珠芽蓼	*P. uiuiparum*
	4. 藜科		Chenopodiaceae
11	小果滨藜属	小果滨藜	*Microgynoecium tibeticum*
12	驼绒藜属	垫状驼绒藜	*Ceratoides compacta*
13		驼绒藜	C. *latens*
14	滨藜属	中亚滨藜	*Atriplex centralasiatica*
15	虫实属	帕米尔虫实	*Corispermum pamiricum*
16		藏虫实	C. *tibeticum*
17	藜属	菊叶香藜	*Chenopodium foetidum*
18		灰绿藜	C. *Glaucum*
19		平卧藜	C. *prostratum*
20	碱蓬属	角果碱蓬	*Suaeda corniculata*
21		盐生草	*Halogeton glomeratus*
22	猪毛菜属		*Salsola monoptera*
	5. 石竹科		Caryophyllaceae
23	无心菜属	藓状雪灵芝	*Arenaria bryophylla*
24		藏西无心菜	A. *stracheyi*
25	繁缕属	沙生繁缕	*Stellaria arenaria*
26	柔子菜属	簇生柔子草	*Thylacospermum apetalum*
27	女娄菜属	无瓣女娄菜	*Melandrium apetalum*
28		多茎女娄菜	*M. multicaule*
	6. 毛茛科		Ranumculaceae
28	翠雀属	蓝翠雀花	*Delphinium caeruleum*
29		叠裂翠雀花	D. *nordhagenii*
30	拟耧斗菜属	疣种拟耧斗菜	*Paraquilegia anemonoides*
31	唐松草属	高山唐松草	*Thalictrum alpinum*
32	毛茛属	苞毛茛	*Ranunculus inuoluratus*
33		浮毛茛	*R. natans*

续表 2

序号	中文名称	种名	拉丁名称
34	碱毛茛属	三裂碱毛茛	*Halerpestes tricuspis*
	7. 罂粟科		Papayeraceae
35	绿绒蒿属	多刺绿绒蒿	*Meconopsis* horridula
36	紫堇属	尼泊尔黄堇	*Corydali hendersonii s*
37		革吉黄堇	C. *moorcroftiana*
38		尖宾黄堇	C. *mucronifera*
	8. 十字花科		Crueiferae
39	独行菜属	宽叶独行菜	*Lepidium latifolium*
40	藏荠属	藏荠	*Hedinia tibetica*
41	双脊荠属	无苞双脊荠	*Dilophia eracleata*
42		盐泽双脊荠	D. *salsa*
43	燥原芥属	燥原芥	*Ptilotrichum canescens*
44	葶苈属	柱形葶苈	*Draba dasyostra*
45		喜山葶苈	D. *oreades*
46		阿尔泰葶苈	D. *Altaica*
47		球状葶苈	D. *Glomerata*
48		毛叶葶苈	D. *oreades*
49	无茎荠属	无茎荠	*Pegaeophyton scapiflorum*
50	异蕊芥属	腺毛异蕊芥	*Dimorphostemon glandulosus*
51	条果芥属	裸芝条果芥	*Parrya nudicaulis*
52	高原芥属	高原芥	*Christolea crassifolia*
53		小高原芥	C. *pumila*
54		喜马拉雅高原芥	C. *himalayensis*
55		绒毛高原芥	C. *lanuginosa*
56		小高原芥	C. *pumila*
57	糖芥属	紫花糖芥	*Erysimum chamaephyton*
58		矮糖芥	E. *schlagintweitiarnum*
59	簇芥属	簇芥	*Pycnoplinthus uniflorus*
60	寒原芥属	西藏寒原芥	*Aphragmus tibeticus*
61	念珠芥属	小念珠芥	*Torularia parva*
62		西藏念珠芥	*T. tibetica*
	9. 景天科		Crassulaceae

续表 3

序号	中文名称	种名	拉丁名称
63	红景天属	长鞭红景天	*Rhodiola fastigita*
64		四裂红景天	*R. quadrifida*
65		西藏红景天	*R. tibetica*
66		柴胡红景天	*R. bupleuroides*
67	景天属	小景天	*Sedum rischeri*
	10. 虎耳草科		Saxifragaceae
68	虎耳草属	零余虎耳草	*Saxifraga granulifera*
69		光缘虎耳草	*S. nanella*
70		甘青虎耳草	*S. tangutica*
71		西藏虎耳草	*S. tietica*
72		爪瓣虎耳草	*S. unguiculata*
73	梅花草属	类三脉梅花草	*Parnassia pusilla*
	11. 蔷薇科		Rosaceae
74	委陵菜属	毛果委陵菜	*Potentilla* eriocarpa
75		无毛小叶委陵菜	*P. microphylla*
76		多茎委陵菜	*P. Multicaulis*
77		多头委陵菜	*P. mnlticeps*
78		多裂委陵菜	*P. multifida*
79		小叶金露梅	*P. parviolia*
80		高山委陵菜	*P. polyschista*
81		钉柱委陵菜	*P. saundersiana*
82	地蔷薇属	砂生地蔷薇	*Chamaerhodos sululosa*
	12. 豆科		Leguminosae
83	黄花属	胀果黄华	*Thermopsisinflate*
84	锦鸡儿属	变色锦鸡儿	*Caragana versicolr*
85	黄芪属	团垫黄芪	*Astragalus arnoldii*
86		长爪黄芪	A. *hendersonii*
87		短爪黄芪	A. *neydei*
88		圆叶黄芪	A. *orbicularirolius*
89		拟蒺藜黄芪	A. *tribulifolius*
90	棘豆属	轮叶棘豆	*Osytropis chiliophylla*
91		密丛棘豆	*O. densa*

续表 4

序号	中文名称	种名	拉丁名称
92		镰荚棘豆	*O. falcata*
93		冰川棘豆	*O. glacialis*
94		小叶棘豆	*O. microphylla*
95		少花棘豆	*O. pauciflora*
96	藏豆属	藏豆	*Stracheya tibetica*
	13. 大戟科		Euphorbiaceae
97	大戟属	西藏大戟	*Euphorbia tibetica*
	14. 圣柳科		Tamaricaceae
98	水柏枝属	秀丽水柏枝	*Myricaria elegans*
99		匍匐水柏枝	*M. prostrata*
	15. 堇菜科		Violaceae
100	堇菜属	西藏堇菜	*Viola kunawarensis*
	16. 胡颓子科		Elaeagnaceae
101	沙棘属	西藏沙棘	*Hippophae thibetana*
	17. 柳叶菜科		Onagraceae
102	柳叶菜属	悦人柳叶菜	*Epilobinm amurense*
103	水湿柳叶菜		E. *palustre*
	18. 小二仙草科		Haloragaceae
104	狐尾藻属	穗状狐尾藻	*Myiophyllum spicotum*
	19. 杉叶藻科		Hippuridaceae
105	杉叶藻属	杉叶藻	*Hippuris vulgaris*
	20. 伞形科		Umbelliferae
106	棱子芹属	矮棱子芹	*Pleurospemum nanum*
	21. 报春花科		Primulacea
107	海乳草属	海乳草	*Glausmaritime*
108	点地梅属	雅江点地梅	*Androsace yargongensis*
109	报春属	西藏粉报春	*Priumula* tibetica
	22. 龙胆科		Gentanaceae
110	龙胆属	圆齿龙胆	*Gentiana crenulatotruncata*
111		蓝白龙胆	*G. leucomelaena*
112	假龙胆属	矮假龙胆	*Gentianella pygmaea*
113	喉毛花属	北方喉毛花	*Comastoma boreale*

续表 5

序号	中文名称	种名	拉丁名称
114		镰萼喉毛花	C. *falcatum*
115	肋柱花属	铺散肋柱花	*Lomatogonium thomsonii*
	23. 紫草科		Boraginaceae
116	软紫草属	黄花软紫草	*Arnebia buttata*
117	齿缘草属	半球齿缘草	*Eritrichium henisphaericum*
118	微孔草属	西藏微孔草	*Microula tibetica*
119	24. 唇形科		Labiatae
120	夏至草属	黄花夏至草	*Lagopsis flava*
121	裂叶荆芥属	小裂叶荆芥	*Schizonepeta annua*
122	荆芥属	蓝花荆芥	*Nepeta coerulescens*
123		长苞荆芥	*N. longibracteata*
124		淡紫荆芥	*N. yanthina*
125	扭连钱属	褪色扭连钱	*Phyllophyton decolorans*
126	青兰属	白花枝子花	*Dracocephalum heterophyllum*
127	糙苏属	萝卜秦艽	*Phlomis medicinalis*
128	绵参属	绵参	*Eriophyton wallichianum*
	25. 茄科		Solanaceae
129	泡囊草属	西藏泡囊草	*Physochlaina praealta*
	26. 玄参科		Scrophulariaceae
130	兔耳草属	倾卧兔耳草	*Lagotis Decumbens*
131	马先蒿属	藏蕨叶马先蒿	*Pedicularis svenhedinii*
132		斑唇马先蒿	*p. longiflora*
133		广布马先蒿	*P. ederi*
	27. 紫葳科		Biqnoniaceae
134	角蒿属	藏波罗花	*Incarvillea younghusbandii*
	28. 忍冬科		Caprifoliaceae
135	忍冬属	棘枝忍冬	*Lonicera spinosa*
	29. 菊科		Compositae
136	狗娃花属	青藏狗娃花	*Heteropappus gouldii*
137		半卧狗娃花	*Asterasteroids*
138	紫菀属	厚棉紫菀	*Aster gossypiphorus*
139		密毛紫菀	A. *vestitus*

续表 6

序号	中文名称	种名	拉丁名称
140	短星菊属	腺毛短星菊	*Brachyactis pubecens*
141	火绒草属	弱小火绒草	*Leontopodium pusillum*
142	扁芒菊属	西藏扁芒菊	*Waldheimia glabra*
143	亚菊属	灌木亚菊	*Ajania fruticulosa*
144		单头亚菊	A. *scharnhorstii*
145	蒿属	纤杆蒿	*Artemisia demissa*
146		大花蒿	A. *macrocephala*
147		垫型蒿	A. *minor jacquem*
148		伊朗蒿	A. *persica*
149		细裂叶莲蒿	A. *antolinifolia*
150		冻原白蒿	A. *stracheyi*
151		藏沙蒿	A. *wellbyi*
152		藏白蒿	A. *younghusbandii*
153	垂头菊属	小垂头菊	*Cremanthodium nanum*
154		车前状垂头菊	C. *plantagineum*
155	刺儿菜属	野刺儿菜	*Cephalanoplos arvense*
156	凤毛菊属	膜苞雪莲	*Saussurea bracteata*
157		云状雪兔子	*S. ster*
158		昆仑雪兔子	*S. depsangensis*
159		鼠曲雪兔子	*S. gnaphalodes*
160		黑毛雪兔子	*S. hypsipeta*
161		肉叶雪兔子	*S. thomsonii*
162		腺毛凤毛菊	*S. glanduligera*
163		针叶凤毛菊	*S. subulata*
164		藏西凤毛菊	*S. stolickai*
165	蒲公英属	白花蒲公英	*Taraxacum leucanthum*
166		西藏蒲公英	*T. tibetanum*
167	绢毛菊属	团花绢毛菊	*Soroseris glomerata*
168		绢毛菊	*S. gillii*
169	莴苣属	蒙山莴苣	*Lactuca tatarica*
170	还羊参属	弯茎还羊参	*Crepis flexuosa*
	30. 眼子菜科		Potamogetonaceae

续表 7

序号	中文名称	种名	拉丁名称
171	眼子菜属	红线草	*Potamogeton pectinatus*
	31. 水麦冬科		Juncaginaceae
172	水麦冬属	海韭菜	*Triglochin maritimum*
173		水麦冬	*T. palustre*
	32. 禾本科		Gramineae
174	固沙草属	固沙草	*Orinus thoroldii*
175	羊茅属	羊茅	*Festuca ovina*
176	早熟禾属	中华早熟禾	*Poa attenata*
177		中亚早熟禾	*P. litwinowiana*
178	碱茅属	喜马拉雅碱茅	*Puccinellia himalaica*
179		帕米尔碱茅	*P. pairica*
180	鹅观草属	梭罗草	*Roegneria thoroldiana*
181	赖草属	赖草	*Leymus secalinus*
182	三毛草属	大花三毛草	*Trisetum alaskanum*
183	发草属	短枝发草	*Deschampsia littoralis*
184	野青茅属	高原野青茅	*Deyeuxia compacta*
185		藏西野青茅	D. *zangxiensis*
186	三角草属	三角草	*Trikeraia hcokeri*
187	细柄茅属	致细柄茅	*Ptilagrostis concinna*
188	针茅属	短花针茅	*Stipa breviflora*
189		丝颖针茅	*S. capillacea*
190		沙生针茅	*S. glareasa*
191		戈壁针茅	*S. goica*
192		紫花针茅	*S. purpurea*
193		昆仑针茅	*S. roborowskyi*
194		羽柱针茅	*S. basiplumosa*
	33. 莎草科		Cyperaceae
195	扁穗草属	扁穗草	*Blysmus compressus*
196	嵩草属	线叶嵩草	*Kobresia capillifolia*
197		藏北嵩草	*K. littledalei*
198		长轴嵩草	*K. microglochin*
199		波斯嵩草	*K. persica*

续表 8

序号	中文名称	种名	拉丁名称
200		高山嵩草	*K. pygmaea*
201		粗壮嵩草	*K. robusta*
202		喜马拉雅嵩草	*K. royleana*
203	苔草属	内弯苔草	*Carexincurve*
204		窄叶苔草	C. *montiseverestii*
205		青藏苔草	C. *moorcroftii*
206		圆囊苔草	C. *orbiculari*
	34. 灯心草科		Juncaceae
207	灯芯草属	展苞灯心草	*Juncus thmsonii*
	35. 百合科		Liliaceae
208	葱属	镰叶韭	*Allium carolinianum*
209		青甘韭	A. *przewalskianum*
	36. 鸢尾科		Iridaceae
210	鸢尾属	卷鞘鸢尾	*Iris potaninii*

噶尔县境内药用植物资源分布表

表 1—4—8

科名	中文名	拉丁名	利用特点	分布地区与生长环境
忍冬科	棘枝忍冬	*Lonicera spinasa*	花叶入药，可治脾胃虚寒，咳嗽，胸痛。	海拔 4200～4600 米的湖滩地、山沟。
桔梗科	钻裂风铃草	*Campanula aristata*	全草及根药用，全草治流感，根滋补，亦能助消化。	海拔 4300～4700 米的山间滩地及河谷灌丛。
菊科	黄花蒿	*Artemisia annua*	全草为清热药，内服可解热，止盗汗，止血，健胃，用于治疗疟疾有特效。种子含油率 28.75%，全草芳香油 0.3%～0.5%；茎皮含有全纤维素 17.8%。	海拔 4300 米的湖边浅水中。
	大籽蒿	*Artemisia sieversiana*	地上部入药，能消肿止血，治刀伤，四肢肿及肾寒。全草含芳香油，种子含油率 19.4%，食用或工业用。	海拔 4240～4530 米的田边及河谷滩地。

续表 1

科名	中文名	拉丁名	利用特点	分布地区与生长环境
菊科	臭蒿	*Artemisia hedinii*	药用治胆囊炎、黄疸型肝炎。	海拔 4240～4460 米的田边及湖边滩地。
	藏沙蒿	*Artemisia wellbyi*	药用。	海拔 3800～5200 米。
	车前状垂头菊	C. *planta-gineum*	全草入药，治疾喘咳嗽、痨伤及老年虚弱、头痛、胆囊炎等。	海拔 4900～5200 米的高山碎石等。
	沙生风毛菊	*Saussure arenaria*	全草入药，治感冒、发烧、肝炎、胆囊炎等。	海拔 4500～5300 米的山坡，滩地，灌丛下。
	鼠曲雪兔子	*Saussurea gnaphalodes*	全草入药，有解毒作用，治跌打损伤。	海拔 5000～5500 米，高山草甸、山顶、碎石带、山麓滩地。
	西藏蒲公英	*Taraxacum tibetanum*	根及全草入药，有清热解毒、消肿散瘀功效，常用于治疗各种炎症。	海拔 5000～5200 米的碎石地或砾石坡。
唇形科	白花枝子花	*Dracocephalum heterophyllum*	全草入药，治黄疸性发烧，热性病头痛、气管炎、眼翳等。	海拔 4200～5100 米。
	西藏扭线莲	*Phyllophyton tibeticum*	药用，治肺脓肿、肺结核。	海拔 4200～4600 米的高山流石坡上。
茄科	西藏泡囊草	*Physochlaina praealta*	根、种子入药，有消炎止痛作用，但含毒，宜慎用。	海拔 4200～4500 米的河滩、山坡阶地。
罂粟科	尼泊尔黄堇	*Corydalis hendersonii*	带根全草入药，用以治疗各种血病及热病。	海拔 4200～5200 米的沙砾地、流石坡。
	革吉黄堇	*Corydalis moorcroftiana*	全草入药，治流感发烧，伤寒，痢疾及各种炎症，还治坐骨神经痛。	海拔 4200～5400 米的高山流石坡、沙砾河滩。
	尖突黄堇	*Corydalis mucronifera*	全草入药，能解热止痛，适用于各种传染病引起的热症	海拔 5300 米的高山沙砾地。
景天科	长鞭红景天	*Rhodiola fastigiata*	全草入药，能清热肺，活血止血，止咳，治妇女带下。	海拔 4200～5400 米的高山草甸，山坡石缝。
蔷薇科	二裂委陵菜	*Potentilla bifurca*	药用。	海拔 3700～5100 米。
	小叶金露梅	*Potentilla parvifolia*	花、叶入药。花治妇女赤白带下，叶烧成炭外用治疗乳腺炎，但化浓后勿使用。	海拔 4630～4830 米的河滩砾石地或山坡倒石堆。

续表 2

科名	中文名	拉丁名	利用特点	分布地区与生长环境
蔷薇科	蕨麻委珠菜	*Potentilla anserina*	根富糖分和蛋白质等，可煮食或酿酒。根和全草入药；全株含鞣质25%，可提制栲胶，茎叶为染料的原料。	海拔3700～4230米的河谷草甸、砾戈堡及田边。
	多裂委陵菜⊕	*Potentilla mu-ltifida*	种子含油率为20.3%。全草入药，治血管硬化。	海拔4140～4800米，沟边，河滩。
麻黄科	西藏中麻黄	*Ephedra inter-media vartidetic*	绿色嫩枝含麻黄素，可药用；根亦入药，有发汗解表，宣肺平喘、利尿消肿之效。	海拔4200～4200米的干旱山坡，河滩。
蓼科	叉枝科	*Potentilla tortuosum*	根入药，用于治疗急慢痢疾、肠炎等。	海拔4200～4630米的山坡倒石锥。
	穗序大黄	*Rheum spiciforme*	根入药，为泻下药，治胃炎；外用可止血治疮。	海拔3700～4830米的碎石坡。
	驼绒藜	*Ceratoides latens*	药用，治气管炎、肺结核。	海拔4200～5050米的山坡或草原。
石竹科	藓状雪灵芝	*Arenaria bryophylla*	根入药，能退烧、止咳嗽、降血压，有滋补功效，可治肺炎、淋病、淋巴结核、高血压、子宫病等。	海拔4200～5400米。
	无瓣女娄菜	*Melandrium apetalum*	药用，有调经补血作用。	海拔4600～5300米的高山碎石坡、沙滩。
莎草科	具槽秆荸荠	*Eleocharis valleculosa*	茎纤维供造纸，亦是饲草。	海拔4400米的水塘中。
经柳科	秀丽水柏枝	*Myicaria elegans*	枝含黑色染料和鞣质，可提取。叶含维生素C。	海拔4200～4250的河谷砾石地。
眼子菜科	浮业眼子菜	*Potamogrton natans*	全草入药，有解热、利水、止血、健脾补虚功效。	海拔4300米的河谷边浅水中。
	红线草	*P. pectinatus*	全草药用，内服治肺炎，熬膏外用治疮疖。	海拔4200～5200米的湖边、静水中。
玄参科	肉果草	*Lancear tibefica*	全草及果实入药，有消肺热、解毒、袪滩之效，用于治疗咳嗽、肺脓疡、肺炎、关节炎、心肺病、月经不调和疮疖、刀伤等。	海拔4200～4300米的田边、河滩草甸、山麓。
	斑唇马先蒿	*Pedicularislo ngiflora Rudolph*	花入药，能清热利水，治肝炎、胆囊炎、水肿、遗精、耳鸣、瘤肿等。	海拔4200～4500米的湖边、沼地。
	齿叶玄参	*Scrophlaria dentata*	全草入药，有清热解毒止血消炎之效。	海拔4200～4700米的冲积河滩、山坡。
	长果婆婆纳	*Veronica ciliata*	全草入药，有清热解毒，祛风利湿之效。	海拔4300～5000米的谷地、灌丛及高山砾石坡。

续表 3

科名	中文名	拉丁名	利用特点	分布地区与生长环境
豆科	小叶棘豆	*Oxytropis microphylla*	地上部分入药，能消炎解热，止血散肿，生肌愈创，可治肠炎腹泻，创伤出血，便血，炭疽病等。兽医用其治马鞍伤。	海拔 4200～5000 米的山坡砾石草地。
柳叶菜科	水湿柳叶菜	*Epilobium paluste*	药用，治疗风湿性关节炎及腹泻。	海拔 4200～4950 米的沼泽草甸、湖边沙砾地。
杉叶藻科	杉叶藻	*Hippuris vulgaris*	全草入药，有镇咳、舒肝、清血热功效，治肺病、肝病、两肋疼痛等症。	海拔 4200～4950 米的沼泽、湖滨、溪流渠沟，水深 10～30 厘米时成片分布。
胡颓子科	西藏沙棘	*Hippophae thibetana Schlechtend*	果实多汁酸甜，可生食或提取维生素 A、C。果入药，叶作饲料。	海拔 4900 米的河滩。
水麦冬科	海韭菜	*Triglochun maritimum*	果实药用，能止泻，治眼病，并有滋补作用。	海拔 4200～5130 米的水边沼泽草甸、盐化草甸。
	水麦冬	*Triglochin palustris*	全草药用，有清热解毒，利尿消炎作用，主治腹水。	海拔 4200～4300 米的河滩。
禾本科	假苇拂子茅	*Calamagrostis pseudophragmites*	茎叶含纤维 40%，供造纸，秸秆可盖茅屋。幼嫩植株供作饲草。	海拔 4200 米的沼泽草甸边的盐碱地。
	白草	*Pennisetum flaccidum*	药用，内服治水肿，利尿，解毒，外用止血。茎秆纤维供造纸，种子可榨油或提取淀粉。	海拔 4200～4450 米的田边、河滩、山坡沙地。
毛茛科	雅毛茛	*Ranunculus pulchellus Mey*	治疗消化不良，腹内充水，脱肛及蛔虫病。	噶尔县全境。
	三裂碱毛茛	*H. tricuspis*	药用，可治疗烧伤、烫伤。	海拔 4200～4340 米的草甸。
	疣肿拟耧	*Paraquilegia anemonoides*	主治跌打损伤、弹伤、下胎衣及死胎。	海拔 4300～4700 米的山坡石隙中。
	云生毛茛	*Ranunculus longicaulis*	药用。	海拔 4200～5300 米的高山草甸、沼泽湿地、河边砾石地。
蒺藜科	骆驼蓬⊕	*Peganum harmala*	种子含油率为 15.3%，供制肥皂成油漆。种子可作红色染料。	海拔 4230 米的路旁沙砾地。

注：⊕为油脂植物与芳香油植物。

第四节　野生动物资源

一、野生动物种类

在西藏地理动物区划中，噶尔县属于古北界—青藏区—羌塘高区亚区—羌塘高原小区。

境内高原荒漠地带栖息有西藏沙蜥、雪鸡、多种雪雀和野牦牛、藏羚、藏原羚、西藏野驴等高原特有野生动物，时常可以遇见大群的西藏野驴和藏羚、盘羊、岩羊及野牦牛。食肉兽类有雪豹、兔狲、猞猁、狼、藏狐和棕熊等。啮齿类中以鼠兔类、高原兔和松田鼠最普遍。由于植被的丰富程度变化很大，鼠兔类的密度、分布极不均匀。喜马拉雅旱獭在湖河岸低丘岩山附近数量较多。西藏沙蜥的分布可高达5000多米，于日照强烈的中午时间在砂砾地面十分活跃。鸟类中最普遍的是褐背拟地鸦、藏雀、几种雪雀、红嘴山鸦、百灵鸟等，常利用鼠洞栖息。荒漠中有大量西藏毛腿沙鸡、戴胜。生活有珍稀动物黑头角雉。1829年，曾在森格藏布（狮泉河）下游采集到该动物样本，后无报道和发现。

河流和湖泊地区分布有高原裂腹鱼类，棕头鸥、赤麻鸭、斑头雁、燕鸥、白腰杓鹬、红脚鹬在每年夏季鸟类繁殖期较常见，是高原上特有的繁殖鸟，冬季飞迁南部低地。高原特有著名的黑颈鹤生活于沼泽环境，繁殖季节在保护区度过，越冬在西藏南部或不丹和尼泊尔。主要鱼类有西藏高原鳅、高原裸裂尻鱼、横口裂腹鱼、全唇裂腹鱼、锥吻叶须鱼等。

（一）哺乳类

已记录噶尔县野生哺乳类动物共有6目11科23种，具体见表1—4—9。

噶尔县哺乳类动物名录

表1—4—9

种序号	动物名	拉丁学名	保护级别
	翼手目		

续表 1

种序号	动物名	拉丁学名	保护级别
	一、蝙蝠科		
1	埃氏鼠耳蝠	*Myotis brandti*	
	食肉目		
	二、犬科		
2	狼	*canis lupus*	
3	赤狐	*Vulpes vulpes*	自治区Ⅱ级
4	藏狐	*Vulpes ferrilata*	自治区Ⅱ级
	三、鼬科		
5	香鼬	*Mustela altaica*	自治区Ⅱ级
	四、熊科		
6	棕熊	*Ursus arctos*	国家Ⅱ级
	五、猫科		
7	荒漠猫	*Felis bieti*	国家Ⅱ级
8	猞猁	*Felis lynx*	国家Ⅱ级
9	雪豹	*Unciauncial*	国家Ⅰ级
	奇蹄目		
	六、马科		
10	西藏野驴	*Equs kiang*	国家Ⅰ级
	偶蹄目		
	七、牛科		
11	野牦牛	*Procapra gutturosa*	国家Ⅰ级
12	藏原羚	*Procapra gutturosa*	国家Ⅱ级
13	藏羚	*Pantholops hodgsoni*	国家Ⅰ级
14	岩羊	*Pseudois nayaur*	国家Ⅱ级
15	盘羊	*Ovis ammon*	国家Ⅱ级
	兔形目		
	八、鼠兔科		
16	间颅鼠兔	*Ochotona cansus*	
17	大耳鼠兔	*Ochotona macrotis*	
18	拉达克鼠兔	*Ochotona ladacensis*	
	九、兔科		
19	高原兔	*Lepus oiostolus*	

续表 2

种序号	动物名	拉丁学名	保护级别
	啮齿目		
	十、鼠科		
20	小林姬鼠	*Apodemus syhaticus*	
	十一、仓鼠科		
21	长尾仓鼠	*Cricetulus longicaudatus*	
22	斯氏高山平鼠	*Altacola stoliczkanus*	
23	松田鼠	*Pitymys ierne*	

（二）鸟类

噶尔县有记录的野生鸟类动物共有 13 目 30 科 103 种，具体见表 1—4—10。

噶尔县主要野生鸟类名录

表 1—4—10

种序号	动物名	拉丁学名	保护级别
	䴙䴘目		
	一、䴙䴘科		
1	小䴙䴘	*Podiceps ruficollis*	
2	凤头䴙䴘	*Podiceps cristatus*	
	鹈形目		
	二、鸬鹚科		
3	普通鸬鹚	*Phalacrocorax carbo*	
	鹳形目		
	三、鹭科		
4	苍鹭	*Ardea cinerea*	
	雁形目		
	四、鸭科		
5	斑头雁	*Anser indicus*	自治区级Ⅱ级
6	赤麻鸭	*Tadorna ferruginea*	
7	绿头鸭	*Anas platyrhynchos*	
8	白眼潜鸭	*Aythya nyroca*	
9	红头潜鸭	*Aythya ferina*	
	五、鹰科		

续表 1

种序号	动物名	拉丁学名	保护级别
10	鸢	*Milvus Korschun*	国家Ⅱ级
11	大鵟	*Buteo hemilasius*	国家Ⅱ级
12	鹰雕	*Spizaetusnipalensis*	国家Ⅱ级
13	金雕	*Aquila chrysaetos*	国家Ⅰ级
14	草原雕	*Aquila rapax*	国家Ⅱ级
15	秃鹫	*Aegypius onachus*	自治区Ⅰ级
16	喜山兀鹫	*Gyps himalayensis*	自治区Ⅰ级
17	胡秃鹫	*Gypaetus barbatus Linnaeus*	国家Ⅰ级
	六、隼科	*Falconidae*	
18	猎隼	*Saker Falcon*	国家Ⅱ级
19	红隼	*Falconidae*	国家Ⅱ级
	七、雉科		
20	藏雪鸡	*TetraogaIlus tibetanus*	国家Ⅱ级
21	高山雪鸡	*Tetraogallushimalayensis*	国家Ⅱ级
22	高原山鹑	*Perdix hodgsoniae*	
23	黑头角雉	*Tragapan melanocephalus*	国家Ⅰ级
24	雉鸡	*Phasianus colchicus*	国家Ⅱ级
	鹤形目		
	八、鹤科		
25	黑颈鹤	*Grus nigricollis*	国家Ⅰ级
	九、秧鸡科		
26	黑水鸡	*Gallinula chloropus chloropus*	
27	白骨顶	*Fulica atra*	
	鸻形目		
	十、鸻科		
28	金眶鸻	*Charadrius dubius*	
29	蒙古沙鸻	*Charadrius mongolus*	
	十一、鹬科		
30	白腰杓鹬	*Numenius arquata*	
31	红脚鹬	*Tringa totanus*	
32	白腰草鹬	*Tringa ochropus*	
33	矶鹬	*Tringa bypoleucos*	

续表 2

种序号	动物名	拉丁学名	保护级别
	十二、反嘴鹬科	*Recurvirostridae*	
34	鹮嘴鹬	*Ibidorhyncha struthersii*	
	鸥形目		
	十三、鸥科		
35	普通燕鸥	*Sterna hirundo*	
36	棕头鸥	*Larus brunnicephalus*	
	鸽形目		
	十四、沙鸡科		
37	西藏毛腿沙鸡	*Syrrhaptes tibetanus*	
	十五、鸠鸽科	*Columbidae*	
38	岩鸽	*Columba rupestris*	
39	灰林鸽	*Columba pulchricollis*	
40	山斑鸠	*Streptopelia orientalis*	
41	灰斑鸠	*Streptopelia decaocto*	
42	鹃形目		
	十六、杜鹃科		
43	大杜鹃	*Cuculus canorus*	
	鸮形目		
	十七、鸱鸮科		
44	普通雕鸮	*Bubo bubo*	国家Ⅱ级
45	纵纹腹小鸮	*Athene noctus*	国家Ⅱ级
	佛法僧目		
	十八、戴胜科		
46	戴胜	*Upupa epops*	
	鴷形目		
	十九、啄木鸟科		
47	蚁鴷	*Jynx torquilla*	
48	棕腹啄木鸟	*Dendrocopos hyperythrus*	
	雀形目		
	二十、百灵科		
49	长嘴百灵	*Melanocorypha maxima*	
50	短趾沙百灵	*Calandrella cinerea*	

续表 3

种序号	动物名	拉丁学名	保护级别
51	细嘴沙百灵	*Calandrella acutirostris*	
52	小沙百灵	*Calandrella rufescens*	
53	凤头百灵	*Galerida cristata*	
54	云雀	*Alauda gulgula*	
55	角百灵	*Eremophila alpestris*	
	二十一、燕科		
56	灰（崖）沙燕	*Riparia riparia*	
57	岩燕	*Pryonoprogne rupestris*	
58	家燕	*Hirundo rustica*	
59	毛脚燕	*Delichon urbica*	
	二十二、鹡鸰科		
60	黄头鹡鸰	*Motacilla citreola*	
61	白鹡鸰	*Motacilla alba*	
62	粉红胸鹨	*Anthus roseatus*	
	二十三、山椒鸟科		
63	长尾山椒鸟	*Pericrocotus ethologus*	
	二十四、鸦科		
64	喜鹊	*Pica pica*	
65	褐背拟地鸦	*pseudopodoces humilis*	
66	红嘴山鸦	*pyrrhocorax pyrrhocorax*	
67	黄嘴山鸦	*Pyrrhocorax graculus*	
68	寒鸦	*Corvus monedula*	
69	渡鸦	*corvus corax*	
	二十五、岩鹨科	*Prunellidae*	
70	领岩鹨	*Prunella collaris*	
71	鸲岩鹨	*Prunella rubeculoides*	
72	褐岩鹨	*Prunella fulvescens*	
73	黑喉岩鹨	*Prunella atrogularis*	
	二十六、鹟科		
74	黑胸歌鸲	*Luscinia pectoralis*	
75	赭红尾鸲	*Black Redstart*	
76	红腹红尾鸲	*Phoenicurus erythrogaster*	

续表 4

种序号	动物名	拉丁学名	保护级别
77	黑喉石䳭	*Saxicola torquata*	
78	漠䳭	*Oenanthe deserti*	
79	白顶溪鸲	*Chaimarrornis leucocephalus*	
80	蓝矶鸫	*Monticola solitaria*	
81	紫啸鸫	*Myiophoneus caeruleus*	
82	乌鸫	*Turdus merula*	
83	黄腹柳莺	*Phylloscopus affinis*	
84	褐柳莺	*Phylloscopus fuscatus*	
85	花彩雀莺	*Leptopoecile sophiae*	
	二十七、䴓科		
86	红翅旋壁雀	*Tichodroma muraria*	
	二十八、攀雀科		
87	火冠雀	*Cephalopyrus flammiceps*	
	二十九、文鸟科		
88	家麻雀	*Passer domesticus*	
89	树麻雀	*Passer montanus*	
90	褐翅雪雀	*Montifringilla adamsi*	
91	白斑翅雪雀	*Montifringilla nivalis*	
92	白腰雪雀	*Montifringilla taczanowskii*	
93	棕颈雪雀	*Montifringilla ruficollis*	
94	棕背雪雀	*Montifringilla blanfordi*	
	三十、雀科		
95	黄嘴朱顶雀	*Carduclis flavirostris*	
96	林岭雀	*Leucosticte nemoricola*	
97	高山岭雀	*Leucosticte brandti*	
98	大朱雀	*Carpodacus rubicilla*	
99	拟大朱雀	*Carpodacus rubicilloides*	
100	红胸朱雀	*Carpodacus puniceus*	
101	朱雀	*Carpodacus erythrinus*	
102	白翅拟蜡嘴雀	*Mycerobas carnipes*	
103	灰眉岩鹀	*Emberiza cia*	

（三）鱼类

噶尔县野生鱼类主要分布在森格藏布（狮泉河）流域，共有1目2科8种，具体见表1—4—11。

噶尔县主要野生鱼类名录

表1—4—11

种序号	动物名	拉丁学名	保护级别
	鲤形目		
	一、鲤科		
1	横口裂腹鱼	*Schizothorax plagiostomus*	
2	全唇裂腹鱼	*S. labiatus*	
3	锥吻叶须鱼	*Ptychobarbus conirostris*	
4	高原裸裂尻鱼	*Schizopygopsis. stoliczkae*	
	二、鳅科		
5	西藏高原鳅	*Triplophysa tibetana*	
6	阿里高原鳅	*T. aliensis*	
7	异尾高原鳅	*T. stewartii*	
8	小眼高原鳅	*Tmicrops*	

（四）爬行动物

已记录噶尔县爬行动物仅有1目1科2种，是国家保护的有益的或者有重要经济、科学研究价值的“三有”陆生野生动物，具体见表1—4—12。

噶尔县爬行动物名录

表1—4—12

种序号	中文名	拉丁名	三有动物
	一、蜥蜴目		
	1. 鬣蜥科		
1	红尾沙蜥	*Phrynocephalus erythrurus*	√
2	西藏沙蜥	*Phrynocephalus theobaldi*	√

二、主要受保护的野生动物

境内国家和自治区Ⅰ级重点保护的野生动物有雪豹、西藏野驴、藏羚、野牦牛、黑颈鹤、胡兀鹫、金雕、秃鹫、黑头角雉等；国家和自治区Ⅱ级重点保护的野生动物有藏原羚、岩羊、盘羊、棕熊、藏雪鸡、藏狐、赤狐、香鼬等。

藏狐　藏语译音为“博吉瓦玛”。别名：草地狐，草狐狸。西藏自治区Ⅱ级重点保护野生动物。体长55～60厘米，体重3.5～6千克。吻长，耳短小，尾形粗短不及体长的1/2。四肢亦较赤狐略短。毛色在背部和前肢为浅棕黄色；头部灰棕黄色；体侧和尾灰色，尾尖污白色。栖息地为海拔5200米以下。常活动于灌丛草原、高原草原和高寒草甸草原地带。食物主要是高原兔、鼠兔和地栖鸟类等，分布于县西北部草原地带。

香鼬　藏语译音为“社蒙”。别名：香鼬，黄鼠。西藏自治区Ⅱ级重点保护野生动物。雄体长23～25厘米，雌体长20～21厘米，颈长，四肢短。尾长大于躯体长的1/2。上体及四肢外侧棕黄或褐黄色；颜面部棕黑色；腹部及四肢内侧为浅黄色或橘黄色，与上体分界明显；下颏乳白；前后足背具淡白色斑。栖息地为海拔4400米以下。常活动于高山灌丛草原、高原草原及草甸中，喜独栖生活。

棕熊　藏语译音为“折蒙”。别名：马熊，藏马熊。国家和西藏自治区Ⅱ级重点保护野生动物。体长1.8米以上，体重180千克。头宽，吻部长，鼻阔。尾短，四肢粗壮。吻部、眼周毛色呈浅棕色，下颏栗棕色；四肢内侧与腹部呈棕色；胸斑白色。栖息地为海拔5300米以下。生境适应性很广。多活 动于山间谷地、山地阳坡、河溪旁，以及食物丰富处和村寨附近。食性很杂，常食青草、嫩枝叶、各种浆果，还食鼠类、喜马拉雅旱獭等，高山牧区偶尔可见，但见率较低。

西藏野驴　藏语译音为“江”。别名：亚洲野驴，野马。国家和西藏自治区Ⅰ级重点保护野生动物。体长180～220厘米，体重约280千克。头短，吻圆钝。耳壳长超过17厘米。颈鬣毛短而直立。体背深棕褐色，冬毛较深。肩部至尾根具较窄的黑褐色脊纹。栖息地海拔高度5100米以下，常活动于高原草原、荒漠草原和山地荒漠区，喜欢在河谷漫滩停留。多分布于县东南部草原地带。

藏原羚　藏语译音为“果瓦”。别名：西藏黄羊，白屁股羊。国家和西藏自治区Ⅱ级重点保护野生动物。体长80～100厘米，体重10～15千克。雄羊具有长30厘米左右的角，角下面2/3段略向后弯，且有多个环棱；尖端1/3段光滑无棱，角末端向后弯曲。毛色灰棕，夏季较深，冬季较淡。臀部和腹为白色。栖息地海拔高度为4000米以上。常活动于高原、高山草甸地带，在水源充足的山谷地带活动较多。以高山草甸的草本植物为食，县境内分布广泛。

岩羊　藏语译音为“耐亚”。别名：石羊，崖羊，蓝羊。国家和西藏自治区Ⅱ级重点保护野生动物。体长100～140厘米，肩高70～90厘米，体重40～80千克。头部狭长，颌下无须。两性均有角，雄性角粗大，角尖间距宽达70厘米，而角基部靠近，仅距一狭缝隙。上体毛色褐黄或青灰色；下体及四肢侧白色；四肢前面及腹侧具有黑褐纹。冬季毛色较深。栖息地海拔高度为4000米以上。常活动于多裸岩与山谷草地，以食青草和各种高山灌木枝叶为主。

盘羊　藏语译音为“念”。别名：大头羊，大角羊。国家和西藏自治区Ⅱ级重点保护野生动物。体长达180厘米，体重达150千克。雌雄均有角，雄性两角为明显旋状角形，角基粗大约呈浑圆状；雌性角简单而短细。通体被毛粗硬而短。唯颈部毛较长。上体褐灰色或污灰色；喉浅黄色；胸、腹、四肢内侧和下部及臀部均呈灰白色。尾短而不明显。栖息地海拔高度达6000米。常活动于地形开阔及山势起伏的高原，集小群活动，以草本植物为食。本县仅分布在海拔较高的山地，数量稀少。

藏羚　藏语译音为“佐”。别名：藏羚羊，长角羊。国家和西藏自治区Ⅰ级重点保护野生动物。体长达130厘米，体重50千克左右，雄性吻鼻部肿胀粗大。角细而直，角长达60～70厘米，直向上伸，近基部2/3段，前面有明显横棱。雌性无角，毛致密绒软。上体灰黄褐色，下体白色；面淡褐黑色；尾侧、尾尖白色，尾腹裸露。栖息地海拔高度为5500米以下，常活动于高原草原等环境中及地势平坦开阔、水草丰盛的高原地区；一般无固定栖息地，随季节和食物条件的变化而迁移。多以禾本科、莎草科植物为食。

野牦牛　藏语译音为“亚归、仲”。别名：野牛。国家和自治区Ⅰ级重点保护野生动物。体长160～220厘米，体重达1000千克。体形粗大，腿短，为家牦牛的2～3倍。大部分被毛呈褐色。头下垂，肩峰高，颈部、躯体下半部及四肢均被长毛，尾毛更长，尾端蓬松。雌雄均有角。栖息地海拔高度为5800米以下，常活动于高原寒漠地带。耐寒、怕热，是高山草原及寒漠地带的典型动物。食物以高山寒漠或荒漠植物为主。仅分布于本县东南部地带，较为稀少。

鸢　别名：老鹰、岩鹰。国家和西藏自治区Ⅱ级重点保护动物。体形较大。体长近80厘米，体重可达1千克。上体暗褐色。头顶和后颈渲染棕白色，并具黑褐色干纹；尾暗褐色，具有十分明显的黑色横斑，尾呈叉状。喉污白色，具有黑褐色细纹；两翅下外侧初级飞羽基部白色，形成翅下大型白斑。嘴黑色，基部黄绿色。分布广泛。常活动于山野、城镇、村寨附近；多数是单独盘旋于高空，历久不休。以各种小型啮齿类为食。食害鼠，有益于农牧生产。

大鵟　别名：花豹，毫豹。国家和西藏自治区Ⅱ级重点保护野生动物。体形较大。体长可达75厘米，体重2千克左右。上体暗褐色，头顶和后颈黄白色；背、肩、腰暗褐色，具棕白色纵纹和羽缘。嘴黑褐色和浅黄褐色，爪黑色。栖息于海拔4800米山地、草原地带。以猎捕啮齿动物鼠兔为主，兼食旱獭、蜥蜴类、小鸟等，有利于保护草原和农林生产。

金雕　藏语译音为“加卜拉”。别名：洁白，金头。国家和自治区Ⅰ级重点保护野生动物。体长90～100厘米，体重3～5千克。背部及两翅羽毛具有紫色光泽。两翼展开时，翼下可见一道白斑。栖息于海拔5400米以下的高山草原和灌丛地带。在自然界物质流动和能量循环中起着十分重要的作用。

草原雕　国家和西藏自治区Ⅱ级重点保护野生动物。体形比金雕小，体长75厘米左右，全重2～2.5千克。上体浓褐色，头背羽色暗浓，最长的尾上覆羽棕白色，尾下覆羽淡棕色并缀有褐色小斑。下体暗土褐色。雌、雄体色相似，但雌体色泽更深且体形比雄鸟大。虹膜暗褐色，趾均为纯黄色，爪黑色。栖息于海拔5000米以下的低山及开阔的草原地带。常翱翔于草原上空，搜索地面猎物。以鼠类、啮齿类以及小鸟为食，还兼食动物尸体。对于保护草原，减少疫源动物有十分重要的作用。

喜山兀鹫　藏语译音为“日妥屠尔恰”。别名：高山兀鹫。国家Ⅱ级重点保护野生动物，西藏自治区Ⅰ级重点保护野生动物。体长100～120厘米，体重约6～9千克。通体黑褐色，头裸出，仅被有短的黑褐色绒羽，后颈完全裸出无羽。因它有裸露的头，很容易鉴别。筑巢于裸露山地悬崖绝壁上。筑巢材料有植物茎叶和动物羽毛。常在开阔的高原上空翱翔。有大型动物尸体的地方常见，是草原上清除大型动物尸体的腐食性动物，也是草原预防疾病传染蔓延的重要“清道夫”。

胡兀鹫　藏语译音为“恰贵，屠尔恰”。别名：大胡子雕，髭兀鹫。国家和自治区Ⅰ级重点保护野生动物。鹰科中的大型种类。体长130厘米，体重可达8千克。展翅宽可达150厘米。头顶周围有一圈黑羽，颏下具有一簇粗硬的刚毛；整个上体色调暗晦；下体以棕黄色为主。栖息于海拔5500米以下的高山草原和灌丛地带。以各种动物的尸体为主要食物，还猎捕旱獭、野兔、鼠、鼠兔等。具有很强的消化力，可消化较粗大骨头，有大自然“清道夫”的美称。

猎隼　别名：猎鹰，兔鹰。国家和西藏自治区Ⅱ级重点保护野生动物。体形较大，体长 80 厘米，体重可达 1 千克。头顶暗褐色，具有众多棕褐色纵纹；背、肩、腰暗褐色，具深棕红色横斑和短条形斑；翅黑褐色，飞羽内翻覆羽均具有深棕红色横斑和淡色羽端；颊、喉部白色。下体余羽白色而沾有棕色，并具暗褐色纵纹；尾暗褐色。雌、雄个体色泽相似。嘴褐色，爪黑色。栖息于海拔 4800 米以下的山地、河谷、农田及草原地带，常单只活动。多以小鸟、小型兽类为食，是维持草原生态平衡的重要益鸟。

红隼　别名：红鹰、茶隼、红鹞子。国家和西藏自治区Ⅱ级重点保护野生动物。体形较小而稍显修长，体长不足 40 厘米，成体体重 200 克左右。上体多为砖红色，且具暗褐色横斑，爪黄色。栖息于海拔 5000 米以下的山地、旷野及村落附近。以捕食啮齿类、昆虫和小型鸟类为主要食物。

高山雪鸡　别名：暗腹雪鸡，喜马拉雅雪鸡。国家和西藏自治区Ⅱ级重点保护野生动物。为鸡形目中体形较大的一种，体长 60 厘米左右，体重 1.5～2 千克。通体以灰褐色为主；上体两翅羽均杂以黄、灰和黑色，余部灰白色，两翅各有一块白斑。胸和腹部暗灰色，杂以红棕色粗纹。嘴紫褐色，趾橙红色。高山雪鸡为典型的高原鸡类，终年留居高原地带。多栖息于海拔 5500 米以下的高山岩石及高山草原灌丛地带，冬季到海拔较低的山沟、山坡。多在谷地觅食，以各种植物种子、枝叶为主要食物，有时也兼食昆虫。

黑头角雉　头部为黑色，颈部红色。体长 65～73 厘米，体重 1.6～2.2 千克。雄鸟两眼上方各具一个肉质的角状突，两颊皮肤裸露，呈鲜红色；喉部深蓝色，体羽黑色而布有白色眼状斑。栖息于海拔 4100 米以下的林地中。常单独或小群活动。黑头角雉是十分罕见的珍禽，属西藏的特有物种，仅分布于森格藏布流域的噶尔县山地，具有很高的科学研究价值。

黑颈鹤　藏语译音为“宗宗、充充颈纳”。别名：藏鹤、仙鹤。国家和西藏自治区Ⅰ级重点保护野生动物。属大型涉禽动物，体长约 130 厘米，体重 6～8 千克。头部裸露部分为暗红色，头、前颈及飞羽为黑色，尾羽褐黑色，身体余部均为灰白色。栖息地为海拔 5200 米以下，为本县过路或夏季繁殖的候鸟，每年 4 月底来至 10 月份离开县境。栖息、生活在河谷、沼泽地带。

西藏毛腿沙鸡　藏语译音为“沙卜儿、色巴刚布间”。别名：傻鸡。西藏自治区Ⅱ级重点保护野生动物。体长约42厘米，体重400～450克。对趾型，后趾缺如，跗蹠被羽，趾掌下有肉垫，两性相似。通体沙棕色，布以虫囊状斑纹；两肩具黑色块斑；腹部白色。多栖息于海拔5200米以下多石的荒漠草原。以植物种子和嫩草、昆虫为食，是国家保护的有益的或者有重要经济、科学研究价值的“三有”陆生野生动物，

雕鸮　藏语译音为“欧巴”。别名：猫头鹰，普通雕鸮。国家和西藏自治区Ⅱ级重点保护野生动物。体长52～70厘米，体重2～2.5千克。眼睑具白色须状羽，面盘浅棕色；整个上体呈棕褐不规则斑杂状，下体有粗的暗棕色纵纹。栖息于海拔4500米以下的山地、河谷灌木丛中。夜行型，以多种啮齿动物及小型鸟类为食，为农林牧业的益鸟。

纵纹腹小鸮　国家和西藏自治区Ⅱ级重点保护野生动物。体长23～26厘米，体重200～250克。上体暗沙褐色，散布有棕白色斑点；背部具明显“V”字形纹；下体棕白色而具有暗色纵纹。翼下羽，腹部中央、腿羽及肛周均为纯白。栖息于海拔5100米以下的灌丛及高原草原、沟谷以及农田附近，性喜欢独居，常静立于河岸边陡壁、山间悬崖等高地上。多以昆虫为食，有时捕食鼠类。

斑头雁　雄雁体长不超过85厘米，雌雁体长不超过75厘米；雌雄羽色相似。头顶污白色，后头有两道黑色带斑，后颈暗褐，颈的两侧均白；上体大都灰褐，各羽缘浅棕色或白色；颏和喉污白；前颈暗褐，向后转为灰色，羽缘较淡，下腹和尾下覆羽污白；胁羽暗灰，具有暗栗色宽阔羽端斑，主食各种草本植物。

第五节　矿产资源

一、矿产勘探

隋唐史记载，青藏高原的“西女国”，即今包括阿里地区在内的藏区北部，盛产黄金。根据史书记载的位于本县境内的金矿点有唐佳金矿（位于今门士乡）、萨尔加西业金矿（位于今昆萨乡）。铜矿主要分布在加木村、那木

如村；铁矿主要分布在加木村；铅矿主要分布在加木村，有开采历史，用牛粪冶炼铸造枪弹；锌矿主要分布在加木村；钨矿主要分布在昆萨东北的尕尔。

1899～1902年（藏历第十五饶迥土猪年至水虎年），瑞典探险家斯文·赫定（Suen·hedin）进入包括噶尔在内的阿里地区进行地理地质调查，后于1906年、1907年和1908年三次入藏，搜集了大量的地质古生物等方面的资料，其中包括煤炭、盐湖矿产调查资料。

1956～1957年，先后有新疆地质局、新疆地质局喀什大队一分队在包括噶尔在内的阿里地区西部开展路线地质调查。

1959～1963年，藏北地质队在赴阿里地区开展盐湖资源地质普查工作时，在鲁玛日湖发现硼矿；在扎西岗东南的小拉日湖发现硼砂、盐、碱、硝等类矿产。

1970年，新疆维吾尔自治区重工业局新疆煤田地质公司一五六勘探队在阿里地区西部开展地质调查，首次发现噶尔县门士煤矿，并完成初步普查，提交了初步普查地质报告。

1971年，西藏自治区藏北地质队完成门士煤矿地质普查工作，并提交《西藏自治区噶尔县门士煤矿普查地质报告》。同年，新疆维吾尔自治区重工业局新疆煤田地质公司一五六勘探队编绘了野马沟矿区（即门士矿区）1∶5000地质地形图。

二、矿产种类

至2000年底，已初步探明的矿种有铁、铬、镍、铜、砂金等金属矿产和硼、钾盐、芒硝、天然碱、蛇纹岩、白云岩、石灰岩、石膏等非金属矿产。

三、主要矿点

（一）金属矿

1. 鲁玛铁矿（化）点

位于扎西岗乡境内。除个别地段外矿（化）体较富外，总体品位较贫，规模有限，呈东西向展布。其中，较好的矿化体有两处，一是山丘东南侧的平地上，出露长约3米，宽约1.5米，两端被第四系掩盖；另一处在前述矿化体西部约1千米的山坡上，出露了五个小矿体，多数呈不规则状产出，其中较大的一个矿体长约7米，厚0.5～2.5米。在上述两处矿化体之间尚能见到一些磁铁矿细脉或转石，但矿化均不佳。矿石的金属矿物主要有磁铁矿，少见孔雀石，非金属矿物有透辉石、方解石、石榴石、符山石等。矿化体规模虽小，但矿石品位较富，一般目估品位为三氟代乙醇约60%，以铁、铜共生矿为主。

2. 狮泉河络铁点

位于狮泉河镇。矿体在斜辉辉橄岩内，发现一处矿床，矿体大小约为20×5厘米，矿石具块状构造。

3. 亚尼多部多金属矿点

位于左左乡一带的山丘之上。矿脉一般长4～5米，宽0.5米。个别长可达30米以上，宽7～8米。由于次生变化，地表的矿体几乎都氧化成铁帽，其内有绿色孔雀石，黄色铅钒等次生矿物呈浸染状分布。铁帽色有红色、褐色、棕褐色、黑色等。呈蜂窝状、海绵状及致密状产出。矿石的成分复杂，有褐铁矿、针铁矿、黄钾铁钡、孔雀石、菱铁矿、软锰矿、方铅矿、闪锌矿、黄铜矿、黄铁矿和石英等。矿带中矿体规模一般较小，品位较富。其中，目估三氟代乙醇50%～60%，铜0.35%～0.8%，铅0.5%～1%，锌0.07%～0.5%等。

4. 罗多克砂金矿点

位于典角村境内。矿体产于第四系沉积混杂物中。历史上已被开采并废弃，有旧矿坑十余处。分布范围在1000平方米以内。矿坑多位于河床和河滩之上，阶地上较少，矿坑深度不大，多为1米～2米。估测含矿层厚度一般在10厘米以内。据初步统计，品位不高。

5. 科桑那嘎铁矿化点

位于科桑那嘎。未见铁矿石露头，但辉长岩露头上见有宽约10米的镍黄铁矿化线索。铁矿石晶形粗大，部分晶面完整，晶形有四角八面体，五角十二面体，晶粒1～3毫米，多堆集在一起，矿石比重大。

6. 且拉拉巴铁矿化点

位于且拉拉巴。接触带边上见到硅化的围岩，呈砖红色，致密块状，岩石表面可见磁铁矿晶体，围岩矽卡岩化强烈。矿化体呈透镜状产出，追索后可见连续性较差。

7. 左左乡郎久铁矿点

位于噶尔县左左乡郎久南约一带。仅发现一块直径为30厘米的铁矿转石，矿石比重大。金属矿化有磁铁矿，次为磁黄铁矿，并含微量的孔雀石。非金属矿物有石英、方解石、绿泥石等。矿石以块状构造为主。目估铁约 30%。

除上述主要金属矿点外，还有卧布玛奶铜矿，捏达铅、锌矿，达机翁铬铁矿，巴尔铬铁矿，巴尔辉锑矿，多让马甲砂金矿点等。

（二）非金属矿点

1. 左左白云岩矿点

位于左左乡政府西北 8～10 千米处，有简易公路相通。矿体主要分布在以下地层中。

2. 郎久玛瑙矿

位于左左乡郎久村。玉髓呈透镜状、团块状分布地泉华内，有乳白色、灰白色、深灰色及深肉红色等。矿石质量较差，不能做玉雕原料。

3. 鲁玛大理岩矿

位于扎西岗乡鲁玛大桥北东约 9000 米处。矿体呈北东东—南西西向展布，长 300～400 米、宽 40～50 米，周围被第四系松散沉积物掩盖。矿石为白色粗粒大理岩，表面较破碎。

第六节　能源资源

一、水能资源

噶尔境内河流众多，水能资源较为丰富，水能资源理论蕴藏量达 14.6 万千瓦。尤其是以森格藏布、噶尔藏布蕴藏量较大，具备一定的开发条件。

二、风能资源

噶尔县地处西风带内，受高空西风气流的影响，半年多盛行西风，而且风大、风频。年平均风速为 3.2 米/秒。2～4 月，风速值较大。7～9 月，风速小于其他月份。大风日数为 80 天。主要出现在 10～5 月，而且一天内大风一般在午后 13～22 时之间出现，狮泉河站年、月平均风速和平均大风日数见表 1—2—5。全年最大风速为 19 米/秒，风向为南西南（SSW）。全年最多风向为南西南（SSW），其频率为 15%。年均有效风能密度为 139.3 瓦/平方米，有效年风力时数 3505 小时，各季总有效风力时数分配较均匀，春夏秋冬分别是 884 小时、982 小时、854 小时和 785 小时。至 2000 年底，噶尔县风能资源尚未得到开发利用。

三、太阳能资源

噶尔县境内空气中水分含量少，空气洁净，气候干燥，日照充足，太阳能资源比较丰富。属青藏高原太阳辐射高值区，利用得天独厚的太阳能资源建采暖房，建温室、供电等，其前景良好。

噶尔县日照时间长，总辐射和直接辐射值都很高。年日照在3110.2～3545.5小时，辐射总量在7000～8400兆焦耳/平方米之间，是西藏乃至全国日照最充足的地区之一。太阳总辐射的年际变化小，资源稳定，一般最高出现在5～7月，最低出现在12月，月总辐射值在318.50～510.90兆焦耳/平方米之间。总辐射的年振幅在200～430兆焦耳/平方米之间。直接辐射在3600～6000兆焦耳/平方米之间。狮泉河镇达到6000兆焦耳/平方米以上。每天日照时数大于或等于6小时的天数在275～330天，年日照率为73%，全年均可利用。一年中6月份为最高值，其次10月份为次峰，2月份为最低。

狮泉河气象站是整个阿里地区日照百分率最高，也是整个西藏年日照百分率最高的测站，其值为78%。日照百分率月际变化呈双峰，大部地区11月份为日照百分率的主峰，6月份为次峰，7月份为最低。

狮泉河站年、月日照百分率和平均总辐射量统计见表1—4—13。

狮泉河站年、月日照百分率和平均总辐射量

表1—4—13　　单位：(MJ/M2)（%）

月	1	2	3	4	5	6	7	8	9	10	11	12	全年
月日照百分率	76	75	76	77	78	81	71	72	81	87	87	81	78
总辐射	1548	1807	2278	2584	2825	2863	2718	2511	2315	2052	1673	1467	26641

四、地热资源

（一）郎久地热田

位于噶尔县东南左左乡郎久村境内，地处冈底斯—念青唐古拉褶皱带西段北西走向的郎久河断裂带上。该断裂带在克什米尔附近与噶尔藏布断裂带相交。郎久地热田天然热流量为32699瓦，面积116平方千米。1976年8月26日，中国科学院组织科考队进行科学考察，证明郎久地热田是一处由温泉、热泉、放汽地面与泉华沉积组成的热泉区。泉区面积约400米×400米。主要泉口位于郎久河左岸山丘边，主要泉口有3个，温度分别为

63.2℃、52.2℃和51℃。热泉区的泉水总量5～10升/秒，最高温度78℃。

（二）芝达布日地热显示区

位于噶尔县的门士乡。地表热显示强烈，显示面积约1平方千米，有沸泉、热泉等，温度69 ℃，流量5升/秒，有可采资源63×105千瓦，属高温资源。

（三）其他显示区

噶尔境内还有一些小规模地热资源显示区，具体见表1—4—14。

噶尔县境内其他地热资源统计一览表

表1—4—14

资源地	热水类型	水温（℃）	规模	勘查程度
那木如	高温	85	小型	概查
啥母曲	高温	87	矿点	概查
巴尔	高温	64	矿点	概查
索堆	高温	70	小型	概查

第五章　自然灾害

第一节　气象灾害

由于受气候和地理条件影响，噶尔县是阿里地区气象灾害多发县之一，雪灾、旱灾、洪灾、风灾、发生频率较高。从民国年间开始有文字记载。

一、雪灾

噶尔受雪灾影响最为严重，造成的经济损失也最大。每年 11 月至翌年 3 月是降雪的集中时节，尤其是年初的降雪，雪后无风，积雪时间长。

民国十五年至十七年（1926～1928 年，藏历第十五绕迥火虎年至藏历第十六绕迥土龙年），噶尔波错地区 8 个部落 71 户中 70 户受灾。藏历土蛇年五月，阿里噶本向噶厦上报灾情，36 户中牲畜死亡率达 80%，2 户绝畜。

1962 年，全县大部分区域遭受雪灾。

1975 年，门士区发生重大雪灾，牲畜死亡达 3 万多头（只、匹）。

1979 年，噶尔县境内发生雪灾，扎西岗区受损严重，死亡牲畜 1 万多头（只、匹）。

1997 年冬至 1998 年 4 月，噶尔县连降大雪，冻死牲畜 1 万余头（只、匹），成畜死亡率达 15%，冻伤 40 人，1600 余人患病，造成直接经济损失达 3000 余万元。

二、旱灾、雹灾

1973 年，门士区受大面积的冰雹灾害，部分农田颗粒无收；牲畜大量死亡，造成一定经济损失。

1981年春，发生旱灾，草场枯干。噶尔县左左区成畜死亡1035头（只、匹），死亡率达5.3%；羔羊因缺奶死亡1674只。

1983年，境内大部地方连续遭受旱灾，造成牲畜大量饿死、病死、渴死。成畜死亡达13%左右，幼畜成活率只有14%～26%。

1993年7～9月，县境内降水偏少，造成干旱灾害，农牧业生产和群众生活受到较大影响，其中3区8乡，受灾人口达到0.43万人。

1998年，全县范围发生干旱，耕地无法灌溉，牲畜、牧民饮水困难，草场干燥、沙化，严重影响农牧业生产，造成一定的经济损失。

三、风灾

1969年3月，全县受风灾影响，索麦、昆萨、扎西岗、鲁玛等乡、村部分牲畜被大风卷入河中，造成牲畜死亡6000多头，倒塌房屋10间，吹走帐篷10余顶。其余年份遭受风灾无资料可考。

四、洪涝

1967年，全县范围内出现暴雨，受洪灾影响，房屋倒塌近40间。

1978年，全县普降暴雨，昆萨区索麦村山洪暴发，倒塌房屋60多间，造成直接经济损失3万多元，农田被冲毁100多亩。

1992年2月，狮泉河镇发生特大洪灾，导致森格藏布狮泉河镇段河堤多处决口。

1994年8月，噶尔县遭受冰雹、洪涝灾害，洪水淹没农田89亩，冲垮水渠943米，冰雹袭击农田32亩，损失粮食0.58万千克；冻死、淹死、走失、雷击致死牲畜3267头（只、匹），淹没草场16亩；冲垮羊圈64个；冲毁林地2亩1459株，桥梁2座；冲断公路25千米；倒塌民房43间，冲走帐篷1顶。

1996年，狮泉河镇发生洪涝灾害，造成8户民房倒塌，受损房屋21间，525平方米，造成经济损失16.35万元。

1997年7月，境内普降大雨，洪水泛滥，冲毁部分民房、道路，具体损失情况不详。

1999年8月，境内普降暴雨，森格藏布河水暴涨，狮泉河镇河堤决口，县城街道及部分民房被淹，无财产损失及人员伤亡。

2000年7月，境内阴雨连绵，持续时间达一月之久，其降雨时间、降水量均超历史记录，境内十几条主要河流河水暴涨，森格藏布狮泉河镇段超警戒水位1米多。31日凌晨3时，狮泉河镇加木河河堤多处决堤，洪水冲出河堤直扑噶尔县城，冲毁桥梁、农田，致使县城被洪水浸泡10余天，积水深达 1 米多。8 月 3 日上午 11 时 30 分，受河水上涨影响，森格藏布狮泉河镇段再超历史警戒最高水位，县机关全体干部职工、驻狮泉河镇阿里地区党政机关、驻军及武警部队官兵、个体工商户全力投入抗洪抢险。此次洪涝灾害造成直接经济损失 1320.3 万元，未有人员伤亡。

第二节　地质灾害

一、地震

由于受新构造运动的影响，噶尔县境内地震活动较强，造成重大损失且有记载的如下：

民国元年（1911 年，藏历第十五绕迥铁猪年），在噶尔、普兰一带发生里氏 6.75 级地震。

1965 年 3 月 11 日，噶尔县发生 3 次地震（震级不详），部分房屋坍塌、破损。

1966 年 3 月 6 日，噶尔县门士乡索堆和巴尔分别发生里氏 5.5、6.5 级地震，部分房屋受损。

二、坍塌、滑坡

噶尔县境内发生坍塌、滑坡地段有 3 处，巴尔兵站—札达公路的陇嘎拉两侧；那木如—札达公路噶尔藏布河谷路段；那木如—札达公路拉吾且拉段。

（一）巴尔—札达公路的陇嘎拉两侧

在约 2000 米的路段内有 7 处存在危害程度不等的滑坡隐患。最为严重地段在海拔 5020 米，山体坡脚 50 处。其岩性为强变形砂板岩，风化厚度 0.5～2 米。滑体位于公路北侧路基，切入路基长 20 米，宽 6 米（路基宽 8 米），深 0.5～1.5 米。诱发的主要原因为雪融作用。1976 年因山体滑坡致 1 辆汽车翻落沟底，造成 2 人重伤。

（二）那木如—札达公路噶尔藏布河谷路段

长约 3 000 米距离内，有 30 余处滑坡危害和危害隐患点。此路段北侧在风化较强的花岗岩之上堆积有厚约 10 米的第四系松散砂砾岩层，雨季风化砂砾石岩坡沟滑下，堆积在公路之上，其规模 200～1 500 立方米，常造成交通中断。

（三）那木如—札达公路拉吾且拉路段

海拔 5 100～5 400 米，长约 4000 米的距离内有 8 处滑坡危害和危害隐患点。此路段路基建于风化较强的花岗岩之上，堆积有厚约 10 米的第四系松散砂砾岩层，雨季风化砂砾石岩往坡沟滑下，常堆积在公路之上，其规模 200～1500 立方米，造成交通中断。

三、泥石流

泥石流是噶尔县常见的一种地质灾害。其形成的主要原因是植被覆盖率低，季节性降水强所致。县境内每年都要发生不同程度的泥石流灾害，县委、政府高度重视赈灾和救灾工作，泥石流造成的损失逐年减少。

在 219 国道的门士—那木如段、门士—东坡公路段是泥石流多发地段，主要表现为高浓度的水、沙、砾、泥堵塞公路、桥梁、涵洞等淤积成灾。造成草场退化，交通中断，甚至威胁到人畜安全。从 1982 年至 2000 年底塔强（索麦二村）受泥石流的影响，发生 100 多间房屋、50 多个羊圈倒塌，1 万多亩草场及农田 400 多亩被泥石流冲毁。2000 年 7 月底，在昆萨乡发生泥石流灾害，冲毁昆萨乡小学，但没有造成人员伤亡。

噶尔县泥石流类重点地质灾害（点）段分布及特征见表 1—5—1。

噶尔县泥石流类重点地质灾害（点）段分布及特征调查表

表 1—5—1

序号	类型	位置及地貌	地质特征	崩塌体特征
1	泥石流	门士北 219 国道，N30°58.48′、E80°23.11′	植被覆盖率 20%～30%，岩性为弱固结砂、砾岩，稳定性差，坡角 20°～30°，沟床较发育，汇水条件一般，高差 160 米。水源为季节性降水。	带状。面积约 200 平方米，坡度 8°～15°，成分含量：砾石＞70%，砂＜25%，泥土＜5%，分选性差，强烈冲刷公路，冲蚀阶地高度 1.5 米～2 米。堆积速率 0.3 米/年。
2	泥石流	门士北 219 国道，N30°13.04′、E80°43.04′	植被覆盖率 30%～40%，岩性为弱固结砂岩、砾岩，稳定性差，坡角 80°～85°，沟床较发育，高差 200 米，汇水条件一般，水源为季节性降水。	扇状。面积约 1 600 平方米，坡度 8°～15°，成分含量：砾石＞65%，直径 2～5 厘米、15～25 厘米，砂＜30%，泥土＜5%，分选性差，堆积速率 0.6 米/年。

续表 1

序号	类型	位置及地貌	地质特征	崩塌体特征
3	泥石流	门士北 219 国道，N31°14.29′、E80°41.61′	植被覆盖率 30%～40%，岩性为弱固结砂砾岩，移变性差，高差 360 米，坡角 25°～90°，沟床较发育，汇水性强，水源为季节性降水，跌水转弯处较多。	复合扇状。面积 11000 平方米，由 3 个冲积扇构成，前缘宽约 300 米，石砾含量>60%，直径 2 厘米～10 厘米，砂含量 30%，砂土含量>10%，每年平均淤积厚度 0.8 米，最厚处 1 米～2 米。沟道有明显的变化和迁移，在扇北侧前缘，冲蚀路面宽 6 米，长 6 米，深 1.7 米。
4	泥石流	门士北 219 国道，N31°16.88′、E80°40.03′ 一级阶地	植被覆盖率 30%～60%，岩性为弱固结砂砾岩，风化较强，高差 360 米，坡角 25°～80°，汇水性强，水源为季节性降水。	扇状。前缘宽约 300 米，占路面约 230 米，面积 800 平方米，砂含量>50%，土含量<4%，砾含量<10%，分选性一般，淤积速率 0.8 米/年。最厚处约 1 米。
5	泥石流	扇状。前缘宽约 300 米，占路面约 230 米，面积 800 平方米，砂含量>50%，土含量<4%，砾含量<10%，分选性一般，淤积速率 0.8 米/年。最厚处约 1 米。	植被覆盖率 15%～25%，岩性为弱固结砂砾岩及第四纪松散堆积物，稳定差，沟床发育，跌水转弯多，落差 320 米，坡角 30°～85°，水源为季节性降水。坡角 30°～85°，水源为季节性降水。	扇状。前缘宽约 500 米，面积 600 平方米，占路面宽 20 米，砂含量<25%，砾石含量>70%，砾径 2～15 厘米，黏土>5%，杂乱堆积，平均堆积速率 0.5 米/年。
6	泥石流	门士—曲龙公路 N31°05.61′、E80°35.46′ 峡谷二级阶地	植被覆盖率 15%～20%，岩性为弱固结砂砾岩及第四纪松散堆积物，稳定差，沟床发育，落差 400 米，坡角 30°～85°，水源为季节性降水。	复合扇状。有大小 3 个扇体构成，前缘宽约 250 米，占路面宽 150 米，面积 5000 平方米。砂含量<30%，砾石含量>60%，砾径 2～25 厘米，黏土<10%，分选性差，堆积速率 0.6 米/年，沟道有明显的迁移。
7	泥石流	门士—曲龙公路 N31°04.62′、E80°34.02′ 峡谷二级阶地	植被覆盖率 10%～20%，岩性为弱固结砂砾岩及第四纪松散堆积物，稳定差，沟床发育，跌水转弯较多，落差 400 余米，水源为季节性降水。	复合扇状。由大小 3 个扇体构成，前缘宽约 300 米，面积 30 000 平方米。坡角 5°～8°，水。砂含量<30%，砾石含量>70%，砾径 2～10 厘米，砂含量<20%，黏土<10%，分选性差，沟道迁移明显，新老体叠置关系清楚，堆积速率 0.6 米/年。

第二篇

政区建置

第一章　位置　境域

第一节　位　置

噶尔县位于中国西南，西藏自治区西北部，阿里地区西部，冈底斯山脉西段。东连阿里地区革吉县，南接阿里地区普兰和札达两县，西与印控克什米尔地区接壤（边界实际控制线长约为 100 千米），北邻阿里地区日土县。地理坐标东经 79°07′～ 81°10′，北纬 30°58′～33°17′。县城驻狮泉河镇，中共阿里地委、阿里地区行署也驻狮泉河镇。距西藏自治区首府拉萨市北道 1760 千米、南道 1500 千米，距新疆维吾尔自治区叶城县城 1067 千米。

第二节　境　域

公元前后，噶尔属象雄部落联盟上部象雄①之中部。

7 世纪后期，吐蕃政权征服象雄，设“赤岱”（赤德）（万户），噶尔县域隶属象雄“赤岱”中的下象雄五个千户之一部。

10 世纪至 12 世纪，吐蕃政权崩溃后，西藏陷入割据状态，噶尔县大部

① 包括今西藏西部、克什米尔东部、尼泊尔西部地区。

属吐蕃末代赞普曾孙吉德尼玛衮之后裔普兰王领地，后属古格王领地。其中森格藏布下游北侧大部分属古格王治下的日土昂巴王直接管理。

明崇祯三年（1630 年，藏历第十一饶迴金马年）起，噶尔全境被拉达克占领。清康熙二十年（1681 年，藏历第十一饶迴金鸡年），根据清朝中央政府的旨意，掌握西藏地方军政大权的蒙古汗王达赖汗委任其堂兄、扎什伦布寺僧人甘丹才旺率领蒙藏联军进军阿里，于清康熙二十二年（1683 年，藏历第十一饶迴水猪年），驱除拉达克势力，收复包括噶尔在内的阿里全境。

清康熙二十五年（1686 年，藏历第十一饶迴木牛年），西藏地方政府在阿里设噶本（又称噶尔堆）（即阿里最高军政长官机构，也指官职），噶尔成为阿里噶本直辖区。19 世纪初，为增加门士驿站税收来源，原属达巴宗曲龙部落的朗钦藏布上游门士段南北两岸古如江寺、喀尔栋、俄里塘（门士农业点）及其以东至夏拉杂贡止，共计 80 座羊圈的地方，经西藏地方政府批准划给门士驿站。

1959 年 3 月，进行民主改革，废除噶本制。1960 年 1 月，噶尔县成立。门士驿站地方划归噶尔县管辖。至此，境域东部最远点与普兰和革吉县接壤，南部最远点与札达县接壤，西部最远点与日土县接壤，北部最远点与日土县和革吉县接壤。20 世纪 60～70 年代，将原属日土县甲岗部落管辖，后属日土县管辖的布尔贡以西、森格藏布北岸地区先后划给噶尔县。至 2000 年底，境域东部最远点位于左左乡下左左村境内“枪膛皮媒”地方，南部最远点位于门士乡境内门士 5 组境内的“顿久子”和门士 4 组境内的“强马”，西部最远点位于中国实际控制区的扎西岗乡典角村，北部最远点位于狮泉河镇加木村境内的“俄必西萨”。南北长 295 千米，东西宽 185 千米。

第二章　建置　区划

第一节　设置与区划

公元前后，在原始氏族部落基础上逐步形成上部象雄部落，治所在今本县门士乡境内的喀尔栋，又一说位于札达县境内的琼隆村。噶尔隶属上部象雄部落。

7 世纪，吐蕃兼并象雄后，噶尔县域属吐蕃在象雄设立的“赤岱”（万户）治辖。

9 世纪，吐蕃政权瓦解。923 年，吐蕃末代赞普达玛乌东赞曾孙吉德尼玛衮来到象雄赤岱境内，在今噶尔县扎西岗乡热拉地方落脚。934 年，在此修建热拉喀玛堡寨，后应普兰地方首领之邀，迁至普兰噶尔冻，称“阿里王”。北宋建隆元年（960 年，藏历第五饶迴金猴年），阿里王先后将其长子日巴衮、次子扎西衮、幼子德祖衮分封至玛尔玉（拉达克）、布让（普兰）和桑噶（克什米尔）三地，史称“上部三衮占三围”。噶尔大部分隶属布让王管辖地区。

南宋淳祐八年（1248 年，藏历第四饶迴火羊年），阿里归附蒙古汗王。

元至元二十九年（1292 年，藏历第五饶迴水龙年），元朝中央政府在阿里设“纳里速古鲁孙”（阿里三围的谐音）元帅，管理芒域（指今西藏日喀则地区的吉隆、萨嘎）及其以西阿里等广大地区，噶尔县域属该元帅管辖的邦王自管地区之一。

明洪武八年（1375 年，藏历第六饶迴木兔年），明朝中央政府在阿里设

“俄里思”（阿里之谐音）军民元帅府，噶尔县域属俄里思军民元帅府管辖的邦王自管地区。

14～16世纪，古格王先后兼并普兰王等地方小王，拉达克兼并了桑噶王领地，噶尔县域大部分属古格王领地。

清康熙二十二年（1683年，藏历第十一饶迴水猪年），根据清中央政府旨意，蒙藏联军平定了阿里邦王内战，保留拉达克王位和其自管领地，原古格王领地收归西藏地方政府直接管理。清康熙二十五年（1686年，藏历第十一饶迴木牛年），根据中央政府的治藏方略，在阿里设总管，管理阿里军政边务，当地人称“吴古尔”①，冬驻昆萨（今昆萨乡索麦村），夏驻雅萨（今昆萨乡那木如村）。噶尔县域成为噶本直辖行政区。下辖那木如本、左左本两个持有西藏地方政府封地铁券文书的部落及扎西岗“拉让”。其中，噶本直属的措有索堆、索麦、门士、上下辛喀、格喀、固念（现属鲁玛村）、鲁玛尔和俄洛典角等八个“措”；那木如本下辖有那木如、曲毕（玛尔勒）二个“措”；左左本下辖有加木、郎久、果仓堆（上左左）、果仓麦（下左左）四个“措”；扎西岗“拉让”辖地扎西岗。

1951年8月3日，中国人民解放军新疆独立骑兵师副团长安志明率领的中国人民解放军进驻噶大克，噶尔和平解放。根据“十七条协议”规定，噶尔境域内维持原社会制度，建置不变。

1956年8月29日，西藏自治区筹委会在噶尔昆萨成立阿里基巧办事处，作为临时性过渡政权管理噶尔境内事务。

1960年1月，成立噶尔县，以委派形式建立县人民政府。相继设立左左、门士、昆萨和扎西岗四区及索堆、索麦、上左左、下左左、郎久、门士、噶尔新村、扎西岗、鲁玛、加木、那木如十一个乡。

1969年9月以后，各乡改为政社合一的人民公社。

1984年11月，噶尔县进行“撤社建乡”工作，各乡（公社）相继召开了第二届人民代表大会，恢复乡建制，取消人民公社组织。1989年，经西藏自治区批准成立典角乡。

1999年6月25日，根据西藏自治区民政厅《关于阿里地区乡（镇）行政区域调整的批复》精神，噶尔县进行了“撤区并乡”工作，撤销原左左

① “吴古尔”：藏语，阿里百姓对阿里第一任总管（后改称噶本）甘丹才旺所居帐篷的敬语，后泛指噶本机构或噶本本人。

区、昆萨区、扎西岗区、门士区，设左左乡、昆萨乡、扎西岗乡、门士乡。原索堆、索麦、上左左、下左左、郎久、门士、噶尔新乡、扎西岗、鲁玛、加木、那木如、典角 12 个乡改设为村。同年 9 月，成立狮泉河镇，将原扎西岗乡的加木村划归狮泉河镇，新成立森格、藏布两个居委会。

至 2000 年，噶尔县下辖 4 乡 1 镇（左左乡、昆萨乡、扎西岗乡、门士乡、狮泉河镇）、12 个村民委员会和 2 个居委会。

1959～1968 年噶尔县行政区划情况见表 2—2—1，1969～1983 年噶尔县行政区划基本情况见表 2—2—2，1981～1998 年噶尔县行政区划基本情况见表 2—2—3，2000 年 12 月噶尔县行政区划基本情况见表 2—2—4。

1959～1968 年噶尔县行政区划表

表 2—2—1

区名	所辖乡	所辖村名	所辖村数
左左区	上左左乡	1 组、2 组、3 组	3
	下左左乡	1 组、2 组	2
	郎久乡	1 组、2 组、3 组	3
门士区	门士乡	1 组、2 组、3 组、4 组、5 组	5
	索堆乡	1 组、2 组、3 组、4 组	4
昆萨区	索麦乡	玛尔勒 1 组、踏枪 2 组、辛格贡 3 组、果巴 4 组	4
	噶尔新乡	1 组、郎久 2 组、卡卡 3 组	3
	那木如乡	新噶尔松那 1 组、琼普 2 组、噶尔亚萨仲措 3 组	3
扎西岗区	鲁玛乡	1 组、2 组	2
	扎西岗乡	江基 1 组、扎西岗 2 组	2
	加木乡	加木 1 组、加木 2 组	2

1969～1980 年期间噶尔县行政区划表

表 2—2—2

区名	所辖公社	所辖生产队数
左左区	上左左公社（前进公社）	3
	下左左公社（东方红公社）	2
	郎久公社（红旗公社）	3
门士区	门士公社（红卫公社）	5
	索堆公社（反修公社）	4

续表 1

区名	所辖公社	所辖生产队数
昆萨区	那木如公社（胜利公社）	3
	噶尔新公社（前进公社）	3
	索麦公社（忠东公社）	4
扎西岗区	鲁玛公社（卫东公社）	2
	扎西岗公社（反帝公社）	2
	加木公社（东风公社）	2

1981～1998 年噶尔县行政区划基本情况表

表 2—2—3

区名	所辖乡	所辖村	所辖组
左左区	加木	1 村、2 村	2
	上左左	1 村、2 村、3 村	3
	下左左	1 村、2 村	2
	郎久	1 村、2 村、3 村	3
门士区	门士	1 村、2 村、3 村、4 村、5 村	5
	索堆	1 村、2 村、3 村、4 村	4
昆萨区	索麦	玛尔勒 1 村、踏枪 2 村、辛格贡 3 村、果巴 4 村	4
	噶尔新	1 村、郎久 2 村、卡卡 3 村	3
	那木如	新噶尔送那 1 村、琼普 2 村、噶尔亚萨仲措 3 村	3
扎西岗区	鲁玛	1 村、2 村	2
	扎西岗	江基 1 村、扎西岗 2 村	2
	典角	1 村、2 村	2

2000 年 12 月噶尔县行政区划表

表 2—2—4

乡（镇）名	所辖村（居）	村民小组
左左乡	上左左	3 个
	下左左	3 个
	郎久	5 个
门士乡	门士	5 个
	索堆	4 个

续表 1

乡（镇）名	所辖村（居）	村民小组
昆萨乡	索麦	4 个
	噶尔新	3 个
	那木如	3 个
扎西岗乡	鲁玛	2 个
	扎西岗	2 个
	典角	2 个
狮泉河镇	加木村、藏布居委会、森格居委会	3 个

第二节　乡　镇

一、狮泉河镇

狮泉河，藏语称“森格喀巴”（“森格”意为狮子，“喀巴”意为从口中流出）。狮泉河镇位于森格藏布中游两岸，为冈底斯山脉及支脉群山所环抱，海拔 4277.38 米。其东临革吉县和左左乡，西和南连扎西岗乡和昆萨乡，北靠日土县，其地理坐标为北纬 31°08′，东经 80°42′，是县治所，也是阿里地区地委、行署所在地，是阿里地区政治、经济、文化、军事中心，是藏西北高原中心城市。

狮泉河镇属高原亚寒带干旱气候，干燥寒冷，太阳辐射强，日照时数长。年平均气温为 0.2℃。1 月平均气温−12.4℃，7 月平均气温 14.2℃。日均气温 5℃以上持续期 122 天左右，0℃以上持续期 170 天左右。每年除 7 月、8 月外，其他月份都有不同程度的霜冻出现。年平均降水量为 73 毫米，日最大降水量 24.6 毫米（1971 年 6 月 23 日）；年降雨量最大为 136.5 毫米（1978 年）。

长期以来，狮泉河镇属扎西岗区加木乡境域内的戈壁荒滩，秀丽水柏枝（红柳）广布，除游牧群众外，无居民居住。1965 年 7 月 23 日，经国务院批准阿里专区驻地由噶尔昆萨迁至此，并开始进行较大规模的基本建设，至 1971 年，城区面积达到 0.25 平方千米。随着城区面积的逐年扩大，城镇人口的增多，因采暖材料严重不足，灌木林被大量砍伐，生态环境遭到严重破坏，使秀丽水柏枝灌木林和锦鸡儿灌丛面积减少，最终导致风沙肆虐。1988年，噶尔县治所从昆萨迁至地区所在地森格藏布河南岸。1999年9月，设立狮泉河镇建制。随后成立镇党委和镇人民政府，下辖1个行政村（加木村）和2个居委会（森格居委会和藏布居委会）。至2000年底，城区面积达4平方千米，拥有常住人口近1万人，流动人员1万人。

新藏公路与黑阿公路两条干线公路在此交汇，向东经省道301公路可抵阿里地区革吉县、改则县、措勤县至拉萨，西南经日喀则地区萨嘎县可以至拉萨，向北经219国道可以至新疆。镇内主要街道有狮泉路、北京路、、陕西路、格桑路、文化路等10多条，有桥梁、公路相通，有经营出租车辆的中巴、小汽车等100台。邮电、通讯等基础设施基本建全，移动通信网络可与拉萨、内地相通，市内电话用户达4066户，移动电话用户达1135户。有中国人民银行阿里地区中心支行和中国农业银行阿里地区中心支行等金融机构，办理各种金融业务。修建有市镇供水、供电设施，实行定时供应。有各类学校4所（阿里地区中学、地区小学、地区幼儿园、噶尔县孔繁森小学）；国有医疗机构5个（地区人民医院、地区藏医院、地区卫生防疫站、地区妇幼保健院、狮泉河镇卫生院），门诊部2所。国营、集体、个体商业、服务业网点达1000余个；宾馆、招待所4家，床位250张；各类市场3个，摊位400余个。各类交易场所45个，建筑面积67894.82平方米；有民族制品加工、农机具修造、汽车修理、建筑建材生产等加工业。生活用气普及率达85%。

二、昆萨乡

“昆萨”为藏语音译，“昆”意为“冬季”，“萨”意为“地点”，即“冬季点”。位于狮泉河镇以南60千米。北与狮泉河镇相连，西靠扎西岗乡，西南部与札达县相邻，东南靠门士乡。

境内冈底斯山脉和阿伊拉山脉贯穿东、西部，地势较高，海拔超过6000米以上的山峰10座。噶尔藏布横贯东西，形成宽阔的河谷，河谷内地势平坦，平均海拔在4300米。昆萨乡属半农半牧经济，是噶尔县主要的农业种植区域。矿产资源有金矿和钨矿等。

1686年，西藏地方政府在昆萨设立噶本机构，乡境内部分属阿里噶本直属区，部分属那木如本管辖。索麦村“曲宁巴”地方系历代噶本冬季驻地，距昆萨乡治所西北约10千米。清朝时期，驿站延伸到阿里至拉达克境内，从拉萨到噶尔雅萨有35个驿站，其中昆萨乡境内有阿久、雅萨、那木如和昆萨。清道光二十一年（1841年2月，藏历第十四饶迥金牛年），英国人操纵受其控制的道格拉王朝的统治者古拉伯·辛格纠集拉达克人、巴尔底斯坦人入侵阿里时，中路由倭色尔大将诺诺四朗率领，沿森格藏布河谷前进，在攻占扎西岗后，沿河谷向普兰等地进犯。清光绪三十年（1904年，藏历第十五饶迥木龙年），西藏地方第二次抗英战争失败，英国侵略军强迫西藏地方政府签订《拉萨条约》，允许英国在昆萨设立邮局。清光绪三十四年（1908年，藏历第十五饶迥土猴年），英国又在此设立噶大克电报局。1951年8月3日，中国人民解放军新疆军区独立骑兵师2团副团长安志明率部队，从普兰进驻噶大克，宣告阿里地区和平解放。昆萨为中共阿里分工委和阿里骑兵支队驻地，分工委机关干部、职工和骑兵支队官兵在此种植蔬菜、青稞，修建房屋，建立通讯、医疗卫生等机构，成为阿里政治、军事中心。1959年，中共阿里分工委在昆萨组织领导了阿里全面的民主改革运动。为防止武装叛匪攻击，在昆萨的中共阿里分工委干部、职工建成的噶尔昆萨城墙长2500米、高2.5米，同时在城墙上修建10个中型碉堡，被印度称为“中共在阿里修建的大型军事设施”。1960年1月，成立噶尔县人民政府，驻昆萨。1966年，阿里专区搬迁到狮泉河镇以后，该地成为噶尔县城。1988年，噶尔县城迁至狮泉河镇。2000年底，该乡下辖3个行政村（索麦村、噶尔新村、那木如村）和10个村民小组，农牧民人口1746人，以藏族为主，还有汉族及少量蒙古人后裔。

2000年底，有小学1所、卫生所1所。有望果节、噶尔恰钦盛会等传统节庆。

三、扎西岗乡

“扎西岗”为藏语音译，其中“扎西”藏语意为“吉祥”，“岗”意为台地，即吉祥台地。地处喜马拉雅山支脉阿依拉山脉北麓，森格藏布下游地区。其南面与扎达县曲松乡和昆萨乡相邻，西北抵森格藏布出口与印控克什米尔交界，东与狮泉河镇毗邻，北与日土县为邻。乡驻地位于距狮泉河镇西北37千米处。

清康熙二十年（1681年春，藏历第十一饶迥金鸡年），在驱逐拉达克人的战争中，蒙藏联军在其东南的莫若塘卡大败拉达克军队，称莫若塘卡大捷，驱逐拉达克人对阿里的占领。清道光二十一年（1841年2月，藏历第十四饶迥金牛年），由英国人操纵道格拉王朝（克什米尔查谟地区的道格拉部落）统治者古拉伯·辛格纠集拉达克人、巴尔底斯坦人6000余人，由此沿森格藏布河谷侵犯阿里，7月27日，藏军噶伦曲美才旺奉命率军从扎西岗鲁玛增援典角藏军，途中因劳累过度，从马背上摔下后吐血身亡。拉达克人在取得利益后退出阿里。

扎西岗乡因地处边境，尤其是典角村（1955年，村西部被印军侵占），与克什米尔地区隔河相望，有多条重要商道与印度、克什米尔地区相通，是阿里重要的边贸交换地。境内群众用畜产品与来自克什米尔及印度的商人在此交换粮食等商品，形成传统边境贸易市场，属季节性市场。外商从典角进入，其通外商道主要有两条，一是沿森格藏布河谷向西经典角至印控古隅（即科尤尔）、拉达克地区，再抵中亚和西亚各国家；二是由扎西岗往西南翻越田巴拉山，经札达县曲木底、楚鲁松杰地区进入印度西北边区。

扎西岗有草地面积266.31万亩，粮食种植面积1907.85亩。2000年，粮食总产量214.62吨，牛奶产量1.4吨，羊奶产量48.8吨，牛肉产量22.3吨，绵羊肉产量27.7吨，山羊绒产量2.4吨，牲畜总头数24466头（匹、只）。矿产资源有硼砂、盐、碱、硝、苏打和铁矿、大理石等。

历史上，扎西岗属扎西岗寺管辖。20世纪50年代初期，为缓解阿里党政机关物资供应紧张的困难，西藏自治区贸易公司在阿里设立了物资采购办事处，用羊毛在扎西岗与外商交换粮食、食用油等。1954年，《中印主要通商协定》规定扎西岗为对印开放市场。1959年，中共西藏工委确定扎西岗乡、典角为阿里专区18个边境乡之一。1960年，设立扎西岗区，辖鲁玛、扎西岗、加木3个乡。1989年，经西藏自治区批准新成立典角乡。1999年改称扎西岗乡，同时将原属扎西岗区管辖的加木乡划归狮泉河镇。至2000年底，扎西岗乡下辖扎西岗村、鲁玛村、典角村7个村民小组。总人口720人。

至2000年底，该乡有1所小学和1所卫生所。境内的扎西岗寺是阿里地区著名寺庙，也是噶尔县境内历史最悠久、建筑规模最大的寺庙。

四、左左乡

“左左”为藏语音译，意为成群的藏羚羊。左左乡位于噶尔县东部，东靠革吉县，西邻狮泉河镇，南接昆萨乡和门士乡，北依日土县和革吉县。乡驻地位于江拉达，距狮泉河镇38千米。

乡境内主要河流有森格藏布及其支流赤左藏布、郎久河等。由狮泉河镇至阿里措勤县的国狮公路（S301）经过该乡。经济以牧业为主，饲养绵羊、牦牛、山羊、马等。2000 年，有耕地面积 536.8 亩，粮食总产量 36.6 吨，牛奶产量 2.23 吨，羊奶产量 69.23 吨，牛肉产量 37.3 吨，绵羊肉产量 135.1 吨，山羊绒产量 6.6 吨，牲畜总头数 71801 头（只、匹）。郎久地热田位于郎久村，1983 年，西藏自治区人民政府投巨资在此建立地热试验电站，向狮泉河镇供电，但运行不稳定。

1961 年 1 月 15 日，设立左左区，区公所下辖上左左、下左左、郎久 3 个乡人民政府。1999 年，设为左左乡。至 2000 年底，左左乡下辖上左左、下左左、郎久 3 个村，有人口 178 人。

设有 1 所小学和 1 个卫生所。境内有郎久湖、郎久地热、草原风光等旅游景点。

五、门士乡

“门士”为藏语音译，“门”意为远古时期的氏族名（也有人认为是“蒙古”的音译），“士”意为搭帐篷之地。位于噶尔县东南，西南靠札达县，东南接普兰县，东北邻左左乡。地处冈底斯山脉和阿伊拉山脉山间谷地。主要河流有朗钦藏布及支流卓布夏曲、卓布奴曲等。乡驻地位于松那（三沟交汇处），距狮泉河镇 171 千米。

象雄部落时期，门士是象雄核心区之一，象雄都城即喀尔栋遗址位于境内。17 世纪，甘丹才旺率蒙藏军打败拉达克收复阿里后，留下 50 名蒙古族骑兵在该乡索堆村，后与当地妇女通婚，融入藏族。门士乡是进出阿里西南的交通咽喉，清朝时期，门士属西藏地方政府设立的由拉萨到噶尔雅萨之间的 35 个驿站中的大站之一，西藏地方政府指派 1 名“协饿”官员并拨银管理。以此驿站为中心辐射出多条线路，往南经札达县琼隆的甲尼玛，再穿越喜马拉雅山脉进入印度北部，或经普兰县抵尼泊尔西部和印度北部。1951 年后，修筑的 219 国道穿越该乡。

门士乡属以牧业为主农牧结合经济。农业以种植青稞为主，牧业主要饲养绵羊、牦牛、山羊、马等。境内草场资源较丰富。至 2000 年，农作物播种面积 1405.8 亩，粮食总产量 126.27 吨；种植蔬菜 15.5 亩，产量 4.2 吨；牲畜存栏 61964 头（匹、只），生产山羊绒 4.79 吨、绵羊毛 72.82 吨、牛奶 27.5 吨。农村经济总收入 307.4 万元。矿产主要有金、煤等。境内门士煤矿距乡政府驻地 27 千米。1976 年，建成投产，隶属阿里行署管理。1997 年关闭。

1959 年 8 月，设立门士区，下辖索堆、门士 2 个乡。1999 年，设为门士乡，辖索堆、门士2个村。至2000年，全乡总人口1827人。

境内有1所小学和1个卫生所。有古如江寺苯教寺庙和芝达布日寺、顿久寺藏传佛教寺院。有巴尔沸温泉、芝达布日温泉等旅游景点。

第三节　村

一、加木村

“加”意为靠岩石所建的羊圈，“木”意为紫色（又一说意为鸽子），“加木”即岩壁上栖息上百只鸽子。位于噶尔县北部，地处冈底斯山西段的普果措久（河沟）东北岸。301省道通过该村中部与新藏公路相接。村委会驻地位于距狮泉河镇东南7千米处。

属半农半牧村，主要种植青稞，饲养牦牛、马、羊。2000年，有牲畜23712头（只、匹），草地面积187.17万亩，农民人均纯收入1560元。

清代和民国时期，加木属左左本的领地。1960年，设加木乡，辖加木、塘咔那布2个村，属噶尔县扎西岗区。1999年，设为村，并划入狮泉河镇管辖。至2000年底，加木村有58户、198人。

加木村境内秀丽水柏枝较茂密，夏季，狮泉河镇人常到此“逛林卡”。

二、门士村

地处阿伊拉山脉与冈底斯山间谷地，朗钦藏布上游。村委会驻松那，距狮泉河镇171千米。西藏和平解放前为门士驿站驻地。和平解放后，修筑的新藏公路穿越其中。

门士村属以牧为主、农牧结合经济，种植青稞和饲养牦牛、绵羊、山羊、马等。2000年，牲畜39759头（只、匹），草地面积309.54万亩，农民人均纯收入1980元。

1960年，设立门士乡，隶属门士区。1999年，设为村。至2000年底，门士村有191户、1033人。

三、索堆村

“索”意为蒙古或肩胛骨，“堆”意为上部。地处冈底斯山、阿伊拉日居间的阿居沟下游，噶尔藏布上游隆木切曲谷地。村委会驻地距狮泉河镇113

千米。219 国道贯穿本村。

经济为半农半牧，种植青稞和饲养牦牛、绵羊、山羊、马等。至 2000 年底，有草地面积 305.3 万亩，农民人均收入 1960 元。

1961 年 1 月，成立索堆乡，隶属噶尔县门士区。1999 年，设为村，隶属门士乡。至 2000 年底，索堆村有 190 户、823 人。

四、那木如村

“那木”意为天，“如”意为翼或部，据传，住在此地百姓来自绛纳木错流域，故名。位于噶尔藏布上游南岸，村委会驻地琼普，距狮泉河镇 66 千米。219 国道贯穿本村。

经济为半农半牧，种植青稞和饲养牦牛、绵羊、山羊、黄牛等。2000 年底，那木如村有草地面积 113.2 万亩，农牧民人均收入 1690 元。

1686 年，阿里噶本甘丹才旺任命霍尔多扎为那木如本（即地方官），成世袭制本。1961 年 1 月，建立拉木如乡，辖琼普、噶尔雅萨、新嘎、塘热 4 个自然村。隶属噶尔县昆萨区，1999 年，设为村。2000 年底，那木如村有 124 户、614 人。

村内有那木如温泉。

五、噶尔新村

地处阿伊拉山脉与冈底斯山间的噶尔藏布河中游谷地，村委会驻地比吾塘咔距狮泉河镇 48 千米，噶尔藏布北岸。219 国道穿越本村中部。

经济为半农半牧，种植青稞和饲养牦牛、绵羊、山羊、马等。至 2000 年底，噶尔新村有 397 人，草地面积 106.13 万亩，农民人均纯收入 1710 元。

清代起，是阿里噶本直属地，称噶嘎，有住户 4 户，均为噶本放羊人，称“吴古尔鲁巴”。1959 年，在噶嘎设立噶尔新乡，9 月 1 日，乡人民政府成立，是阿里地区第一个基层人民政权组织。1999 年，设为噶尔新村，隶属昆萨乡。至 2000 年底，噶尔新村有 118 户、397 人。

六、索麦村

“索”意为蒙古或肩胛骨，“麦”意为下部。地处冈底斯山西段和阿伊拉日居间的噶尔藏布河谷。村委会驻地为辛科贡，距狮泉河镇 29 千米。

噶尔县最高峰奇吾拉峰位于该村境内，海拔 6493 米。噶尔藏布自东向西北流经本村，水资源较丰富。索麦村属半农半牧经济，农作物主要有青稞、小麦、油菜；饲养牦牛、马、羊。至 2000 年底，索麦村有草地面积

118.19万亩，农民人均纯收入1750元。

1960年，成立乡，属噶尔县昆萨区。1999年，设为索麦村，隶属昆萨乡。至2000年底，索麦村有158户、741人。

七、扎西岗村

地处阿伊拉日居山西段东麓、森格藏布下游河谷。村委会驻地扎西岗，距狮泉河镇府37千米。

噶尔藏布经东南入境自西北流至松多村汇入森格藏布，水资源较丰富。扎西岗村属半农半牧经济，农作物主要有青稞、小麦、油菜；饲养牦牛、马、羊。至2000年底，扎西岗村有草地面积129.09万亩，农民人均纯收入1720元。

1951年时，属扎西岗寺庙管辖区。1954年，根据中印通商交通协定，在扎西岗设对印开放边境贸易市场。1960年，成立扎西岗乡，属噶尔县扎西岗区。1999年，设为扎西岗村，隶属扎西岗乡。至2000年底，扎西岗村有71户、309人。

八、鲁玛村

"鲁玛"意为"泉水"。位于噶尔藏布下游、鲁玛大桥附近，南部与索麦村接壤，东部与加木村接壤。村委会驻地"日垂"，距狮泉河镇47千米。1965年3月8日，在该村噶尔藏布建成的长68.8米的鲁玛大桥，是阿里地区第一座钢筋混凝土桥梁，也是1998年前219国道必经通道。

鲁玛村属半农半牧经济，农作物主要有青稞、小麦、油菜；饲养牦牛、马、羊。至2000年底，鲁玛村有草地面积136.5万亩，农民人均纯收入1690元。

清代起，鲁玛属扎布让宗萨让本辖地。1961年12月1日，设立鲁玛乡，属噶尔县扎西岗区。1999年，设为村，隶属扎西岗乡。至2000年底，鲁玛村有66户、294人。

九、典角村

"典"意为弹性，"角"意为夺。典角村位于森格藏布下游，与被印侵占的巴里加斯地区相近，是噶尔县唯一的边境村，边界实控线长度约为100千米。村委会驻地"色相"距扎西岗乡治所30千米。

典角村西北巴里加斯地区属中国领土，20世纪50年代，印度不断向中国边境一线扩张，逐渐占领巴里加斯地区，并在典角引发边界争端和武装冲突。1961年，印军非法侵入典角拉多，并修建哨所。1962年10月20日，中国政府被迫对印自卫反击，清除了印军在拉多等中国境内建立的据点。

典角村经济以牧业为主，主要饲养牦牛、马、羊。至2000年底，典角村有草地面积120.12万亩，农民人均纯收入1680元。

典角历来就是中印传统边贸交易点，1962年中印关系恶化，边贸交易随之停止。20世纪80年代，随着中印关系的恢复，传统边贸开始恢复。

1959年，因典角地处边境一线，未进行民主改革，也未建立人民政权，称“未改乡”，为阿里18个边境乡之一。1989年9月，成立典角乡，隶属扎西岗区，1999年，设为村。至2000年底，典角村共有29户、117人。

十、郎久村

“郎”，藏语意为黄牛，“久”意为10，“郎久”即10头黄牛。据传，位于该村的郎久湖曾出现10头黄牛，故名。

位于噶尔县东部，东靠革吉县，西邻狮泉河镇，南依昆萨乡，北接日土县。村委会驻地玛德，距狮泉河镇30千米。301省道路穿越村境。

郎久村属半农半牧经济，农作物主要有青稞、小麦、油菜；饲养牦牛、马、羊。

2000年，有草地面积197.88万亩，农民人均纯收入1690元。

郎久有地热资源，20世纪80～90年代，自治区在郎久村建地热试验电站，后因储量、设备技术问题等停建。

1961年，设立郎久乡，隶属噶尔县左左区，1999年，设为村。至2000年底，该村下辖5个村民小组，有128户、543人。

十一、上左左村

又名“果仓堆”。“果仓”意为鹰窝，“堆”意为上部，即上鹰窝。

位于左左乡驻地以东，村委会驻地“岗穷”距狮泉河镇78千米。S301省道路穿越村境。

上左左村属纯牧业经济，饲养牦牛、马、羊。2000年，有草地面积218.31万亩，农民人均纯收入1980元。

清代起，属左左本辖地。1962年，设立上左左乡隶属左左区，1999年，设为村，隶属噶尔县左左乡。至2000年底，下辖3个村民小组。有86户、369人。

十二、下左左村

又名“果仓麦”。“麦”意为下部，“果仓麦”即下鹰窝。

位于左左乡东南部，东靠革吉县，南接上左左村，西靠郎久村。平均海拔4600米以上。村委会驻于赤左，距狮泉河镇70千米。301省道路穿越村境。

下左左村属纯牧业经济，主要饲养牦牛、马、羊。2000年，有草地面积213.51万亩，农民人均纯收入1930元。

清代起，属左左本辖地。1962年，设立下左左乡隶属左左区，1999年，设为下左左村。2000年底，下辖2个村民小组，牧业人口59户、266人。

第三篇

政党　政协　群团

第一章　中共噶尔县地方组织

第一节　党代会

一、中共噶尔县第一次代表大会

1971年9月18日至9月21日，中共噶尔县第一次代表大会在昆萨召开。出席大会的代表共107人，其中机关代表44人、农牧民代表49人、解放军代表1人。大会审议通过噶尔县革委会党的核心领导小组组长杨培功代表县革委会党的核心领导小组所作的题为《高举毛泽东思想伟大旗帜，沿着毛泽东革命路线胜利前进》的报告，选举产生中共噶尔县第一届委员会委员19人。随后召开的一届一次全委会选举产生常委9人，其中书记1人、副书记3人。杨培功当选为中共噶尔县第一届委员会书记。

1972年后，先后增补书记、副书记4人，常委3人。

二、中共噶尔县第二次代表大会

1978年11月5日至11月8日，中共噶尔县第二次代表大会在昆萨召开，出席会议的代表共72人。大会审议通过县委副书记周俊光代表第一届县委所作的工作报告，选举产生中共噶尔县第二届委员会委员21人。随后召开的二届一次全委会选举产生常委8人，其中书记1人、副书记2人。河北省援藏干部杨曾子当选为中共噶尔县第二届委员会书记，古入当选为噶尔县委纪律检查委员会书记。

三、中共噶尔县第三次代表大会

1987年5月25日至5月28日，中共噶尔县第三次代表大会在昆萨召开，出席会议代表共 61 人。大会审议通过县委书记白玛多吉代表县委所作的题为《坚持四项基本原则，同心同德，为建设团结、富裕、文明的新噶尔而奋斗》的工作报告；审议通过中共噶尔县纪律检查委员会工作报告；选举产生中共噶尔县第三届委员会领导机构以及中共噶尔县纪律检查委员会组成人员。第三届委员会有委员 11 人，候补委员 2 人。随后召开的三届一次全委会选举产生常委 7 人，其中书记 1 人、副书记 2 人。白玛多吉当选为中共噶尔县第三届委员会书记，薛玉虎当选为县纪律检查委员会书记。

四、中共噶尔县第四次代表大会

1990 年 7 月 3 日至 7 月 5 日，中共噶尔县第四次代表大会在狮泉河镇召开，出席会议代表共 82 人。大会审议通过县委书记白玛多吉代表县委所作的题为《坚持四项基本原则，团结奋进，在改革中前进》的工作报告；审议通过噶玛仁青代表县纪律检查委员会所作的工作报告；随后召开的四届一次全委会议，选举产生中共噶尔县第四届委员会领导机构，以及中共噶尔县纪律检查委员会组成人员。中共噶尔县第四届委员会有委员 11 人，候补委员 2 人。四届一次全委会选举产生县委常委 7 人，其中书记 1 人、副书记 2 人。江白当选为中共噶尔县第四届委员会书记，多吉扎巴当选为县纪律检查委员会书记。

五、中共噶尔县第五次代表大会

1995 年 5 月 20 日至 5 月 25 日，中共噶尔县第五次代表大会在狮泉河镇召开，出席会议代表共 83 人。大会审议通过县委书记贡布代表县委所作的题为《坚持党的基本路线，抓住机遇、深化改革，为实现噶尔长治久安和繁荣进步而奋斗》的工作报告；审议通过中共噶尔县纪律检查委员会工作报告。中共噶尔县第五届委员会有委员 23 人。随后召开的五届一次全委会选出县委常委 11 人，其中书记 1 人、副书记 4 人。贡布当选为中共噶尔县第五届委员会书记，扎拉当选为县纪律检查委员会书记。

六、中共噶尔县第六次代表大会

2000 年 10 月 17 日至 10 月 19 日，中共噶尔县第六次代表大会召开，出席会议的代表共有 71 人。大会审议通过陕西省对口支援阿里地区的第二批援藏干部薛晓毅代表县委所作的题为《承前启后、继往开来、团结奋斗、顽强拼搏，以新的建设成就将噶尔全面推向 21 世纪》的工作报告；审议通过中共噶尔县纪律检查委员会工作报告。中共噶尔县第六届委员会有委员 21 人，候补委员 4 人。随后召开的六届一次全委会选举产生县委常委 13

人，其中书记 1 人、副书记 4 人。薛晓毅当选为中共噶尔县第六届委员会书记，桑姆当选为县纪律检查委员会书记。

第二节　机　构

一、中共噶尔县委

1959 年 10 月 7 日，经中共西藏工委批准，在昆萨乡索麦村成立中共噶尔县委员会（以下简称中共噶尔县委）。

1960 年 4 月，设立县委办公室。至 1961 年 4 月，中共噶尔县委下设县委办公室、组宣部、统战部、监察委员会、财政经济工作部和农牧工作部 6 个工作机构。

1963 年 2 月 1 日，县委财政经济工作部和农牧工作部划归县人民政府领导。至 1966 年底，中共噶尔县委工作机构有办公室、组宣部、统战部和监察委员会。

1966 年 5 月“文化大革命”运动开始后，县委领导机构和工作机构暂未受到直接冲击，尚能正常行使职权。

1967 年 2 月后，随着“文化大革命”运动的逐步推开，县委书记、县长等党政主要领导被群众组织夺权批斗，机关工作陷于瘫痪状态。3 月 27 日，成立噶尔县军事管制小组，代行县委、县政府职权，由 4 人组成，解庆发任组长。

1968 年 2 月 9 日，根据上级“关于要把大多数领导干部‘解放’出来，恢复正常工作”的指示，召开全县干部大会，宣布杨培功等部分领导“解放”，并重新分配工作。大会经过协商，选举产生噶尔县“抓革命，促生产，促战备”指挥部，杨培功被推举为指挥部负责人。

1969 年 9 月 29 日，经西藏自治区革命委员会、西藏军区、阿里地区革命委员会批准，成立噶尔县革命委员会党的核心领导小组，县革命委员会下设办事组、政治工作组、生产指挥组、人民保卫组（简称“四大组”）。“四大组”既是县革命委员会工作机构，也是县党的核心领导小组工作机构，取代县委各工作部门职能。

1971年9月18日～9月21日，中共噶尔县第一次代表大会召开，恢复成立中共噶尔县委，取代县革命委员会党的核心领导小组，县委工作机构仍然为“四大组”。

1975年7月，撤销“四大组”，恢复设立县委工作机构县委办公室和县委组宣部。

1979年5月，恢复成立县委统战部；县委组宣部分设为县委组织部和宣传部。

1980年9月，县委组织部、宣传部再次合并为县委组宣部。

1982年，成立县委纪律检查委员会。

1987年，县委组宣部又一次分设为县委组织部和县委宣传部；撤销县委统战部，统战部工作并入县委办公室；县委纪律检查委员会由正科级建制升格为副县级建制，并更名为中共噶尔县纪律检查委员会。至1987年底，县委工作机构有县委办公室、县委组织部和县委宣传部。

1995年，恢复设立县委统战部。

1996年11月，设立中共噶尔县委政法委。

至2000年底，中共噶尔县委工作机构有县委办公室、县委组织部、县委宣传部、县委统战部、县委政法委。

中共噶尔县委负责人名录见表3—1—1，中共噶尔县委办公室负责人名录见表3—1—2。

中共噶尔县委负责人名录

表3—1—1

机构名称	职务	姓名	性别	民族	任职时间	备注
中共噶尔县委 1959.10～1961.08	书记	王占彪	男	藏	1959.10～1961.08	
	副书记	张振兴	男	汉	1959.10～1961.06	
		黄宝玉	男	汉	1961.07～1961.08	
	委员	张文福	男	汉	1959.10～1960.05	
		张野蜂	男	汉	1959.10～1960.05	
		王俊	男	汉	1959.10～1960.05	
		杨文鉴	男	汉	1959.10～1961.08	
		向阳	男	藏	1959.10～1961.05	

续表 1

机构名称	职务	姓名	性别	民族	任职时间	备注
中共噶尔县委 1961.08～1967.02	第一书记	李永华	男	汉	1961.09～1962.10	
		杨培功	男	汉	1962.10～1967.02	代理
	书记	王占彪	男	藏	1961.08～1965.05	
	副书记	黄宝玉	男	汉	1961.08～1963.05	
		马茂宗	男	汉	1962.10～1967.02	
		达瓦更巴	男	藏	1965.08～1967.02	
	委员	董天喜	男	汉	1962.02～1965.10	第一书记、书记、副书记均为委员
		岳明山	男	汉	1963.01～1967.02	
		李乃荣	男	汉	1963.01～1967.02	
		王新仁	男	汉	1963.01～1964.08	
		曹元振	男	汉	1964.04～1966.05	
		姜凤岐	男	汉	1963.01～1966.05	
		牛端华	男	汉	1966.05～1967.02	
		曲　加	男	藏	1966.05～1967.02	
		李　锦	男	汉	1966.05～1967.02	
噶尔县革命委员会党的核心领导小组 1969.09～1971.09	组长	杨培功	男	汉	1969.09～1971.09	
	副组长	曲　加	男	藏	1969.09～1971.09	
中共噶尔县委 1971.09～1978.11	书记	杨培功	男	汉	1971.09～1973.08	
		郭　珉	男	汉	1975.08～1976.12	
		曲　珍	女	藏	1978.08～1978.11	代理书记
	副书记	马存福	男	汉	1971.09～1973.08	
		樊陆平	男	汉	1971.09～1975.11	
		丹　增	男	藏	1971.09～1974.10	
		王兴和	男	汉	1972.03～1974.03	
		张根茂	男	汉	1973.08～1977.10	
		彭措次仁	男	藏	1976.07～1978.11	
		周俊光	男	汉	1978.01～1978.11	
		白玛多吉	男	藏	1978.01～1978.11	
		彭措次仁	男	藏	1971.09～1976.07	
	常委	李　锦	男	汉	1971.09～1973.06	书记、副书记均为常委，从略
		高兴镛	男	汉	1971.09～1974.04	
		才　旺	男	藏	1971.09～1973.06	
		次仁拉姆	女	藏	1971.09～1976.10	
		久协加	女	藏	1975.10～1976.10	
		噶尔玛	男	藏	1976.07～1976.10	
		白玛多吉	男	藏	1976.07～1976.10	

续表 2

机构名称	职务	姓名	性别	民族	任职时间	备注
中共噶尔县委 1978.10～1987.05	书记	曲　　珍	女	藏	1978.11～1979.07	
		杨曾子	男	汉	1979.07～1980.06	
		周俊光	男	汉	1980.08～1984.06	
	副书记	白玛多吉	男	藏	1978.11～1987.05	
		彭措次仁	男	汉	1978.10～1979.07	
		周俊光	男	汉	1978.11～1980.08	
		耿书业	男	汉	1979.06～1980.06	
		焦铁军	男	汉	1979.06～1980.06	
		李顺华	男	藏	1981.11～1983.05	
		周进华	男	汉	1983.08～1987.04	
		贵　　桑	男	藏	1984.12～1987.04	
		索南曲达	男	藏	1987.04～1987.05	
		达　　杰	男	藏	1987.04～1987.05	
	常委	次仁旺姆	女	藏	1978.10～1978.11	书记、副书记均为常委，从略
		久协加	女	藏	1978.10～1982.06	
		噶尔玛	男	藏	1978.10～1980.08	
		巴桑仓决	女	藏	1978.10～1978.11	
		李顺华	男	汉	1978.10～1978.11	
		噶贡保	男	藏	1978.11～1980.09	
		郭成堂	男	汉	1978.11～1980.03	
		贡　　布	男	藏	1978.11～1981.09	
		张顺祥	男	汉	1981.10～1984.05	
		曲　　扎	男	藏	1983.08～1987.04	
		古　　入	男	藏	1984.06～1987.04	
		欧　　珠	男	藏	1984.06～1987.04	
中共噶尔县委 1987.05～2000.12	书记	白玛多吉	男	藏	1987.05～1990.06	
		江　　白	男	藏	1990.07～1993.08	
		贡　　布	男	藏	1993.08～1998.05	
		薛晓毅	男	汉	1998.06～2000.12	援藏
	副书记	达　　杰	男	藏	1987.05～1990.06	
		索南曲达	男	藏	1987.05～1990.06	
		白玛欧珠	男	藏	1990.07～1992.11	
		蒲昭兴	男	汉	1990.07～1995.05	

续表 3

机构名称	职务	姓名	性别	民族	任职时间	备注
中共噶尔县委 1987.05～2000.12	副书记	王德火	男	汉	1992.05～1993.06	援藏
		格巨坚赞	男	藏	1993.08～1996.10	
		索南顿珠	男	藏	1993.08～2000.10	
		冯乃善	男	汉	1995.05～1998.05	援藏
		景东成	男	汉	1995.05～1998.05	援藏
		才旺罗布	男	藏	1996.12～1997.10	
		席金峰	男	汉	1998.06～2000.12	援藏
		加布次仁	男	藏	1999.01～1999.12	
		尼玛平措	男	藏	1999.12～2000.12	
		王佩宏	男	汉	1999.12～2000.12	
		格桑朗杰	男	藏	2000.10～2000.12	
	常委	嘎玛仁青	男	藏	1987.05～1990.05	书记、副书记均为常委，从略
		童玉杰	男	汉	1987.05～1989.07	
		江白	男	藏	1987.05～1987.10	
		加布次仁	男	藏	1987.05～1989.07	
		次仁多吉	男	藏	1990.07～1993.08	
		达杰	男	藏	1990.07～1993.09	
		多吉扎巴	男	藏	1990.07～1995.05	
		班久	男	藏	1990.07～1993.09	
		达尔班	男	藏	1993.09～1997.11	
		次仁桑珠	男	藏	1993.09～1994.04	
		多吉顿珠	男	藏	1995.05～1999.06	
		何存贵	男	汉	1995.05～1998.05	
		扎拉	男	藏	1995.05～1998.01	
		张文涛	男	汉	1995.05～1999.12	
		其美次仁	男	藏	1995.06～1995.07	
		格桑朗杰	男	藏	1997.09～2000.10	
		王兴怀	男	汉	1998.06～2000.12	
		强巴念扎	男	藏	2000.10～2000.12	
		桑珠	男	藏	2000.10～2000.12	
		张国成	男	汉	2000.10～2000.12	
		桑姆	女	藏	2000.10～2000.12	
		古金祥	男	汉	2000.10～2000.12	
		田波	男	汉	2000.10～2000.12	
		朱寿山	男	汉	2000.10～2000.12	

中共噶尔县委办公室负责人名录

表 3—1—2

机构名称	职务	姓名	性别	民族	任职时间
中共噶尔县委办公室	主任	岳明山	男	汉	1966.05～1967.02
		王恩健	男	汉	1975.07～1979.07
		郭柏松	男	汉	1979.07～1980.09
		旺青四朗	男	藏	1980.09～1987.06
		蒲昭兴	男	汉	1987.07～1994.02
		阿旺次仁	男	藏	1994.02～1995.07
		平　措	男	藏	1995.08～1997.11
		日　利	男	藏	1997.12～2000.03
	副主任	岳明山	男	汉	1960.04～1964.07
		崔晋业	男	汉	1963.01～1964.09
		多尔吉	男	藏	1986.08～1987.06
		小旺扎	男	藏	1987.06～1989.10

二、区、乡（镇）党委

1959 年 10 月 7 日，中共噶尔县委成立后，相继建立中共左左、门士、昆萨、扎西岗 4 个区委，属中共噶尔县委派出机构。

“文化大革命”期间，4 个区委未受到冲击，基本能够开展正常活动。

1971 年 9 月，各区先后召开第一次党代会，选举产生各区委委员。

1999 年 9 月，阿里地区实行“撤区并乡”，左左、门士、昆萨、扎西岗 4 个区更名为乡，撤销各区委，设立乡党委；新成立狮泉河镇党委。

至 2000 年底，全县有乡（镇）党委 5 个，分别为中共左左乡委员会、中共门士乡委员会、中共昆萨乡委员会、中共扎西岗乡委员会、中共狮泉河镇委员会。

中共噶尔县各区委书记、副书记名录见表 3—1—3，中共噶尔县各乡（镇）委员会书记、副书记名录见表 3—1—4。

中共噶尔县各区委书记、副书记名录

表 3—1—3

机构名称	职务	姓名	性别	民族	任职时间	备注
中共左左区委①	书记	寇世雄	男	汉	1963.12～1974.08	
		次仁彭措	男	藏	1976.01～1976.10	代理
		多吉扎巴	男	藏	1980.09～1987.04	
		江　久	男	藏	1987.06～1990.10	
		白玛多吉	男	藏	1990.10～1993.10	
		嘎尔旦	男	藏	1993.10～1995.07	
	副书记	邹步阶	男	汉	1964.10～1971.09	
		原晨中	男	藏	1972.03～1974.04	
		多吉卓玛	女	藏	1972.03～1978.04	
		古　如	男	藏	1973.10～1981.05	
		强巴格桑	男	藏	1978.07～1983.03	
		次仁多布吉	男	藏	1978.07～1979.03	
		封其林	男	藏	1977.07～1980.09	
		加　措	男	藏	1980.09～1981.08	
		大次仁	男	藏	1983.04～1987.06	
		才旦多吉	男	藏	1987.06～1990.10	
		嘎尔旦	男	藏	1990.10～1993.10	
中共门士区委	书记	姜凤歧	男	藏	1964.04～1965.06	
		扎　西	男	藏	1965.06～1970.12	
		达瓦更巴	男	藏	1972.03～1973.04	
		白玛多吉	男	藏	1974.02～1976.07	
		噶珠次仁	男	藏	1977.12～1981.11	
		群　培	男	藏	1981.12～1987.06	
		大次仁	男	藏	1987.06～1987.10	
		次　仁	男	藏	1987.10～1995.07	
		次仁扎西	男	藏	1995.07～1998.10	
	副书记	邹步阶	男	汉	1961.01～1964.11	
		刘作才	男	藏	1961.04～1963.12	
		翟虎林	男	汉	1972.03～1974.08	
		白玛多吉	男	藏	1972.03～1974.12	
		德庆桑姆	女	藏	1972.03～1982.03	
		达　杰	男	藏	1975.11～1980.11	
		多尔吉	男	藏	1983.04～1986.08	
		旺　久	男	藏	1983.04～1985.02	
		洛桑平措	男	藏	1985.02～1986.07	
		年　扎	男	藏	1987.06～1999.06	
		拉　桑	男	藏	1999.06～1999.09	

① 1995年8月至1999年8月，书记、副书记均无资料可查。

续表 1

机构名称	职务	姓名	性别	民族	任职时间	备注
中共昆萨区委	书记	贾世雄	男	汉	1960.01～1963.06	
		潘学太	男	汉	1963.06～1964.07	
		加　措	男	藏	1964.07～1972.11	
		彭志华	男	汉	1972.11～1974.02	
		曲　扎	男	藏	1975.03～1983.07	
		加　布	男	藏	1984.12～1987.06	
		旦增罗布	男	藏	1987.06～1990.10	
		才　松	男	藏	1990.10～1995.07	
		洛桑旺堆	男	藏	1995.07～1998.08	
	副书记	寇世雄	男	汉	1960.01～1963.12	
		赵守旺	男	汉	1964.11～1974.08	
		噶尔玛	男	藏	1972.03～1975.07	
		德庆桑姆	女	藏	1975.03～1981.05	
		古　如	男	藏	1981.05～1986.05	
		才　洛	男	藏	1985.08～1990.10	
		次仁顿珠	男	藏	1990.10～1993.10	
		南木杰	男	藏	1993.10～1999.08	
中共扎西岗区委	书记	李乃荣	男	汉	1961.8～1963.6	
		丹　增	男	藏	1963.6～1969.1	
		孟广斌	男	汉	1970.11～1971.9	
		舒昌军	男	汉	1971.09～1972.03	
		陈康玲	男	汉	1972.03～1974.02	
		北　斗	男	藏	1975.03～1978.07	
		古　如	男	藏	1978.07～1983.07	
		江　久	男	藏	1983.07～1987.06	
		才　松	男	藏	1987.06～1990.10	
		强　久	男	藏	1990.10～1995.05	
	副书记	姜凤歧	男	汉	1963.06～1964.04	
		孟广斌	男	汉	1964.07～1970.11	
		北　斗	男	藏	1971.10～1975.03	
		张列光	男	汉	1972.03～1978.09	
		张　斌	男	汉	1972.05～1974.08	
		江　久	男	藏	1973.10～1983.07	
		噶珠次仁	男	藏	1976.10～1977.12	
		多吉卓玛	女	藏	1978.04～1980.09	
		穆保东	男	汉	1978.04～1980.09	
		其　美	男	藏	1987.06～1990.10	
		才　洛	男	藏	1990.10～1995.07	
		布扎西	男	藏	1996.12～1999.09	

中共噶尔县各乡（镇）委员会书记、副书记名录

表 3—1—4

机构名称	职务	姓名	性别	民族	任职时间	备注
中共左左乡委员会	书记	阿　努	男	藏	1999.09～2000.12	
	副书记	旦增尼阿	男	藏	1999.09～2000.12	
中共门士乡委员会	书记	嘎尔顿	男	藏	1999.09～2000.12	
	副书记	拉　桑	男	藏	1999.09～2000.12	
中共昆萨乡委员会	书记	次仁扎西	男	藏	1999.09～2000.12	
中共扎西岗乡委员会	书记	益　西	男	藏	1999.09～2000.07	
	副书记	晋美多吉	男	藏	1999.09～2000.06	
中共狮泉河镇委员会	书记	索南顿珠	男	藏	1999.10～1999.11	兼职
		周　明	男	汉	1999.12～2000.12	兼职

第二章　党务工作

第一节　纪检监察

一、党风廉政建设

1987～1989 年，为防止资产阶级自由化泛滥，结合拉萨发生的骚乱，县纪检委积极配合县委、政府中心工作，学习、宣传上级有关指示精神，在领导干部中加强党章、《准则》教育；在基层党组织建设中，狠抓党员的党性锻炼和党章的学习，保证了全县社会局势的稳定。1988 年初，根据中共阿里地委部署，对噶尔县机关党员和党组织进行全面整顿。整顿的主要目的是要让个别党员搞清楚共产党员和民族宗教的关系。通过对广大党员进行党性教育和党的民族宗教政策学习以及党员与宗教关系的讲解，提高了所有党员的思想觉悟，转变了观念。

1996 年，县委为加强党风廉政建设，制定颁发了《噶尔县委常委会议议事规则》、《噶尔县党员领导干部民主生活会制度》、《噶尔县党员领导干部述职报告》和《噶尔县县级领导班子增强党性 加强廉政建设的规定》等规章制度，规范党员领导干部工作制度和办事制度，认真执行“双五条”① 和

① “双五条”：五个建设和五个表率。五个建设：经济建设、政治建设、文化建设、社会建设、生态建设；五个表率：讲政治、顾大局的表率。解放思想、干事创业的表率。立党为公、执政为民的表率。求真务实、真抓实干的表率。廉洁自律的表率。

“十不准”[①] 规定，重点抓赌博、行贿受贿、以权谋私、玩忽职守等违法违纪行为。

1997年，根据西藏自治区纪委有关文件精神，噶尔县纪委等有关部门在全县广大党员干部中大力开展以“讲学习、讲政治、讲正气”为主题的党性、党风、党纪教育活动。

1998年，县纪检委开展清理超标准配备通讯工具工作，进一步建立健全公款安装住宅电话和配置移动电话的制度，严格话费管理。

1999年，根据中央、西藏自治区党委和阿里地委的有关文件精神，噶尔县纪委着力加强制度建设，督促县委、县人民政府起草制定并颁布《中共噶尔县委、噶尔县人民政府关于贯彻执行〈中共中央、国务院实行党风廉政建设责任制的规定〉的意见》、《关于贯彻〈阿里地区反腐败工作领导小组办公室一九九八年反腐败重点工作的实施意见〉的意见》、《关于贯彻执行自治区纪委第六次全委（扩大）会议精神，进一步加强党风廉政建设的意见》。同年，按照中共阿里地委关于“三讲”教育的安排部署，在噶尔县级领导班子和干部职工中深入开展以“讲学习、讲政治、讲正气”为主要内容的党性党风教育；深入开展以艰苦奋斗、廉洁奉公、勤政为民为主要内容的反腐倡廉教育；在政府职能部门中开展对“收支两条线”执行情况的执法监察，对“收支两条线”的执行情况进行全面细致的清理检查，没有发现收支矛盾、账目混乱等情况。

2000年，县纪检委狠抓机关作风纪律整顿工作，并配合有关部门，完善上下班制度，严格监督考勤，将考勤工作和公务员年度考核工作结合起来，使机关工作和办事效率有了新的提高。

二、纠正不正之风

县纪检委强化监督约束机制，加强党内民主监督和群众监督力度，坚决纠正部门和行业的不正之风。在县机关坚持纠建并举，实行“收支两条线”

---

① “十不准”：1. 不准参与任何形式的赌博和封建迷信活动，制造、传播、散布谣言和小道消息，组织、教唆、参与非法上访活动。2. 不准在工作中回避矛盾，推诿扯皮，推卸责任，不履行职责。3. 不准在上班时间参与打扑克、搓麻将、下棋、玩电脑游戏、炒股票、上网聊天等与工作无关的娱乐活动。4. 不准编造借口欺骗组织，擅自做主离开工作岗位。5. 不准收受与行使职权有关的单位、企业、个人的现金、有价证券、支付凭证、贵重物品和旅游安排，不许接受、参加可能影响公正执行公务的宴请及各种消费娱乐活动。6. 不准利用职务之便，为本人、配偶、子女及其他亲属谋取私利，利用婚丧嫁娶、子女升学、乔迁、生病住院之机收受礼金。7. 不准用公款请客送礼、相互宴请、赊账消费和参与用公款支付金融投资及高消费娱乐活动。8. 不准违反规定处置国家和集体资金、资产。9. 不准对监管服务对象野蛮执法、刁难、打击、报复和吃、拿、卡、要，不许酒后执法。10. 不准无法定依据处罚，处罚偏轻偏重，以罚代管。

管理，严肃财经纪律和制度，堵塞挥霍浪费、贪污贿赂等。1995 年 9 月 11 日，县纪委根据阿里地区监察局《关于清理干部拖欠公款的通知》，清理拖欠工会公款 4157.40 元，涉及 3 人；欠企业公款 10835 元，涉及 2 人；拖欠县委办、政府办财务室公款 52313.39 元，涉及 27 人。

1997 年，县纪检委积极配合县政府管理砂石料，纠正错误 28 起，补办手续 30 多起。

2000 年，县纪检委清理超标准配备电话座机 13 部，挽回经济损失 3600 元。

三、案件查处

按照《党的纪律检察机关案件审理工作条例》，县纪检委对案件审理工作进行归口管理，积极履行“保护、监督、教育”职能。按照“事实清楚、证据确凿、定性准确、手续完备”的方针，加大反腐败工作力度，加强查办案件工作，坚持在纪律面前人人平等，对违法违纪案件严肃查处，决不姑息。

至 2000 年，噶尔县纪检委共查处违反党纪案件 39 起，处分违纪党员干部 24 人。其中，开除党籍 1 人，留党察看 1 人，行政警告 8 人，开除 1 人，撤职 3 人，降级 4 人，记过 7 人。

1989 年至 2000 年噶尔县部分年份纪检案件查办情况统计见表 3—2—1。

1989—2000 年部分纪检案件查办情况统计表

表 3—2—1　　　　单位：人

项目＼年份		1989 年	1991 年	1997 年	1999 年
受理违纪案件		1	1	1	3
立案		1	1	1	3
结案		1	1	3	
处分	党内警告	1	—	—	1
	党内严重警告	—	1	—	—
	留党察看	—		1	—
	开除党籍	—	1	—	—
	行政记大过	1	2	3	1
	行政处分	—	—	1	—
	行政撤职	—	1	1	1
	开出公职	—		1	1

续表 1

项目＼年份		1989 年	1991 年	1997 年	1999 年
级别	县级干部	—	—	—	—
	区（科）级干部	—	1	—	1
	一般干部	1	—	1	2

四、机构

1960 年 6 月，县委监察委员会成立。1969 年 9 月县革命委员会成立后，县委监察委员会被革命委员会下设的政治工作组取代。

1982 年 3 月，县委纪律检查委员会成立。1987 年 5 月，县委纪律检查委员会升格为副县级机构，并更名为中共噶尔县纪律检查委员会，在召开的县第三次党代会上选举产生中共噶尔县委纪律检查委员会委员 3 名，其中书记 1 名、副书记 1 名。此后，县纪律检查委员会在每次县党代会召开时，举行换届，选举产生县纪律检查委员会组成人员。

1996 年，成立县监察局，与县纪律检查委员会合署办公，两块牌子，一套人员，并在县纪检委设立案件审理室。

中共噶尔县纪律检查委员会书记、副书记名录见表 3—2—2。

中共噶尔县纪律检查委员会书记、副书记名录

表 3—2—2

机构名称	职务	姓名	性别	民族	任职时间	备注
中共噶尔县委监察委员会	书记	张振兴	男	汉	1960.05～1961.06	兼职
		杨培功	男	汉	1962.10～1967.02	兼职
		郭　珉	男	汉	1981.02～1982.03	兼职
	副书记	郭　珉	男	汉	1972.10～1981.02	
中共噶尔县委纪律检查委员会	书记	白玛多吉	男	藏	1982.03～1983.08	
		古　入	男	藏	1983.08～1987.04	
	副书记	北　斗	男	藏	1982.03～1984.05	
中共噶尔县纪律检查委员会	书记	薛玉虎	男	汉	1987.05～1990.06	
		多吉扎巴	男	藏	1990.07～1995.05	
		扎　拉	男	藏	1995.05～1998.01	
		才　诺	男	藏	1998.10～2000.10	
		桑　姆	女	藏	2000.10～2000.12	
	副书记	嘎玛石确	男	藏	1995.05～2000.12	

第二节　组织工作

一、组织建设

1959年10月，在昆萨组建中共噶尔县委员会，成为阿里地区第一个县委。1959年11月至1964年4月，全县相继建立中共左左、门士、昆萨、扎西岗4个区委。

1962年1月，中共阿里分工委、中共噶尔县委联合组成工作组，在索堆乡进行建党试点工作，通过走访农牧民户，了解家庭成分、收入，听取群众对民主改革运动的认识和对党的方针政策的了解，培养党团积极分子的基础上，5月，建立第一个农牧区临时基层党支部——索堆乡临时党支部。

1963年1月7日，分别在县委、县政府机关成立党支部。昆萨区成立一个党团混合支部。2月7日，经县委研究决定，成立噶尔县人民政府党组，由县委书记、县长王占彪任书记。1964年，又在索麦乡建立该县第二个农牧区党支部。至1966年底，全县共有各级各类党组织16个，其中县级党委（党组）2个、区委4个、基层党支部10个。基层支部中包括乡党支部2个和农村支部2个。

1969年，各乡改称人民公社。至1970年6月，全县11个乡党支部也随之改称公社党支部。1982年，成立县人大常委会党组。1984年11月“撤社建乡”工作后，公社党支部恢复称乡党支部，进一步理清乡和村党组织关系。至1987年底，噶尔县各级党组织发展到19个，其中县级党委1个、党组2个、党总支1个、区委4个、农牧区党支部11个。

1999年9月，开展“撤区建乡（镇）”工作，原各乡党支部改称村党支部，并选配10名村党支部书记。

至2000年底，噶尔县有县级党委（党组）2个，乡（镇）党委5个，县、乡（镇）机关党支部20个、农牧区党支部10个；有党员481名，其中藏族和其他少数民族党员344名，占全县党员总数的72%。同年，狮泉河镇党委被阿里地委评为“六个好”乡镇党委[①]。索麦村党支部、加木村党支部、郎久村党支部、典角村党支部被阿里地委评为“五个好”村党支部[②]。

1959年至2000年噶尔县党组织发展情况见表3—2—3。

1959年至2000年噶尔县党组织发展情况表

表3—2—3

年度	党委	党组	总支	支部	区委	村党支部	年度	党委	党组	总支	支部	区、乡镇党委	村党支部
1959	1	—	—	—	—	—	1980	1	—	1	—	4	11
1960	—	—	—	—	—	—	1981	1	—	1	—	4	11
1961	—	—	—	—	—	—	1982	1	2	1	—	4	11
1962	—	—	—	—	—	1	1983	1	2	1	—	4	11
1963	—	1		2	—	1	1984	1	2	1	—	4	11
1964	—	1	1	—	4	2	1985	1	2	1	—	4	11
1965	—	1	1	—	4	2	1986	1	2	1	—	4	11
1966	1	1		8	4	2	1987	1	2	1	—	4	11
1967	—	1	1	—	4	2	1988	1	—	—	—	—	—
1968	—	—	1	—	4	2	1989	1	—	—	—	—	—
1969	—	—	1	—	4	5	1990	1	—	—	—	—	—
1970	—	—	1	—	4	6	1991	1	—	—	—	—	—
1971	—	—	1	—	4	10	1992	1	—	—	—	—	—
1972	1	—	1	—	4	11	1993	1	—	—	—	—	—
1973	1	—	1	—	4	11	1994	1	—	—	—	—	—
1974	1	—	1	—	4	11	1995	1	—	—	—	—	—
1975	1	—	1	—	4	11	1996	1	—	—	—	—	—
1976	1	—	1	—	4	11	1997	1	—	—	—	—	—
1977	1	—	1	—	4	11	1998	1	—	—	—	—	—
1978	1	—	1	—	4	11	1999	1	1	1	7	5	10
1979	1	—	1	—	4	11	2000	1	1	1	20	5	10

二、党员

1962年5月，在索堆乡发展噶尔县第一批农牧民党员。5月14日，在

① “六个好”：乡镇班子自身建设好、基层组织建设抓得好、干部和党员队伍带得好、乡村集体经济发展好、精神文明建设好、规章制度完善落实好。

② “五个好”：建一个好班子、培养训练一支好队伍、选准一条发展经济的好路子、完善一个好的经营体制、健全一套好制度。

索堆乡举行入党宣誓仪式，村民旦增赤来、达吉扎西、尼玛、贡觉、拉宗（女）被吸收为中共党员。5月15日，成立索堆乡临时党、团支部，建立每月两次的会议制度。党支部书记由崔晋业担任；团支部书记由县团委副书记扎西才旦等担任。是为该县第一批发展的基层党团骨干力量。至1972年，全县共有党员127名。其中，少数民族党员82名，占党员总数的64.57%；女性党员19名，占党员总数的14.96%；大中专学历党员12名，占噶尔县党员总数的9.44%。

20世纪80年代初，噶尔县各级党组织积极慎重地发展新党员，注重党员自身素质。1981年，由于大批干部内调，县党员总数趋于减少。到1982年，全县实有党员227人，比1979年减少35名。此间，县委开始重视发展知识分子入党。至1986年4月17日，噶尔县有党员324人。其中，男党员223人，占县党员总数的68.82%；女党员101人，占县党员总数的31.17%；县机关党员120人，占党员总数的37.0%；农牧区基层党员139人，占县党员总数的42.90%；具有小学以上文化程度的党员242人，占县党员总数的74.69%。至1987年底，全县有党员261人，比1972年增长2倍多。其中，少数民族党员259人，占县党员总数的99.23%；女性党员48名，占县党员总数的18.39%，增长2.5倍；拥有大中专以上学历的党员32名，占县党员总数的12.26%。

1989年，中共西藏自治区委员会组织部《关于发展党员工作的意见》下发后，县委注重新党员的发展工作，建立健全发展党员的规章制度，不断提高党员队伍的素质。县委明确指出，发展党员应遵循“坚持标准，保证质量，改善结构，慎重发展”的方针，将发展党员的工作重点放在生产、工作第一线的工人、农民和知识分子及党的力量薄弱的边远地区。县委组织部认真贯彻落实中共中央组织部《关于民主评议党员和党员登记中关于形成的材料归档问题的通知》和《关于对老党员不要采取退党和实行“荣誉党员”的通知》精神，进一步做好稳定党员队伍工作。

1990年11月17日，为贯彻从严治党方针，提高党员素质，县委成立由7人组成的民主评议党员领导小组，首次开展民主评议党员工作。1994年，党员总数达472人（其中预备党员9人），其中男性党员349人、女性党员123人；藏族451人，汉族11人。

1998年，噶尔县按照中共阿里地委制定下发的《中共阿里地委新一轮农牧区基层组织整顿建设的决定》，认真推行争创“六个好”乡镇党委、“五个好”村党支部工作。

至2000年，全县共有党员518人，占县总人口的3.8%。其中，男性党员278人，占县党员总数的53.61%，女性党员240人，占县党员总数的46.39%；少数民族党员480人，占县党员总数的93.56%；汉族党员33人，占县党员总数的6.39%；具有小学以上文化程度的党员393人，占县党员总数的76.61%。

1960年至2000年噶尔县党员发展情况见表3—2—4。

噶尔县党员发展情况表

表3—2—4 单位：人

年份	总数	性别		民族成分			文化程度					
		男	女	汉	藏	其他	大专	中专	高中	初中	小学	文盲
1960	2	2	—	—	2	—	—	—	—	—	—	—
1961	4	4	—	—	4	—	—	—	—	—	—	—
1962	5	4	1	—	5	—	—	—	—	—	—	—
1963	23	20	3	3	20	—	—	—	—	1	19	—
1964	32	26	6	9	23	—	—	—	—	4	28	—
1965	38	28	10	12	26	—	—	—	—	—	—	—
1966	47	36	11	14	33	—	—	—	—	—	—	—
1967	58	43	15	17	41	—	—	—	—	—	—	—
1968	67	49	18	23	44	—	—	—	—	—	—	—
1969	79	58	21	26	53	—	—	—	—	—	—	—
1970	94	69	25	28	66	—	—	—	—	—	—	—
1971	109	83	26	32	77	—	—	—	—	—	—	—
1972	127	101	26	45	82	1	11	1	9	39	49	18
1973	156	128	28	52	103	1	13	1	11	41	61	29
1974	127	113	14	39	87	1	—	—	—	—	—	—
1975	168	148	20	19	148	1	—	—	—	—	—	—
1976	184	160	24	21	162	1	—	—	—	—	—	—
1977	209	183	26	27	181	1	—	—	—	—	—	—
1978	187	156	31	12	174	1	—	—	—	—	—	—
1979	262	210	52	14	246	2	36	61	48	38	45	34
1980	201	167	34	—	—	—	—	—	—	—	—	—
1981	214	176	38	—	—	—	—	—	—	—	—	—

续表 1

年份	总数	性别		民族成分			文化程度					
		男	女	汉	藏	其他	大专	中专	高中	初中	小学	文盲
1982	227	185	42	3	224	—	11	15	12	37	98	54
1983	240	190	50	1	239	—	8	8	—	24	151	49
1984	248	193	55	2	246	—	7	10	1	37	135	48
1985	255	203	52	3	252	—	8	17	1	24	147	58
1986	324	223	101	3	321	—	11	18	9	22	182	82
1987	261	213	48	2	259	—	13	19	—	18	156	55
1988	276	219	57	—	—	—	—	—	—	—	—	—
1989	279	221	58	—	—	—	—	—	—	—	—	—
1990	286	227	59	—	—	—	—	—	—	—	—	—
1991	345	273	72	—	—	—	—	—	—	—	—	—
1992	369	290	79	—	—	—	—	—	—	—	—	—
1993	439	340	99	—	—	—	—	—	—	—	—	—
1994	472	349	123	21	451	—	—	—	—	—	—	—
1995	478	351	127	—	—	—	100	50	9	—	—	—
1996	486	357	129	—	—	—	102	50	9	—	—	—
1997	492	361	131	—	—	—	102	50	9	—	—	—
1998	499	365	134	—	—	—	106	50	9	—	—	—
1999	506	369	137	—	—	—	109	50	9	—	—	—
2000	518	278	240	33	480	5	111	50	9	24	96	103

三、干部管理

1959 年 12 月，噶尔县干部总数为 62 人，其中藏族干部 26 人、汉族干部 36 人。1960 年 5 月，全县实有干部 89 人。1963 年，县机关干部编制 38 名，实有 36 人。

1961 年 5 月，根据“管严管好”原则，县长、副县长的任免、调动均由中共阿里分工委提出意见，报经中共西藏工委批准，由中共阿里分工委转交专员公署，由专员公署报请自治区筹委会批准任命。

从 1963 年起，中共阿里分工委管理县委各部、委、室正副职，县政府各科、室、局、院正副职，区委正副书记、委员，正副区长或相当职务干部；县委管理未列入中共西藏工委和中共阿里分工委管理职务名单以内的其他一切脱产干部。

从1970年1月起，阿里地区党政干部任免、调配由新疆维吾尔自治区负责。其间，噶尔县召开党代会两次，选举产生县委委员、常委、书记、副书记，由新疆维吾尔自治区党委征求西藏自治区党委意见后审批。

1984年7月，西藏自治区党委下发《关于修改干部管理制度的通知》，提出根据“党管干部”原则，在自治区党委统一领导下，实行分级分部门管理干部制度。正县级干部的任免、提拔、调动由西藏自治区党委审批。县委副书记、常委、委员，县人大常委副主任、委员，县政府副县长、党组副书记、成员，县政协副主席、委员，县纪检委副书记，县委各部部长，县政府各局（科）长，各委主任，区委书记、区长等由阿里地委管理。该类干部的提拔、任免、调动，由阿里地委研究决定。属县级干部的，报经自治区党委组织部备案；县委管理所属各部副部长，县政府各局（科）、副局（科）长，各委副主任，区委副书记、副区长，该类干部的任免、提拔、调动，由县委研究决定，报阿里地委备案。10月，西藏自治区党委对《通知》精神进行修改，对干部管理部分权限进行下放，区党委原则上只管理地专级干部和县委书记、县长；其他县级干部的任免、考核等，由阿里地委研究决定。

从1986年开始，正县级干部的提拔以及县委书记、县长的工作调动，收归西藏自治区党委审定；副县级干部的提拔和正县级干部的调动，收归西藏自治区党委组织部审批；科级干部管理权限由西藏自治区党委组织部区别情况下放至阿里地委和县委，正区（科）级干部由阿里地委管理，副区（科）级由县委管理。其具体工作由阿里地委组织部（地区人事局）、噶尔县县委组织部（县人事局）负责。

1987年5月27日，西藏自治区人事局印发《关于干部调配工作问题的通知》。通知指出：要求严格控制，切实按编制调配干部；事业单位不允许从企业单位调入干部；各单位、各部门不得从区内大、中专，小学调出教师；从内地调入干部要专业对口的原则，尽量调入急需人才；提倡和鼓励年轻干部到基层锻炼等。7月27日，中共阿里地区委员会组织部印发《关于干部、工人调动中必须注意的几个问题的通知》，依据该通知精神，本县建立健全干部录用和调动等制度，完善其手续，干部管理逐步走向科学化和规范化。

按照中央第三次西藏工作座谈会精神，从1995年开始，每年从陕西省派遣援藏干部4名，均为县级干部。

1994年开始，县委书记、人大常委会主任、县长、政协主席由西藏自治区党委管理，其提拔任职由阿里地委研究提出意见，由西藏自治区党委组织部研究后报自治区党委批准；县委、人大、政府、政协、纪委、法院、检察院归属阿里地委管理，其提拔任免、考核等由阿里地委研究决定；党政机关、人民团体的正区级干部，由各县提出意见报阿里地委组织部，由阿里地委组织部进一步考察了解，区委书记、区长、县纪委副书记、县委办公室主任、县人民政府办公室主任、县委组织部长、县委宣传部长、县计财局局长报阿里地委研究审批，其他正区级干部均由阿里地委组织部审批；副区级干部和区级事业单位的正、副职，由县委管理，其考核、任免、提拔等由县委研究决定；县直各单位的科员级干部由县委研究决定，报阿里地委组织部和地区人事局备案。

1998 年底，全县干部总数为 182 人。其中，少数民族干部 152 人，占县干部总数的 83.52％；妇女干部 47 人，占县干部总数的 25.82％；大专以上学历 37 人，占县干部总数的 20.33％；中专文化程度 85 人，占县干部总数的 46.70％；30 岁以下青年干部 82 人，占县干部总数的 45.05％，31～35 岁干部 15 人，占县干部总数的 8.24％；36～40 岁干部 35 人，占县干部总数的 19.23％；41～45 岁干部 26 人，占县干部总数的 14.29％；46～50 岁干部 17 人，占县干部总数的 9.34％；51～59 岁干部 7 人，占县干部总数的 3.85％。

1999 年撤区并乡后，对乡镇干部实行委任制（党委干部）和选任制。

至 2000 年底，噶尔县干部总数达到 200 人。其中，少数民族干部 154 人，占县干部总数的 77.00％；妇女干部 35 人，占县干部总数的 17.50％；中专以上文化程度的 159 人，占县干部总数的 79.50％；35 岁以下青年干部 146 人，占县干部总数的 73％。

四、干部教育

20 世纪 50 年代末至 60 年代中期，在干部中组织学习马列著作和毛泽东著作，开展向董存瑞、黄继光、邱少云、雷锋等英雄人物学习，进行国内外形势、时事政策和民族政策教育。1965 年，中共噶尔县委整顿基层党组织，在党员中进行党章、党纲、党员标准及党员权利与义务教育，并对党员进行重新登记和审查。

1966～1969 年，开展天天读《毛泽东选集》或报纸、学习“老三篇”[①]、

① “老三篇”：《为人民服务》、《纪念白求恩》、《愚公移山》。

学习“两报一刊”[①] 重要文章和社论等活动。

“文化大革命”后期，用“以阶级斗争为纲”、“路线斗争”、毛泽东“关于无产阶级专政下继续革命的理论”等教育全县干部。

1972 年 2 月，在各区开展政治思想教育整顿，各区公所建立党支部，充分发挥党员先锋模范作用，带领群众大搞农牧业生产。

1978～1982 年，主要学习中共十一届三中全会《公报》、《决议》、中共十二大精神、《关于建国以来党的若干历史问题的决议》，开展“实践是检验真理的唯一标准”大讨论。

1985 年 6 月 3 日，噶尔县为期 1 个月的整党工作开始，通过多种形式，多种办法，把整党工作进行得有声有色，走好整党工作第一步。7 月 7 日结束，全县应参加整党的机关党员 95 人，实际参加 86 人，占县机关党员总数的 90.53％。

1985～1990 年，噶尔县动员和鼓励干部职工采取各种形式学习，先后选派多名在职干部参加区内各级党校的文化、政治理论、市场经济学习和专业知识培训。

五、老干部工作

（一）服务机构

1988 年，阿里地区行署在狮泉河镇设立退休服务站，科级建制，编制 5 人。1990 年和 1995 年，分别在阿里驻乌鲁木齐办事处和阿里驻拉萨办事处按同等建制设立退休服务站，噶尔县未单独设立退休服务机构，所有离退休人员均由阿里地区老干局管理。

（二）服务管理

从 1981 年开始，国家对 1949 年 10 月以前参加革命工作的干部实行离养制度，工资金额按原阿里地区工资金额计发，同时发放每人每年住房补助 3000 元。1982 年 8 月，该县第一批 4 名干部退（离）休。其中，妇女干部 1 名；藏族 3 人，汉族 1 人。此后，在每年元旦、春节和藏历年期间，县委、县人民政府组织慰问团，对离休老干部进行慰问；由县委领导通报全县政治、经济、文化等各方面的发展变化情况，认真听取老干部的建议意见，对老干部提出的一些合理要求，尽力督促有关部门妥善解决，形成惯例。

1994 年，中共阿里地委下发《关于加强老干部工作的决定》和《关于

① 即《人民日报》、《解放军报》和《红旗杂志》。

批转地委组织部关于加强狮泉河老干部老工人服务站管理工作意见的通知》，要求噶尔县委要充实和加强老干部工作，选配专、兼职人员，进一步落实好老干部“两项待遇”①。同年，投资100多万元用于解决在狮泉河镇退休安置点退休的部分干部、工人住房，在退休点设立医务室、文化娱乐活动室，为退休点配备了车辆和管理人员。

1997年，阿里地委老干部局下发《关于阿里地区退休区用地管理、审批、使用、补助的意见》，妥善解决狮泉河镇退休人员房屋建设土地遗留问题，并在狮泉河镇退休安置点修建离退休干部活动中心。

2000年6月前，噶尔县仍执行西藏自治区原男性满55周岁、女性满50周岁的退休标准。县委书记、县人大主任、县长、县政协主席退休由阿里地委呈报西藏自治区党委审批，其他正副县级干部由阿里地委审批，报西藏自治区党委组织部备案；其他干部按管理权限由县委（组织部）审批。干部离退休后，享受离退休费、地区津贴、物价生活补贴和其他福利待遇、医疗保险和伤残保险待遇、住房待遇、丧葬和抚恤待遇。同年，阿里地委、行署转发《中共西藏自治区党委办公厅关于转发〈自治区党委老干局关于西藏自治区离退休干部跨省分散安置管理服务工作暂行办法〉的通知》和《中共西藏党委办公厅关于转发〈西藏自治区党委老干局关于离退休干部区内安置管理服务的暂行规定〉的通知》，在该县得到全面贯彻落实。

至2000年底，狮泉河镇老干部老工人退休服务站、部分分散安置人员以及噶尔县退休点设立狮泉河党总支，党支部积极协助各级老干部工作部门开展服务管理工作。

（三）安置

自1982年执行离退休政策以来，噶尔县根据国家、西藏自治区有关政策和分散与集中安置相结合的原则，积极、妥善安置离退休干部。根据干部离退休政策，退休干部职工分属地（原籍）安置和异地安置两种。干部一般回原籍或夫妻任一方原籍安置，根据个人意愿组织上可出面协调易地安置。异地安置地为拉萨和西藏驻内地干休所；属地安置为干部原籍、工作地和子女工作地。本地干部安置为狮泉河镇及噶儿县各乡、村，也可安置到拉萨等地。

---

① 两项待遇：即政治待遇和生活待遇。

六、机构

1960 年 4 月，设立中共噶尔县委组宣部，负责全县组织工作。

1969 年 9 月，县委组宣部被县革命委员会政治工作组取代。

1975 年 7 月，撤销“四大组”，恢复成立县委组宣部。

1979 年 5 月，县委组宣部分设为县委组织部和县委宣传部。

1980 年 9 月，县委组织部与县委宣传部合并为县委组宣部。

1987 年 6 月，县委组宣部再次分设为县委组织部和县委宣传部。

中共噶尔县委组织部负责人名录见表 3—2—5。

中共噶尔县委组织部负责人名录

表 3—2—5

机构名称	职务	姓名	性别	民族	任职时间
中共噶尔县委组宣部	部长	黄宝玉	男	汉	1962.03～1963.06
		王新仁	男	汉	1963.06～1964.07
		李　锦	男	汉	1964.07～1967.02
	副部长	崔晋业	男	汉	1960.04～1963.01
噶尔县革委会党的核心领导小组政工组	组长	杨培功	男	汉	1969.09～1971.09
	副组长	曲加	男	藏	1969.09～1971.09
中共噶尔县委组宣部	部长	马荣胜	男	汉	1975.07～1976.10
		噶尔玛	男	藏	1976.10～1977.06
		北　斗	男	藏	1978.07～1979.05
	副部长	噶尔玛	男	藏	1975.07～1976.10
中共噶尔县委组织部	部长	北　斗	男	藏	1979.05～1980.09
中共噶尔县委组宣部	副部长	加布次仁	男	藏	1980.09～1987.06
中共噶尔县委组织部	部长	加布次仁	男	藏	1987.06～1987.10
		南木色	男	藏	1992.06～1995.07
		张文涛	男	汉	1995.08～1999.12
		王佩宏	男	汉	1999.12～2000.12
	副部长	阿旺次仁	男	藏	1996.12～2000.06

第三节　宣传工作

一、宣传教育

1951年至1959年，按照“十七条协议”规定，噶尔县境内维持原有政治制度不变，没有建立党的组织和政权机构，由驻昆萨的中共阿里分工委和骑兵支队，在驻地附近向各界群众宣传“十七条协议”的主要内容和执行协议的意义，用放映幻灯片、收听广播、免费为农牧民诊治疾病等途径进行宣传教育，使农牧民逐渐理解党的政策，解除顾虑。在组织农牧民学习的同时了解掌握阿里地区的社会情况。

1959年10月县委成立后，制订学习计划，建立学习制度，狠抓干部自身政治学习。在全县集中力量宣传党的总路线，宣传《宪法》等法律法规，同时发展文化教育事业。

1960年，噶尔县开展“以毛泽东思想为指导、三个万岁为中心内容”①的理论学习活动。1961年9月，噶尔县农牧民宣传教育以中共中央关于农业六十条和牧业三十条为主要内容，开展社会主义、集体主义、爱国主义的三项教育，宣传集体经济的优越性。同时，组织干部职工学习《论人民民主专政》、《目前的形势和我们的任务》和《反对自由主义》、《三大纪律八项注意》等毛泽东著作为主要内容。1962年3月8日，噶尔县重点宣传30条和边境10条政策，进行“五好”青年的宣传教育，采取总结经验，边学习，边工作，边了解情况的具体办法，共提出建议197条。1963年“三反”、“五反”②运动中，噶尔县宣传教育以反对修正主义为主，组织干部学习八届十中全会文件，开展学雷锋活动。1964～1965年，组织干部、职工、农牧民学习《矛盾论》、《实践论》、《关于正确处理人民内部矛盾的问题》、《人的正确思想是从哪里来的》等著作。

中共十一届三中全会后，噶尔县委召开各种会议，学习、宣传、贯彻中

① 三个万岁：总路线万岁、大跃进万岁、人民公社万岁。

② “三反”、“五反”：“反贪污、反浪费、反官僚主义”和在私营工商业者中开展的“反行贿、反偷税漏税、反盗骗国家财产、反偷工减料、反盗窃国家经济情报”。

共十一届三中全会精神，组织宣讲组、文艺宣传队、读报组、政治夜校、举办专栏，开展“实践是检验真理的唯一标准”的学习和讨论；组织干部群众学习《关于建国以来党的若干历史问题的决议》和《关于党内政治生活若干准则》，宣传学习中央对西藏工作的指示精神，以及西藏自治区人民政府的布告、推行生产责任制的有关文件，开展法制教育等。

中共十二大之后，噶尔县主要宣传社会主义初级阶段的理论和党在社会主义初级阶段的基本路线，宣传新时期总任务和新宪法，宣传治理整顿、深化改革、反对资产阶级自由化等。1982 年，在全县范围广泛开展讲文明、讲礼貌、讲卫生、讲秩序、讲道德，心灵美、语言美、行为美、环境美，热爱党、热爱国家、热爱人民的“五讲四美三热爱”活动和优良秩序、优美环境、优质服务、学先进的“三优一学”活动。

1984～1985 年，噶尔县集中精力宣传中央关于农村工作的 1 号文件，宣传经济体制改革的政策，推行“农田、牲畜作价归户，私有私养，自主经营，长期不变”的家庭联产承包生产责任制。在全体公民中普及《宪法》、《刑法》、《刑事诉讼法》、《草原法》、《婚姻法》、《民事诉讼法》、《民族区域自治法》、《经济合同法》、《兵役法》、《治安管理处罚条例》等法律常识。

1987 年，针对北京、上海等地发生学潮，出现资产阶级自由化思潮，噶尔县重点进行坚持四项基本原则的思想教育，围绕改革开放的总方针、总政策，开展专题讨论，分辨是非，提高认识，统一思想。

1988～1989 年，噶尔县在党员干部中进行社会主义初级阶段的理论和基本国情教育，开展科学技术是第一生产力的讨论。同时，在农牧民中进行政策教育和民族宗教政策的再教育，学习中共中央、国务院《告全国人民书》、《必须旗帜鲜明地反对动乱》的社论、《邓小平在北京接见北京戒严部队军以上干部时的讲话》和《西藏自治区关于反分裂、拉萨戒严》等文件，统一思想，反对分裂，同党中央保持高度一致，保持噶尔县的局势稳定。

20 世纪 90 年代，县委和县委宣传部先后在全县党员和干部群众中开展学习《邓小平文选》、《邓小平南行讲话》、邓小平建设有中国特色社会主义理论、江泽民在中华人民共和国成立 40 周年大会上的讲话等。同时，学习马克思主义哲学、社会主义市场经济理论等。1993 年，印发中共十四大会议精神的学习辅导材料、《西藏的主权归属与人权状况白皮书》、《十四大精神问答》等。

1995 年后，噶尔县文化宣传工作坚持“两为”方向和“双百”方针，积极发展广播影视、文化艺术等事业，先后建立区乡电视接收站和电话通讯网，为全县农牧民群众接受先进文化知识创造条件。同时，充分利用广播、电视、宣传标语等形式，及时宣传党的路线、方针、政策。1998年，噶尔县在干部和党员中开展祖国观、民族观、宗教观、文化观学习和教育活动。

1999年，噶尔县组织广大党员干部特别是领导干部学习“三个代表”重要思想。根据中央、西藏自治区党委和阿里地委的安排，在县（处）级以上领导机关和领导干部中开展以讲学习、讲政治、讲正气为主要内容的“三讲”教育，针对噶尔县县委、人大、政府、政协领导班子和领导干部中存在的问题，进行剖析和整改。

2000年，噶尔县在搞好理论学习的同时，县委和县委宣传部，还在全县干部群众中开展学雷锋、学孔繁森等先进模范人物的活动，并结合噶尔县实际，形式多样地开展爱祖国、辩证唯物论和历史唯物论的“一爱两论”的学习教育活动。

二、对外宣传

噶尔县属边境县，扎西岗典角村作为边境窗口，与印控克什米尔地区隔河相望，民间贸易较频繁。噶尔县利用与印度的经贸及其人员交往，广泛地开展对外宣传工作，通过散发上级的各种宣传品，自制和复印对外宣传资料及面对面向外宣传等方式，积极向来中方的印度边民和印度藏族人士大力宣传中国特色社会主义的优越性、特别是改革开放以来取得的伟大成就、中国的民族宗教政策、西藏的人权状况以及国家对西藏的各种特殊优惠政策，如免税免费政策、农牧民子女上学实行“三包”、推行农村合作医疗制度、实施移民搬迁、积极做好救济工作等，使广大外来人士对噶尔县乃至整个西藏的形势和发展、农牧民群众的生活状况有了一个全新的认识和了解，有力地挫败了分裂分子对噶尔县边境地区的渗透。

三、宣传机构

1960年4月，设立县委组宣部，负责全县组织和宣传工作。

1969年9月，撤销县委组宣部，宣传工作由县革命委员会下设的政治工作组负责。

1975年7月，撤销“四大组”，恢复设立县委组宣部。

1979年5月，县委组宣部分设为县委组织部和县委宣传部。

1980年9月，县委组织部与宣传部合并为县委组宣部。

1987年6月，县委组宣部再次分设为县委宣传部和县委组织部。

1996年，成立县精神文明办公室，设在县委宣传部。

中共噶尔县委宣传部部长、副部长名录见表3—2—6。

中共噶尔县委宣传部部长、副部长名录

表3—2—6

机构名称	职务	姓名	性别	民族	任职时间
中共噶尔县委组宣部	部长	黄宝玉	男	汉	1962.03～1963.06
		王新仁	男	汉	1963.06～1964.07
		李　锦	男	汉	1964.07～1967.02
		马荣胜	男	汉	1975.07～1976.10
		噶尔玛	男	藏	1976.10～1977.06
	副部长	崔晋业	男	汉	1960.04～1963.01
		噶尔玛	男	藏	1975.07～1976.10
		加布次仁	男	藏	1980.09～1987.06
中共噶尔县委宣传部	部长	旺青四朗	男	藏	1979.05～1980.09
	副部长	索朗卓玛	女	藏	1987.06～1987.10
		索朗顿珠	男	藏	1995.08～1997.12
		阿旺次仁	男	藏	1997.12～2000.10
		古金详	男	汉	2000.10～2000.12

第四节　统一战线

一、争取大多数中上层人士

西藏和平解放至自治区筹委会成立时，噶尔县统战工作主要是团结上层人士，建立反帝爱国统一战线，增强各民族平等、团结、互助。

1956年12月11日，在昆萨建立带有统战性质的阿里爱国青年妇女联谊会，由噶本洛桑才旺之妻乌金曲珍任主任，随后在昆萨等地建立联谊会，会员达到200余人，通过举办各种联谊会，宣传《十七条协议》等，进行爱国主义教育，在上层爱国青年和爱国妇女中产生积极影响。

1957年5月，中共阿里分工委组织在噶尔境内的上层人士和人民群众学习中央下发的《关于今后西藏工作的决定》，进行爱国主义和反对分裂教育。

1959 年，中共阿里分工委根据中共西藏工委《关于当前平叛工作中几个问题的决定》精神，注意保护爱国守法的寺庙和宗教界人士，彻底肃清寺庙的特权，在上层人士中大力宣传党的宗教信仰自由政策。5 月 5 日，中共阿里分工委采取强制手段，对正副噶本、管家、秘书和噶本下属各宗的宗本、代宗本以及地位较高的部分中上层人士在昆萨实行集中管训。在集中管训期间，注重团结和争取大多数上层人士，稳定人心，团结群众，充分发挥党的统一战线的优势，打消噶本及上层人士对民主改革和建立新的社会制度持有的怀疑、观望态度，争取大多数中上层人士的支持，使其爱国觉悟得到提高，结成广泛的团结爱国统一战线，基本保持噶尔境内稳定的社会局面。

1960 年，县委制定《关于还俗喇嘛外逃问题的意见》，指出："对已经还俗的喇嘛应经常掌握他们的思想动态，加强思想疏导工作，安定情绪，以防外逃事件再次发生；应深入了解还俗在扎西岗村的喇嘛是否有安排不到的地方，要耐心安排好其生产生活，避免发生其他问题。"

1961 年，县委在边境村贯彻落实中央民族平等政策，尊重少数民族风俗习惯，做好宗教人士和当地头人的思想转化工作，尽可能将其团结到党领导下的统一战线上来。

1962 年 10 月 20 日至 11 月 22 日，境内各界群众踊跃参加对印自卫反击战支前行动，出人派马、送牛送羊，表现出高度的爱国主义觉悟。

1965 年，在上层人士中认真传达和贯彻落实西藏自治区筹备委员会七次（扩大）会议精神，对其进行形势政策教育，学习毛泽东著作，加强思想改造。贯彻执行《寺庙民主管理章程（试行）》，按照新的标准对中上层人士进行全面的政治排队，打击少数破坏分子的违法破坏活动和分裂势力的"和平演变"活动。

二、落实党的民族宗教政策，平反冤假错案

1967 年，受"文化大革命"影响，噶尔县开始"破四旧"①，群众组织把上层爱国人士当做"牛鬼蛇神"、"坏分子"进行游街批斗。

1967～1968 年，噶尔县群众拆毁顿久寺、噶宗寺、扎西岗寺庙等宗教活动场所。

1979 年 11 月 16 日，阿里地区首次给噶尔县拨付落实"反右倾"运动

① 破四旧：即破除旧思想、旧道德、旧风俗、旧习惯。

和“文化大革命”中冤假错案政策款2万元。

1982年，西藏自治区党委统战部和阿里地委统战部组成联合工作组深入噶尔县调查研究，就贯彻落实党的宗教政策情况广泛听取宗教界人士的意见。

1985～1990年，在中共噶尔县委领导下，本县开展以恢复统战人士地位、消除“左”的思想影响为主的统战工作，复查“文化大革命”中宗教界人士的冤假错案，积极修复被毁寺庙，按照政策第一，宗教、感情第二的原则，保障合法的宗教活动正常进行；对在“文化大革命”中被错划的代理人以及政协委员、佛协理事，给予落实有关政策，解决各界爱国人士工作、生活困难，发挥其积极作用。

1994年，中央第三次西藏工作座谈会后，统战工作主要是加强与无党派人士、佛协理事、各寺庙僧尼、党外知识分子联系和交流，建立定期走访、逢年过节慰问、重大会议邀请列席参加等统战工作制度。

1996年开始，在各寺庙僧人中广泛开展爱国主义教育，成立寺庙清理领导小组，利用一年多时间，对全县寺庙进行清理整顿，保持宗教活动正常稳定开展。此后，每年都大力开展法制宣传活动，巩固寺庙整顿成果，定期对寺庙开展综合治理情况进行考评验收，对僧人进行考核，对不合格的给予教育并限期整改；建立健全寺庙的各项规章制度，制定僧人学习制度及文物管理制度；在寺庙开展爱国爱教教育活动。

1997～1999年，县委统战部坚持大团结、大联合，调动一切积极因素，维护社会稳定、服务经济建设的方针，认真做好统战工作。在县域内开展对非公有制经济人士的考察和经济发展工作情况调研；给部分党外人士增资补资，对全县范围内非法出入境人员进行调查。

2000年，县委统战部结合本县民族和宗教工作的实际，先后制定出台一系列关于加强民族团结、寺庙爱国主义教育、法制宣传等实施方案。在宗教工作上，始终坚持反对分裂斗争的方针和宗教工作的基本任务，依法加强宗教事务的管理，加大宗教界爱国人士的培养教育和“三个离不开”思想和爱国主义教育，积极引导藏传佛教与社会主义社会相适应；在民族工作上，始终坚持各民族共同团结奋斗、共同繁荣发展的民族工作主题，以及平等、团结、互助、和谐的社会主义新型民族关系，引导和促进各民族团结、友爱，和睦相处的良好气氛。

至2000年底，噶尔县有统战爱国人士12名，其中非公有制经济人士3

名、回国定居藏胞 9 名。

三、妥善安置归国藏胞，深入揭批达赖集团

1979 年 4 月 1 日，经西藏自治区党委批准，成立县接待藏胞归国探亲参观委员会。

1992 年 1 月，根据西藏自治区党委统战部有关文件精神，噶尔县提高归国藏胞生活补助标准，明确在原定基础上每人每月提高 10 元。

1993 年，县统战部向回国藏胞介绍有关党的方针政策和西藏自治区成立以来本县发生的巨大变化，宣传“来去自由，爱国一家，爱国不分先后”统战政策。

1995 年 5 月 14 日，针对十四世达赖喇嘛在国外擅自宣布根敦·曲吉尼玛为十世班禅转世灵童，县委统战部召开座谈会，深入揭批达赖集团罪恶阴谋，号召广大爱国人士要同达赖集团划清界限，进行坚决斗争。同时，要求负责统战工作的领导经常深入基层，组织召开各界人士座谈会，进一步揭批达赖分裂祖国的罪行，及时了解和掌握各界人士的思想动态。

1996 年，县委组织人员对境内所有寺庙进行调查摸底。

1998 年，为适应社会主义市场经济体制的需要，县委、县政府为充分发挥统一战线大团结、大联合的优势，加大对党外知识分子、非公有制经济人士和社会知名人士的建档推荐工作，让懂经济、会管理的人才进入到政协工作。在藏胞接待工作方面严格审批手续，严格控制无证人员出入境。同年，全县共接待回国探亲、朝佛、经商的藏胞 7 人。

1999 年，在建国 50 周年和西藏民主改革 40 周年之际，县委统战部组织召开统战人士座谈会，通过畅谈全国和西藏半个世纪以来发生的巨大变化，激发各界人士的爱国热情。

2000 年，根据西藏自治区寺庙爱国主义教育和清理整顿办公室的要求，噶尔县统战、县民宗和县司法部门在扎西岗寺、古如江寺进行法制宣传，开展爱国主义教育试点；县统战部领导与境内 4 座寺庙建立联系制度，及时了解、掌握僧尼思想动态，加强对寺庙及僧尼的管理。

四、机构

1961 年 1 月，设立县委统战部。

1969 年 9 月，县委统战部职能被革命委员会下设的政治工作组取代。

1979 年 5 月，恢复设立县委统战部。

1987 年 6 月，撤销县委统战部，其工作职能并入县委办公室。

1990 年 9 月 10 日，恢复设立县委统战部，与县政协合署办公，负责统战、民族、宗教工作。同年 12 月机构改革时，将县委统战部、县政协和县民宗局合署办公，一套人马，三块牌子。

中共噶尔县委统战部部长、副部长名录见表 3—2—7。

中共噶尔县委统战部部长、副部长名录

表 3—2—7

机构名称	职务	姓名	性别	民族	任职时间	备注
中共噶尔县委统战部	部长	王 占 彪	男	藏	1961.01～1965.05	兼职
		益西古桑	男	藏	1982.12～1986.07	
		旺　扎	男	藏	1986.08～1996.10	
		坚　赞	男	藏	1996.11～2000.12	
	副部长	李 乃 荣	男	汉	1963.08～1967.02	
		益西古桑	男	藏	1979.05～1982.12	
		嘎 尔 旦	男	藏	1995.07～1997.10	

第五节　政法协调

一、协调工作

1952 年 10 月 1 日，中共阿里分工委在昆萨设立民联科，主要任务是宣传党的政策，维护社会秩序，秘密任务则是敌、社情调查，掌握边境动态，监视贵族、头人思想动态，防止内、外敌人的破坏和干扰，管理各边防站点的人员及物资调配。兼管噶尔境内的政法协调工作。1954 年 9 月 14 日，改为社会科。1956 年 7 月 10 日，改为社会部；1957 年 1 月 22 日，改为政法工作部。1957 年 8 月 15 日撤销。1960 年 1 月，县公安局成立后，兼管境内的政法协调工作，主要是协助中共阿里分工委各民主改革工作队进驻乡、村，宣传党的政策，稳定边民，防止外逃，打击叛匪回窜，保卫新生的人民政权。

1964 年 10 月，县法院成立后，负责境内的政法协调工作。“文化大革命”时期，受“左”的思想影响，噶尔县政法工作受到冲击，政治和刑事案件的侦破、处理成为协调工作的重点。

1987 年，根据《全国政法工作座谈会》精神，噶尔县对政法干警提出了“四个禁止”、“七个不准”①要求。

1989～1990 年，在分裂与反分裂斗争十分尖锐的时候，噶尔县“普法和综合治理领导小组”组织政法人员查处反标、反动传单等，制订应付突发事件的预案，建立了值班巡逻制度，并向干部群众明确提出在混乱期间，每个干部群众必须做到“不参与、不支持、不围观、不信谣、不传谣”；必须旗帜鲜明的反对动乱、暴乱和骚乱，反对分裂，维护祖国统一。

20 世纪 90 年代以后，县“普法和综合治理领导小组”从本县实际出发，制定执法监督制度，保密工作制度、学习制度等相关制度，大力支持、严格监督政法各部门依法行使职权、督促和推动办理大案要案的查处工作，研究和协调有争议的重大疑难案件，指导和协调政法各部门的考察和管理工作，加强政法队伍建设和领导班子建设，配合普法办、社会治安综合治理委员会做好法治宣传教育工作，积极协调噶尔县公安、检察、法院等政法部门做好政法各项工作，进一步巩固和维护“严打”整治斗争成果，全面落实阿里地区“严打”整治斗争精神。噶尔县政法部门结合本地实际，建立健全“严打”整治经常性工作机制，适时开展专项整治活动，有效地打击了犯罪分子的嚣张气焰。针对噶尔县治安形势，县政法各部门加大了对刑事犯罪分子的打击力度，组织政法部门先后开展了十余次“严打”专项斗争，集中警力、深挖严打，开展了声势浩大的“打黑除恶”、“防暴力恐怖”等专项斗争，有力地推动了“严打”斗争的深入开展。通过“严打”，整治和捣毁了一些犯罪团伙，侦破六件恶性案件。同时，广泛发动边境乡农牧民群众，形成军警民联防互助体系，为防范和打击非法出入境人员提供了长效保障机制。

二、普法教育

1993～1995 年，按照中央要求，县普法和综合治理领导小组开展“一五”普法教育工作。在县机关和区公所分别成立普法领导小组，加强对普法

① 四个禁止：1. 禁止收受一切有悖于公职人员廉洁的各种钱物。2. 禁止接受一切可能影响公正执行公务的宴请、娱乐、健身等活动。3. 禁止一切用公款吃喝玩乐、游山玩水、铺张浪费的行为。4、禁止一切利用职权或职务上的影响，为本人、配偶、子女和身边工作人员以及亲友牟取不正当利益。七个不准：1. 不准部门之间搞相互宴请和走访拜年活动。2. 不准以各种名义滥发奖金、补贴。3. 不准利用会议、庆典活动发放礼品和礼金。4. 不准组织或参与用公款支付的高消费娱乐活动。5. 不准用公款外出旅游。6. 不准党员干部大操大办婚丧喜庆。7. 不准党员干部大操大办婚丧喜庆。

工作的领导，有计划、较系统地对干部职工和农牧民群众进行普法宣传教育。同时，组织干部、职工学习《宪法》、《刑法》、《刑事诉讼法》、《民法通则》、《民事诉讼法》、《婚姻法》、《草原法》、《义务教育法》、《治安管理处罚条例》，进行自查验收和组织考核验收。通过普法，受教育群众达1000多人次，受教育面达95%以上；经过考核，成绩合格率达到95%。

1997年，噶尔县制定“三五”普法规划，成立“三五”普法领导小组，开展法制宣传教育。

2000年，噶尔县参加普法学习的干部和群众占应学法对象的98%。

三、社会治安综合管理

1995年，噶尔县成立社会治安综合治理委员会（简称县综治委）后，认真按照“群防群治，打防结合，齐抓共管”的方针和“谁主管，谁负责”的原则，由社会治安综合治理委员会统一管理，调动各部门、各单位以及个人的积极性和主动性，充分发挥政法部门在社会综合治理中主力军的作用，做好社会治安综合管理工作。在抓好普法教育的同时，狠抓反对分裂，反对“三乱”的斗争，防止国内外敌对势力的西化、分化等渗透破坏活动。

1996年，县综治委与各乡镇、县直单位开始签订社会治安综合治理目标管理责任书，把综治工作任务进行分解到单位、个人，明确职责和任务，由县综治领导小组每季度对落实情况进行检查、考评，在年终综治大会上进行奖惩。同时，按照“属地管理”的原则层层签订责任书，真正做到责任到位、责任到人。全县责任书的签订率达到100%。此后形成惯例。同年，县综治委与县法院、检察院等密切配合，在寺庙开展的爱国主义教育工作，加强对寺庙和僧尼的管理，教育僧尼和信教群众在法律许可的范围内从事正常的宗教活动，把宗教活动纳入政府管理轨道。

1999年，在县综合治理委员会的领导下，在各乡（镇）、居委会配备了综治工作专职人员，建立综治工作专职人员、公安特派员、治保员、调解员四位一体的工作机制，确保本责任区社会治安秩序。同时，将综治经费列入财政预算，使综治工作经费得到基本保障，并根据工作需要和财政收入情况逐年有所增加。按照“早发现、早报告、早控制、早解决”的总体要求和“预防为主、教育疏导、依法处理、防止激化”的处置原则，进一步建立健全矛盾纠纷排查调处工作机制，完善矛盾纠纷调处领导小组，明确各乡（镇）、单位一把手职责，确保矛盾纠纷不出村、不出乡；在县域内先后多次联合开展扫“黄”除“六害”活动，查获大量录像带、黄色书刊杂志等；狠抓社会治安综合治理、内部安全保卫、外来人员管理、易燃易爆物品管理工作，加强法制宣传教育，定期不定期地清理整顿社会上存在的事故隐患。

四、反分裂斗争

自成立以来，县政法部门牢固树立“稳定压倒一切”的指导思想，坚持“两手抓，两手都要硬”的方针，紧紧围绕稳定与发展开展各项工作，始终把稳定政治局势作为头等大事来抓，组织和带领全县各族人民坚持不懈地开展反分裂斗争，以稳定保发展，以发展促稳定。

1989年9月，根据中共阿里地委关于彻底查清、坚决打击分裂分子和其他严重犯罪分子的要求，县成立领导小组，认真开展清查清理严重犯罪分子的活动。

1992年9月21日，国务院新闻办公室《关于西藏的主权归属与人权状况》白皮书发表以后，县委组织全县干部职工和农牧民群众进行认真学习、讨论，并组织人员进入寺庙向僧尼进行宣传教育。

1996年以后，噶尔县将寺庙作为反对分裂、维护稳定的重点对象，成立了寺庙教育整顿领导小组，对寺庙开展爱国主义、社会主义法治的教育整顿。为了有效地防范达赖分裂主义分子利用寺庙搞分裂破坏活动，县政法委与县公安局协同四乡一镇对全县寺庙僧尼进行了一次集中的法制宣传教育和教育整顿工作，着重宣传了党的宗教政策、公民道德和宪法等，进一步提高了寺庙僧尼的法制观念和爱国主义信念。同时，在全县干部群众中深入开展反对分裂、维护祖国统一和民族团结的思想教育，进行马克思主义祖国观、民族观、宗教观和文化观以及无神论、唯物论教育，使全县干部群众统一思想、提高认识，在反分裂斗争中始终坚持“旗帜鲜明、针锋相对、主动治理、强基固本”的方针，牢牢掌握反分裂斗争的主动权，不断加大打击力度，有力地维护了噶尔县社会的持续稳定。

五、机构

1986年4月，成立县普及法律常识和社会治安领导小组，简称普法和综合治理领导小组。1996年11月，中共噶尔县委政法委成立，负责组织协调县各政法部门工作。

中共噶尔县委政法委负责人名录见表3—2—8。

中共噶尔县委政法委负责人名录

表 3—2—8

机构名称	职务	姓名	性别	民族	任职时间	备注
中共噶尔县委政法委	书记	冯乃善	男	汉	1996.11～1998.05	援藏
		席金峰	男	汉	1998.06～2000.10	援藏
		朱寿山	男	汉	2000.10～2000.12	

第六节　保密档案与党史资料征集和编纂

一、机要保密

噶尔县在解放初期，保密工作由中共阿里分工委直接管理。县委成立后，保密工作由县委办公室负责。20 世纪 60 年代至 20 世纪 70 年代，噶尔县重点开展保密监督管理和保密法宣传教育工作。

1985 年，根据新的形势和保密工作的需要，县委建立机要室，由县委办公室领导和管理。

20 世纪 90 年代，县委机要室配备和开通保密传真。1990 年 2 月，成立中共噶尔县保密委员会，由县委主要负责人兼任保密委员会主任，县委办、人大办、政府办、组织部、宣传部、公安局、检察院、法院等部门的负责人为成员。随着领导的调整和人员的变动，保密委员会组成人员进行过多次调整。县保密委员会经常在全县干部职工中开展保密教育，宣传《中华人民共和国保密法》，对各单位的文件收发、保管等涉密工作进行检查，堵塞失泄密漏洞，制定保密工作的各项规章制度，保证党和国家秘密的绝对安全。

1998 年 11 月 4 日，为切实加强对保密工作的领导，县常委会议研究决定，在原保密委员会的基础上，成立噶尔县保密工作领导小组。县委书记兼任组长，县长、副书记兼任副组长，各单位负责人为成员。

1999 年 7 月，阿里地区在狮泉河镇开展首次《保密法》和保密知识宣传，发放保密知识手册 600 多本，宣传单 1400 多份。此后，地区保密局在每年 3 月中旬开展保密宣传活动。

2000 年，阿里地区保密委员会与噶尔县签订《保密责任书》，建立保密工作责任制。

二、档案收集和管理

自噶尔县委成立至20世纪80年代初，县委办、政府办合署办公，内设1名文件收发员管理县委各类文件、资料；人事档案由县委组织部门自行管理；县直各部门的文件、资料由各部门自行管理，没有进行集中归档。1983年，在县委办公室下设档案室，对1959年至2000年各部门形成的各类基础数字（包括农业、牧业、林业、农机、副业、收益分配）进行汇编，同时对自然灾害（包括旱灾、病虫害、雹灾、洪灾）的实况进行汇编；管理县委、人大、政府、县直机关和乡（镇）的文书档案及资料。

1996年，县委办公室档案室开始统一管理全县档案资料，县委、人大、政府文书档案、资料每年立卷归档后直接进馆。原4个区和现各乡（镇）文书档案、资料按照撤区建乡、镇前后情况，分阶段接收进馆。县直各单位档案、资料按照《档案法》规定，仍然自行管理。

档案资料编制检索工具方面，编有案卷目录、卷内目录二套制，专题档案目录、全宗介绍。档案库房、资料室分别编有馆藏档案、资料示意图。档案馆内制定有岗位责任制、档案管理制度、档案安全保密制度等规章制度。资料利用者在时间上没有规定，档案管理人员随叫随到。

档案室成立以来先后为噶尔县各单位、乡（镇）、县党史和县志编修、西藏自治区社科院、阿里地区部分单位提供档案服务，接待上百人（次）或单位调（查）阅档案、资料6725卷（次），利用效率达93%以上。

至2000年底，县档案室有馆藏档案13种，即文书档案、各类文书档案、珍贵文物照片、县委常委档案、专题档案、会议记录本和旧印章及各类普查年报统计表、国家或西藏自治区及阿里地区颁发的各类奖状（锦旗、光荣册、奖杯、奖状）、县组织史、噶尔县民间文学集成。其载体为卷、张、册、本、套。馆藏文书资料种类有5种，即国务院公报、国际及国内内参、各级各类重要工作通讯和简报、毛泽东和邓小平文选等、各种法律法规书籍。

三、党史资料征集和编纂

自噶尔县委成立以来，没有设立专门党史资料征集机构，党史资料征集工作由县委办公室兼管。1987年4月，本县为阿里地区组织史资料编纂提供大量档案资料。1988年3月，根据阿里地区组织史资料编纂领导小组的指示，成立由县委书记兼任组长的县组织史资料编纂领导小组，开始组织编纂

《中国共产党西藏自治区阿里地区噶尔县组织史资料（1950～1987）》，通过集中查阅档案资料、调查走访、召开座谈会等形式，广泛征集资料，在中共阿里地委党史资料征集领导小组办公室的具体指导下，于1991年5月完成编写任务。

第三章　政　协

第一节　会　议

一、政协噶尔县第一届委员会第一次会议

1984 年 5 月 8 日至 5 月 10 日，中国人民政治协商会议噶尔县第一届委员会第一次会议在昆萨召开。中共党员、民族宗教界爱国人士、文教卫生界和农牧民群众代表共 18 名委员出席会议。会议听取了政协工作报告，并通过相应决议，选举产生县政协第一届委员会主席 1 名、副主席 1 名和常委 4 名。

二、政协噶尔县第二届委员会第一次会议

1992 年 4 月 1 日至 4 月 3 日，在狮泉河镇召开中国人民政治协商会议噶尔县第二届委员会第一次会议，17 名县政协委员出席会议。县委统战部部长旺扎主持会议。会议听取并审议通过县委书记江白代表第二届县政协所作的工作报告。选举产生政协噶尔县第二届委员会委员 9 名，其中常委 5 名，主席 1 名、副主席 2 名。

三、政协噶尔县第三届委员会第一次会议

1994 年 12 月 5 日至 12 月 9 日，在狮泉河镇召开了中国人民政治协商会议噶尔县第三届委员会第一次会议。11 名县政协委员出席会议，县委书记、县政协第二届委员会主席贡布主持会议。会议审议通过县政协第二届委员会工作报告，提出今后一个时期的工作任务。选举产生政协噶尔县第三届县委员会委员 11 名，其中常委 5 名，主席 1 名、副主席 2 名。

四、政协噶尔县第四届委员会第一次会议

1997年10月6日至10月10日，在狮泉河镇召开中国人民政治协商会议噶尔县第四届委员会第一次会议。会议由县委副书记索南顿珠主持，参加会议的委员有15名，其中7名是本届新增委员。会议以中共十五大精神为指导，高举邓小平理论伟大旗帜，紧紧围绕“一个中心、两件大事、三个确保”的工作方针，结合本县实际，进一步解放思想，转变观念，以开拓创新的精神为保持稳定、促进发展，实现“九五”计划和2010年奋斗目标进行了大讨论。会议听取和审议县政协主席多吉扎巴所作的政协工作报告，会议通过各项决议。

第二节　参政议政

一、参政咨询

1962年3月7日，噶尔县召开县参事座谈会，听取县参事和群众对县委、政府工作的意见及制订的各项政策的反映，了解县参事人员的生产生活。会议邀请门士区古如江寺住持旦增旺扎列席会议。同年10月3日，召开县参事室扩大会议，12名县参事参加会议。会上副县长向达诚作了《关于国际国内和西藏形势以及中印关系的报告》。

1964年3月16日至3月23日，县召开本年度第一次参事室会议，历时7天，参加会议的共有9人，会议征求了县参事对各项政策的意见，研究部署有关统战工作事宜。同年7月14日至7月22日，召开年度第二次参事会议，历时8天，参加会议人员12人，会议通报农牧业生产安排情况。

1987年9月27日，拉萨发生骚乱事件，县政协及时将事件真相向委员们进行通报，并结合反分裂斗争实际，在委员中进行以爱国主义为核心的维护祖国统一、反对分裂、加强民族团结、坚持“两个离不开”的宣传教育，认真传达和贯彻执行中央对西藏工作的一系列重要指示。此后，驻会委员多次聚会发表意见，在报纸、广播上发表文章，愤怒声讨分裂分子的罪恶行径。委员们在讨论中纷纷表示，西藏是祖国大家庭不可分割的一部分，西藏只有在中国共产党领导下，同祖国各族人民一道坚决地走社会主义道路才是

西藏各族人民的光明前途。在讨论中，委员们指出：西藏和平解放后，在中国共产党的领导下，在祖国各族人民的大力帮助下，已经发生了翻天覆地的大变化。中国共产党是西藏各族人民的领路人，祖国是西藏各族人民的温暖大家庭。少数分裂主义分子在拉萨不断地搞“西藏独立”的分裂活动，永远不会得逞。委员们表示不能放松警惕，要旗帜鲜明地同少数分裂主义分子做坚决的斗争，维护祖国统一。尤其是本县处在祖国西南边疆的前哨，更应该警惕少数分裂主义分子内外结合搞分裂活动，要积极协助县委和县政府在各界人士和对外藏胞中做好维护祖国统一、加强民族团结的宣传教育工作。委员们还建议司法部门对少数分裂主义分子要严肃依法惩处，不能让少数分裂分子胡作非为，破坏西藏的大好形势。

1989 年 3 月 7 日，国务院决定在拉萨实行戒严，县政协广大委员一致拥护这一果断措施，认为戒严有效地制止了骚乱分子的破坏行动，打击了分裂分子的嚣张气焰，保护了人民群众的生命和财产安全，维护了社会的正常秩序。其间，县政协委员根据县委、县政府安排，实行了 24 小时值班制度，并召开驻会委员、爱国人士和机关工作人员会议，要求广大委员和上层爱国人士“管好自己的人、看好自己的门、办好自己的事”。

二、提案处理

1996 年 10 月 23 日，县政协第三届二次常委会审议通过成立县政协提案法制委员会和《政协噶尔县第三届委员会提案法制委员会工作简则》。《简则》指出提案法制委员会是在常务委员会和主席会议领导下，负责对提案工作等方面的问题开展经常性活动的工作机构。明确提案委员会的任务是努力创造条件，支持、协助委员围绕国家的方针政策、县的中心工作、重大措施以及人民群众普遍关心的问题提出提案，发挥政治协商、民主监督、参政议政作用；负责政协全体委员会议期间委员提案的收集、翻译和审查立案工作，并在全体会议闭会后召开提案委员会全体会议，按照提案严肃性、科学性、可行性的要求，对所有提案予以分类，明确承办单位，并送交承办部门；协助、督促承办单位认真办理提案；与提案单位密切合作，沟通情况，交流经验，改进工作，不断提高提案办理水平。县政协提案法制委员会的成立和《政协噶尔县第三届委员会提案法制委员会工作简则》的制定实施，标志着政协噶尔县委员会提案工作走上法制化、规范化轨道。同年，县政协主席多吉扎巴深入县统战部、民宗局和交通局等部门检查、督促提案办理情况，避免了提案无答复、无落实的现象。

第三节　机　构

1963年1月29日，成立县人民政府参事室，安排12名各界上层人士作为参事室参事。1967年2月，受“文化大革命”影响，县人民政府参事室机构瘫痪。

1984年5月28日，中国人民政治协商会议西藏自治区噶尔县委员会（以下简称县政协）召开第一届一次会议，标志县政协成立。

1987年4月，机构改革中，撤销县政协，恢复成立噶尔县人民政府参事室，县政协职能并入县人民政府参事室。

1990年8月，恢复成立县政协，未配备领导和工作人员，县参事室自动撤销。1992年，县政协下设办公室（正科级），编制4人。

噶尔县政协主席、副主席名录见表3—3—1。

噶尔县政协主席、副主席名录

表3—3—1

机构名称	职务	姓名	性别	民族	任职时间
政协噶尔县第一届委员会	主席	白玛多吉	男	藏	1987.05～1992.04
	副主席	拉　增	男	藏	1984.05～1987.04
政协噶尔县第二届委员会	主席	江　白	男	藏	1992.03～1993.08
		贡　布	男	藏	1993.08～1995.08
	副主席	拉　增	男	藏	1992.03～1995.08
		洛桑群培	男	藏	1992.03～1995.08
政协噶尔县第三届委员会	主席	贡　布	男	藏	1995.08～1996.10
		多吉扎巴	男	藏	1996.10～1997.10
政协噶尔县第四届委员会	主席	多吉扎巴	男	藏	1997.10～2000.10
		桑　珠	男	藏	2000.10～2000.12
	副主席	次仁扎西	男	藏	2000.05～2000.12
		其　美	男	藏	2000.10～2000.12

第四章　群众团体

第一节　工　会

一、职工代表大会

1996 年 5 月 1 日，县第一届职工代表大会召开，出席会议代表 74 人。大会选举产生县工会副主席 1 人，未配主席。

1998 年，县第二届职工代表大会召开，出席会议代表 97 人。会议通过第一届工会委员会工作报告，选举产生县工会常务委员会委员及副主席，未配主席。

二、工会活动

1991 年，县工会、县委宣传部联合举办庆祝西藏和平解放四十周年的知识竞赛活动，200 余名干部、职工参加。

1992 年，县各级工会在每年“五一”、“七一”、“十一”等节日期间，组织开展各种庆祝活动，并在职工中开展以爱党、爱国、爱社会主义为主题的宣教活动。组织干部职工学习、宣传、贯彻新《工会法》。同时，在全县干部职工中认真学习贯彻《企业法》、《企业职工奖惩条例》等法律法规，鼓励企业推进承包制，打破“铁饭碗”，理顺国家、集体、个人三者利益关系，促进企业扭亏增盈。

1993 年，县工会系统组织为困难群众捐款捐物活动，共收到现金及衣物、食品等折合人民币 18560 元。

1994 年，县工会组织开展“四比”活动，对职工进行经常性的思想教育，提高职工队伍的政治思想、科学文化、业务技术和经营管理水平。开展坚持四项基本原则和社会主义法制教育，学习《邓小平文选》，组织职工讨论反对分裂，维护祖国统一，加强“四观”、“三讲”的精神，工会在职工中开展打击刑事犯罪重要意义的讨论，进行普法教育，组织法律知识竞赛，加强企、事业单位的社会治安综合治理。工会配合县后勤部门组织车辆为职工拉运冬菜和生活用品。此后，每年照例形成制度。每逢元旦、藏历新年、春节“三大”节日之际县工会与县委宣传部联合举办文艺体育活动，组织拔河、篮球、乒乓球、象棋等项目比赛和藏族民歌比赛，并举办书法、文艺演唱等活动，活跃职工的文化生活，陶冶职工的情操，增进民族团结。

县工会对县属各企业安全生产实行定期监督检查和临时抽检的办法，层层建立安全生产组织和各项安全生产制度，组织开展安全生产竞赛，及时发现排除事故隐患，保障职工的生命安全和国家财产安全，致使本县实现连续6年多未发生恶性安全事故。

1996年，县工会为困难群众捐款捐物折合人民币1.89万元。1999年，县工会动员机关、企事业单位职工为灾区捐款3万多元。

三、机构

1990年，成立县工会，主席、副主席无资料可考。1996年11月，机构改革，工会、团委、妇联合署办公，一个机构三块牌子，分别按各自的章程工作。

噶尔县工青妇办公室历任主任见表3—4—1。

噶尔县工青妇历任主任名录

表3—4—1

机构名称	职务	姓名	性别	民族	任职时间
噶尔县工青妇办公室	主任	李　政	男	汉	1998.10～2000.09
	副主任	江松英	女	藏	1995.10～1998.09

第二节　共青团

一、会议

（一）共青团噶尔县第一届代表大会

1973年6月15日，共青团噶尔县第一届代表大会在昆萨召开。会议听取扎西才旦所作的工作报告，选举产生中国共产主义青年团噶尔县第一届委员会组成人员。随后召开第一届一次全委会议，选举产生共青团噶尔县第一届委员会组成人员，欧珠当选为县团委书记。出席会议的代表有48人。其中，正式代表44人，列席代表4人。

（二）共青团噶尔县第二届代表大会

1979年2月25日，共青团噶尔县第二届代表大会召开。大会审议通过古如所作的共青团噶尔县委员会工作报告，会议选举产生共青团噶尔县委员会第二届领导机构。出席会议的代表有57人。其中，正式代表49人，列席代表8人。

（三）共青团噶尔县第三届代表大会

1985年，在昆萨召开了共青团噶尔县第三届代表大会。会议选举产生共青团噶尔县委员会第三届领导机构。出席会议的代表有52人。其中，正式代表44人，列席代表8人。

（四）共青团噶尔县第四届代表大会

1994年12月5日至12月7日，在狮泉河镇召开共青团噶尔县第四届代表大会。会议的主要内容是认真贯彻落实团中央十三大和自治区团委五大会议提出的各项任务，开展“岗位学雷锋、行业树新风”活动，研究和部署噶尔县下一步团的工作。大会审议通过青妇办公室主任江松英所作的工作报告；选举卓嘎为共青团噶尔县第四届委员会书记。卓嘎在会上传达自治区团委第五次代表大会精神。出席代表大会的正式代表67人，列席代表6人；专职团干部1人，知识分子12人。其中，藏族代表53人，汉族代表14人，学生代表2人，农民代表8人。

二、组织活动

1956年，中共阿里分工委在昆萨乡建立青联组织，有会员228名。当时青联组织的主要工作是组织集中学习文化、政治，对广大青年进行爱国主义宣传。1958年8月8日，召开青年联谊各区分会以上的干部会议。会议认为，今后青联应在反帝爱国的旗帜下，团结全体青年，提高警惕，反对一切分裂和破坏活动，维护祖国统一和民族团结。

在民主改革中，逐步在县机关进步青年中发展团员，组建县机关团支部。为了提高广大农牧区青年团员的自身素质，克服陈旧观念，改进落后的生产方式，组织团员动手制作手工艺品，年年开展技术传、帮、带和总结评比活动。在广大团员、青年团干部的带领下，自筹资金，建学校，盖教室，兴办扫盲夜校。

1961～1962年，县团委对团员青年进行社会主义思想教育，教育青年爱社会主义、爱集体，坚持参加集体生产劳动，在各项工作和生产中发挥青年突击队的作用。1962年，本县第一个农牧区团支部在索麦乡成立。1963年，针对团组织涣散、团员思想混乱的状况，县团委组织开展向雷锋学习的活动。1964年至1965年，县团委组织团员青年投身三大革命运动，搞好本职工作，努力发展生产，在青年中开展学习毛泽东著作的活动，深入进行社会主义思想教育。1965年9月25日，郎久乡建立团组织，吸收团员7人。1967年，广大团员青年积极投身到“四清”运动中，掀起学习毛泽东著作的高潮，涌现出不少青年学习积极分子，受到县“四清”工作团党委的表彰。

1967年，“文化大革命”初期，县各级团组织活动基本停滞，全体团员青年响应毛主席的号召，“抓革命、促生产”，在大学习、大批判、大生产中充当主力军。1973年，县团委书记欧珠和副书记琼达参加共青团新疆维吾尔自治区第四次代表大会。1974年，县各级团组织恢复，在青年中开展学雷锋见行动的活动，动员青年参加“工业学大庆”、“农业学大寨”运动。

1973～1977年，县各级团组织发动团员青年积极参加政治运动，接受政治考验，投身农牧业学大寨运动，组织突击队平整土地，修建农田支渠，围建草场，加强农田基本建设和牲畜饲放管理，发展农牧业生产。

1978年，中共十一届三中全会后，县团委组织团员青年认真学习全会公报，开展真理标准的大讨论，转变思想观念，提高思想认识，按照县委工作部署，逐步实现工作重心的转移。

1980年，组织团员青年开展学雷锋、树新风，争当“新长征突击手”

的活动，团员青年刻苦学习，忘我工作，涌现出部分先进人物。1983～1984年，县团委整顿基层组织，建立“团员证”制度，开展实用技术培训。1989年，县基层团组织进行全面整顿，3个区团委领导班子得到调整充实，引导优秀青年加入共青团，鼓励优秀团员加入党组织，农牧区基层团干部被群众推选为村、社干部。

1991年，县团委和扎西岗边防检查站建成军民共建联系点，军地互帮互助，共同进步，进一步加强了军民团结。1997年，噶尔县遭到严重的雪灾、水灾，组织动员广大青年团员开展“献爱心”活动，为受灾区生产自救工作作出了积极贡献。

三、少年先锋队工作

1961年，阿里地区第一个少先队组织在噶尔县昆萨小学建立。同年，在县各小学青少年中开展“五讲、四美、三热爱”和“全心全意为人民服务”教育活动，在清明节、“六一”儿童节，开展“缅怀革命先烈、继承先烈遗志，做革命接班人”活动。至1979年底，全县有少先队大队部1个，中队部3个，少先队员100多名。

1983年以后，在少先队组织中广泛开展“人人争戴小红花”的活动。同时，组织各种形式的教育活动，安排专场电影，做各种游戏，举办智力测验和猜谜等活动，吸引少年儿童，活跃少先队的工作，丰富学生的文体生活。尤其是每年的“六一”儿童节期间，各学校组织学生，向当地农牧民表演节目。

1987年5月，按照阿里地区工青妇办公室《“六一”前夕致广大家长书和相关部门的通知》精神，号召社会各界关心广大少年儿童的健康成长，组织各级少先队开展了“学雷锋，学赖宁”，“手拉手献爱心”等活动，争做好人好事，净化社会风气。

1996年，县团委要求少年儿童进行入队前教育，入队仪式、队歌教育；升国旗、唱国歌教育；并就开展“手拉手”等活动作了周详的安排部署。在广大青少年中广泛开展了以“我爱祖国”、“孔爷爷你在哪里”、“我为希望工程献爱心”、“纪念爱国救亡活动、创精神文明”等为主题的诗歌朗诵和演讲、宣传活动。

1997年3月，共青团阿里地委下发《关于加强学校爱国主义教育，积极开展“雏鹰行动”》的通知，噶尔县孔繁森小学少先队组织在辅导员的带领下，以争创文明中队为号召，组成各类假日小队，开展“学雷锋”活动。

1998年，组织青少年参加了阿里地区首届“校园杯”综合文艺大赛，取得良好成绩。

四、机构

1959年4月，经中共阿里分工委批准，组建共青团噶尔县委员会（以下简称县团委）。同年5月1日，县委在群众基础好的昆萨乡进行基层团组织建立试点。1960年5月，在昆萨成立团小组，是噶尔成立最早的农牧区团组织，时有5名团员，由噶尔县委副书记扎西才旦任组长。1962年5月，县委在索麦乡发展党员的同时吸收6名团员。

1967～1971年“文化大革命”初期，县团委工作停顿，机构瘫痪。1973年7月10日，县团委机构恢复，并召开首届共青团噶尔县委会议，选举欧珠为县团委书记，琼达为副书记。

1987年7月，县团委和县妇女联合会合并成立县青妇办公室。1989年，组建噶尔县企事业机关团支部。

1996年11月，机构改革后，县工会、团委、妇联合署办公，一个机构三块牌子，按各自的章程工作。1998年，成立噶尔县中学团总支和县农业银行团总支。

至2000年底，全县有团委1个、团总支2个、团支部6个、团员563名，团专职干部1人。

共青团噶尔县委书记、副书记名录见表3—4—2。

共青团噶尔县委书记、副书记名录

表3—4—2

机构名称	职务	姓名	性别	民族	任职时间
共青团噶尔县委员会	书记	向　阳	男	藏	1959.04～1961.05
		扎西才旦	男	藏	1961.05～1967.02
		欧　珠	男	藏	1973.06～1975.07
		李　政	男	汉	1998.10～2000.09
	副书记	穷　达	女	藏	1975.07～1978.07
		古　如	男	藏	1978.07～1981.05
		贾瑞明	男	汉	1979.06～1980.08
		多吉卓玛	女	藏	1980.08～1981.03
		卓　嘎	女	藏	1981.03～1987.06

续表 1

机构名称	职务	姓名	性别	民族	任职时间
噶尔县青妇办公室	主任	卓　嘎	女	藏	1987.06～?
	副主任	江松英	女	藏	1995.10～1998.09

第三节　妇女联合会

一、妇女代表大会

1974 年 7 月 21 日，噶尔县首届妇女代表大会在昆萨召开。会议学习中共十大文件和马克思、列宁和毛泽东关于阶级斗争、路线斗争、妇女解放的有关论述；学习中共中央关于批林整风的一系列指示；选举产生县妇女联合会第一届委员，基次仁当选为副主任。

1979 年 2 月 25 日，在昆萨召开噶尔县第二届妇女代表大会，大会审议通过县妇联委员基次仁所作的工作报告。大会选举产生县第二届妇女联合会委员 6 人。

二、妇联工作

在封建农奴社会，噶尔县各族劳动妇女都是“三大领主”的奴隶和会说话的工具，没有任何政治地位。在经济上，劳动妇女是领主们的差民，受到残酷的剥削。“三大领主”剥夺了劳动妇女受教育的权利，许多妇女只知道用藏克①计算自己的年龄。落后的婚姻制度和清规戒律是套在劳动妇女头上又一道沉重的枷锁。妇女在经期、孕期、产期照常为“三大领主”承担繁重的体力劳动，妇女生孩子也被视做“污秽”行为，分娩条件很差，有的妇女在牛棚、羊圈里分娩。

民主改革后，噶尔广大妇女在政治、经济、文化等方面的地位有很大提高，妇女儿童的权益在法律上逐步得到保护。

1961 年，县妇联根据妇女生理及养育子女的特点，对广大妇女进行妇幼卫生知识宣传，在医务人员力所能及的地方宣传和推广新法接生。1962

① 1 克约等于 20 藏升，用来计算年龄就是 20 岁。

年后，从噶尔县机关到农牧区逐步开展妇女工作，鼓励妇女积极劳动，宣传党的方针、政策，组织妇女学习文化，动员妇女搞好生产。县妇联组织和带领全县广大妇女，反对封建思想和封建残余势力，参加生产劳动和各项社会活动，争取自身解放和男女平等，学习先进模范人物，积极参加兴修水利、开荒改土、推广种植技术，发展畜牧业和纺织业等农业生产，充分发挥广大妇女“半边天”的作用。

1974 年，县各级妇联组织批判“妇女落后论”等谬论，鼓励和支持妇女做移风易俗、破旧立新的促进派，从政治上、思想上、生活上关心女性青少年成长。

1976 年，县各级妇联组织批判“重男轻女”等腐朽落后思想，宣传贯彻《婚姻法》，在农牧区宣传计划生育工作，认真落实各项节育措施，做好妇女卫生保健工作。

1978 年，县各级妇联组织倡议广大妇女用社会主义思想处理婚姻家庭关系，树立无产阶级婚姻观。中共十一届三中全会以后，全县妇女组织紧密配合党的工作重点转移，动员妇女参加专业承包，联产计酬，开展多种经营。1979 年 2 月 7 日，噶尔县 1 名妇女代表参加西藏自治区第三次妇代会。会议讨论通过西藏自治区妇联第二届执行委员会工作报告，总结交流妇女工作经验，选举产生西藏自治区妇女联合会第三届执行委员会委员。

1980 年至 1990 年，县妇联大力宣传新《婚姻法》，举办妇女职业业余学习班，抓维护妇女儿童权益的工作。

1991 年，“双学双比”活动在昆萨和门士两乡开展试点工作，两乡共有妇女 86 人参加。其中，74 人参加“双学双比”竞赛活动，86％的妇女脱产学习并掌握了一般农牧业技术，12 名学员被评为优秀学生，3 名妇女被评为阿里地区“双学双比”女能手。噶尔县被评为自治区“双学双比”先进组织。

1984 年至 1994 年，噶尔县涌现出“五好家庭”32 户、“三八红旗手”1 名，优秀妇女 18 名。

20 世纪 90 年代，随着《妇女权益保障法》、《未成年人保护法》等相关法律的颁布实施，县妇女儿童权益保护工作逐步走上正轨。1995 年以来，噶尔县妇女工作得到进一步加强。首先深入开展“双学双比”和各项评选活动，对涌现出的“三八”红旗手、五好家庭、先进个人进行表彰；进一步搞好维权工作，结合“三五”普法任务，广泛开展学习和宣传《妇女权益保障法》、《婚姻法》，增强广大妇女的法制观念，明确了新时期妇女工作的任务；在广大妇女中进行优生、优育、优教和计划生育的宣传教育；积极做好妇女入党积极分子的培养教育和推荐工作，使优秀妇女加入中国共产党，进入领导岗位；狠抓扫盲工作，开办了扫盲夜校，对11岁以上、40岁以下的农牧区妇女进行扫盲教育，效果良好。

1998年后，县妇联开展维护妇女儿童合法权益宣传活动90多次，发放宣传资料1000多份，发放宣传单3000余份，动用宣传车10多次。

至2000年底，全县共评选出“巾帼标兵”2人，有123名妇女文盲脱盲，妇女接受培训73人，表彰先进妇女11人。

三、机构

1961年5月，成立噶尔县妇女联合会（简称县妇联），负责分管全县妇女工作。1967年，“文化大革命”开始后，噶尔县妇联工作处于瘫痪状态。

1974年7月21日，噶尔县首届妇女代表大会在昆萨召开，全县各级群团组织相继恢复，妇联工作重新启动。

1987年5月，县共青团和妇女联合会成立噶尔县青妇办公室，由基次仁任办公室副主任。

1996年11月，机构改革后，县工会、县团委、县妇联合署办公，一个机构3块牌子，按各自的章程工作。

至2000年10月，县妇联有专职干部1人，村妇代会11个，有妇女主任11人。

噶尔县妇女联合会负责人名录见表3—4—3。

噶尔县妇女联合会负责人名录

表3—4—3

机构名称	职务	姓名	性别	民族	任职时间
噶尔县妇女联合会	副主席	扎西草	女	藏	1966.05～1967.02
		基次仁	女	藏	1974.07～1987.06
		江松英	女	藏	1995.10～1998.09
		色措	女	藏	1998.10～2000.09
噶尔县青妇办公室	主任	卓噶	女	藏	1987.06～1987.10
噶尔县工青妇办公室	副主任	江松英	女	藏	1995.10～1998.09
	主任	李政	男	汉	1998.10～2000.09

第四篇

政权　政务

第一章　人大噶尔县地方组织

第一节　会　议

一、县人代会议

（一）第一届人民代表大会

1965年6月16日至18日，在昆萨召开县第一届人民代表大会，出席会议的代表39人。大会听取和审议《噶尔县政府工作报告》和《噶尔县1964年财政决算情况和1965年财政预算草案的报告》。此次会议上，县人民政府更名为县人民委员会。会议选举达瓦更巴为县人民委员会县长，曲加、牛瑞华为副县长，选举产生县人民法院院长。

（二）第二届人民代表大会

1969年9月29日，在昆萨召开县革命委员会成立大会，任命县革命委员会主任、副主任。此次会议被视为县第二届人民代表大会，此次会议没有选举人大代表，也未设立工作机构，但属政权机构。

（三）第三届人民代表大会

1981年12月24日至26日，在昆萨召开县第三届人民代表大会，出席会议的代表89人。会议听取和审议县人民政府工作报告，财政预算、决算报告、人大常委会工作报告、人民法院工作报告和人民检察院工作报告，并形成相应决议。大会根据第五届全国人民代表大会第二次会议通过的《中华人民共和国地方各级人民政府组织法》规定，撤销县革命委员会，恢复设立县人民政府，设立县人民代表大会常务委员会和人民检察院，选举产生县人大常委会委员13人，其中主任1人，副主任1人；白玛多吉当选为主任，噶贡保当选为副主任；县人民政府组成人员3人，其中县长1人、副县长2人，李顺华当选为县长，北斗和噶珠次仁当选为副县长。

1983年10月，在噶尔县第三届人民代表大会第二次会议上，选举曲扎为副县长。1984年5月，在噶尔县第三届人民代表大会第三次会议上选举贵桑为县长。

（四）第四届人民代表大会

1985年1月10日至13日，召开了县第四届人民代表大会第一次会议，出席会议代表96人。大会选举产生噶尔县人民代表大会常务委员会委员11人。其中，主任1人，副主任1人；选举产生县人民政府县长1人、副县长2人。1987年4月，在县级机构改革中，采取先委派、后选举的办法任命索南曲达为县人民政府县长，童玉杰和噶玛仁青为副县长。同时对县人民法院、人民检察院的领导成员，也进行调整。

（五）第五届人民代表大会

1987年11月15日至27日，噶尔县第五届人民代表大会在昆萨召开，出席会议代表76人。大会审议通过贵桑所作的县政府工作报告；选举产生噶尔县第五届人民代表大会常务委员会委员11人。其中，主任1人、副主任1人；依照法律程序，补充选举产生县人民政府县长1人、副县长3人；县人民法院院长、县人民检察院检察长。1989年6月，经县人大常委会批准，补选初夭元（援藏）为噶尔县人民政府副县长。

（六）第六届人民代表大会

1990年10月20日至22日，噶尔县第六届人民代表大会在狮泉河镇召开。出席会议代表76人。大会审议通过索南曲达所作的县政府工作报告；审议通过强巴念扎所作的县法院工作报告和次仁群久所作的县检察院工作报告。大会选举产生噶尔县第六届人民代表大会常务会委员9人。其中，主任1人；选举产生噶尔县人民政府县长1人、副县长3人；选举产生县人民法院院长和县检察院检察长。1992年4月，经县人大常委会批准，增选文英韬为副县长。

（七）第七届人民代表大会

1993年10月15至17日，噶尔县第七届人民代表大会在狮泉河镇召开。出席会议代表83人。大会审议通过白玛欧珠所作的县政府工作报告；审议通过强巴念扎所作的县法院工作报告和尼玛扎西所作的县检察院工作报告；大会选举产生噶尔县第七届人民代表大会常务会委员 11 人。其中，主任 1 人、副主任 1 人；选举产生了噶尔县人民政府县长 1 人、副县长 2 人；选举县人民法院院长和县检察院检察长。1993 年 10 月，任命林珠班旦为噶尔县人民政府科技副县长。

（八）第八届人民代表大会

1997 年 11 月 2 日至 4 日，噶尔县第八届人民代表大会在狮泉河镇召开。出席会议的代表 74 人。大会审议通过欧珠次仁所作的县政府工作报告；审议通过强巴念扎所作的县法院工作报告和尼玛扎西所作的县检察院工作报告；大会选举产生噶尔县第八届人民代表大会常务会委员 4 人，其中主任 1 人、副主任 2 人；选举产生噶尔县人民政府县长 1 人、副县长 9 人。1998 年 9 月，任命田波为分管科技工作的副县长。

二、县人大常委会会议

县人大常委会会议一般每三个月召开一次，在特殊情况下可提前或延后。根据《中华人民共和国宪法》和《中华人民共和国地方各级人民代表大会和地方各级人民政府组织法》规定，县人大常委会会议主要研究和安排县、乡人民代表大会和换届选举工作；讨论、决定县域内政治、经济、教育、科学、文化、卫生、环境和资源保护、民政、民族等工作的重大事项；了解和监督人民政府及行政执法部门和县人民法院、县人民检察院的工作情况；对“一府两院”组成人员的人事任免、组织人大代表开展视察、调研、专项调查；了解境内的民情民意；根据县人民政府的建议，调整噶尔县的国民经济和社会发展计划、预算；决定和审议“一府两院”部分组成人员的述职报告等。

县人大常委会会议对需要作出决议、决定的事项，实行无记名投票或举手表决的方式，并实行“少数服从多数”原则，形成决议和决定。

三、乡（镇）人代会议

1961 年 6 月初，西藏民主选举试点工作铺开，阿里专区确定索堆乡为试点乡，同年 9 月初，完成试点工作。1993 年，全县 12 个乡分别召开第三届人民代表大会。

1999 年 8 月，全县在“撤区并乡”工作中，将原 4 个区 12 个乡调整为 12 个村，两个居民委员会，并进行换届选举，先后召开（第八届改为与县人大届次同步）人民代表大会，选举产生乡（镇）人大主席团主席、副主席和乡（镇）长、副乡（镇）长等政府组成人员，各村（居）委会也按照《中华人民共和国村（居）委会组织法》规定选举产生12个村（居）委会组成人员。

第二节　履行职能

一、依法监督

第一、二届县人民代表大会未设常设机构常务委员会。第一届由县人民委员会（县人民政府）行使本级人民代表大会常设机构职权；第二届为革命委员会行使职权。

根据第五届全国人民代表大会第二次会议通过的《中华人民共和国地方各级人民政府组织法》关于设立县人大常务委员会作为县人民代表大会的常设机构的规定，1981年12月召开的第三届人民代表大会第一次会议选举产生第三届人民代表大会常务委员会作为本级人民代表大会常设机关，在人民代表大会闭幕期间依法行使地方国家权力机关职权。至1997年，人大常务委员会经过6次换届。人大常委会坚持常委会例会制度。从1981年12月至2000年底，县人大常委会共召开过常委会议47次，主任会议29次。主任会议一般研究决定常委会议召开时间、内容及人大常务委员会闭幕期间的日常工作。每次人代会均安排听取和审议财政预决算、国民经济和社会发展报告以及政府、法院、检察院工作报告。每半年听取一次农牧、民政、人事、监察等部门的工作汇报，开展法律法规执行情况的检察等。其间，人大常务委员会还按照《组织法》的规定，审议并通过县“七五”、“八五”、“九五”国民经济与社会发展计划。

二、议案办理

每届人代会期间，代表们就政治、经济等工作提出提案，包括意见、要求和建议。由议案审查委员会在会议期间收集，经整理分类以后向大会报告，会后由常委会再次研究以后转县委、县人民政府办理，并规定办理时期不超过半年。本县自第三届一次会议至第八届一次会议期间，共收到议案260件，人大常委会转县委、县人民政府进行办理并向代表作了答复。县委、县人民政府把办理代表所提议案的工作，作为发挥代表作用，加强民主法制建设，加强党和政府同人民群众联系，做好各项工作的大事来认真对待，能够及时办理的及时办理；条件不具备，一时不能办理的，待条件具备时再行办理；需转上级有关部门研究办理的及时转上级有关部门。办理后均向代表作出答复，下次人代会上再向大会作《议案办理情况说明》。代表们提出的议案，如水利设施建设、人畜饮水等问题大多得到了解决，一时不能解决的也得到了答复。

三、人事任免

坚持党的“四化”方针和德才兼备的原则，从1981年12月至1997年11月，按照上级党组织的推荐和提名，共任命正科级以上干部62名。其中，县长8人，副县长25人，法院院长1人，检察长2人，其他领导干部36人。保证国家行政机关、审判机关和检察机关工作的正常开展。对于免职干部，均按照要求办理免职手续；对于群众意见较大的个别干部坚决不予任命。

四、代表联络、信访和视察工作

坚持了对乡（镇）人大工作指导及干部培训，在5个乡（镇）建立人大代表小组，协助乡（镇）人大抓好代表活动，听取并及时反映乡（镇）人民代表与群众的意见和要求。

为联系好选民，收集好群众意见，及时向各级政府反映群众的要求，做好向人民群众宣传党的方针、政策和国家法令的工作，帮助群众提高认识，促进人民政府的工作，充分发挥代表的监督作用。从人民代表大会制度建立初期，就成立了代表活动联络小组，负责组织代表开展活动。一般每季度1次，学习《代表法》及相关文件精神，了解群众生产、生活情况，并将讨论意见和要求向常委会或代表反映。自成立来信来访接待室后，收到群众来信78件，接待信访人员27人。

在历年的信访工作中，群众就涉及自身利益的问题进行了反映，内容涉及基本建设、农牧林、劳动人事、生活、商业、文教卫生、各级政府机关作风、计划生育、落实政策和民事纠纷等各个领域。对于来信来访所反映的问题，接待室进行分类登记和调查研究，并及时地将问题转交有关部门进行办理。

五、“双评”工作

从1995年起，县人大常委会借鉴内地省市的经验，加大对干部的人事监督和“一府两院”各部门的工作监督。每年年底组织人民代表对由人大选举产生或人大常委会任命的“一府两院”科级以上干部进行述职评议，并对一些部门进行代表评议。评议采取摸底调查，听取汇报，民主测评，评议小组将评议结果纳入干部考核、晋升的范畴，有力地增强了干部工作的责任感和使命感以及干不好工作就降级、免职的危机感和紧迫感，形成了一个有序的干部使用机制，也促进了全县的各项工作，达到了预期的监督目的。1995年以后，全县共有107名干部参加述职评议工作，其中被评为优秀的7人，称职89人，基本称职11人。此外，全县还有5个乡（镇）和42个部门参加了评议，评议结果为：工作好的14个，一般的25个，差的3个。

六、代表选举

“文化大革命”期间，人民代表大会制度遭受破坏，未开展人民代表选举工作。1977年，恢复选举工作，县人大代表的选举在县革命委员会的领导下，由各选区提名，通过人民公社革命委员会扩大会议选举产生。

根据《中华人民共和国全国人民代表大会及地方各级人代会大会选举法》、《中华人民共和国地方各级人民代表大会和地方各级人民委员会组织法》规定，在历届人大代表选举中，选举工作大致按四个步骤进行：第一步，成立选举委员会，划分选区，分配代表名额；第二步，广泛宣传发动，搞好选民登记；第三步，反复酝酿协商，确定正式代表候选人；第四步，选区召开选民大会，分别以投票方式选出县、乡（镇）人民代表大会代表。在每次选举中，组织广大选民学习《选举法》，明确代表条件和选举方式，充分发扬民主，推荐讨论代表候选人，精心组织选民投票，严格按照法定程序选举代表。出席自治区人民代表大会的代表，由县人民代表大会会议选出。

第三节　机　构

一、县人大常委会

1965年，县第一届人民代表大会召开时，由成立的临时选举委员会负责本县的普选工作。

“文化大革命”时期，召开的第二届人民代表大会由县革命委员会负责。

1981年12月24日，在召开的县第三届人民代表大会第一次会议上，根据第五届全国人民代表大会第二次会议通过的《中华人民共和国地方各级人民政府组织法》规定，成立县人大常委会，并选举产生县第三届人大常委会组成人员，并设立专门办公室。

1982年5月10日，经中共阿里地委批准，成立县人大常委会党组，县委副书记、县人大常委会主任白玛多吉兼任党组书记，县人大常委会副主任噶贡保兼任副书记。1987年4月，撤销县人大常委会党组。

至2000年底，县人大常委会经过6次换届。

噶尔县人大常委会主任、副主任名录见表4—1—1，噶尔县人大常委会办公室主任、副主任名录见表4—1—2。

噶尔县人大常委会主任、副主任名录

表4—1—1

机构名称	职务	姓名	性别	民族	任职时间
噶尔县人大常委会（第三届）	主任	白玛多吉	男	藏	1981.12～1985.01
	副主任	嘎贡保	男	藏	1981.02～1985.01
噶尔县人大常委会（第四届）	主任	白玛多吉	男	藏	1985.01～1987.10
	副主任	嘎贡保	男	藏	1985.01～1987.04
噶尔县人大常委会（第五届）	主任	白玛多吉	男	藏	1987.11～1990.06
	副主任	多吉顿珠	男	藏	1987.04～1990.06
噶尔县人大常委会（第六届）	主任	多吉顿珠	男	藏	1990.06～1993.10
噶尔县人大常委会（第七届）	主任	多吉顿珠	男	藏	1993.10～1996.10
	副主任	永忠	男	藏	1993.10～1997.10
噶尔县人大常委会（第八届）	主任	才旺罗布	男	藏	1996.10～1997.10
		强巴念扎	男	藏	1997.10～2000.12
	副主任	永忠	男	藏	1997.10～1999.10
		仁青	男	藏	1997.11～2000.12
		加布次仁	男	藏	1999.12～2000.12

噶尔县人大常委会办公室主任、副主任名录

表4—1—2

机构名称	职务	姓名	性别	民族	任职时间
噶尔县人大常委会办公室	主任	阿旺次仁	男	藏	1993.11～1995.06
	副主任	扎西顿珠	男	藏	1996.11～2000.12

二、乡（镇）人大机构

1985 年 3 月 8 日，经县第四届人大常委会研究决定，在县所辖 4 个区设立人大代表联络组，各联络组设组长 1 名，由区委书记兼任。

1993 年，全县 12 个乡先后召开第三届人民代表大会，会议根据《西藏自治区乡（镇）人大工作条例》规定，设立各乡人大主席团。乡人大主席团为乡人民代表大会常设机构和工作机构，每届任期 3 年。各乡人大主席团设主席 1 人，专职副主席 1 人，乡人大主席团主席由乡党支部书记兼任。

1999 年 8 月，噶尔县“撤区并乡”，全县 4 乡 1 镇设乡（镇）人大主席团，至 2000 年底。

噶尔县各乡（镇）人代主席团负责人名录见表 4—1—3。

噶尔县各乡（镇）人代主席团负责人名录

表 4—1—3

机构名称	姓名	民族	任职时间	备注
左左乡人大主席团	阿　努	藏	1999.09～2000.12	兼职
昆萨乡人大主席团	次仁扎西	藏	1999.09～2000.12	兼职
门士乡人大主席团	嘎尔琼	藏	1999.09～2000.12	兼职
扎西岗乡人大主席团	益　西	藏	1999.09～2000.06	兼职
狮泉河镇人大主席团	顿　珠	藏	1999.09～2000.12	

第二章　政　权

第一节　部落和噶本政权

一、部落政权

象雄时期，境内属象雄部落联盟政权下的若干小部落，今门士乡境内的喀尔栋是古象雄的都城之一。

7世纪中叶，吐蕃松赞干布征服象雄，派官建制，噶尔属吐蕃在象雄设立的10个东岱下的部落。

古格王时期，境内各部落分属普兰王和古格王统治。

二、噶本政权

清康熙二十五年（1686年，藏历第十一饶迥火虎年），西藏地方政府在阿里设立噶本（又称噶堆）政权机构。境域基层政权有阿里噶本直辖区下辖的那木如本、左左本两个持有西藏地方政府封地铁券文书的部落和索堆、索麦、门士色勒、加木、玛尔勒、上下章喀、格喀、郎久、固念、朗玛尔、俄洛典角、那木如、上左左、下左左14个“措”。此外，还有扎西岗“拉让”和僧院管辖的各小部落，一直延续至民主改革前。

第二节 县、乡（镇）人民政府

一、县人民政府（县人民委员会、县革命委员会）

1951 年，噶尔和平解放，根据“十七条协议”规定，仍然维持原政治制度不变，境内没有建立人民政权。

1959 年，西藏地方上层反动集团发动武装叛乱，根据阿里军事管制委员会“布告”，解散阿里噶本政府，境内由阿里军事管制委员会实行军管，并开展民主改革运动。1960 年 1 月，成立噶尔县人民政府，县政府驻地昆萨。同年 5 月，迁至噶尔雅萨。县人民政府设立办公室、公安局、邮电组工作机构。1961 年，成立县贸易公司；1962 年，成立民教科。同年，原县委领导的农牧工作部划归县人民政府领导，并更名为农牧科；1963 年，原县委领导的财政经济工作部划归县人民政府领导，并更名为财经科。1963 年 2 月 7 日，根据中共阿里分工委指示，噶尔县人民政府党组成立。

1965 年 6 月，召开县第一届人民代表大会，县人民政府改名为县人民委员会。同时，县人民委员会驻地重新迁回昆萨。至 1966 年 5 月，县人民政府工作机构有办公室、财经科、农牧科、文教卫生科、公安局、参事室、贸易公司、邮电组。此后，“文化大革命”运动开始，县人民委员会及其工作部门陷于瘫痪，全县各项工作受到影响。

1967 年 2 月以后，“文化大革命”运动进入高潮。同年 3 月 27 日，成立噶尔县军事管制小组，中国人民公安部队西藏总队阿里公安大队解庆元任组长，对全县实行军事管制，行使县委和县人民委员会职权，各工作机构、派出机构维持原状。1969 年 9 月，经阿里地区革命委员会、阿里军事管制委员会批准，成立县革命委员会，下设办事组、政治工作组、生产指挥组、人民保卫组（简称四大组）作为其工作机构，县人民政府党组自动撤销。

1975 年 7 月，撤销“四大组”，恢复成立各局。1976 年 10 月，县革命委员会工作机构有办公室、计划财政局、农牧局、商业局、粮食局、文教卫生局、公安局、人民医院、邮电局、人行噶尔支行。1979 年 3 月，县革命委员会工作机构中的各局均改为科。

1981年12月，恢复成立县人民政府，取代县革命委员会职能，革命委员会工作机构改为县人民政府工作机构。县人民政府恢复后的工作机构有办公室、计划财政局、农牧局、商业局、粮食局、文教卫生局、公安局、人民医院、邮电局、农业银行噶尔县支行。

1982年5月10日，恢复设立县人民政府党组。

1987年6月，在区级机构改革中，县人民政府工作机构各科改为局，文化教育同卫生分开，设立文教局和卫生局，增设民政局。同年10月，噶尔县人民政府工作机构有：办公室、计划财政局、农牧局、文教局、卫生局、商业局、民政局、公安局、人民医院、邮电局、中国人民银行噶尔县支行等机构。同年，撤销县人民政府党组。

1995年，根据中国人民银行指示，人行噶尔县支行转为农行噶尔县支行。

至2000年底，县人民政府工作机构有：办公室、农牧局、民政局、财政局、教体局、卫生局、交通局、水利局、粮食局、监察局、人事局、编译室、公安局、民宗局、发改委、文广局、邮电局、中国农业银行噶尔县农行。

噶尔县人民政府（县人民委员会、县革委会）负责人名录见表4—2—1，噶尔县人民政府办公室负责人名录见表4—2—2。

噶尔县人民政府（人民委员会、县革委会）负责人名录

表4—2—1

机构名称	职务	姓名	性别	民族	任职时间	备注
噶尔县人民政府 1960.01～1965.06	县长	王占彪	男	藏	1960.01～1965.05	
	副县长	刘同华	男	汉	1960.01～1961.11	
		何达成	男	藏	1961.08～1965.05	
		董天喜	男	汉	1962.10～1965.05	
噶尔县人民委员会 1965.06～1967.02	县长	达瓦更巴	男	藏	1965.06～1967.02	
	副县长	曲加	男	藏	1965.06～1967.02	
		牛瑞骅	男	汉	1965.06～1967.02	
噶尔县革委会 1969.09～1981.12	主任	杨培功	男	汉	1969.09～1973.08	
		郭珉	男	汉	1975.08～1979.12	
		李顺华	男	汉	1980.09～1981.12	

续表 1

机构名称	职务	姓名	性别	民族	任职时间	备注
噶尔县革委会 1969.09～1981.12	副主任	曲　　加	男	藏	1969.09～1971.05	
		李　　锦	男	藏	1969.09～1973.06	
		洛　　桑	男	藏	1969.09～1981.12	
		马存福	男	汉	1969.09～1976.10	
		彭措次仁	男	藏	1970.10～1976.10	
		樊陆平	男	汉	1970.10～1975.02	
		高兴庸	男	汉	1970.12～1973.06	
		才　　旺	男	藏	1970.12～1973.06	
		蔡长寿	男	回	1973.06～1974.06	
		郭成堂	男	汉	1975.08～1980.05	
		林波学	男	汉	1975.08～1977.05	
		久协加	男	藏	1975.10～1980.05	
		白玛多吉	男	藏	1976.07～1981.12	
		嘎尔玛	男	藏	1976.07～1980.09	
		李顺华	男	藏	1976.10～1980.09	
		巴桑昌决	女	藏	1977.11～1981.12	
		王风强	男	汉	1979.06～1980.03	
		李德祥	男	汉	1979.06～1980.03	
		嘎贡保	男	藏	1980.09～1981.12	
		嘎玛仁增	男	藏	1980.09～1981.12	
噶尔县人民政府 1981.12～2000.12	县长	李顺华	男	藏	1981.12～1984.05	
		贵　　桑	男	藏	1984.12～1987.04	
		索南曲达	男	藏	1987.04～1990.11	
		白玛欧珠	男	藏	1990.11～1992.10	
		格巨坚赞	男	藏	1993.10～1996.11	
		欧珠次仁	男	藏	1996.12～2000.10	
		尼玛平措	男	藏	2000.10～2000.12	
	副县长	北　　斗	男	藏	1981.12～1984.05	
		嘎珠次仁	男	藏	1981.12～1987.04	
		曲　　扎	男	藏	1983.10～1987.07	
		童玉杰	男	汉	1987.04～1989.07	
		嘎玛仁青	男	藏	1987.04～1990.11	
		多杰扎巴	男	藏	1988.10～1990.11	

续表 2

机构名称	职务	姓名	性别	民族	任职时间	备注
噶尔县人民政府 1981.12～2000.12	副县长	初 夭 元	男	汉	1989.06～1993.09	援藏
		次仁多吉	男	藏	1990.11～1993.09	
		文 英 韬	男	满	1992.04～1993.09	援藏
		达 尔 布	男	藏	1993.10～1997.11	
		仁　　青	男	藏	1993.10～1997.11	
		林珠班旦	男	藏	1993.10～1998.02	
		何 存 贵	男	汉	1995.05～1998.05	援藏
		黎 涣 涣	男	汉	1995.05～1998.05	
		白玛才旺	男	藏	1995.10～1998.06	
		索巴多吉	男	藏	1995.10～1997.10	
		格桑朗杰	男	藏	1997.11～2000.11	
		次仁旺堆	男	藏	1997.11～1999.11	
		平措罗布	男	藏	1997.11～2000.11	
		仁青桑布	男	藏	1997.11～2000.12	
		王 兴 怀	男	汉	1998.06～2000.12	援藏
		吴 聪 聪	男	汉	1998.06～2000.12	援藏
		田　　波	男	汉	1998.09～2000.12	
		周　　明	男	汉	2000.10～2000.12	
		才　　诺	男	藏	2000.10～2000.12	
		索南群觉	男	藏	2000.10～2000.12	
噶尔县人民政府党组	书记	王 占 彪	男	汉	1963.02～1965.05	
		达瓦更巴	男	藏	1965.08～1966.05	
		李 顺 华	男	汉	1982.05～1987.04	
		贵　　桑	男	藏	1985.05～1987.04	
	副书记	董 天 喜	男	汉	1963.02～1965.10	
		北　　斗	男	藏	1982.05～1984.05	
		噶珠次仁	男	藏	1982.05～1987.04	
		曲　　扎	男	藏	1985.05～1987.04	

噶尔县人民政府办公室负责人名录

表 4—2—2

机构名称	职务	姓名	性别	民族	任职时间
噶尔县人民政府办公室	副主任	崔晋业	男	汉	1962.09～1964.07
噶尔县革命委员会办事组	主任	邹步阶	男	汉	1966.05～1967.02
		李锦	男	汉	1967.02～1975.07
	副主任	祝启源	男	汉	1975.07～1976.10
		次仁彭措	男	藏	1975.07～1976.10
噶尔县人民政府办公室	主任	多尔吉	男	藏	1987.06～1987.10
		多吉	男	藏	1987.11～1993.01
		才旦多吉	男	藏	1993.02～1995.07
		仁增旺久	男	藏	1996.12～1999.08
		日利	男	藏	1999.12～2000.07
	副主任	次仁彭措	男	藏	1976.10～1981.11
		胡安全	男	汉	1979.07～1980.08
		益西古桑	男	藏	1981.12～1982.12
		旺扎	男	藏	1983.03～1987.06
		噶尔旦	男	藏	1985.02～1987.06
		日利	男	藏	1993.07～1999.11
		益西桑布	男	藏	1995.07～1999.05
		王海涛	男	藏	1996.12～1998.10
		晋美多吉	男	藏	1999.11～2000.10

二、区、乡（镇）人民政府

县人民政府成立后，境内各级基层人民政权逐步建立。1960 年 1 月 8 日，成立昆萨区公所；1961 年 1 月 15 日，成立左左和门士、扎西岗 3 个区公所。上述 4 个区公所均为县人民政府派出机构，以委派任命形式选派正、副区长及相关干部。随着民主改革运动的深入，在四个区下面又先后建立了索堆、索麦、上左左、下左左、郎久、门士、噶尔新乡、扎西岗、鲁玛、加木、那木如 11 个乡人民政府。

1969 年 9 月，县革命委员会成立。各区公所改称区革命委员会，各乡改称人民公社。

1981 年 12 月，恢复各区公所称谓，各区革命委员会自动取消。

1984 年，西藏全区实行“撤社建乡”，各人民公社恢复为“乡”，公社革命委员会更名为乡人民政府。

1999 年 9 月，全县进行“撤区并乡”工作，各区改为乡，撤销区公所，成立乡人民政府；原有的 12 个乡改为村，建立村（居）委会。设立狮泉河镇，并成立狮泉河镇人民政府，下辖 1 村 2 个居民委员会。

噶尔县各区公所负责人名录见表 4—2—3、1999 年 9 月至 2000 年 12 月噶尔县各乡（镇）人民政府负责人名录见表 4—2—4。

噶尔县各区公所负责人名录

表 4—2—3

机构名称	职务	姓名	性别	民族	任职时间
左左区公所	区长	加　措	男	藏	1981.02～1983.08
		才旦多吉	男	藏	1987.06～1990.10
		嘎尔旦	男	藏	1990.10～1993.10
	副区长	阿　旺	男	藏	1961.01～1963.12
		登　巴	男	藏	1966.05～1969.09
		加　措	男	藏	1979.10～1981.02
		平措罗布	男	藏	1981.03～1982.03
		小次仁	男	藏	1983.04～1987.06
		阿旺次仁	男	藏	1987.06～1993.10
		次仁扎西	男	藏	1993.10～1995.07
		仁　增	男	藏	1994.09～1995.07
		阿　努	男	藏	1996.12～1998.09
		旺久占堆	男	藏	1998.10～1999.09
		冯晓华	男	汉	1998.10～1999.09
		伍　金	男	藏	1998.10～1999.09
门士区公所	区长	曲　加	男	藏	1962.09～1965.06
		多尔吉	男	藏	1983.04～1986.08
		洛桑彭措	男	藏	1986.08～1987.06
		年　扎	男	藏	1987.06～1995.07
		扎西次仁	男	藏	1995.07～1998.10

续表 1

机构名称	职务	姓名	性别	民族	任职时间
门士区公所	副区长	赵曲强	男	藏	1961.01～1962.09
		阿　旺	男	藏	1963.12～1966.12
		群　培	男	藏	1964.08～1965.08
		丹　增	男	藏	1965.08～1981.08
		旺　扎	男	藏	1981.12～1983.03
		洛桑彭措	男	藏	1983.04～1984.02
		白玛多吉	男	藏	1985.12～1987.06
		达　扎	男	藏	1987.06～1987.10
		欧珠多吉	男	藏	1993.10～1995.10
		加　布	男	藏	1995.07～1996.12
		杨帮杰	男	汉	1998.10～1999.05
昆萨区公所	区长	加　措	男	藏	1962.9～1964.07
		曲　珍	女	藏	1965.6～1969.09
		曲　扎	男	藏	1969.9～1986.11
		才　洛	男	藏	1987.6～1990.10
		次仁顿珠	男	藏	1990.10～1993.10
		南木杰	男	藏	1993.10～1998.09
	副区长	索朗曲珍	女	藏	1961.4～1963.02
		曲　吉	女	藏	1961.6～1967.11
		布美朵	男	藏	1981.12～1985.02
		噶尔旦	男	藏	1984.12～1985.02
		才　松	男	藏	1984.12～1987.06
		南木杰	男	藏	1987.6～1987.10
		仁　增	男	藏	1993.10～1995.06
		尼　阿	男	藏	1995.7～1996.11
		加　保	男	藏	1996.12～1999.09
		牛佳兵	男	汉	1998.10～1999.09
		杨帮杰	男	汉	1999.5～1999.09

续表 2

机构名称	职务	姓名	性别	民族	任职时间
扎西岗区公所	区长	向　　阳	男	藏	1961.1～1963.02
		索南曲珍	女	藏	1963.2～1969.09
		北　　斗	男	藏	1969.10～1982.11
		仁　　青	男	藏	1983.12～1987.06
		其　　美	男	藏	1987.6～1990.10
		才　　洛	男	藏	1990.10～1995.07
		布扎西	男	藏	1996.12～1999.09
	副区长	兰州加	男	藏	1961.4～1963.02
		沈　　耿	男	藏	1961.6～1966.05
		北　　斗	男	藏	1966.5～1969.09
		仁　　青	男	藏	1981.12～1983.12
		岗　　洛	男	藏	1983.4～1985.02
		旦增罗布	男	藏	1985.2～1987.06
		多吉次仁	男	藏	1987.6～1993.10
		旦增尼阿	男	藏	1993.10～1995.07
		布扎西	男	藏	1995.7～1996.12
		才旺曲珍	女	藏	1998.10～1999.09

1999 年 9 月至 2000 年 12 月噶尔县各乡（镇）人民政府负责人名录

表 4—2—5

机构名称	职务	姓名	性别	民族	任职时间
左左乡政府	乡长	旦增尼阿	男	藏	1999.09～2000.12
	副乡长	李杰峰	男	汉	2000.07～2000.12
门士乡政府	乡长	拉　　桑	男	藏	1999.09～2000.06
昆萨乡政府	副乡长	达瓦多布杰	男	藏	1999.09～2000.12
		牛佳兵	男	汉	1999.09～2000.12
		杨帮杰	男	汉	1999.09～2000.12
扎西岗乡政府	乡长	布扎西	男	藏	1999.09～2000.07
	副乡长	才旺曲珍	女	藏	1999.09～2000.07
狮泉河镇政府	镇长	索南顿珠	男	藏	1999.09～2000.09
	副镇长	吴三友	男	汉	2000.07～2000.12
		王海涛	男	汉	2000.07～2000.12

三、村级组织

1960 年 1 月开始，先后建立 11 个乡。至 1969 年 9 月，建立政社合一的人民公社，下辖 36 个生产队（村改生产队）。

1969 年 9 月，成立人民公社革命委员会。

1981 年 12 月，政社分开，恢复成立乡人民政府。

1984 年 11 月，全县进行“撤社建乡”工作，各乡（公社）相继取消人民公社组织。

1989 年，经西藏自治区批准成立典角乡，是噶尔县唯一没有进行民主改革的边境乡。

1999 年，全县进行“撤区并乡”工作，全县设立 12 个村、36 个村民小组。

第三章　政　务

第一节　人事劳动

一、人事调配

建县初期，全县所有党政机关干部均由中共阿里分工委调配而来。20世纪60年代初，县委组宣部开始从当地农牧民中招收积极分子进入干部队伍。

1961年，全县干部总数为67名，其中汉族干部40名，占干部总数的59.70%。

70年代，从本地大量吸收藏族干部，藏族干部成为干部队伍的主体。偶尔也从内地调入个别汉族干部。1975年，全县编制为164名，其中县级干部6名、区级干部42名、一般干部116名。

80年代，由上级分配大中专院校毕业生到县各部门工作，同时将部分在职干部送到区内外学习培训，全县干部职工的年龄和文化结构得到改善。县人事部门从应届初中毕业生、部队退伍军人、回乡知青中招聘一批干部到乡（镇）工作，加强基层干部队伍和基层工作。

1980～1981年，为解决长期在高原地区工作、生活的内地籍干部职工困难，西藏自治区实行内调政策，全县先后有56名汉族干部调回内地工作。按照西藏自治区统一安排，噶尔县实施特殊的内调政策，在藏工作的干部调回内地，其职务职称一律不变，并适当优先照顾安排工作。

1984年，县人事局对干部职工调动进一步作出明确规定，对夫妻分居或独生子女，父母年老体弱多病而身边无子女，有技术特长、工作确实需要而当地无法调配的，由进出双方单位联系，直接由县组织、人事、劳动部门办理调动手续。

1985年，全县干部职工211人，其中藏族189人、汉族22人。

20世纪90年起，全县干部来源主要为分配的大、中专毕业生。

至2000年底，全县有国家行政干部200人。其中，汉族46人，占行政干部总数的23%；藏族154人，占行政干部总数的77%；妇女干部35人，占行政干部总数的17.5%；大专以上文化程度的71人，占行政干部总数的35.5%；中专文化程度的88人，占行政干部总数的44%。

二、培训与考核

工人录用、就业安置、调配、培训等均由县组织人事部门负责。

1964～1977年，噶尔县先后举办过藏语文、教师、农机驾驶及维修培训班，学员主要是各乡党政领导、教师、医生、农牧民群众。

20世纪80年代，职工岗前培训由县委、县政府、县直各单位组织进行。职工就业之前由劳动人事部门或单位向其教授职业道德、社会公德和业务技能。在实际工作中采取以师带徒、以老带新、聘请专业技术人员授课等形式提高业务技能。

20世纪90年代初开始，噶尔县将一批干部职工选送到阿里地区党校、西藏自治区党校和内地部分省区市及多所大专院校进行培训。同时，按照《国家公务员考核暂行规定》，各级机关逐步建立健全考核制度，每年进行年终考核，各单位考核总结和《年度考核工作审核登记表》报县组织人事部门备案。按照干部“德才兼备”标准和干部“四化”方针，明确干部岗位规范，采用定性、定量考核和自我总结、民意测评、分层结合、个别交谈等多种方式进行综合考察，使干部考察工作具体化和科学化。

三、干部离、退休及抚恤

（一）干部离、退休

1978年6月，国务院颁发的《关于安置老、弱、病、残干部的暂行办法》，规定了干部享受退休待遇的具体条件：男年满60周岁、妇女年满55周岁，工作满10年；男年满50周岁、女年满45周岁，工作满10年，且完全丧失工作能力；因公致残经医院证明完全丧失工作能力的。凡是符合上述条件之一的人员均可办理退休手续、享受退休待遇。本县照此执行。

1980年，国务院颁发《关于老干部离职休养规定》。1982年，中共中央制定《关于建立老干部退休制度规定》，同年4月，国务院颁发《关于老干部离职休养制度的几项规定》。县组织人事部门严格按照各项规定办理离、退休手续。干部离退休工作制度化、规范化、合理化。1982年8月，本县第一批4名干部按规定办理了退（离）休手续。

20世纪90年代，为妥善安置、处理老干部离、退休事宜，噶尔县成立老干部局，专门负责全县离、退休老干部工作。干部离、退后按其志愿分别在狮泉河镇、各乡（镇）驻地、拉萨或内地安置。

（二）抚恤

根据国家人事部、劳动部、财政部、民政部等部委和西藏自治区有关规定，干部职工因病（含退休的）、因公死亡的对其进行丧葬和抚恤安置。丧葬和抚恤安置标准为：正常死亡的干部职工，丧葬费为350元左右，抚恤金为死亡职工本人生前月工资总额乘以10个月，由县组织人事或劳动部门核准后，一次性发给其家属。因公死亡的干部职工，丧葬费为350元左右，抚恤金为死亡职工本人生前月工资总额乘以20，由县组织人事或劳动部门核准后，一次性发给其家属。干部职工因病、因公死亡后，有未成年子女且家庭经济确有困难的，由县民政局从社会救济款中，按月发放其适当扶养费，其月标准是农区27元，牧区35元。

对因公致残的干部职工，根据其伤残程度，经县级以上人民医院证明和诊断，由组织人事、劳动部门和工会签署意见后，报上级部门批准，可办理不同等级的伤残证，享受国家规定的相关待遇。

四、劳动就业

（一）就业与调配

1960年开始，由计划管理部门履行劳动管理职能。

20世纪60年代中期，因工作需要，由上级下达指令性计划，由劳动部门从干部、职工子女或农牧民中招收工人，主要从事车辆驾驶、机关后勤服务等工作。其间根据各单位用工需要，也实行“临时招用制”，对招用10～15人以上者，报阿里专署经西藏自治区筹委会批准或由自治区筹委会安排招用计划。

“文化大革命”时期，随着阿里地区工业、加工业的逐步兴起，地区企业在本县大量招收各种工人。1975年，阿里门士煤矿通过劳动部门在本县统一招收工人60名。

1980年以后，劳动就业实行“单位推荐、公平考试、择优录取”的办法。1981年，国家改革“统包统分”就业制度，实行多层次、多渠道就业方针。1984年，全面实行劳动合同制用工制度，但西藏自治区考虑到阿里的特殊情况，推迟实行劳动合同制，当年郎久地热电厂在本县招收工人155人。

1985～1988年，实行“政策公开、名额公开、录用公开”的招工办法，提高招收工作的透明度，并补充各行业急需的工作人员。1989年，在县贸易公司等企业实行全员劳动合同制（不含退伍军人），招工权限有所下放，各企业单位根据单位的实际情况和劳动部门下达的招工计划，实行公开招工，择优录用。

20世纪90年代，取消“内招”和“子女顶替”的就业制度。至1993年，全县在上级劳动部门的支持下，先后招收合同制工人16人，充实到全县各行各业工作中。

1995年，全县共有职工179人，其中藏族135、女职工44人。

1995～2000年，为加强对工人的招收管理，由地区劳动部门下达劳动指标进行公开招收。

（二）技术职称

1987年8月，成立县初级专业技术职务评审委员会，负责对本县的初级专业技术职务资格的评审工作。同年，根据西藏自治区人民政府1981年批转自治区人事局《关于评定社会科学专业干部各类业务技术职称的报告通知》，对全县专业技术人员进行职称评定，部分技术人员被评为检疫士、医士和小教高级等技术职称，并享受相应工作待遇，中、高级技术职称评定由阿里地区或西藏自治区负责。1989年11月，西藏自治区人事局下发《关于专业技术人员考核制度的若干规定》颁布实施后，本县照此执行。

至2000年底，全县有中级以上专业技术人员9名。其中教育系统7名，卫生系统1名、农牧系统1名。

噶尔县中级以上专业技术职称人员名录见表4—3—1。

噶尔县中级以上专业技术职称人员名录

表4—3—1

姓名	性别	民族	学历	政治面貌	工作单位	职称	聘任时间
格桑卓嘎	女	藏	大专	—	孔繁森小学	小教高级	1988年
贡嘎晋美	男	藏	中专	—	孔繁森小学	小教高级	1993年

续表 1

姓名	性别	民族	学历	政治面貌	工作单位	职称	聘任时间
阿旺丹增	男	藏	中专	党员	孔繁森小学	小教高级	1993 年
索南达布	男	藏	中专	党员	孔繁森小学	小教高级	1999 年
洛桑念扎	男	藏	中专	—	孔繁森小学	小教高级	1999 年
卓玛扎西	女	藏	中专	党员	孔繁森小学	小教高级	1999 年
多吉卓玛	女	藏	中专	—	孔繁森小学	小教高级	1999 年
扎西朗杰	男	藏	中专	党员	噶尔县人民医院	医师	1999.09
吉　　吉	女	藏	中专	党员	噶尔县农牧局	动物检疫师	1999.07

五、工资福利

（一）工资

20 世纪 60 年代初开始，噶尔县党政机关、人民团体、学校、医院等单位干部职工工资按国家统一规定实行货币工资制度。干部实行等级工资制度，各级工资额由标准工资、物价补贴、地区津贴三部分组成。

1977 年，根据国务院《关于调整部分干部职工工资的通知》，自治区革委会对全区工资进行调整，全县结合部分干部职工工作多年、工资偏低的实际情况，在全县范围内进行大幅度调整工资。调整面为全县职工的 40%。调整范围为 1971 年底以前参加工作的二级以上和 1966 年底以前参加工作的三级以上（包括相似级）至国家行政人员十八级的职工（包括 1967 年 1 月 1 日至 1971 年底以前参加工作的工农兵大学毕业生和带工资尚未毕业的工农兵大学生）；增加工资，抵消保留工资，均按基本工资计算，不按全部工资计算。

1981 年，全国文教、卫生、体育系统调资升级，噶尔县按有关规定办理文教、卫生系统干部的调资工作。

1982 年 12 月，根据国务院《关于调整国家机关、科学文教卫生等部门部分工作人员工资的决定》文件精神，以学历、职称、职务、工作成绩和能力为原则，一般人员晋升一级，工龄长、工资偏低者升两级，不搞群众评议，由各单位按规定条件提名升级，经党委审核，主管部门平衡、审查、批准执行。

1984 年，根据国务院及西藏自治区有关文件精神，在藏工作满 5 年以上可享受“地区性临时补贴”，在藏工作满 15 年以上可享受固定一级工资；在四类地区满 7 年，可享受固定一级，同时继续享受学历浮动一级。

1985年，中共中央、国务院决定对国家机关、企事业单位干部职工工资制度进行改革，将现行等级标准工资加各类补贴的工资制度改革为职务工资为主要内容的结构工资制度，工资由职务工资、工龄工资、基础工资、地区工资补贴4部分组成。同年，国家颁发《各类学校毕业生见习期的临时性工资和职务工资标准》，噶尔县根据有关规定对高、中等专业院校毕业生执行临时性工资待遇，待其工作满1年后，按规定给予转正定级。

1987年，根据国家劳动总局《关于适当解决国营企业工资问题的通知》，噶尔县适当调整企业单位职工工资。

1990年，根据国务院规定，国家机关、事业单位工作人员普调一级工资。噶尔县干部职工工资主要由基础、职务、在藏20年（15年）固定一级、在藏40年（30年）固定一级、大中专学历固定、大中专学历浮动、工龄、地区临时性补贴等构成。

1993年，根据国家有关规定，噶尔县对干部职工工资进行改革。改革后的工资主要由职务、大中专高套、在藏20年（15年）、40年（30年）固定、工龄、大中专学历固定、学历浮动、五年浮动、艰苦边远地区津贴等构成，取消职工肉价补贴。

1994年，国务院颁发的《公务员暂行条例》中规定，工资制度贯彻“按劳分配”原则，对国家公务员实行职级工资制度。

2000年，噶尔县干部职工年平均工资达到2500元，比1995年增加47.1%。

（二）福利

按照国家有关规定，国家干部职工可以享受各类干部福利待遇，即公费医疗、探亲假、丧葬抚恤、生活补贴、烤火费、取暖费、焦炭款等补助。

和平解放后，噶尔县党政机关、事业单位工作人员实行公费医疗。20世纪90年代中期，住院按工龄、职务分比例报销，零星药费改由自理。

在藏工作的干部职工，连续工作每1年半可享受探亲假1次，假期为3个月，另给予50天以下路途时间，假期工资照发；区内干部职工，连续每一年半可享受探亲假1次，假期为2个月，另给予1个月路途时间，工资照发；阿里地区籍干部职工，未婚干部职工每工作1年，探亲假为1个月，已婚干部职工每3年休假1次假期为1个月，另给予6天以下的路途时间，噶尔籍干部职工休假给予3天的路途时间，工资照发；女职工除享受正常休假外，可休产假1年，工资照发。

（三）特殊规定

1. 海拔差

人事部门根据中央有关文件规定，全县属国家规定的四类区工资标准。

2. 工龄工资

和平解放后，噶尔县根据干部的学历、工龄实行浮动工资，中专、大专、大学毕业生工龄工资是从每年1月份开始增加1年工资，每年0.5元。1990年，工龄工资增加到每年1.3元。1993年10月，行政单位工作人员工龄工资增加到4元/年，事业单位职工工龄增加到3元/年，有职称的按标准浮动工资。

六、管理机构

1962年，成立县民教科，管理人事工作。1964年，县民教科被撤销，人事工作改由县委组宣部负责。

“文化大革命”期间，人事工作职能被县革委会政治工作组代替。

1975年“四大组”撤销后，县计划财政局（科）负责劳动管理职能，人事工作由县委组宣部（组织部）管理。1995年，计划财政局分设为经济计划委员会和财政局，经济计划委员会负责劳动管理职能。

1997年，成立县人事局，与县委组织部合署办公，设副局长1名，干事1名，负责或协调噶尔县干部任免、调动、制定行政事业单位编制计划、大中专毕业生分配、职工工资计划、福利核定等工作。

噶尔县人事局负责人名录见表4—3—2。

噶尔县人事局负责人名录

表4—3—2

机构名称	职务	姓名	性别	民族	任职时间
噶尔县人事局	副局长	格桑占堆	男	藏	1997.03～1998.02
		顿　珠	男	藏	1998.03～1999.06
		杨邦杰	男	汉	1999.06～2000.12

第二节 民 政

一、基层政权建设

（一）乡、村建置

1960年，噶尔县人民政府成立后，以委派方式在4个区分别建立区公所，作为县人民政府的派出机构，设立11个乡，并陆续建立乡人民政府，没有村民委员会建制，乡以下为自然村。至1965年，本县有4个区、11个乡人民委员会。

20世纪70年代初，噶尔县开始建立人民公社，取代乡人民委员会，人民公社下设生产队。

1984年，随着西藏自治区撤社建乡工作的开展，噶尔县将原有的11个人民公社全部撤销，建立乡人民政府，各生产队改称村委会。1989年，在扎西岗区典角成立典角乡，本县乡增加为12个。

1999年，噶尔县根据阿里地区行政区划调整方案，将原来的4个区12个乡调整为4乡1镇、2个居委会，12个村委会，沿袭至2000年底。调整后，所有村委会组成人员重新依法选举，产生村委会主任12人。

（二）边境乡、村

1959年11月，中共西藏工委在日喀则专区定日县召开边境工作会议，确定阿里专区边境乡为18个，其中噶尔县2个，即扎西岗乡、典角（未成立乡）。

1985年10月17日，经中共阿里地委、地区行署研究决定，将噶尔县典角作为地区的特区，实行优惠政策，重点扶持。

1989年8月，经西藏自治区人民政府批复同意，为加强对典角边境地区的管理，在典角设立典角乡，隶属扎西岗区。根据有关政策，典角建乡工作由噶尔县人民政府具体负责。

1999年撤区并乡后，典角乡改为村级建制。

至2000年，噶尔县有1个边境乡（扎西岗乡）和1个边境村（典角村）。

二、社会福利

（一）城镇低保

1998年底，阿里地区为全面建立城镇最低生活保障制度，选择噶尔县狮泉河镇作为地区建立城镇最低生活保障制度试点城镇，县民政局组织人员配合地区民政局对全县城镇贫困户的基本生活状况、收入等进行调查摸底，并统计成册。

1999年，阿里地区成立城镇最低生活保障制度领导小组办公室（地区民政局），再次组织人员对狮泉河镇及本县城镇居民生活情况进行调查，依据狮泉河镇生活标准，确定狮泉河镇最低生活保障对象为月人均收入低于300元的家庭。同年由地区民政局对在狮泉河镇确定的15户60名低保对象发放补助资金6.24万元。

2000年，本县再次对城镇居民每人生活情况进行调查，确定12户、57人为低保对象，在维持原低保标准的基础上，每月平均享受低保补助资金82元，共计兑现低保金56088元。

（二）“五保”供养

西藏和平解放以后，城乡特困群众主要依靠各级政府实施的临时救济和邻里互帮解决生活困难。

20世纪60年代末，西藏民政部门将以“三无”（无劳动能力或丧失劳动能力、无法定赡养或抚养人、无生活来源）人员为主的特困群众确定为“五保”对象，作为特殊困难群体，要求各级党委政府保吃、保穿、保住、保医、保安葬，简称“五保”。

20世纪80年代，采取分散供养办法，由国家或群众互帮提供临时生活救济。1981年4月，根据西藏自治区民政工作会议精神，“五保户”供养改为生产队负责，一时负责不了的，用正常的社会救济经费解决。

1984年，随着国家对“五保户”的供养标准的提高，西藏自治区民政厅进一步明确“五保户”认定办法及供养标准。“五保户”的确定由村、乡、区逐级核定，报县民政部门审核，发给《五保户证》。五保户无劳动能力，不分配生产资料，其生活费由国家解决，具体标准是：农区每人每年230～310元；牧区每人每年33～300元，实物（口粮、酥油、肉食）由乡、村负责解决。

1995年，根据西藏自治区有关文件精神，对“五保”对象的条件和供养问题予以进一步规范，规定：“五保”对象的条件为家居农村，丧失或基本丧失劳动能力，无依无靠，无生活来源的老弱、寡、残疾人员和未成年人（18周岁以下）。具备上述条件的，经本人申请，群众评议，乡政府审核，区公所批准，由县民政登记建档发给《五保户证》后方可享受五保待遇，即保吃（保证供给口粮、肉食、酥油［食用油］、茶叶、盐巴等主副食及燃料，生活用品和零用钱）、保穿（保证供给衣、帽、鞋、被褥及更新换旧）、保住（保证住房［帐篷］的维修和更新）、保医（患疾病保证医治）、保葬（五保对象去世后，按照当地风俗习惯及时妥善处理予以安葬）。1998年，全县有“五保户”25户25人，采取分散供养办法，供养标准为每人每年200元生活费，每月25斤粮食。

2000年，县委、政府将供养“五保户”工作作为体现党和国家对农牧民的关怀和照顾纳入议事日程，要求加强领导，严格掌握“五保”对象的条件，及时供应所需物资，安排好他们的生活，使老者安度晚年，幼者健康成长，保证其生活水平略高于当地一般群众的实际生活水平。至年底，噶尔县共有五保对象51户51人，供养标准维持1998年水平。

（三）婚姻登记

历史上，在封建农奴制度下，男女婚姻不受年龄限制，存在一夫多妻和一妻多夫等现象。存在着农奴主、贵族子女不能与普通农牧民子女婚配的等级婚姻制度。

1962年，县民教科成立，在党政机关开始实行婚姻登记制度。

1986年，根据《西藏自治区施行〈婚姻登记法〉的变通规定》，本县在党政机关、企事业单位中推行新的婚姻登记制度，随后扩大到城镇居民。

1989年，根据阿里地区行署办公室通知，为在农牧区实施《婚姻法》，要求农牧区青年男女结婚必须由乡政府开具介绍信，在区公所办理结婚手续。如发现不登记同居者，给予教育、罚款。结婚登记收费标准是：农牧区收工本费0.5元，城镇居民男女双方各收1.5元，企事业单位职工、部队指战员男女双方各收2元；离婚收费标准是：城镇居民男女双方各交2元，国家机关、企事业单位干部职工、部队指战员男女双方各交3元，农牧区男女双方各交0.5元。并从当年1月1日起执行。

1992年，噶尔县结合农牧区开展的社会主义教育工作，对不登记就以夫妻关系同居和早婚、重婚等违法婚姻进行清理，并根据不同情况作出处理。

1994～2000年，本县办理婚姻登记643对。其中，结婚登记558对，离婚登记 85 对；农牧民结婚登记 289 对。

1994～2000 年噶尔县婚姻登记情况见表 4—3—3。

1994～2000 年噶尔县婚姻登记情况统计表

表 4—3—3

年份	结婚登记（对）			离婚登记（对）
	登记总数	城镇登记数	农牧区登记数	
1994 年	64	24	40	6
1995 年	69	36	33	9
1996 年	70	35	35	8
1997 年	76	31	45	13
1998 年	84	33	51	12
1999 年	89	46	43	16
2000 年	106	64	42	21

（四）救济与扶贫

1. 救济

民国时期，噶尔屡遭以雪灾为主的多种自然灾害。中华民国十六年（1927 年，藏历第十六饶迥火兔年）至中华民国十七年，噶尔县境内普遍遭受大雪灾，门士百姓及阿里噶本先后向噶厦呈文 10 余次报告受灾情况，噶厦赏与门士驿站部分马等驮畜用于救灾。百姓始终得不到救助。

和平解放后，中共阿里分工委即开始在以昆萨为中心的本县境内开展救济工作。1958 年 11 月 29 日，中共阿里分工委制定《在昆萨、扎西岗、狮泉河等地进行社会救济的安排意见》，由中共阿里分工委办公室、统战部具体执行。在发放救济物资办法上，采取向头人、群众了解情况，核对应该救济的人口户数，进行分类排队摸底，并设置专门的社会救济登记表，对发放地区、户主姓名、生产资料、劳动力情况、发放救济粮数量等逐一登记。明确发放对象为无耕地或少耕地、无牲口或少牲口及缺乏劳动力的贫困群众，并适当照顾当地藏族干部职工家属。发放标准为最困难户每人每月 2.5～4 千克，一般困难户低于此标准。在玛尔勒、索麦、郎久、左左、拉布罗等地发放救济面粉 1500 千克；在扎西岗乡的鲁玛、俄洛（典角）、碟木绰克发放面粉 750 千克；在加木、杰索洛发放面粉 250 千克。

1960 年 6 月 27 日，根据中共阿里分工委下发的《关于掌握使用社会救济费的通知》，噶尔县对救济款的使用本着节约的原则，当年发放救济款人民币 2500 元。

1979 年 3 月，噶尔等地遭受严重雪灾，造成大量牲畜死亡，群众生活面临困难。灾害发生后，得到中共中央、国务院和西藏自治区党委、自治区人民政府、新疆维吾尔自治区党委、自治区人民政府的高度重视，在新疆维吾尔自治区党委和新疆和田地区党政军及有关部门的积极配合下，3 月 21 日，新疆军区派飞机在境内空投粮食、牲畜饲料等救灾物资。

20 世纪 90 年代中期，西藏自治区、阿里地区开始每年为本县安排一定数额的特大自然灾害救助款，社会捐助工作也开始步入正轨。1994 年 1 月，阿里地区民政局下拨本县特灾款 5000 元，用于安排群众生产生活。同年 3 月，为帮助受灾地区群众恢复生产，阿里地区再次给噶尔县下拨救灾资金 20 万元。同年 8 月，对受洪灾严重的门士乡，专门下拨特大自然灾害救济款 3 万元。

1995 年，县委、政府号召全县干部职工、驻地部队向灾区灾民、困难户捐赠款物，县民政局将收到的捐赠款物全部发放到本县灾民和贫困群众手中，使灾民和困难群众感受到祖国大家庭的温暖，充分体现了社会主义制度的优越性。

1996 年，根据中央办公厅、国务院办公厅《关于转发〈民政部、国家扶贫开发领导小组关于在大中城市开展经常性捐助活动支援灾区贫困地区的意见〉的通知》和江泽民总书记提出的关于“要发动社会各界广泛开展多种形式的扶贫帮困活动”的要求，县民政部门广泛动员力量为困难群众“献爱心”。尤其是在每年 4 月和 10 月的“扶贫济困送温暖捐助月”期间，广泛宣传，积极动员机关干部、职工、驻地部队按照自愿和量力而行的原则，为困难群众捐助闲置不用的衣被、物品等，此后形成惯例。

1997 年冬至 1998 年 4 月，噶尔县连降大雪，冻死牲畜 1 万余头（只、匹），死亡率达 15%，冻伤 40 人，1600 余人患病，造成直接经济损失达 3 千万元。灾情发生后，噶尔县成立救灾应急分队和医疗组，先后出动车辆 6 台次，为灾民运送粮食、食品、燃料等救灾物资 15 吨，派出医疗队 8 批（次）。驻区各救灾应急分队帮助困难户转移牧场、抢救牛、羊，为驻地乡村孤寡老人和困难户挖雪清理草场，为重灾区牧民送去饲料、草料等。

2. 扶贫

1954 年，中国人民银行阿里支行根据中共阿里分工委指示，开始向境内部分农牧民发放无息贷款，帮助贫困农牧民解决种子、口粮，购置生产工具、牲畜，兴修水利设施，扶持贫困群众的生产生活。1966年，将无息贷款改为农牧业贷款，并多次对境内群众的陈欠贷款进行豁免和核销。

从1979年始，贯彻“依靠基层，生产自救，群众互助，辅之以政府必要的救济”的方针，把社会主义救济与扶贫工作结合起来，抽调干部职工组成工作组，对全县范围内的贫困户进行普查，共有贫困户503户，2163人。

1981年7月7日，阿里地区向噶尔县下拨扶贫资金1.5万元。

1985年10月9日，阿里地委、行署联席会议决定，“一区四乡”作为阿里地区的扶贫重点。典角乡作为“一区四乡”中的一乡，本县成立由政府常务副县长为组长的扶贫工作领导小组，专门负责对典角村的扶贫工作。

1994年，国家开始实施《“八七”扶贫攻坚计划》，噶尔县根据《西藏自治区扶贫攻坚计划》和《阿里地区扶贫攻坚方案》要求，彻底改变过去主要是每年向境内贫困群众发放救济款、救济粮及其他救济物资的扶贫办法，变“救济式”扶贫为“开发式”扶贫，提高贫困户和贫困人口的自我“造血”功能。同年，制定全县脱贫方案，将扶贫工作由单一的“救济式”扶贫转变为搬迁式开发扶贫、定点承包扶贫、扶贫捐助相结合的多种扶贫方式，把脱贫与计划生育、扶贫与扫盲、扶贫与科技推广等联系起来，加大全县扶贫工作力度，加快脱贫步伐。

1995年1月13日，根据中共阿里地委、行署联席会议研究决定，在全地区实行地直机关包乡、县直机关包村、县级以上领导干部包户的对口帮扶办法。明确地区政协机关对口帮扶扎西岗乡，地区藏医院对口帮扶昆萨乡，地区人民医院对口帮扶左左乡上左左村，地区电视台对口帮扶左左乡下左左村，地区保险公司对口帮扶扎西岗乡鲁玛村，地区农机公司、地区交警支队对口帮扶扎西岗乡典角村，地区计划生育委员会对口帮扶昆萨乡噶尔新村，地区卫生局对口帮扶昆萨乡索麦村，地区妇保院对口帮扶昆萨乡那木如村。

1996年，县委、政府在全县实行县级干部包乡（镇）、包一户贫困户，县直、中直各单位（含县中队、人武部、边检站等驻噶部队）包村、包一户贫困户，进行三年脱贫验收的定点承包扶贫办法。同时，把扶贫工作作为各单位和各级领导干部年终考核的一项重要内容。

1997年，地区上述10个对口帮扶单位共在噶尔县投入扶贫资金9.67万元，此后逐年增大投入。1998年、1999年分别投入资金19.23万元和20.37万元，同年，阿里地区安排本县扶贫资金10万元。1998年再次安排扶贫资金10万元。1999年上半年，自治区民政厅将噶尔县列为“自治区面上扶贫目标管理县”，给予80万元资金用于兴办村办经济实体和其他扶贫项目。至2000年底，全县累计脱贫423户909人，还有贫困户138户628人。

（五）县域堪界

1992年，根据西藏自治区统一安排和部署，本县县界堪定工作启动，成立以县政府领导为组长的县勘界领导小组，采取国家补助与县自筹经费相结合的办法开展为期7年的勘界工作。

1994年8月23日，阿里地区勘界办组织工作人员协同噶尔、日土两县对边界进行勘定，勘定工作以群众协议为基础，以民主改革与现状为依据，本着有利于安定团结、有利于经济和生产的发展，实事求是，顾大局，识大体，互谅互让的勘界原则。同年8月25日，由两县勘界工作协调领导小组正式达成勘界线的协议。至1999年10月，本县与相邻的革吉、札达、普兰三县县界全部勘定完毕。

三、拥军优属与优抚安置

（一）拥军优属

和平解放初期，驻噶尔部队十分注重影响群众工作，得到当地藏族群众的拥护和爱戴。

1960年，噶尔建县以后，县委、政府在每年的“八一”建军节、春节、藏历年等重大节庆日来临之际，都组织召开军民座谈会，前往各部队驻地向部队官兵进行慰问；召开军烈属座谈会，听取军烈属代表对县委、政府的意见，了解军烈属家庭存在的困难。1962年对印自卫反击战中，县委、政府组织各区群众积极支前，把支前作为压倒一切的工作，动员农牧民群众数百人，马、牦牛等牲畜为部队运输物资。扎西岗区妇女还主动帮助部队洗衣被。

20世纪80年代以后，拥军优属活动形式更加多样化。在保留传统的节假日走访慰问外，地方政府在部队建设用地、随军家属工作安排、新鲜肉食供应、部队临时用车等方面都给予优先考虑。据不完全统计，1983年至2000年，本县先后无偿为部队划拨土地5处，面积达8万多平方米；为武警县中队等修建温室大棚、宿舍，购置文化娱乐设施等，落实配套资金累计80余万元；为4名县人武部干部家属解决临时性工作。1987年“八一”建军节期间，由县长索朗曲达组成的慰问组赴扎西岗边防连、武警县中队慰问，并赠送慰问金1000元；县委、县政府在昆萨召开有驻军代表、军烈属和“五保户”等参加的军政军民座谈会，为军烈属发放慰问品。

1990～2000年底，县委、政府共组成慰问小组16个，慰问部队24次，召开各种军民座谈会5次，支付慰问金4.6万元。仅1998～2000年共筹资5万多元购买牛羊等慰问品慰问驻噶尔各部队。

（二）优抚

20世纪60年代初，在部队驻地和县城开展群众优待和政府优待活动，采取组织动员群众、机关干部职工利用节假日到部队和军属家庭打扫卫生、种地、挑水、帮工等；各级政府对军烈属在发放农贷时给予优先，亲属、子女就业给予优先安排，对烈军属进行生活补助，一般1年补助2次，一次在春节、一次在“八一”建军节期间，每次补助少则5元多则20元；对军烈属挂光荣牌，过年过节供应面粉、大米等。互助组在工分上给予军烈属适当照顾。

20世纪60年代末，随着在噶尔征集新兵工作的开始，优待工作扩展到农牧区，仍主要采取群众优待的办法。

1979年6月，根据自治区《关于优抚对象普查工作的安排意见》，本县首次开展优抚对象普查工作。9月，执行自治区民政厅《关于实行优待补助工作的试行意见》，开始实行群众优待与国家补助相结合的办法。明确规定：对生活确实有困难的优抚对象，有区别地实行群众优待和国家补助；农牧区享受定期定量补助的对象为：孤老的烈属和孤老、病故、失踪军人家属；退伍老兵；烈士、病故、失踪军人的遗孤和虽有亲属但无力供养的烈士、病故、失踪军人的父母和配偶；年老体弱丧失劳动能力生活经常有困难的复员军人；带病回乡长期不能劳动，生活有困难的复员退伍军人。城镇：除对于符合农村享受定期定量补助的对象外，对于家庭人口多，收入不足以维持一般居民生活水平的烈属、军属和家庭人口多，无其他收入，生活有困难的革命伤残人员；对于居住在城镇直系亲属中有人在机关、企业、事业单位工作，因工资收入少，生活经常发生困难的烈属、病故军人家属给予补助。标准是：在农村一般掌握在8～12元，特殊情况可酌情提高2～4元；县及县以上一般在15～18元。特殊情况可酌情提高2～4元。

1982年5月，执行西藏自治区民政厅《关于国家机关事业单位工作人员牺牲、病故遗属生活困难补助的通知》，明确对革命工作人员牺牲、病故后遗属生活困难补助费，应由原属单位负责发给，原单位已撤销的由上级主管或合并后的单位负责发给。对过去牺牲、病故人员遗属生活困难补助费，由各级民政部门和西藏驻内地各办事处，从民政事业费内发给。

1986年8月，根据地区民政局转发的《自治区民政厅、财政厅关于进一步做好优抚对象人头经费落实工作的通知》，再次对境内优抚对象进行了摸底。9月，根据自治区民政厅、财政厅通知要求对生活困难的在乡复员退伍军人实行定期定量补助。11月，按照自治区人民政府发布的《优待义务兵家属暂行办法》规定，明确享受优待的对象为正在部队服役的义务兵的直系亲属，即父母、配偶、未成年子女和必须依靠义务兵生活的18周岁以下的弟妹，以及抚养义务兵长大的其他亲属。

1998年7月，根据《西藏自治区实施（军人抚恤优待条例）办法》，按照阿里地区制定的相应《办法》，从1999年1月1日开始对服役的义务兵家属实行全民优待。具体标准是：入伍第一年发给其家属优待金500元；第二年发给其家属650元；第三年发给其家属优待金800元。超期服役，每超期一年增发优待金100元。并在农牧区和城镇机关干部中征收优待金，征收标准为农牧民群众（18周岁以上）每人每年收取1元（贫困户、五保户、残疾人、各类优抚对象除外）；国家干部职工每人每年收取5元，同年10月对优待对象发放优待证。

2000年，全县发放优待抚恤款0.7万元。

（三）安置

和平解放后，噶尔县成立退伍军人安置领导小组，并多次调整充实，负责接收和安置复员军人。根据“妥善安置，各得其所，面向农村组织生产”的原则，将少数复员军人安排到国家机关、企事业单位就业，多数回农牧区参加生产。

20世纪70年代，对退伍的农业户籍和非农户籍士兵，都在国家机关和企事业单位安排工作。

1982年，贯彻“从哪里来回哪里去”的原则，把安置工作的重点放在农牧区。

20世纪90年代后，对于异地入伍的民兵，由原籍地方政府进行安置；入伍的义务兵由民政局同人事部门予以安置。

农牧区入伍的义务兵符合下列条件的可就地安排在全民或集体企业事业单位，由阿里地区安置办公室填写《农牧民退伍义务兵安排工作呈报表》，上报西藏自治区退伍军人安置办公室审批后予以安置：超期服役二年以上的技术兵、初中以上文化程度、荣立过三等功以上者；服役期满具有初中以上文化程度的烈士遗孤；服役期间因国家建设需要，土地被征用，全家被转为非农业户口。对回农牧区退伍军人实行“两用人才”坚持“离土不离乡，进城不转非”和“立足农牧区，不包分配”的原则，采取多种形式，扶持他们发展生产。

至2000年，全县安置部队复员、退伍、转业官兵15名，安置军人家属4人，安置回农牧区从事农牧业生产的68人。

四、机构

1962年9月，县人民政府下设民教科，未配备领导，负责日常民政业务。

1964年，县民政科撤销。

1987年6月，成立县民政局，未配备领导。同年10月，配备1名局长。

1998年，实施公务员制度，县民政局配编4人，局长1人、副局长1人、科员2人。

噶尔县民政局负责人见表4—3—4。

噶尔县民政局负责人名录

表4—3—4

机构名称	职务	姓名	性别	民族	任职时间
噶尔县民政局	局长	加　布	男	藏	1987.10～1993.10
		白玛多吉	男	藏	1993.10～1995.07
		才旦多吉	男	藏	1995.07～1996.11
		达瓦扎西	男	藏	1996.12～2000.09
	副局长	冉红梅	女	汉	1995.06～2000.12
		才旺益西	男	藏	2000.07～2000.12

第五篇

公检法

第一章　公　安

第一节　治安管理

一、维护社会公共秩序

1959年10月起，治安管理由县公安局统一部署。至1968年底，公安局未受理过一起治安案件。

“文化大革命”时期，县公安局受理治安案件共计17起23人，肇事者均受到相应处罚。

1979年1月开始，随着改革开放政策的推行，治安案件有上升趋势，当年受理治安案件7起13人。

1981年，噶尔县维护社会公共秩序工作重点在于治理治安问题较突出的单位和农牧区的治安工作，8月整顿了4个乡的基层治保组织，受理治安案件2起3人。

1982年，在全县推行“社会治安综合治理”工作，强化枪支弹药的管理。在“社会治安综合治理”工作中，继续利用“以会代训”的方式整顿4个乡的基层治保组织，向农牧民群众宣传法制，受理治安案件8起15人。

1983年，县公安局受理治安案件15起40人。1985年，县公安局受理治安案件25起58人。

1989年，县公安局加大治安案件的查处力度，同时宣传新的《社会治安管理处罚条例》，全年共受理治安案件29起59人，其中，行政拘留2人，罚款39人，警告18人。同年，为加强外来人员的管理，首次开展对外来人员办理《临时居住证》业务，共办理《临时居住证》405份，并开展了大小10次社会治安清查工作，保障了社会的安定。

1990年，县公安局受理治安案件13起27人，其中，警告3人，罚款24人，办理《临时居住证》439份。

1992年4月，噶尔县公安局被批准建成阿里地区第一个县级“三级刑侦技术点”。同年5月，原由地区公安处办理的狮泉河镇一审案件移交给县公安局，县公安局内增设治安股，编制2人。在办理刑事案件过程中带出治安案件8起。全年共受理治安案件13起60人。

1993年，县公安局对在狮泉河镇经营特种行业的部门实行经营许可管理制度，当年发放《特种行业经营许可证》27份，同时为在狮泉河镇的114人办理了居民身份证。同年，狮泉河镇派出所调查处理治安案件54起103人。

1994年，县公安局开展《社会治安管理处罚条例》宣传活动，加大对暂住人员的管理力度，共办理《暂住证》1200余张。对部分经营行业颁发《安全合格证》，共颁发《安全合格证》58份、《特种行业经营许可证》15份；办理居民身份证102人；查处各类治安案件64起133人；收缴《预言天书》120份；调解各种纠纷案件30起。

1995年，为确保西藏自治区成立三十周年大庆各项活动顺利开展，县公安局认真贯彻执行阿里地区公安处制定的“一清二打三控制”和“3010”方案，加大对公共场所及特种行业的管理力度，按照“预防为主，管理从严，及时打击和保障安全”的方针，采取“谁主管，谁负责，双管齐下，齐抓共管”的原则，派专人到基层进行业务建设，宣传法律、法规及宗教政策，加大对寺庙的管理和治保组织的建设及三级业务建档。全年颁发《安全合格证》共计192份，查处治安案件84起144人。

1998年，随着噶尔县改革开放的不断深入，各种经营门类比上年增加40%以上，外来务工人员大量涌入。在治安管理工作中，采取“内紧外松，活而不乱”的工作方针，在派出所内实行民警分片包干制度，负责管理辖区的各类治安案件；对外来人员的管理片区民警采取主动登门办证方式，上门办理《暂住证》4287份，同时还颁发了《关于流动人员返乡期间安全防范工作的紧急通知》，利用广播、电视等进行宣传，增强广大居民的安全防范意识；加大对公共场所的查证力度，全年颁发《安全合格证》243份、《特种行业经营许可证》48份，受理治安案件149起206人。

1999年，受理治安案件130起189人。

2000年，依据“打防结合，标本兼治”的治安管理工作方针，充分发挥公安机关的职能作用，继续加大对公共场所的管理，落实阵地，控制措施。在各种经营场所向负责人及员工宣传《西藏自治区城镇公共场所治安管理暂行办法》，加强监督、检查、审核工作。狮泉河镇派出所根据公安部“苏州会议”精神，以“发案少，秩序好，群众满意”为目标，立足辖区，强化基层，扎根群众，确保了全县的平安与稳定。当年暂住人员登记率为85%，共计4285人，办证率为80%。对重点人口中16岁以上30岁以下的违法人员中的80%列出名单；对符合重点人口列管条件的全部列管，对重点人口每月跟踪调查一次，每季度对其表现作一项动态记录，每年进行一次考核升降、撤销。全年受理治安案件185起248人，办理《安全合格证》270个、《暂住证》4285份，将90%以上的出租房屋纳入治安管理范围，对出租房屋实行编号挂牌管理，与291户出租房房主签订了《租赁房屋责任书》。

二、枪支弹药及易爆物品管理

1960年，县公安局在县委、政府领导下，加强对社会上各种流散枪支的登记、管理和收缴工作，共收缴步枪9支、短枪5支、土枪198支，将收缴的社会流散枪支作为民兵武器，全部移交县人民武装部，统一管理。同时，对按规定配发给国家工作人员的枪支制订相应管理办法。1961年，根据中共西藏工委社会部《关于机关配发武器范围和加强武器管理暂行规定》（草案）精神，制定《噶尔县公安局武器配发范围和加强武器管理意见》。

1967年，县公安局针对“文化大革命”中全县枪支流散较多的实际情况，制定和下发《关于加强对现有枪支弹药管理的通知》，并对全县的各种枪支重新进行核实、登记。

“文化大革命”后，县公安局根据《中华人民共和国枪支管理办法》规定，对噶尔境内配发给国家工作人员和农牧民个人持有的土枪进行建卡、编号登记、建档管理。民兵枪支由县人武部进行登记管理，县公安局备案，对因工作需要配发的枪支，由县公安局核准登记，并发给《持枪证》。狩猎枪支由狩猎者申报，经公安局审批、登记备案后方可购买或使用。

1980年，根据中央军委相关文件和西藏自治区公安厅、阿里地委及地区公安局的指示精神，县公安局首次对全县枪支、弹药进行了一次摸底、清查，共清查出各种钢枪125支，子弹11304发，不能使用枪支3支。县公安局根据《中华人民共和国民用爆炸物品管理条例》规定，加强对易燃、易爆、剧毒物品的购买、运输、贮藏和使用的管理。对非贮藏、使用易燃、易爆、剧毒物品进行查抄，并对个人进行处理。

1982年，对枪支弹药管理实行严格的“把关审核”制度，收缴了超范围配枪；对配备枪支、弹药的单位和个人进行严格登记，无特殊情况，枪支、弹药绝不出库。同时收缴农牧民个人持有的猎枪17支。

1998年6月，按照阿里地区公安处《关于枪支弹药管理中几个问题的通知》精神，对机关、团体、企事业单位、厂矿、学校和私人收藏的散藏在城乡的枪支弹药进行了收缴，对公安干警和需配带武器的人员作出严格规定，确保枪支弹药的安全使用。

第二节 户政管理

1960年，噶尔县公安局成立后，开始在城镇居民中实行户口登记卡制。

1980年7月，为了掌握农牧区人口信息，县公安局组织专门工作组，深入农牧区，首次对4个区11个公社36个生产队的农牧民户口建立登记卡，规范了农牧民出生、死亡、迁出信息制度。1981年，一批国外回归藏胞定居本县，县公安局为其们落实了户口，并帮助解决生产、生活方面遇到的困难。1982年7月，借助全国人口普查之机，县公安局首次组织民警对全县特别是农牧区进行了一次人口普查核查，建立和完善了农村户口册，做到了生报、死销、底数清，解决了过去一贯不重视户口的问题，基本掌握全县人口变动情况。

1989年4月，为规范外来人员管理，县公安局首次开展对外来人员办理《临时居住证》业务。同年7月，成立居民身份证办理领导小组，开始办理居民身份证。

1990年，噶尔县正处于新县城基础建设初期，外来人员骤增，县公安局及时有效地采取了措施，确保县城的安定。据统计，当年外来人员达439人次。其中，12个工程队394人，零散人员37人，国外经商藏胞8人。共办理《临时居住证》439张。同年8月，借开展全国第四次人口普查工作，县公安局再对4个区的农牧民户口情况进行了核对。

1992年5月，县公安局内设治安股，专门负责管理农牧区户口。1993年2月，原属阿里地区公安处直接管理的狮泉河镇派出所划归给县公安局管理，狮泉河镇干部、职工和城镇居民户口一并移交狮泉河镇派出所管理。

1997年12月，根据公安部《关于启用新的常住人口登记表和换发新的居民户口簿有关事项的通知》精神和西藏自治区户政工作会议的安排部署，按照阿里地区公安处《关于启用、换发新的常住人口登记表、户口簿的工作方案》，以狮泉河镇派出所为主，组织民警以会代训方式的开展换证知识宣传工作，在县机关、狮泉河镇城镇居民中开展换证工作。次年2月，换证工作基本结束，共换发新居民户口簿2916个，占县机关和狮泉河镇城镇居民户总数的90%。

1998年，狮泉河镇派出所在阿里地区率先对城镇居民人口实行微机管理。

2000年9月至10月，狮泉河镇派出所抽调专人，对全县4乡12村38组的农牧民户口再次进行清查；对狮泉河镇城镇居民户口进行全面核对，整个工作历时40天。在清查工作中，狮泉河镇派出所依据1958年1月9日颁布的《中华人民共和国户口登记条例》和1985年颁布的《中华人民共和国居民身份证条件》进行户口登记，按照“因地制宜，户为单位，唯一常住，方便群众，严密管理”的原则，实行了出生、死亡、变更更正，迁入、迁出、暂住人口登记和年终人口统计制度。同时，狠抓户籍管理工作，坚持每周5天办证和办户口制度。对办证、办户人口中缺少相关证明材料的群众，派出所工作人员给予耐心解释，尽量不跑“冤枉路”。加强身份证的管理，身份证底卡实行微机制作，提高制证质量；及时进行居民身份证号码升位和换证。当年共办理居民身份证662个，纠错重号和错号17人。同年年底，噶尔县（包括狮泉河镇）总户数4024户，总人口13364人。暂住人口30000余人。

第三节 刑事侦查与看守

一、刑事侦查

1960年，建县初期刑事案件发案较少，多为反叛案件。县公安局的主要任务是“深挖隐藏的叛乱分子、打击叛乱犯罪活动”，坚持“以防为主、严厉镇压、保卫生产、保卫斗争结果、巩固阵地、防止再叛”的方针。

1966年4月11日，中印边境紧张，成立扎西岗武工队，由9人组成。其主要任务是打击叛匪，确保人民生命财产安全，并协助当地政府安排农牧民群众的生产和生活。

“文化大革命”结束后，县公安局配合有关部门对“文化大革命”期间所办的各种案件进行复查，对部分定性不准或“冤、假、错”案进行平反。

20世纪80年代中期，县公安局按照西藏自治区人民政府和阿里地区行署的有关文件要求，落实安全防范措施，对流动人员和暂住人口实行登记、办理暂住证，对有犯罪前科的人员建立人头档案。

90年代，根据西藏自治区党委有关指示和自治区人大常委会《关于严惩刑事犯罪活动的决定》，县公、检、法部门相互配合，开展严厉打击刑事犯罪活动的斗争，以“打现行、打流窜、破积案”为重点，以“稳、准、狠、快”为目标，打击流氓团伙、流窜犯罪、诈骗盗窃、集众赌博等现行犯罪活动，依法从重、从严、从快打击危害社会治安和人民生命财产的犯罪分子。1992年，全年共立刑事案件48起，破获27起，破获各类积案隐患30起，挽回经济损失11958元。1998年8月，为施行“侦审合一”的刑侦改革，县公安局刑警队上划阿里地区公安处管理，刑事侦查工作也交由地区公安处办理，至2000年底。

二、看守

1992年5月，狮泉河镇一审案件移交县公安局后，内设了看守所，但无监舍和专职人员，看守所人员由预审股民警兼职。

1994年10月，县公安局经多方筹资，建成180平方米的监舍及配套设施，但是设施简陋、监舍无围墙。

1998年8月，实行“侦审合一”后，看守所废弃，至2000年底。

第四节　交通管理

1960～2000年，因县境内车辆较少，未设立专门的车辆和交通管理机构，均由阿里地区交管站统一管理。

一、车辆管理

（一）牌照管理

20世纪50年代初，中共阿里分工委、驻阿里人民解放军等有关单位的汽车到噶尔县境。

1960年，县委、政府成立后，配置了吉普车。以后，县部分单位逐步有了货运汽车。

80年代，伴随经济的发展，私人开始购置汽车。到1990年底，全县共有各种汽车17辆。

2000年底，全县共有各种汽车76辆，均由地区交警队实行牌照管理。凡新购进的各种汽车，均在地区交管站办理车辆上户、行驶证、汽车牌照或旧车转户等手续。无牌照、无行驶证等手续不合的车辆一律不得上路行驶，一经查实将进行严肃处理。农牧民自购的各种机动拖拉机，不用办理牌照等各种手续，均可上路行驶。

（二）车辆检验

1960年起，本县各种车辆到年底均到地区交通监理站进行年度检验。

1997年后，每年年底由地区交警队派人到噶尔境内进行车辆年度检验，对超过规定使用年限的车辆强行报废；对车况不好的旧车和手续不全的车辆，在未恢复车况和办全手续之前，禁止上路行驶。

二、驾驶员管理

2000年，各种汽车驾驶员，须经过专门汽车驾驶培训后，经本人申报，由阿里地区交警队考试、考核后，合格的发给实习证和正式驾驶证。领取了正式驾驶证的驾驶员都要进行年度检验，否则不准上路。驾驶员个人学习、领取驾证、每年年检情况、交通事故发生情况等都要装入个人的技术档案。

三、安全管理

（一）驾驶安全

阿里地区交管部门、县公安局、县计委依据《中华人民共和国道路交通管理条例》，采取发放宣传小册子、利用广播和电视宣传等形式，向驾驶员和人民群众宣传交通规则、法规，以及对驾驶员每年采取年度考试、考核等措施，杜绝或减少交通事故的发生。对违反交通规则而造成交通事故的驾驶员，予以严厉惩处，情节严重的移交司法机关追究刑事责任，交通管理工作逐步纳入法制化的管理轨道。

（二）道路交通安全管理

县公安局在重大节日、敏感日协助地区交警支队派干警上路进行检查。检查的内容主要是车况的完好程度和货物的超高、超宽、超载，乘客超员、客货混载、车辆牌证和驾驶证是否齐全和易燃、易爆、剧毒物品的运输等，发现问题及时处理和纠正，确保道路交通和人民群众生命财产的安全。

第五节　消防与边防管理

一、消防管理

噶尔县境内消防工作由地区消防支队管理。县公安局配合地区消防支队进行消防安全检查。在每年元旦、春节、藏历新年等重大节日前夕，地区消防支队、县政府、县公安局、县计委等部门对各乡镇、县直机关各单位的防火防盗安全情况进行检查，对干部群众进行防火知识和严格火源管理教育。

二、边防管理

境内边防管理工作由武警阿里公安边防支队承担。主要任务是巡查边界，熟悉中国实际控制地区的边境走向和辖区地形；掌握人员、车辆、牲畜等在边境地区的活动情况，及时制止违反边防政策的行为，防止发生涉外事件；同敌对分子潜入潜出等活动作斗争；与相邻边防分队互通情报，向边境农牧民宣传党的边防政策及边防管理等方面的有关规定。

至2000年底，支队下辖噶尔县边防大队和扎西岗边防派出所。县边防大队在县委政府的大力支持下，对边民进行法制教育和法治宣传；利用重大节日在扎西岗典角等边境乡村召开座谈会等形式教育边民维护边境稳定。

第六节　机　构

清代起，境内社会治安由噶本政府和那木如本、左左本及各措头人负责管理。

1960 年 1 月，成立县公安局，负责处理和管理社会治安工作，维持其正常的生产、生活秩序。各区公所设公安特派员 1 名，各乡成立治保委员会，各村成立治保组。

“文化大革命”开始后，县公安局受到冲击，其职能受到影响和削弱。1969 年 9 月，县公安局职能被县革命委员会人民保卫组取代。

1974 年 4 月，撤销县人民保卫组，恢复成立县公安局，有公安干警 3 人。1993 年 2 月，原属阿里地区公安处直接管理的狮泉河镇派出所划归县公安局管理，编制 8 人。县公安局内设治安股和狮泉河镇派出所 2 个机构。其中，治安股负责公共场所、特种行业、管制物品、居民身份证的管理、违禁物品的查禁、农牧民常住户口管理；派出所负责人口户政管理。

至 2000 年底，县公安局内设秘书股、治安股、预审股、刑警队、看守所、狮泉河镇派出所等机构。核定编制 21 人。

噶尔县公安局历任领导见表 5—1—1。

噶尔县公安局历任领导名录

表 5—1—1

机构名称	职务	姓名	性别	民族	任职时间
县公安局	局长	张文富	男	汉	1960.01～1963.04
		曹元振	男	汉	1963.04～1966.05
	副局长	彭措次仁	男	藏	1960.01～1967.02
		高忠公	男	汉	1960.01～1961.02
		樊　思	男	汉	1964.10～1967.02
		李居正	男	汉	1961.04～1962.08
		登巴加措	男	藏	1966.05～1967.02

续表 1

机构名称	职务	姓名	性别	民族	任职时间
县革委会人保组	组长	扎西罗布	男	藏	1971.07～1974.03
	副组长	苏 辉 琅	男	壮	1970.11～1974.04
县公安局	局长	扎西罗布	男	藏	1974.04～1982.11
		才旺顿珠	男	藏	1982.12～1987.04
		洛 桑	男	藏	1987.06～1994.04
		朱 寿 山	男	汉	1995.02～2000.06
	副局长	古 入	男	藏	1975.03～1978.07
		黄 岳 山	男	汉	1978.12～1980.08
		才旺顿珠	男	藏	1980.09～1982.12
		王 振 贤	男	汉	1984.08～1987.06
		才旺拉杰	男	藏	1987.06～1987.10

第二章　检　察

第一节　刑事检察

一、审查批捕

1960～1965年，境内审查批捕工作由县公安局、县法院代理。

1965～1978年，对罪犯的批捕，先后由县军事管制小组、县革命委员会和县公安局决定。1979年，县人民检察院成立后，根据法律规定，对公安机关提请批捕的刑事案犯审查批捕和对检察机关自行侦查终结的案犯决定逮捕。检察院在审查批捕工作中，实行专人审理、认真审查材料和核实证据、集体讨论、检察长决定。对重大疑难案件提交上级检察机关或县委政法委讨论决定。县人民法院在公开审判案件中，县人民检察院依法派员出庭支持公诉，代表国家执行控诉职能和履行审判监督职能。同时，县人民检察院对县人民法院审判活动中的不当措施和未发生法律效力的不当判决裁定，提出口头或书面意见；若要求纠正的不当判决或裁决的意见不被采纳，则按程序向上一级人民法院抗诉。

1981～2000年底，县人民检察院共受理公安机关提请受理逮捕133件236人，批准逮捕126件225人；提起诉讼115件225人；不批准逮捕5件26人。1981～2000年县人民检察院办理案件情况统计见表5—2—1。

1981～2000 年噶尔县人民检察院机关办理案件情况统计表

表 5—2—1

年份	受理批捕	批准逮捕	提起公诉	自侦案件	
				立案侦查	挽回损失
1981	1 件 1 人	1 件 1 人	1 件 1 人	—	—
1982	1 件 1 人	1 件 1 人	1 件 1 人	1 件 1 人	2662.2 元
1983	—	—	—	—	—
1984	1 件 1 人	1 件 1 人	1 件 1 人	—	—
1985	1 件 2 人	1 件 2 人	1 件 2 人	—	—
1986	1 件 2 人	1 件 2 人	1 件 2 人	—	—
1987	1 件 1 人	1 件 1 人	1 件 1 人	—	—
1988	1 件 2 人	1 件 2 人	1 件 2 人	—	—
1989	2 件 4 人	2 件 4 人	2 件 4 人	—	—
1990	2 件 6 人	2 件 6 人	2 件 6 人	—	—
1991	4 件 11 人	4 件 11 人	4 件 11 人	—	—
1992	8 件 9 人	8 件 9 人	8 件 9 人	1 件 1 人	6112.89 元
1993	12 件 19 人	12 件 19 人	12 件 19 人	—	—
1994	14 件 20 人	13 件 19 人	12 件 17 人	—	—
1995	10 件 15 人	9 件 14 人	10 件 15 人	—	—
1996	11 件 20 人	11 件 20 人	11 件 20 人	—	—
1997	16 件 24 人	16 件 24 人	11 件 15 人	2 件 2 人	2.65 万
1998	13 件 17 人	12 件 16 人	11 件 15 人	1 件 1 人	5 万
1999	14 件 30 人	12 件 28 人	11 件 27 人	1 件 1 人	4.8 万
2000	20 件 49 人	18 件 45 人	17 件 42 人	—	—

二、审查起诉

1978 年 10 月以前，县人民检察院未能依法行使起诉权。1989 年，中共噶尔县委批准，正式设立经济检察机构，后设立经济犯罪举报中心。

1981～2000 年底，向县人民法院提起公诉 118 件 210 人。

第二节　经济与法纪检察监督

一、经济检察

1982 年，根据中共中央有关通知精神和全国人大常委会公布的《关于严惩严重破坏经济犯罪的决定》，县人民检察院在全县开展严厉打击破坏经济犯罪活动。当年，查处噶尔县首例经济犯罪，涉及金额 2662.2 元。

1992 年，县人民检察院决定逮捕案件 1 件 1 人，批准逮捕 1 件 1 人，提起公诉 1 件 1 人，法院作了有罪判决，挽回经济损失 6112.89 元。

1997 年，县人民检察院决定逮捕案件 2 件 2 人，批准逮捕 1 件 1 人，不批准逮捕 1 件 1 人，提起公诉 1 件 1 人，法院作了有罪判决，挽回经济损失 2.65 万元。

1998 年，县人民检察院立案侦查 1 件 1 人，挽回经济损失 5 万元。

1999 年，县人民检察院立案查 1 件 1 人，挽回经济损失 4.8 万元。

二、法纪检察

建立健全县人民检察院与公安、法院联系制度的同时，与县公安、县法院配合，对看守所在押犯人进行检查。检察机关就看守所对犯人的收押、监管、教育、释放、生活管理、防疫以及判决、裁定的执行情况等方面进行多次检查，配合看守所进行多次安全大检查，发现和清除安全隐患，制止脱逃、行凶自杀等事故，纠正少数管教干部体罚犯人事件数起。

1990 年以后，县检察院监所检查逐步完善，从一年数次检查到一月检查数次，形式也多样化，有深入监舍的检查，有利用办案之际讯问监押人，有利用重大节庆日请县委、政府、人大和政协主要领导参加的检查。对看守所收押、释放、关押人犯的期限，执行刑事案件判决、裁决及看守所管理教育等实行有效的监督检察。针对存在的问题，提出改正建议，及时排除了隐患，保障了刑事诉讼活动的顺利进行。

1997 年，县检察院因看押犯人脱逃事件，立案侦查 2 件 2 人，后认定其行为不构成犯罪，交有关部门处理。

三、法律监督

（一）立案监管

县人民检察院把握立案监督主动权，有案不立、有罪不究、以法代刑作为立案监督的重点，尤其是对群众有反应的案件进行重点检查。

（二）侦查监督

县人民检察院逐步把提前介入作为加强对公安机关侦查和预审案件侦查监督的重点。至 2000 年底，县人民检察院提前介入侦查案件 6 件、41 人，对公安机关侦查的案件，检察院到重大案件现场勘查，对公安机关在办案中存在的问题提出纠正意见。

（三）审判监督

县人民检察院成立后，即开展对审判活动的监督，以保障诉讼在庭审中的各项权利。在担负公诉职能的同时行使抗诉职权，抗诉被纳入检察机关的日常工作。至 2000 年底，提出纠正意见 2 次、口头建议 2 次。

第三节　机　构

1965 年 6 月 16 日，县人民检察院成立，但未配备领导人。1966 年 7 月，“文化大革命”开始后，检察工作陷于瘫痪状态。1967 年 3 月 27 日，检察工作职能由县军事管制小组接管。1969 年 10 月，县革命委员会人民保卫组成立，人民保卫组代行检察职权。1973 年 5 月，县革委会人民保卫组撤销，检察机构未能及时恢复。

1979 年 10 月，恢复噶尔县检察院，县委任命县委副书记耿书业兼任县人民检察院检察长，配有干警 1 名。

1981 年 12 月，依照第五届全国人民代表大会通过的《中华人民共和国宪法》规定，重新选举产生县人民检察院领导，区级建制。1987 年，升格为副县级建制。

1994 年 3 月 2 日，噶尔县七届人民代表大会第四次会议审议通过，成立县人民检察院检察委员会，任命次仁群久、阿旺桑旦、普次仁、崔来春、刘保全为检察委员会委员。

1996年，机构改革和"三定"方案实施后，阿里地区编委核定县人民检察院编制为13人。

2000年底，县人民检察院有干警13人。其中，汉族4人，藏族9人；女性5人；党员5人；大专9人，中专（高中）4人。主要开展刑事检察、审查起诉、法纪检察、经济检察、监所检察、经济犯罪举报、犯人移送及审查批捕等各项检察业务。

县人民检察院历任领导人见表5—2—2，噶尔县检察委员会历任成员名录见表5—2—3。

噶尔县人民检察院历任检察长、副检察长名录

表5—2—2

职务	姓名	性别	民族	任职时间	备注
检察长	耿书业	男	汉	1979.10～1983.03	兼
	次仁群久	男	藏	1987.06～1990.11	
	尼玛扎西	男	藏	1990.11～1993.09	
	次仁群久	男	藏	1993.09～1999.09	
	明马丹增	男	藏	1999.09～2000.12	
副检察长	次仁顿珠	男	藏	1983.03～1990.10	
	阿旺桑旦	男	藏	1992.05～1998.08	
	崔来春	男	汉	1995.05～2000.12	
	阮永红	男	藏	2000.02～2000.12	

噶尔县检察委员会历任委员名录

表5—2—3

姓名	性别	民族	任职时间
次仁群久	男	藏	1994.03～1999.09
阿旺桑旦	男	藏	1994.03～1998.08
刘保全	男	汉	1994.03～1998.08
普次仁	男	藏	1994.03～2000.12
崔来春	男	汉	1994.03～2000.12
明马丹增	男	藏	1999.09～2000.12
阮永红	男	藏	2000.02～2000.12

第三章　审　判

第一节　刑事与民事审判

一、刑事审判

在封建农奴制社会，刑事审判权力掌握在“三大领主”（官家、寺院、贵族）手中。

和平解放初期，境内的刑事审判由中共阿里分工委下设民联科（后改社会科、社会部）代行司法职能，包括依法处理分工委干部、职工中发生的各类刑事案件。1958 年，中共阿里分工委设专职审判员受理刑事案件。至 1961 年，围绕平叛和民主改革大局，审理间谍、杀人、强奸、抢劫等刑事案件 35 起。在案件处理方法上，重大案件由党政主要领导亲自审判；一般案件由主办人员提出审判意见，经主要领导或者会议集体讨论决定。处理过程中一般不机械地按照制度和程序办理，只要能够及时合理解决即可。

1964 年 10 月，县人民法院成立，刑事审判工作走入正轨。至 1966 年 9 月，全县受理刑事案件 2 件 5 人。“文化大革命”中，县法院机构瘫痪，工作停滞。

1974 年 4 月，县人民法院恢复，按照县党的核心领导小组制定的《关于刑、民事案件办理的审批权限和报批程序》规定办理案件。同年，建立承办人阅卷、庭内讨论和上级审批的办案程序。

1975 年，办案程序进一步规范化，陪审、回避、辩护、上诉审判监督等制度得到恢复，除少数案件外，一般不公开审理案件，只进行公开宣判。

1980年1月，《刑法》和《刑事诉讼法》颁布实施后，县人民法院坚持“以事实为依据、以法律为准绳”，依法办案。对历史案件进行了全面复查，本着实事求是的原则，对冤假错案予以纠正，落实政策。

1997年，新《刑法》和《刑事诉讼法》先后颁布实施，法院干警认真学习，在审判实践中严格贯彻执行。在案件审理中，改革审判方式，审判人员深入调查，重事实，重证据，科学分析，严把案件实体关、程序关。同年，配合公安、检察等部门认真开展“严打”斗争，多次召开公审大会，依法从重、从快惩治犯罪分子。

1998年，“12·20”打、砸、抢案件发生后，县法院在最短的时间内依法对潘某等11人共同构成故意伤人、毁坏公物、非法持有枪支、非法侵入公民住宅的犯罪行为进行审理、结案。

1987～2000年，县法院累计审理刑事案件52件76人，结案率达到100%。

1987～2000年噶尔县人民法院刑事案件审理情况如表5—3—1。

1987～2000年噶尔县人民法院刑事案件审理情况统计表

表5—3—1

类别	反革命罪		侵犯公民人身权利、民主权利				危害公共安全		侵犯财产罪					渎职罪			妨害社会管理秩序罪			妨害婚姻家庭罪
年度	特务间谍	其他	杀人	强奸	伤害	其他	制造运输盗窃抢夺买卖枪支弹药爆炸物品	其他	抢劫	盗窃	诈骗	贪污	挪用公款	受贿	行贿	其他	流氓	毒品	其他	
1987	—	—	—	—	1	—	—	—	—	2	—	—	—	—	—	—	—	—	—	—
1988	—	—	—	—	1	1	—	—	1	2	—	—	—	—	—	—	—	—	—	—
1989	—	—	—	—	—	—	—	—	—	3	—	—	—	—	—	—	—	—	—	—
1990	—	—	—	—	2	—	—	—	—	2	—	—	—	—	—	—	—	—	—	—
1991	—	—	—	—	—	1	—	—	1	2	—	—	—	—	—	—	—	—	—	—
1993	—	—	—	—	2	—	—	—	1	3	—	—	—	—	—	—	—	—	—	—
1994	—	—	—	—	2	—	—	—	—	—	—	—	—	—	—	—	—	—	—	—
1995	—	—	—	—	—	2	—	—	—	2	—	—	—	—	—	—	—	—	—	—
1996	—	—	—	1	—	—	—	—	—	3	—	—	—	—	—	—	—	—	—	—
1997	—	—	—	—	1	—	—	—	1	1	—	—	—	—	—	—	—	—	—	—
1998	—	—	—	—	2	—	—	—	2	1	—	—	—	—	—	—	—	—	—	—

续表 1

类别 年度	反革命罪		侵犯公民人身权利、民主权利				危害公共安全		侵犯财产罪					渎职罪			妨害社会管理秩序罪			妨害婚姻家庭罪
	特务间谍	其他	杀人	强奸	伤害	其他	制造运输盗窃抢夺买卖枪支弹药爆炸物品	其他	抢劫	盗窃	诈骗	贪污	挪用公款	受贿	行贿	其他	流氓	毒品	其他	
1999	—	—	—	—	1	—	—	—	—	4	—	—	—	—	—	—	—	—	—	—
2000	—	—	—	—	2	—	—	—	—	3	—	—	—	—	—	—	—	—	—	—

二、民事审判

县人民法院成立初期，由于办案人员少，民事案件依然靠人民调解委员会处理，法院主要审理复杂重大案件。审理前先采取调解的办法，由审判员或合议庭主持，根据当事人意愿，在事实清楚的基础上依法进行调解。“文化大革命”中，民事案件审理工作受到干扰。“文化大革命”结束后，民事案件审理逐步走向法制化、程序化轨道。

1992 年，《中华人民共和国民事诉讼法》正式颁布实施，县人民法院根据《诉讼法》要求，严格收案，严格立案，注重六公开（公开举证、公开质证、公开认证、公开辩证、公开审理、公开宣判），严格规定民事诉讼法的案件审限，注重办案质量和办案效率的有机结合。同时，根据县域内民事案件不断上升和案件复杂化、多样化的变化特点，进行大胆探索和实践，在案件的取证、质证、审理、宣判和执行等各个环节中，充分调动审判人员的主动性和创造性，使办案的质量和效率上均有较大突破。

1999 年，县法院在县公安和县工商等多家单位的配合下，将 60 多个违章搭建房屋、帐篷的个体户，从狮泉河桥头两岸强行搬迁，搬到指定地方。同年，阿里地区公安处诉阿里地区检察分院土地使用纠纷一案，在案情复杂，双方又是上级司法部门的情况下，县法院查清事实，分明过错，以有利于双方利益和关系的基础上，进行调解结案。

至 2000 年底，受理各类民事案件 228 件。其中，民事赔偿案件 56 件，婚姻案件 36 件，债务案件 89 件，抚养 23 件，其他案件 24 件，分别占民事案件总数的 24.56％、15.79％、39.04％、10.09％和 10.52％。

第二节 经济与行政审判

一、经济审判

20世纪60年代至80年代，境内经济案件由民事审判庭受理和审结。随着社会主义市场经济体制的建立，经济合同和纠纷不断增加。为保障企业或经营者的合法权益，1992年2月，县人民法院内设经济审判庭，审理经济案件中的个人或其他组织之间的经济纠纷。

1998年1月，长达一年零七个月的原告阿里地区农行中心支行诉被告西亚尔总公司阿里牧工商总公司借款担保纠纷一案，以调解而结案。本案诉讼标的上百万元，是县法院建院以来最大的1起经济纠纷案。同年，县法院审理徐某诉邓某某、江某某欠款纠纷一案，判决原告败诉，后原告上诉，被告败诉。

至2000年底，县法院共审理各类经济纠纷案件10件。其中，较典型案件2件。

二、行政审判

1990年10月1日实施《行政诉讼法》以来，县审判人员依法办案，为维护公民的合法权益，支持和监督行政机关依法行政，维护社会稳定发挥了积极作用。

至2000年底，县法院审结各类行政案件12件。

第三节 审判制度

自建院至今，本院审判管理的主要制度经历了从无到有，从粗略到精细的发展历程，审判活动的科学化和规范化逐步加强。至2000年底，县法院主要的审判制度有两审终审制度、审判公开制度、人民陪审员制度等。

一、两审终审制度

两审终审制度是指一个案件经过两级法院的审判即宣告终结的制度。人民法院组织法第12条规定："人民法院审判案件，实行两审终审制。"同时还规定："地方各级人民法院第一审案件的判决和裁定，当事人可以按照法律规定的程序向上一级人民法院上诉，人民检察院可以按照法律规定的程序向上一级人民法院抗诉，如果在上诉期限内当事人不上诉、人民检察院不抗诉，该一审判决和裁定就是发生法律效力的判决和裁定；上一级人民法院对上诉、抗诉案件，按照第二审程序进行审理后所作的判决和裁定，都是终审的判决和裁定，也就是发生法律效力的判决和裁定。两审终审制的实行，有效地保障了当事人诉讼权利"。县法院严格遵循了两审终审制度。

二、审判公开制度

《中华人民共和国宪法》和三大诉讼法规定，人民法院审理案件，除法律规定的特别情况外，一律公开进行。县人民法院成立以来对案件的审理和判决，除法律有特别规定的以外，都在法庭上公开进行，允许群众旁听，允许新闻记者采访和报道，将审判活动置于当事人和社会公众的监督之下，增强司法活动的透明度，防止了"暗箱操作"及司法腐败的发生；最大限度地满足了广大人民群众的知情权，有效地调动了诉讼参与人的积极性，增强了审判人员的责任感，提升了司法公信度，促进了司法公正的实现。

三、人民陪审员制度

依据人民法院组织法第10条第2款规定："人民法院审判第一审案件，由审判员组成合议庭或者由审判员和人民陪审员组成合议庭进行。"2008年，县法院进一步完善人民陪审员制度，在经过认真分析调研基础上，公开招聘、选聘8名人民陪审员。至2000年底，招聘、选聘的人民陪审员参与审理案件200余件。

第四节　调　解

境内民间调节由来已久。在噶本时期各措境内发生的纠纷由其头人调节，不能调节的上报本及噶本调节。

建县以后，随着各级人民政权的不断建立和完善，1964 年，在各乡、村选派威信高、有法律意识的人员担任乡村人民调解员，依据村规民约，负责对本区域内发生的民事纠纷进行调解。

20 世纪 80 年代初，恢复设立农牧区基层调解员。1987 年，本县选派 6 名基层调解员参加阿里地区举办的基层调解员学习培训。1989 年，根据国务院颁发的《人民调解委员会组织条例》，在县人民政府支持下，在全县 11 个乡建立健全了人民调解委员会，广大调解人员们不计报酬，不辞辛苦，不畏艰险，与其他基层组织一同为群众排难解忧，调解、处置各类纠纷，极大地减轻和支持了县人民法院的工作。

2000 年，县法院深入农牧区巡回培训基层调解员 6 次；采取以案讲法形式，宣传政策法律 58 次；举办基层调解员集中培训 1 次。同年底，全县共有调解人员 154 人。1992～2000 年，累计调解 453 件，使本县治安案件发案率下降 13.2%。

1992～2000 年民事纠纷发生和调解情况见表 5—3—2。

1992 年～2000 年民事纠纷发生和调解情况统计表

表 5—3—2　　单位：起

年份	总计	调解内容							成功率（%）
		抚养纠纷	婚姻纠纷	家庭纠纷	住宅纠纷	赔偿纠纷	草场纠纷	其他纠纷	
1992	39	12	9	6	5	—	2	5	30.9
1993	37	—	13	3	—	9	3	9	36.3
1994	45	10	6	6	—	13	2	8	29.6
1995	54	—	12	13	4	15	—	10	23.8
1997	63	11	11	14	—	13	5	9	36.9
1998	57	13	16	9	—	—	3	16	40.3
1999	80	8	13	21	3	19	3	13	38.7
2000	78	—	17	16	—	25	—	20	33.5
总计	453	54	97	88	12	94	18	90	—

第五节　机　构

1956～1964 年，县域内的审判案件由中共阿里分工委下设专职审判员负责，以西藏分院直属人民法院派出人民法庭名义审判案件。

1964 年 10 月，成立噶尔县人民法院。1966 年 7 月，“文化大革命”开始后，县法院工作陷于瘫痪状态。1967 年 3 月 27 日，县法院工作由中国人民解放军噶尔县军事管制小组接管。1969 年 10 月，县革命委员会人民保卫组成立，军事管制小组撤销，人民保卫组代行法院职权。

1974 年 4 月，恢复设立县人民法院，未设下属机构。

1992 年 2 月，县人民法院设立刑事审判庭、民事审判庭、经济审判庭、行政审判庭。

1997 年 4 月，县法院过渡性地设各临时庭室，原 4 庭合为 1 庭，即综合业务庭配备 7 人，其中立案室 2 人、执行庭 3 人、行政办 2 人，至 2000 年底。

噶尔县人民法院历任领导见表 5—3—3。

噶尔县人民法院历任领导名录

表 5—3—3

职务	姓名	性别	民族	任职时间
院长	石 建 峰	男	汉	1964.12～1965.06
	强巴年扎	男	藏	1983.03～1997.11
	才旺罗杰	男	藏	1997.11～2000.12
副院长	姜 凤 岐	男	汉	1965.06～1966.05
	白 亚 龙	男	汉	1974.04～1985.01
	噶玛石确	男	藏	1987.06～1987.10
	塔　　青	男	藏	1993.11～1998.11
	多吉欧珠	男	藏	1999.11～2000.12

第六篇

军 事

第一章　驻　军

第一节　中央驻军

一、中国人民解放军南疆军区阿里骑兵支队

1950年2月，根据中央经营西藏的指示，中央军委和中国人民解放军副总司令员彭德怀电示新疆军区："驻扎南疆的二军担负配合由四川、青海、云南进军的中国人民解放军，进军西北，解放阿里地区的光荣任务。"二军（后改建南疆军区）开始组建担任进军阿里任务的独立骑兵师，确定了由新疆于田县向阿里进军的路线，几次派人侦察藏西北无人地区，工程技术人员往阿里方向踏勘修筑公路。6月13日，成立独立骑兵师，彭德怀亲自向独立骑兵师师长何家产下达指示时说"……先派一个连进去投石问路"。该师决定以一团一连为主，由七个民族组成进藏先遣连，担负"投石问路"任务。7月31日，进藏先遣连从于田县普鲁村出征，以战胜一切艰难险阻的精神，翻越终年冰雪的昆仑山脉，跨过浩茫的无人区，于8月29日抵达了今改则县先遣乡的扎麻芒保地区。随后与新疆独立骑兵师派出的后续部队会合，于1951年8月3日抵达阿里首府噶尔雅萨。1952年3月，该部队整编为中国人民解放军南疆军区阿里骑兵支队，驻守昆萨。

二、中国人民解放军南疆军区阿里军分区

1968年4月，阿里骑兵支队改编为中国人民解放军南疆军区阿里军分区，其领导机关和警备部队驻本县狮泉河镇，至2000年底。

三、其他中央驻军

1960年6月至9月，新疆军区四师十团参加阿里东南部地区剿匪会战时暂驻噶尔县境内。

1983～1985年，新疆军区在阿里实施三年边防建设，中国人民解放军工程兵137团和一个野战医院进驻噶尔县境内。

第二节　部落武装

历史上，噶尔属古象雄部落，在与雅砻河谷悉补野部落的征战中，其中作为象雄部落核心的噶尔有大量的部落武装，作为历史上最早的武装出现在噶尔境内，在悉补野部落征战统一西藏高原的进程中，这些部落武装逐渐被消灭和消亡。

元明时期，噶尔县属“纳里速古鲁孙”和“俄里思”元帅府所辖古格王领地之一部分，为应对克什米尔·查漠（藏文史书称噶尔逻或森巴）统治者的入侵和拉达王的扩张行为，不脱产的部落武装，多次集结于噶尔县境内，并在西部边境多次发生武装冲突。

清康熙二十年至二十二年（1681－1683年，藏历第十一绕迥金鸡年至水猪年），西藏地方政府为驱逐拉达克军队，先后派遣数千名藏军、驻藏蒙古族军队及阿里本地部落武装，在收复阿里后向拉达克进军途中，曾在噶尔县境内安营扎寨。“噶尔”地名由此而起。战后留下50名蒙古族官兵驻扎在噶尔县境，后融入本县百姓。

清道光二十一年至二十二年（1841～1842年，藏历第十四饶迥铁牛年至水虎年）道格拉王室（藏文文献中称森巴，指锡克人）利用鸦片战争英国侵略中国东南沿海之机，发兵侵略阿里。清朝中央政府调遣藏军实施反击，进军途中曾进驻县境内。

第三节　属阿里地区管理驻军

一、武警阿里支队

1964 年 2 月，成立中国人民公安部队西藏总队阿里公安大队，驻守昆萨。

1980 年，该部队更名为阿里地区人民武装警察大队。1983 年 8 月，改为阿里地区人民边防武装警察支队。1984 年 8 月，改为中国人民武装警察部队西藏自治区总队阿里支队。其机关均驻噶尔县狮泉河镇，至 2000 年。

二、武警阿里边防支队

1996 年 12 月，经公安部边防局批准成立武警阿里公安边防支队，设司令部、政治部、后勤部，其机关驻地狮泉河镇。后在境内设 1 个边防大队和扎西岗边防派出所，分别驻扎在本县狮泉河镇和扎西岗乡。

三、武警阿里消防支队

1990 年，由武警阿里支队分设成立武警阿里消防分局。1996 年 10 月 29 日，更名为武警阿里消防支队，驻扎在本县狮泉河镇，下设 1 个基层中队，至 2000 年底。

第四节　噶尔县管理的部队

一、噶尔县人民武装部

1968 年 10 月，噶尔县人民武装部成立。县人民武装部（简称县人武部，下同）团级建制，隶属阿里军分区，是县委、县政府的军事部门，受阿里军分区和县委、县政府的双重领导。

多年来，县人武部积极与地方政府协作，开展反分裂斗争，维护社会稳定，积极参与经济建设，为噶尔县经济社会的发展作出了积极贡献。县人武部主要负责全县的民兵和兵役工作。

噶尔县人民武装部历任领导名录见表 6—1—1。

噶尔县人民武装部历任领导名录

表 6—1—1

职务	姓名	性别	民族	任职时间
部长	贡　布	男	藏	1976.10～1981.06
	张顺祥	男	汉	1981.08～1983.06
	李应瑞	男	汉	1983.07～1985.11
	次　白	男	藏	1985.12～1990.06
	班　久	男	藏	1990.06～1991.03
	次仁桑珠	男	藏	1991.03～1994.04
	其美次仁	男	藏	1994.04～1995.07
	加木措	男	藏	1995.08～1996.04
	李清林	男	汉	1996.04～2000.02
	张乃术	男	汉	2000.03～2000.12
政治委员	李俊林	男	汉	1976.10～1981.08
	李书洪	男	汉	1986.12～1990.06
	马兴邦	男	汉	1990.06～1993.04
	袁光明	男	汉	1993.05～1995.04
	张江海	男	汉	1995.09～1995.09
	贾援朝	男	汉	1995.09～1996.09
	宋培隆	男	汉	1997.04～1997.12
	张国成	男	汉	1997.12～2000.12
副部长	姜远龙	男	汉	1976.10～1980.05
	次　白	男	藏	1981.04～1985.12
	次仁桑珠	男	藏	1985.11～1988.12
	王孝云	男	汉	1988.12～1990.06
	索南多吉	男	藏	1990.06～1992.05
副部长	杨光明	男	汉	1992.05～1994.03
	多尔吉	男	藏	1994.12～1997.10
	廖常胜	男	汉	1995.06～1996.04
	阿旺次仁	男	藏	1995.08～1996.05
	王共青	男	汉	1997.10～1999.07
	阿旺多吉	男	藏	1998.11～2000.12
	樊志国	男	汉	1999.05～2000.12

续表 1

职务	姓名	性别	民族	任职时间
副政治委员	旦　增	男	藏	1980.03～1983.12
	欧　珠	男	藏	1983.08～1986.12
	师建海	男	汉	1995.04～1995.07
	朱龙武	男	汉	1995.08～1997.10
	王志轩	男	汉	1998.04～1999.07
	杨书箱	男	汉	1998.11～1999.07
	董计汉	男	汉	1999.04～2000.03
	黄清明	男	汉	2000.05～2000.12

二、武警噶尔县中队

1966 年 10 月，组建中国人民解放军阿里专区分队噶尔县公安中队，属地方部队，受军队和地方的双重领导。1976 年 1 月，根据中共中央、国务院、中央军委《关于县（市）中队交地方公安机关建制领导》的指示，县公安中队交当地县公安局管理。

1980 年 3 月 5 日，县公安中队划归阿里地区人民武装警察大队管理，并更名为武警噶尔县中队。1983 年 6 月 1 日，划归阿里地区边防武装支队管理。1984 年，隶属武警阿里支队管辖。1989 年以前，驻噶尔昆萨。同年 10 月，随着同噶尔县机关迁移至狮泉河镇。

1994 年 10 月，县公安局修建看守所，临时关押犯罪嫌疑人，中队官兵与看守所民警坚强团结，相互支持，协同作战，遇到问题协商解决。同时，中队还对关押的犯罪嫌疑人加强教育管理，不断进行法律知识的宣传与教育。

武警噶尔县中队建队后，积极组织全队官兵认真学习《宪法》、《刑法》、《兵役法》、《惩治军队违反职责罪暂行条例》等法律法规，积极组织全队官兵进行队列、拳术、射击、战术、“处置突发事件”预演等多种科目的系统训练，加强警政警民建设和后勤管理工作，并担负全县执勤和抗洪抢险等任务。

武警噶尔县中队历任领导名录见表 6—1—2。

武警噶尔县中队历任领导名录

表 6—1—2

职务	姓名	性别	民族	任职时间
队长	奚一门	男	汉	1966.10～1970.04
	周仁和	男	汉	1970.04～1975.08
	张旭忠	男	汉	1971.06～1972.12
	丁国俊	男	汉	1973.03～1974.02
	谭正文	男	汉	1974.10～1975.07
	罗桑吉	男	藏	1975.10～1984.01
队长	任利辉	男	汉	1984.01～1987.10
	余　广	男	汉	1995.08～1995.12
	唐明权	男	汉	1996.09～1996.12
	加　措	男	藏	1997.06～1997.12
	李兴文	男	汉	1998.06～2000.12
指导员	丁应仕	男	汉	1966.10～1970.04
	雷洪亮	男	汉	1970.01～1971.02
	艾买提·克里木	男	维	1970.04～1970.12
	张俊信	男	汉	1971.06～1972.12
	侯成龙	男	汉	1973.10～1980.07
	跃代民	男	汉	1980.09～1984.05
	任利辉	男	汉	1984.06～1995.10
	杨明刚	男	汉	1995.11～1997.12
	苏明华	男	汉	1998.06～2000.12

第二章　军事工作

第一节　兵　役

一、地方武装兵役

象雄、古格时期，实行军政合一体制，部落组织既是地方行政机构，又是军事组织。实行“出则为兵，入则为民”的兵役制度。如遇到战事，即以部落为单位，男子群体临时组成队伍，征调兵员，或从部落中抽调军户，带领部众迁驻新的占领区。

清代，成立藏军后，实行农牧民每户“三丁抽一、五丁抽二、七丁抽三”，僧人免征制。

二、中国人民解放军兵役

（一）兵役制度

1969 年，阿里军分区在境内开始征集兵员，实行义务兵役制。服役期为 3 年。1999 年，服役期改为 2 年。

1978 年 3 月，按照第五届全国人民代表大会常务委员会通过的《关于兵役问题的决定》，开始实行义务兵与志愿兵相结合的制度，至 2000 年底，本县先后有 5 名义务兵改为志愿兵。

（二）征兵

1. 征兵准备工作

征兵的准备工作包括：一是进行兵役登记，确定预征对象。年满 18 岁的男性公民，在当年 9 月 30 日以前，进行兵役登记。经初审合格的应征公民，为当年的预征对象；二是抽调征兵人员，建立征兵工作机构。按照工作的业务性质，征兵办公室一般下设组织计划组、宣传组、政审组、体检组和保障组等；三是拟制征兵命令和各种保障计划，制定的文书一般有征兵命令、征兵工作安排、征兵宣传提纲、征集任务分配计划、新兵运输计划等；四是集训征兵工作人员，特别对参加体检的医务人员和政审人员，组织他们学习有关兵役法规、征兵命令和征兵政策规定，进行业务培训；五是做好体检的各项准备，主要是体检的场地、器械及化验试剂等。

2. 征兵工作实施

一是下达征兵命令。其内容通常包括概述、任务区分、征集对象、征集方法、征集时间和要求。适时召开由各乡领导、人武部和公安等部门参加的征兵工作会议；二是宣传发动。宣传内容上突出爱国主义、革命英雄主义和以《兵役法》为主要内容的依法服兵役教育，以及有关征兵政策教育；三是报名。报名的年龄为18～22岁男性公民，对象是当年及往年经过兵役登记的预征对象；四是目测摸底。人武部组织基层干部、专武干部对报名的青年，逐个进行目测摸底，严把征兵的第一关；五是文化测试。由县教育局统一出题测试，进行择优选拔；六是体格检查。征兵体检工作在征兵办公室的统一组织安排下进行，由卫生部门具体负责。体检时严格体检站的管理，实行单科淘汰，搞好体检的复查和抽查；七是政治审查。由征兵办公室统一组织，同级公安部门具体负责。对每个体检合格的预征对象认真进行政治审查，采取县、乡、村三级政审和由学校参加的区域联审；实行岗位责任制，做到谁审查、谁签字、谁负责；八是审批定兵。凡文化测试、体检、政审合格人员，县征兵办公室提出推荐意见，上报地区征兵办公室，经同意后，县征兵办公室将合格人员带往地区征兵办公室，再进行体格复检和政审，然后地区征兵办公室召开定兵会议，对合格人员进行集体审议，全面衡量，择优选定。

1969年，部队首次在噶尔县征兵，当年征集7名适龄青年入伍。从1970年开始，噶尔县每年征集3～6名青年入伍。1970年、1976年、1978年、1989年、1990年实行春季征兵，其余年份均为冬季征兵。

1975年初，为加强对征兵、退伍工作的领导，县革命委员会和县人武部共同成立征、退办公室，大部分区、乡（公社）也同时成立征兵领导小组。

1976年起，对城镇户口兵员要求高小毕业，农牧区兵员基本无文化方面要求。1978年，重点看个人的现实表现，非劳动阶级出身的青年，其现实表现好也可征集。1978～1983年，根据有关规定，不得征集厂矿、企事业单位的青年职工。1979年，开始征集女兵，年龄为17周岁～20周岁，但不征集1979年度应届中学毕业生，不征集在校学生。党、政、军干部子女报名应征，凡符合条件者，应优先批准入伍。1980年开始，征兵政治条件按公安部、总参谋部、总政治部颁发的《关于征集兵员政治条件的规定》执行。

1982年，明确规定应征者农牧区少数民族青年具有小学文化程度，汉族青年要求具有初中以上文化程度。

1990年～2000年，征集农牧区户口青年，应具备高小以上文化程度，征集非农业户口青年（含企事业单位的青年职工），应具备初中以上文化程度，并优先征集高中以上文化程度的企事业单位的青年职工。至2000年底，本县无入伍女兵。

（三）预备役登记

噶尔县预备役登记工作始于1984年。士兵预备役分为第一类和第二类，年龄为18岁～35岁。第一类士兵预备役包括下列人员：1. 28岁以下退出现役的士兵和经过军事训练的人员，以及选定参加军事训练的人员，即基干民兵；2. 在不建立民兵组织的单位，经过预备役登记的28岁以下退出现役的士兵；3. 经过预备役登记的28岁以下的专业技术人员。

第二类士兵预备役包括：1. 基于民兵编外的18岁～35岁符合预备役条件的男性公民，即普通民兵；2. 不建立民兵组织的单位，经过预备役登记的29岁岁～35岁的退出现役的士兵，以及其他符合预备役条件的男性公民。同年，本县经过预备役登记的一类预备役士兵为67人，二类预备役士兵为268人。

1998年，根据新的《兵役法》规定，噶尔县对预备役人员结构进行了调整，一类士兵预备役包括：1. 经过登记服士兵预备役的35岁以下的退出现役的士兵；2. 经过登记服士兵预备役的35岁以下的地方与军事专业对口的技术人员；3. 其他编入预备役部队予编到现役部队的28岁以下的士兵。第二类士兵预备役包括：1. 除服第一类士兵预备役的人员外，编入民兵组织的人员；2. 其他经过登记服士兵预备役的35岁以下的男性公民。预备役军官包括：1. 退出现役转入预备役的军官；2. 确定服预备役的退出现役的士兵；3. 确定服军官预备役的高等院校毕业生；4. 确定服预备役的专武干部和民兵干部；5. 确定服军官预备役的非军事部门干部和专业技术人员。同年，全县经过登记的一类预备役士兵156人，二类预备役士兵为437人，预备役军官为9人。

由部队确定服预备役的退出现役的士兵，要求在回到本人居住地以后的30天内，到县人武部办理预备役登记；退出现役转入预备役的军官，以及确定服预备役的高等院校毕业学生，也都在到达工作单位或者居住地以后30天内，到县人武部办理预备役登记。所有预备役军官和士兵，每年都需到县人武部进行登记填卡。至2000年底，噶尔县经过登记服士兵预备役登记人员有633人。其中，一类服士兵预备役为172人，二类服士兵预备役为461人。

第二节 民 兵

一、组织建设

噶尔县民兵组织始建于20世纪70年代。凡16～45岁的男性公民，只要政治可靠、身体健康，均编入民兵。1972年，有1个民兵营，下辖11个民兵连、33个民兵排，民兵总数891人。1978年，民兵队伍人数达到1231人。

1981年，根据国务院、中央军委批准的总参、总政《关于调整民兵组织问题的报告》，实行民兵与预备役相结合的办法，规定基干民兵为一类预备役，普通民兵为二类预备役。全县年龄在18～28岁的男性公民编为基干民兵，共有300人；未编入基干民兵的18～35岁的编为普通民兵，共有960人。1985年11月，根据上级指示精神，对民兵组织进行了调整，县民兵总数达1026人。

1997年，民兵组织再次调整，设有3个应急连，民兵总数达1159人。2000年，组建成立狮泉河镇民兵应急营。至年底，全县共有民兵1456人，其中基干民兵656人，编有1个应急营，1个应急连。

二、军事训练

民兵组建之初，训练要求是“会打枪、会投弹”。训练方法简单，形式单一，并且训练对象只是步兵。训练内容以射击和投弹为主。1973 年以后，根据总参下达的民兵军事训练纲要进行统一训练。1977 年起，按照总参《1977 年至 1980 年民兵军事训练纲要》进行训练。兵种专业训练由单一的步兵向通信、炮兵等专业技术兵种方面发展，训练内容也日趋规范化。在城镇采取基地训练或集中训练，小教员、兵教兵、兵练兵等方法，开展班与班、排与排、连与连、个人与个人等挑应战活动，提高练兵的积极性。在农牧区针对居民相对分散的特点，采取了分片包干负责制。人武部干部进行分工负责，每个人承包一两个乡，具体组织指导训练。注重基础课目的训练以及应急分队、基干民兵训练；训练方式上，采取集中时间搞训练，主要是抓住农闲时机，每年进行不少于 30 天的军事训练。针对民兵文化层次低，接受能力弱等特点，在训练内容上采取由易到难、由简到繁的办法。

1985 年以来，人武部根据噶尔实际，认真研究，总结训练中的经验和存在的问题，采取分区设点的方式进行军事训练，由过去的游击训练方式转变为科学的、规范化的训练方法；训练对象也由过去以步兵为主转变到以专业技术兵、应急分队和专武干部为主；训练内容也增加了警棍盾牌术、卫生与救护、通信保障等技术课目。

三、政治教育

20 世纪 60 年代，民兵组建之初，针对噶尔县实际，结合社教、剿匪等，进行形势战备和人民战争思想的教育。1971 年后，组织民兵学习毛泽东《为人民服务》、《纪念白求恩》、《愚公移山》等著作，使民兵树立全心全意为人民服务的思想；树立不怕艰难困苦，勇往直前的精神。以召开会议、举办学习班、宣讲文件、以会代训等形式批判林彪集团的反革命罪行、印度扩张主义等。县组织民兵召开大小批判会 35 次，忆苦思甜会 10 次，参加的民兵达 17065 人次，培训理论骨干辅导员 180 名。1976 年，粉碎“四人帮”反党集团后，组织民兵认真学习党的基本路线，深入开展揭批“四人帮”反党乱军的活动。

1979 年，组织民兵认真学习了解中共十一届三中全会精神，进行党的工作重点转移到经济建设上来的宣传教育，激发广大民兵为社会主义四个现代化建设作贡献的积极性，结合中越边境自卫反击作战，对民兵进行革命英雄主义和爱国主义教育。

80 年代，对民兵进行国防观念教育，使民兵们正确认识搞好生产、当好民兵与保卫祖国的一致性。反复宣传党的路线、方针、政策和实行生产责任制的优越性，大力加强物质文明建设和精神文明建设的教育。在民兵中开展了以“五讲、五爱、四带头、两帮助”为主要内容的教育活动。

1988年，以拉萨骚乱事件为背景，对民兵进行了爱国主义教育，组织民兵学习了阿里军分区下发的《维护祖国统一，反对分裂行径》的宣传提纲。

1991年《民兵工作条例》，组织民兵认真学习，使民兵们对民兵工作的性质、任务等一清二楚，懂得自己该怎样当好民兵。同时，进行了坚持党对人民武装统一领导，坚持民族团结，反对民族分裂，坚持社会主义信念的专题教育，澄清了部分民兵的模糊认识，提高了政治觉悟。

1997年，进行维护社会稳定，反对民族分裂的教育。组织民兵学习了《兵役法》，培养了民兵的国防意识。同时还进行了法制教育、民族政策、宗教政策教育等。教育采取大课教育与个别教育相结合、理论讲述与实地参观见习相结合，干部、教员宣讲与民兵自己讲相结合，正面教育与反面教育相结合等方法，使民兵们在思想上受启发，从而达到受教育的目的。

第三章　拥政爱民

第一节　支援地方建设

和平解放初期，驻守在噶尔的新疆军区进藏英雄先遣连及其后续部队帮助群众收割庄稼、播种，在农闲季节帮助当地百姓挖沟修渠、修桥补路等。1951 年下半年，部队就为驻地群众收割青稞近百亩，修路近 3000 米。50 年代，开荒收获的粮食，除供应部队食用外，还救济当地群众。部队在帮助群众进行农业生产的同时，还向藏族群众传授先进的生产技能。

1956 年 3 月至 1957 年 10 月，驻噶尔部队会同 3000 多名新疆军区生产建设兵团一起，参加了修建纵贯西段边境地区长达 1000 多千米的新藏公路，成为连接新疆和西藏的交通命脉。

1996～1998 年，驻噶尔部队官兵积极参加植树造林，防风固沙，改善高原生态环境工程，投入绿化工程建设劳动力 6000 多人次，植树 2 万株。此间，还参加了森格藏布狮泉河镇段河堤加固、森格藏布引水渠工程等建设项目，累计投入兵力 2000 多人次，车辆和机械 300 多台次。部队卫生所为地方群众巡诊 4500 人次，抢救危重病人 230 多例。驻县边防大队建立“便民诊所”，经常义务为当地群众防病治病，仅 1998 年该所就为群众治病 140 人次。

1998 年，按军地定点扶贫活动计划，扎西岗三村为驻噶尔县某边防大队的扶贫单位，大队领导多次到该村了解当地群众的生产和生活情况，制定具体扶帮计划，仅 1 年时间，就派出官兵助民劳动 300 人次，整修草场护栏

150 米，灌溉水渠 200 米，帮助收割青稞 105 亩，并向特困户捐赠了面粉、罐头和棉衣、棉被等价值 3000 元物品。驻噶尔部队和民兵自 1998 年以来，先后投入劳动力 8000 人次，绿化植树 5 万多株，修路 138 千米，修水渠 3000 米，为孔繁森小学及贫困群众捐款 5000 元。

第二节　抢险救灾

和平解放以后，驻噶尔部队视驻地为故乡，视人民为亲人，在捍卫国家领土安全，维护边境稳定的同时，多次出色完成急、难、险、重任务。

1991 年 9 月，狮泉河镇贸易市场，因商人不慎引起汽油炉爆炸，引发特大火灾。武警阿里支队机关、一中队、二中队官兵经过 6 个多小时奋力扑救，将大火扑灭，挽回经济损失达 100 万元。

1992 年 8 月，狮泉河镇发生特大洪灾，导致森格藏布狮泉河镇段河堤多处决口。武警阿里支队一中队 70 多名官兵经过 3 天 2 夜的激战，修筑堤坝 1000 余米，用麻袋装沙堵决口 5 个（约 2000 袋），挖掘引水沟渠 5C0 余米（宽 5 米、深 4 米）。军分区部队官兵立也积极投入抗洪抢险，在河水中奋战 2 天 1 夜，排除了险情，通过军分区和武警部队官兵的共同努力保住了狮泉河镇的安全。

1994 年 6 月，狮泉河镇再次发生洪灾，驻狮泉河镇武警部队 150 余名官兵经过 2 天的奋战，堵住汹涌的洪水，受到中共阿里地委、行署的高度赞扬。

1996 年 8 月 15 日，受森格藏布上游连降暴雨影响，森格藏布河水猛涨，噶尔县城北侧河堤大坝决口，洪水破坝而出，致使狮泉河镇 20 多间民房倒塌，阿里地区老干所、派出所、自来水公司被淹。部队闻讯后，立即组织官兵 180 人奔赴现场，经过两天奋战，堵住了决口，使国家和人民群众的财产损失降低到最低限度。

1997 年 7 月，阿里地区普降大雨，河水泛滥，人民群众的生命和国家财产的安全受到严重的威胁。阿里军分区召开党委会，专题研究部署救灾事宜，成立以副司令员班觉为组长的抗洪救灾指挥小组，由 375 人编成 6 个抗洪梯队，分别担负狮泉河镇、噶尔贡涧等地的抗洪救灾任务。8 月 1 日，噶尔县发生洪灾后，县人武部政委张国成带领部队机关所有人员，连续 4 天奋战在抗洪一线，每天只吃一顿饭，许多官兵还带病参加抗洪抢险。

1997 年冬至 1998 年 4 月，噶尔县连降大雪，全县冻死牲畜 1 万余头（只、匹），死亡率达 15%，40 人冻伤，1600 余人患病，造成直接经济损失达 3 千万元。灾情发生后，驻噶尔县部队成立了救灾应急分队和医疗组，先后出动车辆 6 台次，为灾民运送粮食、食品、燃料等救灾物资 15 吨，派出医疗人员 8 人次，帮助困难户转移牧场，抢救牛、羊，为乡村孤寡老人和困难户挖雪清理草场，为重灾区牧民送去饲料、草料等。官兵发扬“灾害无情人有情，一方有难八方支援”的优良传统，先后 3 次为灾区人民捐款捐物，折合人民币约 3 万元。

1999 年 8 月，狮泉河镇发生洪灾，武警阿里支队及时派出 160 余名兵力，出动大小车辆 30 余台次，冒着大雨，奋战 2 天，装填沙石约 3 000 袋，打桩 300 余根加固河堤。

2000 年 7 月下旬，阿里地区阴雨连绵，持续时间之长、降水量之多，超过了历史最高纪录，境内十几条主要河流河水暴涨，超过警戒水位 1 米多，森格藏布、加木河等河流相继泛滥成灾，洪水冲断道路，冲毁桥梁，淹没房舍，毁坏田地，噶尔县城也被 1 米多深的洪水浸泡。7 月 31 日凌晨 3 时，加木河河堤多处决堤，洪水冲出河堤直扑噶尔县城。晚上 21 时，阿里地区行署专员多吉泽仁、地委副书记杨永山向阿里军分区、武警阿里支队通报灾情。阿里军分区召开紧急会议，成立以阿里军分区副政委杨建中为组长的抗洪抢险指挥部，组成 3 个抗洪抢险梯队，准备部分抗洪抢险物资，以备应急。8 月 1 日上午，阿里军分区直属队 300 多名官兵，开赴加木河抗洪抢险第一线，奋战 4 个多小时，加固河堤 500 米；武警阿里支队也出动兵力 300 余名及各种机械，分赴各自抢险地段执行抢险任务。8 月 3 日上午 11 时 30 分，森格藏布河水再次猛涨，投资 3000 万元的防沙绿化工程面临灭顶之灾。阿里军分区派出 200 多名官兵，背沙袋、打木桩，奋战在抗洪一线。面对湍急的洪流，司令员黄呈洲一边组织抗洪，一边在水中和战士们一同抗洪，百余名官兵一字排开形成人墙，缓缓向水中走去。官兵们忍着冰凉刺骨的洪水，连续 5 个多小时与激流奋斗，完成抗洪任务。通过驻阿里部队的共同努力，确保狮泉河镇的安全，将灾害损失降低到最低程度。期间阿里军分区共出动兵力 4200 多人次，动用机械车辆 400 多台次，累计修筑河堤 1000

多米，引水掘堰 150 多米，维修道路约 80 千米，为地方群众修缮房屋 20 多间，抢收青稞约 13 亩，救助藏族群众 150 多人，向噶尔县捐助柴油 2 吨，为地方挽回近 2000 万元的经济损失；武警阿里支队加固河堤 1500 米，封堵决堤 35 米，挽回经济损失 800 余万元。此次抗洪抢险受到西藏自治区党委办公厅、西藏自治区人民政府办公厅的充分肯定和赞扬。

第四章　战　事

第一节　驱逐拉达克人之战

17世纪中期前，古格上层集团内部对葡萄牙传教士的传教活动产生严重分歧，拉达克王森格朗杰，趁机向古格王统治的阿里发动战争，攻下古格王城，占领包括噶尔在内的古格全境，统治阿里50年。

清顺治十年（1653年，藏历第十一饶迥水蛇年），五世达赖喇嘛·阿旺洛桑嘉措掌管西藏地方事务后，因教派冲突，与不丹开战。拉达克因与不丹同属宁玛派，且有师徒关系，公开支持不丹。五世达赖喇嘛决定对拉达克用兵。

康熙二十年（1681年，藏历第十一饶迥铁鸡年）春，遂令甘丹才旺（扎什伦布寺喇嘛）率藏军2000余人、蒙古族兵5000余人远征阿里，讨伐拉达克军队。拉达克王以释迦加措为帅，举兵3000余人至阿里迎战。同年夏天，两军初战于扎西岗东南的莫若塘卡，藏军大捷，拉达克军退至龙空（今东堤）地区。甘丹才旺分兵清除留在古格地区的拉达克残余势力，利用冬季休整军队。

次年春，拉萨援兵2000人到阿里后，沿森格藏布向拉达克境内进击。在羌山口附近的贝杰地区与拉达克军再战，拉达克军再次败退，沿印度河逃窜。藏军乘胜追击，攻克拉达克首府列城及其西北之尼木地区，包围巴高。拉达克面临灭亡，遂求救于克什米尔统治者。

1683年春，克什米尔统治者派兵3000人，经错基山口至巴高东南的佳结地区，与拉达克军队合击藏军。双方相持一段后，甘丹才旺与拉达克王签订议和协议，并收回原古格辖地，拉达克地区仍为西藏属地。

第二节 抗击森巴入侵

1841 年 2 月，英国人操纵受其控制的道格拉王朝（克什米尔查谟地区的道格拉部落），统治者古拉伯·辛格纠集拉达克人、巴尔底斯坦人（以下简称森巴军队）6000 余人，以倭色尔为帅，假借朝山之名，分三路侵入阿里。中路由倭色尔大将诺诺四朗率领，沿森格藏布河谷前进，先后攻占扎西岗、噶尔雅萨，继而向噶尔昆萨推进；森巴军队三路在噶尔昆萨汇合后，威逼普兰宗。

驻藏大臣海朴、孟保和西藏地方政府获悉后，一方面报告清朝中央政府；另一方面同西藏地方政府摄政策穆林等商议，积极组织力量进行反击，迅速派代本笔喜率藏军 500 余人驰援阿里。笔喜抵达阿里后，即分兵守各处营寨，并在要塞修建哨卡碉楼，设法防御堵截森巴军队。但因兵力少，1841 年 6 月，两军初战于普兰噶尔冻，藏军失利，森巴军队遂占领噶尔等地，纵深阿里约 700 多千米。

1841 年 7 月初，孟保等又先后从前后藏抽调派 3050 名藏军，携大炮 2 门增援阿里，会同代本笔喜部队在普兰境内与森巴军队多次交战，经吉让、多尤战役，大败森巴军，倭色尔本人也被击毙。随后，藏军乘胜追击，连续攻克达巴、扎布让、噶尔、日土等地。1842 年 2 月，全歼入侵森巴军队，收复阿里。6～7 月，古格伯·辛格又派首相哈利·钱德和托拉能为将率兵 4000 余名，沿森格藏布再次进犯阿里，企图为倭色尔复仇。7 月 27 日，森巴军一股由巴占率领进逼乌木隆。噶伦曲美才旺奉命率军从扎西岗朗玛增援典角藏军，途中因劳累过度，从马背上摔下后吐血身亡。藏军积极迎战，歼森巴军 350 人，并将巴占击毙。森巴军后退 20 余里。后经多次战斗，藏军攻至拉达克境，但遇拉达克援军的拼死抵抗，双方相持不下。森巴军恐再战失利，遂与藏军在拉达克议和。8 月 13 日，双方换文，确认拉达克仍为西藏属地。

此战中，西藏各族人民团结一致，浴血奋战，取得了反击侵略战争的全面胜利，以中国鸦片战争中唯一一次胜仗载入史册。1842 年，西藏地方政府、克什米尔、拉达克三方面代表在列城签订《拉达克条约》和《西藏条约》，主要内容是：西藏与拉达克握手言和，不得以任何方式损害友谊；承认历史上形成的西藏与拉达克之间的边界，双方各守其境，永不生事；拉达克仍按旧例每年给噶厦进贡，永不中断。

第三节 对印自卫反击战

1962 年 4 月至 8 月，印军在中印边界传统习惯线中方一侧共建立 43 个侵略据点，驻扎印军 1300 余人。这些据点距中国边防哨所几米、几十米不等，有的楔入中国哨所之间，有的插到中国哨所背后。印军企图依托这些侵略据点，向中国边防部队进攻，扩大侵略范围。

10 月 17 日和 18 日，印军向中国边防部队猛烈炮击，入侵的部分印军逼近中国边防哨所进行武装挑衅，印度飞机继续向边境地区运送部队，空投作战物资。

20 日，印军向中印边境东西两段的中国边境部队发动全面进攻，中国边防部队奉命进行自卫反击。至 11 月 20 日，印军越过边界在中印边界传统习惯线中方一侧设立的 43 个据点全部被清除。自卫反击战西段战斗取得胜利。随后，中国边防部队主动停火后撤。

11 月 24 日，中国人民解放军扫除位于中印边境西段中国新疆境内的天文点、空口防区的入侵印军据点后，根据中国人民解放军总参谋部指示，负责指挥中印边境西段自卫反击作战的新疆军区康西瓦前线指挥部（简称康前指）命令部队南下阿里，转战碟木绰克即巴里加斯地区，继续扩大战果，迅速扫除碟木绰克地区之印军。在境内主要进行了收复俄洛典角（巴里加斯）地区的战斗。

俄洛典角地区位于噶尔县西北、森格藏布下游河谷，印称巴里加斯，包括今乌木隆、新光隆、碟木绰克、俄洛等地，是抵印度的主要通道，两侧均为高山，攀登困难。入侵俄洛典角地区的印军系查谟克什米尔国民军第七营，约300余人，当发现中国部队向阿里地区急进时，即准备逃走。

根据前指的命令，人民解放军南下阿里的机动作战部队日夜兼程，分兵两路连续行军500千米。右翼由甲岗—且坎—拉干赫尔迂回印军侧后，左翼沿森格藏布河谷实施主攻，于11月26日傍晚进至森格藏布右翼骑兵第三团于11月27日8时进至羌山口，经6分钟战斗，全歼该处印军。机枪连在乘车开进中突遭印军射击，车被击毁，班长司马义·买买提身负重伤仍坚持战斗，直至牺牲。侦察连于11月27日9时到达拉干赫尔，切断印军撤退道路。步兵某团三营大部于11月27日进至卡尔果和西纳克列以东公路，与西逃印军后尾接触，歼其一部。步兵分队2次徒涉水齐腰深的森格藏布，在得到当地民众支援后，以马驮载指战员过河，于27日夜，抵扎西岗，28日上午赶到俄洛典角时，印军已逃跑出境。奔袭俄洛典角之战，历时5昼夜。清除印军侵入中国境内建立近7年的6个据点。

第七篇

政事纪要

第一章　巡视与抚慰

第一节　指示与关怀

1954年2月26日，外交部电告阿里，转达了国务院周恩来在与印度政府关于通商交通协定谈判中，同意开放噶尔县境内的噶大克（即噶尔雅萨）和扎西岗两地为边境贸易市场的决定。

1955年，西藏军区党代会结束后，西藏军区司令员张国华命令阿里骑兵支队参谋长孙占文率领车队踏勘出拉萨经黑河（那曲）至阿里的黑阿公路。孙占文带领100人，十几辆车从黑河出发，历时1个月，终于把汽车开到噶大克。同年，中共中央为解决阿里缺医少药的问题，命北京市派以王纯道为组长的6人医疗小组到阿里开展医疗工作，在噶尔县为群众治病诊疗。

1965年7月23日，出于军事上的考虑，国务院批准阿里地区领导机关由昆萨迁至森格藏布河畔，总投资500万元。阿里骑兵支队随之迁来。两年后，有干部战士反映这里环境不好，有放射性元素，对身体伤害大，要求重返昆萨。此事经记者内参报道，国务院派医疗队来考察，经检验，认定本地区放射性元素未超过北京，对人体无大的伤害。此后，群众顾虑顿消。

1969年12月18日，经中共中央主席毛泽东圈阅，中共中央发出的关于《加强对西藏阿里地区工作的指示》中指出“要把原计划建设发电厂，迅速兴建起来，以解决工、农生产和人民生活用电”。据此，1971年，狮泉河水电站再次列入基建计划，并提出继续由新疆维吾尔自治区帮助建设，装机容量2400千瓦，投资1200万元。后因“文化大革命”，该电站停止修建。

1980 年 10 月，噶尔县遭到雪灾。中国人民解放军总参谋部知悉后，从武汉调安－12 型飞机，由新疆和田起飞，在境内空投粮草半个月。

1987 年 1 月，经国务院批准，县政府驻地由昆萨迁至森格藏布中游南岸。

第二节　自治区领导及国家有关部门领导视察

1954 年 6 月 17 日，由新疆海关关长马高维亚任团长，新疆军区保卫部长李子英任第一副团长，喀什地区副专员牙合甫阿吉、和田地区副专员薛森、南疆军区保卫科长刘少稚任副团长，《新疆时报》负责人安俊川为慰问团秘书长的全国人民慰问团抵达噶尔昆萨。在昆萨进行慰问和演出活动，极大地鼓舞了噶尔军民。

1958 年，中共西藏工委副书记周仁山率工作组到阿里进行视察、慰问。在昆萨等噶尔境内视察慰问约一年，1959 年 8 月，离开阿里。

1972 年 7 月 9 日，新疆维吾尔自治区党委派出由自治区党委委员马义·扎平为团长的慰问团到达昆萨，看望、慰问驻昆萨的县机关干部职工和驻地部队。

1979 年 10 月，西藏自治区党委书记热地率西藏自治区党委工作组在噶尔县检查、指导工作。

1981 年 8 月，西藏自治区党委第一书记阴法唐和西藏自治区党委书记杨岭多吉到噶尔县视察工作，并听取了县委、县政府工作汇报。

1984 年夏，乌鲁木齐军区司令员肖全夫在南疆军区司令员高焕昌等陪同下，在阿里检查、指导边防工作。在狮泉河镇召开干部大会，并作讲话。同年，国家主席李先念批示："红柳是绿色卫士，阿里的红柳不能再砍了。"此后，驻噶尔县机关部队取暖改用新疆进的焦炭。

1986 年夏，西藏自治区主席多吉才让到噶尔县视察工作，并听取县委县政府工作汇报。

1987 年 7 月，兰州军区副司令员董占林和新疆军区副司令员李正中到噶尔县检查边防工作。

1991 年 8 月 3 日，西藏自治区常务副主席马李胜到噶尔县视察指导工作。

1994 年 4 月，西藏自治区副主席次仁卓嘎到噶尔县视察灾情，指导工作。

1995 年 8 月，西藏自治区副主席徐明阳率工作组到阿里，在噶尔县检查指导工作。

1998 年 1 月，西藏自治区党委副书记旦增率工作组到阿里，深入噶尔了解受灾情况，听取县委、县政府的工作汇报，部署抗灾救灾工作。同年 4 月，再次到阿里，对本县灾后恢复生产、重建家园工作进行检查指导。

1998 年 8 月，西藏自治区党委副书记、西藏自治区常务副主席杨传堂率工作组到阿里，在噶尔县听取了县委县政府的工作汇报，对灾后恢复生产、重建家园工作作了重要指示。

第二章　政　事

第一节　贯彻“十七条协议”

1951年8月3日，新疆军区独立骑兵师二团副团长安志明率部队从普兰进驻噶大克，宣告阿里地区和平解放。1952年10月，阿里地区第一个党的地方组织——中共阿里分工委在噶尔昆萨成立。驻守在昆萨和雅萨的中共阿里分工委和阿里骑兵支队一方面积极建立分工委的各个工作机构，发展贸易，兴办现代医疗卫生机构，自力更生在雅萨和昆萨修建房屋，开荒种粮、种菜，解决分工委机关干部、职工和骑兵支队官兵的办公、生活困难，将蔬菜种植和内地的农业生产技术引入噶尔。另一方面围绕“以统战工作为主，相应开展影响群众工作”为中心，通过与包括阿里噶本等中上层人士谈心、相互走访、相互宴请、赠送礼物等，在噶尔昆萨、雅萨等地宣传“十七条协议”和中共统战、民族、宗教政策，建立广泛地反帝爱国统一战线；采取向群众发放无息贷款，进行临时性社会救济，为群众治病等办法影响群众，实现站稳脚跟的目的。

1957年5月14日，中共中央对中共西藏工委《关于今后西藏工作的决定》批示下达后，西藏工作由大发展转向大收缩。同年6月24日，中共西藏工委、西藏自治区筹委会对《阿里地区关于今后工作和编制问题的意见》进行批复，除明确阿里地区机构和编制外，指出：党的一元化领导，主要是政治和军事都由南疆军区党委领导，对阿里的外贸、内贸坚决不包揽，除茶叶外，其他一律不向外出售，土特产一律不收购。同年8月12日至15日，中共阿里分工委召开扩大会议，全面贯彻“收缩”方针。“收缩”后，部分机构撤销，人员精简，噶本政府原安排在基巧办事处和宗办事处中的人员回到原岗位。至此，中共阿里分工委工作放在固守“三点一线”[①] 上。

1957 年 12 月 26 日，中共西藏工委转发《中共中央关于西藏地区党内整风和社会主义教育的指示》。整风和教育的内容主要有：一是社会主义道路的教育；二是巩固祖国统一必要性的教育；三是各民族团结互助、共同建设大家庭的教育；四是无产阶级民族观的教育；五是按照共产主义的原则建设民族地区的经济、文化事业的教育。

1958 年，中共阿里分工委在噶尔的社会进步青年中培养当地藏族干部，有计划地选送藏族进步青年到内地学习培训。在噶尔实现了藏族干部从无到有的历史性转变。此时期，拉萨等西藏其他地区开始出现局部叛乱，但噶尔境内处于基本稳定。上层人士中大多数拥护“十七条协议”，反对分裂，虽然存在维护封建农奴的思想，但不赞成搞武装叛乱。中共阿里分工委在抓好噶尔境内工作基础上，逐步转向其他地方，开始发动群众，最大限度地团结、教育爱国人士，为民主改革作准备。

第二节　平叛和民主改革

1959 年 3 月 10 日，西藏地方政府上层反动集团发动全面武装叛乱。噶尔境内虽然未发生公开的武装叛乱，但以噶本为首的个别上层及反动头人也蠢蠢欲动，在中共阿里分工委战时指挥部的统一领导下，3 月 23 日对噶本采取紧急行动，收缴噶本拥有的全部枪支弹药和印章，对噶本的文件和财物进行封存、登记。4 月 5 日，阿里军管会成立后，发出第一号布告，宣布解散噶本政府，由军管会代行噶本职权。4 月 9 日，阿里军管会发出第二号布告，宣布免除噶本、宗本、马本摊派给群众的一切差役，废除高利贷，标志噶尔境内封建农奴制度的结束。随后，将阿里境内的贵族、头人等集中在昆萨实行管制，有效地防止发生叛乱。

① 三点一线：即普兰、噶尔、札达和新藏公路。

1959年7月1日，中共西藏工委发出《贯彻执行中央五月三十一日指示的通知》，对民主改革的步骤和民主改革第一步工作的几个问题作出规定。7月13日，阿里军管会发出第三号布告指出：为彻底肃清叛乱，逐步实行民主改革，彻底摧毁封建农奴制度，解放劳动人民，发展生产，废除一切乌拉差役制度，废除高利贷，解放奴隶，解除农牧民的人身依附，废除原西藏各级地方政府强加于人民的各种苛捐杂税。对参加叛乱的上层反动分子、寺庙和地方政府的土地给予没收，实行“谁种谁收”，废除劳动人民的一切债务。凡爱国守法的上层头人和爱国守法的寺庙的土地以及1951年以后的债务，实行减租减息政策，凡未参加叛乱的牧主和各阶层人民的牲畜所有制不予变更。原阿里噶本、左左本、那木如本、扎西岗寺庙在噶尔境内的所有特权也随之废除。为发展牧业生产，实行牧工牧主两利政策，减少牧主剥削分量，增加牧工收入。鼓励保护发展牲畜，避免牲畜大量死亡，严惩任意宰杀牲畜的行为。7月16日，阿里分工委派出工作组在扎西岗寺进行民主改革工作试点。8月15日，成立噶尔新乡，成为噶尔县乃至阿里地区成立的第一个基层人民政权。10月7日，中共噶尔县委员会在昆萨成立。随后，相续建立了4个中共区委。11月21日至22日，噶尔县委召开会议，对当前开展的“三反两利”运动进行全面细致地分析，对如何调动和发挥农牧民群众参与民主政策工作进行了研究。在县区召开不同规模的群众反叛斗争大会、群众诉苦大会，教育群众深刻认清封建农奴制度的黑暗。12月20日，对境内头人进行集训，利用9天时间对参加集训的头人进行民主改革政策宣传、开展爱国主义教育。县委书记王占彪作了《关于民主政策若干问题的报告》、《宗教问题的报告和爱国主义报告》。

1960年1月8日，县人民政府成立。年初，随着在各区以委派形式成立区公所，逐步完善人民政权组织。县委、政府在总结民主改革试点经验基础上，部署全县的民主改革工作，根据农区、牧区、寺庙不同情况和边境地区的特殊性，实行分类指导，组成民主改革工作队蹲点各乡、村，帮助进行民主改革。下发民主改革工作中干部应遵守的《守则》。民改工作队干部在模范执行《守则》基础上，坚持与当地群众同吃一锅饭、同住一顶帐篷、同农牧民们一道参加农牧业生产劳动，主动与农牧民交心、谈心，使群众从民改工作队干部的实际行动中认识共产党，把干部当做贴心人，看到未来的新生活，坚定跟共产党走的决心和信心，为民主改革的顺利进行打下坚实基础。民主改革工作队在昆萨、那木如、索麦等地召开群众诉苦大会，对参加叛乱的贵族和领主进行面对面批判，分化和争取上层人士，争取和团结大多数群众，分化孤立少数叛乱分子，建立广泛的爱国统一战线。通过开展“三反”（反叛乱、反奴役、反乌拉）、“双减”（减租、减息）运动，划分阶级成分，彻底推翻封建农奴制度，建立人民民主政权的新秩序，贯彻执行稳定发展的方针，发展生产，改善人民生活。其具体做法分四阶段：宣传教育，摸清情况，培养骨干，建立贫苦农奴小组；建立农民协会，开展反叛乱斗争，先背靠背的诉苦、算账、挖穷根，后面对面的进行说理斗争；对未叛农奴主及代理人实行“二八减租”① 和月息一分的减息政策；对参加叛乱的领主的土地实行“谁种谁收”政策，保障了生产，改善了群众生活。1958 年以前贷给劳动人民的一切债务以及对未叛乱的农奴主及其代理人在 1959 年放给劳动人民的债务一律减息。1959 年 11 月，“三反双减”试点结束，历时 90 天。接着转入第二步，进行分配土地，主要掌握三个环节：首先内部试划阶级，进一步摸清土地情况，弄清土地关系；其次通过总结“三反双减”运动，以活生生的事实深入进行消灭封建农奴制度的教育及土改政策教育，发动群众划阶级，把试划方案张榜公布，由群众评议，三榜定案，再由乡政府进行评定；在划分阶级成分时，按照 1957～1959 年三年经济上剥削和被剥削量，经详细调查取证和计算平衡后，确定为农奴主阶级或农奴阶级。鉴于噶尔的农奴主即有支配农奴人身和无偿为其徭役的特权，用出租生产资料放高利贷，收取高额租费等手段剥削农奴，又作为差巴户，承担了宗政府和寺庙的内差和外差。因此在计算剥削量时，从该家庭每年的经济总收入中，扣除该家庭成员参加生产劳动的收入部分，抵消被剥削部分，三年平衡后，其剥削量超过家庭总收入的 50％以上的定为农奴主阶级成分，剥削量在 25％～50％的定为富裕农奴、中等农奴，而劳动群众作为党在农村的团结对象。噶尔县委根据这一政策界限划定：噶尔境内有贵族 4 户。其中，因做官来阿里的外地贵族 2 户，分别为噶本土登钦绕、副噶本朗东·白玛多吉；本地世袭贵族 2 户，即那木如本丹增俄珠和左左本仁增旺扎。第三，在照顾原耕户的基础上分配土地，大多数不动，只对超过土地平均数两倍以上的少数富裕农奴的土地进行个别调整，补给原耕户地少的贫苦农奴，变封建土地所有制为农民个体所有制；同年，噶尔县三个乡开展建立第一批生产互助组试点工作。互助组是一种集体性质的生产组织形式，生产资料属于个人。同

---

① 二八减租：就是农奴主与农奴实行“二八分成”。

年，全县粮食总产量达到 9.85 万千克，比 1959 年增长 80%。

噶尔境内有寺庙 4 座、拉康 1 座，寺庙都占有生产资料，其中扎西岗寺占有大量生产资料。寺庙民主改革与所在地农牧区改革同步进行，开展“三反三算”（反叛乱、反特权、反剥削、算政治迫害账、算阶级压迫账、算经济剥削账）运动，彻底废除寺庙占有农奴人身支配和压迫特权。没收扎西岗寺的生产资料，重新分配给原该寺所属的农奴。对未参加叛乱的寺庙所拥有的土地和牲畜实行谁种归谁、谁放归谁。通过政府补助和信教群众捐赠、布施解决自愿留寺僧尼的生活。建立由爱国爱教的贫苦僧尼组成的寺庙民主管理组织，协助政府管理寺庙的宗教活动和寺庙资产，彻底废除寺庙占有农奴人身、兼管政务和各项社会事业的特权。始终坚持群众的信教自由，尊重寺庙僧尼合法的各项宗教活动，尊重僧尼自主选择留寺还俗的决定，对保存较完整的寺庙和拉康及其经书、法器和其他宗教用具采取就地保护等措施。按照群众的意愿，选择历史长、影响大、群众便于朝拜的寺庙作为保留寺，加以重点保护。执行不分教派，宗教信仰自由，僧尼留寺还俗自由，妥善安置的政策，

在典角边境区，民主改革采取更加慎重灵活的政策措施。通过正面宣传民主改革的各项方针政策，以安定边民为主，用工作队干部的实际行动争取群众，团结当地上层僧俗人士，揭露谣言。实行减租减息和赎买部分土地、耕畜；对民愤极大，农奴要求公开斗争的当地少数贵族和农奴主，只进行背靠背的揭批。

1962 年，本县约 700 余人口的农区全部完成改革，在约 1800 余人的牧区完成“三反两利”运动。在完成民主改革的地区，摧毁了“三大领主”的封建农奴统治，废除了封建土地所有制，实现了农牧民个体所有制。广大农牧民从民主改革中得到实惠。据不完全统计，噶尔县分配土地 1487 藏克[①]，废除旧债粮食 12585 千克，其他旧债折合人民币 3425 元，减租 17327 千克，减息折合人民币 1866 元，当年“谁种谁收”收获粮食 43702 千克。牧区没收和赎买牲畜 1.1 万头（只、匹），分配给贫苦牧民。赎买生产资料 10465 元人民币。在县人民政府和阿里地区政协机关安排 6 名中上层人士，培养 43 名基层干部。

① 藏克：西藏传统计量单位，既表示面积单位，也表示重量单位。代表面积时，每藏克约市制 1 亩。

第三节　稳定发展

1959年，民主改革基本完成后，根据中央关于今后西藏工作必须采取稳定发展的方针，五年内不搞社会主义改造，不搞合作社，更不搞人民公社，集中力量把民主改革搞彻底，让劳动人民的集体所有制稳定下来，让农牧民的个体经济得到发展，让翻身农奴群众确实尝到民主改革带来的好处的指示，按照中共西藏工委制定的农村“二十六条”、“牧区三十条”、“边境十条”以及有关寺庙工作等政策，县委领导人民群众发展生产，繁荣经济，巩固“一组两社”（互助组、供销社、信用社）；开展“三大教育”（阶级教育、社会主义前途教育、爱国主义教育）和普选工作，建立各级人民代表大会制度；整顿干部作风，发展党的组织，培养藏族干部；发展文教、卫生及其他事业；开展民族、统战、宗教和基层政权建设工作。这一阶段，农牧业生产稳步发展，农牧民实际收入持续提高，人民安居乐业，休养生息。

1959年，噶尔县在3个乡开展建立第一批生产互助组试点工作，至1960年9月，本县互助组中的农业生产互助组发展较迅速。同年，中共阿里分工委统一部署对互助组先后进行过多次整顿。1961年，县委、县政府派出流动工作组深入各乡，在了解基层群众思想动态，宣传“二十六条”政策的同时，建立各种贫牧协会，发动给群众进行“鸣放辩论”、进行“普选”试点，让翻身农奴行使当家做主的权利，充分调动农牧民生产积极性。至1962年底，全县已有农业生产互助组16个，入组农户112户。与此同时，阿里贸易分公司在噶尔县试点建立了左左供销社、扎西岗供销社。随后扩展到昆萨区和门士区。

1963年，噶尔县农作物实播面积达到1351亩，粮食总产量30.42万千克，牲畜存栏总头数达13.29万头（只、匹）。同年8月，县委在机关内部开展增产节约和“五反”运动；在农牧区对群众进行阶级、社会主义和爱国主义教育，试建贫农团，组织发动群众联防，打击叛匪回窜和封建农奴主的反革命复辟活动。

1964年，按照阿里分工委要求开展阶级教育、爱国主义教育、社会主义前途教育（简称“三大”教育）试点的指示，同年，在噶尔县门士乡进行“三教”试点；在县委、政府机关开展“四清”运动。至1964年底，县有各类互助组32个。其中常年组4个，牧业组2个。通过建立互助组，县农业有较大发展。

1965年，根据阿里专署普选办事处的统一安排，噶尔县、区、乡层层成立选举委员会，在全县开展普选工作。同年上半年，按照阿里专署提出在农业区进行整顿、巩固、提高现有互助组的基础上，发展一批互助组的要求，噶尔县新建互助组3个。6月24日至27日，噶尔县召开首届人民代表大会，建立县人民委员会，选出县人民代表67名。至1965年底，有互助组41个，入组户数121户。其中，农业组28个，入组农户92户；牧业组7个，入组牧户29户；常年组6个。

“四清”、“三教”运动在本县开展至1966年。1966年1月17日，噶尔县开展的“四清”运动进入收尾阶段工作。

第四节　“文化大革命”运动与建立人民公社

1965年8月，中央正式批复《关于在西藏进行社会主义改造问题的请示》，同意在西藏有领导、有计划、有步骤地试办人民公社。遵照毛泽东发出的“人民公社好”的指示，在农牧区开始试办人民公社。在办社中提出“用毛泽东思想统领一切，依靠毛泽东思想办社，依靠群众办社”的口号，根据实际情况，确定公社规模一般为一乡一社，公社下面划分若干生产队，实行公社、生产队两级管理。人民公社一律成立革命委员会，本着精兵简政的原则，实行一元化领导，不搞上下对口，基层各项工作由人民公社革委会采取既分工又统一的模式管理。在原有基层组织中，只保留贫协、治保和民兵联防组织。明确农村牧区的阶级路线，即坚定地依靠贫下中农（牧），巩固地团结中农（牧），打击的重点对象是“五类分子”（领主、领主代理人、反革命分子、叛乱分子、坏分子）。教育争取“五类”分子的子女，对政治劳动表现好的，一般给予社员称号，个别表现不好的，只让其随队劳动。

1966年8月，“文化大革命”运动开始，噶尔县境内成立了各种派系的群众组织，严重干扰县委、政府及各区工作，生产秩序受到破坏。

1967年2月，在上海“一月风暴”影响下，群众组织纷纷起来夺权，县委书记杨培功、县长达瓦更巴等党政主要领导被罢官、批斗、“靠边站”，机关工作不能正常进行，陷于瘫痪状态，整个社会进入混乱和无政府状态。同年3月27日，成立噶尔县军事管制小组，暂代行县委、政府职权。同日，本县成立“抓革命、促生产”第一线指挥部。指挥部抽调57名干部深入农牧区生产第一线，带领广大群众大抓生产，播种5000藏克，比1966年增加1485藏克，开垦荒地9.04藏克。在左左和索麦两乡各修建引水渠1条，渠长分别为1379米、3500米。

1968年2月9日，根据阿里地委“关于要把大多数领导干部解放出来，恢复正常工作的指示”，通过召开县干部大会，宣布杨培功等部分领导“解放”，并重新分配了工作。大会经过协商，选举产生了噶尔县“抓革命、促生产，促战略”指挥部，杨培功当选为指挥部负责人。冬季开始，噶尔县进行社会主义改造运动，重点进行清理阶级队伍和整党运动。清理阶级队伍运动经过宣传政策、发动群众、检举揭发、批判斗争、定案处理等阶段，在县机关单位的干部职工中清查历史问题。同年，噶尔县派人参加毛泽东思想宣传队，深入社队给贫下中农牧赠送“红宝书”，举办各类毛泽东思想学习班，涌现出不少活学活用毛泽东思想积极分子。

1969年9月29日，成立由领导干部代表、军队代表和群众代表组成的县革命委员会，由杨培功任主任。同时，设立了县革命委员会党的核心小组，杨培功任组长，曲加任副组长。设立“四大组”为县革命委员会和县革命委员会党的核心领导小组的工作机构，原县委、县政府工作机构自动撤销。

1970年1月，根据中央决定，新疆维吾尔自治区暂接管了阿里地区的党政军工作，噶尔县也随之由新疆维吾尔自治区代管。6月，在左左区成立本县第一个人民公社，即上左左人民公社。此后噶尔县11个乡相继续被人民公社体制所取代。9月，噶尔县召开了第一次党代表大会，大会审议通过了杨培功代表县党的核心领导小组所作的题为《高举毛泽东思想伟大旗帜，沿着毛泽东革命路线胜利前进》的报告，选举产生了中共噶尔县第一届委员会委员19人。杨培功当选为中共噶尔县第一届委员会书记。同时，成立中共噶尔县委纪律检查委员会，郭珉当选为县委纪律检查委员会书记。按照新疆维吾尔自治区党委和新疆维吾尔自治区革命委员会的安排，多数领导干部恢复了工作。

1972年以后，噶尔县深入开展“批林整风”和“农业学大寨”运动，先后组织学习毛泽东在中共中央九届二中全会上的重要讲话及提出的“穷则思变，要干，要革命”、“谁说鸡毛不能上天”和“自力更生、艰苦奋斗”等教导，狠批林彪鼓吹“英雄创造历史”的谬论，打破懒汉懦夫世界观，树立人定胜天的雄心壮志，推动“农业学大寨”群众运动的开展。

1974年，集中噶尔县机关全体干部职工，传达阿里地区首届贫下中农（牧）代表大会和阿里地区首次农业学大寨经验交流会精神。

1975年8月，门士公社学大寨取得较大收益，社员生活水平提高，全社130户社员个人存款总额达37000元。同年11月21日，为了进一步贯彻毛泽东关于“学习理论，反修防修，安定团结和国民经济搞上去”三项重要指示，迅速落实全国农业学大寨会议提出的“全党动员，大办农业，苦战五年，为普及大寨县而奋斗”的伟大战略任务，经县委研究决定，成立普及大寨县办公室。由于开展“农业学大寨”运动，遍地开荒，四处种粮，追求粮食产量，当年粮食总产达210.24万斤，创历史最高水平。

1976年，在全国农业学大寨会议精神鼓舞下，县委认真进行开门整风，进一步端正了思想政治路线。抽调大部分干部组成基本路线教育工作组，深入基层宣传、学习大寨基本经验，开展党的基本路线教育和两个阶级、两条路线的斗争。同年10月22日，县党政军机关和贫下中农（牧）隆重集会，坚决拥护华国锋担任国家主席和中央军委主席，热烈欢呼取得粉碎“四人帮”反党集团篡党夺权阴谋的伟大胜利。

第五节　拨乱反正和落实政策

1976年10月，中央一举粉碎了“四人帮”反革命集团，结束了“文化大革命”，噶尔进入了社会主义建设新的历史时期。在中共阿里地委的直接领导下，县委领导全县人民，清理“左”的思想影响，全面纠正“文化大革命”错误，进行了拨乱反正和平反冤、假、错案，将工作重点转移到以经济建设为中心的轨道上，各项建设事业出现了新的生机。噶尔县成立党的基本路线工作队在农牧区开展基本路线教育和整顿人民公社工作，在机关开展清查“三种人”工作。

1978年10月6日，扎西岗区试点“四定一奖”[①] 制度，根据增产幅度进行奖励，调动广大社员社会主义积极性，从一定程度促进了农牧业生产的发展。扎西岗1队绵羊的酥油产量比1977年提高了50%，鲁玛1队酥油产量比1977年提高了提高30%。在总结扎西岗经验的基础上，县革命委员会在全县进一步推广“四定一奖”定额管理制度。11月，噶尔县第二次党员代表大会在昆萨召开，大会审议通过了周俊光代表县委所作的工作报告，选举产生了中共噶尔县第二届委员会委员、常委、书记、副书记。援藏干部杨曾子当选为中共噶尔县第二届委员会书记。在农牧区开展的党的基本路线教育取得实质性成效，党的思想建设、组织建设、作风建设逐步得到了加强，干部队伍的思想素质和知识水平得到了进一步提高。

1979年，随着中共十一届三中全会的召开，全党进行拨乱反正。1980年1月1日，西藏自治区正式全面接管阿里地区工作。3月，中央召开第一次西藏工作座谈会，会议提出了加强团结，从西藏实际出发，发展经济、巩固边防的指导思想，县委、县政府认真传达学习中央第一次西藏工作座谈会和西藏自治区党委二届五次全委扩大会议精神，按照中共阿里地委提出的走富裕之路的四个依据和五条措施在县实行“减、免、放”的政策，推行包干到户、包产到户、四定一奖为主要形式的生产责任制。与此同时，根据阿里地委发出的《关于妥善解决冤假错案的意见》，噶尔县委及时纠正“左”倾错误，恢复实事求是的思想路线，贯彻“调整、改革、整顿、提高”方针，把工作重点从“以阶级斗争为纲”、“政治挂帅”转移到经济建设上来。县委抽调干部，组织人力，加大思想政治工作，解决历史遗留问题，对1957年整风“反右”扩大化的问题进行复查，对1958年平判扩大化的问题进行全面调查，对1966年“四清”和“文化大革命”运动中造成的冤假错案进行复查，给受到各种错误处理的干部、职工、群众作出平反昭雪、撤销处分、恢复公职、恢复名誉等不同处理，全面落实党的政策。

1982年，按照西藏自治区“关于阿里地区工作指示”和中央一号文件精神，噶尔县农牧业生产责任制在原有的基础上得到进一步的巩固和发展。

---

① 四定一奖：在牧业上：定畜群、定草场、定指标、定放牧点；在农业上：定人员、定选种、定产量、定措施。一奖：奖励金额10元以内，超产每斤按0.02元计算（加10元）。

全县 33 个生产队建立了生产责任制，其中包干到户的生产队 26 个，包产到户的有 2 个，“四定一奖”的有 5 个。期间，针对“双包”联产承包责任制中出现的劳力强弱不均，羊圈、草场管理不当、划分不清，使用不合理，畜群分散，五保户生活无保障等问题，经社员民主讨论，在生产队的领导下建立了 137 个协作组，统一调配劳动力、记工付酬，统一制定了全县生产责任制合同书，在社队群众开展社会主义、爱国主义教育，强调要树立“三兼顾”的思想，促进了农业生产的稳步发展。

第六节　改革开放和经济建设

1984 年 3 月，中央第二次西藏工作座谈会召开。县委、政府深刻学习领会会议精神，不断总结工作经验，重新认识本县实际，继续全面贯彻执行中共中央关于西藏工作的一系列重要指示和自治区对阿里的特殊政策，在指导思想上实现“一个解放、两个转变”，逐步深化农村牧区经济体制改革。6 月 9 日，根据阿里地区关于在全地区实行政社分开建乡改革试点工作的指示，噶尔县扎西岗区 3 个公社被确定为阿里地区实施政社分开的试点公社。8 月 25 日，成立扎西岗区政社分开试点工作领导小组，从门士、昆萨、左左 3 个区各抽调 1 名领导参加扎西岗区政社分开试点工作，9 月 15 日结束。10 月，根据中共阿里地委发出的《关于农村牧区若干政策问题》，在农牧区全面推行“两个长期不变”政策，巩固、完善家庭联产承包责任制。噶尔县在进行农牧区改革的同时，为改进领导方法使其适应新形势的需要，在机关干部中试行“三三制”工作制度①。同年底，噶尔县 11 个公社完成撤社建乡工作。

1985 年，噶尔县坚持把改革放在首位，一切从噶尔的实际出发，继续解放思想，放宽政策，对外开放，搞活经济，物质文明和精神文明建设一起抓，使人民的物质生活和文化生活水平有一个显著的提高，为 20 世纪最后

① 三三制：在三分之一的工作时间里，噶尔县委除留两名常委主持日常工作外，其他领导干部都深入到各区，帮助基层干部和群众解决问题；在三分之一的时间里搞科学示范带领群众走科学富农之路；用三分之一的时间组织干部学习党的有关现行政策，学习文化科学知识。

十年的经济振兴做好准备。其战略重点以畜牧业为基础，加强能源交通建设，开展以畜产品加工、采矿业、旅游业为主的新产业，推动教育和科技进步。

1986年，按照中共阿里地委制定的以畜牧业为基础，加强能源、交通建设，开发以畜产品加工、采矿业、旅游业为主的新产业，推动教育和科技进步的经济工作方针，解决“三个进一步”的问题①。噶尔县坚持“四项基本原则”，坚持改革开放的方针，不断深化农村牧区改革，开展基层政权建设和企业改革工作；积极搞活经济，实行物质文明建设和精神文明建设一起抓。

1987年10月，中共十三大胜利召开。噶尔县从实际出发，学习中共十三大文件，深入贯彻中共十三大精神，组织4个宣讲队，巡回宣讲中共十三大文件10多场，听众达1200人次，深入浅出地向广大干部、群众宣讲社会主义初级阶段理论。

1988年7月，阿里地区农牧工作会议召开以后，县委、政府按照会议制定的深化农牧区改革的初步意见和具体措施，在进行农牧区和企业改革的同时，进一步开放商品市场，探索建立适合噶尔特点的社会主义市场经济体制。

1989年，噶尔县全面贯彻落实中共十三届三、四、五中全会和西藏自治区党委三届六、七次全委扩大会议精神，把学习的着眼点放在增强全体党员干部、职工及农牧民群众对坚持“两手抓”（抓经济建设、抓社会治安综合治理）的方针的认识上。同时，针对国内形势及拉萨骚乱事件，认真宣传学习中央领导关于平息反革命暴乱、稳定全国局势等一系列重要指示和中共中央总书记江泽民在国庆四十周年大会上的讲话，使噶尔县各族人民及时了解资产阶级自由化的不正之风及拉萨骚乱的事实真相。在县直机关中，对党员进行一次认真的思想清理，坚决反对资产阶级自由化。

1991年1月14日，噶尔县召开区级干部读书会议，重点学习中央《关于社会主义若干问题学习纲要》，提高干部队伍的政治理论水平。随着噶尔县农牧区体制改革的深入和经济发展，“扶贫工作”实现了三个转变，即从

① 三个进一步：进一步在思想上彻底否定文化大革命，认真清除“左”的影响，端正思想；进一步认真学习党的民族政策，广泛深入地进行一次爱国主义和“两个离不开”的再学习；进一步学习中央文件，提高对宗教问题的长期性、民族性、群众性、复杂性的认识，正确贯彻执行党的宗教信仰自由政策，采取多种办法和形式，积极为信教群众提供活动场所，保障正常的宗教活动，正确对待宗教界爱国人士，注意发挥他们在两个文明建设中的作用。

生活救济解决温饱为主转变为积极发展生产为主，从大面积救济扶持为主转变为重点规划扶持为主，从无偿救济扶持为主转变为以有偿为主，农牧民的生活水平不断得以改善和提高。

1992年，中共阿里地委根据中央的决定和西藏自治区党委的安排，结合阿里实际，作出《关于开展农牧区集中性社会主义思想教育的决定》。决定指出：社会主义教育工作分两批进行，第二批在噶尔县4个乡开展。在此次社会主义教育中，本县农牧民群众受教育面占受教育人数的98%以上；农牧户主、基层干部和党员教育面达100%。同年6月，左左、门士两区将传达学习阿里地区三次会议精神同宣传党的路线、方针、政策有机地结合起来，宣传、讲解党的政策的长期性和稳定性，给农牧民吃“定心丸”。8月，噶尔县为了进一步贯彻落实邓小平同志南行讲话，在社会各界广泛开展社会主义教育和学习活动。

1993年，噶尔县认真贯彻落实中共十三届八中全会和西藏自治区党委四届三次全委扩大会议、阿里地委三级干部会议精神，以邓小平南行讲话精神为指针，讨论通过《关于认真贯彻区党委进一步搞好农牧业和农牧区工作的决定》，明确今后一个时期农牧业和农牧区工作的奋斗目标和主要工作方向是：继续深化农牧业和农牧区改革，稳定和完善农牧区现行政策，在保持“两个长期不变”政策的前提下，对农牧区实行以家庭经营为主的统分结合的双层经营体制，壮大集体经济实力，完善家庭经营责任制为主的多种形式的生产责任制；紧紧围绕加快建立社会主义市场经济体制和加快经济发展这个中心，以改革开放为动力，以建设社会主义市场经济为目标，深化各项制度的改革，扩大对外开放。为实现上述目标，打牢思想基础，县委进一步加强党建工作，在广大党员中开展“四大”① 教育。

1994年，中央第三次西藏工作座谈会召开，确定“分片负责，对口支援，定期轮换”的援藏办法，由陕西省对口支援噶尔县，并派出4名援藏干部担任县委、政府领导。县委、政府在认真学习贯彻第三次西藏工作座谈会精神的同时，结合噶尔实际，提出今后噶尔社会经济工作的指导思想、方针、任务、基本思路和战略目标。年底，噶尔县号召全县共产党员、各族干部向孔繁森学习。在学习过程中，要求各级组织、部门注重为民办好事。

---

① “四大”教育：维护祖国统一，增强民族团结，反对分裂的爱国主义教育；党的基本路线和党对西藏各项方针政策的教育；党的基本知识和远大理想教育；党的民族宗教政策和社会主义法制教育。

1997年，噶尔县作出科教兴噶尔的决定，坚持“科学技术是第一生产力”，经济建设必须依靠科学技术，科学技术工作必须面向经济建设，努力攀登科学技术高峰的方针，紧紧围绕阿里地区《1996～2010年国民经济和社会发展长远规划》，以科技进步为基础，以实用技术和优良品种的引进、消化、吸收、示范、创新、推广和资源开发为重点，以培植新的经济增长点为突破口，大力发展科技产业，加速科技成果向现实生产力的转化。

1998年，根据阿里地委的统一安排，在全县开展解放思想大讨论，将县情确定为处于社会主义初级阶段的更低层次，号召全县干部、职工深入学习邓小平理论，解放思想、实事求是地一切从实际出发，把改革作为推进噶尔县社会主义事业的动力，把“三个有利于”（是否有利于发展社会主义的生产力、是否有利于增强社会主义国家的综合国力、是否有利于提高人民的生活水平）作为检验一切工作的根本标准，为全面提高人民生活水平而奋斗。

1999年，噶尔县召开经济工作会议，进一步确立解放思想、实事求是的思想路线，在对县情认识的基础上规划部署今后一段时期全县改革、发展、稳定的目标和各项任务，并确定实现跨世纪宏伟目标的战略措施；明确噶尔县农牧业发展和农牧区工作的任务和目标：加大农牧业综合开发力度，尽快实现粮、油、肉、蔬菜基本自给的战略目标；制定实施扶贫攻坚计划的具体任务，确定加快国有企业改革、发展的具体措施。提出和探索公有制的各种实现形式，放手发展非公有制经济，以资源为依托，带动支柱产业的发展，以政策为优势，培育新的经济增长点的发展思路。

2000年3月，为了贯彻落实江泽民总书记“讲学习、讲政治、讲正气”的讲话，噶尔县分步骤有计划地开展“三讲”教育活动。

2000年底，噶尔县提出参与西部大开发的初步设想，明确本县实施西部大开发的指导思想和总体思路；制定“十五”期间国内生产总值、财政收入、农牧民人均纯收入增长的计划，为即将进入的新的21世纪开好局、起好步。

第三章 受援工作

第一节 干部援助

自1959年3月，噶尔县成立后，西藏、新疆维吾尔自治区，阿里地区在不同的历史时期都给予了亲切的关怀和无私的支持，为噶尔经济、社会的发展不断注入新鲜血液。

70年代开始，先后从河北省、新疆维吾尔自治区等内地省（区、市）调派干部到本县帮助工作。

1994年，中央召开第三次西藏工作座谈会，确定“对口支援、分片负责、定期轮换”的援藏方针，决定由河北、陕西两省对口支援阿里地区。其中，陕西省对口支援本县。

1995年，陕西省派出的第一批援藏干部4人到本县工作，均为副县级党政干部，平均年龄35岁。其中，大专学历2人，中专学历2人，由冯乃善领队。

1998年，陕西省派出的第二批援藏干部4人到噶尔县工作。其中，党政干部4人，正县级1人，副县级3人；具有研究生学历1人，大学本科学历3人，由薛晓毅领队。至2000年底，陕西省共派出2批援藏干部来本县帮助工作。

表7—3—1，表7—3—2为援藏干部名单。

陕西省第一批援藏干部名册

表 7—3—1

姓名	性别	民族	文化程度	在藏职务	进藏前单位职务
冯乃善	男	汉	中专	噶尔县县委常务副书记	陕西省岐山县委副书记
景东成	男	汉	大专	噶尔县县委副书记	陕西省扶风县委副书记
何存贵	男	汉	大专	噶尔县县委、常务副县长	陕西省陇县县委常委、副县长
黎涣涣	男	汉	中专	噶尔县副县长	陕西省宝鸡县副县长

陕西省第二批援藏干部名册

表 7—3—2

姓名	性别	民族	文化程度	在藏职务	进藏前单位职务
薛晓毅	男	汉	大学	噶尔县县委书记	延安市委加强基层工作办副主任
席金锋	男	汉	大学	噶尔县县委副书记	陕西省委组织部助理调研员
王兴怀	男	汉	大学	噶尔县县委常委、常务副县长	陕西省太白县委常委、副县长
吴聪聪	男	汉	研究生	噶尔县副县长	陕西省甘泉县副县长

第二节　经济援助

一、第一批陕西省援藏项目

1995～1998年期间，第一批陕西援藏干部为噶尔县的建设积极争取资金。先后投资131万元，建成县影剧院；投资38万元，建成噶尔县幼儿园；投资300万元，建成县干部职工住宅；投资206万元新建2所学校，改建和扩建3所学校；投资37万元，建成县环城水渠，长达4000米。先后从团中央、陕西省援藏基金会和宝鸡市等处争取到援藏资金104万元，为本县12个乡设立“一点多址”农村微波电话系统，开通了4个区公所、12个乡驻地与县城的电话通讯。

二、第二批陕西省援藏项目

1998年，第二批援藏干部到任，制定了《请求陕西省援助噶尔县七年计划》，其内容涵盖了农牧、水利、市政、交通、治沙、小流域生态农业综合治理和农牧业科技推广等，涉及投资项目30多个。从西藏自治区，陕西省西安市、延安市、宝鸡市等地为本县争取投资和融资。1998年，争取到援藏资金288万元；1999年，争取到资金120万元；2000年，争取到资金300万元。先后建设完成县综合办公楼、政法办公楼、狮泉河镇办公楼、噶尔县延安宾馆、县城道路水泥硬化等项目。

第八篇

经济综合管理

第一章　计划工作

第一节　计划管理

一、计划编制

1959年民主改革后，县计划管理部门负责编制全县社会、经济发展年度计划，制定的年度计划具有指令性作用。计划编制完成后，由县委、政府审核，报上一级计划管理部门批准，并下达执行。县人民政府在每年冬季或春季召开三级干部（县、乡、村）会议，对过去一年经济发展计划执行取得的成绩、存在的问题、改进工作的措施进行总结，安排和部署落实各项计划，确定各项事业发展指标及工作任务，并将各项指标和任务层层分解到区、乡、村和农户。计划种类按时间划分有年度国民经济和社会发展计划、国民经济和社会发展五年计划、国民经济和社会发展十年规划等；按行业划分有农牧业生产计划、商品物资流转计划、基本建设投资计划等。

20世纪80年代，计划编制的内容几乎涵盖社会生产的各个方面，小至农业生产用具的需求，大到农牧业产值、人均收入等。

80年代后，随着改革开放的逐步深化，计划经济逐渐向市场经济转型，原来的指令性计划转化为指导性计划。计划管理逐步由微观向宏观转变，中长期计划成为计划编制的重点，计划内容也向区域产业布局、重大建设投资等方向转变。进入市场经济后，县计委仍须定期制定全县经济和各项事业发展的五年计划、十年规划等中长期发展规划。其工作重点是：结合本县实际，协助县人民政府贯彻落实国家和上级关于改革开放、发展经济的路线、方针和政策，掌握、协调和解决全县经济发展中的问题和关系，编制近期、中期和长期等各种经济发展规划，调查、论证和确立全县经济发展的近期、中期和长期项目，运用市场经济来规划和调节经济的杠杆作用，引导全县各行业经济的发展，加强对境域内建筑市场、建设项目、投资使用和效益的管理等。

二、主要计划

1965 年，噶尔县首次编制年度国民经济和社会发展计划，此后编制年度国民经济和社会发展计划作为计划管理部门的常态性工作，实行年度编制，次年执行。至 2000 年，先后编制过 7 个噶尔县国民经济和社会发展五年计划。

（一）“三五”计划（1966～1970）

1965 年，根据西藏自治区指示，开始编制本县国民经济第一个五年计划（简称“三五”计划），提出在第三个五年计划期间大力发展牧业生产，积极发展粮食生产，做到粮食自给，建立巩固的后方基地，基本完成社会主义改造。

（二）“四五”计划（1971～1975）

1970 年，编制国民经济第四个五年计划，提出第四个五年计划期间全面落实中共中央提出的各项战斗任务、把发展农业放在发展国民经济的第一位，确立独立自主、自力更生、艰苦奋斗、勤俭建县的工作总方针。

（三）“五五”计划（1976～1980）

1975 年，编制国民经济第五个五年计划。提出在第五个五年计划期间，水利建设要以引河工程为主，充分利用水资源，综合治理森格藏布、噶尔藏布，以开展河滩造田，建设一支思想作风过硬、业务管理技术高的水利队伍。五年内争取农田水利全部配套，彻底解决早春缺水问题；力争农业生产，到 1980 年力争干部职工食油自给，耕、耙、播、收、脱粒、扬场、粮食加工等七项主要作业面上机械化和半机械化程度达到 70%以上；农业运输要搞“机、马、牛”结合，实现车子化；畜牧业生产到 1980 年力争酥油提取、饲料生产、畜产品运输和杂种羊剪毛等方面机械化和半机械化程度达到 70%以上；1976 年底将黑河（那曲）到阿里公路修通；力争开通狮泉河至本县有线电话；1977 年，将狮泉河列入人防工程投资的重点建设项目；有计划地创办农业技术、畜牧兽医技术培训。

（四）“六五”计划（1981～1985）

1980 年，编制国民经济第六个五年计划，提出在第六个五年计划期间，城镇居民人均年收入达到850元以上，平均年递增5.8%，进一步提高广大农牧民群众的实际生活水平；普及小学教育，因地制宜继续新办适应农村牧区的各种形式的小学；医疗卫生事业方面要抓好赤脚医生的培养，进一步改善群众卫生条件和居住条件；要进一步扩大商业网点，充实必要的人员，工作重点放在基层商业网点的建设和支农物资供应上；加强粮食工作，逐年扩大粮食储备量。

（五）“七五”计划（1986～1990）

1985年2月，开始编制国民经济“七五”计划，提出第七个五年计划期间的战略重点是以畜牧业为基础，加强交通能源建设，培育畜产品加工、采矿业、旅游业为主的新产业，推动教育和科技进步。至1990年，工、牧、农业的总产值比1985年增长37.7%，平均年递增6.6%；城镇居民人均年收入达到900元以上，平均年递增5.2%，进一步提高广大农牧民群众的实际生活水平。

（六）“八五”计划（1991～1995）

1990年，编制第八个国民经济计划，提出第八个五年计划期间的战略重点是以农牧业为基础，加强能源交通建设，注重农牧业、采矿业、旅游业的开发，发展经济，推动教育和科技进步。到1995年，国民经济生产总值比1990年增长46.94%，平均每年递增8%；国民收入比1990年增长35%，平均每年递增率6.2%；工农业总产值比1990年增长40%，平均年增长率为7%；农牧区人均纯收入达到1200元以上，平均年递增4.1%，人均占有粮食125千克；牲畜总增率达到22%，出栏率达到20%，成畜死亡率控制在5%以下，农副畜产品综合商品率达到50%；适龄儿童入学率达到40%；在狮泉河镇建立中波、短波广播转播站；建设县文化馆、电影院；重点提高现有卫生人员的实际业务水平，更新基层医疗设施，完善配套建设；开通狮泉河镇与内地的长途电话通讯和传真业务及狮泉河至各县的无线通讯，狮泉河市区电话由400门扩容到800门。

（七）“九五”计划（1996～2000）

1995年5月，编制第九个国民经济计划。提出在第九个五年计划期间，经济开始从供给型、依赖型转入经营型、自立型；国民经济生产总值以每年10%的速度递增，人民群众生活水平显著提高，各项事业有明显进步，部分乡达到小康型；国民国民收入平均年递增5.5%，工农业生产总值平均年递增9.4%；粮食总产量平均年递增2.36%，；绵羊毛产量平均年递增5.73%，山羊绒产量平均年递增8.9%，各类皮张产量平均年递增4.72%，农副产品综合商品率达到50%；发电量平均年递增34.3%；邮电业务总量平均年递增10%，邮电通讯总量平均年递增11%；适龄儿童入学率达到60%；入学巩固率不低于95%；学生流失率控制在5%以下；电视覆盖率达到30%。

三、计划执行

20世纪60年代后，县委、县政府采取下派各类工作组，深入农牧区调查，以会议或听取汇报形式了解计划实施情况，做好统计，并以报表形式上报地区。

1967年后，受“文化大革命”和“左”倾思想影响，国民经济计划指标片面追求产量，许多计划指标未能完成。“三五”计划中提出1966年实现狮泉河与拉萨无线长途电话通话，“四五”计划提出1971年建设狮泉河水电站、“五五”计划提出的综合治理森格藏布、噶尔藏布等目标均未能实现。

80年代后，计划管理内容逐年增加，年度指标涵盖社会经济的各个方面。阿里地区行署在每年的计划工作会议召开前，先召开各县计委主任和地直有关部门领导参加的计划工作座谈会，检查上年计划执行情况，通报统计数据；制定经济管理办法，加强宏观经济管理，运用行政干预、经济杠杆来调节经济活动，在国有企业建立各种责任制。

90年代，中共阿里地委、地区行署在全地区推行县级任期目标责任制办法，将地区制定的各项计划指标分解到各县和地区相关部门，并由中共阿里地委、地区行署与各县和地直副县级以上部门签订目标责任书，实行年初签订、年终集中考评奖惩的办法。

四、机构

1961年4月，县委下设财政经济工作部，负责全县经济计划工作。1963年2月1日，原县委财政经济工作部划归县人民政府领导，更名为县财经科。

1969年9月至1975年7月，县革命委员会下设生产指挥组，全县计划和统计工作由其负责。

1975年7月，撤销“四大组”，恢复设立县计划财政局。1979年3月后，县计划财政局更名为县计划财政科。

1987年6月，机构改革中，县计划财政科更名为县计划财政局。

1996年5月，县计划财政局分设为县经济计划委员会（以下简称县计委）和县财政局，县计委主要负责全县经济、社会发展计划的编制、统计、劳动、物价、交通、物资调配、基本建设等工作。

噶尔县计划管理部门负责人名录见表8—1—1。

噶尔县计划管理部门负责人名录

表8—1—1

<table>
<tr><th>机构名称</th><th>职务</th><th>姓名</th><th>性别</th><th>民族</th><th>任职时间</th></tr>
<tr><td>中共噶尔县委
财政经济工作部</td><td>部长</td><td>董 天 喜</td><td>男</td><td>汉</td><td>1961.04～1963.02</td></tr>
<tr><td rowspan="2">噶尔县财经科</td><td rowspan="2">科长</td><td>董 天 喜</td><td>男</td><td>汉</td><td>1963.02～1964.09</td></tr>
<tr><td>窦 桂 泉</td><td>男</td><td>汉</td><td>1964.09～1967.02</td></tr>
<tr><td rowspan="10">噶尔县计划
财政局（科）</td><td rowspan="4">局（科）
长</td><td>刘 锡 德</td><td>男</td><td>汉</td><td>1975.07～1978.03</td></tr>
<tr><td>岳 明 山</td><td>男</td><td>汉</td><td>1978.03～1980.08</td></tr>
<tr><td>贵　　桑</td><td>男</td><td>藏</td><td>1982.12～1984.04</td></tr>
<tr><td>索巴多吉</td><td>男</td><td>藏</td><td>1987.06～1987.10</td></tr>
<tr><td rowspan="6">副局
（科）长</td><td>永　　保</td><td>男</td><td>藏</td><td>1979.03～1982.04</td></tr>
<tr><td>多吉扎巴</td><td>男</td><td>藏</td><td>1979.03～1980.09</td></tr>
<tr><td>贵　　桑</td><td>男</td><td>藏</td><td>1980.09～1982.12</td></tr>
<tr><td>年　　扎</td><td>男</td><td>藏</td><td>1984.05～1987.06</td></tr>
<tr><td>巴桑卓玛</td><td>女</td><td>藏</td><td>1985.02～1987.06</td></tr>
<tr><td>噶 尔 旦</td><td>男</td><td>藏</td><td>1987.06～1996.01</td></tr>
<tr><td rowspan="3">噶尔县经济计划委员会</td><td rowspan="2">主任</td><td>嘎 尔 旦</td><td>男</td><td>藏</td><td>1996.01～1998.10</td></tr>
<tr><td>尼玛次仁</td><td>男</td><td>藏</td><td>1998.11～2000.12</td></tr>
<tr><td>副主任</td><td>拉巴次仁</td><td>男</td><td>汉</td><td>1999.01～2000.12</td></tr>
</table>

第二节　基本建设管理

一、项目编制与报批

（一）项目编制

1960年至20世纪70年代中期，噶尔县基本建设项目较少，城镇及农牧业基础设施建设主要依靠机关干部、职工义务劳动或群众投劳，国家给予一定的建筑材料补助资金完成。

从20世纪70年代末开始，随着国家对西藏资金投入的加大，基本建设项目开始列入本县国民经济和社会发展计划。各种新建、改建、扩建项目由县人民政府根据国家在不同时期的资金投向、产业政策、境域内社会经济发展的实际需要提出，县计划管理部门按程序和要求，编制基本建设项目，逐级上报下达。

20世纪90年代，随着市场经济体制的不断完善，基本建设纳入国家宏观调控管理范畴。基本建设项目编制工作逐步规范，建立预可研、可研、初步设计、施工设计等制度。项目范畴不断扩大，以农牧业基础设施为主，兼有社会事业发展及能源、交通、通讯等基础设施项目。

（二）项目审批

噶尔县基本建设主要依靠国家投入，地区经济计划委员会或地区行业主管部门，按照全地区基本建设投资额和轻、重、缓、急的原则，对本县申报的项目予以审批，由县政府或县经计委具体组织实施。

二、建筑工程管理

（一）工程承包

民主改革后，县境域内基本建设投资和项目较少，设计标准低，工程难度小，由干部、职工或群众承建。

1988年，在县城迁建工程中钢筋混凝土结构建筑开始出现，大部分基建工程由四川省德阳市第三建筑工程公司、四川省宜宾市建筑公司等施工队承建。承包形式由最初的“单包”（只包人工工资不包材料）逐步向“双包”（既包人工工资又包建筑材料）转变。承包商与项目管理部门（地区经计委、建设单位、县人民政府），后逐步转变为与项目法人签订承包合同，经工商部门公证后，开始具体实施。

1993年，县建筑建材公司成立后，采取议标方式承包本县部分工程。

（二）质量监督检查

县境域内基建工程质量监督，主要由阿里地区建筑质量监督站（以下简称地区质监站）负责，县计财局（经计委）配合协助。重大项目由县计财局（经计委）派员驻守卫建筑工地跟踪管理，发现问题及时向施工队提出，并进行纠正。如遇重大质量问题则向地区质监站报告，并由地区质监站派出专业技术人员到施工现场解决。地区质监站的技术人员也经常不定期的深入施工现场，对工程质量进行检查、指导和监督。

（三）工程招投标管理

民主改革后，基本建设工程为议标。

1995 年，根据阿里地区基本建设领导小组通知，对建筑工程试行招投标。

1998 年，根据阿里地区规定，对投资在 50 万元以上的建筑工程项目全部实行招投标。本县建设工程招标投标工作，由地区经济计划委员会负责并组织，县政府和县经济计划委员会派人员参加，与地区经济计划委员会共同确定中标施工队伍。建设工程的招投标须附有设计图纸、建筑面积、质量要求等。限额以下的建设工程，仍由县政府或建设单位议标，确定施工和承包人。

第二章　统计管理

第一节　机构与报表

1960年建县初期，统计工作由县委财经工作部负责。1963年，由县人民政府财经科管理，其他县直各部门内设专职或兼职统计人员。每年统计的内容和指标主要有耕地面积、农作物播种面积、产量、粮油征购、牲畜数量等农牧业生产指标及商品购进、销售、库存等商业指标。县直各部门根据工作职能，对本部门各项经济、社会指标依法统计后，在报送上级主管部门的同时报送县财经科，由县财经科对各项经济、社会指标进行汇总。

“文化大革命”期间，全县统计工作由县革委会“四大组”中的生产指挥组负责。

1976年，县计财局（科）管理统计工作，统计工作得到逐步健全和完善。

80年代后，随着改革开放的不断深化，各种生产责任制的落实，国家对统计工作和统计数据准确性、时效性的要求不断提高，统计工作范围不断扩大，统计工作内容和指标不断增加，全县统计工作步入规范化轨道。1985年，全县统计工作包括全民、集体、个体、私营等不同所有制行业。统计内容按行业划分有农牧副业生产统计、工业生产统计、商业、饮食业、交通、基本建设、教育卫生、文化影视、邮电通讯统计以及国家机关、企事业单位干部职工、党员统计和劳动工资统计；按统计时限划分有旬报（以电报形式报送）、月报、季报、半年报、年报。

1991年，县计财局采取在每年的9～11月中旬前，将各种统计报表提前发到各区、乡，由各区、乡逐级填报后，在年底召开由各区、乡负责人参加的年报汇总会，逐乡、逐村核实各种生产情况和现金收入等情况，再按上级统一规定的统计计算价格，分别计算出该年各区、乡和全县的各项总收入、纯收入、人均收入及各种产值，经县政府主要领导审核签字盖章后上报阿里地区。

1996年，县经济计划委员会成立，负责全县的国民经济和社会发展统计。

1959年至2000年噶尔县粮食产量、牲畜存栏情况见表8—2—1，1980～2000年噶尔县农村经济总收入及农牧民人均收入情况见表8—2—2，

1985年噶尔县各区农牧业经济情况见表8—2—3，1986～1993年噶尔县主要经济指标完成情况见表8—2—4，1994～2000年噶尔县主要经济指标完成情况见表8—2—5，第五个五年计划至第九个五年计划期间狮泉河镇城乡居民消费情况变化统计见表8—2—6。

1959～2000年噶尔县粮食产量、牲畜存栏情况表

表8—2—1

年份	粮食产量（万斤）	牲畜存栏万（头、只、匹）	年份	粮食产量（万斤）	牲畜存栏万（头、只、匹）
1959	10.91	8.32	1980	189	30.94
1960	19.71	7.71	1981	166.60	28.09
1961	26.49	14.01	1982	128.39	25.16
1962	24.39	12.80	1983	138.28	25.65
1963	30.43	13.29	1984	90.93	24.35
1964	31.63	14.18	1985	144.65	23.11
1965	48.67	19.84	1986	91.56	—
1966	65.93	20.65	1987	78.73	27.85
1967	78.47	21.69	1988	101.39	27.31
1968	72.03	21.64	1989	88.62	27.20
1969	81.48	20.15	1990	91.90	25.54
1970	89.21	23.28	1991	110.31	22.12
1971	133.97	21.93	1992	142.35	22.76
1972	119.91	21.90	1993	131.38	23.02
1973	156.67	23.45	1994	144.03	17.73

续表 1

年份	粮食产量（万斤）	牲畜存栏万（头、只、匹）	年份	粮食产量（万斤）	牲畜存栏万（头、只、匹）
1974	174.83	25.48	1995	131.83	23.08
1975	181.29	21.68	1996	—	24.84
1976	161.40	23.33	1997	80.52	25.91
1977	210.24	25.28	1998	114.43	19.70
1978	206.17	—	1999	130.8	21.08
1979	169.10	27.99	2000	142.48	22.52

1980～2000 年噶尔县农村经济总收入及农牧民人均收入情况表

表 8—2—2

年份	农村经济总收入（万元）	农牧民人均收入（元）
1980	186.4	397.00
1981	213.1	463.00
1982	184.6	421.00
1983	—	433.45
1984	—	471.58
1985	390.64	837.19
1986	351.93	724.55
1987	396.52	864.51
1988	472.37	919.03
1989	546.82	987.00
1990	426.49	837.50
1991	416.80	827.93
1992	509.84	829.02
1993	622.70	757.92
1994	564.19	833.52
1995	1107.41	1002.66
1996	1171.89	1102.66
1997	1064.9	944.64
1998	874.13	980.41
1999	1149.6	1135.12
2000	1546.04	1236.18

1985年噶尔县各区农牧业经济情况统计表

表8—2—3

项目	粮食产量（千克）	农村经济总收入（万元）	出售牲畜		
			羊（只）	牛（头）	出售牲畜重量（吨）
全县总计	72.30	390.64	51214	1085	54.23
门士区	18.51	98.44	11813	327	12.72
扎西岗区	23.63	84.21	8791	196	9.34
左左区	11.25	99.74	20379	482	21.72
昆萨区	18.91	108.25	10231	80	10.45

1986～1993年噶尔县主要经济指标完成情况统计表

表8—2—4

年份 指标名称	单位	1986	1987	1988	1989	1990	1991	1992	1993
户数	户	959	964	1001	1000	1046	1100	1100	1135
农牧民人口	人	4631	4514	4700	4700	5003	4900	5100	5151
粮食产量	万斤	91.56	78.73	101.39	88.62	91.90	110.31	142.35	131.38
肉类产量	万斤	116.52	154.00	158.17	135.74	137.65	138.68	124.94	138.90
绵羊毛产量	万斤	25.92	26.10	26.82	25.02	23.55	20.41	21.37	27.32
山羊绒产量	万斤	3.19	3.09	3.07	3.18	2.94	2.09	3.24	3.50
奶类产量	万斤	135.85	167.42	151.88	140.32	157.07	120.37	216.59	176.04
年末牲畜存栏	万头（只）	—	27.85	27.31	27.20	25.54	22.12	22.76	23.02
农村经济纯收入	万元	339.88	378.74	422.75	464.79	389.54	385.98	394.00	371.00
人均纯收入	元/人	724.55	864.51	919.03	987.00	837.5	829.93	829.02	757.97

1994～2000年噶尔县主要经济指标完成情况统计表

表8—2—5

年份 指标名称	单位	1994	1995	1996	1997	1998	1999	2000
粮食产量	万斤	144.03	131.38	—	80.52	114.43	130.8	142.48
肉类产量	万斤	94.97	89.46	88.44	134.87	84.11	79.91	147.47
绵羊毛产量	万斤	14.94	16.97	19.86	19.11	18.20	16.78	17.81
山羊绒产量	万斤	2.97	3.6	4.42	4.02	3.88	3.64	3.38
奶类产量	万斤	62.71	167.67	148.48	124.82	107.92	75.58	203.48

续表 1

指标名称＼年份	单位	1994	1995	1996	1997	1998	1999	2000
年末牲畜存栏	万头	17.73	23.08	24.84	25.91	19.70	21.08	22.52
农村经济总收入	万元	564.19	1107.41	1171.89	1064.9	874.13	1149.6	1546.04
农牧民人均纯收入	元	833.52	1002.60	1102.66	944.64	980.41	1135.12	1236.18
农牧民户数	户	1146	1167	1227	1227	1210	1252	1270
农牧民人口	人	5230	5344	5441	5525	5610	5649	5687

“五·五”至“九·五”期间狮泉河镇城乡居民食物消费情况变化表

表 8—2—6　　　　单位：千克

项目＼年份		1980 年	1990 年	1995 年	1998 年	2000 年
人均牛肉消费量	农牧民	160	210	230	235	256
	城镇居民	180	180	180	215	250
人均羊肉消费量	农牧民	21	25	31	31	40
	城镇居民	43.5	50	61.8	60.3	71
人均猪肉消费量	农牧民	42	52	54	55.5	62.6
	城镇居民	55.4	68	72	89	82.5
人均动物油消费量	农牧民	21.5	30	30	30.5	31
	城镇居民	55.4	15	20.9	23	28
人均植物油消费量	农牧民	—	5	5	6	6.5
	城镇居民	12	15	20.9	23	28
人均蔬菜消费量	农牧民	—	10	12	11	21
	城镇居民	—	41	43	43	50

第二节　专项调查和普查

1982 年 5 月，根据全国和自治区统一安排部署，开展全国第三次人口普查工作，是本县第一次规范性的人口普查。经普查本县家庭总户数 1410 户。其中，1 人户 107 户、2 人户 239 户、3 人户 281 户、4 人户 259 户、5

人户 167 户、6 人户 160 户、7 人户 86 户、8 人以上户 111 户，总人口有 7186 人；按行业划分：农牧业人口 4898 人、林业人口 8 人、工业人口 394 人、制造业人口 153 人、交通运输邮电通信业人口 420 人、商业饮食业 236 人、住宅公用管理和居民服务业人口 28 人、卫生体育和社会福利业人口 126 人、教育文化艺术事业人口 142 人、科学研究和综合技术服务人口 46 人、金融保险业 61 人、国家机关和党政群体人口 674 人。

1990 年 7 月 1 日，根据全国和自治区的统一安排部署，噶尔县开展全国第四次人口普查工作。据统计，本县总人口 9387 人。其中，藏族 8212 人，其中男 4148 人、女 4064 人；男 5136 人、女 4251 人；汉族 1159 人，其中，男 974 人、女 185 人；蒙古族女 1 人、回族男 5 人、维吾尔男 4 人、其他民族 6 人。

1996 年 7 月，根据全国和西藏自治区的安排，在县域内开展农业普查工作。当年本县牲畜总头数 24.84 万头（只、匹）；奶类总产量 742.41 吨；肉类总产量 442.2 吨；绵羊毛总产量 99.25 吨；羊绒总产量 22.11 吨。

2000 年，根据全国和西藏自治区的安排，在全县开展全国第五次人口普查工作，统计结果见表 8—2—7。

2000 年噶尔县第五次人口普查乡村人口构成统计表

表 8—2—7　　　　单位：人

乡、村名		户数	人口			劳力
			总数	男	女	
门士乡	小计	381	1827	917	910	1492
	门士村	191	1004	506	498	783
	索堆村	190	823	411	412	609
昆萨乡	小计	400	1746	858	888	1440
	噶尔新村	118	397	193	204	301
	那木如村	124	614	309	305	480
	索麦村	158	741	356	385	659
狮泉河镇	加木村	58	198	101	87	141
扎西岗乡	小计	166	720	399	321	461
	扎西岗村	71	309	179	130	175
	鲁玛村	66	294	144	150	201
	典角村	29	117	60	57	85
左左乡	小计	273	1178	612	566	920
	上左左村	86	369	201	168	241
	下左左村	59	266	155	111	189
	郎久村	128	543	256	287	490

第三章　价格与计量管理

第一节　价格管理

历史上，噶尔有传统物物交换习惯，农牧民需要的牛羊肉、酥油、食盐及口粮主要通过物物交换形式取得。其价格由双方协商。历史上盐粮交换比价，大体是1藏克①盐换1藏克青稞，即1千克盐换0.7千克青稞。

1955年，根据中共西藏工委的指示，阿里地区对实行实物工资制所必需的11种物品价格作出规定。其中，柴火、茶叶等均按新疆价格执行。

1959年，按照高度统一的计划经济要求，物价管理工作由阿里专员公署财粮科负责。

1960年后，本县严格执行国务院"稳定物价"的方针，对县境域内的粮油、畜产品收购及农业生产资料、日用百货、药品的销售，执行国家、西藏自治区和阿里专区制定的统一价格。任何生产、经销的单位和个人均不得随意涨价和降价。县价格管理部门只有监督权和管理权。期间，1975年，本县几种主要农畜产品的价格是：公牦牛95元/头、母牦牛80元/头、羊10元/只、酥油3元/千克。马作为农牧区的主要交通工具，价格昂贵，最贵的高达700～800元/匹。1978年，根据阿里地区计委通知，提高8种副食品销售价格，为稳定机关干部、职工生活，对干部职工按每人每月9.5～11元标准发放物价补贴。1979年，根据西藏自治区计委、商业厅的文件，

① 1藏克盐约20千克，青稞约14千克。

本县对肉、禽、蛋等部分副食品的销售价格以及牛、羊的收购价格进行调整。对牛、羊收购开始按市斤计算，而不按头（只、匹）计算，每百市斤带骨牛肉由28元调为49.39元，提高65.57%。除要求市场要按此标准执行外，各乡、各单位也必须据此统计年报。青稞销售价格0.68元/千克，雪莲花2.68元/千克。1984年，根据西藏自治区提出的“调放结合、分步前进、走一步、看一步”的物价改革指导思想，放开了酥油、蔬菜、干果、调料、禽类、水产品、肉类制品等价格，实行随行就市。1985年，本县对职工实行肉价补贴，具体标准为干部职工每人每月11.5元，随工资发放；家属小孩每人每月3.5元。同年，阿里地区将除西藏自治区管理的37种关系国计民生的重要商品以外的其他商品价格作价权限放至县商业局，阿里地区只管理作价办法，具体价格由县贸易公司制定。

1986年，放开自行车等7种轻工产品和针织产品价格，由经营企业自行定价。

1988年，地区商业局针对县委、政府提出的县贸易公司存在乱涨价行为，组织专门人员对县贸易公司经营商品价格进行检查，对违反国家和自治区价格管理的行为予以了严肃处理。

1989年，由于蔬菜价格的放开和运输费用的提高，导致蔬菜价格大幅上涨。其中，大白菜每千克4.5元，大萝卜每千克4.2元，红萝卜每千克4.8元，莲花白每千克4.00元，莴笋每千克6.8元，土豆每千克5.5元，小白菜每千克4.8元，花菜每千克8.4元，大葱每千克4.5元，菠菜每千克8.8元。同年，物价管理实行“管、调、放”相结合的“差率控制、制订限价、价格申报”等形式，建立健全提价申报、价格调节、价格补贴、企业定价许可证、价格咨询和价格目标管理等制度，进一步规范市场秩序，推动境域内经济的发展。

1990年，根据阿里地区物价局指示，对县贸易公司及个体工商户经营商品实行明码标价。1992年，本县加大价格体系改革，由“调放结合、以调为主”向“调放结合，以放为主”转变。

1999年8月，受自然灾害和交通中断的影响，物价持续上涨，部分蔬菜价格出现暴涨。为稳定市场价格，保障消费者合法权益，地区物价局对狮泉河镇农贸市场经营的关系人民生活必需品的部分商品价格实行最高限价：蔬菜类：青椒每千克7元；西红柿每千克6.50元；黄瓜每千克6元；土豆每千克5元；莲花白每千克4元；蒜苗每千克8元；大白菜每千克5元；大葱每千克 6 元；白萝卜每千克 6 元；平菇每千克 12 元；葫芦瓜每千克 6 元；芹菜每千克 5.50 元；豆腐每千克 4 元；豆芽每千克 4 元；胡萝卜每千克 6 元；大蒜每千克 10 元；冬瓜每千克 8 元。肉禽蛋类：猪肉每千克 24 元；羊肉每千克 14 元；牛肉每千克 20 元；活鸭、活鸡每只 35 元；鸡蛋每个 0.80 元。粮油类：清油每千克 12 元；大米每千克 4 元；面粉每千克 3.60 元；酥油每千克 30 元。

2000 年，本县市场蔬菜平均价格每千克 5 元左右。市场禽类、鱼类价格：活鸡每只 30.00 元，活鸭每只 40.00 元，冻鱼每千克 12 元，鲫鱼每千克 50 元，草鱼和鲤鱼每千克 35 元；食盐（加碘盐）价格每千克 3 元；鲜猪肉每千克 18 元，冻猪肉每千克 14 元，牛肉每千克 16 元，羊肉每千克 12 元。

1955 年噶尔县 11 种物品价格价格情况见表 8—3—1。

1955 年噶尔县 11 种物品价格情况表

表 8—3—1　　单位：元/斤

品名	单价	品名	单价	品名	单价	品名	单价	品名	单价
大米	0.30	白面	0.26	黄豆	0.25	食油	0.63	猪肉	2.75
食盐	0.08	调料	0.56	蔬菜	0.15	柴火	0.007	茶叶	2.50
香烟（条）	6.00	—	—	—	—	—	—	—	—

注：白面、大米、猪肉、茶叶、黄豆、调料等均按新疆价格执行。

第二节　主要商品价格

一、粮食收购和销售价格

1952 年，青稞价格 1 藏克涨至 6.60 银元。1953 年，青稞 1 藏克涨至 14.9 银元。

1960 年，青稞收购价每千克 0.50 元。1961 年，国家将粮食收购价格平均上调 25%。青稞收购价每千克为 0.58 元。1964 年，青稞收购价格调整为每千克 0.50 元，平均降价幅度为 15.38%。大米销售每千克为 0.70 元，面粉销售每千克 0.80 元。

1980年，青稞的收购价格由每千克0.68元调整为0.72元。

1984年10月，按照西藏自治区的要求，决定取消粮食计划收购，实行最高限价，统购价和加价收购亦随即停止执行。青稞最高收购限价为每千克0.90元。粮食销售价格：青稞每千克1.20元；面粉每千克1.20元；糌粑每千克1.28元。内地调进粮食：大米每千克1.20元，标准面粉每千克1.28元。

1985年10月，按照西藏自治区人民政府下发的《关于粮油收购实行最低保护价格的通知》精神，确定粮食类最低保护价格为青稞每千克0.64元。

1988年9月，依照西藏自治区人民政府的决定，对收购的青稞实行最高限价和最低保护价。最高限价现行价0.90元/千克，调后价不变；最低保护价。现行价0.64元/千克，调后价0.70元/千克。1989年5月，青稞收购价格为0.76元。

1990年，粮食销售价格：标准大米为1.80元，精米为2.00元，标准面粉为1.90元，精粉由每千克1.40元调为2.20元，黄豆由每千克1.40元调为2.80元，玉米由每千克1.10元调为1.40元。

1994年4月，优等青稞价每千克由0.90元提高到1.14元。1995年，按青稞每千克0.44元向农民支付价外补贴。同年，粮食收购价格全部放开。

1995年8月，对部分粮食销售实行最高限价，具体标准为：标二早籼米每千克4.74元，内地标粉每千克4.28元，地产标粉每千克3.84元，糌粑每千克3.62元，小麦和青稞每千克2.80元，精米每千克为4.90元，晚籼米每千克为4.85元，精粉每千克为4.25元。其他品种粮食如豌豆、蚕豆、大豆、绿豆、糯米、玉米、芝麻、花生等价格由市场自行调解，放开经营。

1996年，精米每千克4.20元，标一晚籼米每千克3.70元，上海精粉每千克3.48元，河北标粉每千克3.00元，青稞每千克2.50元，小麦每千克2.00元，糌粑每千克4.80元。

1998年，狮泉河镇市场标粉销售价格为每千克4.40元，精粉每千克4.80元～5.20元；精米每千克5.00元，青稞每千克3.20元。青稞收购保护价为每千克1.48元。

二、酥油价格

1951年初，酥油销售价格每千克3元。1957年，销售价每千克3.46元。1960年，酥油收购价每千克2.80元。1961年，销售价为每千克2.80元。1962年，酥油销售价调为每千克2.85元；收购价格每千克2.85元。

1973年，酥油价格每千克2.75元；销售价每千克为2.75元。1984年，酥油收购价格6.50元；销售价每千克6.50元。1990年，市场收酥油购价每千克8.20，销售价每千克8.20元。1993年，价格全面放开、随行就市。至2000年底，酥油销售价格为每千克38元。

三、畜产品价格

（一）羊毛与羊绒

1961年，收购价格每千克1.20元。1974年，绵羊毛每千克收购价格为2.60元；山羊绒每千克收购价格为2.80元。

1980年4月，紫山羊绒净货收购价格为12.80元，统货收购价格为11.80元。1984年，将土种绵羊毛划分为3个等级，收购价一等每千克为4.15元，二等每千克3.75元，三等每千克3.25元。1993年开始，羊毛、绒等畜产品价格全部放开，价格随行就市，自主经营。

（二）皮张

1961年，绵羊板皮每张收购价格为1.80元；绵羊皮每张收购价格为3.00元；山羊皮每张收购价格为1.50元；牛皮每千克收购价格为1.20元。

1974年，山羊板皮每张收购价格为2.2元，绵羊皮每张收购价格为3.4元。1978年，将绵羊皮收购价为4.2元，牛皮每千克为2.20元，山羊板皮每张为3.5元。

1984年，一等品每千克收购价格为3.50元，二等品每千克收购价格为2.80元；三等品每千克收购价格为2.20元。1989年，山羊板皮每张收购价格为5.50元；山羊绒皮每张收购价格为6.50元。

1993年，皮张产品价格全部放开，价格随行就市。

（三）活畜

20世纪50年代至60年代，中等绵羊每只销售价约4元～5元，牦牛每头约20～30元。

20世纪70年代至80年代初，中等绵羊每只销售价10元，牦牛每头约100元。进入20世纪80年代中期，活畜销售价格放开，随行就市。

至20世纪90年代，中等绵羊每只120～150元，牦牛每头1 000～1 500元。2000年，市场中等绵羊每只150～200元，牦牛每头1 500～1 800元。

四、蔬菜价格

和平解放至80年代，境域内无蔬菜经营。机关、企事业单位及驻地部队所需蔬菜由各单位食堂自行从新疆采购，销售对象仅限单位职工。其运价及损耗由国家补贴。主要有萝卜、白菜、土豆等大类蔬菜，不分品种每千克均为 4 元。

1989 年，由于蔬菜价格的放开和运输费用的提高，导致蔬菜价格大幅上涨。其中，大白菜每千克 4.5 元，大萝卜每千克 4.2 元，红萝卜每千克 4.8 元，莲花白每千克 4.00 元，莴笋每千克 6.8 元，土豆每千克 5.5 元，小白菜每千克 4.8 元，花菜每千克 8.4 元，大葱每千克 4.5 元，菠菜每千克 8.8 元。

2000 年，狮泉河镇市场蔬菜每千克平均价格为 5.00 元左右。

第三节　计量管理

一、传统计量

象雄时期，境域内出现“升、斗、称”等简易度量器具。7 世纪中叶，松赞干布统一吐蕃后，制定 36 大法律，其中有度量衡标准法，对称、斗、普、掬、钱、厘等计量单位的进位、换算标准作了统一规定，并制定了统一的计量单位标准法。赤祖德赞在位时期，为了适应当时商业贸易事业和经济发展的需要，重新核定原有的升、斗、称和斤、两、钱等度量衡。

《贤者喜宴》中，将制定的度量衡列入《十万金顶具鹿之法》，所载度量衡单位有升、两、合、勺、钱、分、厘、毫等，并明文下令这些单位是法定，不得私改。随后，又出现了升、斗、称、培等 8 种度量衡具。

清代至民国时期，境域内群众还从事着原始的物物交换关系，交易的度量衡器具及量值也因地域不同而繁杂。

（一）长度计量

传统上，阿里地区计算长度以人的四肢作为度量单位。以“指”为单位，藏语称“索”，如 4 指宽称“索细”；拇指至食指第二关节距称“祖果”；拇指尖至中指尖距称“妥”；1 肘称“楚”；膀称“董巴”，共分 5 种。其中 1 指、4 指、祖果、妥等 4 种单独使用，是日常生活中最常用的度量。

24 指为 1 肘，4 肘为 1 董巴或 96 指为 1 董巴。布料、毛料、绸缎等计量单位以方为单位，藏语称“卡”，即布匹或绸缎的口面宽度折回丈量，卡又分为长卡和短卡2种，一般12指为1卡。氆氇、绳子等则以董巴计量。

（二）重量计量

重量单位按传统习惯，一般分贵重物和不宜用容量计量的一般实物。金、银、珊瑚等类以“乃”（青稞粒）、“豆”（豌豆）、“雪”（钱）、“桑”（两）5种以及“多拉”（外来语，1多拉等于1英制银元，即12.5克）为重量计量单位；计算酥油、木材等物用“甲玛”（斤）、“尼嘎”（藏斤）、“勃热”等3种。

由于本县地处边境，边贸较发达，19世纪，在民间边贸中也常用英制、印度、尼泊尔的重量单位，至20世纪60年代末。

（三）容量计量

古格时期使用“普尔”（掬）、“卡”（半藏升的四分之一）、“折”（藏升）、“博”（藏斗）、藏克5种。其进位制是2个掬为1个卡，4个卡为半藏升，2个半藏升为1个藏升，4个藏升为1个博，5个博为1克。另外，还有古格升和古格克等容量单位，略小于西藏通用的升、藏克。

噶厦时期，藏升和藏斗又分专用和通用两种。专用藏升和藏斗大于通用藏升和藏斗，且只准官府和寺院用于征收差税和放贷。

（四）面积计量

计算土地面积，一般用藏克计算。1藏克等于一对牛1日所耕的地的面积。1藏克约为3亩地面积。

另外，除了按种子用量计算外，还用膀来丈量。

二、使用国家统一计量标准

1959年，国务院颁布《关于统一计量制度的命令》。县人民政府成立后，在全县逐步推广和使用全国统一的计量器具与标准，如杆秤、磅秤、市尺、米尺、量杯，并使用市斤、两，尺、寸、厘米、米、千米，亩、分等计量单位。至1980年，本县对各种计量器具和计量单位的使用渐趋统一。

1984年2月，国务院颁布《关于在我国统一实行法定计量单位的命令》、《全面推行我国法定计量单位的意见》和《中华人民共和国法定计量单位使用办法》后，本县在计算面积时将“克、升”改为亩、分、平方米等；农牧民群众在继续使用“克、升”等重量单位的同时，市场上广泛使用市斤、两、千克（千克）、吨等单位；长度单位多采用米（公尺）、厘米、千米（千米）等；容量单位采用公升、毫升（石油、卫生、农牧等部门常用）。

至2000年底，境域内通用的计量器具，测重的有杆秤、台秤、磅秤和天平秤等；测量长度的器具有直尺、卡尺、皮卷尺、钢卷尺等；测容积的器具有刻度量杯、量筒、量瓶（均属玻璃制品）等。

第四节　机　构

1960年1月县人民政府成立后，由县委财经工作部负责全县的价格和计量管理工作。1962年10月至1966年5月，由县政府财经科负责全县价格和计划工作。“文化大革命”开始后，全县价格和计量管理工作受到影响。1970年11月～1975年8月，由县革委会生产指挥组负责境域内价格和计量管理工作。1975年8月23日，成立县计划财政局，负责全县的价格与计量工作。1979年5月30日，计划财政局改为计划财政科，由计划财政科负责噶尔县的价格与计量管理工作。1987年7月，县计划财政科改为计划财政局，由县计划财政局负责全县的价格与计量管理工作。1996年8月，县计财局分开，设县经济计划委员会，负责全县的价格与计量管理工作。

第四章　工商行政管理

第一节　工商企业登记

噶尔县成立以后，工商行政管理工作由县贸易公司负责管理，后改为县商业局管理至1988年。期间1984年，按照自治区工商部门文件规定，在县内严格实行工商企业登记制度，要求申请开业从事工商业活动的单位和个人必须在地区工商行政管理局申请登记，经过审查批准发给营业执照后方可在核准范围内从事正当的生产和商业经营。同年境域内经核准登记的工商企业17家，其中属本县管理工商企业1家。

1988年，县城迁至狮泉河镇以后，由阿里地区工商行政管理局直接行使工商行政管理职能。至2000年底，本县没有成立独立的工商行政管理机构。

1989年，地区工商局在本县推行企业法人登记办法，对个体工商户字号名称和营业用章做出六项规定：个体工商户字号名称必须经工商行政管理机构审定；在县内登记的，必须注明具体地名，不得使用公司、中心等大字号；经营服装、饮食等行业，字号招牌可简写；营业用章与营业执照编号名称相一致，刻印章必须到公安机关办理；用章不得转借、出卖、挪用。同年，工商部门对所有工商企业换发登记新的营业执照以便管理。

90年代后，随着阿里地区改革开放的不断深入，境域内不同所有制形式的企业及个体工商户逐渐增多。1991年，境域内经核准登记的工商企业数量达到25家。

1994年，在狮泉河镇组织宣传《公司法》，发放宣传材料1500份，邀请厂长、经理举办《公司法》实施座谈会。

1995年，按照“简化、规范，制约”的原则，改革完善企业登记程序。除特殊行业须经有关部门审批外，其他行业的企业只要具备法人资格的组织或由出资人直接申请，均依法给予独立登记注册。

1999年，根据《公司法》的要求：改革和完善企业登记管理，严格市场主体准入资格的审查，对虚假验资、抽逃注册资金的行为依法进行查处，确保市场注册资格的真实性；积极支持国有企业改制、改组、改造；认真贯彻中共中央、国务院《关于军队、武警部队、政法机关与所办企业脱钩》指示精神，做好脱钩企业的变更和注销登记，及时处理登记中出现的新问题。随着西部大开发和西藏跨越式发展，积极加大招商引资力度，认真落实自治区工商局《关于进一步改善发展软环境的若干规定》，提高服务质量，改革审批制度，简化登记程序，放宽市场准入条件，推动创业投资，支持国企改革，保护合法权益，改变监管方式，规范执法行为。

至2000年底，在境域内经营登记注册的各类企业231家，注册资金24062万元。其中，国有98家，注册资金23548万元；集体企业143家，注册资金514万元；个体工商户发展到1838户，从业人员3013人，注册资金3227万元，年上缴税收680万元。企业年检率达到90.4%，年检合格率99.8%。

第二节　综合管理

一、经济管理

历史上，在民间订立各种经济契约，内容有双方的权利、义务、违约责任等，由双方当事人以口头或书面形式约定，无规范格式。

1963年，本县贯彻执行国家颁布的《关于工矿产品订货合同基本条款的暂行规定》。

1978年，中共中央《关于加快工业发展若干问题的决定草案》发布后，本县照此执行。

1982年，《经济合同法》颁布实施后，组织企业厂长、经理学习，开展法律、法规宣传和咨询服务。1983年，在本县进行新经济合同推行试点。1984年，在推行经济合同，利用黑板报和印发宣传材料，宣传《经济合同法》，派出工商干部，走访企业，现场解决合同签订中的有关疑难问题。同时，检查工程承包合同，为企业和个人提供咨询服务12人次，解决疑难问题5个。1989年，根据阿里地委、行署的指示，本县开展建筑承包、安装工程合同监管工作，尤其是注重二包工程合同的监管。

1999后3月，新的《中华人民共和国合同法》颁布实施。10月1日，工商局采用宣传车、板报、电视新闻、咨询服务点等多种形式，在本县境域内大张旗鼓地宣传了合同法，全县受教育人数面达90%。同时，组织各企业厂长、经理和合同主管部门召开新《合同法》颁布实施座谈会，促进新《合同法》的贯彻落实。

二、市场管理

清代起，境域内的扎西岗和典角边贸市场由噶本直管。

1951年后，中共阿里分工委和基巧办事处成立后，在境域内采取措施平抑物价，其后又对粮油及畜产品实行政府定价，稳定市场及供应。

1954年4月29日，根据中华人民共和国与印度签订的《中印通商和交通协定》，境域内噶大克、扎西岗市场对印度开放。中印边境发生武装冲突后关闭。

20世纪60年代，境域内交易有市无场，没有形成规模。市场管理仅对县贸易公司经营商品价格进行检查监督，要求企业遵守国家法律法规，严禁乱涨价。

“文化大革命”后，取缔城乡自由市场，限制个人交易，对农畜产品统购统销，市场萎缩、萧条。

1978年后，本县执行“改革、开放、搞活”的方针，1978～1983年，扎西岗恢复部分边民互市贸易，来自内地的极少数个体商户在狮泉河镇从事餐饮、理发等服务业，地区商业局从培育市场着手，打击哄抬物价、欺行霸市、短秤欠两、无照经营等市场违法违章行为和治理市场“脏、乱、差”。

1984年，对各类市场以路为市、露天经营摆卖秩序进行整顿，实行分行划点，归类经营，不准越界摆卖。在狮泉河镇桥头开展管理好、宣传好、服务好、卫生好、秩序好的“五好”农贸市场活动。1985年，对狮泉河市场商业经营进行登记造册，清理取缔无证商贩。规定凡在市场摆卖的个体商贩都须到工商行政管理部门领取营业执照，对无证商贩经过登记审查，符合条件的，发给营业执照。经过清理共登记个体工商16户，从业人员30人，注册资金1.8万元。

20世纪80年代中后期，境域内市场管理由阿里地区工商局直接管理，县有关部门给予配合、协助。1987年，在各市场开展“文明店”、“文明摊档”和“文明门市”、“明码标价、亮证经营、优质服务、信誉第一”等内容的创建文明市场活动。对桥头市场长期经营者实行固定摊位，对临时经营者划行归市。1988年，对摊贩随意摆卖，堵塞交通等现象，进行统筹规划，合理布局，实施划行归类摆卖。同时打击欺行霸市行为。1989年至1990年，开始查禁销售假冒伪劣商品，取缔无证经营，查处哄抢物价和强买强卖等行为。

1992年，提出开放搞活措施，围绕“拓宽管理力度，增加管理深度，强化管理力度”的“三度”新思路，加强农贸市场监管。对狮泉河镇临街摊点、店铺，按照“秩序好、卫生好”的标准，分行业划定经营市场，治理狮泉河自由贸易市场治安及交通秩序，及时清理垃圾，处理腐败变质食品，配合有关部门对市场进行消毒防疫。1993年，对市场管理人员实施按人定段、明确管区、以岗定职、明确任务、以功定奖、以过定罚，包市场卫生、包市场秩序、包服务、包收费，落实考勤制度、落实市场治安、落实业务学习、落实检查评比的“三定、四包、五落实”的管理办法。1994年，在狮泉河综合市场对商户实行固定摊位、明码实价办法。开始建立市场保洁制度，并雇请专人，以签订承包合同的方式，负责市场场地清洁。1995年，根据中共阿里地委、行署对畜产品实行统购统销的政策规定，打击非法收购、哄抬畜产品价格的不法商贩。推行规范化管理，将户外露天经营的商贩全部纳入新建的狮泉河综合市场，实施分行划市，设置摆卖台，规范商品摆卖。1997年，重点培育建设生产资料和生产要素市场，打击哄抬物价、缺斤少两、欺行霸市等违法违纪行为。同年，在12个市场中开展“创建文明集市”活动。1998年，开展烟、酒、食品、饮料、化妆品市场的专项整治。在狮泉河综合市场及各县农畜市场建立价格行情黑板栏，定期公布市场各类农产品销售指导价格和商品最高限价，根据本地市场价格变动情况制定参考价和控制价。1999年，利用“3·15”国际消费者权益日、《反不正当竞争法》实施5周年之际，邀请地委、人大、行署主要领导和地区各职能部门的领导，举办座谈会、设立咨询服务点，利用电视新闻媒体等多种形式开展以贯彻《消费者权益保护法》《反不正当竞争》《行政处罚法》《商标法》《西藏自治区商品交易市场管理条例》的宣传教育，出动宣传车 15 辆，发放宣传资料 1 433 份，举办板报、简报 11 期，建立完善“12315”投诉举报民心工程网络，共受理消费者投诉 29 起，处理率 100％，挽回经济损失 9 177 元。有计划、有步骤落实公平交易执法年系列专项整治，查获各类假冒伪劣商品 296 个品种，总价值 42 882 元，罚没款 1 000 元。

2000 年，按照“健全市场规则，强化市场管理，消除市场障碍”要求，严厉打击危害人民生生命安全，损害国家利益，扰乱市场经济秩序的假冒伪劣行为，加大节日市场、农资市场的整治力度；开展“诚信维权”反仿冒、反误导、反欺诈活动；推行市场巡查制；开展物价、税收大检查，加强查处无标价、糊涂价、离谱价和明标暗价的违章行为，使全地区明码标价率达到 90％以上。同年，根据《中华人民共和国野生动物保护法》，工商行政管理部门发出公告：“凡是珍稀野生动物一律禁止上市、出售和做菜招揽顾客，违者没收产品和违法所得，并处以罚款，情节严重的要依法查处。”

三、收费管理

1984 年，阿里地区工商管理部门对市场上出售的农牧副产品、少数民族佩带的装饰品，集体或个体工商户出售的各种商品，按销售额或劳务收入收取 2％的管理费。

1985 年，开始执行新的收费标准，按经营额对手工业产品收取 2％～2.5％的管理费。对工业品、副食品、饮食业、修理业、工程建筑、交通运输收取 2％的管理费。对粮食、食油、肉类、茶、蔬菜、水果、鱼、蛋等产品免收管理费。

1988 年，工商部门对境域内工商户实行收费，即从当年 10 月起按营业总额收 1.6％的管理费。

第九篇

农牧林水

第一章　畜牧业

第一节　草地资源

一、草地面积

噶尔县以牧为主，草地面积辽阔。全县草地总面积2058.24万亩。其中可利用草地面积1685.72万亩，占草地总面积的81.90%；饲草储量83.14万吨；年理论载畜量32.09万只绵羊单位。

噶尔县各类草地面积、饲草储量统计表见表9—1—1。

噶尔县各类草地类可利用面积和饲草储量统计表

表9—1—1　　单位：万亩、吨

高寒草原类		温性荒漠类		高寒草甸类		低平地草甸类		附属草地类	
面积	饲草储量	面积	饲草储量	面积	饲草储量	面积	饲草储量	面积	饲草储量
1412.29	608972.00	178.86	103502.40	63.69	98262.10	22.00	20644.80	8.880	831381.40

二、草地类型及分布

（一）草地类型及利用

境内由于海拔高，降水较少，主要以高寒草原、温性荒漠、高寒草甸、低平地草甸、附属草地为主。

1. 高寒草原类

广泛分布于高原面、山地宽谷、洪积扇和山坡之上，是噶尔县分布面积最大的草地类，下接温性荒漠，上限可达5400米，与冰缘植被或裸岩相接。

又可分为高寒草甸草原、高寒草原草地、高寒荒漠草原3个亚类。境内高寒草原类草地毛面积1685.9万亩，其中可利用草地面积1412.29万亩，占阿里地区可利用草地总面积的5.43%；饲草储量60.90万吨，占阿里地区饲草储量7.4%；年理论载畜量22.20万只羊单位；载畜能力64亩/羊单位，可食鲜草产量43.1千克/亩。

2. 温性荒漠类

为极端干旱气候条件下形成的草地类型，在森格藏布流域广泛分布。植被覆盖度极低，通常在5%～30%之间，均由强旱生或超旱生植物构成，以半灌木荒漠成分为优势。分布海拔多在4600米以下的山坡、河谷和洪积扇上，在本县作为冬季草场使用。境内温性荒漠类草地毛面积268.18万亩，其中可利用面积178.86万亩，饲草储量10.35万吨，年理论载畜量4.3万只羊单位，载畜能力100亩/羊单位，可食鲜草产量51.1千克/亩。

3. 高寒草甸类

为高寒气候条件下在土壤水分适中的地方形成的草地类型。草群落多以耐寒中生性多年生草本植物为优势，具有种类组成丰富、植被覆盖度大、植株密集高、草地质量好等特点，草地群落多为深绿色，覆盖度多在50%～90%之间，均由莎草科的植物为优势种，生活型以根茎、丛生莎草层片为主，生态类型以中生植物为主。高寒草甸类在本县又有高寒盐化草甸和低地高寒沼泽化草甸两个亚类。主要分布于湖盆洼地、河滩阶地、山麓泉水溢出带，是本县的优良草场。境内高寒草甸类草地毛面积70.77万亩，其中可利用面积63.69万亩，饲草储量9.83万吨，年理论载畜量4.53万只羊单位，载畜能力16.5亩/羊单位，可食鲜草产量154.3千克/亩。

4. 低平地草甸类

由中生性的多年生草本植物为优势种类构成的草地类型。境内大部分分布在森格藏布流域季节性积水或地下水位较高的河漫滩。该草地类型具有产草量较高，群落覆盖度较大，牧草营养价值较高等特点，是本县十分重要的草地资源，深受牧民群众喜爱，利用率较高。该类草地境内毛面积为24.51万亩，其中可利用面积22万亩，占阿里地区草地可利用面积的0.08%，牧草储量为17.57万吨，平均亩产可食鲜草85.5千克，一般28.8亩草地可以养1只绵羊单位。年理论载畜量为0.99万只绵羊单位。

5. 附属草地

为灌丛林下草地，分布于森格藏布河谷和噶尔藏布河谷，海拔高度在

4200～4600 米之间。该草地本县境内可利用面积 8.88 万亩。平均亩产可食鲜草以及嫩枝、叶约 77.3 千克，22.3 亩可以养 1 只绵羊单位。

上述草地在各乡（镇）分布不均匀。其中，左左乡和门士乡草地面积最大，占全县草地总面积的 57.78%，狮泉河镇最少，仅占全县草地总面积的 8.69%。

噶尔县各乡（镇）草地分布情况表见表 9—1—2。

噶尔县各乡（镇）草地分布情况表

表 9—1—2　　单位：万亩

草地 乡名	合计	天然草地					人工草地
		冬春放牧草场	夏秋放牧草场	非季节放牧草场	临时放牧草场	低质、砂化、石砾旱场	
扎西岗乡	339.01	172.77	102.56	10.13	2.5	51.05	0.005
门士乡	564.84	115.48	303.82	19.85	109	16.69	—
狮泉河镇	187.17	56.67	76.55	12.23	14.59	27.13	0.005
左左乡	629.7	97.39	365.89	4.25	51.27	110.9	0.01
昆萨乡	337.52	61.68	196.9	42.36	4.32	32.26	0.02
总计	2058.24	503.99	1045.72	88.82	181.68	238.03	0.04

第二节　畜牧业生产关系

一、封建农奴制度下的所有制

象雄时期，境内出现原始自然养殖业。生产资料即草场和牲畜均由部落首领占有。

11 世纪，“豁卡”制开始在阿里地区出现。

元、明朝时期，由官家和寺庙占有土地、牲畜等生产资料及奴隶。清代和民国时期，土地、牲畜、草场等生产资料和奴隶，由官家、贵族、寺庙“三大领主”占有。

噶尔大多数牧民是被称为“差巴”的阶层，其享有世袭的土地使用权和依据土地多少支差纳税的义务。差巴阶层再分三大类：一类是政府的差民，拥有大量的草场、牲畜和在草场上居住的牧民，承担的差税最繁重；第二类政府的差户被称之为“本”，民主改革前，境内有那木如本和左左本，下设“根波”（头人）具体负责收税。那木如本有48户差民，左左本属下有8户差民。“本”在使用草场方面享有特殊的权力，拥有优先选用、及享有专用草场的权力，选定的草场其他牧户不得进入，甚至以各种名义扩大、霸占他人草场。同时“本”要向噶本政府交纳例行的赋税；第三类属于寺院的差户，如扎西岗寺庙，拥有上万只牲畜，近50户农牧民为寺庙无偿放牧。寺庙喇嘛每年还收取周边部落的酥油等税，头人、贵族等不直接经营自有牲畜，采取“不生不死”的放租办法，将牲畜租给无畜或少畜户经营。广大少畜或无畜户依靠租养头人、贵族的牲畜维持生活。因此，贫富悬殊，等级鲜明。

二、社会主义制度下的所有制

（一）个体所有制

1959年7月，根据中共西藏工委《关于废除封建农奴主所有制，实行农民土地所有制的决议》、《关于西藏地区土地制度改革的实施方法》、《关于农村阶级划分的决定》等政策规定，中共阿里分工委率先在扎西岗寺庙实行民主改革，随后扩展到噶尔全县。中共阿里分工委组织的各民主改革工作组在农区试划阶级成分的基础上，对牧区进行“三反两利”。通过没收参与叛乱的头人、寺庙及赎买未参与叛乱的头人、寺庙的牲畜等生产资料，分配给贫苦牧民，使部分少畜和无畜的牧民有了更多的牲畜，本县境内生产资料所有制形式发生根本改变，由西藏民主改革前的封建农奴制度下的所有制转变为牧民个体所有制。11月，根据中共西藏工委要求“在生产中要强调互助合作，干部要学习有关互助合作的政策、办法，积极领导组织群众搞互助组”的指示，本县开始试办互助组，互助组形式有12种，即合群轮牧、农牧换工、临时换工、互相交换放牧、互相接羔、互相剪毛、初冬帮宰牲畜、互相挤奶、打短杂工、互相搬家、互相缝衣、互相进行盐粮交换等，互助组的建立并没有改变生产资料所有制性质，仍实行个体所有制形式。

（二）集体所有制

根据中共中央批复的《关于在西藏进行社会主义改造问题的批复》指示和中共中央《关于农村建立人民公社问题的决议》精神，1967年，本县对土地、牲畜等主要生产资料进行登记，为建立人民公社做准备。1968年夏季，根据本县实际，确定公社规模一般为一乡一社，公社下面划分若干生产大队，实行公社、生产大队两级管理。1970年，上左左人民公社率先成立，随后扩大到全县所有乡，至同年6月，全县11个乡全部实现人民公社化。人民公社组建后，社员除留下少量的自留畜外，牲畜、草场等生产资料归公社、生产队两级所有。生产资料所有制形式由个人所有转化为集体所有制。集体所有制分配以生产队为基本核算单位，按照兼顾国家、集体、个人三者利益的要求，多劳多得，按劳分配。分配按个人或家庭劳动工分的多少计算；劳动工分按个人的劳动能力、劳动态度、一贯的工作表现等综合因素，由队长和会计评工记分。一般一个整劳力（或强劳力）干一天活记10分。劳动分配根据牧区的生产、收获季节的特点及社员生产生活的需要，实行定期，半年或年终核算或预先分配的方式进行，分实物分配和现金分配两种。

（三）多种经济所有制

1980年3月14日，中央召开第一次西藏工座谈会，4月7日，中共中央转发关于《西藏工作座谈会纪要》的通知，5月15日至6月3日，中共西藏自治区委员会在拉萨召开二届五次全委扩大会议，在拨乱反正，统一思想的基础上，制定了《关于农牧区若干经济政策的规定》，在总结试行经济责任制的同时，全面推行联产到户生产责任制。1981年，西藏自治区党委第一书记阴法唐、书记杨岭多吉带领工作组在阿里地区检查指导工作时，强调指出：将原属集体所有的牲畜按总头数的15%分给群众，作为个人所有。同年，噶尔县索麦公社、那木如公社、鲁马公社3个公社试行“双包一借”（包产到户、包干到户、借畜还畜）的生产责任制，其他牧业社队仍试行家庭承包责任制。其牲畜仍然属生产队所有，但由各户饲养，以畜定产，定产提留。社员对所饲养的牲畜有饲养权和管理权，没有所有权。

1983年，左左区按照“牲畜归户、私有私养、自主经营、长期不变”的方针，实行牲畜作价归户，私有私养，草场归国家所有，一户或联户经营的牧业生产责任制。

1984年4月中旬，西藏自治区党委在拉萨召开第三届二次常委扩大会议，传达贯彻中央召开的西藏工作座谈会精神。会议决定进一步放宽农牧区政策，宣布免征农牧业税政策延长到1990年；规定土地、牲畜的承包期30年不变，可以转包。8月，中央领导到西藏调查研究工作时，在与西藏自治区领导座谈、讨论、总结经验的基础上，向中央提交《报告》，明确提出“一个解放”、“两个为主”、“两个长期不变”（牲畜无偿分给各户，私有私养，长期不变；草场全部分给各户，自主经营，长期不变）的方针。9月，中共阿里地委发出《关于农村牧区若干政策问题》，对全面贯彻“两个长期不变”政策问题作了具体的规定。本县依据上述政策和规定，在实施“撤社建乡”工作的同时，对所有牲畜实行“私有私养、长期不变”的政策，取消“二级所有、以队为基础”的所有制形式，落实牧业生产责任制，实行家庭经营。并结合牧区实际，制定冬夏草场的使用管理，确保冬季草场和接羔育幼期草场的合理使用；统一草场基本建设和草场灭鼠、灭虫、灭毒草，确保草场载畜能力的不断提高；按要求调整畜群结构，确保种畜和适龄母畜的比例；统一进行畜种改良和疫病防治，确保全县牧业生产的快速发展；统一确定牲畜的淘汰比例，提高总增率，确保草场平衡和牧业经济效益的不断提高。

第三节　草场管理与建设

一、草场管理

历史上，按照部落放牧习惯和牧主势力大小划分草场管理和使用范围。

1960年，县人民政府成立后，明确草地为国家所有，使用权给集体，划分区、乡、村小组草场界线，并把草场划分为冬、夏草场，实行以村为单位的“游牧”利用制度。此后随着牧区各级基层组织的建立，在乡村一级普遍建立草场管理委员会（以下简称“草管会”），由草管会负责管理本区域内的草场，并负责草场纠纷的处理。区、乡政府还不定期的组织开展草原“三灭”① 工作。

60～70年代，针对野生动物大量繁衍，与家畜争食草场的问题，在左左区等地组织民兵猎杀藏原羚、藏野驴等野生动物。

1985年，《草原法》颁布实施后，本县开展学习宣传《草原法》活动。在宣传活动中将《草原法》用藏、汉两种文字印刷，编写宣传手册，使《草原法》家喻户晓。

90年代，开始采用刺铁丝、钢丝对草场进行围栏，同时发展人工草地

① 三灭：灭毒草、灭鼠、灭旱獭。

种植；进行草地保护，实施灭鼠治虫、防除毒草、沙化治理等工作；合理配置畜种，发挥草地优势；开发利用无水草地，在无水草地修建住房、牲畜棚圈和打井等。根据草地类型，选择牲畜放牧地点。一般牦牛在地势高、气候寒冷的草地放牧；马在地势平坦、气候较暖、水草条件较好的草地上放牧；山羊在具有灌木的草地上放牧。

二、草场建设

本县草场面积大，牧草资源较丰富，但是退化现象较严重。干旱缺水和荒漠环境的生物气候带草场自然退化，水草条件优越地段由于草场超载过牧，加之近水源草地严重的鼠害和草原毛虫的危害，也加速了草场的退化。特别是昆萨乡那木如村和左左乡下左左村两地草场退化严重。据1996年调查统计，本县退化草场面积约3万亩。县委、县政府加强对草场的管理，进行草场围栏和灭鼠，以提高草质量，减缓草场退化，缓解接羔、育羔草畜场所紧张的问题，以增加抵御自然灾害的能力。

1998年，全县草场及青稞地围栏127900米，无水草场打井4眼，新修或维修水渠27条12千米，修水坝3处，共2千米。

1999年，噶尔县本着“集中资金，突出重点”的原则，进行牧区示范工程建设，项目总投资340.75万元。其中，国家投资280.75万元，群众劳务投入60万元，共完成人工草场围栏1000亩，天然草场封育围栏18480亩，新建引水渠6条，共8千米，无水草场打井20眼。其中，太阳能采暖井11眼，普通井9眼。

三、草场灌溉

分布在河漫滩、湖盆洼地和山前平地的草场，牧民们因地制宜，整修简单的水沟，形成灌溉网，达到自然灌溉目的。一般在5～7月期间灌溉。

开渠筑坝，把河湖水或融化的雪水引到已施过羊粪肥的草场，达到灌溉和熟化肥料之目的。1975年，噶尔县灌溉草场1300亩。

四、草场保护

传统上，噶尔实行冬夏轮放制。

噶尔县委、政府成立以来，为合理利用天然草场，在加大草场水利设施、网围栏建设的同时，加强对各类天然草场的使用、管理和保护。20世纪70年代起，根据各类草场气候、地形、水源等自然环境的差异，将草场按季节划分使用，即天然草场分为夏季草场和冬季草场。一般将临近居住点、向阳、背风、水源条件好、海拔低、宽谷、缓坡草场作为冬季草场。反之，为夏季草场。冬季草场放牧时间为11底至翌年的5月中旬。夏季草场放牧时间为5月底至11月中旬。对草场实行轮牧制度，禁止不分季节和草场的泛放行为。

1984年，实行“两个归户”的生产责任制后，草场随牲畜一道承包到户，固定冬夏草场，使用权承包到户，优化调整畜群结构。

（一）虫害防治

昆萨乡索麦村部分草场发生过几次藏飞蝗为主的虫害，经县畜牧技术人员和群众一个月的喷药捕杀基本消除虫害。由于措施得当、捕杀及时而未造成危害。境内各类对天然草场影响大的虫害发生率较低。

（二）防鼠防毒草

境内老鼠、旱獭常危害草场牧草的正常生长，且受害面积较大。其防治办法采取投放药物和烟熏等措施。县域内每两年均要组织一次规模较大的捕杀活动。由于部分草场伴生黄芪、棘豆等多种草本毒草，主要分布在直立豆科组和直立杂草组中。牲畜采食后，造成牲畜死亡或影响母畜繁殖和牲畜品质等，并加速草场的退化。对此采用连根拔出，干后焚烧和使用草甘膦等药物防治。

第四节　畜牧业生产

一、传统狩猎活动

历史上，噶尔群众以圈养牲畜和猎获动物为主要生活来源。“多白雉（藏马鸡），女国，在葱岭之南……气候多寒，以射猎为业”[①]。狩猎是当地居民补充生产、生活资料的重要活动。狩猎活动自由，在未实行野生动物保护政策前，群众信守“野生无主，谁猎谁有”的古训。猎具及狩猎经验也由其家庭父子相传。

（一）猎具

冷兵器时代，古人已开始使用弓箭、猎狗等狩猎工具。至近代以后，猎

① 《隋书·女国传》。

枪等猎具开始出现，但传统的狩猎工具仍延续使用。

1. 藏式火药枪

藏式火药枪是境内主要的猎具，由枪管和护木组成。其形状与现代步枪类似，枪管口上方设准星，底部有药仓、弹仓、点火眼和缺口。引火装置有底火和导线点火两种，多数为导线点火。此外，需配备枪架、点火线、点火眼罩、皮制弹药袋、装弹用的捅条、背带等附属用具。火药枪类型数十种，其中被称“汉蒙”的枪为上等。其最大射程约300米，200米以内有杀伤力，100米以内为有效射程。

2. 套夹

专门用于套猎食草野生动物，藏语称“霓”，由“夹”和绳组成。其中，“夹”一般分草制和羽制2种。绳均用牦牛粗毛反向捻成细线。用绳紧扎蒿草秆或大型飞禽羽杆成圆形，当中向下斜插已削成箭头形的藏羚羊角几十条。套绳两头留套眼，编成空心。“夹”和绳的大小、粗细、长短，依猎物的体形大小而定。

3. 铁制捕兽夹

当地人称“狼夹子”，因其夹套和拴绳均为铁制，猛兽咬不断，故专门用来捕狼、雪豹、狐狸等食肉动物。民主改革后，政府为保护牧民牲畜，在青海、甘肃等铁器厂专门生产铁制夹，由国营贸易公司和各区供销社采购销售或作为政府的奖品发给先进生产者或劳动模范者。至20世纪90年代初，停止生产和经营。

（二）猎物

县域内主要有野牦牛、藏羚羊、岩羊、盘羊等食草野生动物。棕熊、狼、狐狸等因危害家畜成为狩猎的对象，但不食用。自国家发布保护野生动物的法规后，这些野生动物成为保护对象，农牧民群众不再捕杀。

（三）狩猎方式

1. 猎枪捕杀

猎枪捕杀是主要狩猎方式，可分寻猎和守水待猎。其中，寻猎时因地形、时间、猎物、风向而定。因多数食草动物一般在中午选择不易被发现的隐蔽地或视野开阔地卧息吃草，其视力极好，嗅觉、听力十分灵敏。中午猎人不易接近，一般选择早上或下午趁猎物集中精力吃草时，利用沟、坎、梁、石、高大植被等做隐蔽，头戴灰布套，从下风向接近猎物，潜行至距离猎物50米左右射杀。

9月后，河水开始冻结，溪水和季节性河水封冻，直到12月前很少降雪，这时期各类食草动物都膘肥体壮，是狩猎的好季节。猎人在猎物经常饮水的泉眼附近修隐蔽工事，当地人称“古热”。一般选在下风向，距水源30米～50米处，猎人坐在工事内等待猎物前来饮水并趁机射杀，称守水待猎。

使用藏式土枪时，枪口处装入火药，用捅条打紧，装入子弹（用铅制成）。射击时瞄准后点燃火绳一端接到扳机上方的火药处，等烧到火药处炸响，子弹就飞出击中目标。

2. 放猎狗围猎

本地猎狗体形较小，尖嘴毛短，四肢发达，奔跑的耐力极强，速度较快。岩羊或被枪伤的藏羚羊等小猎物一旦被其追上，第一口咬其后腿，第二口咬住其咽喉致死。猎狗围杀的猎物有岩羊、野驴和野牦牛等。猎狗捕杀岩羊要选择在稍远离大岩石山，并在火药枪射程之内的独立山地，先放出猎狗追击岩羊，使其向最近岩石山跑，在追击途中将其咬死或追击至岩石山将其围困，等待猎人来用枪射杀。藏野驴一般在平滩或山丘地带活动，一遇险情就向平滩跑。放猎狗要选择没有护群公驴的母驴群，经几千米的追赶，驴群体力下降，奔速放慢，这时猎狗发威，盯住领头母驴，迫使驴群进入山沟中，待猎人来射杀。捕猎野牦牛时使用猎狗是为了搅乱牛群的视线和嗅觉，猎人可趁机接近牛群，在猎枪有效射程之内开枪射杀。

3. 使用套夹

1963年后，在牧区推广使用。主要由夹齿、夹扣和夹绳等构成。一般把夹子埋于已被咬死家畜的尸体边，作好伪装，狼或雪豹来吃剩肉时被夹住，被夹的狼拖着夹子和夹绳（夹绳为铁链）拴着的石块或镐头逃跑，猎人沿着拖石的踪迹，带火枪、牧狗追赶，将其捕杀。

4. 其他狩猎方法

（1）挖捕狼洞

当地人称“江董”，选在狼经常出没的垭口、山嘴等地挖洞，直径约2米、深约1.8米的椭圆形，坑内放入一两只动物尸体或淘汰羊。过往的狼闻到气味或听见羊的叫声，则直奔坑口，见羊便跳入坑中吃羊，即可抓获。

（2）垒石夹

当地人称“噶”。修垒石夹要选在狼常出没的地方。长约1米、高约40厘米的2块条石，相距约50厘米平行置于地上，当中靠里横放一块高约10厘米带棱齿条石，其后平放一块平滑石板，并在上面立一根木桩，拴一块肉，使狼能从进口处进入前身，头可伸至木桩的肉块即可，木桩顶部用重40厘米以上的大石扣住，并悬在两块条石之间。狼一旦吃拴在木桩上的肉，就会触动木桩，木桩滑倒的同时，悬起的石块就会落下，将狼头当场砸碎。

（3）掏狼窝

每到春季狼产仔时，牧民就自发组织寻狼窝。狼窝一般在僻静、隐蔽之处。如在远离人类活动频繁、附近有水源、沟汊纵横或遍地植被、乱石的地方。狼窝与旱獭洞相似，要仔细检查其足迹和残留的毛绒，并听洞内有无狼仔吟声来识别。母狼凌晨离洞捕猎，日落时回窝喂乳。发现狼窝后，一般等母狼出洞远去才接近狼窝，在洞口堆柴放火，用烟灌入洞内，幼狼或被熏死或爬出洞口。如狼洞较浅，可用带钩长杆钩出狼仔，如较深则要深挖，还有水淹、设狼夹等方法。掏狼窝时要有1人放哨，同时准备猎枪、刀具等武器，提防母狼返回。

二、传统畜牧业生产

境内从事畜牧业历史悠久，象雄时期畜牧业已具有一定规模游牧业。以氏族部落为单位，过着部落制的游牧生活，饲养牦牛、绵羊、山羊和马匹等。

吐蕃及割据时期，牧业是噶尔境内最重要的传统经济和主要生产活动之一，也是人们主要的生活来源。牧民们一年四季都过着逐水草而居的游牧生活。住在手工毛织的黑色帐篷里，放养牦牛、绵羊、山羊和马匹等，主要以肉类和奶制品为食。玛尔勒、郎久、上左左、下左左、门士和索堆等地都有得天独厚的天然牧场，也是主要牧场，以部落为单位进行牧业生产。

古格时期，牲畜饲养量大幅度增加，所产山羊肉素有“不用提炼的酥油”之称，江巴德绵羊皮毛成为著名的畜产品。随着畜牧业生产的发展，牧民积累较为丰富的经营、生产和圈养经验，并逐步形成分夏季和冬季草场的放牧方式，局部地区开始储草过冬。初步掌握了地势、水草、气候等对牲畜发育成长的影响，并探索出合理的放牧方法。如依据牛的抗寒能力，放牧在岩山或高地，绵羊放牧在丘陵、土地肥沃和较松软的地带，山羊放牧于土质坚硬的山丘。为保护草场，牧民们不轻易杀死雪豹、猞猁、狼等，以保持野生动物的食物链结构平衡。

噶本政府时期，施行“不生不死、不增不减”的政策，使畜牧生产相对衰退。同时，把牲畜租给牧民，不论牲畜有无繁殖或死亡，但每年仍按照原出租牲畜数目收租。牧民们逐水草而迁移各处，靠天养畜，在牧场修建简陋的牛羊棚圈，遇上雪灾等自然灾害时，牲畜大量死亡；疫病流行，许多牧民只能以狩猎为生，生活无保障。

三、现代畜牧业生产

噶尔县牦牛、绵羊、山羊等主要牲畜多为合群或分群粗放，随季节不同，游牧各季草场。一年四季根据气候变化、自然环境特点，贯穿二十八字放牧法，即“春放平原，当头挡；夏放山头，老鹰膀；秋放斜坡，满天星；冬放阳沟，人字形”。春季放牧迟出早归，每天放牧8～9小时，好天远放，坏天近放，顺风出牧，顶风归；夏季放牧早出晚归，每天放牧11小时左右；秋季放牧主要采取“满天星”的放牧形式，每天放牧9小时左右；冬季放牧一般迟出早归，在一些山沟里放牧。其中，马一般终年粗放饲养、露宿，仅在使役后或下雪天圈养，常补喂少量青干草、糌粑等；绵羊终年合群或分群放牧，饲养管理粗放，合群一般800只以内一群，分群一般400～500只一群，冬春季节每天放牧后对瘦弱羊只补喂少量青干草、肉汤或农副秸秆及少量熟青稞，白天放牧，晚上收关圈内；山羊饲养实行公、母、阉羊混合组群，终年群放，冬春枯草季节，常补饲料为部分青干草、熟青稞或酒糟。为便于放牧管理，羊群训有头羊，牧区羊群一般规模在300～400只，半农半牧区为150～300只，每群常按1比20至30的公母比例留足公羊，多余的公羊于每年4～6月阉割或宰杀。

牲畜配种方式以自然交配为主。20世纪70年代，阿里地区畜牧兽医总站在境内采取过人工辅助受精的方式进行配种。但由于牲畜发情时间不集中、发情表现特征不明显等原因，受孕率不高。产仔以自然为主，人工助产为辅。在牲畜产仔期间，牧户单独给待产母畜饲喂草料，补充母畜体能，同时给待产母畜铺垫秸秆、干燥羊粪或废弃衣物，人工辅助待产母畜产仔。仔畜喂养以母乳为主，仔畜过两三个月后，适当进行补饲，补饲以青草、糌粑、煮熟的青稞等。

1977～2000年噶尔县幼畜成活数见表9—1—3。

1977～2000年噶尔县幼畜成活数统计表

表9—1—3　　单位：万头（只、匹）

年份	成活数	年份	成活数
1977	0.03	1989	0.09
1978	0.03	1990	0.10

续表 1

年份	成活数	年份	成活数
1979	0.03	1991	0.11
1980	0.04	1992	0.40
1981	0.04	1993	0.53
1982	0.06	1994	0.61
1983	0.06	1995	0.72
1984	0.06	1996	0.83
1985	0.07	1997	0.06
1986	0.07	1998	0.05
1987	0.07	1999	0.71
1988	0.09	2000	0.92

四、畜产品

噶尔县生产的畜产品主要有羊毛、牛毛、羊绒、牛羊肉、羊奶、羊皮、酥油等。其生产方式采用传统手工制作的方法进行加工生产，没有规模性的畜产品生产加工。农牧民所生产的畜产品除少量用于购置家庭必需生活用品外，大部分自用。1961 年后，政府加大对畜产品的统购。1978 年后，政府开放畜产品统购政策，畜产品大量进入市场，畜产品综合商品率不断提高，自用率降低。

1980～2000 年噶尔县畜产品产量情况见表 9—1—4。

1980～2000 年噶尔县畜产品产量统计表

表 9—1—4　　单位：吨、千克

年份	奶类	肉类	绵羊毛	羊绒
1980	—	—	86.95	1.2
1981	860.8	882.1	135.05	10.35
1982	723.1	742.55	124.25	12.2
1983	—	519.45	115.75	12.75
1984	—	595.65	92.55	8.4
1985	858.45	539.75	135.85	3.95
1986	679.25	582.6	129.6	15.95
1987	837.1	770	130.5	15.45
1988	759.4	790.85	134.1	15.35

续表 1

年份	奶类	肉类	绵羊毛	羊绒
1989	701.6	678.7	125.1	15.9
1990	785.34	688.27	117.75	14.7
1991	601.86	693.41	102.05	10.45
1992	1082.95	624.7	106.85	16.2
1993	880.2	694.5	136.6	17.5
1994	313.58	474.85	74.7	14.85
1995	838.33	447.3	84.84	21.57
1996	742.41	442.2	99.25	22.11
1997	624.1	674.3	95.7	20.1
1998	539.58	420.55	91	19.36
1999	377.89	399.55	83.9	18.2
2000	1017.40	737.35	89.05	16.9

第五节　畜群结构和畜种

一、畜群结构

传统上，境内牧民畜群养殖以役用和肉用畜为主，以牦牛、绵羊、山羊、马的养殖量较多。

1959 年后，牲畜养殖按照“以草定畜，控制总增”的原则，进行畜群结构调整。1960 年，本县牲畜存栏中绵羊占 62.38%、山羊占 29.00%、牦牛占 8.50%、马等其他牲畜占 0.12%。1978 年后，牲畜养殖按照市场需求，采取积极稳妥的方式调整畜群结构，调整方向按照“大力发展绒山羊，适度养殖绵羊，控制马匹数量”的方针，坚持“以草定畜，控制总增”的原则，大幅增加山羊饲养，减少绵羊尤其是马的饲养。绵羊和马占饲养牲畜的比例逐渐减少，山羊在全部牲畜中所占比例逐渐提高。1984 年，噶尔县牲畜存栏中绵羊占 49.70%、山羊占 42.00%、牦牛占 6.70%、马等其他牲畜占 1.60%。2000 年，噶尔县牲畜存栏中绵羊占 43.83%、山羊占 46.27%、牦牛占 5.28%等其他牲畜占 4.62%。

1960～2000 年噶尔县各类牲畜存栏与结构情况见表 9—1—5。

1960～2000 年噶尔县各类牲畜存栏与结构情况表

表 9—1—5　　单位：万头（只、匹）、%

年份	合计	绵羊所占比例	山羊所占比例	牦牛所占比例
1959	8.32	62.46	30.10	7.33
1960	7.71	62.38	29.00	8.50
1961	14.01	59.37	31.23	8.30
1962	12.80	59.13	31.37	8.40
1963	13.29	58.40	32.30	8.20
1964	14.18	58.10	32.90	7.90
1965	19.84	50.20	40.70	8.00
1966	20.65	50.80	40.50	7.50
1967	21.69	51.20	40.00	7.80
1968	21.64	52.00	39.30	7.70
1969	20.15	50.10	43.70	5.00
1970	23.28	48.70	44.00	6.00
1971	21.93	49.60	45.50	4.10
1972	21.90	49.3	45.2	4.80
1973	23.45	51.20	42.10	5.30
1974	25.48	53.00	40.20	5.60
1975	21.68	49.20	44.50	5.10
1976	23.33	50.90	42.40	5.40
1977	25.28	51.40	44.50	5.80
1978	—	51.60	40.90	6.00
1979	27.99	52.90	40.00	6.10
1980	—	54.00	37.80	6.80
1981	28.09	51.80	41.10	5.90
1982	25.16	48.60	44.60	5.60
1983	25.65	49.10	44.50	5.50
1984	24.35	49.70	42.00	6.70
1985	23.11	48.10	45.60	5.20
1986	—	47.30	45.40	6.20

续表 1

年份	合计	绵羊所占比例	山羊所占比例	牦牛所占比例
1987	27.85	48.60	44.40	6.10
1988	27.31	49.00	44.20	5.80
1989	27.20	48.40	45.50	5.30
1990	25.54	47.90	46.30	5.10
1991	22.12	45.80	48.60	5.00
1992	22.76	47.20	46.60	5.60
1993	23.02	48.30	45.80	5.20
1994	17.73	46.20	48.00	5.10
1995	23.08	47.80	46.80	4.90
1996	24.84	46.70	47.40	5.00
1997	25.91	47.80	46.70	4.80
1998	19.70	46.90	47.10	4.90
1999	21.08	45.69	48.41	5.00
2000	22.52	43.83	46.27	5.28

二、畜种

（一）牦牛

牦牛为乳、肉、役兼用，属于藏西北部草原牦牛类群。公牦牛颈厚短粗，耆甲高而丰满，前胸发达，背腰短平，蹄质坚实；母牦牛颈薄，耆甲相对较低，前胸发达，肋骨开张，背腰稍凹，腹大下垂。牦牛肉、奶是境内群众的主要食品，皮可加工制作各种皮革制品；毛是群众制作帐篷的主要材料；绒是纺织品的重要原料，可谓全身是宝，具有很高的经济价值。同时其役用性能良好，具有耐高寒、耐饥渴的特点，称“高原之舟”，是农牧区常用交通、运输工具。

2000 年底，全县牦牛存栏总数为 1.19 万只，出栏 2260 只。

藏西北牦牛个体特征情况见表 9—1—6。

藏西北牦牛个体特征统计情况表

表 9—1—6

性别	体高（厘米）	体斜长（厘米）	胸围（厘米）	体重（千克）
成年公牛	117.96	140.48	168.05	280.71
成年母牛	103.53	125.17	145.86	187.28

（二）黄牛

黄牛以产乳为主，肉、役兼用的小型地方品种，少量分布昆萨乡和扎西岗乡半农半牧村，是当地群众的主要肉食品之一。其产奶量高，公牛可做短途驮运。黄牛头平直而显狭长，大小适中，颈长短适中，背腰平直，蹄坚实有力，呈黑青色。其中，公牛有略高的肩峰，腰部圆形，不下垂，四肢显粗短；母牛乳房较小，乳头整齐，四肢细长。

2000年底，全县黄牛存栏总数为810只，出栏140只。

黄牛个体特征情况见表9—1—7。

黄牛个体特征情况统计表

表9—1—7

性别 / 体重（千克）	体高（厘米）	体长（厘米）	胸围（厘米）	管围（厘米）
成年公牛 / 2[illegible]5.[illegible]0	104.00	118.44	140.69	14.84
成年母牛 / [illegible]97.65	99.93	115.26	136.31	13.28

（三）马

以高原型品种为主，各乡镇均分布。体型中等，体质结实，头大小适中，鼻梁平直，头颈结合良好，颈部长短及厚度适中，背腰平直，胸稍欠宽，四肢坚实有力，蹄质坚硬，是噶尔县农牧区主要的交通运输工具。马对高寒恶劣的气候和生态环境的适应性较强，可粗饲，抗病能力和繁殖能力较强，遗传性能稳定。马善行走，跋山涉水行动敏捷、灵活，骑乘舒适，负重稍差，负重一人可日行45～55千米。公马四岁性成熟，并可开始配种，母马三岁时可配种繁殖，每年的配种时间为4月份至7月份，两年一胎，一胎一驹，马的受胎率约在70%左右。

2000年底，马匹0.28万匹，占各类大牲畜的15%。

高原马个体特征情况见表9—1—8。

高原型马个体特征情况统计表

表9—1—8

性别	体高（厘米）	体长（厘米）	胸围（厘米）	管围（厘米）
成年公马	128.2	129.7	146.9	16.1
成年母马	124.9	128.1	142.6	15.3

（四）绵羊

绵羊是噶尔境内饲养历史久、数量多且分布全县的畜种之一，最早为土种藏绵羊。绵羊属高原型，体质结实，前胸发育开阔，背腰平直，体型呈长方形，头粗，鼻梁隆起，公母羊大都有角，四肢高而健壮，蹄致密坚实，尾呈小锲形。其肉质鲜美，膻味小，是噶尔县主要的肉食品；成年羊皮厚实耐磨，绒多毛长，保温性能好，是牧区人民做藏袍的主要原料；毛、绒经济价值较高，是主要的畜产品。

2000年底，全县绵羊存栏总数为9.87万只，出栏2.96万只。

高原型绵羊个体特征情况见表9—1—9。

高原型绵羊个体特征统计表

表9—1—9

性别	体高（厘米）	体长（厘米）	胸围（厘米）	体重（千克）
成年公羊	66.69	77.51	87.37	40.00
成年母羊	62.85	70.25	79.47	32.23

（五）山羊

噶尔境内的藏山羊为西藏的古老品种，各乡镇均有分布，数量略小于绵羊。山羊善爬陡坡、石山等，终年放牧，食谱多且广，不用补饲或少给补饲即可。在海拔4300米以下的山地灌丛草原地带具极强的适应能力。山羊性欲旺盛，繁殖力和抗病能力强。山羊体小结实，体驱紧凑均匀，额较宽，鼻梁平直，公母羊均有角，胸部发育良好，耆甲略低，背腰平直，四肢结实，筋腱发达，蹄质坚实。山羊毛分两层，内层为细绒毛，柔软、细长、光滑的绒毛即山羊绒；外层为粗长的毛发，光泽度较差。成年公羊平均产毛量0.7千克，绒毛比例1∶1.97；成年母羊平均产毛量0.52千克，绒毛比例1∶2.48。噶尔山羊绒细长而柔软，富有光泽，是传统的出口物资之一。

2000年底，噶尔县山羊存栏总数为10.42万只，占各类牲畜存栏总数的50.71%；出栏1.86万只。

山羊个体特征情况见表9—1—10。

山羊个体特征统计表

表9—1—10

性别	体高（厘米）	体长（厘米）	胸围（厘米）	体重（千克）
成年公羊	54.43	61.15	68.68	23.95
成年母羊	52.29	59.21	65.54	21.56

第六节　畜牧科技推广

一、牧业机具

噶尔县传统牧业生产工具主要有畜圈、羊羔暖洞（内大口小的地洞）、牛鼻圈和牛项圈、马具（三角形马绊）、档绳、狼枷、剪毛剪、鞍具、刀具、绳具、笼具、畜铃、掌具、桶具、驮具等。

1970年，全县实现人民公社化后，开始革新生产工具，推广使用手推胶轮车、胶轮大马车等。

二、畜种改良与繁殖技术

本县畜种改良始于20世纪60年代，主要是绵羊改良和山羊改良。

（一）绵羊改良

1965年7月，阿里地区种畜场首次统一从新疆伊利新源县巩乃斯羊场引进部分公羊和母羊，部分羊种分给噶尔县各乡村，与本地绵羊杂交，进行畜种改良，增加酮体重量和羊毛产量。

（二）山羊改良

20世纪90年代初，噶尔县从日土县引进白绒山羊羊种，与当地山羊进行杂交改良。杂交改良山羊提高了山羊绒的产量，改进山羊绒的品质，成为农牧民增加收入的“拳头”产品。

第七节　疫病防治

一、牲畜疫病及传播

噶尔县牲畜疫病种类分为传染性疫病和常见性疫病。传染性疫病中又有人畜共患传染病和牲畜传染病。至2000年，已查明噶尔县境内人畜共患传染病10余种、牲畜传染病11种、常见病100多种。主要牲畜传染病如下：

（一）布氏杆菌病（简称布病）

该病是一种人畜共患的慢性传染病，主要危害牛、羊，人也易感染。潜伏期一般为1周～2周，多数患畜不呈现临床症状。该病长期流行于境内，对牧业生产和人类的身体健康危害极大。据调查，1984年，门士区发病800多头（只）。至2000年，该病基本得到控制。

（二）羊传染性口膜炎

该病为口疮病毒引起的接触性传染病，对羔羊危害严重，多发于春季，又称“羊口疮”。据调查，1981年，昆萨区噶尔新乡发病1000多只，死亡60多只；1982年，噶尔县门士区门士乡发病5000多只，死亡2500多只。该病是20世纪80年代和90年代对牧业生产危害较为严重的疫病之一。

（三）羊快疫类疫病（羊快疫、羊猝疽、羊肠毒血症）

羊快疫是由腐败梭菌引起，羊猝疽是由魏氏梭菌C型引起，羊肠毒血症是由魏氏梭菌B、C、D型引起。该病发病急，发病率高，死亡率可达40％左右，主要发病动物为羔羊、青年羊，一年四季流行，以春季发病最高。据调查，1981年，门士区门士乡发病6600多只，死亡850多只；1988年，昆萨区发病700多只，死亡300只。20世纪90年代初，开始注射羊三、四联苗，疫情得到很好控制。至2000年，该病基本得到控制。

（四）羔羊痢疾

该病是由魏氏梭菌、大肠杆菌等多种病原引起的急性传染病。境内普遍流行，发病率高，对牧业生产危害较大。据调查，1980年，昆萨区发病19 880多只，死亡5460多只；1983年，门士区索堆乡发病400多只，死亡200只；该病多发于1～3月，预防主要给怀孕母羊注射三联疫苗或大肠杆菌疫苗，治疗一般使用抗生素及助消化药。至2000年，该病基本得到控制。

（五）口蹄疫和炭疽

口蹄疫是由口蹄疫病毒引起的偶蹄兽类急性、热性、高度接触性传染病，人畜共患，是境内危害较大的疫病之一。从该病流行史来看，阿里地区同尼泊尔、印度接壤的边境地区，因过境放牧导致该病发生极为广泛，多发于冬春两季，呈流行性或大流行性。1968年，索麦、噶尔新、左左乡受此病影响，部分牲畜死亡，遭到一定的经济损失。1974年，索麦、鲁玛、噶尔新受口蹄疫、五号病等影响，牲畜死亡较多。

炭疽是炭疽杆菌引起的急性、热性、出血性传染病，人畜共患，一年四季皆可发生，尤其是夏秋多雨季节最易发生。1966年，门士、噶尔新部分牲畜感染炭疽病，地区畜牧兽医工作站派出技术人员进行防治，疫情得到控制。1990 年，扎西岗乡受炭疽病的影响，死亡牦牛 3 头。

二、疫病防治措施

历史上，本县无牲畜疫病防治人员和机构，疫病流行较频繁，牲畜死亡严重。

1963 年，县农牧工作科内设兽防站，开展牲畜疫病防治。1966 年，根据阿里专署农牧局的统一安排和部署，在各乡村推广用大蒜酊治疗羔羊痢疾的办法，起到一定效果。

20 世纪 70 年代，阿里地区向本县发放部分炭疽疫苗、牛瘟疫苗、布氏杆菌疫苗、狂犬病疫苗、口蹄疫弱毒疫苗、牛肺疫疫苗、羊三联苗、干燥羊痘弱素疫苗、第Ⅱ号炭疽芽孢苗、干燥布氏杆菌牛型 19 号活菌苗、口蹄疫弱素疫苗、羊肠毒血症菌苗、三联菌苗、四联菌苗、大肠杆菌苗、牛出败苗等疫苗，对牲畜进行免费注射。此后，每年西藏自治区或阿里地区农牧部门都向本县发放部分牲畜防治疫苗，形成惯例。

1995 年上半年，噶尔县投入兽防资金 6 万元，购置 15 种防疫药品发放牧区，为基层培训兽防人员 60 人次。

1999 年，县农牧局兽防站在人员少，资金短缺，牧业点分散的情况下，进一步充实配备基层兽医人员，顺利完成了本年度疫苗注射任务。共注射三联疫苗 89475 只，注射密度为 92%；五号疫苗 67300 头（只、匹），注射密度为 99%；完成了马鼻疫检测 100 匹，布病检测 1500 只。购买药品投入资金 4.3 万元。同年，在昆萨、扎西岗乡举办了为期 15 天的兽防人员及农牧业科技人员短训班，传授兽医和农业技术，参加培训学员 103 人。其中，兽医 75 人，农技 28 人。利用在全县范围内实施的牧区示范工程，为 12 个村修建畜防所，面积 240 平方米；修建用于牲畜疫病防治的药浴池 5 座，并购置了部分药械设备和药品。

2000 年上半年，县农牧局组织由兽医人员组成的工作组，分别对左左乡、门士乡、扎西岗乡牲畜疫病流行情况进行了较为全面的调查和防治，治疗各种病畜达 1.2 万头（只、匹），并完成了对马匹的鼻疫检测，完成四联疫苗注射 15.87 万只，注射密度达到 98.6%。同时，向广大农牧民群众宣传主要流行病如：口腔炎、羔羊痢疾、流行腹泻、疥癣、羊的肠毒症等危害及必要的预防方法、措施。同年下半年，开展边境线动物疫情测报工作。在阿里地区农牧局的大力支持下，建设县动物疫情测报站，配备 3 名业务人员。其实验室采用混凝土结构，布局合理，建筑面积45平方米，室内密封良好，采光度好，防盗设施完善，防治污染措施得当，无菌室密封度好。同时，采购了必备的实验设备和一般仪器设备，购置了一辆疫情监测车，添置了必要的办公设备，具备诊断常见牛羊传染病的能力，并已投入使用。

第八节 抗灾保畜

一、抗灾保畜措施

（一）建立抗灾保畜组织领导机构

20世纪60年代开始，针对本县冬季灾害频繁的特点，县、区、乡三级层层建立抗灾保畜领导小组。

每年10月，由各级政府的主要领导担任组长，县财政、民政、农牧等部门参加，开展抗灾保畜工作，并根据人员变化情况，适时调整小组成员。

（二）饲草贮备

20世纪60年代后期，境内群众每年都要利用秋收（农区）前和丰草季节打草，并晒干贮备，进行饲草调剂，做到有灾防灾，无灾补饲。

1997年入冬前，全县贮备鲜干饲草、农作物秸秆、饲草、油渣、盐巴等饲料，以及接羔袋、保暖被等保畜物资及设备，确保全县各类牲畜每年的安全越冬。

（三）淘汰老、弱、病畜

按传统惯例，牧民群众在每年的秋末或入冬前，都要对畜群进行清理淘汰，宰杀或出售老、弱、病畜，保留下子畜和壮畜。一方面为冬季储备充足的肉食，另一方面确保留下的牲畜能度过漫长的冬季。

20世纪80年代以后，县政府把加大牲畜出栏作为增加群众收入的措施之一，要求在调整和优化畜群结构的同时，改变过去的一年一季出栏为多季出栏，减少因冬春缺草出现的成畜死亡，确保其他牲畜的生长发育和安全越冬。

二、牧业生产设施建设

1984 年，落实“两个归户”的政策后，在坚持“以草定畜”的同时，逐步搞好保暖棚圈、人工种草、草场围栏、草场灌溉等基础设施建设。1994 年后，县政府投入大量资金，加大农村人畜引水工程建设。至 2000 年底累计投入 427.42 万元，修建农村人畜饮水工程 3 处，累计人工种草 1 万多亩，围栏草场 10 万多亩，使全县牧业生产的条件和环境得到较大改善，提高了防灾、抗灾保畜的能力。

第九节　机　构

1959 年 10 月 7 日，中共噶尔县委下设农牧工作部，负责全县的农牧工作。

1962 年 11 月 1 日，原县委领导的农牧工作部划归县人民政府领导，并更名为农牧科，具体负责和领导全县的农、牧、林、副业的生产工作。1963 年，农牧科下设立兽防站。

1976 年 10 月，农牧科更名为农牧局。1979 年 5 月 30 日，农牧局改为农牧科。1987 年 7 月，机构改革时又改成县农牧局。

至 2000 年底，下设兽防站，有工作人员 4 名。

噶尔县农牧局（科）负责人名录见表 9—1—11，噶尔县兽防站负责人名录见表 9—1—12。

噶尔县农牧局（科）负责人名录

表 9—1—11

机构名称	职务	姓名	性别	民族	任职时间
中共噶尔县委农牧工作部	部长	杨文鉴	男	汉	1960.07～1962.11
噶尔县农牧科	科长	潘学太	男	汉	1964.07～1967.02
	副科长	兰州加	男	汉	1962.11～1967.02
噶尔县农牧局	局长	瞿虎林	男	汉	1975.07～1976.10
	副局长	益西古桑	男	藏	1975.07～1976.10

续表 1

机构名称	职务	姓名	性别	民族	任职时间
噶尔县农牧科	科长	瞿虎林	男	汉	1976.10～1980.08
		北　斗	男	藏	1980.09～1982.11
		强巴格桑	男	藏	1982.12～1987.06
		仁　青	男	藏	1987.06～1987.10
	副科长	益西古桑	男	藏	1976.10～1980.09
		嘎玛仁增	男	藏	1979.03～1980.09
		陈维虎	男	汉	1979.03～1980.08
		阿　旺	男	藏	1978.03～1986.06
		其　美	男	藏	1986.06～1987.06
噶尔县农牧局	局长	强巴格桑	男	藏	1987.06～1987.09
		仁　青	男	藏	1987.10～1994.09
		其　美	男	藏	1994.10～1996.07
		旺　青	男	藏	1996.07～1997.07
		南木杰	男	藏	1997.07～2000.07
	副局长	次旦多吉	男	藏	1990.05～1993.06
		其　美	男	藏	1990.03～1994.06
		达　扎	男	藏	1990.07～1996.05
		旺　青	男	藏	1993.08～1996.07
		扎西次仁	男	藏	1996.07～1998.09
		达瓦次仁	男	藏	1999.07～2000.07

噶尔县兽防站负责人名录

表 9—1—12

机构名称	职务	姓名	性别	民族	任职时间	备注
噶尔县兽防站	站长	兰州加	男	汉	1963.05～1976.02	兼
		瞿虎林	男	汉	1976.03～1980.08	兼
		次旦多吉	男	藏	1980.10～1995.09	
		旺　青	男	藏	1995.09～1999.07	兼
		达瓦次仁	男	藏	1999.09～2000.07	兼

第二章 种植业

第一节 生产关系

一、封建农奴制度下的所有制

噶尔受自然环境的影响，耕地少且分散，适合个体家庭经营。

封建农奴制社会，土地及生产资料全部为噶本政府、扎西岗寺和左左本、那木如本所占有。噶本政府、扎西岗寺庙和左左本、那木如本享有世袭的土地使用权和依据土地多少支差纳税的义务，并把占有农业生产资料作为约束、剥削和压迫农民的主要手段。噶尔的大多数农民是差巴阶层。在较长的历史时期内，农业耕种技术和生产工具无多大改进，基本上停留在封建社会初期的水平上，农业生产用具多为木质，耕作为单一牛抬杠，加之对自然灾害的抵御能力差。遇上天灾，粮食颗粒无收，造成人口外逃，土地荒芜，致使农业生产长期处于低水平阶段。

二、社会主义制度下的所有制

（一）个体所有制

1959 年 7 月，根据中共阿里分工委指示，境内开始进行民主改革工作。没收参加叛乱农奴主占有的土地，落实西藏自治区筹备委员会制定的“谁种谁收”政策；废除原地方政府、寺庙、领主和头人强加给广大农奴的苛捐杂税和乌拉差役，使广大农奴摆脱了人身依附关系。7 月 16 日，在噶尔昆萨、马尔来、左左等乡进行了“三反双减”试点，并同时建立各种形式的生产互助组，随后推广到全县。通过“三反双减”运动，无地或少地的农民分得了土地及其他生产资料。至 1963 年，全县民主改革运动基本结束，封建农奴主阶级的生产资料所有制得到彻底废除，确立了劳动人民的个体所有制。

（二）集体所有制

1965 年 8 月，中央正式批复《关于在西藏进行社会主义改造问题的请示》，同意在西藏有领导、有计划、有步骤地试办人民公社①。同年，根据中央和西藏自治区有关文件精神，在噶尔县进行了办社宣传。1967 年 1 月，根据中共中央《关于农村建立人民公社问题的决议》精神，昆萨乡开始试办人民公社。土地、牲畜和农具等主要生产资料，经过登记一律归人民公社，实行公社、生产队两级经济管理，以生产队为基本核算单位，农产品和收入除提留国家集体外，均凭工分（10 工分记 1 工）进行统一分配。各生产队在年初或年终制订生产、财务、劳动、分配等计划，并按计划进行管理。农业生产计划在国家计划指导下把农作物种植面积、产量、技术落实在耕地上；劳动力由生产队统一组织、调配，对农业生产进行长计划、短安排。在劳动计酬上实行分工制。平常按出工天数或按出工迟早、干活质量，当天评记或农活后评记定额工分，先评个人标准工分，再按出工天数记工。各社规定每个社员年出工天数为基本劳动日，未完成基本劳动日的则扣减口粮。在物资管理上各、生产队制定各类制度，粮食等物资设保管员管理，实行专粮专用，种子、口粮、饲料、储备粮分储，出入库由会计填写三联单，队长盖章，保管验收。其收益分配上强调国家、集体、个人三者兼顾，贯彻“按劳分配”的原则，适当照顾五保户与军、烈属。分配上除劳力有差别外，其余按人口分配。

至 1970 年 6 月，本县原有的 11 个乡全部建立起人民公社，并进行了更名。入社的农牧民达 842 户、2846 人。至此，本县农村个体所有制全部改变为公社、生产队两级所有的集体所有制。

（三）多种经济所有制

1. 承包责任制

1980 年 3 月 14 日，中央召开第一次西藏工座谈会。4 月 7 日，中共中央转发关于《西藏工作座谈会纪要》的通知。5 月 15 日至 6 月 3 日，中共西藏自治区委员会在拉萨召开二届五次全委扩大会议，在拨乱反正，统一思想的基础上，制定了《关于农牧区若干经济政策的规定》，指出：在总结试

① 人民公社：是“政社合一”的集体所有制组织。财产全部归公社所有。

行经济责任制的同时，全面推行联产到户生产责任制，各户生产的粮食在完成上交国家任务和集体留用外，其余归农户个人所有。依据上述政策规定，本县开始进行农村改革。

1981 年 9 月 2 日，噶尔县委研究决定对已完成改革复查的乡村及已在复查或即将复查的乡村颁发土地所有证。其具体做法是发动群众，依靠群众，以土改为基础，核实情况，以户为单位颁发土地证。同年，农业生产责任制在全县普遍推行。根据全县人民公社的经营管理水平和生产特点，农业生产责任制主要采取了小段定额包工责任制①、责任到组②、责任到户③（包产到户和包干到户）三种形式。截止 11 月底，全县 33 个生产队健全了生产责任制。其中，26 个生产队实行了包干到户，7 个生产队实行了“四定一奖”。

2. 家庭联产承包责任制

1984 年，根据西藏自治区和中共阿里地委对农村牧区若干工作政策问题做出的规定④，本县在双包到户的基础上，进一步推行了“两个长期不变”为主要内容的家庭联产承包责任制。家庭联产承包责任制的推行，解放了社会生产力，调动了群众的积极性，推动了本县农村经济的更快发展。

---

① 是在生产队统一指挥下，按段安排农活，组织临时作业组，搞定额小包工的办法，有活成组，活完散组，人数多少不定，指挥机动灵活。

② 一种是包工到组，联产计酬。即在定劳力、定土地、定牲畜、定农具，划分常年作业组的基础上生产队对作业组实行定工，定产、定成本，超产奖励，减产惩罚的责任制，这是推行较多的一种方式，其中有的生产队是“以产定工，联产计酬”，其余均采用“几定一奖”的形式，这种责任制实行按劳分配原则，并适合在经营管理搞的较好的生产队推行。

③ 一种是包产到户，把土地按劳力情况，合理分配到户，生产队对各个生产户定工、定产、定成本超产全部归户，减产从分配中扣除的办法；另一种是包干到户，即生产队将土地分配到户耕种后，只核定上交一部分，用于“五保户”，以及解决干部，副业人员的补助，其余产品全部归户所有，不再统一核算分配，这两种办法，可在发展较差和居住分散，生产条件差的生产队实行。

④ 一是在对生产资料的处理问题中提出，土地全部分给各户，自主经营，长期不变。分到户或联户自主经营，长期不变。土地可按人劳比例分，比例由各县自定；二是生产队财产的处理问题。生产队农牧机具等财产，全部作价卖给群众，收入纳入公积金内；三是生产资料要进行登记，交区公所统一保存；四是群众要求迁出者可以允许，但土地不得买卖，交乡政府处理；五是对参军、上学、外流藏胞、服刑人员以及从来没有参加队里劳动和队里分配的其他人员，现在要求分给土地，都应和其他人一视同仁，本人不在生产队的，由其户主代理，无户主者给其留足土地，指定人代耕。参加工作的国家干部职工不得参加分配。

第二节　农业生产

一、农作物

本县受自然条件限制，种植作物种类较少，其结构比较简单，主要种植的农作物有青稞和豌豆，经济作物有小油菜、土豆等蔬菜。

（一）粮食作物

1. 青稞

也称裸大麦，适应性强、抗寒耐瘠、抗旱、早熟，属一年生草本植物。青稞主要品种有白青稞、黄青稞、紫青稞。其中，白青稞穗型有四棱，穗长8厘米，芒长5厘米左右；黄青稞粒色浅绿色、淡黄色两种，株高105厘米，生育期和白青稞相似，在索麦村、那木如村等多数农区均有种植；紫青稞穗型有四棱、六棱两种，穗长7～8厘米，芒长10～15厘米，颖壳色有紫色、淡紫色和紫绿色几种，粒色主要有紫色、绿色两种，株高80～90厘米。全生育期在105～110天，比白青稞稍短些。紫青稞较耐旱，在昆萨乡和扎西岗乡普遍种植。

青稞的植株较高，穗形较大，一般每穗粒数35～43粒，千粒重40～48克。适宜在海拔4300米以下地区种植。

至2000年底，噶尔县青稞播种面积达0.74万亩，总产量71.24万千克，平均亩产96.27千克。

1977年，噶尔县部分村青稞产量、结构调整表见表9—2—1。

1977年县部分地区青稞产量、结构调整表

表9—2—1

地点	海拔（米）	每亩穗数（万）	每穗粒数（个）	千粒重（克）	产量（千克/亩）
中东公社	4300	28.3	38.3	44	85
索麦人民公社	4300	31.5	42.3	43	98
鲁玛公社	4342	22.3	29.6	39	73

2. 豆类

本县主要种豌豆，播种面积较小。属饲料型豌豆，抗寒能力比较强。一般4月底或5月初播种，8月底收获。单作也有与青稞和油菜等作物混作。

（二）经济作物

1. 油菜

本县种植油菜。适应性较强，抗寒耐瘠，抗风能力较差，属一年生草本植物，果实为角果，100～120天成熟，其油脂，是人们经常食用的主要植物油。油菜可单播或与豌豆、青稞等作物混播。

至2000年，全县油菜播种面积为169亩，总产量4450千克。

2. 蔬菜

1961年，昆萨群众开始种植蔬菜，其种子来自太原、兰州、乌鲁木齐和拉萨，品种有白菜、菠菜、萝卜、葱、蒜等。

1988年，噶尔县自筹资金建成一座58平方米的温室，收获鲜菜4042千克，品种有白菜、菠菜、萝卜、黄瓜、土豆等。

90年代初，中共阿里地委、地区行署颁布优惠政策，鼓励内地菜农来阿里种菜，并在狮泉河镇周边开垦菜地1200亩，主要以露天种植蔬菜为主，有少量的大棚蔬菜种植。1998年6月，由阿里地区财政投入资金40万元，在狮泉河镇以东兴建露天蔬菜地135亩，高效日光温室2座、计400平方米，打井1眼，并动员阿里地区直属机关各部门在狮泉河镇以南修建日光温室。至1999年，阿里地区地直各单位在狮泉河镇周边修建日光温室75座，所产蔬菜在市场的占有率达到30%。

至2000年底，噶尔县境内累计有日光温室56座、大棚温室60座，种植面积达到近14亩，年生产各种蔬菜10余万千克。除露天种植各类传统蔬菜，如土豆、萝卜、白菜等外，还在温室中种植各类精细菜，如菠菜、小白菜、葱、姜、蒜、茄子、西红柿、辣椒等近40个品种，本县境内蔬菜自给率达60%。

二、农田基本建设

民主改革后，农田建设逐渐走向正规化，进行开荒、平整土地、改良土壤、石头围栏、捡石头、低产田改造等农田建设。

20世纪80年代，昆萨乡和扎西岗乡农业区平整土地800亩，新修、维修水渠100多千米，修建小型水库2座，扩建1座，打井2眼。

1995年，全县开垦荒地91亩，改造中低产田150亩，维修水渠6条，青稞地围栏600米。1998年，改造中低产田1140亩，青稞地和草场围栏12.79万米，开垦荒地528.80亩，新修、维修水渠27条12千米，修水坝3处2千米。1999年，青稞地石头围栏9000平方米，铁丝围栏300米，维修水库4座。

2000年春，改造中低产田1000亩，改造耕地500亩，高温堆肥9座，秸秆养畜9座，新开荒地300亩，新修水渠2条（1.5万米），维修水渠29条（78千米）。完成扎西岗乡840亩地青稞的围栏，长13000米。其中，石头围栏7000米。修建小型水库1座，容量1万多立方米。完成农田机械播种3000多亩，占全县农作物播种面积的近50%。

三、农业生产措施

（一）播种时间

境内农作物播种时间，一般在4月中旬开始。先播种青稞，紧接着播种豌豆、油菜、蔬菜等。整个播种期一个月左右。群众播种时间的确定，一是根据太阳出落的位置和照射的影子，或看“明珠”星（昴宿星）位置确定播种时间。如果“明珠”星在天黑以后很快落山，则是大量播种时间，特别是播种青稞、豌豆最为适宜；二是根据头年天气的好坏确定播种时间，如果头年藏历11月、12月的云多风大，则来年的雨季来得早，应提前播种。播种时要选用籽粒饱满，不含杂质的优质品种作种子。一般先播种上等地，最后播种沙质地。

（二）施肥

本县传统用农家肥[①]作底肥用；有时也在拌种时使用；若作物发黄或受轻度冰雹袭击后，常施追肥。

20世纪80年代中期以后，本县先后推广经济有效的施肥方法，多数农户逐渐掌握了保灌和合理使用化肥的技术。从过去只施底肥，变为即施底肥又施追肥。在化肥（尿素）的使用时间上不能过迟，在第一、二次灌水时施用。沙质土壤，在浇一、二次水时追肥，每亩化肥用量2.5斤，不超过5千克，一年追2次；沙壤土和黏性土壤在浇一、二次水时，每次每亩施化肥2.5～3.5千克；碱土要少施化肥，多施有机肥，重施底肥，对重盐碱地还追施一些马粪，将化肥和有机肥拌在一起堆积发酵追肥。

① 农家肥：发酵后的羊、马、驴、牛粪及淤制的家肥。

（三）浇灌

在农作物生长中，一般需要灌水4～5次。因作物品种、抗耐旱能力、土壤、土质、保墒程度、不同年份降雨量的不同而存在差异。

青稞在生长期内的用水量较大，若土质较好，保墒能力较强的耕地，在降水较为充足的年份，无需浇水或少量浇水即可保证其正常发育和生长。在干旱、半干旱的河谷地带仍需按时浇水，才能满足其生长发育的用水需求。

土豆在整个生长期中，苗期吸用量少，比较耐旱；孕蕾到开花期的耗水量较大。除干旱河谷地带需浇水外，对一般保墒较好的耕地，在降水量充足的年份，无需浇水即能满足其生长发育。根据多年的经验，在正常年份第一次浇水应在播种后50天左右，但根据作物、土壤质地、气候等的差异而不同。若播种后常下小雨可不浇或晚浇，连续下雨在50毫米左右时可推迟两个月左右浇灌。第二次灌水时间，应根据气候情况，正常情况下应在第一次浇水后的15～20天为宜。第三次浇灌应根据土壤、气候而定，一般是在土壤变干硬时进行（约距第二次浇水后15～30天）。第四次浇水应根据情况而定。

四、粮油生产

境内粮油种植起源较早，但长期处于马拉木犁或单牛抬杠耕种及靠“马踩场脱粒”的落后生产方式，不仅生产规模小，而且生产效益和农作物产量极低。1960年，全县共有耕地面积0.09万亩，粮食总产9.85万千克，平均每亩单产109.5千克。

民主改革后，随着互助组、人民公社的建立，经过农田基本建设、兴修水利、使用新式农具、培养和推广优良作物品种，全县农业生产得到较快的发展。1970年，全县粮食播种面积0.60万亩，粮食总产44.60万千克，平均每亩单产74.33千克。1978年，全县农作物播种面积0.93万亩，粮食总产量达103万千克，平均每亩单产110千克。但在此期间，由于仍在执行“一平二调”的平均主义政策，人民群众的生产积极性没有能够得到充分的调动，影响和阻碍了境内农业生产的发展，致使全县农业生产徘徊不前。1979年10月13日，噶尔县委在前进公社（噶尔新村）召开了石打子碾场现场会。通过试验，打场时用石碾子。比用牛踩效率提高两倍，有效地缩短了打场时间，减少了打场过程中的粮食践。

1984年，撤销人民公社，落实“两个归户、长期不变”的政策，贯彻“宜农则农、宜林则林、宜牧则牧、自主经营”的方针，打破“大锅饭”、

“一平二调”等平均主义的分配形式，落实“多劳多得”的分配原则，调动和提高农民的生产积极性。

1987年，全县有耕地6360亩，粮食总产39.36万千克，平均每亩单产61.89千克。

1995年，境内粮油生产步入较快发展的新阶段，全县粮油总产达到62.98万千克。至2000年，全县粮油总产达到71.69万斤。

1959～2000年噶尔县粮食播种面积与产量统计见表9—2—2。

1959年至2000年噶尔县农作物播种面积与产量统计表

表9—2—2　　单位：万亩、万千克

年份	播种面积	产量	年份	播种面积	总产
1959	0.05	5.45	1980	—	94.5
1960	0.09	9.86	1981	0.79	83.30
1961	0.12	13.25	1982	—	64.20
1962	0.12	12.20	1983	0.75	69.14
1963	0.13	15.21	1984	0.72	45.47
1964	0.14	31.63	1985	—	72.33
1965	0.17	15.82	1986	—	91.56
1966	0.25	32.97	1987	0.64	45.78
1967	0.40	78.47	1988	0.50	50.70
1968	0.40	39.23	1989	0.48	44.31
1969	0.44	40.74	1990	0.49	46
1970	0.6	44.61	1991	0.56	55.16
1971	0.84	67	1992	0.53	71.18
1972	0.83	60	1993	0.63	65.69
1973	0.80	78.34	1994	0.64	72.02
1974	0.89	87.42	1995	0.64	65.92
1975	1.11	90.65	1996	0.64	—
1976	1.02	80.7	1997	0.64	40.26
1977	0.91	105.12	1998	0.61	57.22
1978	0.93	206.17	1999	0.74	65.40
1979	1.05	103.09	2000	0.74	71.24

第三节　农业技术与病虫害防治

一、农业技术

（一）耕作

1. 耕作制度

本县的传统耕作制度分3种类型。一是撂荒耕作制，主要出现在原始社会，即荒地开垦种植几年后，土地肥力下降，就将其闲置，待地肥力恢复后再种；二是休闲耕作制，又称轮休耕作制，即耕地在可种植作物的季节里只耕不种或不耕不种，以恢复地力。一般轮休耕地占耕地面积的30%～50%；三是轮作制，又称连作制，即耕地每年轮换种植农作物，不重复种植一种农作物。因地制宜采用轮作制，实行青稞等作物与绿肥的轮作。

2. 耕作方式

公元3000年前，古代先民就有农耕活动，其耕作技术原始。9世纪末至10世纪初，已经使用牛、马耕种。噶本政府时期，受游牧民族影响，经济形式和经济结构经历由农耕文明向游牧文明转化的过程，致使大量农田荒芜，农业劳动力迁徙或转移，农业经济萎缩，采用一马或者二牛抬杠。

民主改革后，全县逐步改变耕作方式，由原来的粗放耕作改为精耕细作，改浅耕为深耕，改不施追肥为适时追肥，改单项农业生长技术为成套栽培技术，改迟播为适时播种。1965年，个别农区犁地方式改为单独操作，除草锄根，将转弯犁地改为直线犁地，精选纯种，防治病虫，进行条播作业，并逐步实现田园化管理。1970年以后，各农区开展土地平整运动，形成比较整齐的条田，能够适应机播，提高了耕地的保肥、保土、保水能力

噶尔县的农业耕作方式属旱作方式。牦牛、马是噶尔县传统的主要耕作工具。20世纪70年代后，随着农业机械的使用和推广，有条件的宽谷平坦地带，实行机耕机播和机割。至2000年底，仍有部分农户实行单马抬杠的耕作方式。

（二）栽培技术

1. 播种

境内传统耕作方式是青稞等作物全部采取撒播方式，栽培技术十分落后。

20世纪70年代后，随着农业机械的使用和推广，在有条件的宽谷平坦地带，实行了机播；不能机播地方仍然实行撒播方式。

2. 施肥

长期以来，本县宜农地区施用农家肥。

和平解放后，驻噶尔县解放军在农区开荒生产，用人畜粪、草木灰、淤泥等作为农业生产肥料。在本县半农半牧区肥源较充足，但因畜粪多用于燃料及游牧过程中的散失，有效施用于耕地中的畜粪有限，年均亩施畜粪只有100～300千克，部分耕地往往不施基肥即播种，不重视利用沟泥、草泥等。

20世纪70年代，开始施用化肥。由于化肥料严重缺乏，不能满足需要，仅少量施用于有收成把握的青稞地，每亩约施尿素2～4千克。由于长期不施磷肥，耕地严重缺乏磷，养料失调。

1997年统计，全县累计施肥1210.54万千克。其中，农家肥使用量达1205.06万千克，磷酸二铵（黑）0.99万千克，尿素4.49万千克，其他300千克。1999年完成化肥调运40.2吨，农药约1吨，积造农家肥920万千克。

2000年，为了改变低产现状，将沙土掺黏农家肥，同时，全县调运化肥60吨。其中，尿素45吨，二铵15吨，农家肥实际用量1050吨，每亩施1.5吨。

（三）良种推广

良种是重要的农业生产资料，选用和推广优良品种是大幅度提高单位面积产量的根本措施之一。根据本县的自然气候条件，生产水平，耕作制度栽培精细和对品种生产潜力的要求，从区内引进了农作物优良品种。如：藏青320、藏青539、藏青80、藏青10号、喜马拉雅1号、藏青旱1号、高原旱1号等优良品种。其中，门士、雅萨等农区，因海拔高、气温低、无霜期短（85～90天）。推广品种有藏青旱1号 、喜马拉雅1号等品种，每亩播量35斤；昆萨区的白布、马尔勒、塔江和扎西岗乡鲁玛村等无霜期在95～100天左右，推广品种有藏青320、喜马拉雅4号等中早熟型青稞良种，播量为每亩16～17千克；扎西岗乡的典角、江吉、扎西岗村等村无霜期120天。推广品种有藏青539、喜马拉雅6号等。播量为每亩17千克。

1999年，在四个乡引进6种农作物优良品种，推广试种1011.5亩。其中，11.5 亩由农牧局科研人员实施。总产量 11.63 万千克，平均亩产量 115 千克，最高亩产量达到 209 千克。

2000 年，使用良种 2.80 万千克，其中，外地调种 2.40 万千克，换种 0.4 万千克。良种推广面积达 1600 亩，占总播面积的 21.62%。

二、病虫害防治

农作物病、虫、草害及旱、霜冻、雹灾等自然灾害是影响本县农作物收成的重要因素。长期以来，噶尔县因农业生产条件较差和科学管理水平较低，农作物常常得不到有效保护，生长发育不良，导致产量低、品质差。20 世纪 80 年代，随着农业生产力的不断发展和科学种植技术的不断提高，在农业生产管理中，逐步采用喷洒农药来减少病、虫、草灾害，同时随着农田水利设施的逐渐改善，减小了病虫害及自然灾害造成的农业生产损失，促进了全县农业生产迅速发展。

（一）病虫害防治

本县主要病害有大麦坚黑穗病、大麦散黑穗病、大麦条纹病、大麦条锈病、白粉病、青稞赤枯病（褐斑病）、青枯病、麦类病毒病（黄条花叶病毒病、黄矮病）、小麦条锈病、小麦散黑穗病、小麦杆锈、叶锈。其中，大麦坚黑穗病、小麦散黑穗病和条纹病危害普遍，且比较严重。这三种病害是由种子传播。

主要农作物害虫有甘蓝夜蛾、地老虎、西藏飞蝗、白边痂蝗、长管蚜、稻绿蝽、白星长蝽、大缘育蝽、砚王、李斑瓢虫、白边地老鼠（白边切根虫）、札达束颈蝗、蚍蝗、断线缺耳蝗、半翅雏蝗、红足皱背蝗、西藏盲蝗、麦蜘蛛等。尤以甘蓝夜蛾、地老虎类害虫对农业生产危害最大。

噶尔传统捕捉法是对部分遭受病虫害的作物采用拔除的方法。

20 世纪 60 年代开始，境内开展病虫害普查，基本掌握了病虫害发生规律，能够区分主要害虫与次要害虫并对其进行防治。70 年代，种子处理已普遍推行，大范围使用药剂拌种或石灰水浸种的方法防治病害。80 年代，通过对主要病虫害的调查和研究其发生、消长规律，适时进行预测预报，及时施用化学农药、腐熟肥，注意轮作换茬、及时冬耕深翻，以压低越冬基数、合理灌溉施肥除草等到农业措施，有效保护天敌等生物措施；选用抗病虫品种等遗传措施。1999 年，开始大范围对农田生态系统实施病虫害综合治理，即在有害生物普查及消长动态研究的基础上，确定各乡（镇）、各片区、各生态系统的主要病虫害及主要病虫害的优势种群。贯彻“预防为主，综合防治”的方针，全面加强预测预报。防治对象是有害生物中主要种类的优势种群，以农业防治为主，主要采取生物、遗传、化学等防治方法。

2000年，在全县范围内推广植保与技术，农业威胁较大的病害都得到了有效的控制。

（二）鼠害

境内主要有高原鼠兔和旱獭两种鼠害。前者尾巴短小，主要在田间地头和草场啃食庄稼果实，在农作物根部挖洞，且洞与洞相连，造成农作物大片死亡。据测定，每只高原鼠兔一年能吃掉早熟禾、异针茅、嵩草、萎陵菜等优良牧草22.2千克，大约每52只鼠兔吃掉的牧草相当一个绵羊单位的牧草量。鼠害面积较大易造成草地退化。旱獭在本县分布特别广，随处可见旱獭洞。旱獭每天食草量1500克左右，3只旱獭的食量相当于一个绵羊单位的采食量，旱獭每挖1个洞穴就破坏草地12平方米。个别农区的庄稼被旱獭全部吃光，危害相当严重。

捕灭老鼠主要采用灌水的方法，一般每天在早上天未亮和天黑以后进行灌水2次；灭旱獭采用往旱獭洞里喷洒“敌百虫”、灌水、薰烟等办法。20世纪80年代初期，采用木板、钢丝做成各式各样的夹子进行捕捉。

（三）鸟兽害

噶尔县兽害动物主要有野兔、野驴、鸽子、红嘴鸭等。其中，野兔主要啃食庄稼。一般采用驱赶、捕捉等方法进行防治；野驴除啃食庄稼外，还践踏农作物。一般派人轮流值守驱赶，有的地方修建草库伦（用石头和泥土垒砌的围墙）和用红柳枝修建围栏防止野驴进入；鸽子、红嘴鸦等啄食农作物种子。一般派人轮流值守，有的地方在田间地头立草人进行惊吓驱赶。

（四）杂草

本县杂草主要有中亚天仙子（郎当草）、藜、狗娃草、早熟禾、黄花、蓼、泡囊、二裂萎陵菜、雀麦、猪毛草、蓟等。农田杂草发生重、分布广、密度大，与农作物争水、争肥、争光、争空间。最为严重的是中亚仙天子（郎当草）和大雀麦（格桑）。其中，中亚仙子覆盖面为40%～75%，发生最为严重的区域是昆萨的索麦、白布、郎久、江吉等地，覆盖面达97%；大雀麦每亩平均17万株，发生最严重的是鲁玛、索麦等农区其数量高达26.5万株，是青稞苗数的3.7倍。

除杂草的方法主要有耕中除草、拔草和利用地轮休除草等方法。1999年，噶尔县完成田间灭草1274亩，其中县农牧局科研人员灭中亚天仙子561亩。

第四节　农机具

一、人力生产工具

噶尔传统农用工具主要有锄头锨、昂耙、犁轭、镰刀、筛子等。

民主改革后，在保留传统农具的同时，开始推广新式农具。1962 年，噶尔县组织铁匠加工锄头 134 把、藏犁 44 张、藏犁卡子 1978 个，镰刀 26 把。1970 年后，全县实现人民公社化后，开始进行生产工具革新，推广使用手推胶轮车、胶轮大马车、新式步犁和马拉播种机等。1972 年，全县有工农—11 手扶拖拉机 1 辆、人力车车厢 26 部、人力车底盘 41 部、马车底盘 9 部、马车车厢 4 部、喷雾器 14 台等；

二、农用机械

20 世纪 70 年代初，拖拉机、三铧犁和播种机等农机具开始逐步推广运用。1971 年，拥有 55 型和 54 型拖拉机各 1 台。1972 年，全县拥有农业拖拉机 5 台，手扶式拖拉机 1 台，机引犁 3 架，机引播种机 2 架。1973 年，有拖拉机（包括推土机）4 台。1976 年 10 月，在县农牧局下设拖拉机站，有机务人员 3 名。拖拉机手 2 名。统一管理全县农用机械，并负责维修、保养。1977 年，有铁牛 55 型拖拉机 1 台、手扶拖拉机工农—11 型 3 台、人力车 125 辆、马车厢 19 个、柴油机 195 型 7 台、汽油机 1 台、水泵（离心式）2 台、马掌 127 副、各种农用车胎 63 套。1978 年，农牧局下设农机推广站。1979 年 10 月 10 日，阿里地区农牧局颁布实施《阿里地区拖拉机作业收费暂行规定》，本县照此执行。至此农用机械管理转入正规化、科学化。1981 年，全县有各型拖拉机 11 台，机耕面积达 2500 亩。

1985 年，全县有大中型拖拉机 21 台，总动力为 1155 马力，小型拖拉机（包括手扶拖拉机）10 台 120 马力，机动脱粒机 3 台，大中型拖拉机引农具 21 部，其中机引犁 12 部，机引耙 4 部，机引播种机 5 部。每乡配备了一台 55 型拖拉机，其中昆萨及扎西岗配备了 55 型和 75 型各一台，门士 55 型两台、左左 55 型一台；全县拥有排灌机械 4 台，排灌动力达 48 马力。

2000 年，县政府为各乡（镇）配备农业机具（小四轮拖拉机）12 台

（套），帮助完成农田机械春播 300 亩。同年底，全县有铁牛 55 型拖拉机 5 台、手扶拖拉机工农—11 型 9 台、柴油机 195 型 21 台、汽油机 4 台、水泵（离心式）6 台、各种农用车轮胎 313 套。

第五节　机　构

1959 年 10 月 7 日，中共噶尔县委下设农牧工作部，负责全县的农牧工作。

1962 年 11 月 1 日，原县委领导的农牧部工作划归县人民政府领导，并更名为农牧科，具体负责和领导全县的农、牧、林、副业的生产。1976 年 10 月，农牧科更名为农牧局，下设拖拉机站。1978 年，农牧局下设农机推广站。1979 年 5 月 30 日，农牧局改为农牧科。1987 年 7 月，机构改革时又改成县农牧局，至 2000 年底。下设拖拉机站、农机推广站等单位。其中，农机推广站有工作人员 5 人，拖拉机站有工作人员 5 人。

噶尔县农牧局（科）历任领导名录见表 9—1—11。噶尔县拖拉机站、农机推广站历任领导名录见表 9—2—3。

噶尔县拖拉机站、农机推广站历任领导名录

表 9—2—3

机构名称	职务	姓名	性别	民族	任职时间
噶尔县拖拉机站、农机推广站	站长	阿　旺	男	藏	1976.09～1978.06
		罗布战堆	男	藏	1978.06～1984.06
		日　利	男	藏	1984.06～1986.06
		普布次仁	男	藏	1986.07～2000.06

注：拖拉机站和农机推广站属同一个领导机构。

第三章　林　业

第一节　灌木林地

噶尔县因海拔、地质地貌和气候等多种因素的制约，土地荒漠化、沙漠化较为严重，生态环境恶劣，生态系统极为脆弱，林木资源相对较少。灌木林是境内主要木本植物群落，也是生态安全的重要屏障。1966 年前，森格藏布中下游有成片的秀丽水柏枝林带，自阿里地委、行署驻地迁到森格藏布河畔后，由于缺柴少薪，至 20 世纪 80 年代末几乎被采伐殆尽，至 2000 年底，秀丽水柏枝仅在加木村、草原站附近有零星分布。变色锦鸡儿普遍分布于噶尔藏布河谷、森格藏布下游及朗肷藏布上游。

至 2000 年底，境内灌木林地面积 183.08 万亩，苗圃地 0.0015 万亩，森林（灌木林）覆盖率 6.89%。主要树种有秀丽水柏枝、变色锦鸡儿、沙棘、金露梅林等。

第二节　植树造林

1951 年后，驻境内的中共阿里分工委干部、职工及解放军部队在房前屋后、庭院零星植树造林，造林规模和面积相对较小。

60年代，结合噶尔县农牧业生产条件，按照“农、牧、林”同步发展的要求，动员全县各互助组、社队群众，开展“植树造林、绿化祖国、美化家乡”活动，群众性植树造林活动初步开展。1963年，贯彻中央《关于确定林权，保护山林和发展林业的若干政策规定（试行草案）》，纠正林业生产中一些“左”倾错误，林业生产逐步进入正常发展阶段。

1972年，落实《全国林业发展规划》，全县植树造林工作恢复，并在房前屋后、宜林地带、四旁开展植树活动，共植树1.4万多株。但因宣传不到位、群众性造林、护林意识不强等因素的影响，全县的造林面积小，苗木成活率很低。

“文化大革命”结束后，加大植树造林工作力度，继续开展四处植树，实行“植、管、护”并举的方针，注重提高幼苗成活率。

1981年，落实“谁造归谁有”的林业政策，倡导和鼓励个人承包荒山、荒滩、荒坡进行植树造林，并对原属社队集体所有的小林地承包给社员经营管理。植树造林不仅要求数量，而且要求加强对幼树的管理和保护，使林业工作逐步得到加强。

1984年，噶尔县零星植树12万株。

90年代初，在做好全县林木发展规划的同时，加大对“植树造林、绿化祖国、美化家园”和《森林法》、《环境保护法》等法律法规的宣传，提高全民义务植树的自觉性和积极性，进一步加快全县林业工作的开展。此间，按照阿里地委、行署的统一安排和部署，在每年春季全县组织干部、职工、驻地部队、学生开展义务植树造林活动，并形成惯例。

1992年，全县零星植树27378株。

1998年，阿里地区农牧局在狮泉河镇兴建中心苗圃，占地面积300亩，有温室5间，占地面积1000平方米；护林房屋4间，占地面积150平方米。育有秀丽水柏枝、班公柳、新疆杨、北京杨、蒙古柳等树苗，年出圃量10万株。

2000年上半年，噶尔县委、县政府积极开展以狮泉河镇为重点的大规模治沙工程建设。在全县范围内大规模地植树、种草，进行生态环境的保护与改造。县委、政府以责任书的形式同各乡（镇）签订目标任务，并制定了一系列保护生态环境的责任制度，把生态环境建设作为县委、政府的重点工作之一。在阿里地区林业局的支持下，完成了狮泉河镇绿化环境植树造林基地围栏，承担了对树苗的灌水维护工作，使树苗成活率达90%以上。为彻底改善本县生态环境，县有关部门向地区计委提交了《噶尔县防护林育苗基地建设规划立项报告》，规划报告明确了本县今后一段时期植树造林、绿化环境的指导思想和目标任务。

至 2000 年底，全县零星植树 103276 株。

1992～2000 年噶尔县植树造林及苗圃面积统计情况见表 9—3—1，1989～2000 年部分年份噶尔县植树造林专款落实情况见表 9—3—2。

1992～2000 年噶尔县年植树造林及苗圃育苗数量统计表

表 9—3—1　　单位：亩、株

年代	当年		
	造林面积	零星植树	苗圃面积
1992	0.70	4291	—
1993	4	12753	13375
1994	11	13076	—
1995	48	26453	13200
1996	54	31846	—
1997	57	35686	7440
1998	111	95384	—
1999	238	115170	16533
2000	221	103276	12563

1989～2000 年部分年份噶尔县部分年份植树造林专款分配情况表

表 9—3—2　　单位：万元

年份 单位	1989 年	1991 年	1994 年	1999 年	2000 年
狮泉河镇	9.2	5.2	5	11.8（包括苗圃建设及护林补助）	数据不详
噶尔其他地方	6	—	1.5	1	3
合计	15.2	5.2	6.5	19.8	—

第三节　野生动物保护

一、管理机构

1991 年，县农牧局内设林业工作专职干事，负责全县的林业工作及野生动物保护。

二、保护管理

5～6 世纪前，受苯教影响，大肆捕杀野生动物用于宗教祭祀活动，野生动物资源破坏较为严重。

9 世纪后，受藏传佛教不杀生宗教理念影响，严禁进行打猎活动，猎杀珍稀动物的现象有所遏制。

17 世纪后，大部分土地所有权由贵族领主掌握，未经领主同意，任何人不得在其领地上从事打猎活动。

20 世纪 50 年代，人民解放军和地方干部遵守边境、民族、宗教政策，不准随意捕杀野生动物。

20 世纪 60 年代初，狼、棕熊等野生动物危害家畜，藏野驴、藏原羚等野生动物与家畜争食草场，农牧民要求政府捕猎。县、区两级党委、政府为干部配备枪支弹药猎杀上述野生动物，同时鼓励农牧民打猎。

1970 年后，民兵组织普遍建立，并配发枪支，因未制订保护野生动物的具体措施，造成打猎活动一度泛滥。1978 年，噶尔县严格执行除兽害奖励办法，即打死 1 只成年狼奖励人民币 10 元；打死 1 只小狼奖励人民币 5 元；打死 1 只狗熊（棕熊）或金钱豹、草豹（雪豹）按 3 只大狼折算奖励；打死 1 只旱獭奖励人民币 1 元。同时，部分珍稀野生动物遭到猎杀。

20 世纪 80 年代，西藏自治区革命委员会、西藏军区向全区发出《关于积极保护和合理利用野生动物、野生药用植物资源的通知》，噶尔县根据本县实际，要求对野生动物资源首先要做好保护工作，在保护的基础上合理利用；规定由人民公社、农牧林场以及当地驻军对所管辖范围内的野生动物进行保护，严禁乱捕滥猎。全县狩猎活动有所遏制，但未完全杜绝。噶尔县左左区少数牧民捕猎藏羚羊，个别外来不法商人为牟取暴利也鼓动当地牧民大量捕杀藏羚羊。至80年代中期，外来不法商人利用藏羚羊的弱点，采取用汽车追赶，枪支射击等方法，屠杀藏羚羊。1989年，《中华人民共和国野生动物保护法》颁布后，噶尔县有关部门利用各种媒体进行广泛宣传。同年，西藏自治区农牧林业委员会等4个部门发出《关于坚决制止乱捕滥猎和倒卖走私珍稀野生动物的通知》，县委、政府开始重视对野生动物的保护。

90年代，有关野生动物资源保护的法律法规进一步健全。1992年，西藏自治区第五届人大常委会第十八次会议通过并公布了《西藏自治区〈中华人民共和国野生动物保护法〉实施办法》，噶尔县对《实施办法》进行广泛宣传，并严格贯彻落实。

同时，对民兵枪支实行平时集中保管、训练时才配发的政策，猎杀野生动物现象减少。

第四章 水 利

第一节 水利建设与设施

一、引水工程

历史上，境内只有简单的引灌设施，绝大多数农田处于“等雨播种、靠天收粮”状况，尤其是干旱年景，“水从河里哗哗流、田里滴水贵如油”，因缺乏引水灌溉设施，严重影响了农牧业生产。

1960年，县人民政府成立后，十分重视水利工程和水利设施建设。1965年，全县兴修水渠3条，长达6千米，整修水渠34千米。1966年以来，遵照毛泽东“水利是农业的命脉”的教导，大抓水利工作，修建两条水渠。小型农田水利工程由受益乡村或受益群众自行管理，以乡规民约形式明确责任人，调解因用水灌溉时间、灌溉量等引起的纠纷。所有水利工程均为无偿使用，无独立管理机构。工程维修主要靠乡村组织投工、投劳进行，而技术含量高、所需资金大的水利工程则由国家拨款维修。1972年，修建蓄水池10个和2条水渠。

80年代以后，政府加大水利设施建设投入，兴建了部分较大规模的水利项目。

（一）郎久水渠

位于郎久村境内，水源为郎久曲。1997年，由阿里地区水利水电勘测设计所勘测设计，包括闸室、蓄水池、消力池、海漫与防冲糟及4座分水闸，渠道长3千米，总投资62.33万元，于当年10月完工。工程引水量为

1.0 立方米/秒，可灌溉农田 600 亩、人工种草灌溉 400 亩，总计 1000 亩。

（二）扎西岗水渠

位于扎西岗乡一村，工程引用水源为扎西岗水库。于 2000 年 7 月开工，10 月中旬完工。工程总投资 17.72 万元。工程主要由拦河坝、冲沙闸、扩岸坝、水渠、分水闸等组成，渠道长为 2 千米，可灌溉农田 700 亩。

二、蓄水工程

1960 年，新修水塘 6 座，整修水塘 73 座。1967 年，全县共兴修水库和蓄水池 49 座。1967 年，全县兴修水库和 49 座。1972 年以来，修建一座蓄水 9 万立方米的水库，10 个蓄水池。

2000 年，由阿里地区水利局水利电力勘察设计所勘测设计，在扎西岗乡修筑扎西岗水库。5 月开始施工，10 月完工。水库距狮泉河镇 80 千米，距扎西岗乡驻地 2.5 千米。平均海拔 4250 米。工程包括新建扎西岗一村水库和维修扎西岗二村水库。两座水库库容量分别为 1 万立方米和 3000 立方米，有效灌溉面积 1700 亩。工程总投资 46.78 万元。

至 2000 年底，共新修水塘（库）36 座，总库容 35.97 万立方米，有效灌溉面积达 1.1 万亩。

三、饮水工程

20 世纪 70 年代后，在牧区试点人工打井，取用地下水解决牧民生活用水及草场灌溉用水，但不能解决冬季用水和水泵结冰封冻问题。

1993 年后，实行“谁投资、谁建设、各村统一管理”的办法，由人工提水和手压取水转变为动力取水。

2000 年，国家投资 570 万元的人畜饮水工程资金，县水利部门负责

实施。采取太阳能打井取水和利用天然泉水兴修水渠和管道引水等工程措施，累计解决本县 5461 人和 24.8 万头（只、匹）牲畜的饮水困难问题。

第二节　防汛抗旱

一、防汛

境内河流较多，每年雨季，防洪任务较重。加木河曾发生几次较大的洪

水，威胁狮泉河镇。噶尔藏布及其他河流也有不同程度的洪水泛滥。县水利局每年都要动用大量人力、物力、财力进行防汛抗洪。

1966年，阿里地区所在地搬迁至森格藏布河畔，城区段未设防洪堤，每遇河水泛滥使危及人民的生命财产安全。至1990年，狮泉河镇河堤为自然河堤。

1991年，首次动用机械将森格藏布城区段河道进行改道。1992年，开始对部分河堤进行改道、加固。1993年，由国家投资95万元，群众义务投劳（折合人民币12万元），在森格藏布城区段河道修建了5千米长的土堤。1998年，整治加固河道（堤）3.5千米，修建防洪堤坝5.5千米，河道整治9.6千米。1999年，对森格藏布城区段河道上游进行改道和城区段整治，总长6千米。2000年，由国家投资1104.85万元，对森格藏布城区段河道再次进行改道，将上游3.8千米的“C”形弯道进行裁弯取直，整治加固河堤总长9.6千米，部分河段防洪标准达到“百年一遇”。

二、抗旱

境内水资源虽然较丰富，但时空分布不均，个别地方长期处于工程型缺水状态，加之气候干旱，时常发生旱情，影响农牧业生产。县水利局与上级部门紧密配合，多方争取资金，通过修建引水渠、引田河水或兴修塘、坝等形式抗旱，减少因干旱对农牧业生产造成的损失。

第三节　机　构

1959年，中共噶尔县委成立后，下设农牧工作部，负责全县的农牧、水利等工作。

1962年11月1日，原县委领导的农牧部划归县人民政府领导，并改名为农牧科（局），具体负责和领导全县的农、牧、林、水、副业的生产。县水利建设工作一直由县农牧科（局）负责和管理。

1998年10月8日，县水利局成立，但下属组织机构没有健全。至2000年，由柯贤超任副局长，有1名水利专业技术人员。

第十篇

交通　邮电　城建　旅游

第一章　交　通

第一节　古商道

一、古商道

噶尔县自古以来是连接西藏腹心地区、新疆及与西亚诸国家和地区的重要交通枢纽，有多条商道与外界相通。

（一）向东

经左左乡或沿森格藏布，经阿里东部抵达日喀则、拉萨及内地。西藏段主要用于从事粮盐交换。

（二）向北

经日土县，可达新疆南疆地区或恰察卡（产盐区）。

（三）向西

沿森格藏布河谷经扎西岗、俄洛典角至印控古隅（即科尤尔）、拉达克地区，再抵中亚和西亚各国家。

由扎西岗往西南翻越田巴拉山，经札达县曲木底、楚鲁松杰进入原桑噶王领地俄呐、如许地区（印度控制区）。

（四）向南

由索麦、门士经札达县曲龙的甲尼玛，翻越喜马拉雅山脉进入印度北部，或由门士向南经普兰县域，抵尼泊尔西部和印度北部。

二、官道驿站

元代起，中央政府在阿里方向设置驿站，担负粮草供给、驮运商品物资及往来官员的接待、政令军令的传递等。

清朝时期，驿站从拉萨到阿里，再经噶尔县延伸至拉达克境域内。从拉萨到噶尔雅萨有35个驿站，在噶尔境域内有门士、阿久和昆萨。驿站由噶厦管理，拨银维护。同时，境域内辐射出多条驿站和线路，如昆萨到日土经甲亩（加木）—加康（甲岗）—若松（日松）；从昆萨到札达，由门士—琼隆—帮查—东坡—达巴宗—马朗（芒囊）—扎布让；从噶尔昆萨至拉达克，经过囊如（那木如）—马尔雍—辛尔沃—切吾—鲁玛—扎西岗—沃格—色尔雄—登巧至拉达克。驿道基本四季畅通。

三、和平解放初期驻噶尔的阿里部队和机关的物资运输线

1952年3月，中国人民解放军新疆军区独立骑兵师进藏英雄先遣连及其后续部队进驻噶大克，完成解放阿里的任务后，根据新疆军区的命令，整编为阿里骑兵支队，其军事机关驻守在昆萨。为解决阿里骑兵支队及随后成立的中共阿里分工委干部职工的物资供应问题，喀什军区（后改设南疆军区）根据侦察队报告，决定组建藏北运输指挥所，归军区直接领导，负责向阿里运送物资。藏北运输指挥所设在新疆皮山县桑株镇。新疆军区从全疆机关和部队抽调了两千头骆驼，又添购了1千余头毛驴和400多匹马，下辖3个运输大队，专门承担向驻守阿里的骑兵支队和中共阿里分工委机关运送给养物资。

具体运输路线为：桑珠（35千米）—东哇克（60千米）—库尔梁（10千米）—曲五大克（17.5千米）—救济站（20千米）—蒙古包（45千米）—赛图拉（45千米）—红柳草滩（30千米）—盐池（30千米）—西红柳滩（10千米）—东红柳滩（22.5千米）—阿哈兰杆（37.5千米）—泉水沟（40千米）—甜水海（40千米）—挖水滩（30千米）—龙巴吉包（40千米）—林济塘（40千米）—拉孜古（25千米）—色错次（32.5千米）—野马滩（37.5千米）—巴耳（35千米）—善和（即乌江，60千米）—日土宗—日土甲岗（25千米）—狮泉河（35千米）—鲁玛（22.5千米）—噶尔雅萨（12.5千米）。

第二节 公路桥梁

一、公路

（一）公路建设

20世纪50年代中期后，噶尔县境域内开始出现简易公路。1957年，新藏公路（后统一称国道219）通至本县。至2000年，有国道219、省道301通至本县，县至各乡间基本有简易公路。

1. 国道

国道219（也称新藏公路）从西北向东南穿过噶尔县域。此路北起新疆叶城县零千米处，经界山大阪（维语，垭口）、日土进入噶尔县境域内，经普兰县霍尔乡，在马攸河畔进入日喀则地区，在拉孜与中尼公路（318国道）相接。全长1210千米，其中海拔在5000米以上的有130千米。县境域内北起与日土县交界的拉梅拉，穿越噶尔县城，由东南经门士乡，与普兰县交界的久扎河出境。境域内辖段长达290千米。

1951年7月，新疆军区派出独立骑兵师侦查参谋田武率士兵30人进入阿里，踏勘公路建设路线。9月初，抵达日土宗。同年，从于阗向阿里修建170千米的公路，后因经费紧缺暂停。骆驼运输队负责向阿里运送物资。

由于骆驼运输队运送物资成本高，经费有限，1954年初，新疆决定组建新藏公路勘测总队。1955年，交通部派出以林楚育为队长的交通部测量队，从新疆叶城开始向阿里勘测公路。6月，交通部下达新藏公路建设资金1613.6万元。由新疆维吾尔自治区交通厅、新疆军区后勤部、交通部第五工程局联合组成新藏公路建设指挥所，以南疆军区部队为主，北起新疆叶城县，计划于1956年4月动工，3年时间向阿里分段施工。

1957年，修路指挥部派700人组成的突击队，向阿里突击抢修简易路面。10月5日，公路初通到噶尔昆萨。10月6日，在昆萨举行公路通车典礼，噶本洛桑才旺向中共中央主席毛泽东像敬献哈达，向筑路英雄和汽车驾驶员敬青稞酒。中共阿里分工委副书记魏善琦、阿里骑兵支队副政委马瑞云分别在大会上讲话。

从1958年起，交通部和新疆维吾尔自治区多次投资，处理病害路段，增设和改建永久性桥涵，并把新藏公路经噶尔县延伸至日喀则地区拉孜县雅鲁藏布江渡口。

1965年2月23日，新疆维吾尔自治区交通厅拨给新藏干线公路改建工程经费160万元，全部用于阿里地区境域内公路段建设。219国道在噶尔县境域内辖段全部为沙石路面。

2. 省道（S301）

即安狮公路（也称黑阿公路，从狮泉河镇至阿里地区改则县洞措区段称301）。此路经人迹罕见的藏北高原，由阿里经那曲地区通往拉萨的干线公路。也是噶尔县境域内主要省道之一。东起那曲地区安多县，西至狮泉河镇。噶尔县境域内东起七里桥，西至狮泉河镇，全长45千米，砂石路面，无等级，四季通车。

20世纪50年代，随着川藏、青藏公路的开通，借助青藏公路探路和筑路经验，中共西藏工委开始酝酿在黑河（那曲）和阿里之间开辟一条公路。1956年2月18日，西藏军区司令员张国华指示阿里骑兵支队参谋长孙占文带领一支汽车队，勘踏出一条去阿里的路线。随后，孙占文带领一支由50多人和10多台汽车组成的勘踏队与西藏贸易总公司阿里物资采购办事处经理牛青山一起从黑河（那曲）出发，历时一个多月，于3月23日，将汽车开到噶尔雅萨，黑阿公路正式通车。黑阿公路成为噶尔县开辟的第一条公路。

1979年，西藏自治区人民政府决定投资改善黑阿公路行车条件，重点对木桥进行改造，同时将黑阿公路更名为安狮公路。

3. 县道

那托公路亦称札达老路。北起国道219线昆萨乡那木如村，南至札达县托林村。全长164千米，砂石路面。

（四）乡村公路

1951年，噶尔解放后，中共阿里分工委机关分驻昆萨和雅萨。为方便与周边地区的往来，开始以雅萨和昆萨为中心，修筑通往周边地区的简易公路。1956年，阿里分工委修路小组对昆萨至雅萨的53千米路面进行踏勘。同年，又踏勘出雅萨至普兰的公路路线。此后，随着汽车的进入，各区、乡之间陆续形成自然路面的公路。

20世纪90年代以后，由地区交通局组织，对原各自然形成的乡、村公路相继进行了整治、维护，基本能保证常年通车。

1. 鲁典公路

起于鲁玛大桥，止于扎西岗乡典角村，全长61千米，宽3.5米，砂砾石路面，属等外级公路。

2. 果噶公路

起于左左乡上左左村，止于噶尔河中桥（加木村）。全长216.95千米，宽3.5米，为砂砾石路面，属等外级公路。

3. 狮扎公路

起于狮泉河镇，止于扎西岗乡治所地，全长47.5千米，宽3.5米。属四级砂石路。

二、桥梁

噶尔县境域内有大小桥梁4座，均为钢筋混凝土板梁大桥。

（一）鲁玛大桥

位于扎西岗乡鲁玛村噶尔藏布上，长68.8米，两车道，既是国道219通道，也是通往扎西岗边境的必经之道，为水泥钢筋结构。

1965年3月8日，由新疆308建筑公司建成通车。

（二）狮泉河大桥

位于狮泉河镇中心的森格藏布上，长90米，宽两车道，为水泥钢筋结构。

1964年3月8日，建成通车。由新疆308建筑公司建设完成，是阿里地区第一座水泥钢筋结构桥梁。

1995年，由西藏自治区交通厅投资改造。2000年底，更名为狮泉河西桥。

（三）噶尔藏布中桥

位于昆萨乡那木如村境域内的219国道上，桥梁总长85米，宽两车道，2000年10月，由西藏自治区交通厅投资建成。

第三节　运　输

长期以来，噶尔境域内主要依靠人力和畜力进行运输。20世纪50年代起，出现汽车、拖拉机等机械运输。

一、人力运输

历史上，噶尔境域内有一些专门靠劳力从事交通运输的职业劳动者，被称为“脚夫”或“背夫”，使用的工具是用藤条编制的背筐等。背夫每人可背30～35千克货物。

二、畜力运输

境域内畜力运输主要有牦牛、羊、马等。每匹马可驮载80～100千克货物，时速5～6千米，日行程40～50千米，可连续驮运30天左右。每头牦牛可驮载30～40千克货物，日行15～20千米。牧民还以羊作为驮畜，是盐粮交换中主要运输工具，可驮载10～15千克，日行程15～20千米；每只阉公山羊可驮载10～20千克，日行程15～26千米，其耐力与绵羊等同。昔日，从噶尔昆萨至拉萨骑马需时2个月，至新疆叶城县骑马需20天左右。

1950年8月1日，先遣连进军阿里时，用300多匹骡马、骆驼作为运输工具，载人载物，每头载重平均40千克，平均每日行程10余千米。

1951～1957年，新疆维吾尔自治区和部队每年组织900多民工、2000头骆驼、1000多头驴，组成3个运输大队，为驻守噶尔昆萨的部队和地方运送粮食和其他各种物资。

三、机械运输

（一）汽车运输

1. 货运

1956年，新藏公路初通后，时有阿里地区的车辆为噶尔运送物资。

1963年，阿里专区将新疆维吾尔自治区调拨的一辆解放牌汽车分配给噶尔县，为噶尔县拥有的第一辆汽车。主要用于县委、县政府粮食、蔬菜及副食品拉运。此后，县贸易公司等相继购买了货运车辆。至1979年，噶尔县的各种货运依靠阿里地区公交车队和商业车队承担。1980年，县有大卡车11辆，组建汽车队，开始承担境域内短途物资的运输。1987年以后，县机关和社会车辆逐年增多，开始承担长途物资运输。2000年底，噶尔县拥有各种货运车辆68台。

2. 客运

和平解放后，人们出行依靠搭乘机关公务车或货运车辆。1996年，阿里地区运输公司开通狮泉河镇至拉萨的长途客运汽车，人们开始逐步搭乘客运汽车出行。

1997年，狮泉河镇出现客运出租车，属阿里地区交通局管理。至2000年底。狮泉河镇有客运车辆34辆。

（二）拖拉机运输

20世纪60年代末，噶尔出现拖拉机，但主要用于农耕生产，兼用于短途运输。90年代，个别先富裕起来的农牧民家庭开始购买小四轮拖拉机，用于农牧业生产和短途运输，也兼作交通工具。

1969～2000年噶尔县车辆拥有情况统计见表10—1—1。

1969～2000年噶尔县车辆拥有情况统计表

表10—1—1

车型 年份	东风	解放牌汽车	吉普车	丰田车	拖拉机	客运出租车
1969	—	2	—	—		—
1970	—	2	—	—	1	—
1973	—	2	1	—	5	—
1977	—	8	1	—	5	—
1979	—	8	1	—	5	—
1982	2	8	1	—	11	—
1983	2	8	2	—	11	—
1984	2	8	2	2	10	—
1987	2	7	3	2	9	—
1989	11	—	5	2	8	—
1990	11	—	7	2	8	—
1992	22	—	7	3	7	—
1993	24	—	7	3	4	—
1994	33	—	7	3	5	—

续表 1

车型 年份	东风	解放牌 汽　车	吉普车	丰田车	拖拉机	客运出租车
1995	35	—	7	3	5	—
1996	40	—	7	3	5	—
1997	44	—	7	3	4	3
1998	61	—	13	3	4	8
1999	66	—	13	3	38	10
2000	68	—	15	6	45	13

（三）公路养护

1. 国道养护

1957年，国道219（新藏公路）初通至1999年，噶尔县境段由新疆叶城养护总段进行公路的管理和养护。1999年后，国道219的养护工作移交给阿里地区交通局，至2000年底。

2. 省道养护

1966年5月14日，加木乡试行亦工亦牧公路保养制，建立10人的养路组，重点养护狮泉河镇至革吉县段30千米的路面。其他鲁典公路、狮扎公路等省道的养护由阿里地区交通局负责。

3. 乡村公路养护

20世纪80年代起，各乡、村都修建了简易公路。其养护未纳入阿里地区交通部门的统一管理，按上级要求实行“谁受益、谁养护”的原则，由各乡村组织群众义务投工投劳进行临时性养护。必要时，由上级和县里采取“以工代赈”或由县财政给予适量补贴的办法，组织本地群众养护，以保证乡村公路的畅通。1994年4月，县委、县政府为缓解扎西岗区至边境典角行车难问题，拨款9万元对该有30千米的路面进行整治。

4. 公路病害治理

和平解放至2000年底，县境域内的公路均为沙石路面。由于自然环境恶劣和地质条件复杂、沙壤性强，公路病害多而严重。公路病害多发于每年7月初～9月中旬的雨季和冬春的大风季节。公路病害主要有泥石流、洪水冲刷、水毁、冰冻、风沙及平时形成的搓板路面等，给公路畅通带来较多困难。经几十年的治理，虽找到一些控制和治理的方法，但由于经费不足，仍未从根本上改变。

第四节 机 构

由于噶尔县属阿里地委、行署所在地，境域内交通业务均由阿里地区交通管理部门兼管。1998年，县交通局成立后，主要负责对全县各类车辆的登记、上户、转户，同时负责境域内乡村公路的新修和养护工作。编制3人，设副局长1名，由益西桑布任副局长。

第二章　邮　电

第一节　古代邮道

包括噶尔在内的阿里古代先民以语言、声音、火光或以物示意等方式交流信息。通过敲羊皮鼓、吹牛角号，聚众议事，围猎野兽，攻防外敌。在大道旁、山巅水洼处垒砌石堆，以指引行人路径或寻找水源，后演变成堆砌刻制经文的“玛尼堆”，上面高高树起挂有各种色彩的布“经幡”，起到敬奉山神的目的、起到指引道路、识别方向的作用。

象雄时期，阿里境域内各个小邦在山冈之上，修筑自己的“堡寨”类似于“烽燧”，具有军事要塞的性质，也是通信设施。

13世纪初，元朝中央政府设立至阿里驿站。元世祖至元二十四年(1287年，藏历第五饶迥火阴猪)，元朝中央政府对已设置的驿站进行变动和调整，复置4个驿站。同时，便于军事供应而设置“马甲姆”，即军站。军站是由留驻阿里的元朝中央驻军抽派人员驻站，负责驿站事务，由当地人负责提供驻站军人所需的物资和费用。驿站实行站户制度，专门签发部分人户承担站役，每站站户视其繁忙程度，一般为百余户至数百户不等，多则可达两三千户，入藏各驿虽有各站户分站负责，但其具体管理仍和中原相同，即必须有专人驻站司役。清代，进一步完善拉萨至阿里驿路，噶尔县境域内有门士、阿久和昆萨3个驿站。昆萨至拉萨南路途经阿久、门士经普兰至拉萨。雅萨至拉达克途径各驿站为囊如、玛尔亥、辛卡贡、辛卡沃、切吾、鲁玛尔、扎西岗、俄洛、色尔雄、登巧至拉达克。

第二节　邮　政

一、业务

（一）邮政业务

和平解放后初期，噶尔的邮件、信函等通过藏北运输指挥所驼队带到噶尔。

1958年8月1日，噶大克至新疆喀什长达1347千米的自汽车邮路开通后，开始办理平信、汇兑等少数业务。汇兑业务有普通汇票与电汇汇票两种。

1959年1月1日，开办了包裹收寄业务。早期的包裹业务，只有普通包裹一种。同年，开始使用四联单式汇票，由汇票、票根、收据、存根四联和“汇款通知”等组成，四联单式汇票为普汇。

1960年，基本上采用原有普通包裹形式，一律采用与信函同等快捷的处理程序，随信函运递，资费按同等重量的普通包裹高50%的标准计收。1964年，开办报刊投递业务。1969年，国家邮电部取消双挂号信函和邮件回执业务、货样业务，允许在信函内附寄少量货样。代发广告取代商务传单。

1978年后，噶尔县在邮电通信业方面投资力度加大，发展速度增快，开办了“包送包裹”、“商品包裹”、“大件商品包裹”和“用户专用袋”等业务。包裹重量限度也不断放宽，从普通包裹限重15千克，放宽到大件商品包裹准寄25千克，乃至28千克。在西藏自治区范围内互寄的包裹准寄重量的范围更加放宽。1980年1月1日，第一辆满载报刊、邮件的邮车从拉萨出发开往狮泉河镇，实现了拉萨与阿里的直接通邮。

20世纪80年代，开办了邮政快件业务，凡适合邮寄的各类文字载体或物品均可做邮件寄递，收寄时按照邮件回执单据予以收寄、处理，给予邮件收据，并按照一种优先于普通邮件的既定程序处理、传递，还可以作保价邮政快件交寄；在资费标准上突破传统的计费方法，一律按所寄邮件重量计费的“均一制”资费标准。邮政快件在邮局内部处理过程中，对于通信各环节的运作有明显的时间限制，限时到达。凡因邮局责任造成邮政快件逾期引起用户追究的，邮局要将原收快件资费扣除按普通挂号邮件应收资费的剩余部分全部退还寄件人。如因邮局责任造成丢失、损坏的按保价或保价额给予赔偿。

1990 年 8 月，取消快递小包和代收货价包裹业务。

1993 年 7 月 2 日，县邮局开办邮政快件，要求严格遵守邮车到达前一天收寄快件的规定。

截止 2000 年 11 月，县邮电局邮政业务已完成全年计划的 118%，同比增长 123%，其中包件 516 件，同比增长 238%；包裹收入同比增长 314%；汇票收入 10064.57 元，同比增长 621%，汇金 978562.41 元，比 1999 年增长 183%，机要收入 68.32 元，改变了噶尔县无机要输出的历史。

（二）邮件分发

20 世纪 50 年代至 60 年代，进出噶尔的绝大部分邮件由狮泉河镇与新疆叶城（后通喀什）邮路分发与交换。

70 年代，邮件分拣封发作业基本上保持手工作业方式。根据邮电部邮政总局颁发的《邮政通信作业组织管理办法》规定，分别编订各局进、出、转口邮件分拣封发作业计划，规定各局进、出、转口邮件处理的作业流程、班次和各类邮件处理环节。

1980 年，进出噶尔县的部分邮件改由狮泉河镇经阿里措勤县至拉萨分发与交换。7 月 1 日，推行邮政编码制度，规定凡邮电部门发寄的各类邮件必须按规定书写邮政编码，采取“四级六位码”组合形式编制而成，前两位代表省（直辖市、自治区），第三位代表邮区，第四位代表县（市），最后两位代表投递区。噶尔县邮政编码为 859400，至 2000 年底。

（三）邮路

噶尔县无公路运输时，采用步班、马班传递邮件。20 世纪 50 年代初，邮件经新疆喀什、叶城、皮山县，由驻阿里地区中国人民解放军部队随骆驼运输队和汽车代运。1958 年 8 月 1 日，新疆维吾尔自治区叶城（后改为喀什）至噶尔昆萨汽车邮路开通。邮件通过新疆传递，邮班期暂定为每月 10～15 日一班。

1974 年 11 月 20 日，境域内邮件传递委托地区汽车队运输，邮电局派人押运。1978 年 9 月 14 日，喀什发阿里邮车违章拉客，车行至日土县境域内，因车上旅客吸烟引起火灾，共烧毁机要文件 1 袋（19 件），普通邮件

117袋。1980年，拉萨至狮泉河镇邮路试通，每月一班。至此，噶尔通外邮路增加至2条，但邮件、信函仍主要通过新疆至狮泉河邮路传递。1984年7月1日，狮泉河镇至拉萨邮运由每月一班改为二班。1987年6月20日，经邮电部邮政总局批准，新疆维吾尔自治区喀什至狮泉河镇邮路停止。

1993年3月28日，西藏自治区邮电管理局决定，日喀则至阿里邮路从4月1日起每周一班改为每周二班。开通狮泉河镇至扎西岗邮路，每月二班。

1997年1月13日，阿里地区邮电局调整邮车班期，阿里地区至噶尔局每周一班。扎西岗和昆萨区每月二班；左左区每月二班，至2000年底。

第三节　电　信

一、电报

20世纪30年代，噶厦“达尔康”开通了拉萨至噶尔的无线电报电路。

清光绪三十年（1904年9月，藏历第十五饶迥木阳龙），英国侵略军强迫西藏地方政府签订《拉萨条约》，强行在噶大克等地设立邮局，架设电报线。

清光绪三十四年（1908年，藏历第十五饶迥土阳猴），《中英修订藏印通商章程》签订后，英国在阿里境域内设立噶大克电报局，开办无线电报业务。

民国十四年（1925年，藏历第十五饶迥木阴牛），西藏地方政府开通拉萨至噶大克等地的区域性非经营性无线电通信业务。

1953年10月，噶大克电信局成立后，使用15瓦电台与西藏各地及内地省市区间进行信息联络。

1959年，拉萨至噶大克等地的报话通信网建设完成。

1964年2月，西藏邮电管理局在噶尔昆萨（阿里分工委驻地）建立了小型电台。1978年，阿里电报电路共有8路，噶尔县境域内有狮泉河镇至噶尔昆萨、狮泉河镇至门士的电路。

1982年，狮泉河镇至拉萨开通无线电话，电报业务逐渐减少。

二、电话

(一) 长途电话

1982年，狮泉河镇至拉萨无线单边电话开通。1987年9月，狮泉河镇至拉萨的无线长途电话开通。1988年6月16日，阿里地区卫星通信接受站设备安装完毕，勤务电话与拉萨站试通。6月24日，开通狮泉河镇至拉萨电话电路3条。

1990年，依据国家邮电部下发的《关于西藏自治区长途区号分配方案批复》，噶尔县长途电话区号为8074，开通狮泉河镇至新疆乌鲁木齐市电话电路。1997年，阿里地区邮电局S1240扩容工程完成后，通过长途中继线，增加狮泉河镇至拉萨的长话线路，提高了通话能力，噶尔县与拉萨的通讯联系更加快捷方便。同时，开通狮泉河镇至阿里地区普兰、札达、日土、革吉、改则、措勤六县的长途电话。

(二) 市内电话

20世纪60年代，阿里邮电部门在在昆萨设立市话交换局，在中共阿里分工委和专署机关安装磁石电话。

1980年，地区邮电局在狮泉河镇设立磁石电话交换局两处。

1987年6月，狮泉河镇自动电话配线、架设工程完成，阿里地区邮电局400门纵横制市内自动电话开通。同年，发展用户219户。1993年，狮泉河镇开通1000门程控电话，一般市话业务新增国内和国际长途电话自动直拨、缩位拨号、热线服务、呼叫等待、三方通话、转移呼叫、闹钟服务、遇忙回叫、呼出限制、遇忙记存呼叫、免打扰服务、缺席用户服务、追查恶意呼叫、会议电话等服务。

2000年5月，阿里地区电信开始对狮泉河镇电话外线进行改造，9月15日完工。至2000年底，狮泉河镇市内电话放号1114户，市内电话用户累计达4066户，市内电话交换点有7处。

(三) 农村电话

1997年6月，在西藏自治区邮电管理局农话办及阿里地委、行署的关心支持下，在噶尔县所属的4个区和12个乡建设微波“一点多址”农村电话系统，方便农牧区通讯。

(四) 移动通信

1. 无线寻呼

1995年7月1日，在狮泉河镇开通无线寻呼，放号110户。

2000 年 10 月 1 日，西藏国信寻呼有限责任公司在狮泉河镇开通高速无线寻呼骨干网 198 人工台和 199 自动台，实现了与全国的漫游。

2. 移动电话

1997 年 7 月 19 日，西藏自治区邮电局在狮泉河镇开通 900 兆蜂窝模拟移动电话系统，放号 48 户，模拟移动交换机容量合计达到 1.2 万户。

1999 年 7 月 16 日，日喀则至阿里噶尔县狮泉河镇光缆通信工程开工，全长 974 千米。该线途经日喀则地区的拉孜、昂仁等县最后到达地狮泉河镇，12 月 18 日，狮泉河镇开通数字移动通信电话。

三、光缆通信

2000 年 5 月，国家重点建设工程项目——新疆疏勒至狮泉河镇光缆通信工程全线开工，光缆全长 1160 千米。同时，阿里地区开始在狮泉河镇进行电话外线改造。6 月 15 日，狮泉河镇至措勤县段光缆通信工程全线开工，全长约 800 千米。10 月 19 日，经过 1000 多名施工人员的连续奋战全线铺设完毕。

第四节　机　构

清光绪三十年（1904 年 9 月，藏历第十五饶迥木阳龙），英国侵略军强迫西藏地方政府签订《拉萨条约》，强行在噶大克等地设立邮局。清光绪三十四年（1908 年，藏历第十五饶迥土阳猴），清朝中央政府和英国签订《中英修订藏印通商章程》，允许英国在西藏境域内开办邮路。其中一条邮路是从印度至噶大克，并在噶大克设立电报局。民国三十六年（1947 年，藏历第十六饶迥火阴猪），印度独立后继承英国在西藏地方所取得的特权。

1953 年 10 月，中共阿里分工委决定建立噶大克电信局，为境域内最早的人民邮电机构，由中共阿里分工委领导，隶属新疆邮电管理局代管。1954 年 12 月 9 日，中共西藏工委调噶大克电信局负责人宫本瀚带领人员和机器在中共阿里分工委所在地噶尔昆萨另建电信局，隶属西藏邮电管理局领导，原噶大克电信局仍保留。期间，根据有关谈判协定，中国政府取缔或接管噶尔外国邮电机构。

1956年3月，噶大克电信局、噶尔昆萨电信局合称噶大克邮电局，局址设在噶尔昆萨，隶属西藏邮电管理局管理。1958年5月，移交新疆维吾尔自治区邮电管理局代管。

1960年3月1日，噶大克邮电局改为阿里专区邮电局，局址仍在噶尔昆萨。同年秋季，划归西藏邮电管理局领导，噶尔县成立邮电组。

1966年3月13日，噶尔县邮电所更名为噶尔县邮电局。

1976～1985年，噶尔县邮电局没有领导机构。1985年，正式任命了一名副局长，当时有6间房屋。期间除了搞好为县委、县政府以及周围居民的邮电服务外，还承担四个区公所的邮送任务。

1987年，噶尔县邮电局随县机关搬迁至现在噶尔县所在地。其服务范围为狮泉河镇以南县机关、驻军、学校及加木村。1998年，邮电分营，分别成立县邮政局和县电信局。未列入阿里地区正规邮路的三条流动性邮路，即狮泉河镇分别至左左乡、扎西岗乡、昆萨乡的三条乡邮路线均为县邮电部门的服务区域。其他邮路均有阿里地区邮政局负责。邮路无特定班期，一般每周一班，至2000年底。

第三章　城建与环保

第一节　城乡建设与规划

一、城镇建设

（一）噶尔雅萨和昆萨建设

清康熙二十五年（1686年，藏历第十一饶迥火阳虎），西藏地方政府在阿里设噶本地方管理机构后，将噶尔雅萨和昆萨分别作为噶本政府的夏季和冬季办公和驻地，修建有几间土木结构的住房兼办公用房，部分百姓在此搭建帐篷临时居住。

1952年，中共阿里分工委成立后，在噶尔雅萨抢修出一间小土屋作为中共阿里分工委书记安志明的办公和生活用房。此后，经噶厦同意，通过在普兰的尼泊尔商人、札达札布让宗等地订购和采伐木材，由驻地部队官兵和地方干部分别在雅萨和昆萨等地修建土木结构房屋，以在昆萨所建房屋居多，作为中共阿里分工委机关办公和住宅用房。

1955年，中共阿里分工委采购和采伐圆木444根，在昆萨建房86间，建筑面积1154.8平方米。1958年，在昆萨修建小礼堂、娱乐室、车库、理发室、住房、办公室、骡马棚、银行、邮电、贸易公司营业室等土木结构房屋158间。

1959年，为防止武装叛匪攻击，驻昆萨、雅萨中国人民解放军部队和中共阿里分工委机关工作人员投入战备工作，修建防御工事。在昆萨的中共阿里分工委干部、职工290人用6个月时间建成噶尔昆萨城墙。城墙长2500米、高2.5米，同时在城墙上修建10个中型碉堡、6个大型碉堡和近百个单人掩体及宽10米、深2米、总长达3000余米的护城河。

1960年，县委、县人民政府成立时，驻地建筑设施较简陋，县城内仅有几条沙石便道，无任何环保设施和人员及给排水设施，通过打井或到噶尔藏布取水。每年冬春季节尘土飞扬，夏秋雨季泥泞难行，有时行走亦感困难。至1964年，昆萨、雅萨共有土木结构房屋800余间。

1965年，阿里专区驻地迁至森格藏布河畔（今狮泉河镇）。1960～1987年，昆萨作为噶尔县政府驻地，建有2条街道、3眼井。1988年，噶尔县城迁至森格藏布河畔后，此地建筑被废弃。

（二）狮泉河镇建设

1. 党政机关办公、住房及配套设施建设

（1）阿里地委、行署机关驻地及配套设施建设

1965年时，狮泉河镇灌木丛带，除游牧群众外，无居民居住。1965年7月23日，国务院批准阿里专区所在地从噶尔昆萨迁至狮泉河镇。同年，迁建工程开始，至1967年完工。国家计划投资600万元，实际投资695.28万元，完成阿里地直机关1700平方米的办公、住房的修建。当时的建筑均为平房，采用石块墙体，混凝土预制盖顶，水泥地面。

1969～1979年，国家再次投资狮泉河镇进行扩建，增建阿里地区行署机构用房，兴建部分工、商、文、卫等事业用房，初步形成城镇轮廓。其中，1971年完成基本建设投资242.2万元，建筑面积8500平方米。至70年代末，狮泉河镇城区面积约0.25平方千米。

80年代后，充分利用太阳能优势，新建部分太阳能用房，进一步完善城镇基础设施。1980年，投资337万元，建筑面积2.07万平方米。1984年，建成第一批太阳能实验建筑8栋，共1836平方米，成立阿里地区电视台，转播中央电视台和西藏电视台节目。同年，中央、国家各部委和兄弟省区（市）援助西藏建设43项工程，其中阿里地区3项：阿里地区地委办公楼、阿里地区群艺馆和阿里饭店，均属太阳能砖混结构建筑，总投资1680万元，建筑面积12043平方米。1985年9月，交付使用。

1988年，修建第一条水泥路面，即狮泉河西路。3月，阿里地委、行署召开联席会议，决定为促进城镇建设，制定城镇干部、职工建房优惠政策。对愿意修建私房的干部职工不限制年龄划分建房用土地。用地标准：一般干部由原来250平方米扩大到300平方米，县级干部由原来300平方米扩大到350平方米，地级干部由原来350平方米扩大到400平方米；城市规划以内

干部职工建房每平方 10 元，单位修建房屋按照每平方 20～30 元，城市规划以外不收土地费；对规划区外种菜、养猪等划拨的土地，均以无偿形式划拨（包括草原站地皮），且 30 年不变；对乡镇企业和农牧民经商修建房屋所需土地给予优先照顾，但在商业区修建房屋必须修建两层以上楼房。同年，建设有线电视网络。

1999 年，开始进行格桑路等 14 条市政道路建设，总投资 6288.46 万元。主要建设混凝土路面 228395.04 平方米，含市政绿化、给排水、电照等配套工程，工期 2 年。

2000 年，由河北援助资金 700 万元建设阿里地区地委、行署会议中心。2000 年底，城区建筑面积有拥有常住人口近 1 万人，流动人员 1 万人。

（2）县委、政府机关驻地及配套设施建设

1988 年，噶尔县城迁至森格藏布河畔阿里地委、行署驻地，并由国家安排投资重建县城。

1989 年，修建县委、政府办公大楼、单职工宿舍 5 栋 40 套、双职工宿舍 9 栋 54 套，其中县级干部宿舍 5 栋 10 套、公检法干警住房两栋 8 套。1990 年，为县粮食站修建粮食仓库 2 间、办公室 2 间。

1991 年，后建设完成职工住房 3 栋 16 套、职工食堂；县影剧院，面积 735 平方米；县幼儿园，面积 345 平方米；县兽医站办公用房 1 栋，面积 500 平方米；县人民医院医疗及职工住房 5 栋 20 套；县银行办公及职工住房 2 栋；县邮电局办公及职工住房 1 栋 3 间；新建孔繁森小学，其中教师宿舍 3 栋 15 间、学生宿舍 2 栋 20 间、教学楼 2 栋 16 间及学校食堂等设施。

1999 年，开始进行县城街道建设，先后建设完成噶尔路、狄三路、人民路、繁森路。2000 年底，县城区面积达 4 平方千米。一个集道路、交通、通讯、旅游、供水、供电等设施逐步完善的综合性县城雏形。

噶尔县机关房屋建筑面积造价统计情况见表 10—3—1。

噶尔县政府房屋建筑面积造价统计表

表 10—3—1　　单位：平方米、万元

名称	资产名称	房屋结构	建筑面积	工程造价	备注
县政府	办公大楼	太阳能	520	52	三层
	单职工宿舍	预制	1080	108	一层
	双职工宿舍	预制	4320	432	一层
	县级宿舍	预制	400	40	一层

2. 市政设施

（1）市内公路

狮泉路　1979年初建。1988年，完成路面硬化，属狮泉河镇北主干道，投资115万元。东西走向，西起军分区，东至资源开发公司。此路北面自西向东主要单位有档案馆、阿里地委行署、阿里地区公安处、阿里地区检察分院、阿里地区发展计划委员会、阿里地区中级人民法院、阿里地区农机公司、阿里地区资源开发公司、阿里饭店、阿里地区财政局、阿里地区印刷厂；此路南面自西向东主要单位有邮电局、农行阿里地区中心支行、阿里地区工商局、阿里地区贸易局、阿里地区行署招待所、狮泉河商场、阿里地区农牧工商公司、阿里地区保养厂、阿里地区交通局、阿里地区建材公司、阿里地区海关、人行银荣公司、阿里地区电力公司、建行阿里地区中心支行等。

北京路　20世纪70年代末建成，投资40万元。南北走向，此路东面自北朝南主要单位有武警阿里支队、阿里地区气象局、狮泉河农贸市场；此路西面自北朝南主要单位有石油公司城北加油站、狮泉河商场、阿里地区财政局住宅区、阿里地区电视台等。1988年，建成狮泉河大桥，使狮泉河镇南北相连。1994年，完成地区邮电局和气象局之间的路面硬化。至2000年，向北延长到地区外贸公司，向南经狮泉河大桥延长至阿里地区群众艺术馆。

吉祥路　1999～2000年建成，投资22万元。南北走向，自森格藏布北岸至阿里地区地委大院，在阿里地区藏医院与狮泉路相接。沿线主要单位有阿里地区农行、阿里地区藏医院、阿里地区人民医院等。

格桑路　1999～2000年建成，投资40万元。南北走向，从狮泉路到狮泉河北岸，在阿里地区海关与狮泉路交接。沿街主要单位阿里地区小学、阿里地区配件公司、阿里地区自来水公司、阿里地区邮车站等。

河北路　1999～2000年建成，投资37万元。南北走向，北起阿里地区地委组织部与陕西路相接，南至阿里地区广场与文化路相接。

陕西路　1999年建成，投资207万元。东西走向，从地区资源开发公司至地区养路段，西接狮泉路。此路北面自西向东主要单位有电信宾馆、阿里地区民政局、阿里地区地委组织部、阿里地区地委党校、阿里地区交通局养路段等；此路南面自东向西主要单位有人行阿里地区支行、阿里地区工商局、阿里地区交通运输管理处、阿里地区交通局征稽处、阿里地区边防支队、阿里地区水利局等。

文化路　2000 年，开始建设，投资 180 万元。东西走向，从格桑路上的邮车站至建材公司预制厂。此路北面为退休一三区，南面是退休二四区。

噶尔路　1999～2000 年建设，投资 126 万元。东西走向，长 2 千米，宽 16 米。东起阿里龙腾建筑公司西至延安宾馆，属狮泉河镇南岸主干道。沿线主要单位有阿里地区劳教所、阿里地区武警支队教导队、阿里地区武警支队一中队、阿里地区农牧局、阿里地区防疫站、阿里地区兽医站、县公安局、县法院、孔繁森小学、县农业银行、县邮政局、狮泉河镇政府等。

狄三路　2000 年，开始建设，投资 20 万元。南北走向，北起延安宾馆南至噶尔县人民政府办公楼，长 330 米，宽 9 米。沿线主要单位有县法院、县检察院、县委、县人民政府、县建筑公司。

人民路　2000 年，开始建设，投资 25 万元。东西走向，东起噶尔县幼儿园西至县人民政府。沿线主要单位有县武装部、县武警中队、阿里地区军分区情报站、县政府家属区、县幼儿园等。

繁森路　2000 年，开始建设，投资 26 万元。南北走向，南起气象观测基地，北至孔繁森小学与噶尔路连接。

（2）供水

1984 年，开始修建狮泉河镇城镇供水工程，日供水总量 480 立方米，实行定时供水，每日供水 3 小时。

1992 年，新建狮泉河南岸水厂，日供水总量 720 立方米。1995 年，由陕西省援助资金 1670 万元进行改造。1996 年，交付使用，日供水量达 1000 立方米。

2000 年，在狮泉河镇西郊新打 1 眼深井，日供水量增至 1170 立方米，供水覆盖率 80％。同年，新建东郊水厂。

（3）供电

20 世纪 50 年代后期，中共阿里分工委机关开始用小型发电机解决部分办公、生活用电。

80 年代，开始推广太阳能光伏电，用太阳能照明路灯。

至 2000 年底，狮泉河镇均为柴油发电机组分片定时供电，狮泉河镇道路两旁有照明灯 191 盏。

（4）绿化

狮泉河镇原属灌木丛带。1965 年，阿里地区行署迁驻后，因采暖材料严重不足，灌木林被大量砍伐，生态环境遭到严重破坏，风沙肆虐。20世纪90年代后，阿里地委、行署发出绿化、治沙的号召，每年都发动干部职工及驻地部队进行义务植树活动，并实行绿化任务专人负责制，使狮泉河镇绿化面积略有增加，城镇绿化率达到30%左右。

（5）环境卫生

20世纪80年代后，将机关公共场所划分成若干个卫生区，包干到各系统，由各系统负责该卫生区的卫生清扫工作，并由阿里地区机关党委（总支）负责督促检查和评比。至2000年底，县机关未配备环卫工人，环境卫生均由县机关全体干部职工自行清扫。

（6）供气

20世纪80年代中期，开始使用灌装液化气，均从新疆拉运，狮泉河镇用气普及率达85%。

（7）消防

1997年，成立武警阿里消防支队狮泉河中队，配备有消防车等设备，负责狮泉河镇消防安全。

（8）文教卫生设施

1984年，建成阿里地区群艺馆，内设电影院、球类活动室、阅览室等。1985年，阿里地区电视台成立，转播中央电视台和西藏电视台节目。1998年，建设有线电视网络。

2000年底，狮泉河镇有4所学校，即中学1所、小学2所、幼儿园1所；有4所医院，即阿里地区人民医院、阿里地区藏医院、阿里地区防疫站和阿里地区妇幼保健院，病床位1103张。

（9）商业农贸设施

1966年，建成阿里地区行署招待所，床位50余张。1971年，成立国营狮泉河综合商店，面积300平方米。1973年，私营商店—知青商店营业，经营百货等。1982年，第一家个体餐饮—“川味小吃部”开业。1985年，第一家个体理发店出现。同年，建成阿里饭店，床位120张；狮泉河镇桥头市场投入使用。1986年，建成狮泉河贸易中心大楼，为三层建筑，营业面积约1000平方米。1992年，阿里地区行署招待所舞厅营业。

至2000年底，狮泉河镇国营、集体、个体商业、服务业网点达1000余个；宾馆、招待所4家，床位250张；各类市场3个，摊位400余个。

（10）公共交通

1997年，狮泉河镇开通出租车营运业务。至2000年底，镇内有面包车、小汽车等出租车辆100台。

（三）区（乡）建设

1960年后，组建成立门士、扎西岗、昆萨、左左4个区公所，并采取干部职工义务劳动和驻地群众投劳办法为四个区公所修建土木结构的机关住房和办公用房。区公所机关驻地建设没有统一规划，主要选择有饮用水源，背风靠阳地方修建。其中，门士区3栋13套（职工住房11套、会议室1套、办公1套），马房1套，草房1套，招待所6间（单间4间、双人2间），信用社3间，供销社4间，粮站2间，卫生所1间，兽防站1间；左左区11套（职工住房6套、办公5套），仓库1间，信用社3间，供销社4间，粮站2间，卫生所1间，兽防站1间；扎西岗区12套（职工住房8套、办公4套），仓库1间，信用社3间，供销社4间，粮站2间，卫生所1间，兽防站1间；昆萨区32套（职工住房20套、办公12套），仓库2间，信用社3间，供销社4间，粮站3间，卫生所2间，兽防站1间。此后，区公所驻地成为各区的政治、经济中心，人口迅速聚集，形成城镇。20世纪80年代后，各区（乡、镇）开始出现钢筋混凝土建筑。

1999年，全县撤区并乡工作结束后，对狮泉河镇、门士乡、扎西岗乡、昆萨乡、左左乡的住房和办公用房进行了维修和改建，并由上级部门投资，对县境域内各小学、卫生所等单位的房屋进行改扩建或新建，还修建了各村委会的活动室。

至2000年底，全县所辖的4乡1镇均有完全小学、卫生所等，基本形成教育、卫生服务等配套设施。

二、城乡规划

1985年，阿里地区行署委托江苏省徐州市建设规划管理处编制完成狮泉河镇建设总体规划（1986～2000年）。明确狮泉河镇的规划范围：东起油库，西至军分区，南起南环路，北至山脚，面积约4平方千米。城镇的主要发展方向为南，其中工业交通向城东南方向发展，生活居住向南发展，文化体育向城西南方向发展，商业闹市居中，仓库在城北发展。

第二节　建　筑

一、民居建筑

（一）传统民居

历史上，噶尔境域内百姓多居住帐篷，逐水草而居。除昆萨和雅萨有阿里噶本修建为数不多的民房外，其他民用建筑极少的。建筑材料主要是土坯、卵石、木材等。除少量木材产自普兰、札达等地，多数从尼泊尔、拉达克等地通过易物交换获取外，就地取材。

房屋结构为土木结构，均为平房。层面设计有平顶和坡面两种；平面布局分矩形、圆形和不规则多边形等；采用收分墙体和蛛网结构，墙体下宽、上窄，厚度在50～100厘米，墙体收分角度一般在5°左右，使建筑物重心下移，保证建筑物的稳定性，同时使用较短木梁，在2个木梁下面设1个斗拱，再用柱子支起斗拱，连续使用几个柱拱梁构架。设置边玛墙，减轻墙体荷载；采用低门小窗，排列不在同一水平线上，形成错落。有居室和其他附属用房，在多层建筑中，一般将顶层和底层的静谧房间设为佛堂、佛龛，房屋门框、门楣、窗框、窗楣、墙面、屋顶、过梁、柱头等采用多种色彩调绘，装饰色彩有白、黑、黄、红等，每一种色彩和不同的使用方法都被赋予某种宗教和民俗的含义。白色有吉祥之意、黑色有驱邪之意、黄色有脱俗之意、红色有护法之意等。色彩的运用表现细腻和艳丽。内墙多装饰宗教题材的绘画，室内柱头采取雕刻和彩绘；外墙的色彩，民居、庄园、宫殿以白色为主，寺院以黄色和红色为主，民居、庄园、宫殿、寺院的窗户一般都使用黑色窗套。室外屋顶挂置经幡等布块；檐口装饰不同的石材、刺草、黏土等。

（二）现代民居

20世纪80年代后，国家为牧民群众建造部分过冬的房屋，牧民群众有了稳定的住所，逐步结束了长期逐水草而居的游牧生活。由国家投资，在噶尔县牧区实施游牧定居工程，在冬季草场，为农牧民修建土木结构的定居房。部分家境较富裕的群众自筹资金在冬季草场或农业点修建土木结构定居住房，因柴火缺乏，取暖困难，一般仅有一间房屋，面积比较小。

90 年代，为改善偏远、交通不便地方群众的生产、生活条件，由国家投资，在门士区，昆萨区那木如、鲁玛等地实施扶贫点建设工程，为部分群众修建了面积在 40～80 平方米的土木结构、砖木结构和石木结构住房，极大地改善了境域内群众的居住条件。

富裕起来的农牧民也将其住房的修建和改善作为家庭主要投资。针对传统民居窗小、室内灰暗的缺点，引进现代建筑的大窗设计，扩大采光面积，用水泥做地面及墙面，住房标准明显改善。

二、太阳能采暖房建设

1984 年，阿里地区开始在全地区推广被动式太阳能采暖房建筑。1988 年，县城迁建工程中建设的县委、政府办公楼是噶尔县第一座太阳能保温房。20 世纪 90 年代，阿里地区建筑勘察设计所又开发研究出“节能房”（当地俗称“保温房”），并在住宅建设中得到大规模的推广应用。后在原设计基础上，增加南墙面暖廊间，既作为过道，又可以在此晾晒衣物、种养花草，还可以在“阳光下”进行一些生活娱乐活动，深受群众欢迎。噶尔县城镇建筑基本都采用“节能房”结构。

三、建筑设计与施工

（一）建筑设计

传统建筑一般由房主或投资者自行设计。

20 世纪 50 年代，在建设简易办公及住房时，由各施工企业进行简单设计。20 世纪 60 年代后，境域内建筑勘察设计由新疆维吾尔自治区勘察设计单位等完成。

1968 年，阿里地区行署委托国家测绘队进行控制测量，建立以狮泉河镇为原点的地方坐标点，采用黄海高程系。对狮泉河镇工程地质、水文地质进行综合勘察，认定工程地质的耐力普遍为 18 吨/平方米。

80 年代后，噶尔县绝大多数建筑工程由阿里地区建筑勘测设计所（院）设计。

（二）建筑施工

1955 年，中共阿里分工委在噶尔昆萨扩建住房，组织部队官兵和机关干部在支队营房东面修建中共阿里分工委小院，当年，修建 10 多间土房。

1959 年，在平叛斗争中，为保卫机关及人民生命财产安全，阿里军管会动员和组织骑兵支队官兵和机关干部、职工从 4 月开始，在噶尔昆萨修建围墙和护城河，6月完工。

80年代后，境域内建筑工程开始运用电动搅拌设备、脚手架等施工设备，并开始普及二层砖混结构建筑。

2000年，由阿里地区电信分公司建设的阿里地区电信宾馆大楼，为境域内最高建筑。

四、建筑管理

（一）施工队伍

和平解放后，境域内驻军、中共阿里分工委住房由中国人民解放军驻阿里骑兵支队及单位自建。

1965年，阿里地区工交局成立建筑队，属全民所有制，从噶尔县群众中吸收工人。由于其他建筑队设备简陋，各工种全部采用手工操作。此后，噶尔县建筑任务绝大部分由该建筑队承担。

20世纪80年代起，区外施工队伍进入境域内承揽建筑工程。1983年，青海省循化县建筑公司到噶尔县承建阿里的公路、市政等小型建筑工程。1987年，四川省射洪县、遂宁县建筑公司进入境域内承担噶尔县城搬迁工程建筑。

1992年，为加强县级财源建设，成立县建材公司，由县有关部门负责人担任法人，实行独立核算、自负盈亏。此后，根据县人民政府的通知规定，由噶尔县管理的工程项目绝大多数由该公司承建。

至2000年底，境域内共有各类建筑企业47家，其中噶尔县建筑企业1家，县外建筑企业46家。

第三节　环境保护

一、环境状况

噶尔县人口稀少，城镇化水平低，产业结构单一，第二产业在国民经济中所占比重小，因此，基本无工业废水、废气和废渣等污染。除狮泉河镇外，机动车辆数量少，噪音及废气排放量低。县境域内影响环境因素主要有医院废弃物、沙尘及城镇生活垃圾，其中森格藏布中游土地荒漠化较严重。

至2000年底，未发生任何水污染及大气污染等事件，天空湛蓝、水质清澈，基本保持原生态状态。

二、环保措施

（一）植被保护

据调查，1971年，从狮泉河镇沿森格藏布两岸到扎西岗的50千米地段内，有繁茂的秀丽水柏枝灌木林和锦鸡儿灌丛30万亩以上。由于当地缺柴少薪，又无矿物性等燃料可供利用，人们除了砍伐秀丽水柏枝枝干外，还用镐挖灌木林根，甚至动用汽车、拖拉机及炸药等，将秀丽水柏枝从沙层深处连根挖出，可谓到了“斩草除根”的程度。阿里地区行署为制止这种破坏行为，1977～1978年，连续下达3次《禁止在狮泉河镇50千米以内采挖秀丽水柏枝和锦鸡儿灌木丛》的文件，但均未能控制住。

1998年，阿里地区行署又将禁采范围降至5千米，狮泉河镇周边肆意采伐秀丽水柏枝现象得到基本遏制。

（二）城镇垃圾处理

20世纪60年代，阿里专区医院在境域内建立后，对各类废弃物采取在本单位院内，选择背风死角处集中堆放，采取统一清除办法，严禁倒入河流。

1965年，阿里专区驻地迁至森格藏布河畔后，在机关院内修建厕所，地下为石混结构，地上为土木结构建筑，主要供机关干部职工及家属使用。

1984年，狮泉河镇修建公共厕所，为石混结构和土木结构。1987年，阿里地区爱国卫生运动委员会办公室在狮泉河镇设置5个卫生点和4个公厕。

1991年，狮泉河镇出现混凝土结构的公共厕所。1998年，阿里地区购置垃圾车、垃圾箱等，开始统一摆放垃圾箱（桶），并指定垃圾堆放点。

（三）防沙、治沙

1989年和1990年，阿里地委邀请两次中科院兰州沙漠研究所的专家来噶尔县实地考察，先后完成了《西藏阿里地区噶尔县县城风沙形成因素和治理方案》、《西藏阿里狮泉河镇风沙危害与整治规划》、《西藏狮泉河盆地第一期防沙工程评价与第二期治沙工程规划》等科研项目论证。狮泉河盆地治沙工程被列入自治区重点建设项目，1989年，狮泉河盆地治沙一期工程开始实施，国家投资200万元，在噶尔县城以西修建挡沙墙和苗圃基地，工程当年完工。运用固、阻、输、导相结合的手段，选择引进成活率高、生长速度快、防风能力强的秀丽水柏枝和沙枣等树种进行试种。1999 年 6 月，狮泉河盆地治沙二期工程开工建设。

至 2000 年底，共完成投资 2371.53 万元，完成植树 57.93 万株，种草 5800 余亩，修筑水渠 12 千米，修建人工湖，占地 761.23 亩，治理总面积达到 7900 余亩，形成以树、草、湖为一体的防沙治沙体系。

第四章　旅　游

第一节　旅游资源

一、自然景观

自然景观主要有雪山、河流、湖泊、草原、沙丘、牧场、湿地、秀丽水柏枝等，且自然景观与人文景观融为一体。

（一）山岳景观

1. 古拉朗松

位于昆萨乡索麦村境域内，三座山峰，山间发育冰川，山麓带有灌木，山下宽广的噶尔藏布两岸草场。

2. 燕尾山

位于狮泉河镇东北角，海拔5200米，岩石裸露，山势雄伟壮观。

（二）水体景观

1. 森格藏布

为阿里地区主要河流之一，也是重要的国际河流，系印度河之上游。森格藏布除革吉与狮泉河镇之间有一峡谷外，均为宽谷和湖盆，最宽为狮泉河镇所在地附近，达10余千米。20世纪60年代初，这里有茂密的秀丽水柏枝丛林，每逢春暖花开季节，沿河两岸开满红柳花，景色迷人，为高原一奇景。自狮泉河建镇后，由于过量砍伐薪柴，如今已变成一个沙滩景观。

2. 郎久湖

又名郎久林措，位于左左乡郎久村，常年水面面积约有3平方千米。夏季湖滨草场湖滨处处野花盛开，牛羊成群，帐房点点，炊烟袅袅，牧歌悠扬，笛声阵阵，与远处的冰峰雪山，构成一幅幅人与大自然和谐的天然画卷。湖面北侧为出水口，其附近山口上筑起了雄伟壮观的拉布孜（插有风旗的石头、动物角和玛尼堆），即祭祀神祇迈拉赞之地。

3. 昆萨湖

又名错朗马日湖、昆萨茶卡，为盐湖，位于昆萨乡，湖面面积为0.52平方千米，湖面海拔4240米。

4. 芝达布日温泉

位于门士乡境域内，紧邻芝达布日寺，地表热显示强烈，面积约1平方千米，有沸泉、热泉等，温度69℃，流量5升/秒，属高温资源。其东北面的古泉华遗留物高达200～300米，奇形怪状的泉华随处可见，加之人们赋予丰富想象，成为独特的景观。在地热显示区下方建有澡堂，可供游人沐浴。

5. 郎久沸喷泉

位于噶尔县左左乡郎久村境域内，距狮泉河镇政府30千米，平均海拔4500米，泉区面积约1600平方米。主要泉口位于郎久河左岸山丘边，最高温度78℃，流量很小，泉口高出河床约10米。

6. 巴尔沸喷泉

位于噶尔县门士乡索堆村境域内，距巴尔兵站南部约6千米的阿依拉山麓，热气形成的水柱从直径不足5厘米的泉口喷出，高可达15米，射程20米以上，蔚为壮观，是中国迄今为止发现的最大的沸喷泉之一。可由札达至巴尔公路进入景区。

7. 那木如温泉

位于噶尔县昆萨乡那木如村境域内，距村驻地约1千米的噶尔藏布上游北岸，主要泉口位于噶尔藏布左岸边，最高温度78℃，流量较小。

（三）生物景观

1. 草原景观

噶尔草原主要分布在门士、昆萨、扎西岗及左左等地区。是羌塘高原的一部分，有一望无际的草地、成群结队的牛羊，阳光下闪着银光的雪山是藏羚羊等野生动物的天堂。

2. 加木秀丽水柏枝（红柳）林

位于狮泉河镇加木村附近，面积达800亩，附近还有上千亩的人工草地。每至夏季红花挂枝，绿茵覆地，流水潺潺，自然环境幽静。

二、人文景观

（一）城镇与红色革命遗迹

1. 狮泉河镇

狮泉河镇是西藏西部新兴的城镇，地处森格藏布河畔而得名，现为阿里地区行署驻地，也是藏西地区政治、经济、文化、交通中心和物资集散地。1998年建镇以来，城镇规模逐年增大，目前拥有机关、学校、商店、银行、医院、邮电通信、文体活动场所、工矿企业等，成为镶嵌在藏西北高原的一颗璀璨明珠。

2. 狮泉河烈士陵园

位于狮泉河镇镇东北坡上，即阿里地区石油公司北面的坡麓，是一处重要的现代革命文物点。1964年筹建，1965年选定地址，陆续将先遣连烈士的遗骨分别从改则、日土县多玛等处迁葬于此，形成初期规模。1990年重新进行修葺扩建。陵园坐北朝南，由大门、纪念广场和墓地组成。广场中心竖立纪念碑，上书“革命烈士永垂不朽”八个大字。纪念碑前为圆形的花坛。烈士墓地分南、北两个区，其中南区为陵园的主体。有孔繁森陵墓，还有英雄先遣连总指挥、中共代表李狄三和康海荣、霍延发、徐金宝、白长城等烈士的墓地。

3. 石砌巨幅“毛主席万岁”标语

位于狮泉河镇北面山坡，用红色岩石砌筑“毛主席万岁”五个大字，共计石砌占地面积12979.33平方米，单字长56.4米，宽40.8米，单位面积23平方米；笔画宽度97.9米，厚度0.53米，整幅标语长230.13米，宽56.4米。

20世纪70年代后，当地百姓以宗教礼仪，在其上端四周刻“六字真言”，在山坡顶端树有五彩经幡，以表虔诚之情，并称之为“万岁山”。

（二）寺庙景观

1. 芝达布日寺

位于门士乡治所南面朗钦藏布的北岸阶地上，距阿里地区首府狮泉河镇100千米，距门士乡治所5千米，距冈仁波齐峰70千米。海拔4425米。

“芝达布日”是藏语的音译，意为香气四溢的山。传为藏传佛教胜乐佛母的宫殿，是阿里地区神山（冈仁波齐峰）、圣湖（玛旁雍措）旅游区的重要组成部分。从寺庙背后山顶上能够远远地望见神山冈仁波齐峰。传“前来朝拜神山圣湖，如果不朝拜此胜地，就像衣服缺少领子一样”，“转神山一圈，能解除一生的障；转神山十三圈，能解除一世的障；转神山百圈，能成正果”；如果转芝达布日十三圈相当于转神山一圈，磕长头转一圈相当于转神山一圈。其在信教群众中具有极高的地位，也是苯教的圣地，众多苯教信徒都到此朝拜。

该寺东面花虎山（花色岩山），南邻青龙（朗钦藏布），西面有红鸟山（江边红色岩山），北有黄乌龟山（寺后黄色山）。其周围随处可见古泉华遗迹。这些奇形怪状的泉华，赋予人们丰富想象。从温泉边的菩提白石和竹黄是此胜地的核心。主要建筑有上部的莲花生修行洞，中部的杰哇果仓修行洞，下部的多吉帕姆修行洞。每年朝拜的信教群众络绎不绝，尤其藏历马年盛况空前。

（1）莲花生修行洞

莲花生大师修行洞位于主殿核心，是最为神圣之地。其大小容一人站立躺卧，在洞内岩壁上有自生的大师拐杖印迹，内有自生的古如八化身像、文殊菩萨像等。据说，大师从杰西日到冈仁波齐时，盘羊、野牦牛、老鹰、乌鸦等二十一度母化身引路，被罗刹女看到，此时莲花生大师心想征服她。罗刹女变成一马熊，被莲花生收服，此地如今叫做马熊收服地；罗刹女又变成一头熊，又被大师收服，此地叫做“栋普”（熊洞）；到此地后大师真正收服罗刹女，其灵魂陷入像心脏一样的岩石中，跑到地下龙王处。莲花生为召回灵魂，坐禅修行。这时神和非神化身准备堵住大师修行的洞口时，大师用神鞭将石头扔到洞口不远处，如今仍在杜康前面不远处。在收服罗刹女灵魂时洞顶形成小洞，如同海螺口一样，站在房顶可感觉到不断从地下吹来的小股寒风。莲花生大师外出时不走门，而是通过洞顶小洞进出。

（2）果仓修行洞

位于芝达布日寺所在的阶地下方山腰，其下方为朗钦藏布，江边有通往芝达布日寺的公路。夏季丰水时河水掩没公路，沙石路面坚硬。自修建护法殿后，不得入内。在修行洞内供有四臂大黑天、多吉帕姆、檀香木质释迦牟尼像、6座小佛塔，果仓巴面具2幅，还有两手用力才能抬起的矿石，据说是杰哇果仓从玛旁雍措湖中取出。杰哇果仓旨意：“今生彼生只要对此用心祈祷都能实现。”修行洞上面白色的大磐石上曾留有果仓骑狮子的痕迹。从此往下，有红黄色的岩石裂缝，从中可以取到被称为“森度热”的土，据说此土对伤口和发炎有特殊的疗效。

（3）多吉帕姆修行洞

沿着山路向下在山麓处可以看到一间白色小房，即多吉帕姆殿，又叫空行母秘洞。从前，恒河降到人间每逢良辰吉日，所有空行母到此沐浴。杰哇果仓瓦飞往对面如同狮面岩山上，所有空行母无法忍受其威光，连忙逃到洞内。杰哇果仓瓦心想刚才有数不清的空行母，怎么现在一个也见不到，到底隐藏在里面还是在外面，他头贴着岩壁观望，因而在岩壁上留下了头印。据说洞内有藏沉香和怀香，虽无法取出，但是每逢良辰吉日便会香气四溢。洞内非常暖和，严寒的冬季，僧人赤身蹲坐也不觉得寒冷。

据说杰哇果仓来此地修行时见到多吉帕姆尊容，于是迎请她作为此地圣主。洞外修有平房，房内有多吉帕姆修行洞，供有守饥行时的多吉帕姆像、海螺图像等。莲花生教言中说“多吉帕姆加持之圣地，马模空行聚集之洲，密宗声响轰隆隆，仅到此获得菩提”。内藏多吉帕姆修行洞，其背面有白色菩提取土。昔日，取土时要献一条哈达和八个章嘎。多吉帕姆殿院门口有一奇特的岩石，颜色呈肉色，称多吉帕姆阴器。

（4）诸多圣迹

寺庙周围方圆百里有众多错落有致的自生物。

门唐仁莫。为藏语音译意为巨长的玛尼雅。位于寺庙东面的阶地上有一门唐仁莫，据说其长度为格萨尔王的射箭射程。另有传说，以前此地有父子俩，以打猎为生，其父亲年迈临死时感到忏悔，说：“我一生杀生，罪孽深重，死后为了不落入地狱，用杀生器具弓射一箭，其射程有多长，就修建相同长度的门唐（玛尼墙）。”这就是门唐仁莫。

旧礼拜道内的诸多自生物。寺庙背后山腰有白色沟壑称“千佛宫殿”。在白土下方有一石头，据说这里是通往彼岸的门及钥匙。蓝色的岩石为四臂黑天的宫殿。其前面有一棕色的岩石如同飞鸟落地一样，是自生大鹏鸟。岩石下面有一白土称“琼撒”（硼土），如果在不见天日的情形下取出，可治一些疾病。紧跟着有一根顶部分两岔的据说是妖魔玛札如扎尸体的石柱。其右角上有一清晰的小洞，是莲花生插入拐杖所留。有两个大岩石，据说是喜金刚。有四个小岩石称自生“四果玛”；有一白色的岩石，据说是神山冈仁波齐。其背面有一蓝色的岩山称药王之宫殿；有一褐色岩山，岩壁上有大理石质地的自生十一面观音像，顶部有清晰可见的自生金刚持像；还有黑色岩石，据说是自生贡布崩。其前方大岩石为自生伞；其附近还有莲花生的“措阔”的土丘。另有一整体根顶部分三峰的岩石称自生三怙主像。寺庙南面有两座黄色岩石，据说是内藏释迦牟尼舍利子的尼泊尔境域内的帕巴辛衮和甲绒喀雪佛塔。有一椭圆形洼地，据说是自生玛旁雍措。还有古如八化身自生像、自生四大天王、自生达帕夏觉、十万空行母之宫殿、空行密道、“赞色”（财神）的宫殿和象征狮面空行宫殿。

2. 扎西岗寺

位于森格藏布下游扎西岗乡的一个小山丘上，是一座早期的寺庙，建筑两层，其主殿建筑形制四门12角，外围厚重的院墙，防御工事齐全，外围以一周的壕沟，宽1～1.5米，壕沟内为巨型的高大夯土防护墙，其四角和中部建有角楼和碉楼，碉楼高达6米～8米，墙上开设有三角形或长方形射孔。护墙中央为佛殿，其平面呈“十字折角形”，周围均有转经道，具有典型的吐蕃时期建筑特点，从远处观望十分壮观。距噶尔县治所58千米，海拔4500米。夏季周围绿草如茵，景色优美。

相传，拉达喇嘛达仓哇到拉萨朝佛路经此山丘时念经念到“大力倡见佛寺”这一句，回来时又在此地恰好念到上述句字，于是想在此建寺，把盛满甘露的“嘎巴里”藏在此山丘内，并祈祷：“若是能建成寺，愿甘露依然，否则干枯。”次年，又去拉萨朝佛时观察甘露，见甘露未干且露出地表，于是决定修建寺庙，并购买木材，从拉达邀请木匠、石匠、画师等，历经7年建成，还从洽米寺请13位喇嘛住寺。公元17世纪，甘丹才旺打败拉达入侵者后改宗格鲁派，属色拉寺吉扎仓分寺，由托林寺法台掌管。每年藏历五月五日，当地举行盛大赛马活动，纪念甘丹才旺率部获胜。

1985年，重建。主要建筑有措康、普那贡康、嘎居康、大小扎仓4座及茶馆等附属建筑。其中，佛殿门朝东，8根立柱，面阔3柱，进深5柱。中央升起为高大的立柱支撑天井亮棚，以便通风采光。主供“觉沃”三尊佛像、大小噶当佛塔212坐、各类唐卡1008幅等。镇寺之宝有4件：一是善言觉沃，即文殊菩萨像，曾外敌在其乳房处札凿子之际“阿擦！罪孽者”漏出奶，使敌人吓得逃之夭夭。二是铸铁锅，在“甘丹阿却”时锅内煮茶，可满足50僧人饮用。锅底有小孔，据说可以解毒或解污秽而从不漏水。如果烧火时柴火中掺杂一些塑料、烟嘴、骨头或者水中赃物时烧水，就漏水无法烧茶。曾有一次为措钦烧茶时因未洗干净，它就开金口说：“杰玛！清除污垢，若死了人则无法洗脱我的罪孽。”三是善言木棍，长2.5米，在修行大乘时敲打则声音大而动听。木棍中间有凹坑，是敲打所形成的。据说它从印度飞来达扎西岗寺的。四是海螺，在祈愿大法会时有专人负责吹，其声音传遍附近山谷。有一次吹奏者不慎将其从三楼掉到楼底，他感到害怕随之跳楼。海螺掉到地上立刻反弹并说："你也跟我一起跳？我保持原样未破碎，你不用担心和害怕。"

扎西岗寺羌母。每年藏历十月二十五至二十六日，举行隆重的"岗丹阿曲"宗教仪式活动，表演大型羌姆，庄重、威严、稳重。

3. 古如江寺

位于门士乡治所南面15千米处，坐落在象雄琼钦崩巴山麓。朗钦藏布河源3条支流在其附近相汇，依山傍水，环境幽静，是阿里境域内唯一的苯教寺庙。其附近有著名的古象雄遗迹喀尔栋遗址、素有西藏历史上最早的修行洞——"雍仲仁钦洞"，是苯教大师"祯巴南卡"的修行洞，距今已有2900多年历史。1936年，苯教大师琼钦活佛·晋美朗嘎多杰在该修行洞的基础上修建古如江寺，主要建筑有卡洞拉康、祖拉康（立柱24根）、藏康（立柱5根）、噶丹居拉康（立柱6根）等。寺内主供珍巴南卡石塑像、金铜佛母强玛、铜质敦巴赤祖甲哇、塘玛美珍像、琼钦仁波且泥塑像等及苯教始祖善业唐卡12幅。此外，还有佛塔、苯教经典、法器等。"文革"期间被毁。1982年，列入阿里地区级文物保护单位。

1983年，由格龙丹增旺扎主持筹资重建此寺。分主寺大殿和修行洞两部分：主寺大殿位于山麓；修行洞位于山腰，有三层，门窗较小。

4. 顿久寺

位于门士乡治所东南20千米处，始建于13世纪。17世纪，宁玛派北传伏藏传承人曲尼桑布来到此地，在修行洞的基础上修建顿久寺。18世纪，在七世达赖格桑嘉措执政时期，顿久寺变成托林寺的属寺，教派改为格鲁派。

5. 噶尔"拉姆康"遗址

位于昆萨乡治所西北约10千米处。据说，始建于第一代噶本甘丹才旺时期，主供吉祥天母。每年藏历12月25日至29日，从扎西岗寺庙邀请喇嘛，举行各种佛事活动，藏历新年第一天和第二天两位噶本亲自到噶尔"拉姆康"会聚民众举行盛大的新年活动。现存遗址只有半倒塌的墙壁，面积约30平方米，墙壁周围有较长的玛尼堆。遗址附近有泉眼，附近草场较肥沃。

（三）古遗址

1. 热拉卡玛遗址

"热拉"意为山羊圈，"卡玛"意指红色堡寨，位于狮泉河镇西北35千米处，扎西岗乡扎西岗村和鲁玛村境域内。934年，吉德尼玛衮逃至阿里后，最初在热拉落脚，并修建热拉卡玛城堡。堡寨东西长 100 米，上端宽 19 米。三面围墙内侧修建约 70 间大小不同戎所；其顶端为堡寨的最高处，戎所密集。其西面墙高处约 6 米，北墙中下段高处约 7 米，两处墙体砌筑工艺精湛，其余墙体砌筑粗糙。遗址附近有一泉眼及宽阔的草地和沙地。

2. 亚古塔遗址

位于噶尔县扎西岗乡鲁玛村境域内，距热拉卡玛城堡约 5 千米处，坐落在森格藏布北岸的荒野中。据说是为了纪念拉藏战争中牺牲的蒙藏联军而修建。建塔者向当地头人索要面积为 2 岁牦牛皮所及的土地，用来建塔。获得许可后，他把两岁牦牛皮割成线条用来围地，在所围面积上修建此塔，故名“亚古”（藏语意为牛皮）。当地人又称“确典白尔布”或“热拉确典”。塔顶和部分塔身已遭破坏，现存塔高 6 米，四方形塔座，每面长 11 米，古色古香。

3. 喀尔栋遗址

位于距门士乡门士村四组加日自然小组秋季驻点西南约 500 米处，地处曲松果北侧山顶及山腰，朗钦藏布与其支流曲那河、曲嘎河在遗址南侧交汇，称“曲松多”。遗址所在地是大致呈北东—南西走向的平顶山丘，高差近 100 米，总面积约 10 万平方米。据遗址残存现状显示，遗址由房屋、牲圈、堡垒、防墙、暗道、蓄水坑等建筑组成，皆用人工采修整的沙砾岩块、砾石砌建而成。其规模、形制、功能及所处地形均体现了明显的聚落性与防卫性质，规模宏大，是象雄王朝时期的重要城堡。

第二节　旅游景点分布

狮泉河镇境域内有狮泉河镇、石砌巨幅“毛主席万岁”标语、狮泉河烈士陵园、亚古塔遗址、热拉卡玛遗址、秀丽水柏枝、郎久沸喷泉、燕尾山等景点。

门士乡境域内有古如江寺、芝达布日寺、顿久寺、巴尔沸喷泉、芝达布日温泉等景点。

扎西岗乡境域内有扎西岗寺、森格藏布下游河滨草原等景点。

昆萨乡境域内有那木如温泉、昆萨湖、噶尔拉姆拉康、噶本驻地遗址、古拉朗松等景点。

左左乡境域内有郎久湖、郎久地热、左左草原、藏羚羊、野牦牛等景点。

第三节　设施与服务

一、设施

（一）阿里饭店

位于狮泉河镇陕西路。1985年建成，有客房40间，床位82个。至2000年底，有客房40间，床位120个。

1992年10月，经西藏自治区旅游局批准阿里饭店为涉外旅游饭店，隶属阿里地区旅游公司，为国有企业。

（二）行署招待所

位于狮泉河镇狮泉河路。1988年建成，有客房50间，床位120个。至2000年底，有客房50间，床位80个。

（三）蓝天招待所

位于狮泉河镇北京路。1992年建成，有客房18间，床位36个。

（四）牧工商招待所

位于北京路。1996年建成，有客房12间，床位30个。

二、服务

噶尔县境域内主要旅游景点均有公路与主干道相连，景区内各景点之间无旅游交通车辆，除部分自驾车旅游外，皆采用组团方式，由旅行社统一提供车辆、统一安排行程往返于各景点。

除狮泉河镇等个别景区提供餐饮服务外，其他景区无餐饮服务，旅客需在公路沿线乡村住地就餐。各景区无专业导游服务，由各组团单位自带导游。

第十一篇

工商粮贸

第一章　工　业

第一节　民族手工业

境域内的手工业历史悠久，有传统的皮毛、铁器加工，青稞酒酿制等，以家庭手工作坊形式存在。

噶尔县成立后，各级党委、政府十分重视民族手工业的发展。1965 年 1 月 10 日，县人民政府召开手工业加工、农牧业生产工具改进工作座谈会，邀请全县手工业人士参加，征求发展手工业的意见，对发展民族手工业进行安排、部署。改革开放以来，更加注重民族手工业的发展，扶持民间艺人，鼓励群众从事氆氇编织等，增加群众收入。至 2000 年底，噶尔县民族手工业主要有卡垫、氆氇、藏袍、帐篷及小型农具等。

一、家庭手工制作

（一）编织

据传，境域内手工纺织源于格萨尔时代前。主要产品有“囡氆”（氆氇）和“杰热”（帆布式）。其中，氆氇用绵羊毛为料；杰热可用绵羊毛、牦牛绒或山羊毛做原料，其织品仅做口袋等用具。主要制作工具有腰挂夹辊（“次巴”）、筘刀（“达”）、经线分杆（“纳惚”）、分线板（“吾鲁”）。纺织时，首先在平地钉上 4 个（帆布式）或 8 个（斜纹式）细桩，在桩上按需要的长度编次经线，宽幅一般为 30～40 厘米；按一定的程序穿插上 1（帆布式）至 2（斜纹式）个经线分杆和 2 个粉线板，起到抒和轴的作用。无数个并排经线直拉成长条，一头固定，另一头挂在织工的腰间，当中设一道高约 60 厘米过线桥板；其次把已成交叉的上下两层经线中横向穿插当梭用的维线球一次，用筘刀紧一次，反复多次。在帆布式编织的基础上附加彩绒工艺，可成为卡垫（又称藏式地毯）和藏被。卡垫正面以彩绒线条绘制红、绿、蓝等三色或多色祥云图案。

1. 卡垫

噶尔民间卡垫编制和生产，虽然历史久远，但从未形成特色和规模，处于自产自用的状态。卡垫的制法、花色纹样和品种，与周边地区大致相同。20 世纪 80 年代后，随着社会的快速发展和商品的不断丰富，编制卡垫的人数递减。

2. 服装

传统服装用料主要是氆氇和皮张。民主改革后，服装用料多采用针纺织品。20 世纪 70 年代初，流行“劳动布”的蓝色棉布，然后流行“的确卡”布料。20 世纪 80 年代后，服装用料逐渐趋于丰富，除氆氇和皮张外，还采用绫罗绸缎、毛绒哔叽等。境域内服装传统制作方式和技艺传承以专业匠人父子传承为主，其产品主要有女士鞋帽，缎子女式上衣，牛、羊毛线上衣等。

3. 帐篷

噶尔农牧区帐篷一般用牦牛毛制作，具有冬暖夏凉，遮风避雨、遮太阳的功能。其形状为长方形或椭圆形，上尖下宽，大小规格不一。20 世纪 70 年代后，随着市场商品的不断丰富，除牧民和农区的牧业户仍在用牛毛编帐篷外，一般从市场上购买帆布或平布制作。

（二）制革与皮毛

1. 鞣皮

噶尔境域内鞣皮历史悠久，其工具只需一把刮刀即可。鞣牛皮过程：先将干牛皮放在水中浸泡 5～20 天。等牛皮发出稍微臭味，便从水里捞出，在一根粗大的圆木上，用刮刀刮去牛皮里层的杂物，手拔去牛毛之后在皮上涂上一些从酥油茶汁中收集的陈酥油，在阳光下稍晒一会儿，便包在牛皮里，用脚踏踩。如果晴天，踩一会儿，晒一会儿，反复多次，一张牛皮需要一天的时间，才能鞣制完工。制熟的牛皮可以做鞋底、皮带、驮具等。鞣羊皮时，先把羊粪加热水搅拌湿，然后将羊皮的毛朝地，里朝天，铺在地上，撒上一层湿羊粪，再放上一张羊皮，这样一层层地叠起来，放置一天。将它沤好后次日早晨就用刮刀削去毛皮里层的杂物，再涂上羊脑浆和湿酒糟（或用陈酥油代替）稍晒一会，叠摺起来用脚踩踏，两张皮踩鞣几小时即可。制熟的羊皮缝成皮衣、皮裤、皮囊和皮袋等日用品。

2. 皮袍制作

皮革衣袍取材于绵羊和山羊皮。制作时首先把剥下的羊皮晾干（风干），涂上酸奶之类的酸性物质的鞣料，在5℃的温度下毛朝外裹至10小时左右，使原皮表层脱落；其次用片石清理皮的表层；最后用藏羚羊角或带锯的木棒揉搓、蹬拉数小时，直到板皮柔软，揉干。揉羔皮则不用片石或锯形工具而是完全靠手搓。一件男袍一般需要8张皮，女袍需要7张皮左右。其样式和长度与布袍或氆氇袍相同，男袍长度只到踝骨，女袍则同其身长，但是皮袍比布袍或氆氇袍宽大，晚上可当被盖。凡羔皮袍都用深色布料作面，而幼羔皮袍较为珍贵，旗袍当礼服，从鞣制到用料，做工讲究。作面料选用绸缎或呢子，用水獭皮镶边。

3. 捻线

境域内捻线由来已久。其工具有“嘎旺”和“由星”两种。其中“嘎旺”（轮形纺锤）多为妇女捻线工具。捻线时先将羊毛洗净、晒干，用手把毛团拉松，放在毛梳（当地称“白谢”）上梳直，再搓成而制粗后使用“嘎旺”捻线，用手指将木轮旋转，便可捻线。其旋转方法有两种：一种将木轮中轴的下端放在破碗底里旋转；一种将木轮悬空旋转。一般放牧行走常用此法，简便省时间。男人捻线常用“由星”（光滑的木棒），捻线时一般右手拿纺线器，左手臂上套一圈牦牛毛，左右两手的大拇指和无名指将毛纤维拉直，并使之粗细均匀，然后左手捏住没有拉直的线头，自右向左转动木棒，使牛线捻成一股线，把捻好的线在木棒上，不断重复即可。此线多用于制作帐篷、袋子和绳子等。

（三）铁器加工

噶尔境域内专职铁匠较少，多为临时从事铁器加工人员。其工艺有接头、磨光、炼铁、制品等几种。其中，接头技术是把两块要接的铁，同时放在铁堆里烧炼，这时要用两个风箱鼓足风力，当铁由红变成淡红时，便由两个人夹住两块铁，将烧红的一头叠在一起，开始锤打。边锤边往红铁上撒灭土，连接打三四遍，这样接头任务完工。有的不用灭土而用硼砂焊接；需要磨光的活件，先用锉锉平，然后用卵石打磨。炼钢采用以下三种办法：一把铁烧红后浸入冷水中淬火，这种钢的质地最差；二把铁烧红后，浸入青油缸淬火，这种钢质地较好；三在铁片上涂上胶，然后将盐末和用山羊角烧后磨成的灰撒在胶上，放入火中淬火，这种钢的硬度和弹性最好。铁器加工的生产原料都够自印度，大致三种：宽约2厘米，厚0.6厘米的铁条；宽12～15厘米，厚1厘米，长短不一的铁块；厚3毫米，长70厘米，宽60厘米的铁板。其产品有大针、铁链、刀、铲、镰、马蹄铁、铁瓢、铁锅等。20世纪70年代，在门士等地群众自发组织加工农具等。

（四）食品加工

1. 酿制青稞酒

噶尔县境域内青稞酒由来已久。酿制青稞酒要用又干净、又饱满的纯青稞。先把青稞淘净，装入铁锅添上水进行蒸煮，随着水分蒸发不断加水，止到青稞煮到开裂。然后过滤水分，熟青稞倒在帆布上冷却。冷却至温良，和酵曲粉拌和均匀，装入布袋密封，盖上衣物保暖进行发酵，两天后翻开所盖衣物可闻到香喷喷的酒味，将它倒入罐里，加些凉水（约3～3.5千克），一昼夜后便倒出来，这便是头遍酒。头遍酒取完之后，再添上同样多的水取二遍酒。这样连续添取四遍，以后酒味就很淡了，也不再出酒了（个别的透五次），剩下的酒糟晒干可做饲料。

此外，有条件的少量家庭还制烧酒（藏白酒），是用青稞发酵制成的低度烧酒，约20°～30°。

2. 制作糌粑

糌粑是主要食物。其制作用具有灶、铁锅（陶灌）、铁筛和容器等。制作糌粑有炒青稞和磨糌粑两大过程。其中，前者先将青稞淘洗干净、晾干（不是很干，应略带一点潮气）、扬净。炒青稞时，先在炒青稞的炒罐里放小半罐细沙子，然后用木板拨开，使之在沙罐里成漏斗形，接着用大火烧5分钟左右，待沙子发烫时，将青稞（约1千克）倒入罐内，堆成圆锥形，1分钟左右，再将沙罐端起，轻轻地前后摇动两下，然后将罐身自左向右转一两圈，这时罐内冒出青烟，发出哗哗卜卜的声音。摇罐的人这时便蹲在地上，把罐身从前至后的翻摇十来下，待罐内的爆裂声接近尾声，立即把沙子和青稞倒入铁筛，筛除沙子即可。炒好的青稞装入布袋待磨。解放前均用手工磨糌粑。民主改革后，在农区水利条件较好的村庄修建水磨房，起初用手工把炒青稞倒入磨盘漏孔，后用吊袋自动将炒青稞倒入磨盘漏孔，磨槽底改用水泥底板，捡糌粑方便又不被掺杂泥土。在旺水季节水磨房24小时工作，一台水磨一昼夜能磨4口袋糌粑，冬季枯水或封冻时只有家庭手工磨糌粑。

20世纪90年代末，有些地方引进机械磨糌粑。因用途不同，糌粑的粗细不同，粗的可做糌粑粥，细的平时食用。

3. 制作酥油

酥油是噶尔农牧区主要农副产品之一，用途较广。制作时先将牛（羊）奶加温，当锅底升起小小的气泡时，把奶锅端起放在地上，加少许酸奶搅匀，将奶锅包裹在保温的衣服或毛毯内，放置半天左右，锅内牛（羊）奶便凝成了像豆腐脑一样的奶酪，称“雪”。将“雪”冷却后装入封闭的皮囊（当地“杰巴”）来回摇晃1小时左右。有的地方用大木桶（“雪栋”），像做酥油茶一样上下搅拌。期间根据温度状况加少许冷水或温水，将凝固酥油用纱布过滤酥油，把酥油倒入锅里清洗即可。剩下的“达热”（酸奶）加热煮沸，可分离奶渣，晒干后将奶渣分粗细，分别使用。

20世纪90年代，门士等地曾引进过那曲的“拉拉”和山南的“曲贡”酥油制作技术以及炼油机。

二、加工企业

八一八民族手工制品厂，1994年10月，由县妇联始建，属乡镇集体企业，原有职工20人，以农牧区贫困妇女、残病妇女为主，实行自主管理，独立核算，自负盈亏，计件工资制。

1996年12月，该厂申请扶持资金80万元，修建厂房4间，每间面积80平方米；职工住房8间，每间面积40平方米；仓库2间，每间面积30平方米。主要机械设备有藏地毯纺织机5台，藏毛毯纺织机1台，毛线机15台，7.5千瓦发电机组1台（套）。同年底，实现利润2万元左右。主要产品为皮、毛手工制品。

噶尔县八一八民族手工制品厂厂长名录见表11—1—1，噶尔县八一八民族手工制品厂产品及产量情况见表11—1—2。

噶尔县八一八民族手工制品厂厂长名录

表11—1—1

届别	厂长	时间
第一届	江 苏 英	1994年10月～1999年07月
第二届	色措卓玛	1999年07月～2000年12月

噶尔县八一八民族手工制品厂产品及产量情况统计表

表 11—1—2

时 间	产品名称	产量（件）
1994 年	邦垫	20
	卡垫	25
	毛毯	25
1995 年	邦垫	20
	卡垫	40
	毛毯	40
1996 年	邦垫	20
	卡垫	50
	毛毯	50
1997 年	邦垫	30
	卡垫	65
	毛毯	65
1998 年	邦垫	30
	卡垫	65
	毛毯	65
1999 年	邦垫	40
	卡垫	80
	毛毯	80
2000 年	邦垫	—
	卡垫	—
	毛毯	—

第二节　现代工矿业

一、机械修配与建材业

（一）机械修配

1976 年，成立阿里地区机械修理厂，是境域内第一个从事机械修理和加工的企业，主要从事汽车修理及小型农机具加工。1981 年，更名为阿里地区农机修造厂。90年代，在企业改革中改制为私营企业。

90年代以后，随着改革开放的不断深入，在狮泉河镇从事汽车修理、建筑产品加工的个体私营企业逐渐增多，规模不断扩大，行业种类增多。

至2000年，初步形成以汽车修理、建筑产品加工为主的现代工业体系。

（二）建材业

1. 水泥生产

1994年，阿里地区投资992万元，兴办狮泉河水泥厂。1997年，正试投入生产。厂址位于狮泉河镇东南角，是阿里地区第一家地方性国营水泥生产企业，也是阿里地区第一家工业生产企业。隶属阿里地区经济贸易经济体制改革委员会管理。实行厂长责任制。第一任厂长袁兴义，第二任厂长刘奋基，第三任厂长尼玛次仁。厂内设八个二级单位，即煅烧车间、生料车间、水泥车间、水泥熟料堆棚、包装车间、检修车间、化验检验室和办公室等。该厂占地面积6000平方米。

主要生产设备有2.28米机械立窑、5051.5米磨机、700千瓦发电机组、500千瓦发电机组和微机电子配料系统等。所需主要原料石灰岩，采自狮泉河镇南约20千米处的石灰岩矿点。其余石膏、铁矿石及黏土类配料均在狮泉河镇周边地区开采、自给自足。原煤及柴油等消耗品均从新疆喀什地区采购。

至1997年，公司采取送出去引进来的办法，与四川绵阳市技校合作，解决技术引进和人才培训问题，培训3人。

1999年6月，该厂与拉萨高争矿业有限公司联营，引资600多万元，进行技术改造和扩产，并更名为西藏高争阿里地区水泥厂。至2000年底，累计生产水泥6000吨。

阿里地区狮泉河水泥厂建设项目情况见表11—1—3，1998年～2000年西藏高争阿里地区水泥厂水泥生产情况见表11—1—4。

阿里地区狮泉河水泥厂建设项目情况表

表11—1—3　　单位：平方米、米、人

名称	建筑结构	总面积	跨度	车间人数
煅烧车间（机立窑房）	框 架	400	10	16
生料车间（生料磨房）	钢屋架	860	8	20
水泥车间（水泥磨房）	钢屋架	200	8	15

续表 1

名称	建筑结构	总面积	跨度	车间人数
水泥车间（熟料堆棚）	钢屋架	450	15	—
包装车间（国库 4 座、成品库）	钢屋架	600	15	10
检修车间建新房、配件加工房 化验、实验室	框　架	500	8	3
	砖　混	450	8	20
办公室	砖　混	300	7	9
合计	—	3760	—	80
厂区占地面积	—	6000	—	—

1998～2000 年西藏高争阿里地区狮泉河水泥厂水泥生产情况统计表

表 11—1—4

时间	产品名称	标号	产量（吨）
1998 年	水泥	普 325#	400
1999 年	水泥	普 425#	1100
2000 年	水泥	普 425#	4500

2．噶尔县建材公司

1992 年，成立噶尔县建材公司，为县级财源建设项目，县计财局局长索巴多吉兼任公司经理；1997 年，由才旺多吉任经理；1999～2000 年，张建林任副经理，主持工作。

1998 年，公司投入 33 万余元资金，并经自治区环保厅批准，成立公司预制厂，从事建筑预制构件生产。1997～1998 年，公司累计缴税约 116 万元。1999 年开始生产机械化预制产品。1999～2000 年，共计缴税约 30 万元。至 2000 年底，公司有行政员工 3 人，下辖 6 个施工队，常年有工人 450 人。

该公司成立以来至 2000 年底，先后承建阿里地区藏医院住院部大楼、普兰县仁贡乡小学教学楼、噶尔县邮政局商品房等多个工程项目，项目涉及民用住宅、机关办公室用房交通水利等，部分完工项目被评为优良工程。1996～1998 年，公司连续三年被西藏自治区人民政府评为自治区级“重合同，守信誉”企业。1997 年被自治区国家税务局和财政厅评为自治区“模范纳税户”。1998 年，被阿里地委、行署评为全地区“先进企业”，并被评为噶尔县“先进企业”。

1993～2000 年噶尔县建材公司承揽工程总金额统计见表 11—1—5。

1993～2000 年噶尔县建材公司工程总额统计表

表 11—1—5　　单位：万元

时间	工程总额
1993	3.5
1994	384
1995	872
1996	286
1997	535
1998	437
1999	657
2000	1229

二、煤炭开采

1970 年，新疆维吾尔自治区重工业局所属新疆煤田地质公司一五六勘探队在位于本县门士乡东北方向的叶莫沟探获煤炭资源量 272 万吨，预测的资源量 493.6 万吨，合计 768.3 万吨，为小型规模。

1971 年，阿里地区开始筹建门士煤矿开发。1976 年，成立西藏阿里地区门士煤矿机构，内设生产科、保卫科、政工科、车队、医院、电视台、商店、招待所。隶属阿里地区行署直接管理。同年，正式投入生产。高峰期有职工 270 多人。

1985 年，因矿井年久失修而垮塌，基本处于停产状态。1988 年 2 月，由新疆煤矿设计院提交的《西藏阿里地区门士煤矿扩大方案设计》得到西藏自治区工业电力厅和国家地方煤炭公司审核批准，并开始施工。为维持该企业生产，1988～1990 年，由国家先后投资 810 万元。1996 年停产，次年 6 月，经阿里地区行署批准，门士煤矿正式关闭。截止 1996 年底，累计采煤 3.4 万吨。

第三节　电力工业

一、狮泉河火电厂（柴油发电机组）

1965 年，在昆萨开始用 1 台 40 千瓦柴油发电机组发电，主要用于机关照明。7月，阿里专区迁至森格藏布河畔，开始建设狮泉河火电厂。1978年建成发电，装机容量588千瓦，共6台机组。1990年，更新机组，装机2台单机容量500千瓦的机组（1998年报废），主要供阿里地区党政机关照明及居民生活用电。1997年，为缓解狮泉河镇的电力供需矛盾，国家电力部援助两台单机容量500千瓦柴油发电机组。1998年，国家计委提出先建燃油电站作为过渡应急的办法和为今后狮泉河水电站建设提供施工电源的方针。2000年，狮泉河镇过渡电源开工建设，在电力部援助2台500千瓦柴油发电机组基础上，增装4台单机容量544千瓦进口柴油发电机组。

二、郎久地热试验电站

郎久地热试验电站位于狮泉河镇东南32千米处。

1983年5月，西藏自治区人民政府研究决定建设阿里郎久地热试验电站，设计装机总容量4×1000千瓦。1984年，开工建设郎久电站。1985年7月21日，中共中央总书记胡耀邦在新疆叶城听取阿里军分区政委袁国祥汇报时，就郎久电站建设指出“很好，阿里就要搞电，不搞电就没有前途”。11月，电站建设协调小组和西藏自治区工业电力厅决定建设郎久地热试验电站，工程总投资控制在4000万元。1986年5月，郎久地热试验电站由阿里地区行署接管，决定安装2台1000千瓦机组。1987年11月，郎久地热试验电站一期工程基本完成，投入试运行，正式向狮泉河镇供电。1988年11月，因汽源不足等原因，停止发电。

1990年3月，西藏自治区人民政府安排340万元，补做地质工作及解决电厂遗留问题，并进行二期工程。1994年6月，西藏地热开发总公司对阿里郎久地热试验电厂进行技术改造，总投资660万元，月改造结束，再次向狮泉河镇供电。

第二章　商　业

第一节　国有商业

1961年，县贸易公司成立以后，由于本县属阿里专区驻地，境域内主要工业品供销沿袭建县前办法，由阿里地区贸易公司经营，县贸易公司主要承担畜产品的收购工作。

1962年，各区供销社相继成立。县贸易公司开始承担对各区供销社经营的指导工作，并采取派购和议购方式将各供销社收购的畜产品统一上缴阿里地区贸易公司。1966年，阿里专区驻地迁往森格藏布河畔，县贸易公司在经营畜产品同时，在县城所在地昆萨设立门市部，开展工业品零售业务，实行高度的计划经济管理体制。每年夏季依据商品库存数量和市场需求，制定次年所需工业品购销计划，上报阿里地区贸易公司（后改为地区商业局）平衡并批准后，从阿里地区贸易公司调拨，不得自行采购，并按价格管理权限，执行阿里地区贸易公司规定的统一零售价或作价办法。其经营商品约100余种，以针纺织品、粮油、食糖及部分日用小百货为主，年经营额约20万元。

20世纪80年代，随着改革开放政策的落实，对工业品经营实行指令性管理与指导性管理相结合的办法，依照西藏自治区有关政策，逐步放宽商品采购和价格管理权限，县贸易公司依据市场需求，开始在喀什、拉萨等地自行采购部分工业品；县政府对贸易公司实行集体承包、利润分成的管理办法，贸易公司对零售门市部推行个人承包，打破传统的“铁饭碗”、“平均主义大锅饭”收入、分配制度，一定程度上调动了公司及职工的工作积极性。1988年，县贸易公司随县机关迁入狮泉河镇，经营对象转向在狮泉河工作的地区和县机关干部。此后由于受日益增加的个体、私营商业户的冲击，经营维艰，企业亏损严重。

90年代初，为扩大销售，方便群众，在阿里地区和县商业局统一安排下，多次开展“服务基层、送货下乡”活动，对积压商品进行削价或报废处理。1994年，为提高县贸易公司和各供销社经营效益，按照西藏自治区商业厅统一部署，县贸易公司与各区供销社共同组成县供销联社，但因经营管理不善，加之受日益开放的市场冲击，企业仍然严重亏损，惨淡经营。

第二节　供销合作社

从1962年开始，阿里地区商业局在噶尔县试点建立左左供销社、扎西岗供销社，业务由县贸易公司管理。1964年，成立县供销联社，与县贸易公司两个机构、一套班子，下辖昆萨供销社、左左供销社、门士供销社、扎西岗供销社，共有职工8人。在组织形式上，噶尔县各供销社没有严格按照《供销信用合作社章程》办理，无监事会、理事会等机构，采取由各区公所协调组织，县贸易公司指导的办法组建。由于群众收入极为有限，仅能维持最基本的生活，只有37户群众入股。各供销社设有主任1名，兼商品采购及记账；营业员1～2名，由群众推荐区公所认定。多数供销社营业场所的启动资金由各区公所或县商业部门垫支，群众入股资金作为流动资金使用，个别供销社对入股群众予以分红。供销社作为农牧区唯一的商业经营网点，担负着农牧区商品流通的主渠道作用，承担工业品在农牧区的销售和畜产品的收购任务。所需工业品货源由阿里地区、县贸易公司（批发站）提供，并在进货单上注明由阿里地区商业物价部门制定的批、零价格和批零差率，对国家指令性商品实行全地区统一价格。主要经营的商品种类有砖茶、糖果、布匹、鞋帽、烟酒和暖水瓶等日用百货。收购的畜产品上交地区外贸公司，收取3%的代购手续费作为供销社的经营收入。

20世纪70年代后，为进一步解决农牧区群众“买东西难”的问题，又在地处偏远，交通不便的乡村设立代销店。至 80 年代初，经营较好的供销社有扎西岗区供销社和昆萨区供销社。同期，针对各供销社人员素质普遍较低，经营管理混乱，财务制度不健全，甚至出现挪用、贪污供销社资金等现象，阿里地区、县商业局组织人员对左左区等供销社进行整顿，帮助建立财务账目，清退个别供销人员。1986 年，根据阿里地委、行署有关畜产品收购的“三统”[①] 政策，畜产品收购由各供销社承担，阿里地区外贸公司预付收购金。

1987 年，随着本县市场的不断开放，广大农牧区集体、个人工商户日趋活跃，农牧区商品市场逐渐繁荣，市场竞争也日趋激烈。基层供销社由于在管理体制、经营方式上已难以适应市场经济的要求，大部分供销社经营困难，步履维艰。

1994 年，扎西岗供销社、昆萨供销社、门士供销社、左左供销社同县贸易公司共同组建成立噶尔县供销合作联社，在坚持畜产品代购的同时，经销部份工业品。各供销社工业品货源由县贸易公司统一调拨，执行县贸易公司制定的价格，与县贸易公司采取报账制结算。但因经营商品陈旧老化货不对路，经营管理落后，企业效益无明显改善。畜产品代购仍是各供销社主营。

1980～2000 年噶尔县贸易公司部分年份供销社收购畜产品情况统计见表 11—2—1。

1980～2000 年部分年份噶尔县供销社收购畜产品情况统计表

表 11—2—1

年份	绵羊毛（万斤）	山羊绒（万斤）	年份	绵羊毛（万斤）	山羊绒（万斤）
1980	16.52	0.23	1991	19.39	1.98
1981	25.66	1.97	1992	20.30	3.08
1982	23.60	2.32	1993	25.95	3.33
1983	21.99	2.42	1994	14.19	2.82
1984	17.58	1.59	1995	16.12	3.42
1985	25.81	0.75	1996	18.87	4.20
1986	24.62	3.03	1997	18.18	3.82
1987	24.79	2.93	1998	17.29	3.69

① 三统：统一收购、统一销售、统一价格。

续表1

年份	绵羊毛（万斤）	山羊绒（万斤）	年份	绵羊毛（万斤）	山羊绒（万斤）
1988	25.47	2.92	1999	15.94	3.46
1989	23.77	3.02	2000	16.92	3.21
1990	22.37	2.79	—	—	—

第三节　私营商业

境域内自有贸易活动以来，私营商业是其贸易活动的主体，但分布零散、规模小，基本上由官家、头人和寺庙垄断。商贩以黄金、矿石、畜产品、粮食和食盐等物资与周边民众进行物物交易。其中食盐交换粮食为主要交易。噶本政府时期，前藏商贩带来茶叶、瓷器、藏帽、藏卡垫、围裙、发套和高质量纯毛制品等与境域内廉价的畜产品交换，获取高额的利润。噶本和扎西岗寺等每年派私人商贩到甲尼玛进行贸易活动。19世纪末至20世纪初，英国政府强迫清政府在噶大克开辟商埠，进行私营商业活动。

民主改革以后，噶尔县个体私营商业得到一定的发展。1965年，本县有铁匠5户12人，木匠3户7人，缝纫3户8人，熟皮12户29人。

“文化大革命”期间，对个体工商业户采取限制政策，当做“资本主义尾巴”予以割除，严格限制城乡自由市场，限制个人自由交易。

1973年，狮泉河镇出现第一家私营商店——知青商店，以经营日用百货零售业务为主。

改革开放后，逐步放宽个体工商户经营范围，放宽从业人员资格限制，个体经济得到发展。1982年，狮泉河镇有个体工商户9家，从业人员12人，资金0.45万元。其中，本地工商户1家，从业人员1人，资金300元。按行业分饮食业2家、青稞酒制作业1家、商贸业2家、铁皮加工2家、修理业1家、服务业1家。

1986年，个体私营经济政策进一步放宽。门士、左左、扎西岗区驻地有来自青海、甘肃和西藏其他地区的商户。他们以前店后家的方式，摆摊经营，从事服装、鞋帽及日用品销售。狮泉河镇的个体私营商业已拓展到修理

业、服务业和手工业等 8 个行业。1987 年，本县个体工商业户发展到 77 户，拥有资金 106.13 万元

1992 年，首家个体企业四川遂宁食品加工厂在狮泉河镇落户，开办食品加工厂和食品综合商店。

1993 年，随着本县开放程度的提高，境域内个体工商户数量增长迅速，交换品种日益增多，市场较繁荣，物价稳定。既丰富了城乡市场，又满足了人们对各种农副产品和日用工业品需求，促进了地方税收的增长。狮泉河镇成为整个阿里地区乃至藏西北高原个体工商户集中地，个体经济在阿里地区商品流通中逐渐占据主体地位。

1996 年 10 月，狮泉河镇成立首家私营企业——恒远商贸公司，从业人员 20 人，拥有资金 50 万元。1997 年，产值达到 30 万元。

至 2000 年底，狮泉河镇个体工商户发展到 1638 户，从业人员 2813 人，注册资金 3017 万元，年上缴税收 490 万元。

第四节　集市贸易

噶本政府时期，由官方在噶尔昆萨举办的噶尔恰钦大会是境域内有记载的最早的集市贸易，每年举办一次。至 1959 年西藏民主改革时自然取消。

1978 年中共十一届三中全会召开后，实行改革开放，个体商户出现，由于数量少、交易规模小，无固定交换场所，在一段时间内，仅维持有市无场的状况。

80 年代中期后，随着商户人数和交易规模的扩大，境域内各种贸易市场逐步形成，并日益专业化。

一、贸易市场

（一）狮泉河桥头市场

1985 年，由地区财政局投资 15 万元，修建狮泉河镇第一个露天摊位式桥头市场，主要经营农畜产品、小百货等。

（二）狮泉河自由贸易市场

位于森格藏布南岸。1991 年修建，总投资 102 万元，建筑面积 2300 平

方米，房屋73间。主要经营日用百货等。1993年，停业。

（三）狮泉河木材市场

1992年6月，由地区财政局投资127万元修建。12月，交付使用。1999年，营业额达到49万元。

（四）狮泉河日用品市场

1993年6月，由地区武警支队投资修建，11月交付使用，建筑面积570平方米。1999年上市商品品种达1225种，成交额698万元。

（五）狮泉河消费品市场

1993年6月，由地区运输公司投资148万元修建，建筑面积505平方米。12月，交付使用。1999年，上市商品品种达824种，成交额524万元。

（六）狮泉河消费品市场

1994年5月，由地区气象局投资106万元，兴建门面式沿街市场。1994年8月开业。建筑面积993.5平方米。主要经营饮食、日用商品、茶馆等，上市商品品种12359种。1999年，成交额达698万元。

（七）狮泉河综合市场

1994年7月，由地区工商局贷款150万元投资兴建，位于狮泉河镇北面，建筑面积1685.26平方米，有92个摊位，26间房子。1999年，上市品种1825种，年交易额1448万元，

（八）农贸集市

位于狮泉河镇东郊，1998年6月，由地区财政局投资348万元，11月交付使用。建筑面积300平方米。1999年，上市商品品种1095种，成交额75万元。

二、物资交流会

（一）噶尔恰钦大会

噶本政府时期，每年在昆萨组织赛马等体育比赛和歌舞表演，同时举行大规模的贸易交流活动。来自尼地容巴、久南容巴、库奴、印度康巴、白帝加那、拉达克、克夏等地商人带来呢子、哔叽等各种布料及蔗糖、比里、大米、面粉、青稞、荞面粉各种粮食；白帝地方商人带来马匹、颜料、巴休、葡萄、粮油、煤油、白酒、红酒、藏红花、冰片、熊胆、黄金、银子、松耳石、珊瑚、珍珠、猫青石等商品。西藏卫藏的黄金官及“檫肖”、官商也赶到这里进行自由贸易。主要商品有毛类、羊、马、氆氇、黄帽、瓷杯、藏式围裙、发套、地毯、鞍衣鞍垫等。境域内本地商户和群众把羊绒、绵羊毛、

各类皮张、盐、药材及各种宝石等同来自异地的商贩进行销售和交换，购进或换来各种布匹、糖果、日用品、饮具、干果、食盐和装饰品等日用品。商家还互约来年在盛会上带来各自所需商品，满足交易双方需要。延续至民主改革。

（二）物交会

1983 年 2 月，由地区商业局在狮泉河举办阿里地区首届物交会，历时 7 天，成交额达 13 万元。为丰富物交会的气氛，吸引更多参会人员，物交会期间还举办了牧民赛马活动。

1985 年，阿里地区第二届物交会在左左区加木乡举行，历时 7 天，成交额近 15 万元。

1989 年 8 月，阿里地区第三届物交会在狮泉河镇举行，历时 7 天。期间每天有 5000 多名各族群众参加。参加交易的商户来自区外的有新疆维吾尔自治区和四川、甘肃、青海等省；区内的有拉萨市和昌都地区的国营、集体、个体商户 40 家，阿里地区地直机关和各县的国营、集体、个体商户达 100 家。投放市场的商品品种达 4000 多种，其中农牧副土特产品、民族手工艺品和科技新产品占一定的比重。总成交额 43 万元。

第五节　边境贸易

象雄部落联盟时期，噶尔百姓以黄金、矿石和畜产品等物资与中亚及周边的各部族进行物物交易。其中盐粮交换为主要交易。

从阿里王时期开始，羊绒、黄金和珠宝交易比较频繁。在古格王时期，随着农业、牧业和手工业的不断发展和进步，境域内百姓所需要的生产生活用品通过物物交换获得，尤其是广大农牧民所需酥油茶原料——砖茶也通过交换从内地输入到噶尔。

噶本政府时期，拉萨等卫藏的商人将砖茶等商品带入境域内。茶叶交易成为主要贸易交换活动。同时，卫藏商人还带来瓷器、藏帽、藏卡垫、围裙、发套和高质量的纯毛氆氇等必需商品和货物。扎西岗因地处边境，境域内群众用畜产品与来自克什米尔及印度的商人在此交换粮食等商品，从而形成边境小市场，属典型的季节性市场。外商从典角进入，多为印度和拉达克商人。在冬季通过封冻的河面，到境域内进行交易。交易商户冬季约有40户，夏季有20户。本市场由扎西岗寺管理，交易商品价格由寺庙主持与外商定价。盐换粮交换比率为20∶18，1只羊的羊毛等于半个卢比，1只羊的羊毛加上驮子盐等于4个卢比。西藏地方政府对印商免税，对拉达克商人征税。其税率是每1骡驮子抽3筒子（等于6茶杯），每年收6口袋（即3骡驮）。对藏族边民征收盐税，每9个羊驮子收半个卢比。

清光绪十四年（1888年，藏历第十五饶迥土鼠年）至清光绪三十年（1904年，藏历第十五饶迥木龙年），英国政府强迫清政府在噶大克开辟商埠，并大肆掠夺噶尔境域内的畜产品，倾销其商品。

西藏和平解放后，自治区贸易公司在阿里成立的物资采购办事处，用羊毛在扎西岗与外商交换粮食、食用油等物资，缓解阿里党政机关物资供应紧张的问题。1953年，阿里物资采购办事处通过扎西岗市场出口羊毛1000余吨。1954年，中国和印度通商和贸易协议签订以后，噶大克市场和扎西岗市场作为对印度的开放市场，交易活动频繁。

1962年，对印度自卫反击战之后，噶大克市场和扎西岗市场关闭。

1980年6月，中印关系解冻后，恢复了扎西岗乡境域内的边贸交易，但交易规模较小，交易商品主要是中方的畜产品交换印方的纺织品、糖果等，交易金额无统计。

第六节　多种经营

一、饮食业

20世纪50年代，境域内有少数藏餐馆，但规模不大，服务对象为零散客商。1959年，实行对私营商业的社会主义改造，部分餐馆成为私家联营食堂。

1966年，“文化大革命”开始，县私营餐饮店逐渐歇业。改革开放以后，本县私营餐饮业逐渐恢复和发展。

20世纪80年代，随着本县经济的快速发展和外来人口的增加，餐饮业也逐渐发展，尤其是狮泉河镇餐饮业发展迅速。1990年，狮泉河镇有餐饮业23户，从业人员42人，注册资金5.8万元，营业额32.57万元。1995年，餐饮业发展到76户，从业人员134人，注册资金32.5万元，营业额167万元。1998年，狮泉河镇餐饮业有77户，从业人员104人，注册资金106.13万元，营业额185.4万元。经营品种有藏餐、新疆拌面、烤羊肉、抓饭、川菜系列、陕西面食等，餐馆高中低档齐全，并形成一定规模。

二、服务业

历史上，过往行人只能借宿农家或自带帐篷住宿。

1967年，阿里地委、行署驻地搬迁到狮泉河以后，为方便来往干部职工人员住宿，修建土木结构的专署招待所，不对外营业，有客房17间、床位50张。

1977年，噶尔县门士煤矿下设招待所，建筑面积640平方米，投资5.39万元，客房30间，床位90张。1997年6月，门士煤矿停产后，煤矿招待所转交给门士乡政府管理，主要接待来阿里旅游的旅客和下乡路过此地的干部职工。至2000年，煤矿招待所因住宿旅客极少、管理不当而停业。

改革开放后，国家及阿里地区各有关部门陆续投资兴修了阿里饭店、地委接待楼、气象招待所等，并对原有的阿里饭店、行署招待所进行改造。

2000年，阿里饭店更名为陕西省宾馆。年底，共有旅馆3家、招待所两家，理发店5家、洗澡室3家。

三、其他行业发展

1960年，对全县互助组进行整顿的同时，在农牧区贯彻落实“农区26条”和“牧区30条”政策，促进全县多种经营经济的发展。1964年，全县出售中药材、柴火、铁木器（多为生产用具或少量家具）等，多种经营创收8万元。

1977年，全县从事铁木器制作、榨油、缝纫等多种经营的人员有156人。其中，从事铁木器制作的有46人，从事榨油等农产品加工的有38人，从事缝纫的有22人，从事其他多种经营生产的有50人。至年底，全县多种经营收入达13.78万元。

80年代，多种经营主要有采集、铁木器制作、纺织缝纫、榨油、绘画等。1980年，全县共发放贷款3万元，扶持8户群众开展多种经营。通过贷款和扶持，全县多种经营收入28.6万元，其中农牧民人均多种经营收入18.9元。1982年，全县从事经营的人员有149人。其中，从事运输的有48

人，从事缝纫的有27人，从事农产品加工的有4人，从事个体商业的有11人，从事其他行业的有59人。

80年代后，多种经营生产逐步扩大到餐饮、运输、粮油加工、劳务输出、采矿、养殖等行业。

90年代，通过国家贷款扶持、政府帮助支持和技术指导等措施，本县多种经营生产的范围和规模都有较大发展。1991年，多种经营生产纳入乡镇企业规划管理。1994年，多种经营发展到种植、养殖、农产品加工、运输、汽车维修、饮食服务、采矿、劳务输出等多个行业，从业人员299人。其中，从事种植业13人，从事农产品加工23人、从事运输57人、从事商饮服务业的125人、外出务工19人、从事其他行业的62人。多种经营总收入达196.78万元。

至2000年底，从事多种经营生产的有226户439人，多种经营总收入548.3万元，纯收入376.77万元。

四、乡镇企业

1960～1999年，境域内多种经营工作先后由县农牧科（局）、县革委会生产指挥组负责及管理。1999年，成立噶尔县乡镇企业局，负责并管理全县的乡镇企业和多种经营工作。由南木杰任乡镇企业局局长。

县乡镇企业局成立后，进一步加强对兴办乡镇企业政策的宣传贯彻和对乡镇企业领导，同时依据农业部《关于乡、村两级企业进行全面整顿的安排》和国务院“关于开展质量、品种、效率年”活动的要求，对全县的乡镇企业进行整顿、调整，制定和落实企业经营、管理的各项制度，指导乡镇企业的生产经营，实行财务、政务公开，加强财务管理。至2000年底，本县仅有两家乡镇企业。

第七节　机　构

1961年4月，县贸易公司成立，是本县第一家国有企业，也是商业行政管理机构和经营机构，配有副经理1名。

1969年县革命委员会成立后，全县商业工作由县革委会生产指挥组统一管理。

1975 年 7 月，撤销“四大组”，成立县商业局，设局长 1 名，原县贸易公司划归县商业局管理，并更名为县民贸公司。

1979 年 5 月 15 日，县商业局改称县商业科。1987 年 6 月，县商业科改为商业局。

1996 年县机构改革时撤销县商业局。

噶尔县商贸部门负责人名录见表 11—2—2。

噶尔县商贸部门负责人名录

表 11—2—2

机构名称	职务	姓名	性别	民族	任职时间
噶尔县贸易公司	经理	董天喜	男	汉	1961.04～1963.02
	副经理	董　吉	男	汉	1961.04～1963.02
		董天喜	男	汉	1963.02～1967.02
噶尔县革委会生产指挥组	组长	猛广斌	男	汉	1970.11～1974.08
	副组长	邹步阶	男	汉	1971.02～1974.04
		刘锡德	男	汉	1971.02～1975.07
		岳明山	男	汉	1972.10～1975.07
		益西古桑	男	藏	1973.10～1975.07
		翟虎林	男	汉	1974.08～1975.07
噶尔县商业局	局（科）长	欧　珠	男	藏	1975.07～1979.10
		次仁多布吉	男	藏	1982.12～1984.11
		阿旺玉杰	男	藏	1987.06～1987.10
		索南次仁	男	藏	1987.11～1998.10
	副局（科）长	刘安成	男	汉	1979.06～1980.09
		次仁多布吉	男	藏	1979.03～1982.12
		赤　烈	男	藏	1980.09～1986.07
		旺　久	男	藏	1985.02～1986.07
		阿旺多吉	男	藏	1985.02～1987.06
		索南次仁	男	藏	1987.06～1987.10
		多　吉	男	藏	1998.06～2000.12

第三章　粮　油

第一节　管　理

一、财务管理体制

1959 年，根据财政分级管理原则，噶尔县粮油企业的行政支出（人员经费、部分行政运行经费、购置费）划归县委财经工作部管理，并列入县财政预算。由于实行“低工资、低物价”的政策。粮油购销价格倒挂，对于粮油经营中出现的政策性亏损等均由上级粮食行政主管部门实行政策性补贴。

1963 年，凡属粮油业务支出、购置费、仓储建设费、流动资金和计划亏损等均由上级粮食行政主管部门统一安排。

1964 年底，开始实行运费定额包干。1965 年，自治区财粮处将粮食企业财务管理权下放给地方财政预算后，本县粮油企业将之前发生的粮油收支各项往来进行决算后移交县财政，并在移交前将各项财产，尤其是商品库存账目、各项债权债务、各种遗留问题按规定进行处理。粮油财务管理权下放后，本县粮油部门仍实行企业管理，有关预算拨款、财务计划、会计报表的审批和财务会计工作等问题，按地区粮食、财政部门的规定办理。1977 年，根据地区粮食局有关规定，噶尔县粮站实行独立核算，并建立健全各项管理制度。

1981 年，全区粮食系统财务体制调整后，本县粮站财务实行政策性亏损定额补贴，并实行总额控制、超亏不补的管理办法。1984 年，全区粮食财务体制下放到地、县，实行三级管理（自治区、地区、县）后，县粮食科的盈亏由噶尔县财政负责承担。1985年，噶尔县粮食科的政策性亏损实行定额补贴包干管理办法，超亏不补、利润（减亏）留成（80%自留使用，20%上交地区粮食局）。

1986～1989年，县粮食的财务由自治区一级管理，财务指标实行一年一定、超亏不补、节余全留的管理办法。

1990年，根据自治区粮食局要求，噶尔县粮食实行“定销售、定收购、定调拨、定库存、定补贴”的五定包干责任制。粮食体制由自治区一级管理后，本县粮食的固定资产、流动资产按规定划转，政策性补贴等与财务挂钩，定额包干、节支分成、超支不补。

1993年，根据西藏自治区、阿里地区粮食行政管理部门要求，县粮食公司在前三年包干的基础上，增加考核指标，并实行一年一定的包干管理责任制。

1994年5月，全区粮食财务管理体制改革后，县粮油公司参与市场竞争，实行独立核算、自负盈亏、分级管理、分级核算的财务管理办法，本县遵照执行。

1999年，国务院制定“按保护价收购余粮、实行顺价销售、收购资金封闭运行，加快粮食企业自身改革”的政策后，县粮油公司按照国家的财经制度、会计准则和自治区、阿里地区粮食行政管理部门的有关规定及要求，加强企业财务管理、增收节支，努力提高企业经济效益。

二、票证管理

（一）粮油供应证

从1960年初开始，按照国家有关规定，对在噶尔县国家机关、企事业单位工作的干部职工及其家属子女（含凡属国家正式城镇户口的居民）的口粮供应均实行粮油供应证制度。粮油供应一般都由县机关食堂结构调整到粮站购买，干部职工及家属子女每天按时按量到机关食堂用餐。

从1978年开始，实行粮油供应证，由县粮食局按每个干部职工家庭的人口不同确定标准，核定每月的粮油供应量后发给各户，然后各户按月持证到指定的粮油供应点购买当月或上月（不得提前购买）限量内的粮油，并注销当月已购买的粮油供应量。干部职工及家属子女因公外出、学习、参观、休假、治病等，可持本人（户）粮油供应证到县粮食局兑换全国粮票或西藏地方粮票，并扣减粮油供应证上等额数量。

（二）粮票

1959年10月7日至1993年，本县先后实行过粮油票证制度和粮票流通制度。在本县流通的粮票有全国通用粮票和西藏地方粮票两种，全国通用粮票的面额有肆市两、伍市两（或半市斤）、壹市斤、叁市斤、伍市斤五种；西藏地方粮票的面额有贰市两、伍市两（或半市斤）、壹市斤、叁市斤、伍市斤五种。两种粮票的适用范围均为成品粮。粮票制度的实行，主要是在高度计划经济管理体制下，为机关干部职工因公外出、学习、休假、治病等提供方便。

在计划经济管理时期，粮油票证发行是国家严格控制和管理的重要票种之一，严禁涂改、邮寄、买卖等，遗失不补。在实行粮油票证的各个历史时期，噶尔县粮食部门严格执行国家和上级的有关规定，严格粮油票证发放范围和程序，设专人、专账、专库加强管理，并做到日清月结和账表、账实、账帐、账据的四账相符。

1993年12月，噶尔县按照统一要求取消粮油票证。

三、机构

1959年10月7日，中共噶尔县委成立，下设财经工作部，具体负责全县的粮油收购、调拨、销售和管理工作。1961年，县贸易公司成立，代行粮油购销业务。

1964年9月1日，根据县人民政府指示粮油购销由县财粮科管理。

1969～1975年，粮食工作由县革命委员会生产指挥组负责。

1975年，成立噶尔县粮食局，在门士、扎西岗、昆萨、左左4个区设立粮站。

1979年5月30日，县粮食局更名为县粮食科。

1980年，粮食科撤并到县商业局，县商业局下设县粮站。

1987年，成立县粮食公司隶属县商业局领导。县粮食公司下设直属粮油门市部和多种经营门市部。

1995年，县粮食局从县商业局分设成为独立副科级机构。

噶尔县粮油部门负责人名录见表11—3—1。

噶尔县粮油部门负责人名录见表

表 11—3—1

机构名称	职务	姓名	性别	民族	任职时间
噶尔县贸易公司	经理	董　洁	男	汉	1963.02～1966.05
	副经理	董天喜	男	汉	1961.04～1963.02
		董　洁	男	汉	1961.04～1963.02
噶尔县财经科	科长	窦桂泉	男	汉	1966.05～1967.02
噶尔县粮食局	局长	胡法求	男	汉	1975.07～1976.10
		阿旺玉加	男	藏	1983.07～1995.10
		尼玛次仁	男	藏	1995.10～2000.12
	副局长	赤　来	男	藏	1975.07～1976.10
噶尔县粮食科	科长	胡法求	男	汉	1976.10～1980.09
		罗胡举	男	汉	1979.07～1980.09
噶尔县商业（局）科	科（局）长	欧　珠	男	藏	1976.10～1979.10
		次仁多布吉	男	藏	1982.12～1984.11
		阿旺玉杰	男	藏	1987.06～1987.10
		索南次仁	男	藏	1987.11～1998.10
	副（局）科长	刘安成	男	汉	1979.06～1980.09
		次仁多吉	男	藏	1979.03～1982.12
		赤　来	男	藏	1980.09～1986.07
		旺　久	男	藏	1985.02～1986.07
		阿旺玉杰	男	藏	1985.02～1987.06
		索南次仁	男	藏	1987.06～1987.10
		多　吉	男	藏	1998.06～2000.12

第二节　粮油征购

一、征收爱国公粮

20 世纪 60 年代，噶尔县根据中共西藏工委和中共阿里分工委决定，在本县开始征收爱国公粮。征收办法是按每人年均农牧业收入，实行以农户为单位征收。凡有农业收入的单位和个人除另有规定外，都是爱国公粮的交纳人，按照规定交纳爱国公粮。征购的粮油品种主要有青稞、油菜子、酥油。

二、计划统购与订购

噶尔县成立以后，在实行粮食征购的同时，为保证农牧民生活和国家建设所需粮油，稳定市场物价，制止用粮油进行投机的行为。根据阿里地区的有关政策规定，按照“自由收购、自愿出售”的政策，鼓励农牧民将生产的粮食、油料、酥油在完成爱国公粮征收任务以后的剩余部分卖给国家。

1961 年，开始实行统购统销政策，由县人民政府下达指令性收购任务。同年，中共西藏工委颁发《关于抓紧酥油收购工作的通知》，要求加强粮油市场管理，不准许私商作粮油生意，除确定买少量酥油自食外，不准私商下乡采购酥油用于倒卖，也不准私商抬高价格。噶尔县依据此通知精神，制定了《粮食交售任务完成证》，明确每户应交售、实际交售、减免交售粮食的品种数量，由县、乡领导审核填写。1963 年，阿里专员公署下达粮油收购任务，噶尔县收购 0.36 万千克。

1973 年，根据西藏自治区规定，噶尔县对粮食收购开始实行“一定三年”政策。1976 年，开始实行“一定五年”政策，进一步减轻了农民负担，不仅调动了农牧民生产积极性，而且有利于统筹兼顾，搞好粮食综合平衡。此间，粮食收购由指令性征购转变为指令性征购与订购相结合。订购价格高于指令性征购价格。1979 年，国家对农民缴售的“三超粮”加价幅度提高到 50%。

1980 年 6 月 20 日，西藏自治区人民政府发出布告，免征农业税政策两年，后经中央批准又将免征农业税的期限延长至 20 世纪末。粮食指令性征购政策随之取消。粮食收购实行按计划的市场订购。同时实行“三超粮”自由上市。1997 年以后，粮食市场完全放开。

1988～2000 年噶尔县粮食征购统计情况见表 11—3—2。

1988 年～2000 年噶尔县粮食征购统计情况表

表 11—3—2　　　　单位：千克

年份	青稞	年份	青稞
1988	5853.35	1995	17429
1989	16309	1996	58327
1990	18551.2	1997	23037.5
1991	49479.75	1998	20000
1992	68993	1999	4701.5

续表 1

年份	青稞	年份	青稞
1993	24087.5	2000	—
1994	10442	—	—

第三节　粮油供应

一、城镇人口粮油供应

从1960年开始，噶尔县为保证城镇居民、县直机关、企事业单位职工的正常生活，按规定开展城镇粮油供应工作。粮油供应按国家规定的标准执行，纳入国家计划，统一经营、按月定额供应，即干部每人每月15.5千克，体力工人每人每月17.5千克。单位职工和城镇居民的粮油供应，用粮食部门发放的粮油购买证，按月凭证到县粮站购买当月的标准粮油。机关干部、职工全部在单位食堂用餐，粮票使用量极小。

1963年，噶尔县根据西藏自治区筹备委员会粮食局《关于市镇粮油定量供应若干问题的调查的补充通知》，对粮油的供应办法作出调整。粮食定量标准：市民、家属每人每月成品粮由12.5千克调整为13千克；小孩不满1周岁从2.5千克增加至3千克，1周岁从3.5千克增至4千克，2周岁还是原来5千克，3周岁从5千克增至6千克，4周岁从6.5千克增至7千克，5周岁从7.5千克增至8千克，6周岁从8.5千克增至10千克，8周岁从10.5千克增至11千克，9周岁从11千克增至12千克。此外，西藏自治区粮食局特别供应阿里地区每人每月大豆2千克。

1979～1984年，国家调整粮食政策，改革流通体制，提高粮食收购价格，销售供应价格不变，由国家财政补贴。噶尔县粮油产品单一，供需矛盾突出，需从外地调入大量粮油才能满足人民生产生活需要，在国家补贴政策的有利支持下，噶尔缺粮情况有所缓解。期间，城镇粮食供应实行分等级定量供应，将供应对象分为特重体力、重体力、轻体力、职工及其他脑力劳动者、大学生、一般居民及十周岁以上儿童、六至不满十周岁儿童、三至不满六周岁儿童、不满三周岁儿童、其他共计10类。1981年，全县城镇定量供应人员为281人。

1984年后，国家对粮食流通逐步开放。1985年，饮料、酒用粮全部改为议价供应。

1990年以后，饲料用粮全部退出平价供应。1991年，为扭转粮食统销由国家财政补贴的局面，恢复粮食作物为商品，本着“慎重、稳妥”的原则，根据阿里地区的要求，噶尔县在原有粮食统销的基础上上调50%，同时给城镇居民适当补贴，但粮食价格还没有完全理顺。1992年，根据国家规定，噶尔县逐步开放粮食价格，其价格依据经营成本来确定。

1994年1月1日，根据西藏自治区人民政府要求，取消粮食定量供应和粮票使用制度。

二、农业人口粮油供应

1963年，因牧民吃肉多，牧区群众每人每月成品粮由11.5千克调整为12.5千克，其他与城镇居民相同。

1965年，国家对粮食统销作出规定，噶尔县根据规定进行部分调整。农业社粮食统销数量，不论高级社或初级社，一般以社为单位，分社核定粮食统销数量，划分余粮社（粮食有余的）、自足社（粮食不余不缺的）、缺粮社（粮食不足的）。

农业社在分配粮食时，必须保证完成上级核定的粮食征购任务和保证不突破上级核定的粮食供应指标。有盐粮交换和西藏自治区内调入的社，必须保证农业社内公用和全体社员的必用口粮。农业社在保证完成收购任务以及社和社员的口粮以后，如果还有多余的粮食，可根据社员的劳动情况或当年的收成情况，将多余的粮食分配给社员。对缺粮社员供应粮食，必须继续执行什么时候缺粮什么时候开始供应的办法。缺粮社或社员应根据当地或上级政府核定的粮食数量供应，订出分季的购粮计划，报送粮食机关批准。一个季度的粮食供应数量，可以一次购买，也可以分几次购买。

噶尔县为了保证人民生活和国家建设所需粮油控制粮油投机，稳定市场价，根据西藏自治区制订的供应办法，有计划、有步骤地制订出适合本县的供应办法，各项用粮标准是：种子标准按实际需要每亩地全年留13～14千克；口粮标准根据现有的一般消费水平规定，每人全年留154千克，如果增产幅度较大，可稍提高，但不得超过160千克；饲料标准按饲料习惯和一般消费水平规定，每头耕畜留40千克左右，最多不得超过50千克，其他牲畜不留饲料。1992年，国家逐步开放粮油价格，但对牧区群众粮食供应仍实行购销同价办法，由国家给予粮食部门政策性亏损补贴。

第四节　储运与保管

一、粮食调运

噶尔县所产粮食品种单一，产量偏低，完全不能达到自给。历史上，群众所需青稞主要通过与日喀则地区的盐粮交换和边民互市贸易取得。和平解放后，噶尔县所需青稞主要依靠从日喀则地区调入，所需大米、面粉、清油等从新疆维吾尔自治区调入。1952 年，藏北运输指挥所开始通过骆驼、毛驴和牦牛向阿里运输粮食在内的各类物资，主要解决部队和地方机关的粮食供应。1953 年秋，中共西藏工委使用牦牛 500 头，第一次为阿里调运青稞两万余千克。1958 年，新藏公路通车，藏北运输指挥所撤销，粮食调运改为汽车运输至今。1960 年，阿里专署财粮科成立，粮食调配由中共阿里分工委财粮科编制计划上报中共西藏工委审查批准，内地所产的粮食从新疆调入，西藏所产的粮食均从日喀则调入。

2000 年，噶尔县调入粮食总量达 5.6 万千克，基本保证了全县干部、职工、群众的粮食需求和边疆的稳定。

1988～2000 年，噶尔县内地所产粮食调入情况见表 11—3—3。

1988 年～2000 年噶尔县内地所产粮食调入统计表

表 11—3—3　　　　单位：千克

品名 年份	面粉	大米	品名 年份	面粉	大米
1988	—	26200	1995	162125	146020
1989	9775	13100	1996	146181.5	190058
1990	59010	23024	1997	—	—
1991	144136.5	147758	1998	—	38734.5
1992	44062	99428	1999	96772.5	50000
1993	209597	180094	2000	10000	46000
1994	22463	118271.5	—	—	—

二、粮食储备

（一）储备形式和制度

西藏和平解放后，开始有计划地组织粮油储存，使之起到调节供求、备战备荒的“蓄水池”作用。主要储备形式两种，即周转库存和国家储备。在储存方式上采取“一般分散，适当集中”的办法，建立仓储设施，储备一定数量的粮油。制定入库、保管制度和“推陈储新”办法。由国家每年拨出一定数量的粮库建设资金和维修资金。

1992年，国家投资在狮泉河镇修建面积为310平方米的粮食库房，总库容量达50万千克。

（二）管理

1. 粮食防护

噶尔县气候干燥，低温，粮食虫害较少。20世纪60年代至80年代，由于粮食质量、防护设备很差，加之粮食入库检测手段落后，少数粮食发生霉变。

1999年，在全县范围内进行大普查，对粮库职工进行保粮知识考核，开展无虫害、无霉变、无虫害、无事故的“四无”活动。

2. 技术革新

长期以来，县粮食部门依据气候特点，对储备粮食形成天然缺氧保管和低温保管。在日常工作中严格执行操作规程，切实开展“四无”粮仓活动，基本保证了储备环境。在粮油保管的过程中，保管人员一般采用水银温度计和酒精温度计检测室内和粮油的温度，用油蒸式水分测定器检测室内和粮油的温度。若温度和湿度偏高时，多采用开窗通风加以调节，甚至晾晒，以防止粮油霉变腐烂，确保粮油的安全存放。粮油（菜子）存储一般采用袋装和散装的方式，成品粮多采用袋装，原粮和油籽子多采用散装，成品食用油都采用桶装存储。

3. 目标管理

1998年，阿里地区粮食储备局根据西藏自治区粮食局下达的指标，将任务分配、落实到各县，与县粮食局局长签订《目标责任书》，噶尔县粮库推行目标管理责任制。其内容包括财务费用指标定额，库存的购、销、调、存定额、人员定额、损耗定额（保管、运输过程中存在的消耗）、劳动定额，仓库使用定额等，后形成惯例。

第五节　粮油加工

历史上，噶尔县粮油加工以手工家庭作坊为主，油料加工全靠手工。

和平解放后，噶尔县主要从外地调入成品青油。

1979 年，噶尔县开始从事粮油加工，主要用水磨加工糌粑，以满足生活所需。全县有 5 座水磨，年加工糌粑 3 万千克左右。

20 世纪 80 年代后期，部分群众逐步兴办个体粮油加工企业，方便了噶尔县农牧民群众的生活。

第十二篇

财税　金融

第一章　财　政

第一节　收　入

噶本时期，噶本政府的主要收入来源于农奴、民族手工业者承担的徭役、地租、缴纳的各种赋税。

1960年，噶尔县人民政府成立后，国家财政体制发生根本性转变。至2000年底，县财政收入主要包括上级政府给予的补助收入、税收收入、企事业单位收入和其他收入。

1961年至2000年噶尔县财政收入情况统计见表12—1—1。

1961～2000年噶尔县财政收入情况表

表12—1—1　　单位：万元

项目 年份	收入总计	税收	其他收入	上级补助
1961	12.5	0.8	—	11.7
1962	13.35	1.3	—	12.05
1963	20.31	6.77	—	13.54
1964	21.15	6.97	—	14.18
1965	24.25	8.56	—	15.69
1966	28.12	11.78	—	16.34
1967	21.93	4.37	—	17.56
1968	22.45	3.39	—	19.06

续表 1

年份＼项目	收入总计	税收	其他收入	上级补助
1969	26.95	5.95	—	21
1970	35.15	8.15	—	27
1971	41.01	10.8	—	30.21
1972	55.3	16	—	39.3
1973	65,61	19.51	—	46.1
1974	71.38	23.38	—	48
1975	74.98	23.98	—	51
1976	87.69	24.09	—	63.6
1977	80.14	26.34	—	53.8
1978	96	30.1	—	65.9
1979	115.33	31.08	—	84.25
1980	126	35	—	91
1981	151	36	—	115
1982	170.2	39	—	131.2
1983	182	45	—	137
1984	189.4	51	—	138.4
1985	197.8	59	—	138.8
1986	223.3	61	—	162.3
1987	220.8	67	—	153.8
1988	231	71	—	160
1989	242	75	—	167
1990	278	79	19	180
1991	318.7	81	16	221.7
1992	344	90	15	239
1993	414.8	95	16	303.8
1994	428	98	18	312
1995	682.2	101	16	565.2
1996	1076.3	207.5	15	853.8
1997	881	200	20	661
1998	944	233	21	690
1999	1010	264	16	730

续表 2

年份＼项目	收入总计	税收	其他收入	上级补助
2000	1259	348	18	893
合计	10483.1	2598.82	190	7694.28

一、上级补助收入

噶尔建县以后，国家、自治区、阿里地区即开始安排一定数额的补助资金，重点用于保证本县党政机关、事业单位正常工作运转的同时，少量用于扶持社会事业发展及零星的救济补助等支出。并随着国家财力的增强而逐年增加。

初期，国家补助以定额补助的方式体现。县财政部门依据上级政策和本县核定的事业费支出等编报预算，逐级上报。由阿里地区财政分期拨付。

1981 年，国家扶持本县经济和社会的发展，在定额补助基础上，增加专项补助，主要用于支持重大建设项目及临时性增资。此后，上级补助始终是本县成立以来财政收入的主要来源。1961 年，上级补助收入 11.7 万元，占当年县财政总收入的 93.6％。2000 年，上级补助收入达到 893 万元，是 1961 年的 76.32 倍，占当年县财政总收入的 70.93％。1961～2000 年，全县上级补助收入累计为 7694.28 万元，占历年财政累计总收入的 73.40％。

二、税收收入

（一）农牧业税

1959 年 1 月 1 日起，在阿里地区范围内开征爱国公粮，也就是农业税。农村征收爱国公粮的原则是少征少收，年人均产量在 100 千克以下者免征。1961 年，噶尔县开征农业税（爱国公粮）。由于本县经济落后，农牧民收入极低，县政府采取最低标准的农业税，给农牧民一个宽松的发展空间。

1966 年起，本县始征爱国牧业税。至 1979 年，全县累计征爱国农业税收入为 9.94 万元，累计征爱国牧业税收入为 27.67 万元。

1980 年后，西藏自治区人民政府决定在全区免征农牧业税两年，后经中央批准，免征农牧业税。

1963～1979 年噶尔县爱国农牧业税统计情况见表 12—1—2。

1963～1979 年噶尔县爱国农牧业税统计表

表 12—1—2　　单位：万元

年份	农业税	牧业税	年份	农业税	牧业税
1963	1.72		1972	0.60	1.22
1964	0.38		1973	0.55	1.47
1965	0.47		1974	1.2	2.70
1966	0.55	0.78	1975	—	2.69
1967	0.59	1.02	1976	—	3.65
1968	0.15	0.94	1977	—	2.77
1969	0.47	2.31	1978	0.71	2.30
1970	0.59	1.67	1979	0.48	2.43
1971	1.48	1.67		—	—

（二）工商业税

1962 年，阿里地区除边境县以外，开征工商税。销售的农畜产品极少，所征收的工商税也极少。

1980 年 6 月，根据西藏自治区人民政府的布告，对城乡集体所有制企业、集体供销社、合作商店及个体工商等免征工商税两年。1994 年，取消工商税，以增值税、消费税等代之。

1961～2000 年底，全县累计工商业税收入为 4155.81 万元。

1996～2000 年噶尔县工商业税收入统计情况见表 12—1—3。

1996～2000 年噶尔县工商业税收统计表

表 12—1—3　　单位：万元

项目＼年份	1996	1997	1998	1999	2000
增值税	15.1	12	27	26	32
营业税	145.4	163	102	150	199
个人所得税	—	—	23	28	32
罚没滞纳金	5	11	16	13	21
印花税	—	—	14	3	3
其他税收收入	47	14	51	44	61
合计	207.5	200	233	264	348

（三）其他收入

其他收入范围广泛，名目繁多，主要包括教育附加收入，行政事业单位罚没收入及财政利息收入等。1990～2000 年，其他收入累计 190 万元。

第二节　财政支出

噶尔县成立至20世纪80年代末，财政支出主要是行政、事业单位经费支出。1962年，总支出116700元。其中，行政支出98000元，党派团体经费48500元，其他支出8300元。

1976～1980年，5年支出总计603.76万元，每年平均120.75万元，比上年平均增加41.69万元，平均增长52.73%。

1981～1985年，财政体制发生变化，实行改革开放财政政策，推行“划分收支、分级包干”的财政管理体制，支出有了基数，行政、事业单位职工调离工资等支出相应增加。5年间共支出775.03万元，平均每年155.01万元，同比前5年增长28.37%。

1986～1990年，党政机关及事业单位人员大量增加，经济建设和社会发展所需资金量增大，支出也相应增大。5年间共支出1391.81万元，平均每年278.36万元，同比前五年增长79.59%。

1991～1995年，5年间共支出2184.63万元，平均每年436.93万元，同比五年增长56.97%。

1996～2000年，共支出4863万元，平均每年972.6万元，同比前五年增长122.60%。

2000年，支出1253万元，比1962年增长了107.36倍。其中，政府机关经费534万元，占年度总支出的42.62%；教育事业费188万元，占总支出的15.00%；支援农村生产支出10万元，占总支出0.80%；抚恤及社会救济福利费57万元，占总支出的4.55%；群团经费70万元，占总支出的55.87%；卫生事业费80万元，占总支出的6.38%；行政机关事业费60万元，占总支出的47.89%；公安支出89万元，占总支出的7.10%，法院支出58万元，占总支出的4.63%；检查支出38万元，占总支出的3.03%等。其他支出69万元，占总支出的5.51%。

1969～2000年，噶尔县财政统计支出情况见表12—1—4。

1969年～2000年财政支出明细表

表12－1－4　　　　单位:万元

年份	畜牧事业费	农机事业费	文化事业费	教育事业费	卫生事业费	公费医疗	其他事业费	抚恤社会救济费	支援农牧区生产	其他民政事业费	行政机关事业费	政府机关经费	统战民主党派费	群团经费	人大政协经费	共产党机关经费	林业事业费	公检法安支出	其他支出	合计
1969	1	1.4	3	0.5	0.9	—	—	0.1	—	0.1	—	16	16	—	—	—	—	—	1	40
1970	—	—	0.3	3	0.9	—	1.5	0.8	—	—	—	16	—	—	—	—	—	—	1	23.5
1971	1.2	—	1.7	4.4	3.4	—	1.6	0.5	4.6	—	—	27.4	—	—	—	—	—	—	0.4	45.2
1972	90.8	2.7	1	4.9	—	—		0.6	3.2	—	—	26.6	—	1.3	—	—	—	—		131.1
1973	10	2.7	0.8	4.4	4	—	4.9	0.2	3.5	—	—	28.7	—	—	—	—	—	—	0.5	59.7
1974	2.7	—	6.5	9	9	—	2.8	—	6.5	—	—	28.3	—	—	—	—	—	—	1	65.8
1975	4.4	2.1	1.4	3.4	6.7	—		0.2	—	0.6	26	26	—	—	—	22.2	—	—	0.5	93.5
1976	—	4	1	3.8	5.1	—	2.5	0.89	11	—	20	20	—	—	—	3.8	—	—	0.47	72.6
1977	5.2	—	1.2	3.8	5.9	—		0.17	11.4	—	19.7	19.7	—	—	—	1.21	—	—	0.32	68.6
1978	2.5	4	—	12.7	8.4	—	4.8	1.6	12.2	5	25	25	3.5	2	—	—	—	—	0.5	107.2
1979	8.2	12	6	17.1	10	—	4	4	29.4	1	35.2	35.2	—	—	—	16	—	—	0.9	179
1980	7.1	4.1	—	18.9	—	—	2.9	1.5	11.5	—	43.4	43.4	12.3	9.3	—	—	—	—	22	176.4
1981	2.6	4.8	23	20.9	7.6	—	20.7	3.5	10.2	—	—	33.9	4.8	4.1	—	6.6	—	—	20.9	163.6
1982	9.8	8.3	16	23.6	11.9	4.3	9.4	0.3	13.2	—	—	39.3	5.6	—	—	7.3	—	—	24.6	173.6
1983	8.7	6.3	4.8	25.3	6	1.2	9.3	5.8	9.5	—	—	45.7	—	—	—	5.6	—	—	14.4	142.6
1984	8.3	3.18	3.3	12.1	12.1	—	1.6	0.4	3.2	—	20.79	47.51	—	—	—	—	—	6.13	0.22	118.8
1985	7.8	5.3	27	—	10	—	1.1	—	7	—	—	79.3	—	—	—	—	1	6.5	19.4	164.4

续 表

年份	畜牧事业费	农机事业费	文化事业费	教育事业费	卫生事业费	公费医疗	其他事业费	抚恤社会救济费	支援农牧区生产	其他民政事业费	行政机关事业费	政府机关经费	统战民主党派费	群团经费	人大政协经费	共产党机关经费	林业事业费	公检法安支出	其他支出	合计
1986	9.78	8.3	3.38	36.8	14.51	16	10	3.1	5.94	—	14	69.1	—	7.6	—	6.3	10	6.43	8.3	229.5
1987	3.9	10	14.9	15.6	4	6.5	7.8	5	12	—	—	101	—	4	—	7.6	7	9.7	23	232
1988	8.4	5.3	12	17.1	15.2	2.1	13.7	20.2	12.4	20	—	84.5	—	2.7	0.9	8	0	12.5	4	239
1989	8.5	6	12.3	18	14	3.9	10.4	32	13	19	9.4	97	6.1	7.9	1	2	40	20.5	15	336
1990	8.3	7	2.18	21	20.3	—	10.5	8.89	17.8	2.1	—	101.7	24.6	22.3	2.5	—	70	23.1	13	355.27
1991	12.12	6.06	2.72	21.9	19	4.75	20	12.1	10.9	14	—	135.9	—	19	—	2	0	20.79	3.76	305
1992	11.1	7	4.5	28.9	2.5	3	0.2	4	4.8	2.2	—	153.4	—	19.8	—	7.3	16	31.1	37.7	333.5
1993	14.2	15.6	5.2	51	28.3	6.5	0.8	0.2	8.7	3.23	—	116	—	27.8	8.2	—	6	64.6	12.9	369.2
1994	19.1	14.4	7	65.7	37.7	12	0.8	3.3	18.7	—	—	225.3	—	40.5	—	6.6	1	72.8	11	535.9
1995	—	—	—	130.4	—	—	44.4	60.4	14.4	—	25.4	258.4	—	—	—	8	5	83.4	11.2	641
1996	30	30	—	157	44	—	20	19	21	—	—	492	—	—	—	—	0	120	19	952
1997	—	—	—	136	67	—	—	22	23	4	—	349	—	—	—	1	0	151	9	762
1998	—	37	14	120	98	44	—	181	1	—	—	174	—	—	—	—	1	130	10	810
1999	—	—	16	170	117	—	39	18	16	25	—	451	—	65	—	6	—	134	29	1086
2000	—	—	17	188	80	—	60	57	10	21	—	534	—	70	—	1	—	185	30	1253

第三节　管理机构

一、财政体制

20世纪60年代初期，县财政主要为全县政权建设、恢复和发展经济及各项事业服务。1964年，实行“统收统支、计划安排、余额调剂”的财政体制。1966年后，实行“定收定支、差额分成、定额补助”的办法。

“文化大革命”期间，实行“核定收支、差额补助、结余留用、一年一定”的财政体制。

1977年，县财政实行“定收定支、收支挂钩、增收分成、下年留用”的办法。

1980年，实行改革开放，财政政策推行“划分收支、分级包干”的财政管理体制，由阿里地区核定本县补助定额，五年不变，实行增人不增资、减人不减资的办法。

1985年，实行“固定基数、稳定收支、定额补贴、分级包干”的财政管理体制，进一步完善了财政管理制度。

20世纪90年代，“定额补助、增收自用”的财政体制，充分调动本级财政增收的积极性。同时，进一步规范财政管理，使之逐步规范化、制度化。

二、财政业务管理

（一）预决算管理

1960年，建立县级财政预算后，每年都要编制当年财政收支预算计划，由专署财政局汇总上报到自治区，纳入西藏自治区级预算。同年，根据国务院《预算决算暂行条例》，明确预算、决算为历年制（每年1月1日至12月31日），分别对预算编制及审定、预算执行、决算编制及审定等作了规定，特别规定“人民政府及其所属机关如不按时编造预算、决算，财政机关应拒绝拨款或停发其下期经费”。同时要求：（1）收支计划必须保证需求；（2）预、决算实行领导负责制，单位领导对预、决算要审核和签名；（3）实行货币管理，通过计算并实现收支平衡，支出为粮食应折算为货币；（4）预、决算的编制，按归口管理原则分工，行政机关经费由财政部门拟编；（5）在未建立四级财政（中央、大区、省、县）前，各县的预算送阿里专署审核汇总报告省财政厅，建立县级财政，西藏自治区对县采取收支差额补助办法。按照收入划分，凡属西藏自治区级的收入，直接解入金库，不列入县级预算。

1961 年，本县按比例留成部分，与核定支出相比，支大于收的差额由阿里地区补足，收大于支的差额上缴。同年，转发了阿里地区《财政预算执行若干问题的通知》规定：基建结余上缴；不得突破西藏自治区核定的指标；行政事业单位各项支出严格按规定执行。明确公用经费预算必须做到“统筹安排，节约使用，只准结余，不准超支”。

1962 年，阿里地区建立总预算后，县预算确定补贴或上缴数后，阿里地区财政每年给本县下达收支考核指标，建立会计月报制度。

“文化大革命”期间，县财政预算管理受到干扰和破坏。1978 年后，县财政预算管理逐步得到恢复和完善。

1980 年，实行“划分收支，分级包干”财政体制，县级财政有了自主权。阿里地区财政局对本县核定收支基数确定补贴或上缴数后，每年对本县下达收支考核指标。其支出项目在“一保吃饭、二保建设”的前提下以实行收定支的考核办法，逐一核定县直各单位、各区的财政收支指标，分级采取全额预算管理和差额预算管理（单位有一定收入但不能全部维持，还必须依靠财政给予补助的，财政在核定其收入支出的基础上，给予一定补助，称为差额补助）。凡进入包干基数的支出按中央和西藏自治区下达的项目，予以安排追加。增加的收入或支出均有关规定上解或按财政体制分别承担，年终决算时办理上下级之间的结算手续。

1991 年，国务院发布《国家预算管理条例》，县贯彻执行此条例。

1994 年，国家发布《中华人民共和国预算法》，此后预算管理纳入法制轨道。《预算法》规定，实行一级政府一级预算，设立中央政府预算（简称中央预算）和地方政府预算（简称地方预算）县级一级财政实体，除保证县委、县政府支出外，对全县各单位有调控责任。每年的预算安排必须由县人民政府提交县人民代表大会批准后，由县人民政府执行。每年财政预算按照“量入为出”的原则编制，严禁“赤字预算”。

（二）农牧业财务管理

民主改革后，加强对人民公社财务管理，县财政建立会计月报制度。

“文化大革命”中，对农业财务实行“全额管理、差额补贴”的办法。

20 世纪 80 年代后，对农林、畜牧、水利等单位实行财务包干的办法；对农资供销企业，除上级规定的政策性亏损补助外，实行“盈余留用、亏损自负”的办法；对县财政支农、支牧周转金坚持“择优扶持、重点使用”的原则，并对耕地占用费实行专款专用。

（三）文教财务管理

1986 年，西藏自治区人民政府和教育行政主管部门，根据全自治区教育工作发展的实际情况，对教育经费管理体制进行改革后，县教育经费（中央财政拨款部分）由阿里地区教育行政主管部门统一管理和预算安排。县政府每年对教育的资金投入按本级财政收入的 15%～20%划拨。

（四）行政机关和事业单位财务管理

行政机关和事业单位无稳定收入的实行全额预算管理。年初由财政部门核定支出指标。其指标包括人员经费和公用经费两部分。其中，人员经费按劳动人事部门核定工资及补助工资标准计算；公用经费则由县财政局在上级规定标准的前提下，具体制定各项开支标准，计算时结合各单位业务繁简和上年实际，核定不同费用总额。执行中属于上级财政或主管部门追加的经费，财政按有关规定办理追加，列入当年预算，已安排但年底仍未支付的资金，除规定不收回外，均交回财政，不作当年支出。实行“分级包干”后，核定的收支称包干经费，一年或几年不变。对本县追加的专款，不作包干基数。若重大政策出台，引起较大的支出变化（如调整工资）则按照体制规定，分别由阿里地区、本县分级负担；实行全额预算管理的单位，其收支按“收支两条线”办法管理；对有稳定的经常性收入，县收入能够基本保证单位的经常性支出，尚不具备企业管理条件的事业单位，实行自收自支预算管理。

（五）固定资产管理

1952 年，根据国家规定，确定单位价值在 100 元以上、使用年限在 1 年以上的作为固定资产。按其使用和产权划分为：使用固定资产、未使用固定资产、不需用固定资产及产权未定资产。企业大修理费用不列入生产成本，固定资产变价介入不上交，留给企业用于重置固定资产，使用时需经主管部门批准。计算基本折旧率时，不计算“残值”“折御费用”。规定折旧基金按月提取，上交财政预算。

（六）会计管理

1. 管理制度

和平解放初期，境域内执行财政部统一制定的总预算会计制度。

“文化大革命”期间，会计制度混乱。1978年12月，本县全面贯彻执行国家《会计人员权利条例》，财会机构和规章制度逐步得到回复和健全，开展了财会人员技术职称评定工作。

1990年，根据西藏自治区、阿里地区的要求，县计财局转发了地区财政局下发的《会计证管理办法实施细则》，对发证对象、取得会计证的基本条件、会计人员的权利和任免等方面做出了具体规定。

至2000年，按照《西藏自治区会计工作规范化考核分标准》，强化会计基础工作，建立健全会计工作管理的各项规章制度，使记账、算账、报账等工作符合国家统一财会法规制度的要求。

2. 人员管理

和平解放后，县会计部门采取“边工作边学习”，“边做边教、以师带徒”等方法对会计人员进行培训。此后，根据工作需要，选送财会人员参加一些培训班，进行培训。

20世纪80年代开始，一些区内的高校、中专等院校培养了一批具有大专、中专学历的财会干部分配到本县工作。

3. 职称管理

1978年12月，县财政部门执行国务院《会计人员职权条例》，逐步开展会计人员技术职称评定授予工作。职称分为总会计师、会计师、助理会计师。通过调查，经过技术测定、竞赛评比、组织互查等考核工作，进行评定授予职称。1980年，总会计师改名为“高级会计师”。总会计师不再作为技术职称，只作为行政职称。

三、机构

1959年10月7日，县委下设财经工作部，主要负责财政工作。1963年2月，县委财经工作部移交县人民政府领导，并更名为财经科，负责全县财政工作。“文化大革命”期间，财政管理工作受到冲击。1969年9月，县革命委员会成立，下设生产指挥组，县财经工作归生产指挥组管理。

1975年7月，撤销“四大组”，成立县计划财政局。1979年3月，计划财政局更名为计划财政科。1987年6月，改为县计划财政局。

1995年7月，县财政局从计划计划财政中分设，至2000年底。

噶尔县财政局历任领导名录见表12—1—5。

噶尔县财政局历任领导名录表

表 12—1—5

机构名称	职务	姓名	性别	民族	任职时间
财政经济工作部	部长	董天喜	男	汉	1961.04～1963.02
财经科	科长	董天喜	男	汉	1963.02～1964.09
		窦桂泉	男	汉	1964.09～1967.02
生产指挥组	组长	孟广斌	男	汉	1970.11～1974.07
	副组长	邹步阶	男	汉	1971.02～1974.07
		刘锡德	男	汉	1971.02～1974.07
		岳明山	男	汉	1972.10～1975.07
计划财政科（局）	科（局）长	益西古桑	男	藏	1973.10～1975.07
		翟虎林	男	汉	1974.08～1976.10
		岳明山	男	汉	1976.10～1980.08
		贵桑	男	藏	1982.12～1984.04
		索巴多吉	男	藏	1987.06～1988.10
		噶尔旦	男	藏	1988.10～1995.07
	副科（长）局	永保	男	藏	1979.03～1982.04
		多吉扎巴	男	藏	1979.03～1980.09
		贵桑	男	藏	1980.09～1987.10
		年扎	男	藏	1984.05～1987.06
		巴桑卓玛	女	藏	1985.02～1990.10
		嘎尔旦	男	藏	1987.06～1990.10
财政局	局长	尼码次仁	男	藏	1995.07～1999.11
	副局长	次仁央金	女	藏	1997.09～1999.11
		拉巴次仁	男	藏	1995.11～2000.12

第二章　税　务

第一节　管　理

一、业务管理

（一）税务申报与登记

1963年，按《西藏自治区工商业税暂行条例》规定，本县开始建立纳税申报和税务登记。时有纳税户13户，其中县级5户（私营企业4户、国有企业1户）。

70年代、80年代，西藏自治区先后修改、颁布《西藏自治区工商税条例》和《工商税试行办法》，对纳税单位和个人开业、停业、分设、转业、歇业等的申报和登记办法作出补充规定，同时对新开征的所得税、奖金税、工资调节税等的申报登记工作作出相应规定，开展纳税鉴定工作。

1992年，《中华人民共和国税收征收管理法》颁布实施后，对税务登记和申报的时间、办法等代码作出详细规定，取消对企业进行的纳税鉴定。1993年12月28日，根据国家税务总局、自治区国家税务局的有关文件作出关于《更换税务登记证件的通知》，开始换发税务登记证件或补办税务登记手续。当年，换发和新发税务登记证件的户数为72户。

1996年，按照税务登记证件每3年更换1次的规定，再次进行税务登记证的换发工作，当年换发税务登记证件89户。1997年，通过推进税务信息化建设，本县有75%的纳税户纳入计算机管理。1999年，换发税务登记证件127户。

（二）税务检查与稽查

1. 检查

1966年，本县按照西藏自治区《工商业税暂行办法施行细则（草案）》第22条、26条规定，规定“税务人员根据必要得随时检查销、存货及账簿凭证等。税务人员在对工商业户检查过程中遇有疑问时，可指定纳税义务人按规定期限提供证明文据。发现工商户违章纳税时，须让其出具文字字据以待处理，以防止反悔”，并明确税务检查的检查主体、检查方式、检查时间、检查税种范围，对部分纳税单位和个人进行税收保全和强制执行措施。

2. 稽查

1998年，本县协助阿里地区稽查局，开始开展税务稽查工作。至2000年，共实施税务专项稽查103户（次），稽查审核和执行率达90%以上。

（三）征管形式与征收方法

本县实行专责征收管理和征收管理检查三分离以及纳税人自行申报、重点稽查等多种征收管理形式。1994年底，成立县国税局，实行以纳税申报和优化服务为基础，以计算机网络为依托的集中征收，重点稽查的征管新模式。征收方法采取查账征收、定期定额征收、代征代缴和代扣代缴等方法。1998年3月，贯彻执行国务院《关于加强依法治税严格税收管理权限的通知》精神，进一步强化税收法制，严格税收减免，纠正一些部门擅自变通国家税收政策、越权减免税、随意批准缓税、欠税、“包税”和征收“过头税”的问题。

二、机构

1961年4月，县委下设财政经济工作部负责全县税收工作。

1963年2月1日，原县委的财政经济工作部划归县人民政府领导，并改名为县财经科，境域内税收由县财经科管理。

1975年7月，撤销“四大组”，恢复成立各局，税收工作由县计划财政局管理。

1979年3月后，县计划财政局改为县计划财政科。

1987年6月，在区级机构改革中，县人民政府工作机构各科改为局，县计划财政科改为县计划财政局，兼管全县的税务工作。

1994年，县国家税务局成立。1996年，撤销县国家税务局，由阿里地区国家税务局直属征收局直接管理。

第二节　税　种

一、差税

封建农奴制社会，噶尔人民遭受西藏地方政府、噶尔本政府、寺庙、农奴主和境外商人的层层盘剥，陷于饥寒交迫之中。交不完的差税，干不完的差役，还不完的高利贷，使许多差巴户卖儿卖女纳税还债，大批农奴被逼得妻离子散，家破人亡，许多户被迫背井离乡，流浪到印度和克什米尔等地。

（一）税收体制及税区划分

17世纪中叶，因五世达赖喇嘛之请，驻牧青海的蒙古族和硕特部首领固始汗带兵进藏，帮助格鲁派建立甘丹颇章地方政权，把前后藏的全部土地和百姓献给五世达赖喇嘛，并把藏巴政府和曾迫害格鲁派的噶举等其他教派和贵族官员的土地和农奴没收，一部分捐给格鲁派寺庙，藏语称“曲豁”①，一部分奖给有功的贵族，藏语称“格巴”②，一部分留给政府作为财政来源，藏语称“雄豁”或“雄久巴”③。在此基础上形成和完善了西藏的地方税收制度。噶尔本则是在阿里执行这一制度的最高行政机构或为最高行政长官。

按照卫藏地区税收体制，在阿里实行分税区管理。噶尔境域内既是噶尔本的直属行政区，也是主要的税区。其下分那木如、玛尔勒、曲毕、格喀、郎久5个措为一个税区，定额税基32.5个岗差；固念、朗玛、扎西岗寺属百姓区和俄洛典角为一个税区，定额税基35.5个岗差；索堆、索麦为一个税区，定额税基28个岗差。涉农税以“岗”为税基，一岗约50～60克土地，作为征税依据，每户按最初确定税收体制时所占有的土地克数承担税负，税负重的户约承担一个或几个岗，税负轻的户约承担1/10岗 。涉牧税以“勒”为计征单位，折大畜，1个勒折1匹马或1头牦牛，故称马头或牛头；折小畜，1个勒折5只绵羊或6只山羊。

境域内税区征税由僧俗二官员实施。俗官由历代那如本担任，僧管由历

① 曲豁：藏语，寺属庄园或寺属税役区。
② 格巴：藏语，贵族或领主私人占有的庄园农奴或由他直接统治，并向其支应税役的农奴。
③ 雄豁：藏语，政府庄园或政府税区的差民。

届扎西岗寺“翁则”[①] 担任。其下有索堆、索麦寺属百姓头人，那如本4名头人负责落实到各“措”，各“措”头人或根波（相当于村长）负责落实到户。雄巴玛森（今革吉县雄巴村）、普兰税区、仁多阿南强玛（今日土县多玛村和董茹村北部）税区，派噶尔本随员征收。

（二）税目税额

1. 内差

本税区向噶本政府缴纳、支应实物、货币、劳役税的叫内差[②]。实物和货币税主要来自噶尔县境外的税区。

雄巴玛森税区百姓每年向噶本缴纳以下税：每10只羊缴纳1只绵羊，每头牦牛缴纳1个章嘎[③]，山羊绒80克大秤，酥油80克大秤，绵羊羔皮500张，供噶尔恰钦庆典食用的1头牦牛和20只绵羊。同时无偿提供征税组6人在雄巴期间的伙食、住宿、柴油等。

仁多阿南强玛税区每年缴纳700个章嘎，700只羊的羊毛（约1400千克），酥油700尼喀（约合100千克）。同时无偿提供征税组6人在此1个月期间的伙食、住宿、柴油等。

革吉部落（今革吉盐湖乡）每3年缴纳500银元，日土宗属税区每年缴纳100银元，普兰宗及其寺属税区每年缴纳青稞和糌粑共180牛驮驮运至雅萨。噶尔栋村每年缴纳80克青稞，供噶尔恰钦庆典用。

每届新任噶本到职，对持有西藏地方政府颁发的土地、百姓占有权文书的各本、寺院和部分部落进行审验，每张文书收取审验费100～200个章嘎。门士、阿久、雅萨3个驿站安排3户常住驿站，每年缴纳6克土地的1800克大秤麦草，每年初夏和秋末，噶本机构在昆萨和雅萨之间迁居两次，需时12天期间，索麦措缴纳迁居费120个章嘎。

根据当时的社会生产力水平，噶本政府的运作，不仅需要征收名目繁多的实物和货币税，满足各级政府机构的运作和各级官员生活费用，还需要无偿征用大量本税区的人力畜力提供服务。这种形式也是每个措，每个户所占有的以岗或勒为计征单位，以税的形式实行劳役税。主要有噶本驻地附近的几个措常年无偿支应送信、提水、打柴、酿青稞酒、伙夫、守门人等杂役，共计13人。

---

① 翁则：藏语，在寺院僧人集体诵经时带头诵经者，也称领经师。

② 差：藏语“夹差”的简称，汉语译为“税”。

③ 章嘎：藏语，原西藏地方政府发行的一种银制银币

索麦措又称“雄苏如”①，专门放牧管理噶尔本自营畜。源于17世纪末，甘丹次旺首任阿里总管时，50名蒙古兵驻噶尔地方，实行边防和警卫任务，因不能换防或退役，融入当地牧民中，其后裔编为差民成为噶尔本的牧奴。该措牧奴每年固定放牧管理噶尔本自营的山绵羊几千只和牦牛几百头，实行“吉约西约”（即有增有减）办法管理。死亡、兽害、丢失等故，需拿畜头、畜角②和皮张证明，才能从牲畜统计册中扣除，否则照市场价由该户牧奴全额赔偿。适龄母畜按一母一仔计，酥油、奶渣、绒毛等畜产品定额交纳。从该措每年征派6户给噶尔本驮运盐粮。春秋两季赶约1000只驮羊至革吉大小盐湖运盐两次，贩至境外，换回青稞、细粮、布匹和日用品，在阿里经销或放贷，放贷通常按借4还5计息。

2. 外差

本税区以外的税区支应税役的叫外差。噶尔县域是噶本的驻地，西藏地方政府派遣的各级官员、信差、军队、拉达年贡驮队等都经过噶尔县地界，根据属地接待的办法，噶尔本直属3个税区百姓承担沉重的外差劳役。

噶本3个直属税区百姓无偿提供接待服务的对象有：自17世纪末在阿里实行流官制度后的260年中，西藏地方政府从卫藏地区官员中任命历届阿里正副噶尔本2人及其随从和卫队20余人、4个宗的正副宗本2人及其随从10余人，一般任期3年。此外，无定期派出的巡视官员，每年派出札达擦肖③、日土擦肖、色雄④（又称色本）等8个征税组，“阿仲”（信差）、押运政府商团现金等贵重物的“欧达阿仲”等公差；每隔3年轮换的托林、日土两寺堪布、恰佐及随从约20余人，甚至无执照的政府商团也不例外。境域内3个税区百姓无偿提供以下人畜劳役：每年3个税区安排18间房屋及其配套的藏桌、卡垫等；全年要调派厨役和马夫23人，炒磨糌粑和酿青稞酒15人，驮运工70人，客房修缮、看管商品物资、制作牛皮包装箱、打包商品物资等120人；全年安排115匹乘骑、700头驮牛驮运商品和其他物资。

3. 其他苛捐杂税

封建农奴制度时，代表农奴主阶级利益的西藏地方政府赋予各级官员、寺庙和领主的特权，对广大农奴实行残酷的政治压迫，同时利用特权对广大

① 雄苏如：“雄”政府之意，“苏如”地名。专门从事生产经营噶尔本自营畜的索麦部落，类似的专属牧民藏语称“果巴”。

② 属不同寺庙和领主所有的牛羊的角和耳上标有不同印记，用以区别其他户的牲畜。

③ 擦肖：藏语，每年夏季专门到阿里日土、札达征收盐粮和畜产品交易税的税官或征收组。

④ 色雄：藏语，专门征收黄金税的税官或征收组。

农奴进行敲骨吸髓的经济剥削。在噶尔境域内噶本和扎西岗寺、那木如本、左左本3个是持有特权的领主，对境域内人民收取各种苛捐杂税。

（1）各级官员征收的杂税

各级官员利用特权向民众强制推销高价茶叶（从下简称“强销”）。17世纪末，西藏地方政府代表和拉达克王盟誓，西藏地方政府每年组成政府商团向拉达克王提供内地茶叶200牛驮，途经噶尔运往拉达克时捎带大量茶叶，按税基向包括噶尔在内的阿里各税区下达销茶指标，其价高于拉萨市场的3倍以上。据1957年统计，共下达了500箱指标（牛皮包装箱的每大箱约40千克，每小箱约30千克），每箱以600银元高价强销。同年统计反映，色雄在阿里40个基层税区完成了4244块销茶指标。每届新任噶尔本到职，向阿里各税区下达名为“塔布萨尔”（即立新灶）的强销茶叶，纳夺（即藏靴）、邦典、哈达、卫藏氆氇等大量私货，从中牟取暴利。

每年由噶本代表3个税区税官和头人组成清税统计组，给噶本工作7天，期间三个税区百姓无故支付“大人餐费”、“大人薪酬”的办公费用、宴席代金、统计员工资等名目，共支付120个“欧桑”（合240个章嘎）。每年派32人用时60天修缮噶尔本机关公房，那如本和索麦各派1人看管噶本公房。每年藏历四月邀请扎西岗寺喇嘛在噶本拉姆康（噶尔本佛堂）举行1个月的诵经法会期间，从3个税区增派伙夫、打柴、提水等杂役10人。每年初夏和秋末，噶本机关迁居期间，索堆和索麦需另派若干马匹、捡柴、炒磨糌粑、吹鼓手、酿青稞酒等9人，另需特派11名年轻妇女表演歌舞和敬酒等。

（2）扎西岗寺征收的杂税

扎西岗寺管理的税役区分布于境域内的扎西岗地区多数户，札达境域内的曲哇、曲惹（两个村现被印度侵占）、卡热、八角、阿则以及其他地方的插花户，占有近1万头牲畜、几百藏克土地、40多个“差巴户”（不含分家新立的堆穷户），其全部牲畜土地均由差巴生产经营，其收入的2/3归寺庙，新建或维修寺庙房舍、盐粮交换、驮运物资、噶本税区规定的各项税役均由这些差巴户无偿承担。每年向百姓放贷为数可观的钱粮，借四还五计息。

（3）那木如本征收的杂税

17世纪，甘丹颇章地方政权赐予那木如本的噶尔和札达县域部分百姓和土地为其占有的铁券文书。至民主改革前夕，该本有底雅和夏也两村（今现扎达县）各8户，那木如20户，玛尔勒12户，为其农奴。由那木如本和

4个根波管理百姓和生产资料。主要杂税有除了直接统治所属百姓外，有权征派部分劳力，生产管理在那木如的20藏克自营地和自营畜，每月提供4升青稞（约3.5千克），常年从事家务劳动和放牦牛的3人。从底雅、夏也、玛尔勒3个农区每年征收30多藏克青稞、小麦。以“勒”为单位，从那木如、玛尔勒和夏也每年征收现金500章嘎。同时那木如本也是噶本的差巴户。

（4）左左本征收的杂税

17世纪，甘丹颇章地方政权赐予左左本的噶尔境域内部分百姓和土地为其占有的铁券文书。主要有左左乡的果仓堆、果仓麦、郎久共约100余户，由头人和几个十户长负责经营管理所属百姓和生产资料。据1956年调查，主要杂税是征派7户牧民放牧管理其自营10多个畜群，加木百姓经营其自营地5藏克，交纳2牛驮做帐篷杆用的红柳枝杆；每逢转场搬迁时征派果仓麦100头驮牛和10名驮运工。向所属百姓每年征派盐粮交换的驮运工和牧工3人，拾柴、纺织、裁缝等杂工10余人。大户每40只羊，各交1只羊，共约交200只羊；小户每15只羊交1章嘎，每户每年交酥油和铅[①]各8个尼克[②]。

二、农牧业税

民主改革后，广大农牧民群众获得土地、草场和牲畜等生产资料，开始自主从事农牧业生产，县人民政府开始在全县农区征收农业税（爱国公粮）。国家征收的公粮，主要以征收青稞等实物为主，其他粮可折合征收。农业税的征收以户为单位，按人口、土地的实际产量结合计算征收额。征收农业税的标准，为全年人均产粮在100千克以下免征农业税；人均产粮在101～140千克，分别按3%～30%的比例累计征收。1960年8月和1961年10月15日，根据西藏自治区有关征收爱国公粮的规定，噶尔县分别对农业税的征收办法进行修订，调整起征点和税率级距。至1979年，本县累计征收爱国农牧业税37.56万元。

1980年，中央批准，在西藏自治区免征农牧业税。

三、工商业税

1960年5月31日，西藏自治区颁布《西藏自治区工商业税暂行（草

① 铅矿在今加木村境内，当时炼出的铅作火药枪弹。
② 西藏当地的称具，1尼克约合0.35斤。

案)》用《实施细则》，并从1960年1月1日起在全自治区范围内试行。征收的税种主要有产品税、营业税、机动车辆牌照税和屠宰税4种税种。征收办法为手工业产品及加工业收入，税率为1%，电力税率为3%，经营和贩运商品的税率为3%，交通运输税率为2%；屠宰业按屠宰头数纳税，屠宰1头牛征税3元，屠宰1只羊征税0.3元。但噶尔县未征机动车辆牌照税和屠宰税。1960年，全县征收工商税0.41万元。

1960～1994年，本县累计征收工商税1109.76万元。1980年，全县征收工商税59万元。

1994年1月1日，国家对工商业税的征收对象、征收办法等进行了改革，取消工商业税。

四、建筑税

根据西藏自治区人民政府规定，从1985年10月1日起，本县开征建筑税。在计划内安排的自筹基建投资，依10%的税率征收建筑税；对自筹基建投资超过计划部分和计划外安排的自筹基建投资，以20%的税率征税；对未列入计划的“楼、堂、馆、所、院”等自筹投资的建设项目，以30%的税率征收建筑税。噶尔县照此规定执行。1995年7月，停止征收建筑税。由于本县建筑施工企业均在阿里地区注册，但绝大多数建筑工程属免征建筑税范畴，故本县无真正建筑征收金额。

五、印花税

1988年10月1日，开征印花税。纳税人根据规定自行计算应纳税额，购买并一次性贴足印花税票。税率比例主要有1‰、0.5‰、0.3‰、0.05‰、0.03‰，按件贴花5元。1998年，全县征收印花税14万元。

2000年，全县征收印花税3万元。

六、所得税

（一）企业所得税

从1994年1月1日起，噶尔县开始征收企业所得税。其税率一般按30%征收。对年应纳税所得额在5万元以下按15%的税率征缴；对年应纳税所得额在5万～15万元按24%的税率征缴。

至2000年，本县应缴企业所得税的企业仅有县贸易公司及建筑建材公司，该税征收甚微。本县征收企业所得税28.5万元。

（二）个人所得税

从1994年1月1日起，噶尔县开始征收个人所得税征收。其征收办法：

工资、薪金所得税率为5%～45%，并实行九级超额累进税率；企事业单位承包经营、承租经营所得，其税率为5%～35%，并实行五级超额累进税率；劳动报酬所得、特许权使用费所得、利息股息、红利所得、财产租赁所得、财产转让所得、偶然所得等征收所得税，其税率为20%。

2000年，本县征收个人所得税85.5万元。

八、流转税

（一）增值税

从1994年5月1日起，噶尔县开始征收增值税。对凡在噶尔国境域内从事货物销售或提供加工、修理修配劳务以及进口货物的单位及个人征收增值税。增值税的纳税人分为小规模纳税人和一般纳税人两种，小规模纳税人上交的税率为6%，一般纳税人适用税率为17%。销售货物的月销售额为1000元、销售劳务的为月销售额500元，按次纳税为每次（日）销售额80元。若纳税人的销售额超过起征点，则应按全额计算征收。

2000年，噶尔县征收增值税32万元。

（二）营业税

1994年，按照全国税制改革方案，在贯彻国务院颁布的《中华人民共和国营业税暂行条例》和财政部制定的《中华人民共和国营业税暂行条例实施细则》的基础上，结合西藏实际情况，同年4月13日西藏自治区人民政府发出《关于贯彻中华人民共和国营业税暂行条例的通知》，在全自治区开征营业税。自1994年5月1日起，噶尔县开始征收营业税。规定在噶尔县境域内提供应税劳务，转让无形资产或者销售不动产、从事畜产品、林产品、药材等农林产品采购的单位和个人为营业税的纳税人。

2000年，全县征收营业税199万元。

1972～2000年噶尔县税收情况统计见表12—2—1。

1972年至2000年噶尔县税收情况统计表

表12—2—1　　单位：万元

年份	税收额	年份	税收额	年份	税收额
1977	26.34	1985	59	1993	95
1978	29.39	1986	61	1994	98
1979	30.6	1987	67	1995	101
1980	35	1988	71	1996	207.5

续表 1

年份	税收额	年份	税收额	年份	税收额
1981	36	1989	75	1997	200
1982	39	1990	79	1998	233
1983	45	1991	81	1999	264
1984	51	1992	90	2000	348

第三章　金　融

第一节　货币流通

一、币种

在象雄时期，无论是地租、赋税，还是一般的商品流通，都以实物代币的形式进行交换。活畜、食盐、畜产品、农产品、贝壳等在噶尔县域各个不同历史时期都曾充当过主要实物货币。实物货币在以物易物的交换方式的社会生活中占有极其重要的地位。

7世纪中期，吐蕃统一西藏后，黄金（主要为砂金）在噶尔开始作为货币进入流通领域。

16世纪中叶，尼泊尔为西藏地方政府铸造的银币（称代铸币）开始在噶尔流通。此后，白银长期成为噶尔主要的币制。

18世纪晚期，在中央的支持下，西藏地方政府开始铸造银币，其中，“乾隆宝藏”、“嘉庆宝藏”、“道光宝藏”、“甘丹颇章”等银币和“嘎钦”、“卡冈”、“雪阿”等种类、版别繁多的铜币，多在噶尔流通。

至1962年，在噶尔流通的中央货币有民国时期发行的孙币（铸有孙中山头像的中华民国开国纪念币）、袁币（袁世凯头像银元）、人民币等，其中人民币面额有壹圆、伍圆、拾圆、贰拾圆、伍拾圆。壹佰圆、伍佰圆、壹仟圆、伍仟圆、伍万圆，共11种。银元与人民币比值为银元壹圆等于人民币壹万圆。

1958年，经国务院批准，噶尔在机关干部及部队指战员中可少量使用第二套人民币。

1962年4月，中国人民银行陆续发行第三套人民币。1957年12月1日开始，发行壹分、贰分、伍分三种铝质辅币，俗称硬币。

1966年1月10日，中国人民银行发行自制的新版人民币黑色10元券和深棕色1角券。1969年10月20日，中国人民银行发行自制新版人民币5元券。1971年11月20日，枣红色1角券只收不付。1982年，中国人民银行发行四种金属币，即壹角、贰角、伍角合金辅币和壹圆铝币。因数量少发行后大多数为群众收藏。1984年10月1日，中国人民银行发行中华人民共和国成立三十五周年纪念币，面值壹圆的金属币。

1987年起，发行第四套人民币。1996年3月1日，为实现第四套人民币的单一流通，对第三套人民币所有券别实行只收不付。

1999年1月1日起，停止第二套人民币在市场上流通。经国务院批准，人民银行决定从1999年1月1日停止第二套人民币（纸、硬分币除外）在市场上流通。第二套人民币（纸、硬分币除外）停止在市场上流通的具体券别：（1）1953年版正面图案为“拖拉机”的棕色一角券；（2）1953年版正面图案为“火车”的黑绿色二角券；（3）1953年版正面图案为“水电站”的紫色五角券；（4）1953年版正面图案为“天安门”的红色一元券；（5）1956年版正面图案为“天安门”的蓝绿色一元券；（6）1953年版正面图案为“延安宝塔山”的深蓝色二元券；（7）1956年版正面图案为“各民族大团结”的深棕色五元券。

经国务院批准，2000年1月1日至6月30日，第三套人民币兑换回收，同年7月1日起停止流通。第三套人民币停止在市场上流通的俭朴具体差别：（1）1960年版，正面图案为。“教育与生产劳动相结合”，主色枣红色一角券；（2）1962年版，正面图案为“教育与生产劳动相结合”，背面主色为深棕、浅绿的一角券；（3）1962年版，正面图案为“教育与生产劳动相结合”，背面主色调为酱紫、黄色的一角券；（4）1962年版，正面图案为“武汉长江大桥”，主色墨绿色二角券；（5）1972年版，正面图案为“纺织厂生产图”主色青莲色五角券；（6）1960年版，正面图案为“女拖拉机手生产图”主色深红色一元券；（7）1960年版，正面图案为“车库工人生产图”主色深绿色二元券；（8）1960年版，正面图案为“炼钢工人生产图”主色深棕色五元券；（9）1965年版，正面图案为“人民代表步出人民大会堂”，主色黑色五十元券；（10）1980年版，直径分别为20毫米、23毫米，

26毫米、30毫米的硬1角、硬2角、硬5角和硬1元币。

根据中国人民银行《关于西藏分行金融工作有关问题的复函》和《关于西藏自治区货币信贷及有关财务等问题的通知》精神，噶尔县农行的贷款实行优惠利率。降低对客户贷款利率，其水平比全国平均贷款利率水平低2%～3%。各项贷款利率在现行基础上平均下调0.252%，其中一年期贷款利率由年利率4.23%下调到年利率3.978%。

二、现金管理

（一）人民币发行基金管理

1960年，阿里专区设立人民币发行库中心支库，保管人民币发行基金。后在噶尔县设立发行库保管点，与业务库实行分别管理、分立账务。1970年后，人行阿里中心支行发行基金移交人行新疆维吾尔自治区分行管理。1989年2月，转发并执行《中国人民银行西藏自治区分行关于发行库规范化管理的实施细则（试行）》，对人员进出金库、金库内部管理、运送库款等工作作出详细规定。

（二）残损人民币管理

20世纪60年代中期，随着人民币流通范围逐步扩大，阿里人行系统按照人行总行1965年9月公布的残缺人民币兑换标准，无偿为公众兑换残缺、污损的人民币。早期对损伤、收回、停用券的销毁一般在本地进行。

（三）外国货币管理

20世纪初至50年代，尼泊尔银币、克什米尔银币、德国银马克等在噶尔境域内广泛流通。

和平解放后，政府采取从业务上限制和缩小英印卢比活动范围的措施，开始逐步将其排斥出流通领域。1962年5月10日，西藏自治区筹委会公布《西藏自治区金银管理和禁止外币、银元流通暂行办法》，英印卢比开始退出噶尔流通领域，部分被银行收兑，部分作为收藏或装饰品。

1963～2000年人行（农行）噶尔县支行现金收支情况见表12—3—1。

1963～2000年人行（农行）噶尔县支行现金收支情况表

表12—3—1　　单位：万元

年份	收入	支出	年份	收入	支出
1963	16	16	1982	554	479
1964	21	23	1983	566	610

续表 1

年份	收入	支出	年份	收入	支出
1965	26	42	1984	603	668
1966	33	43	1985	675	776
1967	44	50	1986	664	803
1968	45	52	1987	753	914
1969	47	55	1988	885	1027
1970	58	61	1989	907	1139
1971	77	81	1990	981	1283
1972	47	49	1991	984	1282
1973	82	93	1992	1143	1368
1974	92	95	1993	1501	1668
1975	83	95	1994	2086	2225
1976	83	93	1995	3312	3228
1977	87	99	1996	3077	3072
1978	95	101	1997	2802	2772
1979	112	132	1998	2491	2479
1980	132	179	1999	2687	—
1981	116	159	2000	2987	2974

第二节　存　储

20 世纪 80 年代后，随着经济、社会的发展，人民群众生活水平日渐提高，存款额逐年上升。至 1983 年底，各项存款 95 万。其中，企业存款 15 万元，地方财政存款 35 万元，农村单位及其他存款 45 万元。

1990 年，各项存款达到 148 万元。其中，企业存款 15 万元，地方财政存款 63 万元，其他各项存款 70 万元。

至 2000 年底，各项存款累计 1382 万元。主要由企事业存款、城镇居民储蓄存款、农牧区存款构成。其中，城镇居民储蓄存款和农牧区存款比例较大。

一、企事业单位存款

随着各区乡供销社和县直企业的逐步建立，企事业单位存款逐年增加。1980年后，由于西藏一系列特殊优惠扶持政策的落实，全县企业经过整顿和改革，企业经济不断提高。同时，银行内部进行体制改革，重视并吸纳存款业务，实行复存复贷，放宽开户限制，增强企事业存款积极性。1984年，县支行对境域内商业企业实行“存贷分户管理”等办法，全县企事业存款额有较大的增加。1985年，企事业单位存款额为27.11万元。

20世纪90年代后，全县国有企业在市场竞争中逐渐衰落，企业存款额逐年减少；集体、个体企业逐步发展，存款也随着逐年增加。

2000年，企事业单位存款额为336万元，占全县各项存款总额的21.96%，比1985年增加309万元，翻了11.4倍。

二、储蓄存款

1977年，噶尔县对金融工作进行全面整顿，加强对储蓄工作的管理，储蓄存款开始回升。1979年以后，噶尔县支行数年如一日地坚持进行流动登门服务，为商户开立存款账户。

20世纪80年代后，随着经济、社会的发展，人民群众生活水平日渐提高，存款额逐年上升。随着各区乡供销社和县直企业的逐步建立，全县企事业单位存款逐年增加。1983年，各项存款达到95万元，其中储蓄存款45万元。1985年，储蓄存款额121万元，占全县各项存款总额的48.19%。此后，由于西藏特殊优惠扶持政策的落实，全县企业经过整顿和改革，企业经济不断提高。同时，银行内部进行体制改革，重视并吸纳存款业务，实行复存复贷，放宽开户限制，增强企事业存款积极性。

2000年，储蓄存款达到925万元，占全县存款总额的66.9%。

1983～2000年，中国人民银行噶尔县支行存款情况见表12—3—2。

1983～2000年中国人民银行噶尔县支行存款情况表

表12—3—2　　单位：万元

年份	合计	企业存款	地方财政存款	农村单位及其他存款
1983	95	15	35	45
1984	97	16	40	34
1985	98	27	41	30
1986	114	27	46	41

续表 1

年份	合计	企业存款	地方财政存款	农村单位及其他存款
1987	120	12	50	58
1988	135	10	55	70
1989	142	12	65	65
1990	148	15	63	70
1991	243	20	73	150
1992	245	25	80	140
1993	320	50	120	150
1994	830	60	180	590
1995	906	70	227	609
1996	1192	57	471	664
1997	1224	27	495	702
1998	1244	159	464	621
1999	1530	336	557	637
2000	1383	—	—	—

第三节　信　贷

封建农奴制时期，噶尔群众向“三大领主”借“高利贷”，是唯一的贷款途径，也是“三大领主”赖以积敛财富的方法之一。由于高利贷的利息较高，广大贫苦农奴根本无力偿还，最后只能沦为领主的奴隶或为领主当差抵债。其名义上的贷款，实际上是“三大领主”剥削和压迫广大农奴的手段。

民主改革后，国家实行打击高利贷，鼓励民间正常借贷往来的信贷政策，噶尔县银行小组和各信用社开始给广大农牧民提供低息甚至无息贷款，民间借贷逐渐减少。人民银行的贷款实行金额信贷制度。国有企业的流动资金由人民银行统一管理，实行存贷款账合一，敞开口子供应资金，银行的贷款业务逐步趋于正规化。1965 年 1 月 25 日，阿里第一个农村信用社在索麦乡建立。此后陆续建立了三个信用合作社。县政府成立工作组，成立了藏币收兑站，进行了大量的工作，为培育统一的人民币市场打下了基础。噶尔县银行小组在上级银行和阿里专员公署的正确领导下，围绕党的中心工作坚持三个依靠和两个结合（依靠群众、依靠互助组、依靠基层干部，结合生产中心、结合整组办组）及时发放扶贫贷款，凡缺少耕牛、农具、种子、牲畜的贫苦农民、互助组均给予了贷款支持和扶助。对生活有困难的群众，投放无息或低息的生活贷款。

80 年代后，随着各种生产责任制的落实，本县贷款倾向发展运输业和商业。1984 年，各项贷款 1 万元。1986～2000 年，全县各项贷款累计 460 万元。其中，1996 年，各项贷款 261 万元，为历史最高。2000 年，各项贷款余额 399 万元。

一、农牧业贷款

农牧业贷款是噶尔最早开办的贷款款项。1953 年 8 月 22 日，在昆萨成立了中国人民银行阿里支行，开始向农牧区群众发放无息贷款，并在机关内部开展汇兑业务。至同年年底，给噶尔县发放农贷青稞 559 斤，商业贷款 13534 元，创外汇一万元大洋。1954 年 3 月下旬，阿里分工委组织了 3 个发放农贷小组，噶尔为其中之一。同年 12 月 25 日，帮助群众，发放农贷。

1962 年，本县贯彻中央"调整、稳定、充实、提高"的经济工作方针，各区乡经营管理体制由"一大二公"转为"队为基础、两级所有"后，农牧业贷款额大幅增加。

"文化大革命"期间，本县农牧业贷款受到一定影响。至 1975 年底，噶尔县农业贷款 1 户，贷款金额 8 元，信用社贷款 1 户，贷款金额 5 元。

1976 年后，随着本县农业机械化和农田水利建设步伐加快，农牧业贷款迅速增加。

1981 年后，随着全县各种生产责任制的落实和农牧民生产积极性的提高，噶尔县农牧业贷款时增时减，但农牧业贷款总额仍有增加。1986 年，本县各项贷款 5.82 万元。

1986～2000 年噶尔县银行贷款情况见表 12—3—3。

1983～2000 **年噶尔县银行贷款情况表**

表 12—3—3　　单位：万元

年份	银行贷款			信用合作社贷款		
	国营农业企业贷款			全年放出累计	全年收回累计	年末余额
	全年放出累计	全年收回累计	年末余额			
1983	—	—	—	0.8	1	1.75

续表 1

年份	银行贷款			信用合作社贷款		
	国营农业企业贷款					
	全年放出累计	全年收回累计	年末余额	全年放出累计	全年收回累计	年末余额
1984	—	—	—	1	2	1.52
1985	—	—	—	1.25	2.5	1.62
1986	—	—	—	1.32	2.8	1.7
1987	—	—	—	1.5	2.5	5
1988	—	—	—	2	5	10
1989	—	—	—	3.5	5.7	15
1990	—	—	—	4.5	6.5	19
1991	—	—	—	5.2	7	28
1992	—	—	—	10.5	12	35
1993	—	—	—	11	25	56
1994	—	—	—	15	45	78
1995	26	6	20	26	51	110
1996	325	301	38	261	311	130
1997	328	286	106	102	206	52
1998	74	225	24	22	63	10
1999	85	230	80	—	—	17
2000	—	—	130	—	—	44

二、商业贷款

1979 年，商业企业贷款发放按照“区别对待、择优扶持”的原则，并对不同的资金占用实行差别利率，充分发挥利率的杠杆作用。

1981 年后，随着改革开放的逐步深入和市场机制的转换，本县各种所有制商业快速发展，商业贷款随之增加。

1986～2000 年，本县商业贷款累计 718 万元。其中 2000 年，本县共发放商业贷款 185 万元。

三、其他贷款

1986～2000 年，全县其他贷款累计 610 万元。2000 年，全县其他贷款 44 万元。同年，噶尔农行面向大学生开办国家助学贷款业务，发放 26600 元的助学贷款。

第四节　农村信用合作社

1964 年 10 月 8 日，建立昆萨区农村信用合作社（简称信用社）。

1965 年，人行阿里中心支行在境域内建立 4 个信用社，即左左区信用社、昆萨区信用社、扎西岗区信用社、门士区信用社。

20 世纪 70 年代中后期，人行阿里中心支行在信用社下，以乡为单位建立信用站。至 1979 年，本县有信用社 4 个；信用社工作人员 7 人。

1984 年起，乡信用站逐步撤销，其业务并入信用社。

1995 年 7 月 1 日，人行与农行分设后，将所有信用社改制为阿里农行基层营业所，也是农业银行的基层营业网点。

第五节　机　构

1953 年 8 月 22 日，在昆萨成立阿里地区第一个金融机构——中国人民银行阿里支行，受中共阿里分工委的直接领导。

民主改革后，县委下设财经部，负责县域内的金融工作。1960 年，中国人民银行阿里支行更名为“中国人民银行阿里中心支行”。同年，成立噶尔县银行小组，职工为 2 人，主要开展储蓄存款、贷款、货币投放、回笼、职工工资发放等工作。

1964 年 10 月 8 日，建立昆萨农村信用合作社（简称信用社）。1965 年，噶尔县建立了 3 个信用合作社。

1972 年 5 月 24 日，经中国人民银行阿里地区中心支行革命委员会批准，成立中国人民银行噶尔县支行，并设立营业部，由中国人民银行新疆维吾尔自治区分行革命委员会代管，统一管理货币投放和回笼，开展存放款和储蓄业务。未设行长，由周金伦为首任副行长。

1980年1月，县支行重新划归中国人民银行西藏自治区分行领导，同时建立农牧金融股。

1995年7月1日，经中国人民银行批准，人行噶尔支行划转为中国农业银行，更名为中国农业银行噶尔支行，受中国农业银行阿里地区中心支行领导。同时，境域内3区信用社转为中国农业银行，更名为中国农业银行昆萨营业所、中国农业银行门士营业所、中国农业银行扎西岗营业所。

2000年，县支行相继成立保卫股、信贷股、业务股、党支部。下属四个营业所，共有职工14人，各基层营业所12人。

中国人民（农业）银行噶尔县支行负责人名录见表12—3—4。

中国人民（农业）银行噶尔县支行负责人名录

表12—3—4

机构名称	职务	姓名	性别	民族	任职时间
人行噶尔县支行	行长	才旺曲加	男	藏	1982.08～1984.08
		白玛曲珍	男	藏	1987.08～1995.07
	副行长	周金伦	男	汉	1973.10～1978.08
		才旺曲加	男	藏	1979.09～1982.08
		米地	男	藏	1984.09～1985.05
		白玛曲珍	女	藏	1985.10～1987.08
		张建波	男	汉	1984.07～1995.07
农行噶尔县支行	行长	白玛曲珍	男	藏	1995.07～2000.12
	副行长	张建波	男	汉	1995.07～2000.12

第十三篇

文化 广播 影视

第一章　文化管理

第一节　文化市场管理

20 世纪 90 年代初，境域内开始出现个体录像放映室，后陆续出现游戏室、歌舞厅等娱乐场所和音像制品、图书租赁业务。其经营活动主要由工商部门管理。

1991 年，根据阿里地区召开的地直机关区级以上干部大会要求，噶尔县成立“扫黄打非”工作领导小组，负责噶尔县“扫黄打非”工作。随后，县“扫黄打非”工作领导小组利用 2 天时间对属噶尔县管理的 2 家歌舞厅、5 家录像放映厅、游戏室等进行了检查，收缴淫秽录像带 6 盘，对放映淫秽录像的 2 户放映点进行了批评教育。

1992 年，县文教局、公安局按照阿里地区下发的《关于加强音像市场管理的通知》精神，下发补充通知，并对各录像放映点进行检查，收缴部分淫秽音像制品。1993 年，根据阿里地区文化市场管委会下发的《关于检查清理整顿狮泉河镇社会用字的通知》，县编译室、文教局组织专门人员对县城街道两旁各商铺店牌规范化用字进行检查，对其出现的藏、汉文错误予以纠正；并要求店牌名只有汉文无藏文的 3 家商户限期改正。1994 年 9 月 24 日，阿里地区文化市场管委会发出《关于文化经营许可证换证工作的通知》，开始对在狮泉河镇经营文化产业的国营、集体、个体商户颁发文化经营许可证。10 月 15 日，噶尔县配合阿里地区工商局对狮泉河镇文化市场进行清理整顿，取缔 2 家淫秽录像放映点。至年底，狮泉河镇各类娱乐场所达到 40

家。1995 年，狮泉河镇各类娱乐场所发展到 56 家。1996 年，各类娱乐场所发展到 70 家。

1997 年 1 月 16 日，阿里地区文化局下发《关于规范阿里地区文化经营市场的意见》，噶尔县照此执行。1998 年，狮泉河镇各类娱乐场所达到 75 家。1999 年，噶尔县成立稽查领导小组，对全县文化市场开展稽查。同年，根据阿里地委下发的《关于开展全地区出版物市场专项治理工作的通知》，在全县开展清理“法轮功”及非法出版物专项整顿，经过清查整顿，没有发现有练习“法轮功”人员，收缴有关“法轮功”等反动书籍 10 余本。

至 2000 年底，狮泉河镇拥有各类娱乐场所 90 家。

第二节　文学艺术

一、民间故事

（一）神话传说

象雄时期，随着苯教的兴盛，有关《光明之神辛饶米沃且》、《天界和苯教的神灵家族》和《苯教仪轨中的神话世界》等神话故事在境域内广泛传说。7 世纪，吐蕃征服象雄后，随着佛教的传入，出现了佛教及苯教传说故事，主要有《苯教婚礼仪式的神话故事》、《噶宗寺建寺传说》和《芝达布日传说》等。

1. 苯教婚礼仪式的神话故事

苯教七位白马骑士组成的婚使，将聘礼送到天界。聘礼有一支箭、牦牛、马、羊等。在女神启程到人间的时候，她和兄弟掷石子，将父神和母神留给他们的财产作为赌资。由祭师拉本托噶主持这场赌博。她的兄长得意地说道：“我从右面掷‘颇拉’（男神）之石子，从左面掷‘格拉’（善神）的石子，从前面掷‘索拉’（命神）的石子，从后面掷‘余拉’（土地神）的石子。我掷了成为父亲继承人的石子。”于是，他赢了大部分财产。轮到女神掷石子的时候，她把几粒青稞抛向天空，说道：“如果我拥有一个神灵，今天他将保佑我。‘玛拉’（母神）掷这枚神圣的石子吧！愿‘扎拉羊波’（战神）作证！”她掷了手中的石子，但是她得到了单数，只继承了一小部分财产。

女神动身时，其父亲送一支箭作为纪念，母亲送一支纺锤，兄弟送一块松石。她向众神、祭师、双亲以及兄弟告别。新郎的七位男亲属在新娘的衣裙的右边系上一个白丝绒球，把她领到了人间。

2. 噶宗寺建寺的传说

噶宗寺庙创建之初，寺主除给修建者每天供应三餐外，未设大宴款待，引起修建者不满，于是故意将寺庙选址在不吉祥的地方。待寺庙建成后，寺主连续几天设宴款待，使修建者感到惭愧和不安，并遗憾地对寺主说："哎呀！你的大宴设得太晚了，我们早已使了坏心眼，把你的寺庙建在了极不吉祥的地段。"寺庙的东方有象征狂牛磨角的山，西方的天空像是扣着黑锅一样，南方的山又像母虎张口，北方有像恶人嚎叫之山。后来，寺庙住持只好将寺庙迁至现今所在地。

3. 多吉帕姆修行洞的传说

传说，芝达布日拥有八方活性离子水，故所有空行母都前往洗身。有一天，果仓瓦在一岩石上飞行，几个空行母见果仓瓦后，无奈之下便逃进多吉帕姆修行岩洞。果仓瓦心想这究竟为何？空行母究竟藏在洞里还是洞外？于是抬头举目张望，头碰了顶部岩石，留下印记。今在芝达布日的多吉帕姆洞仍清晰可见。在多吉帕姆修行洞内有叫"阿格如"的香土，每逢良辰吉日，可闻到香气。三九严寒之时，修行室里温暖如春，喇嘛们穿着单衣修行。修行室里有两块红白岩石，据说是比丘大师修行之时寺庙奉送的砖茶。

4. 郎久林措及其迈拉赞神的传说

郎久位于西藏阿里地区噶尔宗左左乡。甘丹颇章地方政府时期，曾一度隶属于左左本。但由于左左本与邦巴本因草场纠纷，大打出手，后噶本出面调停，作为对左左本的判罚，将把郎久的收税权交给邦巴本。邦巴本直接统领郎久 50 年之久。郎久有 1 位头人，2 位久本（十户首领），有 50 余户人家。当地牧民们在一年四季的游牧生活当中，总是占有重要位置和神圣不可侵犯的异己力量。它就是郎久林措和神圣的神祇—迈拉赞。

（1）郎久林措

关于郎久来源有一段富有浪漫色彩的传说。据传，很久很久以前，从湖中出来了十头珍贵的牦牛。夏季在美丽如画的湖边度过，到了冬季，大雪下了九天九夜，湖面早已结冰，在食绝无奈的情况下，它们路经迈拉赞山口，来到朗龙（牛沟）时，无影无踪地隐没了。从此该地牦牛异常兴旺，郎久牧民财源滚滚，过上了幸福美满的日子。此地便叫郎久林（牦牛洲）。

此湖在当地牧民心目当中具有十分神圣地位。在当地流传许多关于该湖的神话传说。据传：曾有一位老妇人在美丽宁静的湖边放牧，羊群自由自在地在湖岸吃草、嬉戏。老妇人坐在一块高高的草地上，编织牧靴——蹋朗①。突然间从湖里往外爬来成百上千只青色的绵羊，与老妇人的绵羊混在一起，顿时喊声震天，湖浪呼啸，尘土飞扬。老妇人惊恐万分，朝自己的羊群跑去，青蓝的湖羊纷纷跳进湖中。老妇人用力把一只未编完的靴子扔向湖羊，正好落在一只湖羊的身上，由于中了人间的邪，便未能跳入湖里，就留在了人间。从此，老妇人越来越富裕。牧民们传说，湖里还有数不胜数的宝马、圣牛等稀有动物。

（2）迈拉赞神

迈拉赞位于郎久林措（湖泊）与朗龙河谷之间，即位于冬夏季草场的界点上。当地牧民们一代一代地在山口上筑起了雄伟壮观的拉布孜（插有风旗的石头、动物角和玛尼堆）。这就是祭祀神祇迈拉赞之地。在圆形基座的中央插着一根核心柱杆，柱杆四面拉着四根风旗绳，四面挂有四个野牦牛头，据说是曾在山口一带害人害畜的野牦牛，被当地打死后用来祭迈拉赞，祈祷它镇住四方恶魔，抵挡八面邪气。在基座上供放着其他野牦牛、盘羊、岩羊、羚羊的角和牦牛、绵羊、山羊的角。它们大小不一，色彩不同，十分美观。还有色彩斑斓的宝瓶形玛尼石刻堆，其内放有珊瑚、珍珠、松石、玉器、金银珍品等，还有藏、印、尼币，甚至衣物、食品、生活用具、头发等应有尽有，处处充满着特异灵气。更有长矛、宝剑、藏枪等武器，成了名副其实的武器库。这就是神圣神祇迈拉赞的外形轮廓。

① 迈拉赞的供祭仪式

牧民们祖祖辈辈向迈拉赞寄托、祈祷，年年举行各种仪式。尤其是藏历元月、六月、十月的八日、十日、十五日等举行的仪式最为隆重。

藏历六月份，举行供祭仪式的第一天，着僧装的俗人法师带头仪式进程。他念诵仪式经籍，烧香，做七种朵玛②，在其上涂上红漆，象征着血

---

① 蹋朗：用坚硬的公牦牛头皮制成靴底，用山羊长毛编织为结实靴帮，用柔软的绵羊毛编织成靴筒，适应与高寒气候的特色手工业品。

② 朵玛：由糌粑捏成用以供神施鬼的食品立锥形，由食指、中指和大拇指用均衡的力量捏成三维形。

祭，预祝红业①兴隆，在其上面镶上酥油，象征奶制品，白业②兴旺发达。这七种朵玛供放在糌粑捏制而成的碟子和供神灯盏上，每家每户供奉的朵玛也供放在周围，面朝迈拉赞神祇。在朵玛的前面有献净水、青稞、酥油灯盏和食品。每家每户也拿来自家献新的酥油、奶渣、鲜奶、糌粑、红白糖等供品。同时法师击鼓，吹胫骨号筒，打钹，摆金刚铃杵，焚香祭祀，热闹非凡，无比庄重。每家每户带着自家的经幡和献新糌粑绕殿堂转三圈，面朝迈拉赞举行隆重的祭祀仪式。牧民们取完山羊细绒和牦牛绒以及剪完绵羊毛后，举行夏季供祭迈拉赞的仪式时，逐一做完以上提到的仪式外，开展赛马、赛跑、射箭、石战游戏、比武和摔跤等体育运动项目，同时要跳舞，唱歌、对歌、赛歌等也是不可缺少的。互相宴请，烧烤整羊、烙大饼③，老人耳朵④、人参果炒饭等。

② 迈拉赞是土地持有者

郎久牧人们认为，这块土地上取之不尽的矿石宝藏等自然资源和丰富的野生动物资源被他掌管。如果谁杀死野生动物被视为杀死迈拉赞的牲畜，天灾人祸将会接踵而至。一年四季经济的繁荣与否直接也与迈拉赞密不可分。诸如，雨量是否充足，草场长势好赖，牲畜生存率高低，人丁兴旺与否以及自然灾害的根源等都与它有直接的关系。于是，每年都要埋藏地养宝瓶，尤其是风不调雨不顺，大大小小的自然灾害接连不断时，更把此事作为头等大事来完成。家家户户还把自家金银珠宝的献新品供奉在迈拉赞那儿。

③ 迈拉赞扮演当地的法官

由它来判定各类疑难问题和悬而未决的悬案。诸如，户与户之间发生激烈的草场纠纷，哪一级官员都解决不了时，便到迈拉赞跟前举行供奉仪式和掷骰子，按骰子点数多少来决定真伪胜负。当地人认为在选任头人时须得到迈拉赞的准许，如果迈拉赞不满，可能会导致各种意想不到的灾害。新上任的头人要做的第一件事便是，好好供奉迈拉赞，祈求在其任期内，得到迈拉赞的保佑和护卫。如果冒犯了迈拉赞会导致倒霉结局。若两个人以上同时入选头人时，究竟谁任头人必会发生争执，又无法断定时，便到迈拉赞跟前使

---

① 红业：肉食产品。
② 白业：奶类产品。
③ 烙大饼：是一种郎久特有美味佳肴，其做法是每两饼子中间灌新鲜酥油拌成的糌粑糊糊。
④ 老人耳朵：是阿里的地方小吃，在锅内斟上三分之一的水，把剁成块状羊组放上去，煮成半熟，再放进作成老人耳朵状的面，煮熟后，肉、面食和汤三为一体，是可口的饮食。

用食团问卜[1]的办法来选定头人。

因此，迈拉赞又是地方的执法官。据传，曾在郎久的历史上有过一起严重的草场纠纷案。一方的主人叫做基恰玉吉旺久，另一方的主人叫做米俊坚白日顿珠。他们俩争执不息，你纠我缠，层层打官司，不分胜负，谁也无法断定有理者或无理者。于是，双双来到神祇迈拉赞跟前，以掷骰子来决断黑白胜负。先由米俊坚白日顿珠开局，他打出的是十一眼，他非常得意，觉得已胜券在握。基恰玉吉旺久打出的是醒目的十二眼。米俊坚白日顿珠惭愧与沮丧之意油然而生，他马上间把骰子投到自己的嘴里当即吞噬，无理取闹地硬说基恰玉吉旺久扔出的是十眼。因大部分在场者还没有来得及看清是多少眼，无法断定胜负，最后以米俊坚白日顿珠得胜而告终。由于他在神祇跟前要了花招，弄虚作假，不久，他家各种悲剧接踵而来，很快他自己也惨死在野外，从此以后没有一个人不怕迈拉赞。

④ 迈拉赞被视为当地护卫将军

牧民们认为，在此地发生战争或被敌人侵袭，不需要武装军队来保卫，由迈拉赞的无限威力便可使恶敌闻风丧胆，不战而胜。牧民们深信，只要好好供奉迈拉赞，可以永远过上太平盛世的美好日子。譬如，20 世纪 40 年代，几百名哈萨克人自北疆逃至阿里地区，他们在阿里各地烧、杀、抢、掠，无恶不作，给阿里农牧民带来极大灾难。但是据郎久的长辈们传说，郎久却没有遭受任何损失，安然无恙。因为哈萨克兵被迈拉赞挡住了郎久的境外。当时一批哈萨克骑兵自郎久林湖侵袭郎久牧区，当他们即将接近迈拉赞时，自迈拉赞出来上百个着赤红装，骑赤红马匹，持各类稀奇古怪兵器的神兵，杀声四起，喊声震天，与敌人展开的死战，敌军被打得溃不成军。尤其是一个巨大的火球自拉赞拉山口滚往敌军，顿时烧死、压死敌方不少马匹和兵员，很多马镫挂在岩石上，留下印记。敌军吓得就连头也不敢往回看一眼逃跑了。但他们就此惨败不甘罢休，又试图从其他方向进攻郎久。但是，有时山谷左右合并，走投无路；有时深湖连着巨岩，无法趟过；有时滚滚的沙尘暴挡住去路，只能逃命。最终，郎久全体牧民平安无事。

二、民歌

噶尔民歌丰富，俗语说，“农牧民的山歌箩筐装，牧场田间地头都是

---

① 食团问卜：用大小、色彩和形状完全相同的两个糌粑团，内装代表各自的象征物品，然后由俗人法师在迈拉赞跟前深深祷告、使劲摇转，就其中掉下来的一个来辨别谁该当选。

歌”。噶尔民歌按其内容可分为山歌、劳动歌、生活歌、仪式歌、情歌、酒歌、婚歌等，按其形式又可分为“鲁体”民歌、“谐体”民歌和自由体民歌。

（一）山歌

噶尔山歌是在独特的地理和人文环境下形成的，具有鲜明的地域特色与魅力。多以独唱或二人对唱为主，并以“我要打开那唱歌的嗓门”歌词起头，在大草原或山上放牧、徒步行走、骑马时唱。歌词内容多为情歌，也有赞美家乡和与之朝夕相伴的马、牛、羊的。

欢聚歌

颂　今相聚极欢喜，天上日月相聚，星辰环绕日月，今良辰聚而乐，愿明年如期聚。

颂　今相聚极欢喜，雪山顶白狮聚，白狮炫耀绿鬃，今良辰聚而乐，愿明年如期聚。

颂　今相聚极欢喜，庙内上师相聚，众僧尼伴随他，今良辰聚而乐，愿明年如期聚。

颂　今相聚极欢喜，堡内头人相聚，骑士伴随官人，今良辰聚而乐，愿明年如期聚。

颂　今相聚极欢喜，如意房父母聚，儿女亲友相伴，今良辰聚而乐，愿明年如期聚。

（二）生活歌

噶尔县生活歌反映广大群众发自内心的爱和恨，欢乐和痛苦，理想和追求，以及对新生活的歌颂。

望永远有

东孔雀山的山顶上，有一百不同的雪种。
冈底斯百零八斑纹，冈底斯顶上有白狮。
山上有白狮是缘分，过去也有现在也有，
希望永远永远都有。
东孔雀山的山腰上，有一百种不同草种。
古沙草一百零八种，山腰有麋鹿在吃草，
山上有麋鹿是缘分，过去也有现在也有，
希望永远永远都有。
东孔雀山的山下部，有一百种不同水种。
算吉曲一百零八种，水里有金鱼在游泳，

过去也有现在也有，希望永远永远都有。

（三）叙说歌

噶尔人民创造了解释自然环境的“叙说歌”。叙说歌种类繁多，内容有说山河、说圣地、说故乡、说动物、说建筑等。

1. 说山河

阿里四地方

空中塑尊金佛像，画那壁画中佛像，
他乡闯荡着的我，唱支异地幸福歌。
雪山环绕普兰，雪山好比水晶塔，迪穷山好比曼扎。
湖泊环绕日土，玛旁湖好比玉塔，古入江好比曼扎。
外有洁白栏布，内有千如来佛，
外有空行舞池，内密乘四续部。

阿里地方有四条河

第一条河是狮泉河，河水流向拉达地方，拉达勇敢由此来。
第二条河是象泉河，河水流向古格地方，古格膘牛由此来。
第三条河是孔雀河，河水流向普兰地方，普兰美女由此来。
第四条河是马泉河，河水流向卓雪地方，卓雪良马由此来。

冈底斯山

要赞颂冈底斯雪山，山峰顶着高高的天空；
金色太阳右边旋又旋，海螺月亮右边旋又旋，
黑色乌云空中滚又滚。冈底斯腰是金刚岩石，
白色雄鹰向右旋又旋，褐色雄鹰向左旋又旋，
杜鹃树的香味飘又飘；聂曲河像白链右边流，
曲宗河像红链左边流，甘露般的哗啦啦地流。
有缘信徒修行的地方，能者辛勤劳动的地方，
有罪孽者忏悔的地方，这就是冈底斯的赞歌。

圣冈底斯山

世界之巅在阿里，雪山之父冈底斯山。
像宫殿里端坐国王，群山就像大臣围绕。

日月盘绕雪山之顶，白云系在雪山之腰。
绿裙缠绕雪山之脚，班丹法轮持戒雪山。
噶举派众高僧大德，虔心修行从未间断。

拉央山上草茂盛

拉央山上草茂盛，拉央山下水清澈。
山上山下细一看，山和碧水相辉映。

山头金黄如赤金，矗立金塔具三尖，这是苯教之神山。
头戴赞冒地位高，穿着法衣长寿缘，脚穿道靴成心愿。

山腰洁白如白螺，矗立白螺佛塔三，这是男人之神山。
套戴白盔地位高，身着白甲长寿缘，脚穿白袜成心愿。

山脚翠绿如碧玉，矗立蓝色佛塔三，这是女人之神山。
头戴珊瑚地位高，身着绸缎长寿缘，脚穿花靴成心愿。

山峰直插入蓝天，太阳月亮围她转。
峰上光芒一闪闪，好似群星落山巅。
山腰牧场绿如玉，麝鹿野驴繁星点，
山下绿毯光闪闪，鹿茸好似照镜子。
山脚湖泊水碧玉，鱼儿活泼游里边，
金眼鱼群游来去，鱼翅鳞光一闪闪。

2. 说动物

野牦牛居住的地方

野牦牛栖息之地，皆是悬崖岩石间，
前岩山长角公牛，下岩山短角母牛，
雌雄野牛并肩走，遇到射手不后悔。

雄性野牛叫什么？叫做密毛白嘴牛。
雌性野牛叫什么？叫做年轻红鬃牛。
小野毛牛叫什么？叫做日月小野牛。

公牛那山上吃草，公牛这山上喝水，
公牛草坪上贪睡，公牛草垛里翻滚，
牛角向上耸一耸，牛蹄地上踩一踩，
野尾空中扬一扬。

公牛岩石右边走，母牛岩石左边来，
小牛草垛间蹦蹦，求神野牛射不中。

3．说建筑

翠绿色之门

翠绿色之门有四扇，不只四扇有五扇门，
第一门是官吏门，　要开官门用白绸缎，
第二扇门是喇嘛门，要开佛门用慈悲心，
第三扇门是小伙门，要开技门用锋利箭，
第四扇门是少女门，要开花门用珍珠宝，
第五扇门是妙歌门，要开歌门用美味酒。

（四）酒歌

噶尔民间酒歌娇艳多姿，引人入胜。每逢节日喜庆时，不论男女老幼，都能唱出心中优美动听的酒歌，各自尽享欢乐。俗话说“饮酒的时候需要歌声，没有歌声就像老牛喝水；团聚时需要歌声，无歌无声就像哑巴”。

演唱时，一般几位男女青年在一起，一人手持酒壶，一人手捧酒碗，针对饮酒人的年龄、身份、社会地位即兴编唱。对老人多唱祝愿之词，对年轻人多唱爱情和期望之词。

酒歌调子流畅自由，无特定规律，常见内容有贺吉祥、贺丰收、祝长寿安康、歌颂自然风光、歌唱对乡土和祖国的怀念等，有的类似“果谐”和锅庄舞的唱词，除个别的曲调外，每一首歌为四段，以六音节、七音节、九音节为主。

好官比作金山

好官好比金山，服者如同雄鹰，
我那雄鹰之心，寄托于金色山，
父系好比蓝天，母系如同日月，
相伴亲朋好友，如二十五星宿，

饮者如虎壮男，敬者妙龄少女。

世上升起了幸福的太阳

世上升起了幸福的太阳，宫殿里充满喜气气洋洋，
优种母马生下神奇三驹。
头驹留在遥远中原地区，它成了皇帝心爱的坐骑；
第二驹留在繁华的拉萨，它成了赞普心爱的坐骑；
最小的留在南边的拉达，成了拉达王心爱的坐骑。
白衣的道者云游四方，他来自拉布其岗神山，
美貌的少女从远方来，她来自花儿盛开之地。
那是王子诺桑之宫殿，美酒像山泉一样涌流，
那欢乐幸福充满人间，吉祥和睦载誉人世间。

（五）情歌

情歌是噶尔民歌中动人心神的作品，也是艺术造诣极高的上乘之作。它真实反映了噶尔人民传统的恋爱婚姻观念，描写青年男女对爱情的追求和坚贞的情操，表达男女双方互相倾慕、思恋的真挚情怀和寻伴、交友、选择情侣的原则和标准，也通过情歌倾诉自己恋爱、婚姻中的不幸遭遇。

情歌大体可分为寻伴、试探、初恋、热恋、相思、愿望、姻缘、讽喻、对答等。男女主人公在恋爱过程中，根据不同的恋爱程度和情况，以不同内容的歌词来抒发感情。曲调相对固定，也可随时填词歌唱，要求押韵，两句对仗，运用排比方式，节奏起伏，唱之顺口，听之易懂，形成强烈的音乐感。

一旦变心悔不及

新驹奔跑莫慌张，若遇惊吓悔不及；
狗崽莫要狂吼叫，绳索套颈悔不及；
初恋莫要去强求，一旦变心悔不及。

除在谈情说爱、传递情书时以歌声抒发情感外，青年男女聚会时也用情歌占卜预测每个人的终身大事或隐秘的心思。

以情歌占卜时，在座的每个人都拿出一件物品，如戒指、手镯等等，交给称为“夏惊瓦”的人，“夏惊瓦”把这些物品混在一起，每拿出一件握在手心时，就唱出不同内容的一首歌，以歌词占卜该物主人的爱情命运。

大雾笼罩的山

群山被雾笼罩的山，笼罩的大山有猎物。
过去是如此今依然，愿猎物永远在大山。
山坡中有个智慧官，数万家围着他生活。
过去是如此今依然，愿永远围他过日子。
山下面有条大河流，水注的三河有肥鱼。
过去是如此今依然，愿永远鱼围水注过。

（六）劳动歌

噶尔的劳动歌种类繁多，不同地域其曲调不同。农牧业生产中开荒、耕地、播种、修水渠、浇灌、施肥、拔草、收割、打场、粮食入库、放牧、接羔哺育、挤奶、剪毛、提炼酥油等都有不同种类的歌。此外，建筑、纺织、揉皮、采矿、狩猎、打铁等不同的劳动形式有不同的劳动歌。

各种劳动歌都与劳动节奏相吻合，具有鲜明律动感，起到鼓舞精神、协调动作、缓解疲劳、传播劳动技能知识作用。

竹片镰刀

幼苗刚出来时，不见云彩飘动。
四四方方田中，麦苗长得好乖，
幼苗结成果实，再不需要云彩。
像卷纸般母田，去割也割不断，
根不像松耳石，穗穗颗粒饱满。
像明月般竹镰，禾穗收回家转。

（七）仪式歌

噶尔民间如过新年、婚礼、迁居新房、重大节日等各种仪式少不了以歌或说唱来增添仪式的气氛。歌词内容有对日、月、山的赞美；对自然的崇拜，祈祷神灵的保佑，向往美好的未来，告诫人们弃恶从善，勤劳致富，建设天堂般的乐土等。婚礼仪式复杂，由“年波”以吉祥的言辞对结婚时所目睹的一切即兴说唱，使婚礼呈现出隆重、欢乐、祥和的气氛。从新娘离开娘家，至进入新郎家大门到入洞房，每一个过程都有不同歌词，包括出嫁歌、酥油歌、备马歌、送行歌、门歌、卡垫歌等，程序繁多，仪式热闹。

出嫁歌

初明初现之时，野公鸡在鸣叫，
我亲爱的人儿，要起府嫁人了；

中明相现之时，山孔雀在开屏，
我亲爱的人儿，要起府嫁人了；
后明相现之时，七仙女在唱歌，
我亲爱的人儿，要起府嫁人了。

酥油歌

有一百母牦牛挤炼的酥油，敬献给新婚的女孩，祝愿扎西德勒；
有一百母绵羊挤炼的酥油，敬献给新婚的女孩，祝愿幸福平安；
有一百母山羊挤炼的酥油，敬献给新婚的女孩，祝愿吉祥如意。

备马歌

上等的褐色之马匹，看马头；
马头与笼头不协调，看马颈；
鬃毛与协调不协调，看马尾；
马尾与鞍带不协调，看马背；
马背与马鞍不协调，看什么？
鞍头上点缀太阳，鞍尾上点缀月亮，
太阳与月亮共明，新娘与新郎快走！

送行歌

天仙般的招福女，身饰珠玉降门前，
东山猛虎显斑纹；南河青龙雷声震，
西滩孔雀开彩屏，北坡寺庙耀祥光。

门　歌

有金黄镶彻的方门，是活佛进的门，
我不应得到，就不进这华贵之门；
有螺号精制的方门，是首领进的门，
我不应得到，就不进这高雅之门；
有木制巧工的方门，是客官进的门，
我应该得到，我就进这平常之门。

楼梯歌

精美的黄金梯子，是活佛之梯，我就不登此梯子；
精制的白银梯子，是首领之梯，我就不登此梯子；
精巧的木制梯子，是客官之梯，我就要登上此梯。

卡垫歌

铺有虎皮之床，是活佛之床，我就不坐此床上；
铺有豹皮之床，是首领之床，我就不坐此床上；
铺着毛织之床，是客官之床，我就要坐此床上。

临嫁亲属赠言

母亲：
我的女儿是成事女，我的女儿是如意女，
嫁后你理想会实现，终会升入佛之乐土。
快起来，阿妈有语对你说：
我们的五个子女中，你是我最爱的女儿，
娜嘎卓玛措。你具姑娘的五美德，
一是供奉诸神仙，二爱施舍众穷人，三爱孝敬父和母，
四是操家日益盛，五爱天天做善事。
你具贤惠姑娘五美德。

我的女儿娜嘎卓玛措，快起来，阿妈有话对你说：
送亲中有你亲哥哥，出嫁是姑娘的命运。
用山上野牛举个例，再用小牛打个比喻，
上午你是无能小牛，下午长大找自己路，
我的痛苦向谁诉说？
用湖边野鸭举个例，又用小野鸭作比喻，
上午你是无知小鸭，下午你翅膀已长硬，
去寻找自己幸福路，我的痛苦向谁诉说？
再用我一生举个例，
又用你来做个比喻，上午你是幼稚小女，
下午长大成要出嫁，我的痛苦向谁诉说？

啊！我的女儿娜嘎卓玛措，快起来，阿妈有话对你说：
你到婆家次日起，头道食物供三宝，
二道食物供父母，三道食物送丈夫，
剩汤残羹自己吃，这是姑娘的美德。

我的女儿娜嘎卓玛措，快起来，阿妈有话对你说：
你到婆家次日起，就要身穿羔皮袄，
夏天下雨要留神，雨季羔皮易受潮；
饰品都是纯银制，遇到雾天要留神，
雾天银子易生斑；头戴火狐皮帽子，
上灶烧火要留神，火苗最易烧狐帽；
链戴珊瑚松耳石，要将串带牢牢系，
项链串带最易断；脚穿吉祥图案靴，
不要去踩泥和水，图案最易被浸湿。

我的女儿娜嘎卓玛措，快起来，阿妈对你有话说：
你到婆家次日起，待人接物要有礼，
对人要毛绳般松，要像野马有心计，
要像孔雀有心计，要有杜鹃动听音，
要有雕鹰敏捷身。若缺少这些美德，
婆媳相处难维系。它是姑娘的美德，
也是幸福的前提。

我的女儿娜嘎卓玛措，快起来，阿妈对你有话说：
你到婆家次日起，走路脚步要敏捷，
说话音调要放低，这是姑娘的美德。

我的女儿娜嘎卓玛措，快起来，阿妈对你有话说：
你到婆家次日起，就要熟悉家规矩，
他家大门是金槛，他家小门是银槛，
家中常有贵客来，你把帐篷四方撑，
室内物品放齐整。这是姑娘的美德。

我的女儿娜嘎卓玛措，快起来，阿妈对你有话说：
家有贵客到来时，烧不燃火是懒妇，
老低脑袋是懒妇，常不扫地是懒妇。

我的女儿娜嘎卓玛措，快起来，阿妈对你有话说：
被人耻笑的姑娘，太阳晒身才起床，
怨天怨地话难听，上午睡下午做事，
晚上饮食而计较，被人称赞的姑娘，
东方发白就起床，起床就去挤牛奶，
欢歌笑语满牧场，上午做事下午玩，
欢笑声中度时光，公爹婆母心欢畅，
家中来了好媳妇，一生日子不用愁，
家人个个都幸福，乡邻称赞不绝口。

父亲：
娜嘎，我的如意女，娜嘎，我的成事女，
愿嫁后实现理想，愿你终入佛乐园，要牢记妈之教诲。
我的爱女卓玛措，我的心肝卓玛措，
爸爸给你三句话，你要永远记心间。
你到婆家次日起，全家和睦记在心，
常做善事寿无边，尊老怜贫福如海。
心里常要想善事，坏事恶事不沾边，
彻底除掉十不善。常做佛事供三宝，
有空常念玛呢经，经常怜舍贫穷人，
今生你的罪孽轻，来世必将入乐土，
如若赞慕富裕人，今生你的罪孽重，来世罪入阎王殿。
要经常多做善事，有空常念玛呢经，上述忠言牢记心。

哥哥：
娜嘎妹妹好心女，娜嘎妹妹正直女，
哥给你送三句话，请你铭记在心中。

恩重如山的父母，给了我们人的身，
怀胎九月零十天，与肝一起内腹藏，
甘甜乳汁来哺养，学步生怕跌跟头，
父母恩情说不完。
大恩未报你出嫁，这是女人的命运，
父母留在哥哥家，这是世间的习俗。
我的妹妹好心女，我的妹妹正直女，
我用母马举个例，再用马驹作比喻。
决不引入危险地，决不细鞭来抽打，
母马可以放下心。
我用牦牛举个例，再用犏公牛作比喻。
决不上无垫的鞍，决不驮超重的驮子，
牦牛可以放下心。
用我自己举个例，用父母嫂子作比喻，
决不恶语来伤心，决不虐待穿和吃，
娜嘎妹妹请放心。

娜嘎妹妹如意女，娜嘎妹妹成事女，
万事如意吉祥女，愿你最终入佛园。
你要出嫁到外地，我在家中养双亲。
明早天亮起床后，牵上白螺般的马，
架上吉祥的金鞍，套上漂亮的金鞍，
头戴火红狐皮帽，戴珍珠珊瑚项链，
穿上艳丽十层衣，腰系上五彩腰带，
脚穿吉祥图案靴。这是给你的嫁妆，
如果不够还可给。
我家的马匹任你选，我的牛羊随你吆，
我家的羊群随你赶，这是给你的嫁妆，
如果不够还可给。
我的坐骑枣红马，是匹无价的好马，
每根鬃毛值一马，每根尾巴值一牛，
每根体毛值一羊。

价值无法用钱计，我愿把它送给你。

娜嘎妹妹如意女，娜嘎妹妹正直女，
愿出嫁吉祥如意，愿出嫁心想事成，
愿最终入佛乐土。
你到婆家次日起，我年年来探望你，
我月月来探望你。
明天早晨起床后，接送的人们随你走，
哥牵马送你上路，我的话儿牢记心中。
新娘：
我的嫂嫂如意女，我的嫂嫂成事女，
你将留在父母旁，我要出嫁到外地。
我八岁你来我家，世上难寻好嫂嫂，
今后好马嫂嫂骑，漂亮衣服给你穿，
好吃饮食给你吃，夏天让你住凉处，
冬天让你穿暖衣。

我的嫂嫂如意女，我的嫂嫂成事女，
愿家中万事如意，愿终入佛的乐土。
右边帐篷顶端处，有尊松耳石度母，
我将度母留给你。父亲年迈如夕阳，
让他休息他不肯，他的幸福托给你，
请你使他永幸福，嫂嫂记我之请求。
右边帐篷顶端处，有尊珊瑚无量寿，
我把这佛像给你。母亲如同湖中鸭，
湖结冰无处留时，她的幸福托给你，
请你让她永幸福。嫂嫂记我之请求。

我的哥哥是如意汉，我的哥哥是成事汉，
你在家里要养父母，我将要出嫁到外地。
我家第二顶帐篷内，有尊白螺观世音像，
我将此佛像赠给你。请你记住我之请求。

你虽与嫂子成了亲，但她毕竟是个外人，
你不能棍棒来打她，也不得恶语来伤她，
处处事事要让着她，我把嫂嫂托付给你。

我的父母是菩提心，我的哥嫂是善良心，
我用红岩来举个例，再用柏树来作比喻，
柏树果终究要落地，祝愿红岩健康长寿！
我用湖泊来举个例，再用黄鸭来作比喻，
黄鸭终久将会分离，祝愿湖泊健康长寿！
我用全家人举个例，再用我自己作比喻，
我将要出嫁到外地，祝全家都健康长寿！
我将带去吉祥幸福。我将带去吉祥祝愿，
祝愿我们大家吉祥！吉祥如意吉祥如意！！

（八）风物歌

风物歌状态、主要是展示风土人情，反映世俗风情。

教友歌

朝圣路上结教友，仁青桑布好教友。
朝拜名峰圣雪岭，饱饮名溪圣雪水；
拜贺雪峰并狮子，谨领教海满心归。
朝拜名池圣湖水，饱饮名湖圣湖水。
拜贺圣湖并鱼龙，谨领教海满心归。
拜圣域哲达布日，求得圣灵真舍利。
拜贺马头本尊水，谨领教海满心归。
朝拜杨普苏陀坡，求得加持幸运来。
拜贺杨普名佛塔，谨领教海满心归。
至交教友情真切，有缘相遇卓玛山，
中阴来生结伴侣，共踏解脱洁净路。

（九）诵经歌

噶尔群众将六字真经“唵嘛呢叭咪吽”等内容的经文歌，经常在朝佛、转经等宗教活动中唱。

三、民谣

噶尔民谣常与民间故事中的歌谣合为一体，故事中有歌，歌中有故事，二者结合成一个整体，来表达人们的心声，是所有民间歌唱形式的总成，为诗、歌、舞三者的结合。

四、音乐

（一）卡尔乐

噶尔县有着古老而丰富的民间歌舞音乐。《意、目、耳之喜宴》中记载："所有意、耳、目之喜宴的音乐，最优秀的是吐蕃赞普后裔统治阿里三围时期，从'喀其'（伊斯兰，即喀什米尔）、'桌巴'（与阿里接壤地区的牧民）、'门'（即拉达克一带）发展过来的以及阿里本土的歌舞音乐。"阿里的歌舞音乐对卫藏地区囊玛、堆谐、卡尔等歌舞音乐的形成和发展，曾起到过重要作用。

卡尔音乐是藏民族吸收、融合西部伊斯兰国家和地区的歌舞音乐文化并融合本民族歌舞音乐而得到发展，成为最具魅力的歌舞音乐艺术。卡尔音乐的旋律大多数由五声调式系统的七声调式和六声调式构成，且均是宫调式、商调式和羽调式。其中，商调式占大多数，其次是宫调式，羽调式比较少。卡尔歌曲的拍子大都由混合拍子$\frac{2}{4}\frac{3}{4}$构成。从这些特征分析，明显是受到了拉达克一带音乐的影响。经过西藏宫廷里长期的艺术实践，艺术形式变得具有浓厚的宫廷色彩，从音乐旋律、表演者的服饰、舞蹈动作都无不体现出一种威严、肃穆之感。

卡鲁音乐结构一般由前奏、正歌和结尾三个部分构成。演奏时，先由唢呐吹奏一段后，紧接着达玛鼓敲击一段低音，之后敲击高音。在卡尔表演中，前奏和尾奏是唢呐与达玛鼓（一对锥形高低音鼓）充分展示特长与技巧的部分，因此这一部分音乐显得非常精彩、器乐化。正歌部分是以演奏、演唱、舞蹈融为一体的综合表演形式，在表演过程中为了配合舞蹈表演，器乐演奏的音响和气氛没有前奏与尾声那么强烈，但达玛鼓的演奏变化多端。唢呐在歌舞表演时虽然也在吹奏舞者演唱的旋律，但旋律中使用大量的装饰音，所以基本上听不出旋律的音调，节拍也变得比较自由。

（二）囊玛

囊玛一词早在象雄时期就在芒隅地区存在。从"象雄芒囊玛歌"中的"歌"字理解，它早期是这一地区的一种古老民歌，是一种纯歌唱形式的歌曲，无舞蹈。大约在藏巴汗政权时代，从阿里拉达克等地招来民间艺人到藏巴汗府邸桑珠孜宗里表演"卡尔"歌舞。其时，由于桑珠孜宗里表演的卡尔歌舞音乐队刚成立，所以成分比较杂，除了有阿里本地的卡尔和民间歌舞音乐外，还有很多周边伊斯兰地区的民歌，因此，“囊玛歌”大致在这一时期流传到卫藏地区。后来逐渐受卫藏地区流传的“堆谐”歌舞的影响，在原来纯歌曲的演唱上增加了有扎年琴伴奏的舞蹈，形成了歌、舞、乐综合的囊玛艺术。

囊玛音乐的结构一般由中速的前奏、稍慢的歌曲段落以及由乐器演奏的快板舞曲等三个部分组成。

囊玛与堆谐虽然流行于民间，但其艺术特色却有明显差异。囊玛的歌曲部分音乐优美典雅，演唱者边歌边舞，舞蹈动作较为简单，且幅度不大；舞曲部分音乐速度较快，表演者只舞不唱，音乐热情活泼，舞蹈动作轻快舒展。朗玛乐曲的前奏使用基本固定的曲调，舞曲部分的音乐，各曲基本大同小异，但歌曲部分则变化较大，所有曲目的曲调和唱词各不相同。

五、舞蹈

（一）民间舞蹈

1. 果谐

果谐是广为流传在西藏农区的最为古老的一种群众喜闻乐见的自娱性歌舞，在噶尔县农区几乎人人会跳。“果”在藏语里意为圆圈，“谐”意为歌舞，即圆圈歌舞。果谐以其欢快、简朴的舞姿，再现了西藏农业劳动的气息。

跳果谐舞时人数不限，男女各占半圈，围成圆形，手拉着手，顺时针方向踏歌起舞。果谐分慢板、快板，慢板时只唱不舞，进入快板时随着谐本（领舞者）“曲曲”的喊声起舞。果谐无伴奏乐器，通常由男谐本手持串铃边舞边抖动串铃以统一节奏。

果谐歌舞动作简朴、流畅，情感形态与劳动的形态特征交替出现，“单踩步”、“双踏步”、“双甩手”、“双晃手”等动作是果谐的基本动作，十分接近踩麦穗、筛麦子等劳动生产形态，又具有高原农业文化背景下的舞蹈特征，动作细腻、朴实，加之丰富多彩的歌词内容，欢快激昂的歌声，充分表达出农民丰收的喜悦和生活生产的情趣与祈祷祝福丰收幸福的美好愿望。整个果谐歌舞的表演充满着浓郁的乡土气息，具有较高的艺术观赏性。

2. “弦”

藏语音译。“弦”是盛行于阿里地区的一种古老歌舞。弦舞的表演者为女性。在阿里有“男卡尔女弦”的说法，即男子跳卡尔舞，女子舞弦。舞者身着全套当地独特的艳丽服饰，佩戴的饰品也非常特别。头饰及胸前饰品非常之多，大都以珍珠、玛瑙、玉石、琥珀、象牙、珊瑚、金、银等构成美丽的造型和图案，可以说是一件精致的艺术品。现在的表演者佩戴齐全装饰的并不多，这种服饰也只有世代跳弦舞的家族才有。

弦舞端庄、典雅。表演时舞者相互交叉牵手，或仅用达玛鼓伴奏，头微低着，在唢呐、达玛鼓的伴奏下，脚下缓缓移动，时而前行俯身，时而后退屈膝，舞姿古朴而优雅。

弦舞队形以半圆圈为主，伴奏乐器为唢呐和达玛鼓两件。舞蹈时，先由乐器伴奏而无歌唱，乐停后领舞者起唱，众舞者一起随唱。基本步伐有："前走二步后撤二步"、"双脚蹲起步"、"交叉抬步"等。舞步轻柔、舒缓、活泼欢快。

弦舞除在藏历新年等庆典场合表演外，在各地寺院羌姆表演中也穿插表演。各地的弦歌舞，因音乐、舞蹈、服饰的风格特点的不同，使其显得更加多样、绚丽。

（二）宗教舞蹈—羌姆

羌姆为"跳"和"舞"之意，由苯教的巫术和图腾舞演变而成。象雄时期，羌姆作为苯教的祀神舞蹈，主祀"独达"（骷髅神）和"牦牛神"。在祀骷髅神时，表演者头戴骷髅面具，身着红底白色骸骨架鬼衣；在祀牦牛神时，表演者头戴纸制泥胎牦牛头面具，身着有牦牛尾状的黑褐色服装，表演动作粗犷奔放，并有激烈的下蹲动作。在跑步时，双手置于头顶横放，双脚左右旋转，以逆时针方向进行。后成为藏传佛教僧众在本寺院范围内表演的一种集诵经、音乐、舞蹈为一体的大型宗教舞蹈艺术。

羌姆以伴奏乐器的不同而分为"阿羌姆"和"钢羌姆"。"阿羌姆"以鼓乐伴奏，"钢羌姆"以钢管乐伴奏；前者表演动作缓慢稳健，后者动作激昂有力。其内容多数反映驱邪、迎亲、辞旧等，通常有特定的表演时间。在不同寺院，其表演形式又有差异。

每年藏历十月二十五至二十六日，扎西岗寺举行隆重"岗丹阿曲"宗教仪式活动，其间表演大型羌姆，表演显得特别庄重、威严、稳重。表演者有桑堆8人、阿杂热（游方僧）4人、土追（尸陀林）4人、托果噶丹（骷髅舞）2人、羌姆之（群舞）、夏唐阿杂热（鹿和神童）2人、根布（老人）、霞纳（黑帽舞）16人；伴奏乐器有阿（大鼓）8个、普（钹）6个、甲铃（木管乐）2个、铜钦（大长号）2个、嘎尔林（短号）2个。

伴奏者盘腿坐在一边，舞者主要听钹鼓号。基本动作有胯腿旋转、胯腿蹲差、胯腿跳跃、顺风旗、双托掌、双摆手等。

六、乐器

（一）民间乐器

1. 归布琴

归布琴是阿里地区的代表性乐器，又是扎念琴的前身乐器，现主要流传在札达县和噶尔县一带。其形制和大小没有严格的尺寸规格，但各地的基本形制大体一致。归布琴由琴头、琴身、音箱三部分组成，与扎念琴一样，琴头称为“达果”（意为马头），琴身称为“雄”，音箱称“咋玛”。由于归布琴的形状、制作材料、大小等原因，音量不大，声音脆亮，缺乏弹性，甚至有些生硬。它用六根弦，两根弦一组，共 3 组音，每音组之间的音程关系为四度，最低一组音称为“破盖”（男声音），最高一组音称“莫盖”（女生音），中间一组音称为“拔盖”（中间音）。

归布琴的形制、各部件的称谓、各种弹奏技法和特点对西藏各地扎念琴的形制与演奏有很大的影响。其主要用来演奏当地果谐歌曲，伴奏果谐音乐时也有简单的前奏，直接用布琴弹奏前奏一遍，再把歌曲的某一段照样弹奏一遍。

2. 笛子

笛子是噶尔县广泛流传的民间乐器，藏语称为“林布”，“林布”又分为“雄林”（竖笛）和“赤林”（横笛），西藏民间传统流传的笛子是竖笛，横笛则是从汉地传入的。

竖笛又分两种，一种是由木或竹制的，上粗下细，长约 150 毫米至 200 毫米，音质柔美、甘甜。这种竖笛主要流传在卫藏地区的农区。还有一种是由鹰翅骨制作的称之为“归林”（鹰笛）的笛子，鹰笛较短而细，声音尖亢、明亮，主要流传在藏北羌塘等地的牧区。鹰笛演奏的是牧歌和牧区歌舞曲，但不为歌舞伴奏。

（二）宗教乐器

1. 铜钦

铜钦是藏传佛教所特有的铜管乐器之一，主要用于盛大庆典或召集村民。

据藏文史书和有些早期壁画记载，铜钦早在公元十世纪以前就在西藏出现。铜钦分别用红铜、铜、黄铜和银制作。铜身分上、中、下三节，上面两节能放在下面最粗的一节中，吹奏时拉长，在固定场合吹奏时放在木制铜架上，依仗行进或临时场合吹奏扛在人肩上。铜钦一般约长 3 米，最大的可达五米以上，它音色低沉而威严，仿佛具有某种所向无敌的气势，在西藏铜管乐中体型最大，音量最大。

2．甲铃

甲铃与铜钦一起成为藏佛传教乐器中两个主要的旋律性的乐器。普遍认为甲铃是内地乐器唢呐传到西藏后的名称，其形状与内地唢呐基本一致。甲铃管身为木质，木管上端装一细铜管，铜管上套一哨子，下端承接铜制喇叭口，有些寺庙特意用银制喇叭口，上面用金子装饰各种图纹，锥形木管上开八个按孔（前七后一）。甲铃音色明亮、优美，成为各种宗教活动场合最常用的一种乐器。

3．多吉尺布

多吉尺布（金刚杵铃）是佛教密宗乐器，多吉尺布由两部分构成，上半截是金刚杵，下半截是铃，分别代表智慧和方便。多吉尺布声音悦耳，主要用于佛教密宗修习、公修和诵经等活动中。多吉尺布还要和打玛如、冈林等配合一起演奏，用于“绝”（断行法）的修行活动中。

七、曲艺戏剧

（一）折嘎

“折嘎”意为驱除魔鬼。折嘎表演产生于吐蕃时期，由卫藏传入噶尔县。一般是在盛大聚会、喜庆团圆等场合作为第一个节目或单独演出。担当说唱的演员手拿木棍，腰插木剑，其演员装扮、脸谱勾画夸张，由艺人从唱词中予以介绍。

（二）斗唱

主要流行在噶尔索多等地，男方称“嘎仓”，女方称“纳仓”。迎亲时，热闹的迎新队伍来到女方家门口停下后，等候女方派人出来迎接。进入女方家的几道门均需出题对歌，若答不上，不得进门，若对歌成功，可顺利进入大门内。如果出题较难，迎亲人不能对答，则另出题目，再对答不上使迎亲人尴尬。通过斗唱给婚礼增添喜庆气氛，也是对新郎的机灵和应变能力的测试。以此类推三关后，大门开启，男女双方迎、送亲队伍在门口各堆放九堆石头，各派出代表领头斗唱，获胜者方可推倒 1 堆石头；待九堆石头推完，对唱结束。对唱内容广泛，多为爱情类曲调。

第三节　工艺美术

一、金银玉器加工

噶尔县农牧区制作少量金银玉器。金银玉器大体分为三类。

第一类为宗教器物、法器和寺院建筑装饰物，如金刚杵、金刚、手铃、手鼓、法号、“曼陀罗”、金壶、金瓶、玉碗、神灯、香炉等，多用纯金、纯银、玛瑙、松石、翡翠和珍珠等精心雕镂镶嵌。其造型，凡属壶、瓶、碗、灯、炉等，腹部多采用圆形或球体。色彩以金黄色为主调，配以红、白、绿、蓝的珠玉，流光溢彩，斑斓陆离。器物多用莲座，器体用龙、凤或缠枝莲八宝纹装饰。铃、金刚杵或金刚等法器，均有锋利的尖头，通体呈流线型和圆锥形，握柄饰以怖畏金刚的铸雕像。寺院建筑饰物主要有镏金的经幢、八宝牌、宝轮、吻兽等。

第二类是日用生活器具，如酒壶、酒杯、勺、筷、碗、盘等，有的是纯金、纯银，有的是以金、银、玉石镶嵌或包裹。铜制器具主要是火炉、锅、瓢、盆、缸、鞍饰、桶箍等。在这些日用器具上，有的还雕刻吉祥文饰。

第三类是装饰品，如镯子、戒指、项链、头饰、胸饰和鼻烟壶上的装饰等。

二、木器工艺

（一）藏式桌柜

藏桌为木制品，一般置于卡垫之前，呈正方形。桌柜三面或两面封严，一面或两面有门扇，内放杯盘碗或果品等物，桌面无伸展的外檐，四个立柱和四个立面的横竖木骨突出显露，屏板内凹，多数在屏板上还镶嵌正方形木格，组成一幅幅棋格画屏；以朱红色和金黄色涂漆木骨和方格，黑、白两色勾边，金粉勾线。画屏以蓝色为背景主调，然后绘画图案装饰。绘画图案文饰多用红、黄、青（蓝）三原色，调以绿、紫等间色。图案文饰的内容，在桌面和柜面上多绘金纹桃、佛手、石榴、缠枝并莲和龙凤等。多数藏柜的底部有如同建筑一样的基围，其上部的立面和平面的衔接处有如同建筑一样的来顶线，有的藏柜在正面基图的上部加构廊围。

封建农奴制社会，只有官家、寺院有桌柜，普通群众无桌柜。20世纪80年代主要干部职工家庭摆设桌柜。以后，逐渐在农牧区流行，而且做工等日趋考究。藏式桌柜均从拉萨、日喀则等地购买。

（二）酥油桶

酥油茶桶以木质制成，用带有花饰的黄铜皮箍紧上下两端，并带铜环，挂上皮带，既可手抓脚踩，也可将桶背负。原先用皮带箍紧桶身，后用四至五圈刻有凹凸花纹的铜圈箍紧桶身。桶盖中有一孔，可穿过木托连杆，托顶也逐渐用黄铜皮包饰。

酥油桶分两种，一种是用于从奶中提取酥油的桶，称“卓松”或“雪栋”，其桶身较大，而且不太讲究；另一种是制作酥油茶的家庭日用酥油桶，藏语称“甲董”，桶身较小，携带方便，桶身讲究。在噶尔不产酥油桶，均从普兰、拉萨等地购买。

三、雕刻与绘画

公元7世纪，阿里佛教雕塑艺术兴起，并随着佛教的普及进入寺庙殿堂。以后，随着社会发展，又不断创作出众多的雕塑艺术品。

噶尔各寺院及农家都有在门楼、檐楼、面柜、墙壁和家具上雕花绘画的风俗习惯。县境域内扎西岗寺、古如江寺等挑角飞檐、雕梁画栋，寺院雕塑艺术主要表现在佛像、佛塔雕塑上，其工艺具有独特风格。

绘画大致分为壁画、大中堂画和木板插画等，色彩鲜艳，结构细缜，引人入胜。

噶尔县民间有绘制和收藏唐卡的习惯。绘制唐卡和藏语称“止唐”，一般是在布上作画，也有在绢纸上作画。以颜色区分有彩色唐卡、黑色唐卡、红唐卡，金唐卡；以制作材料划分有堆绣唐卡、织锦唐卡、缂丝唐卡、刺绣唐卡，也有用珍珠串缀而成的唐卡；从内容上划分有佛、菩萨类，佛教或佛本生故事、密宗本尊各神、观音度母类，护法神、明王类，上师高僧、大成就者类，藏族历史及历史人物类，坛城佛塔类，还有其他如宇宙日月天体运行图、香巴拉图、须弥山图、生死轮回图等。唐卡是信徒崇拜的象征物，通过崇拜，取得善业功德。

四、石器泥塑工艺

（一）玛尼石与佛教石刻

玛尼石的原料为卵石，起初是苯教的巫术道具，成堆放置，称玛尼堆。后逐步被藏传佛教广泛使用。境域内玛尼石随处可见。

石刻艺术是在卵石和石片上凿刻佛教造像或六字真言，供奉在山顶、路口和寺院附近。

（二）泥塑工艺——“擦擦”

“擦擦”是梵语的译音，指一种小型的脱模泥塑。

11 世纪，阿底峡应邀来古格时由印度传入。早期的擦擦模具粗糙，图案以天降塔、门塔和菩提塔较多，所有的擦擦几乎都有《般若波罗蜜多经》的经咒，后来由六字真言代替。

擦擦主要用掺有高僧大德的骨灰舍利、名贵香料的胶泥，以金属制模具挤压而成。其制作目的是为积攒善业功德，多藏于佛塔内、寺院屋顶、山顶玛尼堆或修行岩窟内。

五、编织工艺

（一）地毯

境域内民间制作地毯以仿地毡较多，织法独特，色泽鲜艳，构图吉祥古朴，毯面细腻柔软，任凭洗涤不掉毛褪色，经久耐用。

在封建农奴制社会，地毯为贵族家庭室内地上铺用的装饰物。和平解放后，特别是 20 世纪 80 年代起，地毯开始普及到群众家中。

（二）藏被

境域内民间自古制作藏被，颜色黑白两种，原料为绵羊毛。藏被具有细密、平整、柔软、紧密、质地厚、保暖性强的特性。

（三）藏毯

境域内叫“森果”。民间的森果颜色有黑白两种，用细绵羊毛织成。藏毯经久耐用、保暖防潮、携带方便，广大僧俗群众特别是农牧民都将它作被褥使用。

（四）氆氇

氆氇细密平整、质地光滑，是藏装、藏靴和金花帽的主要加工材料。噶尔县农牧区妇女均会编制。

1994 年，噶尔县妇联成立了“八一八”民族手工制品厂，组织农牧区妇女编制氆氇。

（五）帐篷

帐篷是牧民的住宿用具，其原料为粗牦牛毛、帆布和平布。其中牦牛毛帐篷结实、不漏雨，是牧民的必需用品。20 世纪 90 年代后，帐篷顶部和边上绘以花卉、花纹、人物、禽兽和吉祥图案或雍仲等帆布帐篷出现，主要用于逛林卡、重大节日等。其外形美观，造型别致。

（六）毛袋

当地叫“结日”，是用牦牛绒毛制成。口袋大小不一，小的装糌粑，大的装粮食或托运盐粮。

六、装饰工艺

按其造型分为七大类，有几何纹、植物纹、动物纹、文字纹、人物及器物纹、曼陀罗纹、佛塔纹。始于象雄时期，后随着佛教的传入，带来了一整套的教理、教义和教法以及相关知识，而且随之带来业已成型的一系列的佛教装饰工艺，并程式化地沿袭下来。

第四节　机　构

一、行政管理机构

1960 年，县人民政府成立后，文化教育工作归县委组宣部负责。1962 年 9 月 24 日，成立县民教科，未配备领导人。1964 年 9 月 23 日，改名为县文教卫生科，负责全县的文化、教育、卫生工作。

“文化大革命”期间，文化工作归县革命委员会政治工作组负责。

1975 年 7 月，恢复成立县文教卫生局。1976 年 10 月，又改为文教卫生科，其编制有科长 2 名、干事 1 名、财务 2 名；1979 年 11 月，县文教卫生局改为文化教育卫生科，负责全县的文化、教育和卫生工作。

1987 年 7 月，文化教育和卫生机构分设，成立县文教局，负责全县的文化、教育工作。

1999 年 11 月，文化与教育分设，成立县文化广播电视局（简称文广局），至 2000 年。

噶尔县文化管理机构历任领导名录见表 13—1—1。

噶尔县文化管理机构历任领导名录

表 13—1—1

机构名称	职务	姓名	性别	民族	任职时间
文教卫生科	科长	徐庆山	男	汉	1966.05～1967.02
办事组	组长	芦筱旦	男	汉	1970.11～1973.10
		王恩健	男	汉	1973.10～1975.07
	副组长	李有昌	男	汉	1971.02～1974.10
文教卫生局	副局长	陈崇善	男	汉	1975.07～1976.10
文教卫生科	科长	彭措次仁	男	藏	1983.03～1987.06
	副科长	楚成益西	男	藏	1976.10～1982.06
		鲍果印	男	汉	1978.06～1980.08
		陈崇善	男	汉	1979.03～1980.09
		才洛	男	藏	1981.06～1985.08
		江西林	男	藏	1985.06～1987.06
		索巴多吉	男	藏	1985.08～1987.06
文教局	局长	江西林	男	藏	1987.06～1993.10
		强巴次仁	男	藏	1993.10～1998.11
	副局长	土旦	男	藏	1987.06～1988.06
		洛珠加措	男	藏	1995.04～2000.12
		次仁平措	男	藏	1995.11～2000.09
文化广播电视局	副局长	加措	男	藏	1999.11～2000.12

二、文艺团体

在封建农奴制社会，境域内官家、寺庙等临时组织群众表演玄舞或羌姆，尤其是噶尔恰钦等重大节日时索麦村的妇女义务组织表演“弦”舞。

1964 年，噶尔县组建群众文艺宣传队，利用闲暇时间和重大节日为群众演出自编自导的节目，宣传党的政策，活跃农牧区业余文化生活。

1974～1978 年，噶尔县业余文工团宣传党的各项方针政策，历次参加阿里地区组织的各县文艺演出比赛，并多次获奖。共演出 20 多场次，观众达 1200 多人次。1975 年，为了庆祝西藏自治区成立 10 周年，噶尔县文艺宣传队编排歌颂党中央、毛主席的文艺节目，如歌曲《红宝石》、《北京的金山上》和《下定决心不怕牺牲》等。

1985 年和 1995 年，为庆祝西藏自治区成立 20 周年和 30 周年，县文艺宣传队自编自导了以歌颂改革开放、农牧区政策为主的文艺节目。

至 2000 年底，噶尔县未组建专业文艺团体。一般在重大活动和重大节日时根据上级安排临时组建。

第二章　语言与地方志

第一节　语　言

一、藏语文的运用

（一）藏语文的运用与推广

远古时期，运用象雄语。公元7世纪后，逐渐使用藏语文。历史上，境域内寺庙是教授识别藏语文的主要场所，大多僧人会读写藏文，而广大的普通百姓只会说不识字。

20世纪60年代，县各区、乡开设扫盲文化夜校，组织农牧民学习藏文字母、简单的藏语单词及数字。

1987年，西藏自治区人民政府《关于西藏自治区学习、使用和发展藏语文的若干规定的实施细则》颁布实施后，阿里地区行署发出文件，要求阿里地委、行署发至区、乡文件必须用藏汉两种文字，各级行文文件必须使用藏汉两种文字的文头。噶尔县照此执行。同时，噶尔县党政机关开始订阅藏文版的《西藏日报》。

1990年，成立阿里地区藏语文工作指导委员会，在狮泉河镇规范藏文社会用字，规定各级党政机关、人民团体、企事业单位、个体私营企业的门牌、招牌、公章等必须使用藏文。此后，每年定期不定期地对狮泉河镇的藏文社会用字情况进行检查，对存在的问题一经发现及时予以纠正。

（二）翻译

据《西藏通史》记载：雅隆部落第二代赞普穆赤时，修建了苯教“库玛乃邬琼”城堡，从象雄请来以大学者辛·南喀囊哇托坚为首的108名苯教名师，建造了45座苯教寺院，并翻译了经、般若、续、对法等多部苯教经典。

10世纪末至11世纪初，随着藏传佛教的发展，藏梵翻译进入一个高潮。大译师仁钦桑布在克什米尔和印度拜谒佛教大师，钻研学习佛法，将大量的经藏、律藏、论藏、般若经等百部密教经典翻译成藏文。涌现出拉尊喜瓦维、嘉遵追森格、勒必喜绕、纳措楚臣杰瓦等著名佛经译师。此后，佛经的藏文翻译时兴时衰。

20世纪60年代，噶尔县成立后，藏汉翻译得到重视，噶尔县公文及口语翻译工作由机关干部兼任。1992年5月，成立县编译室，负责噶尔县公文等文字材料的藏汉翻译。编译室配编3人，即负责人（兼翻译）1人、打字员1人、专职翻译1人。

噶尔县编译室历任领导名录见表13—2—1。

噶尔县编译室历任领导名录

表13—2—1

机构名称	职务	姓名	性别	民族	任职时间
编译室	主任	次仁卓嘎	女	藏	1992.05～2000.10
	副主任	欧珠多吉	男	藏	1992.05～1996.05
		才旺曲珍	女	藏	2000.07～2000.10

（三）汉语文的运用与推广

1950年8月，中国人民解放军进藏先遣连及其后续部队进驻噶大克，境域内人们首次接触到汉语。中共阿里分工委建立后，在党政机关中普遍使用汉语进行交流，各类公文、广播、电影均采用汉语。1959年，中共阿里分工委民主改革工作队在区、乡、村讲解政策的同时，也使农牧区群众开始逐步接触和认识汉语；部分在机关工作的藏族干部职工由于和汉族干部共同生活和工作，开始学会简单的汉语交流及汉语文字书写。随着时间的推移，汉语成为党政机关、企事业单位主要的交流语言。

至20世纪80年代，党政机关、企事业单位藏族干部基本能运用汉语进行工作和日常交流，尤其是藏族领导干部经长时间的学习和工作交流，汉语水平逐步提高，都能运用汉语文进行写作、阅读、日常交流，且发音标准，文字书写工整、规范。农牧区部分群众也能听懂简单的汉语，个别能书写简单的汉字。

第二节　方　言

境域内不同的地域，存有不同方言差别。靠近日土的加木村等具有日土话的特点，靠近革吉县的左左乡具有牧区方言特点，而靠近普兰县的门士加雪等地属普兰话。据《阿里地区志》载，县境域内的扎西岗乡、昆萨乡、左左乡、门士乡等属于日土话。

（一）语音

1. 声母和例词

共有 35 个：p、ph、b、m、w、ts、tsh、dz、s、z、t、th、d、n、l、ɬ、ʈʂ、ʈʂh、dʐ、ʂ、r、tɕ、tɕh、dʑ、ȵ、ɕ、c、ch、ɟ、j、k、kh、g、η、h。其例词如下：

声母	例词	汉义	声母	例词	汉义
p	pu^{53}（སྤུ）	毛	ʈʂh	ʈʂhak^{53}（ཁྲག）	血
ph	pho^{53}（ཕོ）	公	dʐ	dʐo^{13}（སྒྲོ）	羽毛
b	bo^{13}（སྦོ）	腹部	ʂ	ʂ^{55} tɕi^{53}（ཧྲུའུ·ཅི）	书记
m	mar^{14}（མར）	酥油	tɕ	tɕa^{13}（ཇ）	茶
w	wøʔ^{13}（འོད）	有	dʑ	dʑe13（རྗེ·བ）	交换
ts	tsi^{53}（རྩི）	计算	tɕ	tɕhø^{55}（ཆོས）	宗教
tsh	tsha^{53}（ཚྭ）	盐	ȵ	ȵo^{53}（སྨྱོ）	疯
dz	dza^{14}（རྫས）	火药	ɕ	ɕol^{55}（གཤོལ）	犁杖
s	sa^{53}（ས）	土地	c	ce^{53}（སྐྱེ）	出生
z	zoŋ^{14}（གཟོང）	凿子	ch	chi^{53}（ཁྱི）	狗
t	ta^{53}（རྟ）	马	ɟ	ɟe^{13}（སྒྱེ）	毛袋
th	thak^{53}（འཐག）	磨	ja	ja^{13}（ཡའ）	潮气
d	doa^{14}/do^{13}（རྡོ）	石头	k	ka^{53}（བཀའ）	命令
n	na^{53}（མནའ）	誓言	kh	kha^{55}（ཁ·བ）	雪
r	ra^{13}（ར）	山羊	g	ga^{11} wa^{53}（དགའ·བ）	高兴
l	lo^{13}（ལོ）	年岁	ŋ	ŋak^{53}（སྔགས）	咒语

续表 1

声母	例词	汉义	声母	例词	汉义
ɬ	ɬa^{53} （ལྷ）	神	ha	ha^{55}jaŋ^{55} （ཧ་ཡང）	铝
tʂ	tʂa^{53} （སྐྲ）	—	—	—	—

2. 韵母和例词

单元音韵母有 15 个，即非鼻化/元音：i、e、ɛ、a、o、y、ø；鼻化元音：ĩ、ẽ、ɛ̃、ã、õ、ỹ、ø。其例词如下：

元音	例词	汉义	元音	例 词	汉义
i	mi^{13} （མི）	人	i	tɕi^{55} （གཅིན་པ）	小便
e	ɕe^{53} （ལྕེ）	舌	ẽ	ce^{14} （གྱེན）	上坡儿
ɛ	mɛ^{55} （རྨས）	受伤	ɛ̃	k ɛ̃^{55}（ཀན）	腭
a	tʂa^{53} （སྐྲ）	头发	ã	lã^{55} （སླ་ང）	铁锅
o	so^{53} （སོ）	牙	õ	gõ^{11}tok^{53} （ལྡིག་པ）	睾丸
u	tɕhu^{53} （ཆུ）	水	ỹ	dỹ^{14} （བདུན）	七
y	ky ʔ^{53}（སྐུད）	线	ø\	jø^{14} （ཞོན）	骑
ø	ŋø^{55} （བརྔོས）	炒	—	—	—

3. 复元音韵母和例词

复元音韵母有 9 个，其中非鼻化元音 6 个，鼻化元音 3 个。非鼻化元音有 ia、iu、ao、au、oa、ua；鼻化元音有 aũ、iã、oã。其例词如下：

复元音	例 词	汉 义	例 词	汉 义
ia	mia^{55} （སྨེ་བ）	黑痣	phia^{55} （འཕྱི་བ）	雪猪
iu	piu^{55} （སྤྲེའུ）	猴子	diu^{14} （མདེའུ）	子弹
ao	pao^{55} （དཔའ་བོ）	英雄	ɟao^{14} （རྒྱའུ）	络缌胡
au	tʂhau^{55} （འཁྱག་ཟ）	一般壶	phoa^{55} （ཕོ་བ）	胃
oa	koa^{55} （ཀོ་བ）	牛皮	bua^{14} （ལྦུ་བ）	泡沫
ua	khua^{55} （ཁུ་བ）	汤	dʐaũ^{14} （སྦྲང་བུ）	苍蝇
aũ	kaũ^{14} （ཀའུ）	护身嘎吾	soã^{55} （སོ་མང）	梳子
iã	kiã^{14} （གི་ཝང）	牛黄	—	—
oã	goã^{14} （སྒོ་ང）	蛋	—	—

4. 辅音韵尾韵母和例词

辅音韵尾有 7 个，即 p、k、ʔ、r、l、m、ŋ。七个辅音韵尾可以与 i、e、ɛ、a、ɛ、y、ø、u、o 等几个元音构成 34 个带辅音韵尾的韵母：ip、ep、 ap、up、op、iʔ、eʔ、ɛʔ、yʔ、øʔ、ak、ək、uk、ok、ir、er、ar、ur、or、il、el、ɛl、ul、ol、im、em、am、um、om、iŋ、eŋ、aŋ、uŋ、oŋ。其例词如下：

声母	例词	汉义	声母	例词	汉义
ip	dʑip^{13} （འཛིབ）	吮吸	ur	kur^{14} （གུར）	帐篷
ep	zep^{13} （གསེབ）	种马	or	gor^{14} （འགོར）	耽误
ap	khap^{53} （ཁབ）	针	il	ril^{14} （རིལ・བ）	滚
up	tup^{53} （གཏུབ）	剁、切	el	khel^{55} （ཁེལ）	轮到
op	tʂop^{53} （ཀྲོབ）	子母扣	ɛl	ɳ̊ɛl^{14} （ཉལ）	睡
iʔ	tʂhiʔ^{53} （འཁྲིད）	引导	ul	dʐul^{14} （སྦྲུལ）	蛇
eʔ	jeʔ^{13} （བརྗེད）	忘记	ol	tɕol^{55} （བཅོལ）	寄存
ɛʔ	tɕhɛʔ^{53} （ཆད）	断	im	dʐim^{14} （བསྒྲིམས）	捻紧
yʔ	lyʔ^{13} （ལུད）	肥料	em	dzem^{14} （འཛེམ）	禁忌
øʔ	pøʔ^{13} （བོད）	吐蕃	am	tɕham^{55} pa^{53} （ཆམ・པ）	感冒
ak	tak^{53} （སྟག）	老虎	um	bum^{14} （འབུམ）	十万
ək	tɕək^{53} （གཅིག）	一	om	tom^{14} （དོམ）	熊
uk	tʂuk^{13} （དྲུག）	六	iŋ	diŋ^{14} （ལྡིང）	漂浮
ok	tok^{53} （ལྟོགས）	饿	eŋ	dʐeŋ^{11} pa^{53} （འབྲེང・པ）	熟皮绳
ir	tsir^{55} （འཚིར）	拧	aŋ	dʐaŋ^{14} （སྦྲང）	蜂蜜
er	ter^{55} （གཏེར）	矿	uŋ	duŋ^{14} （རྡུང）	打
ar	par^{55} （པར）	照片	oŋ	thoŋ^{55} （མཐོང）	看见

5. 声调

声调有 4 个，即 53、55、13、14（51）。其例词如下：

la^{53} （གླ）	工钱	la^{55} （གླ・བ）	麝	la^{13} （ལ）	山坡	la^{14} （ཟླ）	蜡

4 个调实际上在双音词中有 16 种搭配形式。这种搭配形式中只有四种不同的类型：55—53、11—53、55—55、11—55。其变调规律是：53 调在第一音节时，变成 55，在第二音节时不变；55 调在第一音节时，55 调不变，在第二音节也不变；13 调在第一音节变成 11，在第二音节变成 53 调；14 调在第一音节变成 11，在第二音节变成 55 调；本文一律标变调。其例词如下：

变调	例词	汉义	变调	例词	汉义
53—53	kha$^{53/55}$ tɕu^{53}	口水	55—53	sam^{55} lo^{53}	思想
53—13	na$^{53/55}$ ma$^{13/53}$	新娘子	55—13	ŋul^{55} nak$^{13/53}$	汗
53—55	pha$^{53/55}$ jar^{55}	继父	55—55	ɛ̃M^{55} kaŋ^{55}	医院
53—14	sa$^{53/55}$ d ɛ̃$^{14/55}$	草垫子	55—14	ka^{55} jol$^{14/55}$	瓷碗
13—53	na$^{13/11}$ tsha^{53}	病	14—53	gɛl$^{14/11}$ tshik^{53}	脊椎骨
13—13	ra$^{13/11}$ luk$^{13/53}$	山绵羊	14—13	riŋ$^{14/11}$ da$^{13/53}$	长枪
13—14	tʂel$^{14/55}$ mo$^{13/11}$	母骡	14—55	tuŋ$^{14/11}$ kar^{55}	海螺
13—55	lo$^{13/11}$ sar^{55}	新年	14—14	ʑuŋ$^{14/11}$ lam$^{14/55}$	公路

轻声是音节弱化的结果，是一种轻读现象，又无区别词义和形态意义的作用，所以没有调位价值。轻声主要有以下几种：

chøʔ^{53} ji^{11}ke^{53} tʂhi^{11}pa^{53} j ĩ^{14}ne?（ཁྱོད་ཡི་གེ་བྲིས་པས）你写信了吗？

kho^{55} laŋ^{14} soŋ（ཁོ་ལངས་སོང）他起来了。

6. 音节

音节有 5 种（不计声调），即 Y、FY、FYY、FYF、YF。例词如下：

Y	u^{53}（དབུ）	头（敬）	YF	tʂa^{53}（སྐྲ）	头发
FYY	pao^{55}（དཔའ་བོ）	英雄	FYF	khap^{53}（ཁབ）	针
FY	uk^{13}（དབུགས）	气息	—	—	—

（二）词汇

1. 组成

词汇基本上由两个部分组成。其中，一是固有词，从形式来看，既有单音词，也有多音词，其中双音词占绝对优势，三音词、四音词较少；二是借词较小，古借词大多数借自梵语和汉语，新借词主要借自汉语。敬语的使用比康方言较普遍，比卫藏土语少。

2. 构词法

（1）名词

分单纯词和复合词两类。其中，单纯词指所有单音词和从意义上无法再分析的多音词。单音词占多数，多音词极少。如：go^{13}（མགོ头）、kha^{53}（ཁ口）、mu^{11}ke^{53}（མུ་གེ灾荒）等；合成词由派生和复合两种方法构成。其中派生词指在词根上加前缀或后缀的方法构成。前缀 a—，主要构成亲属称谓词。如 a^{55}jaŋ^{55}（ཨ་ཞང舅）等；后缀—pa、—po、—ma、—mo、—ka（—kh）、

—wa、—tɕa（—tɕha）、tse 等几个。前四种后缀既可以表示“人”，也表示ʍ物。—pa、—po 表示“男性”，—ma、—mo 表示“女性”。但也有例外，如 $koŋ^{11}$ ma^{53}（གོང·མ皇帝）、$dz\tilde{y}^{11}$ ma^{53}（རྫུན·མ假的）等，—ma 并不专指女性，男性也用。词缀已成为少数名词的构词标志，并无实际意义。列举如下：

$khaŋ^{55}$ pa^{53}（ཁང·པ）	房子	$dʐok^{11}$ pa^{53}（འབྲོག·པ）	牧民
dak^{11} po^{53}（བདག·པོ）	主人	$saŋ^{55}$ po^{53}（གཙང·པོ）	江河
$tɕhaŋ^{55}$ ma^{53}（ཆང·མ）	卖酒妇	$dz\tilde{y}^{55}$ ma^{53}（རྫུན·མ）	假的
$s\tilde{e}^{55}$ mo^{53}（སེན·མོ）	指甲	da^{11} mo^{53}（བདག·མོ）	女主人
re^{11} wa^{53}（རེ·བ）	希望	$tsho^{55}$ wa^{53}（འཚོ·བ）	生活
tar^{11} $tɕa^{53}$（དར·ཆ）	旗子	pe^{55} $tɕa^{53}$（དཔེ·ཆ）	书
$dʑam^{11}$ tse^{53}（འཛབ·ཙེ）	镊子	the^{55} tse^{53}（ཐེལ·ཙེ）	图章
$ɲ\tilde{e}^{11}$ ka^{53}（ཉེན·ཁ）	危险	la^{11} ka^{53}（ལས·ཀ）	工作

复合词指词素与词素合成的词。之间有以下四种关系：修饰关系（一个词素为中心成分，另一个词素为修饰成分），如 $ɟu^{11}$ nak^{53}（རྒྱུ·ནག小肠）；联合关系（两个词根不分主次，有同义、近义、反义结合），如 de^{11} $ciʔ^{53}$（བདེ·སྐྱིད幸福）；支配关系（前一词素是动作支配的对象，后一词素是动作。就词性来说，前一个往往是名词，后一个则必定是动词）如 $ŋo^{11}$ $ɕe^{55}$（ངོ·ཤེས·པ熟人）；表述关系（前一词素是动作的主体，后一词素是动作。就词性来说，前一个词素是名词性的，后一个词素是动词性的），如 $ŋo^{11}$ $tsha^{53}$（ངོ·ཚ羞耻）等。

（2）代词

可以分为单纯词和复合词。人称代词的基本式都是单纯的单音词。如 $ŋa^{13}$（ŋa我 ）、$chøʔ^{53}$（ཁྱེད你）、kho^{53}（ཁོ他）“”、mo^{13}（མོ她，表歧视）；合成词由派生和合成两种方法构成。其中派生词（复数的人称代词由单数代词加后缀 tso^{53}（ཙོ—ཚོ）构成），如 $ŋa^{11}$ tso^{53}（ང·ཚོ我们）、$chøʔ^{55}$ tso^{53}（ཁྱེད·ཚོ你们）等；复合词由单数代词加表示“自己”的 $raŋ^{14}$（རང）构成。如 $ŋa^{11}$ $raŋ^{55}$（ང·རང我自己）等。而复数由另式的单数代词加 tso^{53}（ཚོ）构成，如 $chøʔ^{55}$ $raŋ^{55}$ tso^{53}（ཁྱེད·རང·ཚོ你们自己）等。

（3）形容词

形容词可分单纯词和复合词两类。形容词无单纯词，但形容词比较级当谓语时，不带后缀。如 $ŋa^{13}$ la $chøʔ^{55}$ $raŋ^{55}$ $maŋ^{14}$（ང·ལས·ཁྱེད·རང·མང· 你比我多）。合成词由派生和合成两种方法构成。作定语的单音形容词都有一个后缀。后缀主要有—po、—pa、—ma、—mu、—ku 等，以—pa、—po 为主。

如：kar^{55}po^{53}（དཀར·པོ白）、tʂeŋ^{11}mu^{53}（གྲང·མོ冷）等；复合词可以分为以下四种形式。词根重叠如 cok^{55}cok^{55}（ཀྱོག·ཀྱོག弯弯）；词根加表示色彩的重叠音节，如 ŋo^{53} ɕur^{55}ɕur^{55}（སྔོ·ཤུར·ཤུར蓝茵茵）；词组式如 la^{14} la^{55}po^{53}（ལས·སླ·པོ容易）；四音格，如 ka^{55}ra^{55}ko^{55}re^{53}（ཀ·རེ·ཀོ·རེ凹凸不平）等。

（4）动词

动词分单纯词和复合词两类。单纯词，如 ɕi^{53}（ཤི死）、ta^{53}（ལྟ看）、phur^{55}（འཕུར飞）、tɕol^{55}（བཅོལ寄存）、thop^{53}（རག—ཐོབ得到）等；复合词的合成方法有两种，即一般动词构成的和多义动词。其中一般动词构成的有，thak^{53}（ཐག决断）、tɕɛɵ53（བཅད断定）、thaŋ^{55}（ཐང耐劳）等。多义动词 ɟap^{13}（རྒྱབ）、taŋ^{55}（བཏང）、tɕa^{14}（བྱས）、tɕeʔ^{13}（བྱེད）构成的，如 ri^{11}pa^{53} laŋ^{14}（ཧབ·ཆི·རྒྱབ打喷嚏）、ja^{53} ɟap^{13}（གཡའ བཙའ·རྒྱབ生锈）等等。

（5）敬语

敬语词主要反映在名词、人称代词和动词上。敬语单音词如 thuk^{53}（ཐུགས心）、u^{53}（དབུ头）、ndʑo^{13}（འབྱོན去）、ʑuk^{13}（བཞུགས坐）、uŋ^{55}（གསུངས说）等。合成词敬语，如 ku^{55}tshe^{53}（སྐུ·ཚེ寿命）、ɕɛl^{11}lak^{53}（ཞལ·ལག饭）、goŋ^{11}pa^{53} naŋ^{55}rok^{53} naŋ^{55}（དགོངས·པ·གནང·རོགས·གནང请假）等。

（三）语法

1. 词类

分为名词、代词、数词、量词、动词、形容词、副词、助词、连词和叹词 10 类。

（1）名词

名词作主语如 d ɛ̃^{14} di^{13} ja^{11}po^{53} duk^{13}（གདན·འདི·ཡག·པོ·འདུག这个垫子很好）；名词作宾语如 ŋe^{13} d ɛ̃^{14} phul^{55}ci j ĩ^{14}（ངས·གདན·འབུལ·གྱི·ཡིན·我奉献垫子）；名词作定语 d ɛ̃^{14} tɕhe^{55}tɕhuŋ^{55} tak^{55}ta^{53} duk^{13}（གདན·ཆེ·ཆུང·དག·དག·རེད·垫子的大小正合适）。名词作状语如 d ɛ̃^{14}ci dʑɛl^{14}na ga^{13}（གདན·གྱིས·འཛལ·ན·དགའ·用垫子来偿还好些）。

（2）代词

代词分人称代词、指示代词、疑问代词。人称代词可以作主语、宾语、定语和状语代词同样使用助词、序位和语义等语法手段。使用助词如 chøʔ^{53} ci pe^{55}tɕa^{53}.（ཁྱོད·ཀྱི·དཔེ·ཆ你的书。代词后加序位如 di^{13} ŋe^{14} pe^{55} tɕa^{53} j ĩ^{14}（འདི·ངའི·དཔེ·ཆ·རེད这是我的书）；指示代词加助词放在名词前，也不加助词放在名词后，如 mi^{13} di^{14} pe^{55} tɕa^{53}．（འདིའི་དཔེ་ཆ་这个人的书）；疑问代词可以重叠表示强调、重复和多数等意义，如 khaŋ^{55} pi^{53} naŋ^{14} la su^{55} su^{53} wøʔ^{13}？（ཁང་པའི་ནང་ལ་སུ་སུ་ཡོད房子里有谁？）。

（3）数词

一般放在名词的后面作定语；也可以放在动词的前面作宾语；只有序数词才可以作判断动词的宾语。如：mi^{13} ji^{13}（མི་ཡི四个人）、ŋa^{13} la sum^{55} wɵʔ^{13}（ངར་གསུམ་ཡོད་ 我有三个）等。tuk^{55} sum^{55}

数词的表述法：基数词和单位数词都是单纯词；十至二十的计数法是在十位数后直接加个位数。如．tɕuk^{55} sum^{55}（བཅུ་གསུམ十三）；二十至一百的计数法也是十位数在前，个位数在后，但在十位数和个位数之间要加一个连接成分。例如：“二十”加 tsa^{53}（ཙ）、“三十”加 so^{53}（སོ）、“四十”加 ɕe^{13}（ཞེ）、“五十”加 ɕa^{13}（ང）、“六十”加 re^{13}（རེ）、“七十”加 tỹ^{14}（དོན）“八十”加 ca^{13}（གྱ）、“九十”加 ko^{13}（གོ）。连接成分受个位数字前加字的影响而产生辅音韵尾。例如：ȵi^{11} ɕu^{53} tsak^{55} ttɕik^{55}（ཉི་ཤུ་རྩ་གཅིག二十一）等；序数词除 taŋ^{11} po^{53}（དང་པོ第一）外，其余都是在基数词后加后缀 pa^{53}；分数在数词之间加 ttha^{53}（ཆ）表示，如 ŋa^{55} tɕha^{53} ȵi^{55}（ལྔ་ཆ་གཉིས五分之二）等；约数用相邻两个数表示，如 sum^{53} ji^{13}（གསུམ་ཡི三四个）；重叠表“每”，如 mi^{13} i^{55} i^{55}（མི་གཉིས་གཉིས每两个人）等。

（4）量词

量词基本上来源于名词。可分为三类：一是度量衡，如 saŋ^{5}（སྲང两）等；二是专职量词，如 chu^{53}（ཁྱུ群）等；三是临时借用可作容器的名词，如 co^{55}（སྐྱོགས杓子）等。量词必须放在数词前，与数词共同作定语。如 sa^{53} kaŋ^{55} tɕik^{53}（རྩ་ཀང་གཅིག一根草）等。

（5）动词

动词根据功能大体可以分为五类，及物动词和不及物动词。在单宾语的句子里已不太严格。如 ŋa^{13} kha^{55} lak^{53} za^{13} ki j ĩ^{14}（ང་ཁ་ལག་ཟ་གི་ཡིན我吃饭）；在双宾语的句子里必须加助词。如 ŋe^{14}（ŋa^{11} ji^{53}）chøʔ^{53} la pe^{55} tɕa^{53}（tʂɛʔ^{55}）te^{55} ki j ĩ^{14}（ངས་ཁྱོད་ལ་དཔེ་ཆ་སྤྲད་ཀྱི་ཡིན我给你书）。自主动词用辅助动词 wøʔ^{13}（ཡོད存在）、j ĩ^{14}（ཡིན判断），非自主动词用 duk^{13}（འདུག）和 dak^{13}（འདག）。存在动词和判断动词，如第一人称用 wOP^{13}（ཡོད）、j ĩ^{14}（ཡིན），第二、三人称用 duk^{13}（འདུག）、dak^{13}（འདག）；辅助动词是虚化的动词有 wøʔ^{13}（ཡོད）、duk^{13}（འདུག）、j ĩ^{14}

(ཡིན)、dak[13]（རེད—འདུག）之外，还有 tɕuŋ[14]（བྱུང引申为遇见）、soŋ[55]（སོང引申为见过）等；助动词加在动词后面，可以分两类：一是 go[13]（དགོས需要）tɕhok[53]（ཆོག可以）“”等。二是 oŋ[14]（ཡོང来）、dʐo[13]（འགྲོ去）两个，称趋向动词。这类动词具有半虚半实的性质；古藏文动词语命令式基本上都是送气的，在日土话却读不送气音，如 kha（ཁ）读成 ka（ཀ）：kop[53]（ཁོབ掩盖）、kol[55]（ཁོལ驮）、kuk[53]（ཁུག弄弯）等；tsha（ཚ）读成 tsa（ཙ）：tsok[53]（ཚོགས过滤）等；tʂha（ཁྲ）读成 tʂa（ཀྲ）：“”tʂol[55]（ཁྲོལ解开）等。

（6）形容词

形容词可以作定语、表语、谓语、状语、宾语和主语。作定语放在中心语后。如 mi[13] ga[11]mo[53]（མི་ཡག་པོ好人）等；作表语后面要加一个存在动词或判断动词。如 mi[13] di[13] ga[11]mo[53] duk[13]（མི་འདི་ཡག་པོ་འདུག这人是好人）等；作谓语时形容词后面加时态助词和辅助动词。如 di[13] jak[11]po[53]（ga[11]mo[53]）duk[13]（འདི་ཡག་པོ་རེད这个比较好）等；作状语必须在后面加一个动作化的助动词 tɕa[14]（བྱས），如 ga[11]mo[53] tɕa[14] suŋ[55]（ཡག་པོ་བྱས་གསུང་དང请好好地说）；作宾语与名词的功能相近，直接放在动词的前面，如 dzor[11]po[53] tɕa[14]duk[13]（བཙོག་པོ་འདུག弄脏了）；作主语与名词的功能相近。如 tɕhe[53] ga[13] duk[13]，tɕhu,[53] ga[13] duk[13]（ཆེ་བ་འདུག ཆུང་བ་འདུག大的还是小的?）。

（7）副词

副词基本上作状语，修饰和限定形容词和动词。副词可分为两类，即基本副词和词组式副词。其中，基本副词既有单纯词也有合成词，甚至还有三、四音格词。如表否定的 mi[13]（མི不）、ma[13]（མ不、没有）；表时间的 te[11]kĩ[55]（ད་གིན刚才）、lam[11]saŋ[55]（ལམ་སང马上）；表程度和数量的 ha[55]lam[55]（ཧ་ལམ差不多）；表示地点和方向的 ja[11]la[53]/jar[14]（ཡ་ལ向上）、pha[55]la[53]/phar[55]（ཕ་ལ向那边）；表示方式和状态的 ȵam[55]tu[53]/mu[11]la[53]（མཉམ་དུ—མུ་ལ一起）、ph ɛ̃[55]tsỹ[55]（ཕན་ཚུན互相）；四音格词如 kaŋ[11]tɕuŋ[14] maŋ[11]tɕuŋ[14]（ཀང་བྱུང་མང་བྱུང胡乱）等。词组式副词又分为两种：由形容词加语气助词 tɕa[14]（བྱས）构成。如 sɛl[55]po[53] tɛa[14] suŋ[55]a（གསལ་པོ་བྱས་གསུང་ཨ·请清楚些说）；由名词加 tsa[55]wa[53]ni（རྩ་བ་ནས根本）、la（ལ）等助词构成，如 ŋe[13]tsa[55]wa[53]niɕe[55]ki meʔ[13]（ངས་རྩ་བ་ནས་ཤེས་ཀྱི་མེད我根本不知道）。

（8）助词

助词可以分为两类，即结构助词和语气助词。其中，结构助词有施动、领属、存在、趋向、源由、比较和关联等七种。如施动助词（གིས）（编邦）

指动作的人和物（工具）。充当主语和状语。ŋa^{14}（ŋa^{13} ki）pe^{55} tɕa^{53} ta^{55} pa^{53} j ĩ^{14}（ངས་དཔེ་ཆ་བལྟས་པ་ཡིན我看了书）；语气助词主要加在句末，表示不同的语气。分为陈述、祈使、测度、疑问、商榷、停顿等六种助词。这里仅举陈述助词（ki 或 ci、ta）加在辅助动词后表示肯定和强调的语气。如 ŋe^{13} gam^{14} di^{13} dam^{13} ci j ĩ^{14}.（ངས་སྒམ་འདི་བསྡམ་གྱི་ཡིན我来捆这个箱子）。

（9）连词

可以连接由词、词组或分句构成的句子成分。连词可分为多种类别，在此举两例。并列连词如 ŋa^{13} taŋ^{14} chøʔ^{53} ȵi^{55} poøʔ^{11} mi^{53} j ĩ^{14}，kho^{53} ɟa^{11} mi^{53} dak^{13}（ང་དང་ཁྱོད་ནི་བོད་མི་ཡིན་ཁོ་རྒྱ་མི་འདུག我和你是藏族，他是汉人）；假设连词如 pe^{55} tɕa^{53} wøʔ^{13} na，ŋe^{13} khur^{55} oŋ^{14} go^{13}（དཔེ་ཆ་ཡོད་ན་ ངས་འཁྱེར་ཡོང་དགོས如果有书的话，我就带来）

（10）叹词

叹词不表示概念，只表示感觉、感情、情绪和主观态度的词。可以独立成句。放在句首或句尾，一般句首者居多。叹词可分为三类，即感叹词、呼词和应答词。其中，感叹词如 a^{55} sa^{53}！ŋe^{13} jeʔ^{11} duk^{53}（ཨ་ས་ ངས་བརྗེད་འདུག哎呀！我忘了）；呼词如 wai^{14}！di^{11} ru^{53} ɕok^{53}！（ཡ་ཡི་ འདི་རུ་ཤོག喂！到这里）；应答词 la^{11} so^{55}！（ལགས་སོ是）等。

第三节　地方志编修

历史上，境域内个别寺庙曾留下少量藏文简史。

1998 年，噶尔县成立地方志编纂委员会，开始酝酿《噶尔县》志编纂。1999 年 7 月，根据中共阿里地委、行署《关于批转〈阿里地区地方志编撰委员会关于阿里地区地方志工作意见的请示〉的通知》精神，噶尔县成立了以县委副书记、县长尼玛平措为主任的地方志编纂委员会，在县委办公室下设地方志办公室，作为临时机构。开始启动《噶尔县志》编撰工作。

县地方志编纂委员会主要职能是：负责审定县志编撰大纲；组织实施噶尔县志编撰工作；审定噶尔县志的质量；对噶尔县志内容进行业务指导；审

议和解决噶尔县地方志工作中的重大问题。

县地方志办公室负责噶尔县地方志的日常工作，组织县志大纲和县志的编撰；联系、指导和协调噶尔县各部门编写专业分编志；负责县志的出版发行；负责修志人员的调度、培训和地方志文件、刊物资料的发行及县地方志行政工作。

此后，县委、县人民政府又根据噶尔县人事调整情况，对县地方志编纂委员会组成人员进行了两次调整，并由县委办副主任兼任县地方志办公室主任，配备编辑及工作人员 2～3 名。随后，县地方志办公室人员利用两个月时间深入县档案室、阿里地区档案馆、阿里地区地方志办公室搜集有关噶尔县的历史资料；采取由县直部门和乡镇分编，县地方志办公室总纂的办法，进入正文部分的撰稿。2000 年 8 月，完成《噶尔县志》编撰大纲。同年 9 月开始草拟《噶尔县志》篇目。期间，根据阿里地区地方志办公室统一安排，选派两名人员到拉萨脱产学习地方志业务。

第三章　文　物

第一节　考古调查

1986～1987年，西藏自治区文物普查队组成普查组在境域内开展文物普查和重点文物调查及遗址、墓葬试掘工作。

1992年5月，西藏自治区文物管理委员会与四川大学学习考古专业的学员联合组成文物普查队，利用4个月时间在阿里地区开展全面的文物普查时，在噶尔县加木乡发现丁仲胡孜石器点，并进行了发掘工作。

1994年，阿里地区文物管理委员会组织人员在境域内寺庙进行文物调查并登记造册。

截止2000年底统计，境域内不可移动文物有：古建筑、古遗址、洞窟等；可移动文物有石器及各寺庙所收藏文物。其中，4座寺庙所收藏文物按材质分：青铜器467件（含金56件）、银器578件、铜器482件、泥制品246件、其他文物238件，其中经书198卷，群众退还文物67件；按保护等级分：国家一级文物34件、二级文物87件、三级文物167件、一般文物356件；按其用途分：佛像213尊、法器89件、唐卡53幅、其他186件。

第二节　古遗迹

一、丁仲胡孜遗址

位于狮泉河镇西南约 5 千米处，属狮泉河镇加木乡，海拔 4260 米。1992 年，西藏自治区文物管理委员会与四川大学学习考古专业的学员联合组成的文物普查队发现。

遗存物有细石器、打制石器、陶片等，包括细石核、细石叶及工具；依形态分为切割器、刮削器、尖状器及砍斫器等类别，具有西藏高原新石器时代的文化特征，推测大约属于新石器时代晚期阶段。文化遗物均采自地表范围 1000 平方米以上，局部遗物较集中，少数遗物被沙土覆盖。共采集到石器标本 132 件，其中细石器 84 件，打制石器 48 件；陶片 30 片，均为小碎片，最大者仅 15 平方厘米，难以辨认器形。陶片有夹砂陶和泥质陶两种。

遗址所采集的细石器标本数量仅次于西藏昌都地区的卡若遗址，是西藏西部地区迄今为止所发现的唯一的细石器、打制石器、陶（器）片共存的原始文化遗存。

二、城堡遗址

（一）喀尔栋遗址

位于门士乡门士村四组加日自然小组秋季驻点西南约 500 米处，地处曲松果北侧山顶及山腰，朗钦藏布与其支流曲那曲嘎在遗址南侧交汇，故称“曲松多”。海拔 4300 米。

遗址所在地势大致呈北东—南西走向的平顶山丘，与周围地面高差近 100 米。遗址依地势高低分布，总面积约 10 万平方米。遗址仅存残存的墙体，宽约 0.6～0.8 米，高约 0.1～0.8 米。遗址由房屋、牲圈、堡垒、防墙、暗道、蓄水坑等建筑组成，皆用人工采用沙砾岩块、砾石砌建而成。其规模、形制、功能及所处地形均体现了明显的聚落性与防卫性质。遗址采集及出土遗物有石器、陶器（片）、金属器、骨器、动物骨块等类。其中石器数量最多，包括大小不同的片状砺石或石磨盘及少量的打制砍器；陶器皆为残片，陶系多见夹沙红褐陶，可辨器形仅有灌类，少数饰有绳纹；金属器包括有铁质甲片、铜饰残片、一尊双面青铜神像等，古器多为装饰品，另有部分骨料及骨质工具器残件等。

据遗址出土物的 C^{14} 测定，遗址年代大致在 5～7 世纪之间，稍早于吐蕃政权建立时期。据藏文史籍记载，吐蕃政权建立之前，西部“象雄”部落曾在冈底斯山以西建有王都称为“琼隆银城”，但该遗址是否属于史料记载的“琼隆银城”还有待进一步考察研究。

（二）热拉卡玛戍堡遗址

位于扎西岗乡热拉石山。后唐清泰元年（934 年，藏历木阴羊），吉德尼玛衮逃至阿里后，最初在热拉落脚，并修建该城堡。也有人认为是跟随吉德尼玛衮的大臣所修建。

堡寨东西长 100 米，上端宽 19 米。三面围墙内侧修建约 70 间大小不同戍所；其顶端为堡寨的最高处，戍所密集。其西面墙高处约 6 米，北墙中下段高处约 7 米，两处墙体砌成筑工艺精湛，其余墙体砌筑粗糙。吉德尼玛衮迁往普兰后，此城堡随之废弃。

三、亚古塔遗址

位于加木村境域内森格藏布北岸的荒野中，距热拉卡玛城堡东面约 5 千米处。

据传，修建者确定修塔后向当地头人索要修塔土地，但仅需要 2 岁牛犊皮大小的土地。待获得许可后，修建者将牛犊皮割成细线，细线所包围的土地大小便是修塔的面积，故名“亚古塔”（藏语意为牛皮塔）。当地人又称“曲典白尔布”或叫“热拉曲典”。

塔顶和部分塔身已遭破坏，存塔高 6 米，四方形塔座，每面长 11 米。

四、寺庙遗址

（一）噶宗寺遗址

位于门士乡索多村一组境域内的吉尔丝处，距狮泉河镇 106 千米，海拔 4500 米。寺庙建在长 700 米左右，高度约为 400 米的山腰上。至 2000 年时，在山腰处能看到多处佛殿遗址和僧舍似的洞口。遗址前方有佛塔遗址及较长的玛尼堆。

据传，11 世纪前，不丹王为表示与西藏地方友好双边关系而建。建成初期由不丹王直接派人管理，并配有长途通信员，设官员和喇嘛各 1 名。后寺庙管家均由本地人代理。不丹王子曾来过该寺。民主改革开始后，部分贵重文物被运往不丹。此后，成为曲古寺（在今普兰县）的属寺，属竹巴噶举派。

寺主供释迦牟尼和能仁王佛，主要文物有纯金和锂雕刻而成的佛像，印有金字经文的藏佛经。

主要宗教活动有藏历每月初三日烧香活动、藏历每年一月十五日“莲花生大师”初十轮供活动、藏历每年十一月二十九布施活动。

1950年，寺有35名僧尼，索多村境域内的上下白龙和大小久赤都为该寺所属草场，有500多只羊和60多头牦牛。每年向不丹和噶本政府各交一分差税。民主改革时被指令关门，停止一切宗教活动。1965年，根据中共阿里分工委保留寺庙的意见，噶尔宗寺保留1名僧人。“文化大革命”时期被毁。

（二）“贡布东洞”

位于门士乡索多村境域内的贡比东处，距狮泉河镇107千米，海拔4454米。

传说，遗址是噶宗寺的另外一个遗址，遗址前方有较长的玛尼堆和佛塔废墟。

（三）“达恰”遗址

位于门士乡索多村境域内的达恰山沟，距狮泉河镇93.23千米，海拔4533米。

传说，遗址是噶宗寺的又一个遗址，遗址前方有较长的玛尼堆和佛塔废墟。

（四）噶尔“拉姆康”遗址

位于昆萨乡索麦村“曲宁巴”处，系历代噶本冬季驻地，距昆萨乡驻地约10千米。

传说，“拉姆康”始建于第一代阿里噶本甘丹才旺时期，主供佛有吉祥天母，为噶本佛堂。遗址现存半倒塌的墙壁约有30多平方米，残墙外围有较长的玛尼堆。遗址前有1泉眼。

每年藏历十二月二十五至二十九日，扎西岗寺喇嘛应邀到此拉康举行佛事活动。藏历新年第一天和第二天正、副两位噶本会亲自到“拉姆康”，举行盛大的新年活动。

五、古建筑

（一）扎西岗寺庙

位于扎西岗乡驻地。距狮泉河镇60千米。

原建筑规模较大，共设3层楼，有大小房屋125间。其中，集会大佛殿为“十字折角形”，象征佛教须弥山，是僧侣们诵经及众信徒朝拜的主要场所。殿堂外围设有转经复道环绕一周，内有8柱，面阔3柱，进深5柱，中央升起为擎天柱，支撑开井亮棚，以便通风采光。殿门朝东，南北各有1小仓库，西侧有1间护法神殿。

建筑物外围有环绕一周的壕沟，宽1～1.5米，为防护设施；壕沟内为一略呈矩形的夯土防护墙，墙之四角及中间建有凸出的角楼及碉楼，西南及西北西角上另建2座圆形的碉楼，其中西南角的碉楼保存较完好，墙体厚约6～8米，墙上开有三角形或长条形的射孔。现有建筑是1989年重建和后续补缮的。

西藏自治区级文物保护单位。

（二）古如江窑洞

位于门士乡驻地以西，朗钦藏布北岸东西走向的山腰处。

高约5～6米，在砾石山崖截面开挖自下而上高2米的两截石梯。修行洞面积16平方米。主洞东西两边各有10余间窑洞。

传说，为振巴南喀大师的修行洞，距今有2000多年历史。20世纪30年代，苯教大师琼追·晋美南嘎曾在此修行。现阿里地区藏医院院长、古如江寺主持丹增旺扎长期居住此洞内，研修经文和为当地群众看病就医。弟子和侍者居住在主洞东西两边窑洞。

第三节　红色遗址

一、狮泉河烈士陵园

位于狮泉河镇东北山坡上。

1965年7月选定园址。1966年10月，阿里党政军机关迁至狮泉河镇以后，陆续将先遣连烈士的遗骨分别从改则、日土县多玛等处迁葬于此，形成初期规模。1986年6月30日，由阿里军分区、阿里行署重新修葺烈士陵园，并为李狄三等烈士墓立碑。1990年，为纪念进军及和平解放阿里40周年，阿里军分区、行署等发出号召，由58个单位、4021名个人集资36.9万元，对烈士陵园重新进行修葺扩建。

陵园坐北向南，由大门、纪念广场和墓地组成。广场中心竖立纪念碑，上书“革命烈士永垂不朽”8个大字。纪念碑下为圆形的花坛。

烈士墓地分南、北两个区，其中南区为陵园的主体。后排正中安葬着1950年从新疆进军阿里的英雄先遣连总指挥、党代表李狄三烈士的遗体，墓前立有水泥浇注的石碑，碑文正面为“英雄连烈士永垂不朽”9个大字，碑后有用汉、藏文字书写的先遣连事迹。李狄三烈士墓东西两侧，分别安葬着先遣连烈士康海荣、霍延发、徐金宝、白长城等。

前排正中是1994年因公殉职的孔繁森墓，题为“孔繁森烈士之墓”7个大字，由白色墓碑和黑色墓体组成，墓碑两侧有“一尘不染，两袖清风，视名利安危淡似狮泉河之水；二离桑梓，独恋雪域，视民族团结重如冈底斯山”的挽联。

二、石砌巨幅“毛主席万岁”标语

位于狮泉河镇北面山坡。

1967年5月，阿里人民为了表达对毛泽东主席无比热爱和无比崇敬之情，由阿里军分区潘华昌设计，政委刘少稚率领阿里军分区全体指战员，在狮泉河镇北面山坡上用红色岩石砌筑“毛主席万岁”5个大字。随后，部分机关干部、职工和农牧民也参与砌筑，同年9月完成。石砌大字占地面积12979.33平方米，单字长56.4米，宽40.8米，单位面积23平方米；笔画宽度97.9米，厚度0.53米，整幅标语长230.13米，宽56.4米。

20世纪70年代后，当地百姓以宗教礼仪，在其上端四周刻“六字真言”，在山坡顶端树五彩经幡，以表虔诚之情，称“万岁山”。

第四节　文物管理机构

噶尔县成立以后，文物保护工作由县文化行政管理部门负责文物管理，各寺庙文物均由寺庙自行管理。

“文化大革命”期间，大部分文物遭受破坏或遗失。20世纪80年代后，文物工作受到重视，县民宗局、文化局等部门根据上级要求加强了对文物的保护和管理。

第四章　广播影视

第一节　管　理

1971年，县广播站建立后，属县革命委员会政工组领导。1976～2000年，县广播站和县电视台均属县委宣传部领导。

1971～2000年底，县广播站和噶尔县电视台，严格按照《卫星电视广播地面接收设施管理规定》、《音像制品管理条例》、《有线电视管理规定》和《西藏自治区文化市场管理暂行条例》等法规，一手抓全县文化市场的繁荣，一手抓文化市场的管理，并配合县委宣传部等部门监督检查境域内的文化音像市场。

第二节　广　播

1971年，成立县广播站，配备工作人员2名，主要转播中央人民广播电台一套和西藏人民广播电台一套节目。

20世纪70年代末，在门士、昆萨、左左3个区公所驻地建立农村广播站，配备三用唱片机和飞跃型扩音机各一台；各编制1～2人，由区公所直接管理，转播中央一套、二套节目和西藏藏语节目。

80年代末，由于经费和机构变更等原因，上述各广播站逐渐名存实亡。1994年，按照中共中央总书记江泽民关于让党和政府的声音传入千家万户的指示精神，建立县中波转播台，配工作人员1名，购置1000瓦转机1台，100瓦差转机3台，30千瓦电机1部，接收机2台，音像1对。1994年，成立县调频广播转播站，后又在县属5个乡（镇）设立收音站。

至2000年底，县调频广播站有工作人员3名，5个乡（镇）收音站有职工5名。

第三节　电　影

1958年，阿里地区电影放映队成立后，开始在昆萨的中共阿里分工委机关放映苏联影片和部分国产纪录片，驻地群众也前往观看。1960年，阿里专区电影放映大队开始深入噶尔各乡村放映电影。1964年，阿里地区广播电影队在境域内巡回放映电影，共放映102场，观众达25046人次。其中，干部3680人次，部队3325人次，群众18041人次。1965年，县电影队成立，编制2人，配备长江16毫米放映机一台和1101发电机等设备，交通运输靠马驮牛背。在为无产阶级服务，为工农服务的方针指导下，克服人少技术差的困难，共放电影125场，观众达21611人次，其中，部队1940人次、干部6791人次、群众11918人次、尼泊尔边民962人次。1966年6月，电影队更名为放映队，有职工2名。1970年成立县电影广播站，人员编制4名。1975年建立3个区级电影队，工作人员5人。

1974年，县电影放映设备得到更新，有解放103型放映机，并修建了土木结构的电影院，面积100平方米。1983年，县广播电影站更名为县电影管理站，有解放104型放映机。下辖5个乡级放映队，编制8人，从事电影放映和宣传、机械维修与供应、放映培训等业务。5个乡级放映队年放映电影场次达420场。

第四节　电　视

1985年，建成狮泉河镇通信卫星站，开始转播中央电视台一套节目，并播放录像节目。

1986年后，在县城内建成电视差转台和地面卫星接收站，转播中央电视台一套节目。1989年，开始转播西藏台节目。至此，转播中央电视台一套、二套和西藏台3个频道。

1990年，开始实施“三区”（革命老区、少数民族地区、边境地区）和“大庆”（庆祝西藏和平解放四十周年）广播电视建设工程。同年，阿里地区电视台开始制作播放本地藏汉新闻和专题类节目。

1994年，扩大国家实施的“三区”广播电视工程建设范围，在四个乡新建16座乡村电视单收站。同年7月，实施广播、电视“村村通”工程，在每个村建立地面接收站，由县广电站统一管理。境域内广大农牧民群众不仅能看到电视，而且能收看藏汉语等十几个频道。

2000年底，县城和狮泉河镇有线电视台可收转中央电视台一套、二套、五套、六套、七套、八套、十套、十二套、西藏电视一套、西藏电视二套和湖南台、陕西台、新疆台等18个频道。全县电视人口覆盖率达到42%。

第十四篇

教育　体育　卫生　科技

第一章　教　育

第一节　管　理

一、经费管理

阿里解放初期，中共西藏工委对中共阿里分工委《关于阿里办学校问题》作出批复指示："经向噶厦商谈同意由噶厦电告阿里总管尽力协办，学校经费由中央补助，并按以下原则编制概算报表。一是视阿里情况，暂按三十所和二至三间办公室计算；二是桌椅按藏式风俗设置；三是一般暂不收寄宿生；四是助学金面不宜过宽，以不超过总人口的5%为宜，也可视情况定为全补助、半补助和月份补助三等。"

1960年，噶尔建县以后，门士、左左、昆萨小学教育经费由县文教卫生科和县财经科编制经费预算，经县人民政府审核签字后，逐级上报西藏自治区，由国家核拨，县财政部门管理和使用。

20世纪70年代以后，随着本县办学规模的扩大，国家下拨的教育经费逐年增加，县本级财政部门也逐年增加教育经费和投入。1976年，县教育系统工资支出13682元。

1980年，西藏自治区对中小学、中专学校普遍实行人民助学金制度，由西藏自治区安排专项支出。噶尔县初中生和小学生的助学金各分三等，初中每人每月助学金分为13元、15元、18元三等；小学每人每月助学金分为9元、11元、13元三等。

1982年，人民助学金发放标准调整，初中生助学金每人每月分为15

元、18元、21元；小学生每人每月分为13元、15元、18元三等。明确中小学生中享受人民助学金的对象是农牧民子女，干部职工子女一般不享受助学金。同年，国家拨付本县小学经费97863.05元，享受助学金的学生人数达到124名。

1985年，根据西藏自治区有关规定，阿里地区将本县完小确定为地区重点公办小学，并实行包吃、保住、包学费的“三包政策”。

1987年，按照阿里地区文教局的统一规定，上级部门对本县教育经费实行“经费大包干”、“超支不补、节余留用”的原则。县文教卫生局制定下发《噶尔县教育事业经费管理和使用办法》，逐步形成一支专业教育财会队伍，严格把关、杜绝浪费，改变了挤占、挪用教育经费的不良状况，扭转了教育事业一贯欠账的被动局面。

1990年，阿里地区核定本县教育经费33.66万元。1993年3月，党中央、国务院召开第三次教育援藏工作会，逐步加大教育资金的援藏力度，本县（乡）学校校舍、办学条件及教师工资、福利待遇得到明显改善。

1989～1994年间，先后由国家投资完成县完小太阳能教学楼、教职工住房及学生宿舍建设。

1985～2000年噶尔县学生“三包”经费支出情况见表14—1—1。

1985年至2000年噶尔县“三包”经费支出情况统计表

表14—1—1　　单位：万元

年份	经费	年份	经费
1985	2.5	1994	9.0
1986	5.1	1995	5.9
1987	6.1	1996	23.2
1988	5.0	1997	28.7
1989	4.1	1998	26.3
1990	5.6	1999	23.5
1991	5.9	2000	28.1
1992	12.1	合计	201.1
1993	10.0	—	—

二、学校管理

1961年，境内第一所学校昆萨公办小学建立，由中共阿里分工委委派县民教科一名负责人兼任校长；学校教育、教学、日常活动由校长主持。由于该校地处中共阿里分工委和县委、政府驻地，校长几乎没有任何自主权，凡事均由县民教科或县人民政府决定。扎西岗、门士、左左等各区初级小学成立后，校长由区委、区公所委派，管理学校具体事务；重大问题由区委、区公所决定。昆萨小学及以后创立的区初级小学都实行寄宿制管理，学生食物、被褥由家长自行提供，国家给予每个学生一定的伙食补助。20 世纪 70 年代，各乡、村陆续开办教学点，由乡村自行管理，国家没有任何经费补助；各教学点一般只有 1～2 名教师，教师均为临时聘任，没有工资，由乡村以提供粮食、燃料等实物作为补偿。

1979 年，县文教卫生局针对农牧区民办小学教学无计划、上课无课时、教学质量无保障等问题，规定全县公、民办小学每年教学时间为 10 个月，学校寒暑假期为 2 个月，民办小学每天授课时间不得少于 5 课时，任何人不得干涉学校的正常教学活动。同时，制定了教师备课制度、授课制度、作业批改制度等。1980 年，为增强各校校长、教师教书育人的工作责任心，努力提高教学质量，文教卫生局根据教师不同的工作岗位，制定了授课制度、班主任工作职责、值周老师职责、总务工作职责、后勤保障制度、教师考评奖惩制度等教学管理制度。

1982 年，本县针对各乡、村民办学校及教学点大批学生退学回家参加农牧业生产劳动，大部分民办、个别区公办学校面临停课停办的具体实际，根据阿里地区教体委指示，对办学方式进行大调整，除保留扎西岗区公所小学（属边境小学）外，其余所有区小学和乡村教学点停办。撤销“戴帽中学”，集中人力和财力在县城办 1 所完全小学（县完全小学，简称“县完小”），并对学生实行“大包干”，由国家发给一定数量的助学金和生活费。校长由组织部门任命，实行校长负责制；学校内设教务处、教研室、后勤等部门，由校长统一领导，各负其责，各司其职。1983 年，恢复原各区小学。

1992 年，县完小和各区公办小学实行教育目标管理责任制，每年年初县人民政府与各区签订《教育目标管理责任书》，进一步明确各级政府办学的职责。同年，县教体局在全县教师中实行浮动工资制度，即从教师每月的工资总额中，扣除 20％的工资作为浮动工资，到年底根据每人的教学工作、学生管理情况、学生成绩、工作作风等对教师进行奖惩。

1998 年，对全县教师队伍进行整顿，调整部分学校领导班子和教师，完善各学校的德育室，实行学校坐班制度、教师上岗佩带教师证制度，要求教师须参加学生早自习、晚自习和早操、课间操以及其他集体活动等。

三、管理机构

1962 年 9 月 24 日，县民教科成立，未配备领导。

1964 年 9 月 23 日，县民教科更名为县文教卫生科。

“文化大革命”期间，县教育工作由县革委会“四大组”中的办事组管理。

1975 年，撤销“四大组”，恢复设立县文教卫生科。

1987 年 6 月 10 日，县文教卫生科分设为县文教局和县卫生局。

1990 年 11 月，县文教局更名为县教育体育局（简称教体局），至 2000 年。

噶尔县教育机构负责人名录见表 14—1—2。

噶尔县教育机构负责人名录

表 14—1—2

机构名称	职务	姓名	性别	民族	任职时间
噶尔县文教卫生科	科长	徐庆山	男	汉	1966.05～1967.02
噶尔县革委会办事组	组长	芦筱旦	男	汉	1970.11～1973.10
		王恩健	男	汉	1973.10～1975.07
	副组长	李有昌	男	汉	1971.02～1974.10
噶尔县文教卫生科	科长	彭措次仁	男	藏	1983.03～1987.06
	副科长	陈崇善	男	汉	1975.07～1976.10
					1979.03～1980.09
		楚成益西	男	藏	1976.10～1982.06
		鲍果印	男	汉	1978.06～1980.08
		才洛	男	藏	1981.06～1985.08
		江西林	男	藏	1985.06～1987.06
		索巴多吉	男	藏	1985.08～1987.06
噶尔县文教局	局长	江西林	男	藏	1987.06～1990.11
	副局长	土旦	男	藏	1987.06～1988.06
噶尔县教体局	局长	江西林	男	藏	1990.11～1993.10
		强巴次仁	男	藏	1993.10～1998.11
	副局长	洛珠加措	男	藏	1995.04～2000.12
		次仁平措	男	藏	1995.11～2000.09

第二节　基础教育

一、幼儿教育

1978年，县委、县政府为解决广大干部职工因出差孩子无人照看的后顾之忧，在原县农牧局院内建立了本县第一所幼儿园——时称噶尔县托儿所，吸收干部职工孩子入托。当年有幼儿30多名，设置两个班。托儿所无正规的校舍和活动场地，也没有专业幼儿教师和配套的幼儿教材，只是将幼儿进行集中看管。

2000年，国家投资50万元，新建县幼儿园，配备专职教师2名，吸收25名幼儿入园。

二、小学教育

1961年10月25日，本县第一所学校——昆萨公办小学建立，首批招收学生35名，绝大多数为农牧民子女。1963年，在扎西岗区建立初级小学。至1964年底，昆萨小学和扎西岗小学在校学生共计52名。1965年9月，建立门士初级小学。1965年9月，在左左区建立初级小学。至此，县、区两级均建立了小学教育。

1966年，全县在“民办为主，公办为辅，民办公助”和“小型分散、灵活多样、因陋就简、自力更生，勤俭办学”方针指引下，采取兴办季节性学校、夜校、早晚班、教育班、半日班、隔日班制、巡回教学等多种办学形式在个别适龄儿童较多的乡、村设置教学点，实行半牧半读、半农半读等教学方法，为农牧民子女入学创造条件。各学校驻地群众和教育工作者自建校舍，自制教具，自编教材，勤工俭学。按照既抓发展，又要做好巩固提高的工作原则，做到发展一批，巩固一批，巩固一批再发展一批。10月19日至20日，本县召开第四次小学教师会议，参会教师14人。其中，公办教师4人，民办教师10人。会议学习毛泽东著作，座谈在教学工作中存在的困难和问题，交流教学经验。此间，全县各小学统一开设语文、算术课，提倡用普通话授课；采取教育与劳动相结合的方法，注意对学生应用能力的培养；开展纪律教育、劳动教育、体育教育及卫生教育，促进学生身心健康，提高教学质量。同年，遵照毛泽东关于德、智、体全面发展的教育方针，各学校对学生进行“爱祖国、爱人民、爱科学、爱劳动、爱护公共财物”的教育和共产主义思想教育。小学教育逐步趋向正规，学校面貌大为改观。

“文化大革命”开始后，正常教学秩序被打乱，教学质量得不到保证，中途辍学的学生人数增加。1967 年 10 月 14 日，国务院发出“复课闹革命”的通知，本县开始着手抓普及小学教育的工作。1976 年，在校生达 125 人。学校教育走“五·七”道路，实行开门办学，把“农业学大寨”作为学校的基础课。

1979 年，阿里地区召开第三次教育工作会议后，在自然村、牧业点、牧区半定居点纷纷建立教学点。至 1979 年，全县有公办小学 5 所，民办小学 32 所，学生 800 人，适龄儿童入学率达 65%。

中共十一届三中全会以后，县小学开始逐步恢复教学秩序，开展教研活动，学校工作转移到以教学为中心，全面提高教育质量上来。根据国家《关于普及小学教育若干问题的决定》，各小学开展“五讲、四美、三热爱”的活动，增设思想品德教育课，在教学工作中，强调“四认真”（认真备课、认真讲课、认真批改作业、认真辅导学生）、“四熟悉”（熟悉教学大纲、熟悉教材内容、熟悉教学对象、熟悉课本）和“一统一”（统一命题考试）、“常检查”（经常检查教学情况）。在本县兴办四五所五年级小学。调整小学教育，以全日制为主，兼办半日制、农闲学校和儿童识字班。1980 年，县完小被阿里地区教体委定为全地区重点小学。1981 年，根据西藏自治区党委发出的《关于阿里地区工作的指示》精神，阿里对办学方式进行大调整，本县除保留扎西岗区公所小学（属边境小学）外，其余所有区小学停办。撤销“戴帽中学”，集中人力和财力在噶尔县城办 1 所完全小学，并对学生实行“大包干”，由国家发给一定数量的助学金和生活费。

1983 年，根据西藏自治区教育调整方针，恢复各区小学，全县学校数量增加到 5 所，对离校较远的学生采取由国家包吃住的办法，在校生由原来的 957 名增加到 1043 名。

1984 年，西藏开始在内地创办西藏班。1985 年，噶尔县开始向内地西藏班选送小学毕业生。9 月，第一批 17 名学生送往山西省太原市山西大学附中学习。1985 年，根据西藏自治区有关规定，阿里地区将本县完小确定为阿里地区重点公办小学，并实行包吃、包住、包学费的“三包政策”。

1987 年，根据西藏自治区教工委指示，实行县、区（乡）分级办学原则。

1998年，噶尔县完成“普三”验收。

至2000年底，噶尔县累计向内地西藏班及区内各中学输送合格小学毕业生近300人；全县有小学5所。其中，公办完全小学2所，初级小学3所，校舍总面积达到7318平方米；在校学生总人数678名；教学班级共24个。其中，一年级7个班，二年级3个班，三年级5个班，四年级2个班，五年级4个班，六年级3个班。全县适龄儿童入学率达83%。

（一）孔繁森小学

1961年10月25日，中共阿里分工委在其所在地昆萨创办第一所公办小学，学校定名为“昆萨公办小学”。学校受中共阿里分工委民教科的领导。成立当年，在非常艰苦的条件下，动员中共阿里分工委机关干部和驻军指战员为学校修建教室1间、教师宿舍1间、学生宿舍2间。首批招收新生35名，除4名统战人士子女外，均为中共阿里分工委驻地附近农牧民子女。学校有1名教师（旺堆罗布）。开设藏文、算术、音乐、体育、劳动五门课，教材自编。

1962年，增派格列、平措2名老师到学校任教，同时从本县机关内抽调1名汉族同志到学校任教，开设汉语文课。教室没有课桌椅，学生席地而坐上课；学生生活费用由家庭承担。1966年，阿里地委、专员公署及机关迁到森格藏布河畔（现今狮泉河镇），但学校仍留在昆萨。同年，县机关从雅萨搬迁到噶尔昆萨。学校改名为噶尔县昆萨小学，受县文教卫生科领导；全校有学生38名。其中，男生23名，女生15名。平措任校长。

1972年，根据阿里地区提出的县县有中学的办学要求，在昆萨小学校内设噶尔县戴帽中学，实行两个学校，一套师资的办法。在校生80名。其中，男生56名、女生24名。教师5名。

1982年9月，昆萨小学更名为噶尔县完全小学。有13名教师，90名在校生。学校有教室1间、教师宿舍1间和2间学生宿舍。平措和格列分别任正副校长。学校的教学工作按照国家教育部统一教育大纲进行，并按照五年制教学大纲的要求开设了全部科目。

1990年，学校从昆萨搬迁到狮泉河镇。当年借住于地区中学。1991年，由国家拨专款75万元，新建1栋太阳能教学楼、1栋太阳能办公室、1栋学生食堂、2栋教职工宿舍和1栋学生宿舍，1993年完工，投入使用，学校建设步入正规化轨道。

1992年，在校生190名。其中，男生113名、女生77名；教师21名。学校有教室4间、教师宿舍2间、学生宿舍2间。才旦多吉任校长。

1995年5月26日，为了纪念当代领导干部的楷模、阿里人民的好书记——孔繁森，弘扬孔繁森“冰山愈冷，情愈热，耿耿忠心照雪山”和“一片丹心洒校园”的崇高精神，在全国青联委员、优秀残疾青年施纪平的积极倡议和资助下，经中共阿里地委、行署批准，噶尔县完全小学更名为孔繁森小学。同时，阿里地区教体委聘任施纪平为孔繁森小学名誉校长。中共中央政治局常委、国务院副总理李岚清亲自为学校题写校名，并以个人名义捐款。1996年，西藏自治区主席江村罗布为学校更名一周年题词。中国人民革命军事博物馆给学校免费制作了孔繁森塑像，并捐赠了图书。学校不仅得到了各级党、政领导的亲切关怀，也得到来自全国各地的热心人士和社会团体的关心支持。

1998年，学校被列入国家贫困地区义务教育工程项目学校，国家再次投资120万元，新建综合教学楼，并配备教学设施。

至2000年，学校设立有德育室、展览室、阅览室、自然活动室等，内设机构有教务处、总务处及各科教研室等；党支部、团支部、工会、少先队等组织健全。学校占地面积41376.24平方米，校舍（室）总建筑面积4303.17平方米；有教职员工28名，其中专任教师23名，学历合格率为87%。学校共有一年级至六年级9个教学班级，在校生298名。其中，男生185名，女生113名。校内竖有由中国人民革命军事博物馆制作的孔繁森塑像。学校根据国家教育教学大纲开设藏语文、汉语文、数学、思想品德、劳动技术、体育、音乐、美术、社会、自然、英语、计算机等十多门课程。确立了“忠诚人民的教育事业，争做跨世纪的建设人才”的校风和“勤奋、善思、文明、自强”的学风以及“爱岗、敬业、博学、创新”的教风。

（二）扎西岗乡初级小学

1963年，在扎西岗区驻地创建扎西岗小学，有23名学生和3名教师。

1972年，在校生31名。其中，男生19名，女生12名。教师2人，均为中专学历。曲尼任校长。

1982年，根据阿里地区提出的集中办学的原则，该校停办。1984年，学校恢复成立，在校生25名。其中，男生19名，女生6名。教师2人，均为中专学历。由伦珠次仁任校长。

1998年，阿里地区和噶尔县共同投资75万元，对该校进行全面扩建。

至2000年，全校设有两个班级，在校生41名。其中，男生24名、女生17名。专任教师3名（教师学历合格率67%），后勤职工2名，达到上级要求的“一无三有”（无危险房屋，学校有教室、有大门和围墙、有课桌椅）办学条件。学校占地面积5000平方米，校舍942平方米。确立“团结、严肃、求实、创新”的校风和“勤奋、慎思、认真、活泼”的学风及“言传身教、教书育人、一丝不苟、勇于创新”的教风。

（三）门士乡完全小学

1965年9月，始建门士区民办小学，在校生49名，教师1名。1966年4月29日，门士区民办小学转为公办小学，学生31名。

1972年，在校生36名。其中，男生21名、女生15名。教师3人，其中2人为中专学历。学校有教室2间、教师宿舍2间、学生宿舍2间。洛桑平措任校长。

1980年，根据阿里地区提出的集中办学的指示精神，该校曾一度停办。

1982年，县人民政府和门士煤矿在原门士区小学校址创办门士联合小学。在校生56名。其中，男生34名、女生22名。教师6人。学校有教室4间、教师宿舍4间、学生宿舍4间。多穷任校长。

1986年，门士联合小学移交阿里地区教体委直接管理，并更名为阿里地区教委门士直属小学。

1997年，按照“分级办学，分级管理”的要求，该校移交给噶尔县管理，定名为门士完全小学。

1998年，由阿里地区和噶尔县共同投资114万元，新建教室2栋，学生宿舍、教职工宿舍、伙房、餐厅各1栋。

至2000年底，学校占地面积24488方米，校舍建筑面积1328平方米；有专任教师11名。其中大专学历3名、中专学历5名（学历合格率72.7%）。后勤职工4名。有在校生135名，教学班六个（一至六年级），达到了上级“一无三有”的办学要求。确立“团结、勤奋、求实”的校风和“勤奋、慎思、认真、活泼”的学风以及“严谨、科学、民主、灵活”的教风。

（四）左左乡初级小学

1965年9月，创建左左区公办小学。在校生14名，教师1名。学校有教室1间、教师宿舍1间、学生宿舍3间。达瓦卓玛任校长。1966年6月10日，左左区公办小学转为民办小学，有学生34名。其中，男生24名，女生10名。同年，学校成立学生管理委员会，由4人组成，并设学习、生活、卫生、体育四个委员；根据学生的文化程度，编成3个学习小组，第一组14名，第二组15名，第三组5名；学习科目以藏文为主，每天学习10小时。

1975年，在校生28名。其中，男生17名，女生11名。教师2人（中专学历1名、初中学历1名）。学校有教室1间、教师宿舍2间、学生宿舍3间。

1980年，根据阿里地区关于集中办学的指示精神，该校曾一度停办。

1985年，学校恢复成立，有学生15名。其中，男生9名，女生6名。教师2人（具有中专学历1名）。才旦多吉任校长。

1986年，国家投资10万元，新建土木结构房屋13间。

1995年，该校更名为左左区初级小学。有在校生50名。其中，男生31名，女生19名。教师2人（中专学历）。学校有教室3间、教师宿舍3间、学生宿舍6间。

1997年，由阿里地区教体委投资60万元，县财政配套20万元，对该校进行扩建。

2000年，国家投资20多万元对学校土木结构房屋进行维修，办学条件达到上级要求的“一无三有”。学校占地面积9198平方米，校舍建筑面积581平方米；在校生102名，专任教师3名（具有大专学历2名、中专学历1名），学历合格率100%，后勤职工2名。同年，校长江白嘉措被评为全国教育系统先进个人。确立“团结、勇敢、诚实、文明、向上”的校风和“尊师、守纪、团结、进取”的学风及“严谨、务实、求活、育人”的教风。

（五）昆萨乡初级小学

1989年9月，始建昆萨区初级小学，校址位于距县城87千米处。在校生41名。其中，男生29名，女生12名。具有中专学历教师2名。学校有教室4间、教师宿舍2间、学生宿舍6间。贡嘎任校长。

1995年6月，西藏自治区团委、阿里地区教体局和噶尔县共同筹资47万元，对该校进行全面扩建，并更名为昆萨希望小学。在校生60名。其中，男生42名，女生18名。教师5人（中专学历4名、大专学历1名）。学校有教室4间、教师宿舍5间、学生宿舍6间、仓库1间。

至2000年底，该校占地面积22863平方来，其中校舍建筑面积834平方米。有在校生83名。其中，男生61名，女生22名。专任教师5名（3

名中专学历、1名大专学历)，学历合格率达80%；后勤职工2名。学校办学条件达到上级要求的“一无三有”的办学要求。同年，在阿里地区教育工作会上，该校被评为阿里地区先进基层学校。确立了“团结、文明、礼貌待人”的校风和“好学、深思、主动、活泼”的学风及“求实、创新、务实、奋进”的教风。达瓦次仁任校长。

三、中学教育

1972年，按照西藏自治区、阿里地区有关县县有中学的办学要求，10月16日，在昆萨小学院内成立噶尔县戴帽中学。1973年开始办班，时有4名教师，在校生58名。其中，男生34名，女生24名；开设藏语、数学、政治课等。因新招学生基本是半文盲，因此使用小学教材授课。

1980年，有7名教师，在校生34名。其中，男生29名，女生5名。校园面积约800平方米，有教室3间和仓库1间。

1982年，因本县初中学生生源不足，教育经费短缺，教师缺乏，西藏自治区教育厅认为不具备中学条件，决定撤销县戴帽中学。

1972～1982年，该校共招收六批学员，累计约200余人。其中70%的学生毕业后参加了工作，部分成为阿里地区各项建设的骨干力量。

第三节　成人教育

一、扫盲教育

封建农奴制社会，只有“三大领主”受到教育，广大农牧民均为文盲。

和平解放后，驻在本县境内的中共阿里分工委开始对驻地周边群众进行扫盲教育。1952年，中共阿里分工委组织干部对境内群众文化状况进行调查，12～43岁年龄段的人，文盲达2151人，占农牧区总人口的86%。

20世纪60年代初，根据阿里专署指示，本县各区兴办文化夜校。1963年，昆萨区组织青年识字班33个，参加学习的青年达到569人次。

1965年，全县开办夜校识字班28个，有1100多名群众进入夜校识字班学习。

1966年，门士乡组织成人识字班2个，学生30余名。

1965年，本县制定的《噶尔县国民经济和社会发展第三个五年计划》中提出“普及教育”的目标，全县迅速出现群众办学高潮，建立了许多适合噶尔县情的扫盲识字学校、帐篷小学、马背小学、流动识字班等。在田间、牧场、家庭呈现出学习《毛泽东语录》，子教父、父教妻进行扫盲识字的动人场面。夜校扫盲班学习内容主要有藏文字母、汉语拼音、基本算术、国家政策。识字主要教授生产用语、生活用语、事物名称、时事政治名词等；算术主要学习数数、计数、加减、乘法口诀等。通过学习，大多数基层干部、学习积极分子能在学习、工作中作简单的记录；互助组长、村组负责人能记工分、记生产数字、姓名；参加夜校扫盲的大多学员能读简单的报纸，能进行简单计算。

“文化大革命”开始后，起步不久的群众性扫盲、夜校识字班，被名目繁多的政治运动取代，原有的扫盲班、夜校有的遭到破坏，有的面临停办。坚持办下去的也被学习《毛泽东语录》、“最高指示”、革命歌曲和一些政治名词所代替。

1978年，在“文化大革命”中被迫停办的各类文化夜校开始得到恢复。20世纪70年代末至80年代中期，在干部职工中大力开展扫盲教育，县直各机关单位相继开办各种职工夜校，设21个教学班，参加扫盲人数达487人。至1988年10月，有376名青壮年摘掉了文盲帽子。同年，噶尔县、区两级都成立了扫盲工作领导小组，加强对扫盲工作的领导。实行各乡镇扫盲领导小组分村包干和村干部分班包干负责制；在学习、生产两不误的原则下，制定了考试验收制度，考试合格者发给脱盲证书。

1984年，全国成人教育工作开展后，噶尔县内鼓励和支持在职干部职工参加函授教育、电大教育、成人高考和自学考试。

1994年，《西藏自治区（扫除文盲工作条例）细则》颁布。按照《西藏自治区藏语文扫盲教学大纲》和《西藏自治区数学扫盲教学大纲》的要求，县、区两级再一次掀起扫除文盲的高潮，教材由西藏自治区教育委员会统一组织编写、供应。通过学习，脱盲的学员基本能达到会读且能拼写藏文常用词、能阅读较通俗的藏文文章；会写借条、收条、请假条、申请书、通知、简短书信等日常应用文；掌握一些基本的农牧业生产技术知识、法律知识和卫生保健常识；理解、掌握数的概念和数量关系，以及一般的四则运算能力。

2000年，本县已顺利通过西藏自治区扫盲验收。年底，本县脱盲人数达 4900 多人，扫盲覆盖率达 90.4%。

二、函授教育、成人高考和自学考试

20 世纪 90 年代后，随着各种教育的普及，县委、县政府重视做好成人教育工作，鼓励和支持在职干部参加函授教育、电大教育、成人高考和自学考试。

1995～2000 年，随着全国函授教育、电大教育、成人高考等教育的兴起和普及，县委、县政府继续支持和鼓励在职干部参加各种学习，先后选派 3 名干部到中央党校、17 名干部到西藏自治区党校、75 名干部到中共阿里地委党校学习文化知识及政治理论。同时，县委、县政府每年都根据上级安排，选派部分干部职工参加上级业务部门举办的政治、政策和业务等短期进修培训班，提高干部职工的政治素质和业务技能。

第四节　教学管理

一、课程设置

（一）幼儿园

1978 年，县托儿所成立，只教授简单的数字、汉语拼音、藏文字母、唱歌、跳舞等。

80 年代，阿里地区文教局组织征订《幼儿教材》，县幼儿园陆续开设体育（包括日常生活、卫生习惯、幼儿体操、游戏、舞蹈）、语言（说话、故事歌谣）、音乐、计算、图画、手工（纸工、泥工）、常识、思想品德、美术和游戏等课程。

（二）小学

本县各小学创办初期，所设课程主要是简单的藏文字母识教。教材自编，以教师自我意识安排学生的学习、生活课程。

“文化大革命”期间，“生产劳动”列入课程表，“体育”改为“学军”课，“算术”改为“数学”，劳动课和政治课成为主课。

1981 年，境内各学校参照国家教育部颁布的《全日制五年制小学教学计划》设置课程。1988 年，开始执行西藏自治区教育科技委员会颁发的

《西藏自治区全日制公办中小学教学计划》，小学开设思想品德、藏语文、汉语文、数学、常识、地理、历史、体育、美术、游戏、劳动技术11门课，并规定一学年52周，寒暑假12周（含农忙假）。教学时间42周。其中，上课36周，劳动技术课2周，复习考试2周；小学每周23～31节课，开设科目6～10门，每节课时45分钟。1998年，根据西藏自治区教育委员会决定，各小学将常识、地理、历史课合并为社会课。

二、学制学籍

（一）学制

20世纪60年代，县内所有小学无统一的学制要求。

“文化大革命”开始后，为贯彻毛泽东的“学制要缩短，教育要革命”的指示，县各小学的学制设定为3～5年不等。

80年代后，噶尔县执行国家教育部规定的小学五年制方针。1988年11月，根据西藏自治区教育科技委员会颁发的《西藏自治区全日制公办中小学教学计划》规定，本县所有小学实行六年制学制。

（二）学籍

1994年，根据西藏自治区教科委制定的《西藏自治区学校管理章程》规定，阿里地区教体委颁布《阿里地区中小学校学籍管理暂行规定》，对学生入学、转学、休学、复学、退学、成绩考核、考勤、毕业、结业、肄业、奖励和处分等作出明确规定。

三、思想品德教育

20世纪60年代，各学校为配合民主改革，在学生中开展阶级教育，进行“忆苦思甜”；个别学校组织学生就地外出参观，请贫苦农牧民来学校讲述自己过去的苦难经历，开展社会制度对比教育，提高学生的阶级觉悟。同时，把教育同生产劳动相结合，在学生中树立为人民服务的思想，培养学生热爱祖国、热爱社会主义、热爱人民、热爱科学、热爱劳动的思想感情。教育学生诚实勇敢，不怕困难，团结友爱，艰苦奋斗，把培养德、智、体、美全面发展的社会主义事业的建设者和接班人的思想贯穿于学校工作。

“文化大革命”时期，鼓励学生当“小闯将”，参加各种政治运动。

1979年，在各学校开展“学雷锋、做好事、争三好”和积极开展“五讲、四美、三热爱”活动。各小学贯彻执行《小学生守则》，在中学开展转变校风，进行勤俭朴实、艰苦奋斗教育。各校以党支部为核心，政教处、共青团、学生会等各个组织积极配合，从低年级到高年级分别开展“迈好青春第一步”、“立志成才，献身祖国”、做党的忠实儿女、为共产主义事业奋斗等校内活动。

1981 年，各小学开设思想品德课，对小学生进行共产主义教育。

1988 年 8 月，根据国家教育部颁发的《小学教学大纲》要求，培养学生爱祖国、爱人民、爱劳动、爱科学、爱社会主义的思想情操和良好品德，注重学生的文明行为习惯和品德、意志的培养。

20 世纪 90 年代后，在教学点以上的学校开展升国旗、唱国歌活动；规范升、降国旗制度；在重大纪念日开展爱国主义教育，培养学生热爱祖国、热爱西藏的思想感情；教育学生树立祖国观，懂得西藏是中国的一部分、藏民族是中华民族的一员。狮泉河镇内各学校，每年利用清明节到狮泉河烈士陵园进行扫墓，在烈士墓前举行宣誓仪式。在学生中开展反对分裂、加强民族团结的教育。各学校制定德育工作计划，乡完全小学以上的学校和部分教学点建立德育室。设立班周会和主题班会进行思想品德教育。

四、教研教改

1989 年，县教育部门开始成立各科目教研室，配备教学研究人员。其主要职责是结合本县教育工作实际，以提高教学质量、多出人才、出好人才为目的，开展常规教学管理、教案编写，进行课程授课程序、教师教学方法等研究，为改进全县各学校教学服务。

1995 年，本县贯彻实施《中华人民共和国教育法》、《中华人民共和国义务教育法》，落实西藏自治区第五次教育工作会议精神，县教研室教学研究人员采取到课堂一线听课、评课、指导教学，与广大教师一起探讨授课方法，教研人员上公开课、听优质课、开展教学比武、实行全县统考等办法，深入全县各学校调查了解情况，改进教师教学方法，提高教学质量。同时，还调查了全县各学校的教职工管理、学生管理、后勤管理等，经反复研究和论证后向噶尔县教育管理部门提出整改意见和建议。

五、学生管理

1979 年，县文教卫生科根据上级教育行政主管部门有关学籍管理规定，制定了学籍管理办法。规定学生被录取后实行录取通知制度、新生入学注册制度，对转学、退学、休学、复学的学生，都必须严格办理相关手续。同时，实行升留级制度，对一学期两门主课或三门副课不及格的学生给予留级处理；对品学兼优的学生，除正常升级外，还要进行奖励。

1997～2000 年，县委、县政府和县文教局陆续制定控制学生流失、保证学生在校学习制度，减少了在校学生的流失，保障了全县适龄儿童的入学率和在校学生的巩固率。

第五节 教 师

一、队伍

20世纪60年代初，主要依靠吸收社会名流、离寺喇嘛或有识之士担任教师，多数教师仅有高小文化水平，个别小学教师水平与学生相差无几；个别学校从本年级中抽出成绩较优秀学生充当教师。

1961年，本县有公办教师1名。1962～1963年，有公办教师3名，民办教师3名。1964年，有公办教师6名、民办教师3名。1965年，有公办教师6名，民办教师5名。

“文化大革命”开始后，部分教师调到其他岗位。后随着全国教育会议召开，本县采取措施，将原从事教学工作的青年干部重新调回到教师队伍中，同时选择表现较好的农牧民子女经过短期培训，充实到教学岗位，还从在职干部、工人、转业军人中物色教师。

1969年，公民办教师9名。

1972年，各级各类教师12名。

1978年，根据西藏自治区革委会批转的西藏自治区教育厅、人事局《关于贯彻国务院有关文件精神，加强西藏自治区教师队伍管理工作的意见》下发后，将部分改行的教师重新调回教育战线。

1979年，全县有教师20名。

1989年，全县有教师31名。其中，男教师25名，女教师6名。

至2000年，噶尔县共有教职工48名。其中，专职教师42名，少数民族教师42名。

二、培训

20世纪60年代初期，县文教卫生科利用每年暑假，采取在职辅导和代培等多种形式培训，组织水平较高的教师为全县小学教师讲授专业课程。

1964年7月，县文卫科规定，每年选派3名教师到西藏民族学院进修。

同年，除送外培训外，以公办为中心，民办小学为辅，对6名民办教师和3名公办学校教师进行一次培训。“文化大革命”期间，全县教师队伍既得不到进修培训，也没有增加教师。

1976年以来，本县所有小学教师得到进修机会，有的进修了两三次，极大地提高其业务水平。教育部门重视抓好教师的自学，定期布置自学内容，并专门抽人巡回检查，定期对教师进行业务考核，对进步快的教师给予表彰。1978年后，师资培训采取在职教师培训和离职进修两种方式。

80年代后，县采取对外委培的办法解决师资不足的问题，先后与日喀则师范学校、西藏大学培训部、西藏民族学院、拉萨师范学校等大专院校联系，进行师资培训。同时利用寒假时间进行教师培训，培训内容主要采取“教什么、学什么、补什么”的办法，主要培训小学藏文、数学、语文3门主课。

1980～2000年，本县先后有17名教师到西藏大学、拉萨师校、日喀则师校进行脱产学习，改善和提高了教师队伍的执教能力。

三、教师待遇

（一）政治待遇

中共十一届三中全会召开后，科学作为社会生产力的重要组成部分，重新恢复知识分子在社会发展中的应有地位，教师被尊称为“人类灵魂的工程师”、“辛勤耕耘的园丁”等，受到党和人民群众的普遍尊重。

县各级党组织和人民政府认真落实对知识分子的各项政策，在教师中培养、吸取和发展党员，表彰并奖励优秀教师，从优秀教师中培养选拔各级领导干部，让教师代表参与重大决策，为教师发挥其主观能动性和教师的聪明才智营造良好的氛围。1985年9月10日，为庆祝全国第一个教师节，县委、县人民政府表彰部分优秀教师。1986年9月，县完全小学教师才旦多吉被西藏自治区授予“自治区优秀教师”称号。

至2000年，受到表彰的教师51人。其中，被国家教育部授予先进个人1名，被西藏自治区授予“自治区优秀教师”5名，受阿里地区表彰18名，受噶尔县表彰27名。

（二）经济待遇

西藏民主改革后，本县教师享受月薪制。20世纪60年代，教师月均工资56元，民办教师工资为16元。中共十一届三中全会以后，教师的政治地位和经济待遇不断提高，先后4次调整和提高教师工资待遇。1980年，本县各学校执行班主任津贴制。

1982年，落实国务院《关于1981年调整部分职工工资的通知》精神，人均月工资上调98元。其后，教师工资逐年增加。1983年7月，教师享受每月15元的出勤补助。1990年，人均月工资400元。

20世纪90年代，县小学教师实行专业技术职务评聘制度，并对其实行相应的工资待遇。教师专业技术职务分为小教三级、小教二级、小教一级、小教高级。教师工资水平在各行业中处于中等水平。县实行公务员制度后，教师按事业单位参与工资改革，工资待遇得到进一步提高。此外，教师还享受国家规定的行政、事业单位职工的公费医疗、休假等其他福利待遇。

至2000年，本县教师人均月工资2700元。

四、管理

1979年，县文教卫生科针对农牧区民办小学教学无计划、上课无课时、教学质量无保障等问题，规定全县公、民办小学每年教学时间为10个月，学校寒暑假期为2个月，民办小学每天授课时间不得少于5个课时，任何人不得干涉学校的正常教学活动。同时，制定了教师备课制度、授课制度、作业批改制度等。1980年，为增强各校校长、教师教书育人的工作责任心，努力提高教学质量，县文教卫生科根据教师不同的工作岗位，制定了授课制度、班主任工作职责、值周老师职责、总务工作职责、后勤保障制度和教师考评奖惩制度等教学制度。

1992年，县完全小学和各乡公办小学实行教育目标管理机制，每年年初县人民政府与各乡人民政府与各村委会层层签订《教育目标管理责任书》，进一步明确各级政府办学的职责和责任。同年，县文教局在全县教师中实行教师工资与工作挂钩，即从教师每月的工资总额中，扣除20％的工资作为浮动工资，到年底根据个人的教学工作、学生管理情况、学生成绩、工作作风等对教师进行奖惩。

1998年，对全县教师队伍进行整顿，调整部分学校领导班子和教师，完善各学校的德育室，实行学校坐班制度、教师上岗佩带教师证制度，教师须参加学生早、晚自习和早操、课间操以及其他集体活动等制度。

第六节 教育援藏

境内民族教育事业是在中国共产党领导下，在全国各族人民尤其是山东、山西、河北、陕西、河南和新疆维吾尔等省（自治区）的无私援助下，从无到有，从弱到强，逐步发展起来的。

和平解放近50年来，本县先后得到山东、河北、陕西等省的教育支援，援藏教育项目得到顺利实施。

1985年9月，本县完小部分学生随阿里地区选送的第一批50名内地西藏班学生被送往山西省太原市山大附中学习。至2000年底，噶尔县向内地西藏班（校）选送863名学生。

1994年7月，党中央、国务院在北京召开了第三次西藏工作座谈会。确定由陕西省对口支援噶尔县，陕西省为本县教育给予了支援。从1995年开始，陕西省、河北省、山东省及陕西、河北两省援藏干部便对噶尔的教育事业给予大力支持，完成了一系列援藏项目，开创了县教育事业的新局面。

1996～2000年噶尔县援藏投入教育的资金及项目情况见表14—1—3。

1996年～2000年噶尔县援藏资金投入和教育项目统计表

表14—1—3

年份	投资省	受援单位	项目名称	投资金额
1996年	河北	孔繁森小学	综合教学楼	700万元
1996年	山东	孔繁森小学	修建职工住宅	30万元
1997年	陕西	噶尔县教育局	孔繁森小学、县幼儿园	150万元

第二章　体　育

第一节　民间体育

噶尔民间传统的群众性体育活动有赛马、马术、抱石、摔跤、掷骰子、玩羊髌骨、藏牌等。在噶尔恰钦大会期间举办的赛马和马术比赛是阿里有组织的规模最大的体育活动。

民主改革后，本县群众性体育活动在保持传统体育活动基础上，增加拔河、赛跑等项目。20 世纪 60 年代至 80 年代，特别在人民公社时期，群众开展体育比赛活动的时间较少。

80 年代后，在“八一”、春节、藏历新年或重大纪念节庆活动时，境内城乡都要开展形式多样的文化体育活动。农牧民在劳动闲暇时也自发开展抱石、摔跤、藏牌、掰手腕等一些小型体育活动。

一、传统项目

（一）赛马、马术和马球

赛马始于远古社会，具体时间无资料考证。赛马有跑马、走马和马上技巧比赛 3 种类型。跑马叫“久玛”，采取分组分批进行，以最先到达目的地者为胜，各组决出优胜者，再进行决赛，决出名次。

赛走马藏语称“卓玛”。举行赛走马时，规定马的四蹄不能腾空，首先讲究步伐平稳，四蹄不乱，又有一定速度。其次再看马的形态、步态。另外还要求马在行走时要有节奏，骑手要随着马走动的节奏而晃动，使马的步子匀称整齐，获得名次的马一下名声大振，身价倍增。

马上技巧赛藏语称“达孜”，一是地上放哈达、银元、藏刀、帽子等，以骑手在地上拿起东西多少决出胜负；二是马上射击比赛，在赛程内挂有靶子，骑手在马背上用枪或箭连射，以射中率高低取决名次，是一种最精彩的马术射击活动；三是马上藏身、翻滚、站立、倒立、敬酒、喝酒等技巧。骑手们以高超技艺双脚踏授、上身后仰，手抓马尾，头几乎挨地，但保持平衡，不晃动，不摔下马来，或双手抓鞍，身躯倒立马背，双腿可分可交叉；四是骑马点火枪，即骑手在飞驰的骏马上往火枪中装火药、放弹点火、射靶。在一定距离内跑马快、放枪次数多者为胜。这一比赛要求骑手动作娴熟、连贯、快速。

马球是一种集体比赛活动，在阿里有数千年的历史。球有拳头大小，将木雕成圆形，外用皮革包好，涂上朱红色，球员骑马击球。比赛时每个队员手持一把新月状的弯曲球杖，骑马奔驰，用球杖将球射入对方球门网袋内为胜。这一体育项目早已失传，在噶尔恰钦时也没有举行马球比赛的记载。

（二）掷骰子

掷骰子，藏语称“雪加”，是盛行于藏区民间的一种娱乐。它不为场合、地点、时间、人数等条件所限，只要有两颗骰子和几颗石子、麦粒、果实籽、小木棍，就能玩得津津有味。骰子起源何时，无确切的年代。在吐蕃王朝时期，已有骰子。骰子通常用蜡、泥、骨、木、象牙、玉、橡胶材料等制作。最初它不是娱乐用具，而是用来占卦的。人们根据显现的点数来占卜凶吉祸福，在民间极为盛行。骰子藏语叫“雪”，为六面，正方体，每面刻有1点至6点。用两颗骰子可排列组合成21种不同的点数，其称呼二叫“巴热”，三叫“苏古”，四叫“孜格”，五叫“喀”，六叫“鲁”或“图”或“珠”，七叫“日”或“厅”，八叫“夏”，九叫“古”，十叫“曲”，十一叫“朵”，十二叫“姜”。掷骰子所需用具十分简单，即一对骰子，一个木碗，一副骰垫，3种不同钱币或随手可得东西作计数物，各9枚。掷骰有2人、3人、4人局之分。自己的9枚子儿都达到终点，藏语叫“拉团”，即赢家。掷骰子时根据自己的点位呼唤骰子数，说句骰子令词，牧民俗话说“骰子无令词无趣味”。骰子令词内容丰富，将政治经济、历史文化、宗教风俗等作比喻，风趣幽默。

（三）摔跤

境内摔跤活动比较普及。双方系紧腰带，两臂相交叉紧抓对方腰带，靠臂力摔倒对方，肩触地者为败，用脚绞绊则为犯规。成年人摔，儿童也摔，而且力小体弱者也敢和身强力壮者挑战，利用体轻灵巧使对方落败，为自由式摔跤。

（四）拔腰、蹬棍

此项活动不受场地、季节的限制。青壮年常利用休息时间进行“拔腰”“蹬棍”等体育活动。拔腰时两人相互抱住对方腰部，抱稳之后，由裁判发令，双方尽力上拔，一方双脚窝地则输。蹬棍时两人坐在平地上，腿伸直，脚相互抵住，双方用手横握一木棍，发令后开始拉动，要求膝关节伸直，不得弯曲，如甲方将乙方臀部拉离地，甲方则胜。如旁有不服者，还可上前较量一番。

（五）玩羊髌骨

藏语称“龙马尔”，是用羊膝盖髌骨来玩耍，多为儿童玩耍。羊宰杀后，吃净羊膝盖上肉，取出髌骨作玩具。骨头有上下正反四个面，竖起谓马“达”，翻过叫驴“崩古”，俯者叫绵羊“鲁”，仰着山羊“热”。凡参加掷次者，每个持1枚，用手掷出，出现马为头家（第一个掷）；出现驴为二家；出现绵羊为三家，出现山羊为四家。投掷次序确定后，把许多羊骨排队立在一墙脚下，距十余米处用一髌骨像打靶一样，轮流打立在墙脚的髌骨，只要髌骨打出所画的区域获得髌骨，最后谁获髌骨最多者获胜。

（六）掷石

掷石是境内一种民间消遣性的体育活动，多为年轻人所为。一般立一目标，参赛者站在离目标百米远的地方，轮流对着目标用臂抛石，比赛力量与准确性。另一种用“乌朵”① 抛掷石头。比赛时，选手们站成一线，将乌朵对折，内包石子，然后将有套圈的一端套在右手中指或无名指上，另一端用拇指和食指抓住，在身旁均匀挥转成弧形，当转至最高速度时，即对准目标，猛将拇指、食指放开，石子即呈弧形飞掷出去，以抛远、抛中者获胜。牧民们放牧时常使用它，因此，一般都很准确，甚至能击中飞奔中的羊犄角。

（七）二王棋

二王棋是境内群众比较喜欢的棋艺娱乐活动，藏语称“达热”（虎羊）。不受条件限制，随时可玩，男女皆玩。人们只要用尖石子在地面上画出具有

---

① 乌朵：即用羊毛编织的牧鞭抛掷石头。“乌朵”原是狩猎与放牧的工具，在藏族古代，它是一种武器。乌朵呈带形，长约1.5米，两端细，一端有套圈，中间有一宽约4厘米的椭圆“乌梯”，用以包裹石头。

25点的格子作为棋盘，并以小石子为棋子即可。棋盘有两种：一是画纵横线各5条、斜线6条，在中轴线顶端画一内有十字的倒三角形作为“达仓”；二是在四边中线外侧各设一兵宫（热仓），共4个。此种棋的下法均由“兵”去围住“王”，故称“羊群斗虎”，就是用“羊”去围住“虎”。如果王（虎）将兵（羊）吃净或使剩下的兵（羊）无力堵王（虎）时，王（虎）吃羊即胜；反之，兵（羊）将王（虎）逼近“杰康”即胜。

（八）藏牌

藏语称“巴钦”，起源于何时，尚未考证。“巴钦”是藏族日常生活中常见的娱乐，尤其是在牧区非常兴盛，多为中老年男子所为。昔日，境内藏族男子，尤其是贵族、商人等，玩藏牌作为一种首选娱乐。其图案都是圆点形，涂以红、黑、白等色。大小与麻将相同，其质地为木、骨、象牙等。共有64张牌，分“甲”与“索”两种，其中“甲”牌有44张；“索”牌有20张。其称呼各异，“甲”牌两点叫“迪”，四点叫“瓦”（狐狸）或“觉孜”“方桌”或“卓巴”（牧人），六点叫“久巴”（棍子或“齐”［狗］，七点叫“帕”（猪），八点叫“美”（火），十点叫“斯罗”或“果玛”（红头）和“擦沃”，十一点叫“霍”，十二点“天”；索牌称呼九、八、七叫“伺”（分黑红）、五叫“够”（分黑红）、六叫“玛”（母）、三叫“苏”，其中六与三叫母与子。其玩法甲索要分开，“甲”对“甲”，“索”对“索”。玩时必须要4人对玩，每人16张，全部取完。取牌时掷骰子确定谁先取。用掷骰子的办法决定每局牌中的“竞”（相当于将牌），即两颗骰子上的点数与牌上的点数图案形状相同时，那四张牌就成为“竞”。三与六合算一个“竞”。加牌大小顺序是从小到大是霍、帕、齐、果玛同一个等级，觉则、久巴是同一个等级；瓦，迪，天。索牌顺序大到小为九、八、七、五、六（母）与三（子）。以自身的点数决定大小。在四人对局时，出牌比大小。根据自己手中的牌势，出牌必须依次轮位，可以出单张、双张、三张、四张。

除上述外，民间体育项目还有举重、赛跑等。

二、噶尔“恰钦”赛马会

噶本政府时期，为纪念甘丹才旺打败拉达克，收复阿里，每年藏历八月，在其驻地雅萨举行盛大的赛马及物资交流会，称“恰钦”。各宗本、如本、商户、民众纷纷云集于此。

藏历八月二日上午，由噶本管家派出4名骑手进行象征性跑马训练。跑马训练时，有锣鼓、唢呐手各1名负责奏乐；跑马训练结束后，4名青年女子在旁边为跑马训练的骑手献茶、敬酒。随后，噶本的两名管家集中所有参赛选手进行点名，宣读纪念甘丹才旺打败拉达克的文告。

八月三日，参加“恰钦”的所有人员集中到比赛现场，先进行跑马赛，待太阳升起时，由噶本管家鸣枪两声，所有选手策马奔跑，冲向终点。比赛结束后，由噶本的两名管家分别向获得第一名和第二名的选手颁奖。随后，进行马术、马技等表演。“恰钦”盛会持续数日。期间，除进行赛马等各项体育活动外，还进行物资交流。

第二节　学校体育

20 世纪 60 年代初，境内各小学开始设置体育课，主要内容是广播体操和跑步。“文化大革命”开始后，学校体育课改为军训课。

1979 年，根据西藏自治区教育厅颁布的《关于加强学校体育工作意见》，各学校每周设置两节体育课，学生平均每天有 1 小时的体育活动。同年，阿里地区文教局规定凡是体育工作开展不好的学校不得评为先进学校，体育成绩不好的学生不能评为三好学生。各学校坚持自力更生、勤俭办体育，发动教职工和学生整治操场，修建跑道，因陋就简，自制体育器材，解决体育场地和体育器材不足的问题。

90 年代后，随着各学校办学条件的改善，乡以上完全小学利用“六一”儿童节，开展丰富多彩的体育活动，主要有田径、拔河、篮球、足球等运动。1998 年，举办首届阿里地区中小学田径运动会，此后形成惯例，每两年举办 1 次。

至 2000 年底，孔繁森小学、门士小学、扎西岗小学、左左小学、昆萨小学都建有简易的足球场和篮球场。

第三节　全民健身

1965年，昆萨有一简易的篮球场外，没有任何体育场所及设施，各类体育活动都在平坦空地或草坝上开展。

60年代至70年代，本县干部职工、驻地部队、学校以打篮球、拔河作为日常主要体育活动。经常开展篮球、乒乓球、牌类、棋类等体育活动。在节假日或重大活动时，开展篮球、乒乓球、牌类、象棋、军棋、跳棋等比赛活动。冬季河面封冻，自发去滑冰；在机关组织干部、职工举办舞会。

1983年后，本县职工体育活动项目逐渐增多，主要有篮球、乒乓球、拔河、牌类、棋类等。在每年的藏历新年和春节、“三八”妇女节、“五一”劳动节、“五四”青年节、“七一”建党节、“八一”建军节、“十一”国庆节等节假日或重大活动期间，有组织的进行体育比赛活动。

1993年，为活跃阿里地区物交会气氛，物交会组委会举办各县及地直机关男女篮球赛。县组织男女篮球队参赛。

1997年，阿里地区在狮泉河镇举办首届“邮电杯”男子篮球赛，噶尔县篮球队参加比赛，获得亚军。

1999年7月25日，阿里地区组织开展“迎民运”男女长跑赛，噶尔县孔繁森小学派选手参加比赛。同年，本县组织运动员参加为庆祝阿里民主改革40周年举办的篮球、赛马、马术表演、中小学广播体操赛、职工二十四式太极拳表演等；本县组织500名干部职工参加越野赛。

至2000年底，县机关干部职工开展的体育项目有：篮球、乒乓球、足球、台球、拔河、绑腿跑、800米接力跑、牌类、棋类等。在每次体育比赛中，除部分年老体弱者外，大部分干部职工都积极参加。

第四节　机　构

1962年9月24日，成立噶尔县民教科，兼管体育工作。

1964年9月23日，县民教科更名为县文教卫生科，兼管体育工作。

“文化大革命”期间，体育工作由县革委会“四大组”中的办事组负责。

1976年10月，恢复成立县文教卫生科，内设体委，具体负责管理体育工作。

1987年，县文教卫生科分设为县文教局和县卫生局，县文教局具体负责全县体育工作。

第三章　卫　生

第一节　医政药政

一、医政

（一）公费医疗

1960年噶尔县成立后，成立公费医疗领导小组，并指定专人具体负责公费医疗工作，在党政部门和事业单位干部职工中推行公费医疗。公费医疗按干部职工工作年限、级别确定应享受公费医疗的等级和范围。1966年，在县各级机关、事业单位中实行“公费医疗证”制度，干部职工凭“公费医疗证”到指定医院就医。

1978年，将人参、鹿茸、卵磷脂糖浆等7类约50种药品列为自费药品。

1985年，公费医疗制度逐步健全完善。凡享受公费医疗的干部职工患者，一律凭公费医疗证和记账报销单到县人民医院或经县人民医院指定的医疗单位就诊治疗。若患者未经县人民医院同意而自寻医院就诊治疗和自购药品，其治疗费和药费不予报销。

1990年6月，根据上级有关精神，结合本县实际，实行新的公费医疗管理制度。医疗费用采取由国家和患者个人分别承担的办法。具体办法是：将每年每人30元的公费医疗费分为两部分，一部分按工龄长短等计入职工月工资发放给个人，作为门诊治疗费，节约归己，超支不补；另一部分留存县财政，作为享受公费医疗的干部职工患重病住院治疗费用。干部职工凭住院发票到财政局报销。同年，噶尔县享受公费医疗的党政机关、事业单位干部职工 160 人。

1996 年，对公费医疗制度进行第二次改革。改革后，干部职工的门诊治疗费按工龄长短划为 7 个档次，每一档次固定相应的门诊治疗费包干基数，工龄最短的职工每月可领门诊治疗费 9 元，工龄 40 年以上的每月可领门诊治疗费 33 元。大病、重病住院治疗费仍按照工作年限确立的相应比例报销。工龄 10 年以下的干部职工可报销 80％的住院治疗费，工龄 31 年以上的干部职工可报销 95％的住院治疗费。住院治疗时间超过 1 个月以上的，扣发其当月门诊治疗费。

至 2000 年底，本县享受公费医疗的干部职工达到 280 人。

（二）农村免费医疗

1951 年，中国人民解放军进入噶尔后，开始为农牧民实行免费看病。1955 年末，中共阿里分工委卫生所建立，卫生所医务人员在本县境内农牧区开展巡诊，为农牧民实施免费诊疗。1960 年底，县卫生所建立后，对农牧民群众实行免费治疗。尤其是对麻疹、风疹、布鲁氏杆菌、流行性脑膜炎、伤寒等传染病性疾病实施重点监控，对患者免收各种费用。

1980 年 4 月，中央在《西藏工作座谈会纪要》中明确提出，对西藏农牧民继续实行免费医疗制度。

1983 年，改革免费医疗制度，县医院开始适当收取操作费。阿里地区财政为本县拨付一定的免费医疗经费，用于患急危重病的农牧民提供免费医疗救助。

1994 年初。根据西藏自治区有关规定，县人民政府对免费医疗制度进行改革，在昆萨区开展发证试点工作，后逐步推广到全县。对农牧区贫困户、五保户、残疾人、军烈属和生活确实有困难的城镇居民，核发红色“免费医疗证”；其他享受免费医疗农牧民核发蓝色“免费医疗证”。持红色“免费医疗证”人员在西藏自治区各级医疗机构就医时，全免医疗费用；持蓝色“免费医疗证”人员则半免医疗费。“免费医疗证”由西藏自治区卫生厅统一印制。

至 1997 年底，本县共发放西藏自治区卫生厅印制的“红色免费医疗证”805 份，“蓝色免费医疗证”5520 份。

至 2000 年底，本县共发放“红色免费医疗证”893 份、“蓝色免费医疗证”5961 份。

（三）合作医疗

2000年5月，根据西藏自治区第三次卫生工作会议精神，在全县4乡1镇全面启动农牧区合作医疗制度。新启动的农牧区合作医疗制度，坚持“政府领导、集体扶持、预防为主、多方筹资、因地制宜、量力而行、科学管理、民主监督”的方针，实行乡办乡管的办法。同年，本县成立由政府县长为组长，主管卫生工作的副县长、县卫生局长为副组长，县人大、县纪检委、县财政局、县民政局、县农牧局等部门组成的噶尔县农牧区合作医疗管理委员会。各乡镇也成立相应领导小组。制定并颁发《噶尔县农牧区合作医疗管理制度》、《实施方案》、《实施细则》等各种规章制度。

农牧区合作医疗经费由政府所拨的免费医疗经费和群众自筹资金两部分组成。政府按每人每年30元的免费医疗经费标准拨付，农牧民个人则按每年人均收入的1.5%～3%交纳合作医疗资金，每人年均交纳10元。合作医疗总经费的85%作为医疗基金，10%作为防保金，5%作为风险基金。参加农牧区合作医疗的农牧民，凭合作医疗卡（证）到指定医院或转诊到指定医院就诊治疗，并凭医院就诊发票，定期到县或乡镇合作医疗管理办公室报销，报销比例为50%～70%不等。

（四）巡回医疗

1966～1974年，境内少数乡村发生麻风病、痢疾、流感等传染病，县卫生所及时派出医疗小组，深入疫区进行就地隔离治疗和预防工作。同时，县卫生科从县卫生所抽调部分医疗技术人员不定期到各区、乡开展巡回医疗工作。此间，县卫生所共派出医疗小组4批5人（次）深入农牧区开展巡回医疗。

1982年，县人民医院先后派出巡回医疗小组5批12人（次）到各区、乡免费为农牧民群众治病，接种乙肝、百白破等疫苗。

90年代后，随着本县农牧区医疗条件、交通条件的逐步完善，县人民医院加强了巡回医疗工作。

（五）医疗经费

县卫生所成立后，卫生经费由县财经科核拨。1960年，县核拨卫生经费0.50万元；1972年，核拨卫生经费1.40万元；1982年，核拨卫生经费8.56万元；1992年，核拨卫生经费10.1万元；2000年，核拨卫生经费30.45万元。

二、药政

1962年，县卫生所成立前主要使用藏药，所用藏药大多为自采自制，少数从阿里地区或拉萨购进。此后逐步使用西药，对患者实行藏西医结合治疗。全县所用药品，由县卫生所统一购进后分发到各医疗单位，并建立统一的药品进货渠道。1987年，县卫生局成立后，各医疗单位所用药品统一由县卫生局从阿里地区医药公司购进，并分发到各医疗用药单位。

2000年，本县全面启动合作医疗制度，县卫生局根据有关条例和规定，制定一整套药品管理制度，规定全县4乡1镇卫生所用药必须实行政府统一招标采购，医生用药必须详细填写处方，以备检查。县卫生局定期、不定期地对县各医疗单位所用药品进行检查，保障县干部职工和农牧民用药安全。

第二节　医　疗

一、藏医

境内藏医历史悠久，藏族先民早在距今几万年前的石器时代，已认识动植物、矿物的药理性质，产生了“有毒就有药，药与毒并存，互为变化”的医学理论。古象雄时期，苯教祖师辛绕米沃且的长子“介普赤西”在包括噶尔在内的阿里一带行医，并著有《解毒拥仲旋》一书。11世纪初，大译师仁钦桑布将印度《医法八支·月光论注释》译成藏文，并在阿里托林建立了一所妙法学校，是阿里境内最早的医学机构，也是以寺院为中心的医学教育之始。藏医治疗分“气”、“火”、“水土”三部分；诊断以脉诊为主，有望、闻、问、切及尿诊，方剂以野生药材为主，采挖、加工、炮制成药，分针剂、粉剂、丸剂等。除药物疗法外，尚有针疗、灸疗、浴治、涂治和放血疗法等。20世纪初，琼珠·晋美朗嘎在噶尔行医，创建古如江寺，培养了丹增旺扎在内的众多藏医。

建县初期，本县有2～4名民间藏医。1965年，全县有藏医6人。

至2000年底，全县有3名藏医人员，其中2名藏医师和1名藏药剂师。

县境内经济药用植物资源较丰富，如蕨蔴、雪莲等，且开发条件较好。境内部分药材植物资源调查统计见附录二。

二、西医

（一）设备及器械

1960年，县卫生所建立后，开始运用听诊器、注射器等诊断器械。

到2000年底，县医疗部门配备有心电图、B超、X光机等。

（二）诊断治疗

1. 内科

县医疗机构成立初期，对消化不良、急慢性肠炎、蛔虫、上感、肺炎、痢疾、贫血、常见的中毒症、风湿关节腰、风疹、麻疹、水痘、皮肤病等主要以望、问、扣、听的方法进行诊疗，对疑难病症则采取保守治疗方式。

随着本县医疗机构的健全和医疗条件的改善，内科划分出消化、呼吸、心血管、内分泌、血液等科室。心血管疾病治疗水平有了一定提高。

2. 外科

县医疗机构成立初期，外科医疗只能作简单的缝合、包扎换药、脓肿切开引流等。随着医疗机构的进一步健全和医疗条件的改善，外科能开展异物摘除、小血管结扎、坏死组织切除、骨关节损伤复位固定、阑尾炎、腹股沟疝修补、痔核瘘管切除等普通外科手术。

3. 妇产科

20世纪50年代后期至60年代，妇产科主要以普通妇产病和生理产科为主，治疗子宫内膜炎、宫颈炎等，后期可处理内倒转、顺产（接生）、产前助产等。

70年代至80年代，可开展刮宫流产、电动吸引流产、放取育环、输卵管结扎等计划生育措施。

90年代，妇产科将胎心诊断仪等设备用于临床，提高诊断率。

4. 儿科

20世纪60年代，儿科只能开展一般性的常规检查，对儿童腹泻、脱水、肺炎等，救治能力较差。

70年代至80年代，能熟练处理一般性小儿常见病、多发病、对小儿肺炎、心衰、婴幼儿腹泻、重症营养不良、百日咳、流脑、过敏性紫癜、肾病综合征、新生儿颅内出血、消化道出血等可及时作出诊断和治疗。

第三节 卫生防疫

门士乡等地是阿里地区的传染病高发区。1991年12月6日，卫生部公布《中华人民共和国传染病防治法》（以下简称《传染病防治法》）后，县卫生系统积极组织学习、宣传，加强卫生法制监督管理。强化对急慢性传染病、地方病的综合防治措施，特别是对鼠疫、背髓灰质炎、结核、麻风、炭疽、布病、肝炎病的监测工作，防止疫情暴发流行。县财政对防治工作所需的药品、器械等所需经费予以保证。

一、传染病防治

（一）急性传染病

1. 麻疹

1964年，本县首次流行麻疹，患病69例，专区人民医院积极组织防治，疫情未进一步扩散。1966年，县内流行麻疹，波及9个乡，数十人发病，造成死亡3病例。疫情发生后，阿里地区和本县立即组织防治队伍前往疫区开展防治工作，1967年2月扑灭。5月12日，昆萨发生麻疹，3日内医院收治病人20余人，无死亡。

对该病的治理，在疫区采用服用蒲公英等中药熬制的“防麻汤”等方法预防，后逐渐对易感人群进行麻疹减毒活疫苗接种。对一般并发症患者加强护理，保持室内空气清新，给予充分体液和适当营养。

2. 白喉

1975年，门士区发现白喉病2例，病死1例。1985年，发现白喉病9例。其中，病死3例，病死率为33.3%。1992～2000年，境内无白喉病例。此后，至2000年，本县境内无白喉病例。

白喉确诊以咽喉、鼻分泌物涂片或细菌培养找出白喉杆菌。治疗方法分一般治疗和白喉抗毒素、抗生素治疗为主。主要以煎服中药生地、麦冬、生石膏、象贝母、银花、南北沙参、连翘、甘中黄、鲜茅芦根为主，每日2剂。对密切接触者应作锡克试验，阳性者接种白喉类毒素，必要可用青霉素或红霉素3～5天，也可用牛膝根15克，煎服3～5天。

3. 百日咳

1983～1995年，境内县发生176例，死亡13人。

百日咳治疗采取病因治疗和对症治疗两种。药物主要有中草药天冬合剂、鹭鸶涎丸等；也可采用针灸疗法，其主穴为定喘、天突、备穴大椎、丰隆，先针定喘，后针天突，行针6～8分钟，中刺激，然后在椎拔火罐，痰多加丰隆。预防接种百日咳菌素、白喉类毒素混合制剂或白百破疫苗。

4. 流行性脑脊髓炎

1965年，昆萨乡突发流行性脑脊椎炎，专区人民医院迅速组织医务人员，控制病情发展，未造成人员死亡。此后，境内又先后发生流脑病例若干。流脑治疗一般疗程5～7天。主要以青霉素类药物为主，视病原菌类联合用药。乙脑预防关键是灭蚊，疫苗接种。

5. 流行性感冒（简称流感）

境内流感发生较为频繁，每年均有发生。多发生在每年的春夏之交和秋冬之交时节。

流感治疗主要以一般性治疗和抗病毒治疗为主，预防以隔离、药物预防、接种疫苗为主。

6. 病毒性肝炎

历史上，境内病毒性肝炎患者较多，发病率较高。

1982年，地区防疫站、地区人民医院在境内调查发现肝炎患者35人，急性传染性5例，隐伏性16例，慢性17例，可疑性20例，共计93例，发病率23.6%。1983年，境内发生病毒性肝炎27例。1984年，门士村发生病毒性肝炎12例，无死亡病例。

1990年以后，发病率逐渐减少，但每年均有数例。1992年，噶尔县发生病毒性肝炎3例，无死亡。1993年，境内发生病毒性肝炎4例，无死亡病例。

治疗方法主要是采取管理传染源、切断传播途径，预防母婴传播；主动免疫，接种减毒活疫苗；被动免疫，注射丙球和胎盘蛋白。

7. 伤寒、副伤寒

1962年春，阿里专区卫生院牵头组织县卫生所在专区机关和农牧民集中地区实施伤寒副伤寒混合疫苗注射。1989年，境内伤寒发病3例，无死亡病例。

1998～2000年，境内共发现伤寒5例，占阿里地区总发病率的0.4%。

伤寒治疗分一般性治疗、病因治疗（首选药物为氯霉素）、并发症治疗。预防一般采取管理传染源、切断传播途径、预防接种等方法。

8. 脊髓灰质炎

1982年至1983年，在门士煤矿发生脊髓灰质炎1例，在狮泉河镇发生脊髓灰质炎1例。1983年之后，县防疫站疫情统计资料中无脊髓灰质炎病例。

预防方法为口服减毒活疫苗，隔离患者、患者食具及排泄物消毒。

9. 梅毒

1991年，境内发现1例梅毒，无死亡病例。1992年，境内发现1例梅毒，无死亡病例。1994年，境内发现1例梅毒，无死亡病例。

梅毒必须先明确诊断，治疗剂量必须足，疗程必须规则，主要用青霉素类药物、四环素、红霉素。

（二）慢性传染病

1. 结核病

1996年，地区防疫站在狮泉河镇开展结核病调查，共调查427人。其中，机关干部189名、商人36名、学生60名、牧民142名。经过详细地问诊、放射、痰检后确诊肺结核的8例。其中，机关干部6例、学生1例、牧民1例，总病例中活动性肺结核2例。

1998年7月14日至29日，地区防疫站在门士乡、昆萨区进行结核病线索调查，对慢性咳嗽、咳痰、痰中带血等有肺结核症状的42人进行痰检，痰检阳性1例，确诊1例。1999年4月6日至27日，地区防疫站对昆萨区进行线索调查，对慢性咳嗽、咳痰、痰中带血等有结核症状的55人进行痰检，痰检阳性2例，阳性率为3.64％。

2. 麻风病

1893年至1903年，门士发现过四肢、颜面等处出现结节性红斑，爪形指，全身脱毛等类似麻风病症状者，死亡数人。

和平解放后，阿里地区防疫站和县防疫站在境内多次开展麻风病普查工作，未发现该病例。

二、地方病防治

（一）鼠疫防治

1918年至1943年，门士、索堆等地大量旱獭死亡。期间，从尼泊尔来朝圣的人群中有14人在阿里普兰县巴嘎、塔钦境内因发高烧、腺肿死亡。后初步判断为人间鼠疫。

1989年，地、县两级防疫部门在开展鼠疫疫源地调查。本县被西藏自治区确定为阿里地区有3个鼠疫自然疫源县之一。

1995年和1997年7月至9月，根据阿里地区卫生局的统一部署，本县先后两次开展灭獭活动，灭獭面积近数千平方千米，投毒堵洞上千个。

1999年，阿里地区普兰县霍尔乡发生人间鼠疫。县卫生局在紧邻该乡的门士乡交通沿线、旅游点进行疫情调查，指导群众灭獭、灭鼠，同时开展宣传鼠疫防治工作的重要性，利用各种形式讲解鼠疫对人类的严重危害。

主要防治措施是加强对群众鼠防知识的宣传教育，在群众中推行鼠防“三报”、“三不”制度，即报自毙旱獭和其他原因不明的病死动物，报原因不明的高烧腺肿和高烧咯血病人，报鼠疫病人及原因不明的急死病人，教育群众不剥食旱獭，特别是不在病獭洞及周围坐卧休息等。大力开展灭獭、灭鼠活动。鼠疫的治疗，首选链霉素，成人日用量为2～3克肌注，首次加倍，以后每4～6小时注射0.5克。其他广谱抗生素或磺胺类药物。也可同时使用，青霉素对本病无效。

（二）布鲁氏杆菌病

布鲁氏杆菌病是一种人畜共患传染病。1972年至1973年，在门士区红卫公社5生产队检查社员130人，阳性100人，其中患病24人（12人为关节型，12人为内脏型）。地、县卫生机构及时对患者进行了诊治。

1981年6月至8月，阿里地区防疫站对门士乡2个公社进行布鲁氏杆菌病普查工作，共检查923人，其中布鲁氏杆菌病感染人数为492人，感染率53.30%，患病人数298人次，患病率为35.29%，被感染的布病患者经临床检查，均系亚急性和慢性患者，未发现急性患者。在调查中发现，布病在不同性别中感染率无显著性差别，女性为38.41%，男性为35.96%，女性略高于男性，这与女性在家中和牲畜接触率多有关；按职业分布，赤脚医生，挤奶人员，剪毛人员感染率明显高于从事其他职业人员。在年龄上青壮年高于其他年龄组，达35.7%以上。地、县卫生机构及时对患者进行了诊治。

布鲁氏杆菌病的主要传染源是已被感染的牲畜，在防治对策上采取以畜间免疫为主的综合性措施。卫生部门加强人间布鲁氏杆菌病预防和现症病人的治疗，最大限度地控制了人间布鲁氏杆菌病的发生。布鲁氏杆菌病治疗的方法归纳起来主要有抗菌疗法和中藏药疗法。用藏药无琼18味、桑登25味，阿嘎20味等治疗布鲁氏杆菌病效果良好。1981年后，本县重点加强牲畜检疫，隔离和畜间免疫，普及布鲁氏杆菌病疫苗的接种，提高机体免疫水平，增强抗病能力，境内该病的发病率降低。

（三）地方性氟中毒

1988年11月，阿里地区卫生防疫站、辽宁省援藏卫生技术人员在县卫生防疫站工作人员的配合下，在狮泉河小学、狮泉河中学和加木乡部分农牧群众中进行地氟病的流行病学调查，调查结果显示，小学生552名中患氟斑齿人数为189人，患病率为34.24%，其中男性298人，患氟斑齿99人，占患氟斑齿总数的52.38%。女性254人，患氟斑齿90人，占患氟斑齿总数的47.61%。在牧区检查96人中，患氟骨症的人数为12人，患病率12.50%，12名氟骨症患者中，均有不同程度的骨关节功能障碍，肢体变形，其主要表现为肘关节和膝关节功能障碍，下蹲困难，全身关节疼痛。同年，阿里地区防疫站和辽宁省援藏医疗技术人员共同对森格藏布水源氟含量进行测定，结果显示，森格藏布河水水氟含量为0.1克/升，居民家中未煮沸水氟含量为0.09克/升。加木乡农牧民饮用的雪水中氟含量为0.19克/升。煮沸后的茶水含氟量为1.09克/千克。

（四）炭疽病

炭疽病是人畜共患的传染性很强的地方病和传染病，境内均有此病分布。和平解放前没有特效药物治疗，病死率很高。1960年建县后，地、县防疫部门在境内对该病的分布情况进行多次调查，对患者进行诊治，未发现死亡病例。

三、综合卫生监督监测

（一）食品卫生监督

1976年，地区防疫站对狮泉河镇对各单位的集体食堂和国营副食商店开展食品卫生监督工作。1980年，地区防疫站对地区各单位食堂发放《卫生许可证》。3月，地区防疫站在对地委招待所进行食品卫生监督过程中，发现食堂蔬菜、生肉感观质量差，对10余种蔬菜样品进行毒物检验，结果均为阴性。

90年代初期，阿里地区防疫站对狮泉河镇餐饮企业员工开始颁发《健康证》。

1993年3月，地区防疫站对狮泉河镇销售的白酒进行铅含量采样测定，采用微分电位溶出法，测定样品25份，样品测定结果显示，铅（以Pb计）含量均小于1克/升。7月至8月，地区防疫站对狮泉河镇饭店、小吃部的餐具进行检测（微生物指标），共检测25家饭馆的餐具，其中有8家饭馆的餐具微生物指标超过国家标准，责令不合格单位进行整改。

2000年11月15日，地区防疫站接消费者举报电话，地区商贸总公司在狮泉河镇擅自出售过期变质食品，并已减价销售3天，累计销售食品286种，达20多吨，经检测食品中除部分糖果外，罐头、饼干、饮料、调味品均属过期食品，严重超过保存、保质期。防疫站对过期、变质食品没收、销毁，并给予地区商贸总公司经济处罚。

至2000年底，在狮泉河镇经营食品、饮料（茶饮），饭馆、酒家的个体或企业共有325家，发放卫生许可证300家。每年定期不定期监督检查达2万多户次；没收销毁过期变质食品25.63万千克，受处罚的有352户，责令改正的有38户，责令行业整顿的有5户。

1984～2000年狮泉河镇“两证”（健康证、卫生许可证）发放情况见表14—3—1。

1984年至2000年狮泉河镇“两证”发放情况统计表

表14—3—1　　单位：户、人、个、间

年份＼项目	总户数	国营集体户数	个体户数	发换健康证人数	食品从业人员数	发换卫生许可证数	集体食堂间数
1984	11	7	4	28	28	11	9
1985	15	9	6	4	4	15	9
1986	12	9	3	14	14	12	9
1987	20	14	6	5	5	20	9
1988	20	14	6	2	2	12	9
1989	43	31	12	37	37	43	11
1990	—	—	—	444	—	178	—
1991	—	—	—	129	—	107	—
1992	—	—	—	413	—	122	—
1993	—	—	—	209	—	187	—
1994	—	—	—	306	—	192	—
1995	—	—	—	300	—	196	—
1996	—	—	—	362	—	152	—
1997	—	—	—	399	—	228	—
1998	—	—	—	432	—	468	—

续表 1

年份\项目	总户数	国营集体户数	个体户数	发换健康证人数	食品从业人员数	发换卫生许可证数	集体食堂间数
1999	—	—	—	442	—	215	—
2000	—	—	—	412	—	227	—

（二）环境卫生监测

1985 年 5 月，阿里地区防疫站对狮泉河镇地直机关 28 眼井水进行卫生学检测，细菌总超标 6 份，大肠杆菌超标 7 份。1991 年 8 月，对狮泉河镇 5 处自来水进行卫生学检测，结果未超标。对阿里地区人民医院水箱水进行卫生学检测，细菌总数及大肠菌群均超标，责令其进行整改。1992 年 6 月，县防疫站对阿里地区人民医院井水送检水样进行卫生检测，发现井水细菌总数及大肠菌群均超标，责令其进行整改。10 月 31 日，阿里地区防疫站对在狮泉河镇的邮政舞厅等 3 家舞厅进行空气质量检测，结果均没有超过国家标准。1993 年 7 月，地、县两级防疫部门对狮泉河镇世纪风录像厅等 7 个公共场所进行空气监测，细菌总数均超标，责令其进行整改。9 月，阿里地区防疫站对狮泉河镇饮用水、森格藏布狮泉河镇段河水进行水质检验，发现河水细菌总数及大肠菌群超标。1994 年 4 月，地、县防疫部门对狮泉河镇录像厅、酒吧、舞厅等 7 个公共场所进行空气监测，细菌总数均超标。5 月，对狮泉河电站选址区水进行微生物检测，微生物未超标。对自来水公司水样进行微生物指标检测，符合国家饮用水标准。

1995 年，在全县开展以农村改水、改厕为重点的初级卫生保健工作。

2000 年，阿里地区水利局在本县实施农村人畜饮水解困工程，提高农牧民饮用水质量。

四、预防接种与计划免疫

1956 年 12 月，中共阿里分工委卫生所首次在各党政、机关人员和雅萨等群众较为集中的地区接种“牛痘疫苗”和“四联疫苗”。由于群众居住分散，此项工作至 1958 年 9 月结束。此后，地区（专区）人民医院在境内经常性开展预防接种工作。地区防疫站成立后，在本县境内将预防接种疫苗、霍乱伤寒混合疫苗、白喉类毒素疫苗作为卫生防疫工作的重点。

1978 年，接种麻疹、肝炎等疫苗 800 多人。

80 年代，本县积极参与全球扩大免疫接种工作，对全县适龄儿童实施卡介苗、脊椎灰质炎糖丸、百白破混合制剂和麻疹疫苗的免疫接种。

1984年，县卫生局和县人民医院在全县范围内接种疫苗1850人次，实现全县儿童免疫能力达到87%的目标。

90年代后，全县各种传染病的发病率大幅下降。1991年，儿童计划免疫接种率达到85%。1993年11月至1994年1月，根据西藏自治区卫生厅和阿里地区卫生防疫部门安排，深入开展消灭脊椎灰质炎，强化免疫，消除碘缺乏病综合防治工作。1995年，噶尔县全面实施计划免疫工作，县委、县政府高度重视，成立由主管副县长兼任组长，县卫生局局长、县人民医院院长兼任副组长的计划免疫领导小组，先后召开三次专题会议，制定具体详细的工作步骤，人员、资金、交通等方面积极到位使糖丸、百白破疫苗接种率达99%。

1982～2000年，县卫生局共接种儿童计划免疫2200人次，接种率达到96%以上。

第四节　妇幼卫生

本县妇幼卫生工作起步晚、底子薄、机构不健全、设备简陋、经费和专业队伍匮乏，孕产妇、儿童死亡率都明显高于全国平均水平。20世纪80年代初，县卫生局配置妇幼卫生专职干部。2000年前，在党和政府的关心下，一是加强组织领导，搞好宣传教育；二是掌握基本情况；三是培训技术人才；四是落实配套资金；五是总结项目管理经验，争取国家资助。联合国妇女儿童卫生项目基础调查工作已在本县各乡调查、统计、摸底。提前完成了项目调查任务，填补了阿里地区妇幼保健工作的空白，受到西藏自治区卫生厅妇幼处的好评。

一、接生

历史上，境内产妇分娩多采用自生自接或请民间助产婆接生的方法，遇难产多采取求神保佑或用迷信巫术的方法，母婴双亡现象时有发生。

1974年，噶尔县人民医院举办第一期助产士培训班，12名卫生员参加培训，其中赤脚医生10名，并为每个学员配备简易产包，在全县农牧区推广新方法接生，降低了孕产妇和新生婴幼儿的死亡率。

1975 年，县人民医院在全县宣传和推广新方法接生，部分群众认识到新接生有安全保障，少数农牧民产妇开始到医院或请妇产医生入户接生，但多数群众仍采用传统接生法。

1982 年开始，噶尔县人民医院逐步对全县乡、村医生进行轮训，提高乡村医生的接生技术，进一步普及新法接生。1983 年，噶尔县人民医院开展孕妇产前、产后检查和继续宣传普及新方法接生工作，全县新方法接生面达到 42%左右，基本控制了产妇产后感染和新生儿破伤风等的发生。

1998 年初，阿里地区妇保院开始对噶尔县孕、产妇实行系统管理，加强对乡村医生进行妇幼保健培训，为乡村妇保医生配备产钳、产包、胎心仪等设备。同时对全县孕产妇实行登记建卡，产前检查、产后访视，并对高危孕产妇实行专案管理，大力倡导科学接生和推广新方法接生，使新方法接生率得到进一步提高。

2000 年，全县 4 乡 1 镇都有妇保人员，新法接生日渐完善，孕产妇建卡率达到 45%，新法接生率达 50%，新生儿死亡率为 5.99‰。

二、妇女保健

县人民医院成立后，逐步开展孕妇产前、产后和妇科病治疗工作。县人民医院设立妇产科后，配备专职妇幼保健工作人员，开展妇女孕期、产前产后卫生宣传教育工作，提高妇女自我保护意识。1993 年，县人民医院在全县开展妇科疾病普查和治疗工作，对 732 名 20～50 岁的妇女进行登记建卡，并对 410 名妇女进行检查，受检率达到 70%，对患病的 82 名患者进行治疗，患病率为 20%，治愈率达到 80%。

1995 年，县人民医院在继续做好妇女卫生知识宣传工作的同时，加大检查和对患者治疗的系统管理，为 55 名孕妇进行登记建卡，建卡率达到 85%。

2000 年，全县 20～50 岁妇女患病率比 1993 年下降 10.3%。

三、儿童保健

历史上，由于儿童医疗条件差，儿童发病率、死亡率较高。

1980 年开始，县人民医院开展儿童保健工作，对部分 14 周岁以下儿童进行免费预防接种和预防及治疗百日咳等。1989 年，县人民医院对全县 300 多名儿童进行免费体检，为患病的 108 名儿童实施了免费治疗。

1990 年，县人民医院为全县 0～7 周岁以下儿童进行登记建卡，并从中筛选出体弱儿童进行跟踪治疗，同时加大对计划生育和幼儿食品喂养的宣传。同年，本县新生儿死亡率为5.1‰，婴儿死亡率为3.9‰，在阿里地区公布的45项妇幼保健工作指示中，噶尔县有26项达到示范县标准。同时，对全县0～15周岁儿童预防接种1030人次，接种率达到98%以上。

2000年，阿里地区妇幼保健院在境内开展健康检查、巡回治疗和预防接种工作，为全县儿童健康成长创造良好条件。

第五节　爱国卫生运动

1962年，按照“预防为主”和“全民参与爱国卫生运动”的方针，结合实际，在全县广泛开展以“讲卫生、除四害”为主要内容的爱国卫生运动。

20世纪80年代，成立县爱国卫生运动委员会（简称爱卫会）。县爱卫会动员全县机关干部职工大搞爱国卫生运动，号召农区群众结合春耕生产，清除牲畜粪便，净化卫生环境；动员牧民群众清洁草场、消灭草场鼠害，以防止各种疫病的发生和流行。根据县实际，在全县范围内动员和教育群众勤洗澡、洗头、洗手、剪指甲、勤换洗衣服和打扫室外环境卫生，以减少各种疾病的发生。

1987年，阿里地区卫生局在狮泉河镇设立5个卫生点和4个公厕，由地区爱卫会办公室负责组织清扫。

1989年，阿里地区爱卫会办公室在狮泉河镇组织开展“爱国卫生突击周”活动，各级党、政、军领导带头参加，并倡导各单位、部门“一周一打扫、一月一突击”。累计开展17次，出动人员4253人（次），清除卫生死角19处，清扫垃圾、污物5885吨，农贸市场及承包区清运垃圾4476吨，清运粪便288吨，清理污水沟250米，公厕消毒14次。该活动结束后，评选并表彰8个先进单位。

1990年和1997年，再次开展“爱国卫生突击周”活动。

2000年，县城主要街道两旁开始设置垃圾桶，定时清理垃圾，防止各种细菌滋生。至年底，县爱卫会划定县直机关和企事业单位卫生责任区，要求定期清扫，并对各单位卫生区的卫生状况不定期地进行检查、评比，提出表扬，进行奖惩。

第六节 队伍建设与培训

一、队伍建设

历史上，境内仅有少量藏医分散在农牧区为患者进行简单诊疗。

和平解放后，阿里骑兵支队军医为部队驻地群众看病。1955 年，中共阿里分工委卫生所建立后，境内始有西医医护人员。1962 年，县卫生所成立，配备有医务人员。1964 年 12 月，本县医护人员达到 25 人（含乡、村赤脚医生），其中藏医 4 名。

20 世纪 60 年代中期，内地大、专院校医护专业毕业生开始陆续分配到本县各医疗机构工作，医护人员队伍不断壮大，为本县医疗卫生事业注入了新的力量。

1971 年 6 月，首批北京医疗队的 16 名医务工作者抵达阿里地区，援藏医疗人员轮换制度开始实行。本县纳入阿里地区援藏医疗范围，至 1977 年，先后有北京医疗队、新疆卫生厅医疗队派出多批的医务人员在本县工作。期间，1973 年 10 月 16 日，县卫生所更名为县人民医院，有 9 名医护人员。其中，医士 3 人，护士 4 人，后勤 2 人。

1978 年 11 月，西北民族学院医疗系毕业的两名学生分配到县人民医院工作。至 1979 年，全县共有医护人员 17 名（不含乡村赤脚医生），其中藏族医护工作者 14 名。

1981 年，本县落实西藏自治区政策，大批汉族干部内调，县人民医院 3 名（汉族）医务骨干内调，给全县卫生工作带来严重影响。1982 年，中共中央、国务院再次实行内地省市对口支援西藏卫生事业的政策。至 1998 年，先后有黑龙江、吉林、辽宁、山西省、湖北省、浙江省、湖南省、上海市的医疗工作者在境内的各级医疗机构帮助工作，其中有 2 名援藏医务人员在本县累计工作 3 年。此间，从区内、外医疗院校分配 3 名大中专毕业生到县人民医院和县卫生防疫站工作。

至 2000 年底，全县共有各类医务人员 69 人。

二、培训

1973年7月，为加大卫生技术干部培养力度，选派4名学员到内地进修。1974年8月，选送4名区、公社医务人员到甘肃兰州西北民族学院学习。1975年，阿里地区卫校开办医训班，开设藏医学课程，本县选派12名农牧民子女参加培训，培训结束后，分配到各区、公社从事医疗工作。1979年12月，阿里地区卫生局委托地区人民医院组织对各医院主治医师以下的医务人员进行医学基础、临床医学、护理知识的考核，本县选派6名医务人员参加考试。

1982年12月，县文教卫生局选派1名主管卫生工作的副局长参加四川省干部进修学校举办的西藏卫生局长、医院院长讲习班。1985年，县人民医院选派2名学员参加阿里地委党校举办的为期3个月的首届藏医培训。1986年，本县21名乡村藏医参加阿里地区藏医院在狮泉河镇举办的为期4个月的乡村医务人员培训。培训结束后留下选派6名成绩较好的学生在地区藏医院进行实习培训。1987～1990年，本县3名藏医分别参加了地区藏医院连续3年举办的为期3个月的藏医培训。

1990年11月24日，县卫生防疫站选派2人参加阿里地区卫生防疫站举办的首届计划免疫和第二个85％目标预审方案培训。

2000年3月1日，县卫生局、县防疫站各派1名人员参加阿里地区卫生局、阿里地区防疫站联合开展的“扫荡式”免疫培训。5月13日，县卫生局选派2名优秀村医参加阿里地区卫生局举办的首届跨世纪乡村医生培训班学习。

第七节　卫生经费

一、卫生事业费

1960年，噶尔县成立后，将卫生事业经费支出纳入县财政预算，主要用于治疗和预防各种疫病、乡村赤脚医生和新法接生员培训、地方病调查研究、开展卫生防病知识宣传等，此和随着国家对本县各种补助经费的增加而逐年增加。

20世纪80年代后，县卫生事业经费支出进一步加大，主要用于县各级医疗单位的仪器和设备购置及公费医疗、医护人员进修培训等。1980年，县卫生事业经费支出8.55万元。1990年，支出10.8万元。1995年，卫生事业经费支出达到55.02万元，占全县财政支出的8%。

2000年，全县卫生事业经费支出18.66万元，占全县财政支出的总额的3%。

二、卫生基础设施建设投资

1981～1983年，国家投资60万元，建设完成混合结构的县人民医院办公房，占地面积约850平方米。

1988年，国家投资20万元，建成混合结构县人民医院藏医科办公房，占地面积130平方米。

1992年，国家投资30万元，扩建县人民医院手术室、妇产科等业务用房，添置部分医疗设备。

第八节　机　构

一、行政机构

（一）县卫生局

1962年9月，成立县民教科，负责全县卫生工作。

1964年9月23日，县民教科更名为县文教卫生科。“文化大革命”开始后，卫生工作由县革命委员会办事组管理。

1975年，撤销县革委会“四大组”，恢复成立县文教卫生科。

1987年6月，在科级机构改革中，成立县卫生局，配有局长1名、副局长1名。

至2000年底，县卫生局既是本县的卫生行政机构，也兼有管理全县的卫生防疫、妇幼保健工作职能，配备从事卫生防疫和妇幼保健工作的兼职人员。

噶尔县卫生行政管理机构负责人名录见表14—3—2。

噶尔县卫生行政管理机构负责人名录

表 14—3—2

机构名称	职务	姓名	性别	民族	任职时间
噶尔县卫生局	局长	扎西班久	男	藏	1987.06～1992.03
		赵 才 旺	男	藏	1995.07～2000.10
	副局长	杰噶卓玛	女	藏	1987.06～1990.03
		赵 才 旺	男	藏	1992.01～1995.07
		扎西南杰	男	藏	1996.12～2000.12

（二）爱国卫生运动委员会

1960 年 1 月，县人民政府成立后，建立爱国卫生运动委员会（简称爱卫会），由 1 名县委领导兼任主任，后改为由县政府领导兼任，未设立专门办公室。

1984 年 8 月 20 日，设立县爱卫会办公室，与县卫生局合署办公。

二、医疗机构

（一）噶尔县人民医院

1962 年，成立噶尔县卫生所，医护人员不详。1964 年，有 4 张病床。

1973 年 10 月 16 日，县卫生所更名为县人民医院，有 9 名医护人员。其中，医士 3 人，护士 4 人，后勤 2 人。1989 年，县人民医院门诊分设内科、外科、妇产、小儿科、眼科、注射室和放射科等；住院部设有内科、小儿科、妇产科、外科、手术室、抢救室。共有 28 名医护人员。其中，医师 8 人，医士 7 人，护士 4 人，药剂师 2 人，检验师 2 人，会计 1 人，行政 2 人，后勤 2 人。主要设备有 B 超、心电图、显微镜、妇科电脑治疗仪、半自动生化仪、电冰箱、抢救台、保温箱、综合产床等 20 种和 1 辆丰田车、1 辆计划生育流动服务车。

1999 年，经阿里地区行署专员办公会议研究，决定撤销县人民医院。县人民医院 23 名医务人员并入阿里地区人民医院、阿里地区妇保院、阿里地区藏医院、阿里地区防疫站。

噶尔县人民医院负责人名录见表 14—3—3。

噶尔县人民医院负责人名录

表 14—3—3

机构名称	职务	姓名	性别	民族	任职时间
噶尔县人民医院	院长	陈崇善	男	汉	1973.10～1975.07
		江西林	男	藏	1980.09～1985.02
	副院长	扎西班久	男	藏	1985.02～1987.06
		格桑	女	藏	1987.06～1987.10
		江西林	男	藏	1975.10～1980.09
		扎西班久	男	藏	1980.09～1985.02

（二）噶尔县卫生防疫站

1985年，成立县卫生防疫站，负责全县的卫生防疫工作，隶属县卫生局领导，并由西藏自治区、阿里地区相关部门为该站配备部分设备。

1997年8月13日，成立县强化免疫活动领导小组，仁青任组长。

2000年前，县卫生防疫站与县卫生局合署办公，在县卫生局机关设立兼职卫生防疫人员。县卫生局直接管理所辖4乡1镇及乡村卫生防疫站工作。2000年底，县卫生局配备3名专职初级防疫人员。各乡有1名专兼职卫生防疫员。

（三）妇幼保健

20世纪80年代初，在县卫生局机关配备妇幼卫生专职干部。2000年，县、乡、村三级共有4个妇幼卫生保健站，有专兼职妇幼工作人员4名。

（四）基层医疗机构

20世纪60年代，各区公所成立以后，先后在扎西岗区、左左区、门士区、昆萨区建立4个区卫生所。

“文化大革命”期间，各区卫生所改为卫生室。1976年，门士煤矿投产，内设煤矿医院。

至2000年，全县有乡村卫生所（室）16所，医护人员56人。其中，各村民小组医务人员36名，均属半脱产干部。

第四章　科　技

第一节　宣传培训

1962年，在全县范围内积极宣传贯彻“农业八字方针”，宣传科技知识和推广与农牧业相关的科学技术。

20世纪60年代中期，本县开始举办科普讲座，组织科技人员深入机关、农村、牧区、宣传科学种田、科学养畜的知识与技术，大力推广先进科学技术。其中，畜牧兽医科技人员深入基层，宣传绵羊改良，防治各类畜禽疫病等科学技术知识和实用技术，开展防治和科研工作。医疗卫生机构组织干部到农牧区宣传以讲究卫生，预防各种疾病的发生为主要内容，宣传形式以宣传栏、讲座、培训班等多种形式，开展科学技术普及工作。“文化大革命”期间停止所有科普宣传工作。

1981～1986年，县农牧部门和技术人员根据落实“两个长期不变”生产责任制后的具体情况，为使广大农牧民破除“不杀生、不灭虫”的封建迷信思想，树立科学种田意识，在农区群众中大力宣传和推广种子精选、种子包衣、种子及土壤消毒、药剂拌种等防止和减少病、虫、灾发生的科技知识，并举办各种培训13次，培训农牧业技术员198人次。

1989～1994年，县农牧、卫生等部门通过举办图片展、散发藏汉文宣传材料等方式，宣传科学种田、科学养畜和防治流行病、地方病等知识，并先后举办各种培训班8次，培训农牧和卫生技术人员296人次。

1994年后，在贯彻落实全国、西藏自治区科学技术大会精神的同时，加快“科技兴县、科技兴乡”战略的步伐，在全县范围内大力宣传“科学技术是第一生产力”的思想，充分利用各种会议散发宣传小册子、宣传材料和图片，大力普及依靠科技、发展经济、环境保护、太阳能利用、卫生保健等科技知识，推广农牧业应用科学技术。

1995～2000年，县农牧局、县教体局、县卫生局等部门联合举办各种培训班15次，培训各级各类农牧技术人员753人次。

第二节　学术交流与科技推广服务

一、学术交流

1960～1966年，县农牧科（部）、县民教科、县卫生所等部门利用年终总结或年初工作会，组织农牧技术员、教师、卫生医护人员座谈，总结和交流业务技能，畅谈工作体会，增强业务工作的科技含量。

20世纪80年代，本县采用科技示范、牛羊改良现场示范、技术培训等方式，交流开展农牧、卫生科技工作的经验。1981年，本县召开科学种田经验交流会，总结交流良种推广、病虫害防治、牲畜改良等经验。

1990～2000年，本县采取召开科技人员年终座谈会、技术培训、参加相关学术研讨会等形式开展科技交流，同时进行小型学术交流11次。

二、科技推广与服务

1982年，本县从甘肃、青海省和西藏山南、那曲等地区引进多种草种，通过围栏进行人工草场试验。1987年，选出适应本县气候特点的披碱草、燕麦草。

90年代，阿里地区畜牧兽医总站在加木村采取人工辅助受精和冷冻受精的方式进行黄牛改良。农牧主管部门和科技人员继续加大选种育种、病虫草害防治、农作物技术服务承包、改造中低产农田和牲畜改良、疫病防治等各项工作。

至2000年底，本县有农牧技术人员104人，科技明白人近千人。全县经济中的科技贡献量达到36％左右。

第三节　机构与队伍

历史上，境内科技落后，科技人员缺乏，仅有少数民间藏医和能工巧匠散落在农牧区从事医疗和手工业。

1960年，县人民政府成立后，由县人民政府直接管理全县科技工作，农牧、教育、卫生等科普工作分别由各自业务部门负责。

1985年，全国科技大会提出恢复技术职称评定，按照个人申报、群众评议、单位推荐、行业审议、实地考察、领导小组评定程序进行职称资格评定。凡工作积极并取得相应技术职称资格的科技人员，都及时予以聘任，并落实相应的工资待遇。县技术人员的职称评定工作等均由阿里地区职称改革领导小组负责。

1997年，县委、县政府开始实施“科技兴县”战略，打破行业和行政区划招聘科技人员的界线，鼓励国家科技人员到乡村基层工作，并可享受浮动一级工资的待遇。

1999年，根据科技管理工作的需要，在县人民政府中配备科技副县长1名，负责全县科技工作，农牧、教育、卫生等相关科技工作，分别由各业务部门负责。

2000年底，本县各类技术人员达145人。其中，农牧业科技人员104人，教育系统6人，医疗卫生专业技术人员32人，电力工业科技人员3人。

第十五篇

社　会

第一章　人　口

第一节　人口源流

在距今1万年至2万年以前的旧新石器时代，已有远古人类在噶尔县境域内生存、繁衍，当地人称其为“门”，他们是生活在今阿里地区西南部、拉达克、印度喜马偕尔邦东北部（古格时期称桑噶）的先民之一。

象雄部落联盟时期，象雄人开始与其他民族融合。

17世纪，甘丹才旺率蒙古族军队及藏军收复阿里后，留下50名蒙古族骑兵在境域内驻防。蒙古族骑兵与当地妇女通婚，融入藏族。在门士乡索堆村和昆萨乡索麦村至今有部分蒙古人的后裔。

18世纪，来自青海和康区的一些百姓举家朝拜冈仁波齐山和玛旁雍措圣湖或来阿里从事盐粮交换，个别滞留在县域内生活。今门士乡索多一带的个别村民即为其后裔。

和平解放后，参加解放阿里的阿里骑兵支队部分汉族干部转业到地方银行工作。民主改革后，境域内陆续有汉、回、维吾尔、满、蒙古等民族来县工作和经商。

第二节　人口分布

清康熙二十五年（1686年，藏历第十一饶迥火阳虎），阿里噶本政权在昆萨和雅萨建立，噶尔成为阿里的政治中心，境域内人口主要分布森格藏布中下游地区，其他地方人口稀少。

和平解放后，随着中共阿里分工委和阿里骑兵支队的成立，噶尔成为阿里地区政治、经济、文化、军事中心，尤其是中共阿里分工委和阿里骑兵支队驻地昆萨和雅萨，人口较集中。据中共西藏工委社会调查部调查，1959年8月，境域内各部落总人口为2500人。其中，那木如205人，玛尔勒89人，索麦189人，改噶36人，过尼25人、朗玛尔44人，熊索洛147人，扎西岗27人，俄洛39人，碟木卓克（那曲觉）63人，索多128人，门士293人，加雪79人，却德10人，扎西岗熊留73人，加木130人，郎久300人，左左330人，扎西岗谷巴253人，晒来普40人。

1966年，阿里专区驻地迁至森格藏布河畔以后，逐步在此形成狮泉河城镇，且人口逐渐增多。

1982年，全县总人口为7186人，1410户。其中，噶尔县人口4898人，阿里地区党政机关、企事业单位人口2288人，人口密度为0.36人/平方千米（面积按2万平方千米计算，下同）；城镇人口有2483人，占全县总人口的34.55%；农村人口4703人，占全县总人口的65.45%。城乡比为1∶1.9。此后，城镇人口呈缓慢增长趋势。

1990年，全县总人口为9387人，总户数为1993户。其中，家庭户1924户，集体户69户。人口密度为0.5人/平方千米；城镇人口有4384人，占全县总人口的46.7%；农村人口5003人，占全县总人口的53.29%。城乡人口比为1：1.14。随着狮泉河镇日益繁荣，户籍政策逐步放宽，人口迅速增长。噶尔县人口密度从狮泉河镇向周边逐渐递减。

至2000年底，全县总人口为13364人，总户数为4024户。其中，家庭户3832户，集体户192户。人口密度0.67人/平方千米，为阿里地区七县中人口密度最大。城镇人口为7677人，占全县总人口的57.5%；农牧区人口总数 5687 人，占全县总人口数的 42.5%。城镇人口开始多于农村人口，城乡比为 1∶0.74。狮泉河镇 7893 人、门士乡 1827 人、扎西岗乡 720 人、昆萨乡 1746 人、左左乡 1178 人。

第三节　人口构成

一、职业构成

历史上，境域内人口职业构成单一，除少数贵族、头人、僧人、手工业艺人和季节性商户外，绝大多数为农牧民。

1960 年，噶尔县成立后，陆续新增商业、科技、教育、医疗卫生、公安及党政机关工作人员，职业构成多样化。1982 年，全县各职业人员总数为 4505 人。其中，从事农牧林副业人口为 2378 人，占全县各职业人员总数的 52.78%；从事矿业生产 216 人，占全县各职业人员总数的 4.79%；从事电力、蒸汽、和热水供应 25 人，占全县各职业人员总数的 0.55%；从事制造业 153 人（其中食品制造业 6 人，缝纫业 21 人，皮革加工 32 人，文教艺术用品制造业 18 人，交通运输设备制造业 76 人），占全县各职业人员总数的 3.40%；运输业 315 人，占全县各职业人员总数的 7.00%；邮电运输业 105 人，占全县各职业人员总数的 2.33%；商业 127 人，占全县各职业人员总数的 2.81%；物资供销、仓储业和服务业 137 人，占全县各职业人员总数的 3.04%；从事卫生体育和社会福利业 126 人，占全县各职业人员总数的 2.80%；教育文化事业 142 人，占全县各职业人员总数的 3.15%；科研和综合技术服务业 46 人，占全县各职业人员总数的 1.02%；金融业 61 人，占县各职业人员总数的 1.35%；国家机关政党和群团 674 人，占全县各职业人员总数的 15.00%。

1990 年，噶尔县各职业人员总数为 5407 人。其中，从事农牧林及辅业人员 2441 人，占各职业人员总数的 45.15%；从事工业生产 372 人，占各职业人员总数的 6.88%；建筑业 198 人，占各职业人员总数的 3.66%；交通运输业 290 人，占各职业人员总数的 5.36%；商业和公共饮食业 349 人，占各职业人员总数的 6.45%；房地产管理和公用事业 147 人，占各职业人员总数的2.72%；从事卫生体育和社会福利事业190人，占县各职业人员总数的3.51%；从事教育文艺和广播事业314人，占各职业人员总数的5.81%；从事科研和综合技术服务业41人，占各职业人员总数的0.76%；从事金融保险业115人，占各职业人员总数的2.13%；国家机关政党群团950人，占各职业人员总数的17.57%。

至2000年12月，全县各职业人员总数为5923人。其中，从事农牧林及辅业人员2780人，占各职业人员总数的46.93%；从事工业生产177人，占各职业人员总数的2.99%；建筑业331人，占各职业人员总数的5.59%；交通运输业309人，占各职业人员总数的5.22%；商业和公共饮食业396人，占各职业人员总数的6.69%；从事卫生体育和社会福利事业273人，占各职业人员总数的4.61%；从事教育文艺和广播事业382人，占各职业人员总数的6.45%；从事综合技术服务业60人，占各职业人员总数的1.01%；从事金融保险业232人，占各职业人员总数的3.92%；国家机关政党群团983人，占各职业人员总数的16.60%。

二、性别构成

1982年，第三次人口普查时，全县有男性3896人，占全县总人口的54.22%；女性3290人，占全县总人口的45.78%。男女性别比为1：0.84。

1990年，第四次人口普查时，全县有男性5136人，占全县总人口的54.71%；女性4251人，占全县总人口的45.29%。男女性别比为1：0.83。

2000年，第五次人口普查时，全县有男性7167，占全县总人口的53.63%；女性6197人，占全县总人口的46.37%。男女性别比为1：0.86。

三、年龄构成

噶本时期，由于生活水平和医疗条件差等因素的制约，人口平均寿命仅为37岁。

和平解放初期，全县人口平均寿命为40岁。

1982年，0～14岁人口有2478，占总人口的34.48%；15～64岁人口有4450人，占总人口的61.93%；65岁以上仅有258人，占总人口的3.59%。

1990年，0～14岁人口有2808人，占总人口的29.93.%；15～64岁人口有6200；占总人口的66.09%；65岁以上只有379人，占总人口的4.04%。

2000年，0～14岁人口有4757人，占总人口的35.60%；15～64岁人口有8031；占总人口的60.09%；65岁以上只有576人，占总人口的4.31％。

2000年，全县人口平均寿命为55岁。

1982年、1990年、2000年噶尔县人口年龄构成比例及变化情况见表15—1—1。

1982年、1990年、2000年噶尔人口年龄构成统计表

表15—1—1

年龄别	1982		1990		2000	
	人数	(％)	人数	(％)	人数	(％)
0～4岁	898	12.5	1066	11.4	4757	35.6
5～9岁	840	11.7	980	10.4		
10～14岁	740	10.3	756	8.2		
15～19岁	589	8.2	966	10.3	8031	60.1
20～24岁	812	11.3	1158	12.4		
25～29岁	919	12.8	1196	12.7		
30～34岁	582	8.1	821	8.8		
35～39岁	517	7.2	624	6.6		
40～44岁	308	4.3	442	4.8		
45～49岁	201	2.8	308	3.2		
50～54岁	194	2.7	276	3.1		
55～59岁	186	2.6	216	2.4		
60～64岁	142	1.9	193	2.1		
65～69岁	122	1.7	166	1.3	576	4.3
70岁以上	136	1.9	213	2.3		

四、文化构成

历史上，境域内除极少数受过寺院教育，会识写作藏文的人员外，绝大多数是文盲或半文盲。和平解放后，尤其是1961年各级学校相继建立后，文盲数量逐年减少。1982年，噶尔县具有小学以上文化程度的人数达到521人，占全县总人口的7.25％。其中，大专以上文化程度35人（肄业4人），占总人口的0.49％；高中文化程度105人，占总人口的1.46％；初中文化程度97人，占总人口的1.35％；小学文化程度有284人，占总人口的3.95％。文盲或半文盲占全县总人口的92.75％。

1990年，噶尔县具有小学以上文化程度的人数达4162人，占全县总人口的44.34％。比1982年增加18.89个百分点。其中，大学本科学历73

人，占总人口的0.78%；大专学历163人，占总人口的1.74%；中专学历505人，占总人口的5.38%；高中文化程度321人，占总人口的3.41%。初中文化程度1172人，占总人口的12.48%，小学文化程度1830，占总人口的19.5%。文盲或半文盲占全县总人口的56.71%。

2000年，噶尔县具有小学以上文化程度的人数达7811人，占全县总人口的58.44%。比1990年提高14.11个百分点。其中，研究生1人，大学本科92人，占总人口的0.6%；大专637人，占总人口的4.7%；中专1075人，占总人口的8.0%；高中419人，占总人口的3.1%；初中文化程度4568人，占总人口的34.1；小学文化程度的1019人，占总人口的7.6%。文盲或半文盲占全县总人口的41.55%。

五、民族构成

和平解放时，噶尔有藏族、蒙古族后裔。

1951年，中国人民解放军进驻昆萨后，新增汉族、回族、蒙古族、维吾尔族、哈萨克族等六个民族，藏族人口占绝对优势。

1982年，噶尔县总人口为7196人，由7个民族构成。其中藏族仍占县总人口的主体。

1990年，噶尔县总人口为9387人，由8个民族构成，其中藏族8212人，占全县总人口的87.48%。

2000年，噶尔县总人口为13364人，由19个民族组成，其中藏族12152人，占全县总人口的90.93%。

六、家庭构成

20世纪50年代，境域内家庭构成较复杂，规模大小各异。一般家庭都由父母、子女、媳妇、女婿、孙辈组成，也有“泼生”（单身汉）、“母生”（单身女子）现象。“泼生”和“母生”都不一定一辈子独身。个别“泼生”有私生子，“母生”多数有私生子。按照“男跟父、女跟母”的传统习俗，男性私生子一般与父亲一起生活，女性私生子一般与母亲一起生活。

噶尔县成立后，随着农牧民住房等生活条件的不断改善，在农牧区大力宣传优生优育，倡导“一夫一妻”制，家庭户人口组成数量有所下降。“泼生”、“母生”现象减少。1982年，噶尔县平均每户5.1人。此后，毕业分配来阿里地区各单位和噶尔县工作的学生日益增多，且绝大多数为单身，户均人口数大幅减少。1990年，平均每户4.71人；2000年平均每户3.32人。

第四节　人口变动

一、总量变动

历史上，境域内人口无准确统计。

1951年，中共阿里分工委和阿里骑兵支队进驻境域内后，人口略有增加。1959年，中共西藏工委社会部初步统计噶尔县人口为2500人。1964年，初步统计境域内人口3571人。此后一段时间，由于受“左”倾思想路线及“文化大革命”影响，部分群众外逃出境。至1968年，境域内人口总数仅有3394人，比1964年减少4.96%。1974年，恢复到3690人。

1982年，噶尔县总人口为7186人，是1959年的2.87倍；1990年，噶尔县总人口为9387人，比1982年增长30.63%。2000年，噶尔县总人口为13364人，与1959年相比，增长了4.34倍；与1982年相比，增加了6181人，增长85.97%，年平均增长3.61%。

二、出生

1959年前，境域内由于生活及医疗卫生条件的制约，婴幼儿死亡率高，多数家庭仅有1～2个子女，有的家庭后继无人。人口处于低增长状态。1960～1980年，境域内经济得到发展，生活和卫生条件逐渐改善，人口增长迅速。1980年后，随着城镇计划生育工作的开展，城镇人口发展得到控制，但农牧区仍然保持较高出生率。1982年，噶尔县人口出生率为24.7‰。育龄妇女生育年龄较小，生育高峰年龄在17～27岁之间。1991年，噶尔县人口出生率为27.24‰，育龄妇女生育年龄在21～27岁之间。

2000年，噶尔县人口出生率为18.13‰。

三、死亡

历史上，人口死亡率较高，死亡率高于出生率，尤其是婴幼儿死亡率高，境域内人口出现负增长。人口平均寿命仅为37岁。

民主改革后，随着人民生活水平的不断提高和医疗卫生条件的改善，婴幼儿成活率提高，人口死亡率下降，人均寿命延长。1982年，噶尔县人口死亡率为9.98‰，平均寿命47岁。1991年，人口死亡率为7.93‰，平均寿命 53 岁。1995 年，噶尔县人口死亡率为 8‰。2000 年，人口死亡率为 4‰，与 1982 年相比降低 5.98‰；人口平均寿命为 55 岁。

四、人口迁移

历史上，噶尔县无人口迁移记载。

1951 年，解放阿里的骑兵支队干部部分转业留守阿里地方工作。加之 1952 年中共阿里分工委在昆萨的建立，从拉萨、内地调入干部、招工、分配学生等，境域内迁移来部分人口。

20 世纪 60 年代，随着噶尔县各级党政机构的建立健全，兴办教育、卫生等社会事业，又迁入少量人口。至 70 年代末，噶尔县迁入人口大于迁出人口。

1980 年，西藏自治区第一次进行汉族大批干部内调，噶尔县 56 名汉族干部内调。此后，除因就业、正常工作调动、参军、退伍、升学、婚嫁等因素迁出外，噶尔县无大的人口迁出。迁入人口逐年增加，主要是大中专院校毕业生分配、放开户籍政策后增加的大量城镇居民和个体工商户。1989 年底，境域内迁入人口 83 人。1995 年，迁入 19 人。2000 年，迁入 36 人。

第五节　人口普查

噶尔建县后，1982 年开始参加全国人口普查工作。

一、第三次人口普查

1982 年 7 月 1 日零时，全国第三次人口普查工作开始。按照阿里地区人口普查办公室统一要求，与整顿城镇户口、建立农牧区户口制度相结合，开展人口普查工作，但仅包括与户口登记有关的七项内容，即姓名、性别、年龄、出生地、民族、文化程度与职业。同年 5 月中旬，噶尔县人口普查工作人员深入每家每户进行调查、登记。7 月上旬，整个普查工作结束。

至 1982 年 7 月，噶尔县总人口为 7186 人。其中，男性 3896 人，女性 3290 人，男女性比例为 1∶0.84。噶尔县人口由藏、汉、蒙古、回、壮、白、土家 7 个民族构成。其中藏族 6819 人，占总人口的 94.8%；小学以上文化程度的 521 人；各行业从业人员 4505 人。

二、第四次人口普查

1990 年 7 月 1 日零时，全国第四次人口普查工作开始。根据县人口普查领导小组安排，随即开展了大规模的人口调查工作。调查项目除第三次人口普查内容外，增加了婚姻、妇女生育状况和出生死亡人数等指标。7 月上旬完成。

至 1990 年 7 月，噶尔县总人口为 9387 人。其中，男性 5136 人，女性 4251 人，男女性别比例为 1∶0.83；噶尔县人口由藏、汉、蒙古、回、壮、白、土家、塔吉克、门巴 8 个民族组成。其中，藏族 8212 人，占总人口的 87.4%。15 岁以上人口 6579 人。其中，未婚 2051 人，已婚 4096 人，丧偶者 312 人，离婚的 120 人；汉族与少数民族团结户为 10 户 27 人；小学以上文化程度 4162 人；各行业从业人口 5407 人。

三、第五次人口普查

1998 年 6 月 17 日，国务院发出《关于进行第五次全国人口普查的通知》。11 月，噶尔县成立了以县长欧珠为组长的人口普查领导小组，并与阿里地区人口普查领导小组签订目标责任书。在普查登记前，阿里地区公安处和阿里地区人口普查办公室按照西藏自治区公安厅和西藏自治区人口普查领导小组办公室统一部署，对噶尔县各个普查小区内的常住人口、暂住人口、户口待定人口和人户分离情况逐户逐项进行调查核对，力求达到户主姓名底册人数、《居民户口簿》人数与居民实际人数“三个一致”，做到村不漏户、户不漏人、人不漏项。

至 2000 年 7 月 1 日零时，噶尔县共有 4024 户，总人口为 13364 人。其中，非农人口 7683 人，农业人口 5681 人；男性 7167 人，女性 6197 人，人口性别比例为 1∶0.86。噶尔县人口由 19 个民族组成。其中，藏族 12152 人，占噶尔县总人口的 90.93%；各行业从业人员 5923 人。其中女性 1850 人，占全县从业总人数的 31.23%。

第六节　优生优育

1974 年，县人民政府发出通知，规定“凡实行计划生育者，免费送避孕药具；实施手术者，免除一切费用”。1979年，县人民政府再次对实行计划生育者颁布优惠政策，规定“对实行节育手术者，休息2天；重体力劳动者，休息一周；输精管结扎者，休息7天；输卵管结扎，休息21天；人工流产者，休息14天；人工流产同时上环，休息16天；人工流产同时结扎输卵管，休息30天；妊娠中期引产，休息45天；妊娠中期引产同时结扎输卵管，休息51天；产后结扎输卵管按产假另加21天。接受计划生育手术者，在规定休息期间，干部职工工资照发。节育手术后需配偶护理，经医院证明，单位领导批准，其护理期间的工资照发，不影响全勤评奖。其营养补助标准：手术当月供应糯米或精粉（青稞）2.5千克、食油（酥油）0.75千克、肉2千克”。同时还规定：终生只生一个孩子的干部职工，在办理独生子女证的同时，由阿里地区计划生育办公室发给独生子女父母奖金100元；独生子女在同等条件下，可凭证优先入托、入园、入学，有病时优先住院治疗，并免费入学（学费由学校出证明由学生父母所在单位报销）；领有《独生子女证》的干部职工，自办证之日起，每月给独生子女保健费5元，至孩子满14岁；独生子女父母年老退休时，加发退休金5%，拿100%退休金的不另增加。

1980年，成立县计划生育领导小组，办公室设在县卫生局，配有兼职干部1名。同年，阿里地区行署批转了阿里地区计划生育领导小组《关于认真开展计划生育工作的意见》。意见要求凡阿里地区干部职工生育者一律实行《准生证》制度。1983年，开始办理《独生子女证》。1985年，逐步开始在藏族干部及其他少数民族干部、职工中，推行二胎计划生育政策，对农牧民仍坚持以宣传教育为主、坚持自愿为主、坚持经常性服务为主的“三为主”政策。

1992年，噶尔县遵照执行《西藏自治区计划生育暂行管理法》，规定：凡办理《独生子女证》的干部职工享受：一次性奖励人民币50元，从办证之月起，每月发独生子女费5元，至14周岁，夫妇双方单位个负担一半，一方无固定职业者，由有职业一方发放，一方在部队或女方在其他省市者，独生子女费只享受一半。在同等条件下，独生子女入托儿所、幼儿园，就医应优先安排，招生、招工、征兵优先录取，并根据工作需要可随父母就近分配。在藏工作的独生子女父母可以凭借托儿所、幼儿园、医院的收据，由父母所在单位各报销一半保育费、医疗费。在内地入托保育费在15元以下的按实数报销。户口在藏的14周岁以下的独生子女，准予每隔一年报销一次探望父母的往返交通费，由父母双方单位各付一半；父母一方户口在内地的，孩子探望父母（一年半）的交通费、保育费、医疗费由在藏一方单位负责一半。藏族干部夫妇双方自愿要求办理独生子女证，其办证条件和待遇与汉族干部相同。

西藏自治区内藏族等少数民族干部、职工，符合计划生育规定的可生育二胎，孩子患病经医院证明，经父母所在本单位批准可到区外就医治疗，其来往路费和医疗费凭医院收据由夫妇双方所在单位各报销一半。实行晚育妇女孩子出生5个月内申请办理独生子女证的，允许享受产假1年（从休息之日起计算，临近产假者一并计算，不另批假），产假前6个月享受全工资，后6个月享受基础工资、职务工资、地区补贴、工龄工资的65%，其他各项照发。凡区内藏族等少数民族干部、职工夫妇双方，自愿终生只生二胎并且保证不生第三胎的，每胎享受产假4个月，产假期间工资照发。

根据上述规定，县委、县人民政府建立了计划生育政策实施的检查监督制度，超生的个人，视其情节给予行政处罚，并征收超生子女费。公职人员超生者，将受到征超生子女费，夫妇双方各降一级（职），六年内不提职（职务、职称）、不提级、不得评为先进，不享受奖金（包括奖励工资）等处罚。

县卫生局协同有关部门抓好计划生育的技术服务、技术管理和应用宣传工作，向群众提供以避孕为主的综合节育措施，积极开展孕前保健服务，如婚姻保健、孕期保健、新法接生、科学喂养等，并逐步扩大系统保健的覆盖面，切实解决涉及提高人口素质的各个环节的问题，争取广大群众认识、理解、支持、配合计划生育工作。

至2000年底，噶尔县城镇、机关单位无一人超生，计划生育手术未出现责任事故。

第二章　民　族

第一节　世居民族

经考古调查发现。在距今一两万年以前，境域内已有远古人类生存。

象雄时期，生存在噶尔境域内的人自称“门人”。在今噶尔境域内发现有象雄时期的农田、城堡、墓葬等。

7 世纪，吐蕃征服象雄后，境域内“门人”与藏族融合，藏族成为境域内的世居民族，分布于森格藏布及其支流噶尔藏布流域。

17 世纪末，甘丹才旺率蒙藏联军驱逐入侵阿里的拉达克军队时，50 名蒙古族军人进驻噶尔县境域内。战争结束后，蒙古族军人留驻噶尔县，并与当地妇女通婚，后代逐渐融入本地藏族。

至 2000 年，境域内有藏族 12152 人，占全县总人口的 90.93％。

第二节　迁居民族

一、蒙古族

17 世纪末，甘丹才旺率蒙藏联军驱逐入侵阿里的拉达克军队时，蒙古军人进驻噶尔境域内。战争结束后，为防止拉达克军队反扑，甘丹才旺留下

50名蒙古兵驻守阿里，分两部各25名分别驻扎于索堆[①]和索麦两地。后与当地藏族妇女通婚，逐渐融入藏族。但其后裔外貌、长相仍具有蒙古族的基本特征，生活习惯、节日等仍沿袭蒙古族的习俗，今索堆一带仍保持蒙古族的过年习俗。

甘丹才旺被西藏地方政府封为第一任阿里噶本后，两名有军功的蒙古族将领被西藏地方政府封为“本”（头人），并赐予铁券文书，分别称“左左本”、“那木如本”。

二、汉族及其他少数民族

1951年，进藏先遣连及后续部队的干部和战士是最早进入噶尔的汉族及其他少数民族。此后，随着噶尔社会发展和经济建设的需要，来自全国的其他各民族人员逐渐增加，民族构成由单一的藏民族发展成为以藏族为主的多民族成分。

至2000年底，噶尔县境域内有19个民族成分，即藏族、汉族、回族、维吾尔族、苗族、彝族、壮族、布依族、满族、白族、土家族、傣族、东乡族、纳西族、塔吉克族、撒拉族、仡佬族、俄罗斯族、保安族。

第三节　民族干部培养

噶尔县成立以来，坚决贯彻中央、西藏自治区（新疆维吾尔自治区）党委、中共阿里地委（分工委）一系列方针、政策。坚持各民族平等，牢固把握各民族共同团结奋斗、共同繁荣发展的主题，认真落实民族政策，不断推进民族工作的发展。

一、民族干部培养

（一）藏族领导干部

噶尔县委、政府及各级党政机构成立初期，注重从政治思想觉悟高的民族青年中选拔任用民族干部。1961年，在新成立的4个区委、区公所中任命4名藏族青年干部担任各区公所的主要领导。各乡人民政府中全部安排藏

① “索”意为蒙古人，“堆”意为上部，即噶尔藏布上游。“麦”意为下方，即噶尔藏布下游。

族干部担任领导。至 1996 年，先后有 3 名藏族干部担任噶尔县的县级领导，11 名藏族干部担任区、科级领导。此后，随着藏族干部的不断成长，藏族成为噶尔县领导干部的主体。

1971 年，噶尔县召开第一次党代会，选举产生的 19 名委员中，藏族委员占委员总数的 52.63%；1978 年，县第二次党代会选举产生的 21 名委员中，藏族委员占委员总数的 61.9%。

1965 年，噶尔县召开一届一次人代会，选举产生的 3 名县人民委员会县长、副县长中，藏族占 2 名。1969 年，县革委会成立时，5 名正副主任中，少数民族占 2 名。1981 年，召开的县第三届人大一次会议，选举产生的 3 名县人民政府领导均为藏族。

1959～2000 年的 41 年期间，噶尔县选举或委任的 8 名县委书记中，藏族县委书记占 5 名；噶尔县选举或委任的 9 名政府县长全部为藏族。

2000 年底，藏族及其他少数民族在噶尔县担任县级领导的达到 16 名，占县级领导总数的 69.57%，5 个乡（镇）党委书记、乡镇长均为藏族。

（二）民族党员队伍

在注重培养民族干部的同时，各级党组织重视吸收全县各行业的先进分子加入中国共产党。1966 年，藏族党员占全县党员总数的 70.21%。“文化大革命”中，通过开展农业学大寨运动，大量吸收农牧区藏族党员。

1979 年，藏族党员占全县党员总数的 93.89%。

2000 年底，藏族和其他少数民族党员占全县党员总数的 93.56%，藏族党员成为噶尔县党员队伍的主体。

二、民族教育、卫生、科技

（一）民族教育

噶尔县成立后，在保持传统寺院教育的同时，现代民族教育开始起步。

1961 年，噶尔县第一所现代学校——昆萨公办小学成立，全部吸收藏族农牧民子女入学。此后，陆续在各区、乡开办各类学校，学生全部为藏族。各学校将教授藏语文作为主要的教学内容。

至 2000 年底，全县有正规化的民族学校 5 所，在校生达到 659 名，全部为藏族及其他少数民族学生。全县 42 名专职教师全部为以藏族为主的少数民族。

（二）民族医疗

藏医药学是中华民族医药学宝库中的瑰宝。噶尔县成立后，将分散于民间的藏医以脱产、半脱产的形式吸收到各级医疗机构。充分发挥传统民族医学的作用，使藏医药成为农牧区医疗的主要形式。县人民医院成立后，设立藏医科，吸收或聘请有名望的民间藏医坐诊。1969～2000年间，先后选派数十名民族医生到区、内外大专院校医疗机构进修；支持鼓励境域内藏医研制出藏药10余种，使传统藏医药得到继承和发展。民族西医医护人员队伍也逐渐壮大。

至2000年底，全县藏族医护人员达到65名，占全县医护人员总数的94.2%。

（三）落实民族政策

1959年，民主改革时期，噶尔县认真落实中共西藏工委下发的有关民族政策。对境域内的爱国民族上层人士本着团结、争取的原则，与其建立广泛的爱国统一战线。对未判农奴主的生产资料采取赎买政策；安排境域内中上层人士进入地区政协、县参事室等部门工作，鼓励其为噶尔县的社会主义革命和建设建言献策；实行宗教信仰自由政策。

1979年，认真贯彻落实新疆维吾尔自治区、阿里地委有关落实政策的指示、精神，退赔没收的原在各级政府机关、政协及群众团体工作的中上层人士的财、物，并给予一定的经济补偿；修复被毁寺庙及恢复正常的宗教活动；鼓励逃往境外的藏胞回国、回县定居，并解决草场、牲畜等生产资料，以维持正常生活。

1984年，《中央人民共和国民族区域自治法》颁布后，噶尔县大力宣传、认真落实。

至2000年，境域内主要寺庙均得到修复，并对外开放。古如江寺的静猛（西楚）大法会、藏传佛教的萨嘎达瓦节、扎西岗寺的祈祷大法会、燃灯节等宗教活动收到恢复，广大群众信教自由。文物古迹得到有效的保护和开发。民间歌舞、艺术等民族文化得到传承。民族传统习俗受到尊重，以藏历新年为代表的传统节日不仅成为法定节日，而且是噶尔县境域内一年一度中最为隆重的节日。

第三章　宗　教

第一节　管　理

一、宗教事务管理

1960年2月，根据民主改革工作的安排，县委、县政府用三个月的时间在境域内6座寺院、270余名僧尼中开展以反叛乱为中心的“三反”运动，宣传党的宗教信仰自由政策，废除寺庙特权等级，在寺庙建立民主管理制度。同年6月，县委出台《关于还俗喇嘛外逃问题的意见》[①]，并上报中共阿里分工委批复同意在全县执行。12月13日，县委发出《关于（对）寺庙、僧尼的生活、劳动、宗教活动进行妥善安排的通知》，对寺庙僧尼活动和宗教活动进行规范。

1963年，根据阿里专员公署第二次宗教事务委员会制定的《寺庙民主管理试行章程》，将宗教活动纳入政府管理范围，在各个寺庙建立寺庙民主管理委员会（以下简称寺管会）。

1964年，根据中共阿里分工委关于全面贯彻党的政治统一，信教自由，政教分离的方针，加强对念经喇嘛的教育管理。

---

① 《意见》指出：“对已经还俗的喇嘛应经常掌握他们的思想动态，加强思想工作，安定情绪，防止外逃事件再次发生，扎西岗地处边境，如再有喇嘛或群众外逃，不准派人前往追截，要严格遵守边境斗争十条规定，以防止意外；应该深入了解还俗在扎西岗村的喇嘛是否有不够自愿或不愿在当地还俗，生产生活上安置不够好的情况。根据具体情况，加强思想教育，外地还俗的喇嘛，如要求回当地者，又是改革的地区，可耐心的说明暂不要回去，要安排好他们的生产生活，使他们安心，避免发生其他问题。”

“文化大革命”中，县民族宗教管理机构瘫痪，主要寺院受到严重破坏，部分喇嘛外逃。

1980年，根据中共阿里地委关于全面贯彻党的宗教政策的指示，在各寺庙宣传党的民族宗教政策，维护正常的宗教秩序，采取措施，保护正当的宗教活动。随后，扎西岗寺、芝达布日寺部分正常宗教活动得到恢复。

1982年，阿里地委根据中央、西藏自治区统一部署，给噶尔县下拨落实宗教政策款1.3多万元，用于维修寺庙。

1986年4月8日，县长贵桑参加阿里地区县长座谈会。会议就当前宗教工作进行座谈，听取中共阿里地委副书记扎西的讲话。会后，召开县委扩大会议进行传达贯彻

1988年，在全县开展落实党的民族宗教政策活动，退赔了在“文化大革命”中没收的爱国宗教人士的房屋、牲畜、金银珠宝等财物；清退在民主改革和“文化大革命”时期没收的宗教爱国人士的物品数十件（含房屋）。同年，阿里地区拨专款修复扎西岗寺庙和芝达布日寺庙。

1989年10月，县委、各区委配合中共阿里地委统战部、阿里地区民宗局对噶尔县寺庙所藏各类文物、宗教用品进行登记。

1990年4月，阿里地区拨付资金0.6万元，用于“文化大革命”中没收的扎西岗寺庙的财物补偿。同年，芝达布日寺主持、阿里地区政协副主席旦增旺扎荣获西藏自治区第一次民族团结进步表彰大会授予的“西藏自治区民族团结进步先进个人”荣誉称号

1992年3月，贯彻中共阿里地委、地区行署关于要求入寺人员和僧尼自己动手，提高寺庙自养水平，以减轻国家和群众的负担。扎西岗寺、古入江寺开办茶馆、小卖部等经济实体，增加寺庙收入。

1994年11月2日，西藏自治区人民政府召开爱国守法先进寺庙和优秀寺庙管理人员表彰大会，噶尔县芝达布日寺被西藏自治区授予“爱国守法先进寺庙”称号、该寺住持旦增旺扎获得西藏自治区授予的“优秀寺管员”称号。

1995年初，根据阿里地区的统一部署，对各寺庙、拉康进行调查摸底，将噶尔县境域内寺庙划分为好、一般和较差3个档次。其中芝达布日寺和扎西岗寺被列为“好”的档次。根据西藏自治区党委《关于在全区范围内进行寺庙爱国主义教育和清理整顿的决定》精神，噶尔县成立寺庙爱国主义教育和清理整顿领导小组，由县委书记任组长，各职能部门领导为成员，组织若

干工作组，对境域内 4 座寺庙和 1 座拉康进行调查摸底，并对寺庙建立正常宗教秩序工作进行研究部署，确定了教育对象。

1997 年，县委在 182 天内先后组织工作组 39 人次，重点对芝达布日寺和扎西岗寺开展寺庙爱国主义教育和清理整顿工作进行全面检查。检查内容包括：乡党委和政府是否高度重视和直接领导两座重点寺庙的教育及清理整顿工作？是否帮助解决寺庙和僧尼的实际困难？爱国宗教人士的作用是否充分发挥等。同年，西藏自治区寺庙爱国主义教育和清理整顿工作督导组在县委统战等部门人员陪同下，集中 5 天时间，对噶尔县 4 座寺庙和 1 座拉康开展寺庙爱国主义教育和清理整顿工作情况进行了检查。

2000 年，根据西藏自治区寺庙爱国主义教育和清理整顿领导小组办公室决定，在 4 座寺庙和 1 座拉康开展法制宣传。

二、宗教政策

噶尔县依照中华人民共和国宪法和法律法规，年满十八周岁的公民，不分民族、种族、性别、职业、家庭出身、宗教信仰、教育程度、财产状况、居住期限、都享有选举权和被选举权，坚持人民代表大会制度、坚持中华人民共和国公民有宗教信仰自由政策，坚持任何国家机关、社会团体和个人不得强制公民信仰宗教或者不信仰宗教，不得歧视信仰宗教的公民和不信仰宗教的公民，国家保护正常的宗教活动，任何人不得利用宗教进行破坏社会秩序、损害公民身体健康、妨碍国家教育制度的活动，宗教团体和宗教事务不受外国势力的支配等的政策，维护社会文化事业的全面发展。

三、管理机构

1961 年 1 月 30 日，成立噶尔县委统战部，负责管理宗教事务。1963 年 1 月 29 日，成立县人民政府参事室，吸收境域内 12 名爱国人士为参事室参事。其主要职能是协助县委、政府参与宗教事务的管理。“文化大革命”期间机构瘫痪。1987 年，机构改革，恢复县人民政府参事室，1992 年撤销。1995 年，成立县委统战部，管理宗教事务。

第二节 苯 教

一、源流

苯教，即苯波教，亦称雍仲苯教。因僧人作法时头戴黑帽，俗称“黑教”。

公元前1千年前后，出现苯教。苯教是在原始的拜物教（巫教）基础上，由古象雄（阿里西部）兴起。苯波教主要是下方作镇压鬼怪，上方作供祀天神，中间作兴旺人家。属原始宗教（即藏语“兑苯”）。

公元前后，出生在魏摩隆仁地方（今冈仁波齐峰附近）的古象雄王子辛绕米沃且，以原始苯波教的占卜休咎、祈福禳灾、治病送死、驱鬼降神等为基础，又融合周边部落和地区的宗教文化，创立雍仲苯波教。后来，苯波教教徒尊称辛绕米沃且为“敦巴·辛绕”（意为开创者）。

公元1世纪左右，苯教沿雅鲁藏布江自西向东传入卫藏。雅隆部落第二代赞普穆赤潜心修炼苯教密宗，并鼓励民众皈依苯教之法，在雅隆掀起修炼苯教密法的热潮。穆赤从象雄邀请百余名苯教大师到雅隆传教，此间，涌现出“九大神通”和“四大译师”，在前后藏修建37处苯教道场。此后，苯教在卫地得到王室贵族们的支持，在上层权利集团内部得到一席之地。至第八代赞普直贡时，每一位赞普身边都有一名谓之“古辛”的苯教大师，帮助其处理宗教事务，“古辛”由普通的宗教祭祀人员成为具有特殊身份的王室家族重要成员，不仅在宗教活动中发挥作用，而且在日常政治生活中也发挥着重要作用，几乎能左右赞普的行为。其头巾插鹰翎，身着白猞猁皮或白狼皮袄，并用虎豹皮装饰，在未发出三句话前，赞普不能发令，不能讨论政事。此间，苯教不仅大规模修建修炼道场，而且在古辛的策划和赞普的支持下，王室成员都争先恐后地为王室家族修建“塞康”（意为苯教神殿），赞普也都修建了自己的“塞康”，苯教在雅隆盛行并进入空前的繁荣期。被苯教教史称为“前弘期”。

“古辛”显赫的地位引起雅隆部落大臣的嫉妒和不满。赞普直贡即位后，“古辛”与雅隆部落大臣的矛盾日趋激化，大臣们要求采取措施遏制苯教势力。赞普直贡采纳大臣的建议，宣布除从事拉本议事的 4 种祭祀和吉木布兰察、格库替盆、策米绿冬等可以继续留住在王室内作为自己的“古辛”外，其余苯波（苯教徒）都要离开雅隆部落。苯教徒将绝大多数苯教经典埋藏在聚集地后，离开雅隆部落。苯教史上称为“第一次法难”。

赞普直贡后，苯教在雅隆重新得到发展，并延续至公元 7 世纪松赞干布建立吐蕃政权时期。苯教史成为“中弘期”。此时，佛教已小规模传入吐蕃，但苯教势力远胜于佛教，佛教与苯教间时常发生一些摩擦。在莲花生大师被迎请到吐蕃并与苯教教徒斗法取胜后，佛教在吐蕃赢得一席之地。吐蕃出现佛苯并存局面，两种宗教相互渗透，并发生激烈冲突。随着大量的佛教经典被翻译和传播，佛苯两教都想方设法争取到吐蕃赞普及王室成员的认可。

到赤松德赞时期，赞普举行佛苯两教辩论，苯教失败。8 世纪初，赞普赤热巴巾更是大肆兴佛压苯，苯教史上称“第二次法难”。部分苯教徒被迫改信佛教或迁徙出吐蕃腹地。

达玛继赞普位后，抵制佛教，苯教再次迎来短暂的兴旺，苯教史称“后弘期”。

9 世纪，达玛被刺后，苯教再次遭受打击，部分教徒远走康区和安多等地，许多苯教的“塞康”成为佛教神殿，其世系的穆世系、辛氏家族、竹氏家族、芭氏家族、枚氏家族等喇嘛家族至后藏地区传承苯教。

18 世纪，西藏那曲安多西绒的苯教学者贡珠站巴将苯教的“伏藏”汇总成篇目，并将其分成“丹珠尔”、“甘珠尔”（即苯教大藏经），形成了苯教经典。

20 世纪初，生于西藏北部三十九族部落所辖霍尔波秀部落（今西藏那曲地区巴青县）的琼珠·晋美朗嘎，由于从小厌倦部落之间无休止的争斗，不顾父亲劝阻，独自离家前往卫藏，一路朝拜圣地庙宇，叩拜知名高僧大德，刻苦钻研苯教和藏传佛教知识。最后抵达大竹卡（今日喀则地区南木林县境）进住苯教寺院雍仲林寺，继续钻研苯教。其感悟到阿里是苯教发祥地，决定到阿里并重振苯教文化。巡游至冈底斯山，并在其南约 65 千米的琼隆喀栋地方，发现一修行洞，通过对洞里出土的佛像等宗教器皿判断，认定此洞就是象雄著名苯教大师祯巴南卡的修行洞。认为此地是苯教圣地，故修建苯教寺庙古如江寺。

二、古如江寺

位于门士乡境域内，坐落在象雄琼钦崩巴山麓，距门士乡政府驻地西南约7千米处。朗钦藏布河源3条支流在此附近相汇，依山傍水，环境幽静。海拔4330米。

在琼钦崩巴山腰处有自然形成的三层岩洞。据传，苯教始祖辛饶米沃且诞生在这里，是雍仲苯教的发祥地。公元前9世纪，祯巴南卡在此修行，成为苯教重要的修行场所。

20世纪初，琼珠·晋美朗嘎云游到此，在此新修许多佛像、佛塔等，后向噶厦申请建寺，未得许可。后又以宁玛教派的名义再向阿里噶本申请，得到噶本许可。时四川德格佐钦寺喇嘛克珠格瓦亲友桑杰桑布到阿里朝山拜佛，在琼隆与琼珠·晋美朗嘎相会。琼珠·晋美朗嘎对其热情款待，桑杰桑布对琼珠·晋美朗嘎讲授《隆钦七藏》和《悟境精义》等苯教经义，并对拟建古如江之地加持开光。此年冬季，桑杰桑布此静修《次旺加日玛十万颂》、《萨决十万颂》、《忿怒佛母十万颂》、《忆念长寿仪轨十万颂》等苯教经典。

民国二十五年（1936年，藏历第十六饶迥火阳鼠），古如江寺开工建设。琼珠·晋美朗嘎及其弟子用3个月时间修建完成措康（大佛殿）和左右佛殿、仓库、厨房等设施。此间琼珠·晋美朗嘎写信给加噶仓索要《甘珠尔》和《丹珠尔》等经典，并先后派2位弟子前去督办此事。

民国二十六年（1937年春，藏历第十六饶迥火阴牛），琼珠·晋美朗嘎一方面亲率弟子用近1个月时间在古格恰容玛（ཆ་རུ་ལམ）沟内砍伐红柳几百捆，运往古如江。一方面因修寺资金缺乏，又派两弟子到库奴王处借钱。同年4月，从加噶仓处索要的全套《甘珠尔》和《丹珠尔》等经典共35牛驮及从尼日绒运来的房梁均抵达古如江；从库奴王处借钱的弟子也回到古如江。万事俱备。夏季，完成大佛堂底层和左右佛殿盖顶、上下击鼓殿及围墙的修建。秋季，琼珠·晋美朗嘎派弟子当热、仓巴和楚陈尼玛三人到那仓地方化缘。并亲与弟子贡恰多吉来到江拉乌（བྱང་ལྷ་ཁུར）取建筑用屋梁和木板。

民国二十七年（1938年春夏，藏历第十六饶迥土阳虎），又完成加通拉康和布甲殿的盖顶，还修建了几间僧舍。

民国二十八年（1939年，藏历第十六饶迥土阴兔），修建大佛堂顶层、绘制拉康右面壁画，又增修几间僧舍。前往那仓化缘的当热等赶着羊群回到古如江。夏季，门日寺（今西藏日喀则地区境域内）第三十法座丹巴罗珠朝拜神山圣湖后来到此寺，加持了此寺。

民国二十九年（1940年，藏历第十六饶迥金阳龙），邀请的琼色格隆楚臣罗珠和弟子巴楚等6位画师绘制完成大佛殿内辛饶米沃且六十业绩壁画。

大佛殿右壁绘制有隆绛朗杰仪轨和十二仪轨；左壁绘制有母系、总集三围、火山、桑扎、金刚橛、吉堆、十万让绒、甘露、达拉、行诫等，门左右绘制护法图，门廊四大天王，轮回图、宇宙图案、历算图、吉祥八宝等。

民国三十年（1941年，藏历第十六饶迥金阴蛇），完成杜康殿内善逝千佛壁画的绘制。夏季，“哈萨克”匪徒窜入阿里途经此地，将尚在修建中的古如江寺洗劫一空。冬季，琼珠·晋美朗嘎将散落的《甘珠尔》和《丹珠尔》进行整理并修复好残损部分。期间，琼珠·晋美朗嘎著《喇嘛启请伏魔树串》(བླ་མའི་གསོལ་འདེབས་ཨུ་དུམ་ཝ་རའི་ཕྲེང་བ)。

民国三十一年（1942年夏，藏历第十六饶迥水阳马），尼迈地方（今尼泊尔境域内）的雕塑师索朗与琼珠·晋美朗嘎及其徒弟巴楚等制作完成内屋主供泥塑佛像齐美祖普、南巴杰哇、西饶强玛、强巴贡布等。

民国三十二年（1943年，藏历第十六饶迥水阴羊），琼珠·晋美朗嘎等制作出银质法器，修复被毁坏的壁画。

民国三十三年（1944年春，藏历第十六饶迥木阳猴），为内屋诸神像涂色。夏季，为大佛殿附属经架等上色。

民国三十五年（1946年，藏历第十六饶迥火阳狗），寺院内石板铺设，尼姑寺、茶馆修建等建筑完成。历时10年的重建工程完工，取名为古如江阿札森林寺（古入江显密兴盛邦寺，简称古如江寺）。共有16间房子，其中经堂（25柱子）、后殿（5柱子）、灵堂（2柱子）、佛说神堂（6柱子）、“颠久”神堂（6柱子）、厨房（4柱子）、“康桑”（1柱子）、还有护法神殿、净厨、手库、4个鼓殿。寺内佛像、佛经、佛塔、佛事用具等齐全，并拥有上万只牲畜及其他的管畜户和草场。

“文化大革命”中，遭到破坏。中共十一届三中全会后，阿里地区落实民族宗教政策。1982年，该寺庙被列入阿里地区级文物保护单位。1983年，阿里地区行署拨款25000元，并在信教群众的资助下，由格龙丹增旺扎筹资主持修复此寺。至2000年底，该寺主要建筑由位于山麓的主殿和位于山腰的古修行洞两大部分组成。其中，修行洞共三层。

2000年，格龙丹增旺扎担任住持，有僧人9名，并成立民管会，管理人员2名。

第三节　藏传佛教

一、教派

（一）宁玛派

17世纪中叶，藏传佛教宁玛派北传系伏藏传承寺多吉扎寺的禅师曲尼桑布来门士境域内修行传法，以果仓洞为基础修建护法殿。

（二）噶举派

12世纪末，林热巴白玛多吉创立藏传佛教噶举派支派——竹巴噶举派后，为了扩大该派影响，派其得意弟子藏巴加热·益西多吉到神山冈仁波齐，盛传竹巴噶举派。随后，藏巴加热又派其名徒果仓巴·贡布多杰晚年到神山、哲达布日寺等苦修，勤钻密法，广收徒众，亲传教法，开创并发展上竹巴支系。期间，凭借其坚强毅力，长时间在神山周围探索道路，首创转神山之先例。由此，其名声大振，功德世代相传，在阿里和神山一带家喻户晓，妇孺皆知，致使竹巴噶举派的势力在神山一带达到顶峰。噶尔境域内竹巴噶举派影响较大，有哲达布日寺和加木拉康。扎西岗寺和顿久寺曾为竹巴噶举派。

（三）格鲁派

15世纪，古格人阿旺扎巴到前后藏，并拜宗喀巴为师，钻研显密诸经，成为宗喀巴大师的名徒。学成后返回古格，在古格传播格鲁派，该派势力遂向古格境域不断发展。初始仅在朗钦藏布北岸的东噶寺传教，后到托林寺授课，随之托林寺成为格鲁派传教中心。在古格王的扶持下，阿旺扎巴成为托林寺信奉格鲁派后的第一任住持。随后，有曲杰楚臣西宁等几十任住持。明万历四十六（1618年，藏历第十饶迥土马年），在拉尊阿旺罗桑丹贝尼玛继任第十三任住持时期，应末代古格王札巴扎西德之邀，第四世班禅大师罗桑曲杰坚赞到托林寺。此后托林寺作为格鲁派在西藏西部的重要寺庙，地位显著提高。在噶尔境域内初建寺庙中仅有噶尔拉姆康为格鲁派寺庙，扎西岗寺和顿久寺属后改信格鲁派寺庙。

二、主要寺庙

（一）芝达布日寺

位于噶尔县门士乡境域内的朗钦藏布北岸，距门士乡政府驻地5千米。地理坐标为东经80°75′，北纬31°12′。海拔4425米。

芝达布日属地名，是转神山冈仁波齐的必经之地。据密咒之说法：世间拥有24个主圣地方；8个空行刹土；8个后妃公院；8个居地刹土。其中，芝达布日是8个地下刹土之一。

13世纪，堆竹巴噶举派创世者杰哇果仓贡布多吉巡游至此，沐浴温泉，并在此修行，即现存的果仓修行洞。后不断有竹巴噶举派高僧来此修行，传授竹巴噶举派。

17世纪中叶，藏传佛教宁玛派北传系伏藏传承多吉扎寺（今西藏山南地区）的禅师曲尼桑布来到此地，在果仓洞内修行。曲尼桑布在当地头人资助下，以此洞为基础，修建护法殿，形成宁玛北派传教点。曲尼桑布圆寂后，此寺改信竹巴噶举派。

民国三十三年（1944年4月，藏历第十六饶迥木阳猴），库奴喇嘛益西白丹来到此地驻锡。因其资历高，深受当地信教群众崇拜，以期扩建该寺。益西白丹应允信教群众之请，拟备扩建该寺时，恰逢西藏地方政府派江孜噶张“嘎西”和俗官戳嘎沃两官员来阿里调查。两官员从日喀则派遣石匠和木匠，重修此寺。修建完成有四柱的杜康建筑。同时为理顺该寺的管理，下发文书，将该寺交给哲蚌寺分寺普兰贤柏林寺管理，作为贤柏林寺的属寺，仍属竹巴噶举派。住持由贤柏林寺派遣，有领颂师和两位管家，常住僧人16名。寺内僧尼常走村入户从事佛事活动，信教群众络绎不绝。寺庙也因此获得大量的物资供奉，包括牲畜、草场、耕地等，由“差巴户”放牧和耕种，并从事食盐经销。此后，在门士地方形成凡家庭有子3人以上者，其男孩8岁后，第三子需到芝达布日寺为僧，第四子需到顿久寺为僧的定制。

“文化大革命”中，寺庙遭受破坏。

1984年秋，国家拨款4万元，由门士区门士乡尼玛群培和噶玛仁增主持修建了四柱规模的殿堂；西藏自治区民宗局等分配给寺庙鎏金和响铜质佛像41尊以及宝瓶、金刚杵、酥油灯具等佛事用具，恢复竹巴噶举派宗教活动。时，该寺无僧人，由驻地群众轮流看护或雇人看护。1990年，邀请该寺原民管会负责人旺久罗布负责管理。

1991年进行改扩建，主殿占地面积82平方米，并在门梁两侧绘制壁画，制作佛龛等。

民主改革时期，该寺属未叛寺庙。2000年底，编制3人，由1名俗人管理寺庙。

（二）扎西岗寺

位于噶尔县扎西岗乡境域内的森格藏布河畔，距县城驻地约60千米。地理坐标：东经79°70′，北纬32°50′。海拔4250米。

据传，17世纪，拉达克大喇嘛达仓仁布切背诵《大乘罗刹》经前往拉萨拜佛，途径扎西岗寺所在地时，正念到“宝幢善建”。其返回路过此地时又恰好念到“宝幢善建”。于是，达仓仁布切认为自己与此地有缘。便在一骷髅中装满甘露埋在山坡的青草堆里，并许愿道：“来年时甘露没有干枯，就在此建寺吧。”翌年，达仓仁布切看到甘露依旧，决定在此修建寺庙。达仓仁布切从拉达克运来所需材料，邀请木匠、石匠等，历时7年建成此寺（也有学者认为该寺建于11世纪）。该寺与拉达克哈米寺关系密切，寺内许多僧人到拉达克学法，拉达克的达仓热巴等夏季驻锡扎西岗寺，属竹巴噶举派。

清康熙二十二年（1683年，藏历第十一饶迥水阴猪），甘丹才旺率领蒙藏联军打败拉达克军后，恰逢太阳升起，甘丹才旺便将旗帜插在该寺的屋顶。此后每年藏历五月五日，在此举行庆典和赛马盛会，纪念战争的胜利。

噶本政府建立后，该寺庙改信格鲁派，成为拉萨色拉寺杰巴扎仓之属寺，宗教仪轨与拉萨下密院相同。其住持由托林寺堪布①兼任，每年藏历五月～八月到该寺从事佛事活动、核查收支，并给僧众授课。至托林寺堪布赤钦阿旺却丹任上，制定了严格的寺规。要求托林寺堪布到扎西岗后，需在该寺觉沃法座殿内住2月。

寺曾有鲁顶、达瓦、玛布、毕帝、羌翰5个康村。每个康村有10名僧人，共有50名僧人。50名僧人中，除扎西噶培寺、达波塔钦曲林寺②和扎西曲林寺（今阿里地区革吉县境域内）各派2名外，其余44名均来自托林寺的25座属寺。若出现僧人还俗或死亡等特殊情况时，需从原派遣地新派僧人顶替；对还俗僧人罚款500～600两章嘎、给总管寺庙公共财物收支的机构—基索奉献一套袈裟并煨桑致敬。每逢托林寺举行祈祷大法会期间，扎

① 民改前从色拉寺派遣的堪布共有44位。

② 此寺坐落在库奴境域内的毕帝村，在10世纪末由大泽师仁钦桑布创建。

西岗寺须派 1 名僧人参加各类仪式和活动。

此寺拥有西藏地方政府册封和从农牧民中购买的大量土地、草场和牲畜及差民，其势力范围东至马攸木山口，南至札达县的热嘎夏，北到日土日松，西抵札达县楚鲁松杰。寺庙日常事务由领诵师（司库）、领腔师、纠察僧（铁棒喇嘛）3 人管理。领诵师负责管理寺庙及其所属的各个庄园，有制裁和处罚权；领腔师和纠察僧负责维持僧团清规戒律和执事，若僧人与当地百姓发生纠纷，领腔师有权惩处。

寺重大佛事活动有：(1) 藏历一月一日至十五日的大愿法会。所需经费由寺庙后勤支付。(2) 藏历二月，有 10 天的“美拉多角旺加”法事。所需粮食和酥油由阿里噶本拨付或从雄苏如（部落名称）征收。(3) 每年藏历三月的“圣地礼供”活动。经费由寺庙后勤支付。(4) 藏历四月派 30 名僧人到昆萨的“拉姆康”诵经，费用由噶本支付。(5) 藏历五月的“日至关角”活动，经费由噶本支付。(6) 藏历六月四日，托林寺堪布在扎西岗寺祭天，费用由寺庙支付。(7) 藏历七月十五日至三十日，进行夏令安居仪轨活动，费用由寺庙后勤支付。(8) 藏历九月吉祥金刚布施结缘节，为期 5～6 天，费用由寺庙支付。(9) 藏历十月二十五日举行燃灯节活动，是该寺规模最大的宗教活动。

历史上，反森巴战争时期，大量的文献遭到破坏。后因失火（年代不可考），贲字经书、黑字经书、佛经、佛法和其他经书佛像等被烧毁。“文化大革命”时期被毁。1984 年，由洛桑群培主持，重建寺庙，并恢复为竹巴噶举派。

民主改革时期，该寺属未叛寺庙。2000 年，编制 3 人，由 1 名俗人管理寺庙。

（三）顿久寺

位于噶尔县门士乡境域内，距门士乡政府驻地 30 千米。地理坐标：北纬 30°98′，东经 80°94′。海拔 4560 米。

顿久寺是神山冈仁波齐峰周围四大寺之一。古格时期的大译师仁青桑布曾在顿久附近叫做“朵木曲达达”（རྡོ་མ་ཆུ་དག་དག）的地方修行，预言：“后山像大象所加持，前面百泉清澈见底，西面底斯雪山矗立，朗钦藏布成四水滨；如此神圣再无其二；能来此地净化罪孽，隐居之地功德俱全，俱证悟和好生定心，不久此地律典俱全，几百轮回定展律典。”

13 世纪，大师果仓巴的大弟子仁青白（1230～1309）到巴基斯坦和印度等地学法。回藏后，曾在此地的洞中修行，将印度制响铜质佛像200多尊供于洞中。17世纪，宁玛派北传伏藏传承人曲尼桑布来到此地，在原修行洞的基础上修建顿久①寺，属宁玛派。传，修寺时从地下挖出6尊印度制佛像供于寺内。18世纪，七世达赖格桑嘉措执政时期，顿久寺成为托林寺属寺，教派改为格鲁派。其主要建筑有四柱主殿、护法殿、拉章及僧舍60间。主殿内主供三世佛泥塑像、金质释迦牟尼像、金铜质曲尼桑布灵塔及其他银器、明镜、印度制响铜质佛像200多尊；护法殿内主供南方护法赤列杰布、大黑天、吉祥天母、噶举派护法神等。该寺珍藏有全套《甘珠尔》、《丹珠尔》佛经。

“文化大革命”期间遭受严重破坏。1986年后，政府先后投入资金8万元，由现任活佛白玛贡觉主持重建。其规模与原寺相当，主供印度制响铜质四壁观音像、度母像、几尊古格银眼佛像、响铜质断右手释迦穆尼像（据传在朗达玛时期被砍断）、财神佛小像等。寺外有灵塔、擦擦房和玛尼堆。

该寺先后有7任转世活佛。活佛之下有格隆、司库和管家2人，曾有僧人60余名；下属10多牧户；并从事畜产品贸易、盐粮交换等。

民主改革时期，该寺属未叛寺庙。2000年，编制4人，实有3人。

（四）加木拉康

位于狮泉河镇加木村，距狮泉河镇5千米。地理坐标：北纬32°50′、东经80°10′。海拔4425米。

民主改革时期，该寺属未叛寺庙。19世纪，噶举派喇嘛诺诺从拉达克来到加木，并在此居住，以从事念经等佛事维持生计。其用信教群众所捐的供品和钱财，修建加木拉康，为私人佛堂。诺诺去世后，当地群众在拉康东面修建其灵塔。此后，寺内无僧人，由驻地附近百姓管理。寺内主供檀香木刻千手千眼观音、释迦牟尼泥塑像（当地百姓传能阻止冰雹）。

“文化大革命”时被毁。传诺诺的灵塔被毁时，出露众多遗物。

1990年，由顿珠次仁主持重建，属噶玛噶举派，主供千手千眼观音唐卡和无量光佛、报身佛、文殊、莲花生、金刚心等黄铜制佛像及佛经和护法面具等。每逢吉日有百姓前来朝拜。

至2000年，编制1人，实有1人。

---

① 其地名源流两种：即第一种是“顿久”（མདུན་ཆུ），藏文“顿”意为前方，“久”意为水。就是临水的意思，寺庙临近朗钦藏布源头；第二种是“多曲”（བརྫོལ་ཆུ），在藏文意为冒出水，当开挖寺庙附近石子时能咕咕地冒出水，故名。

第四章 民 俗

第一节 生活习俗

一、服饰

噶本政府时期，噶本、宗本等官员的服饰有严格的等级界限，通过服装样式或颜色显示官员地位和等级。

噶尔僧人跟西藏其他地方一样，一律穿紫色的裙子，长至脚面，上身内穿背心，外披长约身体两倍的紫色披单，脚穿僧靴。气候寒冷时穿山羊或羊皮做成的袍子，上镶红颜色布边；寺院的堪布等有地位、有学问的高僧穿氆氇或绒毛哔叽僧衣。

传统上，噶尔县男子有留发辫习俗，将头发梳理成两条辫子，在额头处留一撮头发；左耳戴一大耳环，质地为金或银，并镶嵌松石或珊瑚，藏语称“阿隆”；右耳上戴小玲珑的绿松石或红珊瑚等，紧贴耳根部。成年男子必须随身佩戴火镰、锥子（主要用于修补牛皮鞋底等）和刀子，缺一不可，否则会失去男人的尊严，受到众人的责骂和歧视。

无论年长或年幼妇女均习惯把头发梳成很多小辫，然后缀以叫做“齐卡”的银子，披于背后，并镶珊瑚、贝壳和琥珀等饰物；同时喜好戴称“噶乌”佛盒，质地多为银并镀金，内装小佛像或活佛高僧加持过的物品，有护身、辟邪和装饰功能。

噶尔境域内属牧业为主，以牧区服饰，但因地域不同略有差别。除短暂的夏季外，在一年中的大部分时间里，男女都穿绵羊或山羊皮鞣制后做成的长袍，男装囊袋大，袍长达膝盖；女袍镶有黑白两道布。家庭经济条件好的穿羊羔皮袍，外包绸缎或紫色、暗黄色、蓝色的哔叽，袍边镶水獭皮。女装长而瘦，束腰带后，袍长至脚；镶红、黑、蓝、绿和黄颜色的袍边，颜色多达 7 种，少则 3 种；腰前的囊袋比男装小，但仍可装随身物品，甚至常把婴儿放入囊袋内。妇女后背上穿件“泽林”，形状为方形，内为白羊羔皮，外边为红色呢子，边上镶花纹或不同的彩带，尤其是节日时穿的“泽林”更为讲究。妇女头戴圆白色羊羔皮帽，男子则黑色戴方形，也有的戴狐狸帽。鞋子全是自制的，有四种，即“果杂”（妇女专用）、“果多”（男女都穿）、“踏朗”（用坚硬的公牦牛头皮制成靴低，用山羊长毛编织为结实靴傍，用柔软的绵羊毛编织成靴筒，适应与高寒气候的特色手工业品）、“巴尔达”（类似踏朗，做工更秀气一些）：20 世纪 70 年代，男女都喜欢戴军帽或绿色布帽，当时流行球鞋，尤其是年轻人喜欢穿球鞋，女性的藏袍剪短，露出球鞋。当时穿上球鞋，戴上军帽，是非常时髦。

和平解放后，特别是 20 世纪 80 年代后，噶尔境域内的服饰多样化，除了老年人尤其是妇女喜欢穿藏装外，其余均穿汉式服，起初各家自己缝制，后全部从市场购买，其款式与西藏其他地方相一致。唯有节日都穿传统藏装。

二、饮食

（一）主要食品

噶尔境域内的藏族主食为糌粑、牛羊肉和奶制品。

民主改革后，食品趋于丰富化，尤其是 20 世纪 80 年代以后，随着内地饮食文化进入农牧区，不仅食物品种丰富多样，营养结构也更趋合理。农牧民吃米、面已较普及，兼做饺子、包子、炸麻花和各种炒菜，但喜欢吃熟透的菜肴。

1. 糌粑

糌粑分青稞糌粑（乃沛）、豌豆糌粑（森沛）和荞麦糌粑（扎沛）三种，以青稞糌粑为主。采用青稞、豌豆或荞麦为原料，炒熟后磨成粉即可食用。

食用糌粑有三种吃法：一是糌粑团，根据自己的食量，取少许盛于木碗中，加入酥油茶或青茶，再放点奶渣粉、白砂糖。先用大拇指拌和，然后用大拇指以外的四指搅拌。拌和均匀后用手捏成团状，送入嘴中嚼食；二是糌粑糊糊（“恰木杜”），以糌粑为主料，加入酥油茶或青稞酒拌和成糊状，一般不用勺子，直接用手指送入口中；三是做“土巴”（ 糌粑粥），一般做粥用的糌粑较平常吃的糌粑略粗。在水中加入肉粒和奶渣等，待煮开后放入萝卜丝，再放少许糌粑搅拌成粥状，熬半小时左右即可食用。

2. 肉类

牛羊肉是牧区百姓的主要食品。其吃法有生吃、手抓肉、风干肉和灌肠等。农牧区一般不食刚宰杀的肉，最起码放一天，待尚未变质之前食用为佳。夏季一般不食生肉。

“手抓”肉是将牛羊肉切大块置于锅内加水和盐，煮五六分熟后即食，鲜嫩可口。吃时一手抓肉，一手持刀割食，故谓之“手抓”。有条件的家庭，将鲜肉切成薄片置于盘中，撒上佐料，在火炉上烤几分钟后便可食用。

风干肉是农牧区重要食物。一般在每年秋季将牛、羊屠宰处理后，将腿部筋肉切成条状，挂在铁丝、绳子或木条上自然风干，翌年三、四月后便可食用。夏季多数家庭以食风干肉为主。

灌肠有几种做法：牛羊杀死后在胸叉口下方开口，割断血管，让血流入胸腔内。再剥皮开腹，取出血液，置容器中加点盐，放适当佐料搅匀，灌入洗净的羊肠内，称血肠，有补血之功能。用牛、羊里脊肉，颈肉，羊肚和肝等剁碎后放入佐料灌肠称肉肠；以糌粑和血混合灌肠称面肠。

3. 奶制品

奶制品有酸奶、奶渣和奶茶等。其中，“酸奶”是鲜牛奶煮熟倒入容器，温度适中时加酸奶“酵子”后搅匀，保暖几小时后即可。酸奶清凉可口，有解渴、消热、助消化和催眠之效；“奶茶”是在开水中加入牛奶，再加少许盐，主要给小孩饮用。“如甲”即骨头汤中加少许浓茶和盐，用酥油桶搅拌即可，主要给婴幼儿和老年人饮用。20 世纪 80 年代后，拉萨等地甜茶传入噶尔境域内，在狮泉河镇及各乡政府所在地及交通沿线开设的茶馆中均可饮用。

4. 其他风味食品

米根昂饺 意为老人耳朵。这是阿里特有的佳肴。其做法先将羊肉切成块烧开后，把和好的面做成耳朵形，有时放些萝卜块，与肉一起炖少许时间，即可捞起和汤一起倒入碗内食用，其面片内渗入肉质，味道鲜美。

煺 在盘子里放上适量酥油、碎奶渣及碎红糖搅拌糅合制成糕状。此食品之也是食用糌粑的最好伴料。因工艺相对复杂，多在藏历新年等重大节庆日制作。

帕查麻枯 将糅面捏成面疙瘩，投入沸水锅内煮熟后，滤干待用。再用一锅炼酥油，炼好后倒入煮熟的面疙瘩中，加适量的红糖、碎奶渣搅拌制成。其味酸甜可口。

（二）饮料

境域内主要传统饮料是酥油茶、奶茶、骨头汤和青稞酒。

1. 酥油茶

居民除吃主食时饮用酥油茶外，平时也是不可缺少的主要饮料。其制作方法是把砖茶熬成较浓的茶汁。少许茶汁倒入酥油桶内，加上适量的白开水，再加入酥油和食盐，搅混即可。以前用酥油桶人工搅拌，20 世纪 90 年代后逐渐用电动搅拌机。打好的酥油茶倒入铜质或铝质的壶内或暖瓶，即饮即倒。

2. 青稞酒

青稞酒的制作方法是先将青稞粒煮熟，然后倒入干净的布毯子上冷却，加入酒曲，拌匀后再倒入陶缸内，用棉布等加以保温，待发酵后（一般为 1～2 天），即可取汁加水饮用。所取第一道汁中加水后即为一等酒，浓香醇厚。此外，在煮熟的青稞上放入酒曲发酵后，将其原汁放入少许酥油和蜂蜜等后煮食，藏语称“宁库”（ 意为精华之汤）。

三、居住

自古以来，噶尔牧民多居住黑色牦牛毛帐篷。搭建帐篷时依据风向，门背风口。黑色的帐篷前后有两条白色竖条，为辟邪、防鬼之用。帐篷制作原形为一头卧式花牦牛。其背面的白色帐面形似牦牛尾巴，前部白色帐面似牦牛面额，帐篷内之的四柱似牦牛四条腿，门前拴着的两条狗似牦牛两肾脏。“牦牛”心脏部位是父辈居住之处，肺部位是母辈居住之处，中间是烧火放炉灶的地方。帐篷右侧称红边，用于放置肉类（肉、骨头、血和皮张）食品，属男人们的领地；左侧称白边，用于放置奶制品（酥油、奶酪、酸奶），属妇女们的领地。冬季居住的帐篷内部设置与夏季略有区别，冬季帐篷中部用于存放火灰，左前方易照阳光之处用于存放柴火，保持柴火干燥；左后方无阳光照射处用于存放肉食，保持肉类冰冻；左后方用于存放冰块。

民主改革后，特别是从 20 世纪 80 年代，噶尔县牧区开始用土坯、钢筋、水泥、预制砖、玻璃等新材料修建住房。多为平房，因保暖之需，面积较小。

四、行旅与转场

（一）行旅

噶尔传统出行工具主要依靠马和牦牛，故分别拥有“草原铁骑”和“高原之舟”之美称。无论放牧、集会、探亲等行旅都必乘马，每家备有崭新精致的鞍具。牦牛主要用于驮负重要物，如购物买粮、迁帐搬家等。

由于长期游牧生活，牧民自幼习马，六七岁即能不备马鞍，跃马挽鬃驶驱，不会乘马者被家人引以为耻。牧民男子惯乘各种马匹，能够驯服烈马。一般乘马一小时可驶 15 千米，一日可连续奔行 10 小时。

20 世纪 80 年代后，随着公路网的延伸，农牧民出行方式逐步改为乘坐摩托车、汽车、拖拉机。

（二）转场

自古以来，噶尔牧民过着逐水草而居的游牧生活。依据划分的草场区域，在不同季节的放牧草场间轮换放牧，称“转场”。转场是十分艰辛的劳动，需拆帐集踪，捆绑行装，并依次装上驮牛背，跨上乘马拖带儿女，一路跋山涉水，风餐露宿。但是，噶尔牧民在与恶劣自然环境的艰苦斗争中，养成了刚毅、顽强、豁达、乐观的民风，却视转场为乐事。每当转场搬迁时，仿佛去参加喜庆集会或探亲访友一样，人们身穿节日盛装；转场途中，结伴而行，欢歌笑语，不分亲疏远近，相互照应。

第二节　婚丧习俗

一、婚俗

噶尔传统婚姻由父母包办，子女婚姻是父母的重要责任。父母按照自己的生活经验，经过长时间广泛了解对方的经济状况和生活情况、观察邻里的态度，将对方与自己子女的智商、人品和习性等相比较后，方可选择合适的女婿或儿媳妇。在婚配过程中注重门当户对，若对方家庭属铁匠、吃旱獭者等绝对禁止婚配。严禁与父系和母系有相近血统之间的人恋爱和婚配，违者将受到舆论的谴责和相应的惩罚；若出现近亲婚配现象，会被旁人视为见不得人的低贱行为（方言称“迈伯”），甚至将新郎和新娘用生牛皮包裹后扔入水中。

为集中财富，不使财富和劳动力分散，婚姻形式以一夫一妻制为主。也有一妻多夫和一夫多妻现象。后两种婚姻形式主要流行于头人、富商和贵族等上层家庭。20 世纪 80 年代后，一妻多夫和一夫多妻基本消失。

在婚姻程序上，待有意中人时，先了解家庭情况，卜合属相，认为相配，带着哈达和砖茶到对方家中求婚，得到许可后，宴请对方家庭成员亲属，举行订婚宴请。宴请时求婚者向对方每位家庭成员和亲戚朋友献上一条哈达，向对方母亲送“奶钱”（藏语称“奴仁”）及一块“邦典”。然后，与双方父母商量选定吉日，并准备各自的结婚用品。其中，结婚费用大部分由男方家庭承担。噶尔农村婚礼礼仪最长可持续一周，短则 3 天。结婚仪式首先是迎新郎或新娘，其过程大致相似。

迎亲时，首先双方家庭都要请一位善于对唱的歌手，称“念沃”。迎亲家庭所请“念沃”称“外念”；被迎亲家庭所请“念沃”称“内念”。“念沃”在迎亲中扮演重要的角色，要求聪明、反应敏捷，熟练“念鲁”。当所请“念沃”到达各自家庭后，需向其发放酬劳，唱相聚歌、彩箭歌等。迎亲当日清晨，即需将迎娶新娘所乘的马匹打扮考究，其颜色需与新娘属相相吻合，且须是怀孕的母马，以预祝新娘早日身孕，早得贵子。打扮马匹时，有喇嘛念经，并由“外念”对每个环节进行颂唱。然后“外念”及舅舅等组成的迎亲队伍牵马前往新娘住处。迎亲队伍在即将到达新娘住处时，新娘家的迎客队需唱歌敬酒表示欢迎。迎亲队伍抵达新娘家门时，“内念”开始对唱，“外念”斗过 80“拓”① 后，方可进入新娘家门（旧时，迎亲队伍到达新娘或新郎家，入门之前，在一平地上设立 80 个石子堆，进行队歌闯关比赛。每过 1 个石子堆，“内念”以唱歌形式首先提问，由“外念”以唱歌形式回答正确后，进入下一石子堆；反之，“内念”即开始刁难，“外念”只有献哈达。每次对唱内容不尽相同，如此反复。男方父母也可在订婚期间向女方父母提出减少石子堆的数量。但一般需要以对唱方式过三至五个石子堆）。男方将整套漂亮的服装（从帽子到鞋子含锦缎外抱的羔羊皮披风）以及装饰品

---

① 80“拓”分别是远方四拓（东方的金星、南方的昴宿、西方的娄宿、北方的北斗星）、历算四拓（日时、九宫八卦、五行和天干）、严法四拓（鸟法、佛法、国法和断法）、香之五拓（白色雪香、紫色杜鹃、松树、‘堪钦扎罗’和‘堪琼直辛’）、胖之六拓（上引喇嘛、主妇、法官、壮男、美女和骑官）、杂乱九拓（日月、雪狮、野牛、鸟王、小鹿、上引喇嘛、如本、父母、“朵”神）、噶丹十二拓（神、赞、龙和魔各三兄）、美丽九拓（日月、雪狮、野牛、鸟王、小鹿、上引喇嘛、如本、父母、“朵”神）、迎亲九拓（日月、雪狮、野牛、鸟王、小鹿、金鱼、如本、父母、“朵”神）、宝之五拓（金、银、铁、铜和黄铜）、父母三拓（父亲、母亲、哥哥）、天王四拓（南方增长天王、东方持国天王、北方多闻天王、西天广目天王）、凶兆三拓（猫头鹰、兔子、白脸骆驼）。

（拜热、甘琼、巴达、吉库、纳玉、卧勒塔、噶乌、色杰还有琥珀项链、珊瑚项链、珍珠项链等）送给新娘。待新娘换上新装，佩戴完装饰品，将彩箭插在新娘的背上（此过程均需要进行对唱）。在离开新娘家时，需骑马绕转新娘家主房一周后才能离去。此间，由法师手持彩箭[①]，新娘父亲手拿羊前腿，高声喊叫"招财吆！招宝吆！请不要带走我家的财气和福分"，反复多次，直至新娘远离。

迎亲队伍返程时，由"外念"带队，依次是舅舅、新娘和女伴等。在途中如遇背水、背柴火等被视为是吉利的象征，应立即下马敬献哈达；若遇抬病人、倒垃圾或背空筐者会被视为不吉利，结婚后需请喇嘛念经消灾。迎亲队伍到达新郎家后，新娘下马时要把脚踩在用青稞粒写的"卐"（意为永恒）符号的宝座上；进房门时新郎母亲拿着盛满牛奶的小木桶请新娘洗手，戴上戒指，方能进入新郎家。新娘入门后，坐在新郎下首，迎亲和送亲的队伍在大厅中依次坐定，男士们坐左侧，女士们坐右侧。坐定后不得随意走动、大声喧闹，新郎新娘手拿彩箭两端，开始进餐喝酒。"外念"边唱歌边敬酒，唱什么歌行什么事，诸如唱入座歌，大家即入座，一切均依据"外念"唱歌而定。

婚礼活动持续数日。期间，所有参加婚礼的人都要奉献礼品，献礼品时由新郎家指定一人高声朗诵礼品清单，礼品清点完毕，将清单放入高脚盘内，置于新郎新娘面前，大家喝彩鼓掌。

民主改革后，噶尔县农牧区提倡婚姻自由，婚礼活动也趋于简化。

二、丧俗

境域内藏族葬法有塔葬、火葬、天葬、水葬和土葬 5 种。

人死后，先将其尸体放在一间空房内。没有条件的家庭，将尸体放在屋内一角。尸体裹以白布，放置在用土坯搭成的垫上。其身上的首饰及装饰品必须全部取下来，然后在其头上盖上竹筛子（传：灵魂可以从筛子的洞孔中钻出来。如果尸体下有皮张、木料等垫子，或是身上有宝石等饰物，灵魂就得不到超脱。请喇嘛给死者做"颇瓦"［超度灵魂］，做"颇瓦"时，如请不到喇嘛，就请会念咒语［专用于超脱灵魂的咒语］的人，念完咒语后在死者头上拔一根头发代替"颇瓦"，认为灵魂得以超脱）。

---

① 婚礼活动中习惯使用的一枝系有五彩哈达、小铜镜、璁玉、绿松石、贝壳，珊瑚珠等，顶部为一根锐利的小铁箭。

一般尸体停放数天，周末不出殡。在死者头前点一盏酥油灯，每天请喇嘛念经、烧香，超度灵魂。在这数天之中，亲戚朋友都要前来家中吊唁。来时带些酥油、一条哈达，和一把炷香，有的还带一个纸包，里面包些钱，封面写上“慰问”字样。尸体出殡前一天晚上或者当天早晨，用死者生前使用的腰带和草绳，将尸体捆成跏趺状，并用白布蒙上，同时喊死者的名字说：“从今天起你已离开了人世，世间没有你了，你将进入阴间，你走吧。”将死者生前的用品清理后分成三份：一份留在家中，一份处理后事时用（主要给背尸人和送葬者），一份献给寺庙和为死者超度亡灵的喇嘛们。

人死以后，家人一律不梳头，不洗脸，取下一切饰物，也不能笑，不能高声说话，更不能唱歌、跳舞，使死者的灵魂安安静静地上天堂。死者家门口要吊挂一个陶罐，罐口用白羊毛或白哈达围上，罐里放三荤、三素的糌粑烟火，烟火不能中断，每天要添加。藏族人认为，人死后成了鬼，灵魂脱离肉体，不会思维，不能按时进食，故由生人定时添加。办丧期间，邻居不办喜事，不能歌舞娱乐。

（一）天葬

境域内天葬随着藏传佛教的传入而盛行。在出殡前用泡有香料、藏红花、冰片等水清洗尸体。然后将尸体卷曲起来，头夹到两腿之间，像母腹中的胎儿形状，用麻绳和白床单把尸体裹住，放在一个专门用土坯垒的床榻上。一般黎明前开始准备出殡，天将亮时就要到达天葬地点。

出殡前从放置尸体的地方开始，经家门口到三岔路口，用糌粑划两条线，形似道路，并在院内煨桑。出殡时先由死者家属背着尸体，顺逆方向各转煨桑三圈后沿白线中央将尸体背到门口，然后由村里的男性帮忙将尸体抬走。随后有一位与死者属相相同的人，将院内的糌粑线扫掉，并把糌粑、扫把、垫尸用的土坯全部放在破竹篮，扔在十字路口。

境域内无固定天葬场，有条件的送往冈仁波齐神山附近的天葬台，其他均在本村附近的山野中。到了天葬地点，将尸体放在地上，一般女性面向天，男性面向地，并点上煨桑。噶尔境域内无天葬师，解剖尸体均有村里的男性帮忙进行。按照一定的程序肢解尸体，将肉与骨头剥离，然后先将骨头用石头砸碎，拌上糌粑和酥油，等待秃鹫。送葬人回各自家。第二天要去看看尸体被秃鹫处理干净与否，剩下的骨头杂碎烧毁。

（二）火葬

火葬前的出殡仪式跟上述天葬相同。一般以传染病或服毒等死亡的人用火葬，高僧或活佛等也用此葬礼，因火葬后其骨灰存放入特定的盒子，藏于佛塔中。以前火葬时在尸体外围柴堆，点火燃之，20 世纪 80 年代后，有的地方用废弃的轮胎等并浇汽油，点火烧之。

（三）塔葬

有名望的活佛或高僧大德去世后，将尸体用盐水抹擦、风干后涂上香料等贵重的药物，存放在灵塔之内。也有的尸体火化以后，把骨灰存进灵塔里。灵塔的种类以银灵塔、铜灵塔、木灵塔、泥灵塔等。

（四）土葬

土葬由来已久，噶尔县门士乡境域内发现古代土葬墓。昔日，因天花和麻风病等传染病致死的人以及凶死、受刑而死的人用土葬。挖坑以泥土覆盖尸体。民主改革后，是否施行土葬主要由死者生前和死者亲属决定。

第三节　礼仪节日

一、礼仪

噶尔人民历来十分重视礼尚往来。亲朋好友来访或者受礼，以诚相见，以礼相传。农牧民见到活佛都自然下马，站立路旁，仰出双手，掌心向上，脱帽躬身，表示礼敬。请头人或活佛吃饭、喝茶用敬语。在家做客或聚会，男女宾客，长幼尊卑的座位有严格界限。以锅灶“塔布嘎”为界，男右女左，尊上卑下，不能混淆。藏族牧民在个人交往中忌欺骗，爱诚实，言而有信，凡许诺之事绝不食言。假如欺骗和失言，视为不道德，很可能就此绝交。反之，以诚待人，说话算数。农牧民有淳厚、朴实、豪放、耿直、善良，重视亲情，尊老爱幼，睦邻友善，团结和亲，素有一方有难，八万支援的传统。见老人来，要站着迎接让座；喝茶、吃饭要先双手端给老人；喝酒，要先敬老人。每逢喜庆节日，要先向老人祝贺；向老人赠送礼物或接受老人馈赠，须双手恭敬递接。对孩童抚育周密，爱护名至，细心照料，但不娇纵，使其健康成长。

噶尔人民素有好客的传统。路过帐篷前的行人，无论亲属远近，主人都热情招呼，盛情款待，毫不吝啬，把客人当亲人。在民间流传着一名谚语：

“孔雀是森林的装饰，客人是帐房的装饰。”客人进帐，端上好茶，拿出糌粑、酥油，切上手抓肉，敬上青稞酒；让客人宾至如归。客人临走，送上肉、糌粑、酥油，解除远行客人的后顾之忧。

（一）献哈达

献哈达是最普遍的一种礼节，婚丧节庆，拜会尊长，觐见佛像，送别远行等都有献哈达的习惯。献哈达是表示纯洁、诚心和忠诚的意思。哈达一般是白色的，也有五彩哈达、其颜色为蓝、白、黄、绿和红的。蓝色表示蓝天，白色表示白云，绿色是江河，红色是熊熊燃烧的护法神火焰，黄色象征大地。五彩哈达用于献给菩萨和结婚时编做彩箭，为最隆重的礼物。

（二）磕头

磕头是噶尔藏族常见礼节之一。一般在朝觐佛像、佛塔和活佛或面见长者时施礼。分为磕长头、磕短头和磕响头三种。磕长头时两手合掌高举过头，自顶到额至胸，匍匐在地，双手伸直平放在地，划地为号，再起立如此反复；磕短头时两手合掌高举过头，自顶到额至胸部，共揖三次，再弯腿，双膝着地，双手掌向下，额着地，依次做三下；磕响头时不论男女老少，先合掌连拱三揖，然后拱腰到佛像脚下，用头轻轻一顶，表示成心忏悔之意和发自内心深处的深深祈祷。

（三）鞠躬

噶尔人民凡是遇见长官、头人或上师等受尊敬的人，要脱帽，弯腰45°，手持帽接近地面。对于一般人或平辈，鞠躬时帽子置于前胸，头略低即可；对于敬仰者合掌高举过头，弯腰点头，回礼动作也相同。农牧民见面时一般不互相握手，而是互相合掌鞠躬或做碰额头礼。合掌鞠躬礼用于任何人，盛行于农牧区。碰额头礼为最亲近的家庭成员之间，如父母与子女，兄弟姐妹之间。

（四）敬茶酒

主妇向客人敬献酥油茶是噶尔最基本的礼仪。来客一般需喝两碗，表示吉利。喝时先轻吹覆盖在茶面的酥油，然后不出任何声音地抿着喝，以表示对主人尊重。喝酥油茶没有时间限制，家中有的老人从早到晚几乎不间断。主妇毫无吝啬之意，客人能喝多少自己决定。

当主人敬献青稞酒时，无论地位高低，客人要用左手持碗，用右手的无名指点洒三下，再喝一小口，由主人将酒斟满，然后再喝两次，再斟满两次，最后干杯，称“三口一杯”，为约定俗成规矩。喝酒没有时间限制，主人即兴唱酒歌，渴望多喝几杯。

二、节庆

（一）传统节日

1. 藏历新年

藏历新年是藏族节日之首，是一年中最隆重的节日。境域内过年习俗各地略有差别。以门士境域内的藏历新年为例。

门士乡经济以牧为主，夏季因转场人口居住分散，而冬季则集中在海拔较低的牧场，人口较集中，且较清闲。新年来临之际，人们便开始忙碌过年准备。各家宅院粉刷一新，擦拭神龛、器皿等。

藏历十一月二十九日开始，全家忙碌于节日的准备，制作“谢卓”（炸油条）、妇女洗头、晚餐饮吃“古土”。

三十日，男人洗头，下午在门前旷地上洒净水；用白土绘出吉祥八宝图案（有的新年房梁门窗上画很多白点或吉祥图案，表示人寿年丰）；厨房墙上用糌粑绘出白色的巨蝎（传，巨蝎是保佑家庭平安的龙女或灶神之化身）；在客厅内佛像前供“卡切玛”、“谢卓”、晶盐、茶叶、羊头和头等酒水等，象征来年五谷丰登，无病无灾。

藏历十二月一日为新年初一。曙光出现时主妇先起提水，此水称银水。并准备酥油人参果饭。随后全家人起床，穿戴一新。主妇给每人一个装有“卡切玛”的小盘子，每人象征性地祭祀神灵，边吃边互致祝词；家中男子手捧“卡切玛”和酒到左邻右舍家拜年，同时口中不停地说着“吉祥如意，健康长寿，幸福永驻”等祝福语。无论路途远近，家中子女都要去父母处拜年。日出时再去提水，此水称“金水”。

初二开始，亲属间相互宴请。正餐一般安排在宴请。首先在每位贵宾前摆放大一个碟子，盛有“谢卓”、褪、羊头、羊肉（多者放全羊的四分之一）等，再摆放饭菜，极其隆重而丰盛。碟子内食物尽能力食用，剩下部分由食者打包。晚饭后，相互敬酒，首先请四位敬酒人各持酒杯、酒、牛奶和香，共同唱“央鲁”。其节奏舒缓，歌词内容多为祝福之词。唱毕按传统习俗，三口一杯。在牧区喝酒人较少，一般妇女不喝酒。

初三是插旗挂幡的日子，居民们先登上自家屋顶，进行更换经幡的仪式，并派专人到门士土地神“钦噶神山”上插鲜艳的经幡，抛洒祈神的风马，煨烧香草树，抛洒吉祥糌粑。然后家庭所有成员聚集牲畜圈内里，进行煨桑、放生，并给所有放生的牲畜喂新年“切玛”和“谢卓”，用酥油在头部点缀。一般放生白色牦牛称“拉亚嘎布”（白色神牛）、金色牦牛称“赞亚康巴”（金色赞神牛）、蓝色的牦牛称“鲁亚温布”（青色龙牛）。活动期间，还请僧人诵经。至中午，开始进行跑马等活动。晚上彻夜唱歌跳舞。

2. 萨噶达瓦节

藏历四月称“萨噶达瓦节”。该月为释迦牟尼的诞辰、成道和圆寂日。信教徒在就近的寺院等转经朝佛、施舍钱财。节日期间禁荤。

3. 望果节

境域内唯有昆萨乡过望果节，可能是在噶本时期从卫藏传入。一般在藏历七月底至八月中旬，老百姓必须在这时要搞一次大的祭神活动，以求神灵保佑。这一天，全村的男女都先聚集在寺前，由喇嘛手持经书，年轻小伙子手举唐卡（解放后，改为举红旗、毛主席画像），全村人列队转寺 3 圈，环绕庄稼地。每到一地，驱雹师用五彩幡比划一番，表示此地已驱走冰雹等灾害。环绕之人在各从自耕地中采一束青稞，挂于自家门框或供在佛龛上，象征带回青稞的灵魂，象征粮食丰收。仪式结束，选择水草丰美之地，摆上酒、肉、茶等，品味美食，唱歌跳舞，庆祝节日。

4. 噶尔恰钦盛会

清康熙二十二年（1683 年，藏历第十一饶迥水阴猪），为纪念蒙藏联军在驱逐拉达克军队的战争中取得的重大胜利，赞美大将甘丹才旺的功绩，在噶尔雅萨的平措央泽举行庆祝活动。后形成惯例。

按惯例，每年藏历七月初，噶本向各宗本、各本头人发出做好召开恰钦盛会各类准备工作的通知，诸如挑选骑手、训练马匹、准备马术表演以及演出各大派“宣”舞等。大会期间举行赛马、马术表演、射击、歌舞表演和物资交易，阿里各级官员均要求参加盛会的各种活动，前来观看参加盛会的观众达上万人。

选派参赛的阿里上层贵族及官员和参赛马匹见表 15—4—1。

噶尔恰钦盛会各地派参赛马匹装备情况一览表

表 15—4—1

派马者	枪、矛及配套马匹	携带弓箭囊、马	备　注
左 左 本	1	1	右翼前排首座者
甲莫（加木）头人	1	1	左左本下属
郎久头人	1	1	帮巴本下属

续表 1

派马者	枪、矛及配套马匹	携带弓箭囊、马	备　注
普兰宗本	—	1	拉萨派来的五品官
吉唐头人	2	2	现普兰县政府所在地
堆玉头人	2	2	现堆玉村
仁　贡	2	2	今普兰仁贡村
科　　加	1	1	科加寺所在地
喜　　德	2	2	今普兰县细德
噶 尔 冻	1	1	—
噶本属下军官	10	5	中翼前排首座
噶本僧官随从	10	—	又称上噶本
噶本俗官随从	10	—	又称下噶本
达 巴 宗	5	—	—
达巴宗随从	2	2	达巴宗本属下
曲木底本	1	—	今阿里札达地方世袭头人
随　　从	2	2	曲木底本下属头人，今属阿里札达县
扎 西 岗	1	1	扎西岗寺领地代表
邦 巴 本	1	—	今阿里地区革吉县境域内
邦巴本随从	3	3	邦巴本下属头人
朗 如 本	1	—	地方世袭头人
朗如本随从	2	1	朗如本下属头人
嘎 喀	1	—	位于噶尔雅萨和昆萨之间
玛 尔 勒	1	1	噶尔雅萨以南边村庄
萨让如本	1	—	左翼前排首座
萨让如本随从	10	9	萨让如本下属头人
札布让宗本	5	—	拉萨派五品官
日土宗本	5	—	拉萨派五品官
日土朵盖齐本	1	—	—
日土民众	13	12	日土宗几大部落头人
日土江巴	1	—	日土东部的土著牧民

（二）现代节日

1959 年，噶尔县成立后，在元旦、“五一”国际劳动节、“五四”青年节、“六一”儿童节、“七一”建党节、“八一”建军节、“十一”国庆节、农历春节、端午节、中秋节等国家法定节日均举行不同形式、不同规模的庆祝活动。

第四节　禁　忌

噶尔县百姓中最大的禁忌是杀生，百姓不能轻易杀生，对野生动物、禽类、植物等不得伤害；猎具不能借与他人。不食马、狗等单蹄和带爪类动物肉。

在路遇寺院、玛尼石堆、宝塔类或标志地方神的小擦擦房（像塔式建筑的小房子）时，必须从左向右以顺时针方向绕行。

家中有病人，忌人来访，担心因此带来鬼怪。藏族认为藏历的每一个地支终了，第二个地支开始是凶年，如每人的 13 岁、25 岁、37 岁、49 岁，以此类推。在凶年、凶日中，需特别小心，且要多行善事，多放布施，才能避免灾难。

此外，各行各业都有不同的禁忌。民主改革后，倡导文明新风气，多数禁忌被淡忘或消除。

第五节　生育与取名

一、生育

封建农奴制社会，歧视妇女，妇女分娩得不到应有的照顾，加之缺乏起码的卫生条件，产妇和婴儿的死亡率很高。农牧区妇女的分娩条件差，有些妇女分娩在帐篷外，甚至有的妇女在放牧时分娩，用围裙抱着小孩回家。有条件的农牧区接生由孩子的婆婆或有经验的人承担。民主改革后，一般是在医院分娩或请专人接生。

在噶尔农牧区小孩降生后，家人给孩子母亲一碗酥油。坐月子时，补身子全部用绵羊肉汤或糌粑粥，最好是将绵羊全身骨头杂碎熬成骨头汤。至少在家休息三天。噶尔城镇居民或干部，要举行“旁索”的仪式，亲朋好友们要带上哈达和新鲜的糌粑、酥油，以及婴儿玩具或衣物等，前来祝福婴儿，等到孩子满月又举行出门仪式，母子（女）都要穿上新衣服，由亲人陪同到寺庙朝佛，为祈求菩萨保佑新生儿平安，然后到亲朋好友家串门。

二、取名

孩子出生后，一般请活佛或名望较高的长者来取名，其名字大多含有美好的祝愿。

藏族无姓只有名，名字一般用四个字组成，如阿旺次仁、巴桑次仁等，也有两个字的。为方便记忆，人们一般用两个字来简称。如：“格桑曲珍”简称“格曲”、“格桑旦增”简称“格旦”；也有用前两个字或后两个字简称的，像“阿旺次仁”简称“阿旺”。但不能用第二字和第四字组合作为简称。

境域内藏族取名都有一定的含义。一种是以自然物名称作为孩子的名字，如达瓦（月亮）、尼玛（太阳）、白玛（莲花）、梅朵（美多）；也有用小孩出生的日子做名的，如朗嘎（三十日）、次松（初三）、次吉（初一）；还有以孩子出生周日作名，如尼玛（星期日或太阳），达瓦（星期一或月亮），米玛（星期二），拉巴（星期三），普布（星期四），巴桑（星期五或金星），边巴（星期六）；有的名字反映父母的心愿，如父母嫌自己小孩太多，心想结束生育，便给小孩起名仓木决（终止之意）、穷达（最小之意）。如果父母想生男孩，便给自己的初生女儿起名布赤（带男孩）；父母为祝福儿女长寿，便给孩子起名为次仁（长寿）；如果父母年岁较大，认为以后不可能再生孩子，或是这个孩子来之不易，便给儿女起名拉则（像仙女一样漂亮）、罗布（宝贝）；有的父母为孩子起名也较随意，如其加（狗屎）、帕加（猪屎）、其朱（小狗）等。

和平解放后，随着人们的观念改变，尤其是噶尔境域内藏族干部，有的赶时髦小孩的名字取为诸如解放、金珠（解放）、吉措（社会）、热里（火车）、达玛（红旗）、江红、青松、江涛等，甚至有的藏族干部改名，如永建、北斗等。

人　物

人 物

一、传

辛饶米沃且（生卒年不详），藏族，苯教祖师，尊称“敦巴·辛饶”。“敦巴”是导师之意，“辛饶”是人名。

苯教史籍称与释迦牟尼同时代人，有资料认为公元前5世纪出生在魏摩隆仁（今冈仁波齐附近）。其父亲是杰本（头领、王之意，即部落酋长）妥噶尔，相传是古象雄部落酋长，生母为尧希杰协玛。

辛饶生活的年代，象雄境内有众多原始苯教，如恰辛、楚辛、朗辛、其辛等。辛饶努力改变各种苯教仪式中某些杀生祭祀等劣习，规范仪轨，始创雍仲苯教，在吐蕃敦煌文献中有关于辛饶和其作为祭司进行宗教活动的记载。在苯教信徒心目中，其地位与释迦牟尼在佛教徒心目中的地位一样，被尊为苯教始祖。其一生主要在象雄传道授业，门徒如云，使雍仲苯教在象雄广为传播。后与宿敌恪巴拉仁斗法曾到工布地区。辛饶谙熟医术并传给其弟子常松杰布，精习工巧并传给噶尔玛利雪。晚年将其法位传给穆曲定珠。辛饶一生的业绩主要表现为《桑堆》、《金刚》、《光荣》等苯教典籍记录的12件功业，即明述经典、弘扬苯教、调伏众生、引渡众生、主持国家、神变于嗣、降伏妖魔、果道兴旺、成道明相、断除轮回、证果解脱和终得成就。

扎西衮（10世纪上半叶～?），藏族。吉德尼玛衮次子，普兰王，也称赤扎西衮。960年（藏历金猴年）继承其父位，成为首任普兰王。在任期间，为普兰王系的繁荣与文明发挥了重要作用。晚年，扎西衮将长子阔日留在普兰继任王位。为了扩张领土和安定朗钦藏布流域各部族，派其次子松艾到古格建立古格王系。

日巴衮（10 世纪上半叶～?），藏族。吉德尼玛衮长子，拉达克第一代王。

10 世纪中叶，日巴衮到达玛尔域，征服大小部族，统领南至玛尔域、邦库那赞；东至日土、色卡廓，囊括典角噶布、日瓦马布、弥杰帕彭雅德、朵普巴钦等地；北至色卡贡布；西至卡奇拉泽加等范围，建立强大的拉达克王系。其后裔把府邸建于列城。吉德尼玛衮后三个王系中，日巴衮系传承时间最长、最牢固。

甘丹才旺（生卒年不详），蒙古族。驻藏蒙古部落首领达赖汗堂兄，蒙古族将领，阿里第一任噶本。

甘丹才旺幼年在后藏扎什伦布寺出家为僧，对佛法尊奉虔诚，成年后剽悍、勇敢，才干出众。清康熙二十二年（1683 年，藏历第十一饶迥金鸡年），达赖汗委任甘丹才旺率军出征阿里，驱逐拉达克人。清康熙二十五年（1686 年，藏历第十一饶迥水猪年），甘丹才旺率蒙古族军队及藏军攻入拉达克首府列城。拉达克王德丹朗杰及其王嗣接受城下和约，臣服于西藏地方政府，将列城、毕图、赤色等七个古格王领地收归西藏地方政府直接管辖。甘丹才旺得胜返回拉萨后，被迎请到大昭寺东南顶堂高大的宝座上。五世达赖喇嘛向其献哈达，还赏赐大昭寺北边的大院落，称“甘丹康萨”，让其永久居住并享有世代继承权。西藏地方政府在拉萨八廓街东边树立“甘丹塔钦”碑作为纪念。甘丹才旺名声远播西藏及蒙古地区，尤其在阿里一带被奉为“大王”，即“杰布甘丹才旺”。清康熙二十八年（1689 年，藏历第十一饶迥火虎年），被噶厦任命为第一任阿里噶本，统管西藏西部广大地区，驻锡地在噶尔境内的昆萨和雅萨。

康济鼐·索朗杰布（? ～1727 年）本名索南杰布，又称德庆巴图，藏族，西藏日喀则地区南木林人。

曾任西藏噶厦首席噶伦、第二任阿里噶本。康济鼐·索朗杰布于第五世达赖喇嘛时期开始步入政坛，清康熙五十五年，被任命为阿里噶本。清康熙五十六年（1717 年，藏历第十二饶迴火鸡年），准噶尔部入侵西藏，因康济鼐·索朗杰布是拉藏汗之婿，派遣信差向拉藏汗通风报信。在准噶尔军杀死拉藏汗占领拉萨后，其坐镇阿里。准噶尔从布达拉宫和敏竹林等各寺庙携带大量珍品返回准噶尔。途经阿里时，康济鼐·索朗杰布率阿里各部进行围捕，把所有缴获的珍宝归还拉萨。清康熙五十八年，清朝中央政府废除西藏汗王和第悉制度，设噶伦代之。清朝中央政府封其为“贝子”、噶厦首席噶伦，兼管后藏和阿里事务。

清雍正五年（1727 年，藏历第十二饶迴火羊年），噶伦内讧（史称阿尔布巴之乱），被害于大昭寺。

索康·才旦多吉（生卒年不详），藏族，出生于拉萨索康家族。

曾任西藏地方政府噶伦。森巴战争爆发后，清道光二十一年（1841 年，藏历第十四饶迴金牛年），藏历七月十三日，索康·才旦多吉率前后藏援军经南线增援阿里前线，八月十八日到达马攸山口，九月十六日到达普兰噶尔冻附近，在堆玉激战中大败森巴军，并割下敌军头目倭色尔首级，使敌军节节败退，先后收复了达巴、杂仁和扎西岗等地，并在拉达克与森巴大将哈利钱德交换甘结书。清道光二十二年，藏历十二月十四日回到拉萨。清道光二十三年，藏历二月十三日，西藏地方政府在拉萨召开庆功嘉奖大会，索康·才旦多吉受到嘉奖并荣升为二等台吉，其子孙六代享有世袭权。

热噶厦·曲美才旺（？～1841 年），藏族，出生于拉萨热噶厦家族。

曾任西藏地方政府噶伦。清道光二十一年（1841 年，藏历第十四饶迴金牛年），森巴战争爆发后，受西藏地方政府委派，率军与噶伦索康·才旦多吉一同开赴阿里战场。在扎西岗朗玛一带驻扎后，热噶厦·曲美才旺率军增援典角战斗，在增援途中因劳累过度，突然从马背上摔下吐血身亡，是森巴战争中牺牲的职位最高的藏军军官。

琼珠·晋美朗嘎（1897～1955 年），俗名索朗丹增，藏族，1897 年，生于西藏那曲地区巴青县。

其父索朗丹达，母索朗南措。其 9 岁时跟随章宋·杰瓦崔臣大师学习藏文基础知识。由于聪慧过人，很快熟练掌握了藏文读写的基本要领；11 岁时，能独立完成苯教的各种复杂的仪轨，并开始学习绘制唐卡、坛城以及藏医和历算知识等。清宣统三年（1911年，藏历第十五饶迥金猪年），在贵顿·尼玛坚赞和章宋·杰瓦崔臣处出家为僧，取法名为雍仲坚赞。民国八年（1919年，藏历第十五饶迥土羊年），离开家乡，来到后藏著名的苯教寺庙托杰门日寺，由平措罗追大师受比丘戒，取名为雍仲坚赞拜桑布，开始全面接受成熟弟子身心之灌顶、修行仪轨的师承和讲解窍诀的教导等。随后琼珠·晋美朗嘎云游各地拜见诸多名师，全面系统地掌握了大小五明之深奥知识。此后，琼珠·晋美朗嘎前往阿里，在神山冈仁波齐和圣湖玛旁雍措等地的僻静洞窟中修行多年，获得很高的感悟。琼珠·晋美朗嘎还前往印度、尼泊尔、孟加拉和阿富汗等国，朝拜佛教名胜古迹，学习不同国家的语言和现代印刷知识，积极向西藏引进现代印刷技术，并把印刷的藏文典籍等运往阿里的琼隆银城。民国二十五年（1936年，藏历第十六饶迥火鼠年），琼珠·晋美朗嘎主持在门士开始修建苯教寺庙——古如江寺。民国三十五年（1946年，藏历第十六饶迥火狗年），寺院建成后，将从国外印刷的藏文典籍供奉于此。并在此招收弟子传法。古如江寺成为在阿里继承、传播苯教文化的中心。琼珠·晋美朗嘎晚年著书立说，内容涉及医学、历算、诗词、语法、绘画、工巧和印刷技术等。其所著书籍语言流畅，通俗易懂，内容深刻，富含哲理，备受后辈学者的欢迎。

1955年，在古如江寺圆寂，年58岁。

司马义·买买提（1940～1962），维吾尔族，1940年生于新疆英吉萨县，中国人民解放军战斗英雄。

1960年，在新疆加入中国人民解放军。1962年，担任新疆军区某部骑兵第三团机枪连班长。10月27日，对印自卫反击战中，乘车奔袭羌山口（今本县扎西岗乡典角村境内）印军据点，途中突然遭遇印军火力猛烈攻击。面对印军的强大攻势，司马义·买买提端起冲锋枪奋力还击，掩护战友下车参战。在两处重伤、鲜血直流的情况下，仍然忍着剧痛，顽强战斗，最后光荣牺牲，年仅22岁。

司马义·买买提牺牲后，全班战友在其精神鼓舞下，英勇作战，激战6分钟，消灭全部之敌人，收复羌山口。部队追认其为中共党员，新疆军区党委为其追记一等功。1963年3月9日，被国防部授予“战斗英雄”称号。

夏锋宝（1940～1962年），阿里军分区扎西岗边防连文书。

1973 年 6 月 25 日，夏锋宝在协助测绘队筏渡森格藏布时，两次泅渡推筏，见新战士程应全即将被激流卷走，便奋不顾身将其推上岸，自己却因身心力竭而牺牲。后被南疆军区追记一等功。

达瓦更巴（1920～），男，藏族。1920 年出生，中共党员。

1955 年，担任噶尔县人民政府（县人民委员会）党组书记。1966 年，担任中共噶尔县委副书记及噶尔县人民委员会党组书记。1973 年，担任中共革吉县委副书记。1974 年，担任中共革吉县委书记。1978 年，担任中共西藏自治区阿里地区第二届委员会委员常委。1978 年任中共阿里地委常委。1980 年，任中共阿里地委书记（时中共阿里地委设第一书记、第二书记）、行署专员。1986 年 10 月，调任西藏自治区旅游局局长、民政厅厅长。

才　旦（1926～2000），藏族，西藏噶尔县扎西岗乡鲁玛村人。1926 年出生。

父亲名才让，母亲名央吉，家中有兄弟 2 人，排行第一。为噶尔县鲁玛乡著名民间藏医，生前为民行医，救死扶伤，深受当地百姓爱戴。

2000 年去世，享年 74 岁。

二、简介

王占彪（1911～），藏族。1911年出生，中共党员。

1959年10月，中共噶尔县委成立后任县委书记（时设第一书记）。1960年1月，噶尔县人民政府成立，任县人民政府第一任县长，至1965年5月。其后，情况不详。1961年1月，兼任中共噶尔县委统战部部长。1963年2月，兼任噶尔县人民政府（县人民委员会）党组书记。

杨培功（1921～），中共党员。

1921年出生。1959年，任中共阿里分工委组宣部副部长。1961年，任中共阿里分工委组织部副部长。1965年，任中共噶尔县委代理第一书记。1962年，任中共噶尔县委监察委员会书记。1966年，任中共西藏自治区阿里地方委员会委员兼中共噶尔县委书记及监察委员会书记。1969年9月29日，任噶尔县革命委员会党的核心领导小组组长。1971年，任中共噶尔县书记。1974年，任中共阿里地区第一届委员会常委。1976年，被选举为阿里地区第二次党代表大会的委员常委。1978年，任中共阿里地委副书记。

1980年，经组织安排，调回内地工作。

丹增旺扎（1921～），藏族，1921年，出生于那曲地区巴青县拉西乡遗宗谱处的牧民家庭。

父亲姓名不详，母亲桑珠措姆，家中有兄弟5人，排行第三。1925年出家为僧。后任古如江寺主持。1956年，参加革命工作，在古如江寺从事文史资料整理工作。“文化大革命”中被打成反革命分子。1972年，落实政策后，在阿里地区人民医院藏医科工作。1983年，荣获科技部表彰的全国少数民族地区科技事业贡献奖。1984年，任阿里地区藏医院首任院长。1988年，荣获国务院表彰的民族团结先进个人。1990年8月，荣获西藏自治区人民政府表彰的民族团结先进个人。1992年10月，荣获国务院表彰的医疗事业突出贡献奖。1994年6月，荣获国务院表彰的民族团结先进个人；

1996 年 10 月，荣获西藏自治区人民政府表彰的藏医药先进个人。

丹增旺扎是阿里地区著名的藏医学家、学者，历任新疆维吾尔自治区第四届政协委员、全国政协委员、全国佛协理事、西藏佛协常务理事、阿里地区佛协会会长、阿里地区政协副主席。丹增旺扎爱国、爱党、爱人民，拥护社会主义，几十年来，他为阿里地区的藏医教育事业的发展勤勉工作，先后为医疗卫生事业和灾区捐款达 270 万元，培养了 300 多位藏医人才。著有《藏医学》、《藏医临床治疗学》、《藏医配方》、《天文历算》、《阿里藏医史》、《阿里历史宝典》、《苯教简史》（上下册）、《神山圣湖简介》等著作。

格桑卓玛（1931～），女，藏族，1931 年，生于西藏噶尔县索堆村。

父亲曾任不丹代本。格桑卓玛自幼酷爱民间艺术，能唱雄鲁、聂鲁、查鲁等 100 多首歌。政协噶尔县第四届委员会委员。

平　措（1931～），藏族，1931 年 10 月 15 日，出生于那木如本的驻锡地——“琼布”。中共党员。

其父亲名丹增欧珠，母亲名冈降，家中有三兄弟，他排行第二。幼年母亲去世，由父亲和姑母抚养大。在叔叔次培处学习藏文。16 岁时，到今阿里地区札达县的底雅、什布奇、波林等贸易点经商。1949 年，加入由噶本赤门色建立的“仲扎玛”（上等户之小型部队），为阿里噶本工作。曾跟随噶本到日土宗、日土北部“安多果”等中印边境视察，并陪同噶本夫人前往印度朝佛。1951 年与扎西岗头人之二女巴吉结婚。一年后因其父亲年迈体弱，请示噶本由儿子平措接任那木如本。噶本向其颁发了盖有噶本印章的任命证书。此后开始行使那木如本职权。管辖那木如、夏也、玛尔勒、底雅等地。

阿里和平解放初期，平措积极配合人民解放军完成解放阿里的任务，主动向解放军介绍阿里边境情况，帮助解放军搬运物资等。1956 年，阿里基巧办事处成立，平措担任阿里基巧办事处办公室秘书。1960 年 3 月，阿里政协第一届会议在噶尔昆萨召开，平措任秘书。同年 9 月，平措第一次到内地参观学习，在北京参加了中华人民共和国成立十一周年庆祝大会，受到毛泽东等中央领导的接见。从北京返回阿里后，一心一意宣传党的政策和内地形势，成为一名国家干部。1962 年，对印自卫反击战期间，积极参加支前运输工作。“文化大革命”期间被劳动改造，从事捡柴火、挖井、盖房、修水渠等工作。1972 年，在阿里地区农机公司从事保管和物资供应工作。

1978年，调到阿里地区批发公司缝纫室工作，享受工人待遇。1980年，落实政策后，1981年，任政协阿里地区第三届委员会委员，兼阿里地区行署翻译科副科长。1984年，任阿里地区民宗局副局长。其间，配合阿里地委统战部从事寺庙管理和僧尼思想教育工作。1984年7月，加入中国共产党。20世纪80年代中期以后，平措主持并参与撰写了《阿里婚俗》、《阿里地区历史》等有关阿里历史的书籍；发表了《伟大的成就，可喜的大变化》（载《西藏文史资料选辑》1993年的第6期）等文章。

政协西藏自治区第五届、第六届、第七届委员、常委，政协阿里地区委员会第三、第四、第五、第六届委员会委员、常委、副主席。

曲　加（1941～），藏族。1941年5月20日，出生于日土县日土村。中共党员。

父亲群培，母亲次巴卓玛，家中兄妹6人，他排行第一。1953年，在日土宗小学上学学藏文，同年参加工作。1956～1957年，在中央团校学习两年。1958～1959年3月，在西藏民族学院读中专。1962～1965年，担任门士区区长。1965年10月，担任噶尔县副县长。1969年9月，担任噶尔县革命委员会党的核心领导小组副组长。1971年，担任中共西藏自治区阿里地区第一届委员会副书记，在新疆维吾尔自治区党校学习。1974年，任阿里地委第二次党代表大会副书记。1978年，任中共阿里地委第二书记。同年，兼中共西藏阿里地委直属机关党委书记。1980年9月，任中共阿里地委第一书记、兼阿里军分区政委，并在中央党校西藏班学习，兼任阿里地委党校校长。1983年，任中共阿里地委书记。1986年，调任西藏自治区纪检委副书记。1998年，任自治区人大常委会副主任。

第四届全国人大代表、中共十一、十二大代表。

噶尔玛（1935～），藏族。1935年出生，噶尔县狮泉河镇加木村人。

父亲名色本，母亲名次仁旺姆，家中有兄弟2人，他排行第一。曾任扎西岗区典角乡乡长，兼扎西岗区情报信息组长。曾组织民兵挖水渠3000多米，把典角河水引入农田，使全乡85%的农田得到灌溉。其带领群众夏天打草、秋天备草料，农闲组织民兵为群众维修牛羊圈，帮助困难群众，成为当地群众致富裕奔小康的带头人。通过与群众、外商等交往，他了解获取边境情报并及时上报。1992年5月，被西藏自治区人民政府授予“劳动模范”

光荣称号。1998 年，为部队提供有价值情报 3 次，其中 1 次获得南疆军区的表彰。同年，在配合部队执行任务时，2 次参加民兵到边境一线执行巡逻任务，1 次配合部队拆除印军在争议地区内设立的标记，受到阿里、南疆、新疆三级军区的通报表彰。

白玛多吉（1935～），藏族。1935 年 11 月，出生于噶尔县加木村。中共党员。

父、母名字不详，家有兄妹 3 人，他排行第二。又名永建。1959 年，参加革命工作。1971 年，加入中国共产党。先后担任门士区革委会副主任，中共噶尔县委副书记、书记、县人大主任。

噶　玉（1937～），藏族，民间藏医医生。1937 年，出生于昆萨乡那木如村 。

父亲名巴拉，母亲名玉珍，家中有兄弟 6 人，他排行第三。其家数代行医，子承父业。他数十年来自制藏药 10 余种，为群众救死扶伤，有较高威望。

向　阳（1938～），藏族，1938 年出生，青海循化县人。中共党员。

1953 年 3 月，在甘肃夏河县参加工作。1956 年，加入中国共产党。

1959 年 7 月，任中共阿里分工委噶尔工作队组长。1960 年，任噶尔县扎西岗区区长，后任区委书记。1962 年，任噶尔县统战部负责人。其间，参与中印自卫反击战后勤支前工作。1963 年，任中共阿里分工委统战部（地区宗教事务管理委员会）秘书。1967 年，任阿里地委统战部负责人。1970 年，任阿里地区札达县革委会副主任、党的核心领导小组成员。1971 年 4 月，任中共阿里地委常委、生产指挥组组长、计划组组长。1973 年 8 月，任阿里地区革委会副主任。1977 年 10 月，任中共阿里地委副书记。1979 年 9 月，任中共阿里地委副书记、地区行政公署专员。后任西藏自治区计经委主任、西藏自治区人大常委会副主任。

阿不都热衣木阿不都瓦依提（1940～），维吾尔族，骑兵某团机枪连副班长。

1962 年，在对印自卫反击战收复碟木卓克（扎西岗典角）战斗中，机智地利用司马义·买买提的掩护，用重机枪向印军据点猛烈扫射，掩护战友攻下羌山口印军据点。战后，被康西瓦前线指挥党委记二等功。

才　龙（1940～），藏族。1940年，出生在噶尔县左左村，中人党员。

父亲名布阿迪，母亲名多吉卓玛，家中兄妹4人，他排行第三。1948年随商人外出与家人失散。1952年，在噶尔县一化缘喇嘛家当佣人。1960年，在陕西咸阳民院学习，获得中专文凭。1965年，到中央民族学院学习翻译。1966年，分配到新华社西藏分社当摄影记者，从事摄影工作。1974年，在中央“五七”艺术大学进修。1975年2月5日，加入中国共产党。1981年，其摄影作品“拉萨市场空前繁荣”“西藏高原的第一所中学——拉萨市一中”载入《中国百科年鉴》。1985年，其作品“探索南迦巴瓦峰的奥秘”载入《中国年鉴》。同年，获得新华社社长穆青证书。1991年，再获新华社社长穆青证书。1995年，创作“世界屋脊上的历时跨越”，被新华社评为优秀新闻照片。1997年，被西藏自治区党委组织部、西藏自治区党委宣传部、西藏自治区新闻出版局、西藏自治区新闻工作协会授予“老新闻工作者”称号。其足迹遍布西藏大部分地区，拍摄大量反映农牧民生活变迁，记录西藏改革开放，定格雪域美景的照片。

2000年，退休。

欧　珠（1942～），藏族，1942年12月，出生于门士村，中共党员。

父亲名达杰，母亲名央吉，兄妹8个，他排行第四。1975年4月15日，加入中国共产党。1962年，参加工作。历任西藏日喀则地区仲巴县隆嘎乡秘书，阿里地区措勤县财政局副局长、县委组织部部长、县委副书记，阿里地区教体委主任兼党组书记，阿里地区计经委主任，中共阿里地委委员、宣传部部长，人大地工委副主任。1991年9月，荣获西藏自治区党委组织部、宣传部和教科工委颁发的“优秀思想政治工作者”称号。

噶　玛（1943～），藏族。1943年1月1日，出生于噶尔县扎西岗乡江基村。中共党员。

父亲名巴桑，母亲名次仁卓玛，家有兄妹5个，他排行第一。1959年3月，参加工作，1960年6月，加入中国共产党。历任部队放牧员、噶尔县贸易公司售货员、噶尔县昆萨区副书记、中共噶尔县委常委，阿里地区文教卫生局副局长、阿里地区纪律检查委员会书记、西藏自治区纪律检查委员会常委。

欧　珠（1946～），藏族，1946年出生于噶尔县门士乡二组，中共党员。

父亲名达瓦多吉，母亲名曲尼，家有兄妹7个，他排行第二。1960年5月，参加工作。1965年12月，加入中国共产党。历任阿里军分区机关翻译、军务参谋，阿里地区革吉县人武部副政委、普兰县人武部副政委、革吉县人武部政委、阿里军分区政治部副主任，西藏自治区安全厅五处副处长（正县）、六处处长、副厅级侦察员。在部队和地方工作期间多次被评为先进工作者、优秀党员、优秀党务工作者、优秀公务员和“边疆卫士”等。

旦增遵珠（1948～），藏族。1948年，出生于噶尔县昆萨乡索麦村。

父亲名旺久，母亲名次仁拉姆，家有兄弟5人，他排行第二。青年时代，在札达东波寺当喇嘛。“文化大革命”期间外逃。1985年，探亲回乡受党的政策感召，主动交出其外逃时埋在山洞的寺庙文物，计大小铜佛像16尊、金汁写经书3卷、普通经书5卷、唐卡1幅、历史文献资料21件。1987年，回国定居。历任阿里地区政协驻会委员、政协阿里地区委员会副秘书长，政协阿里地区委员会第五届、第六届常委。

加　措（1951～），藏族。1951年8月，出生于扎西岗乡鲁玛村。中共党员。

父亲名次仁，母亲名索南拉姆。1965年3月参加工作，1974年4月加入中国共产党。曾任噶尔县扎西岗区公所通讯员、区信用社主任会计、区财粮科会计、人民公社会计辅导员，阿里地区行署办公室翻译科翻译员，噶尔县左左区区长、区委副书记，阿里地区人大联络处科级联络员，中共普兰县委常委、纪检委书记。阿里地区政协副秘书长、秘书长。阿里地委统战部部长、地区政协副主席（主持政协工作）兼地委统战部部长、地委委员、地区政协主席兼地区工商联会长。政协西藏自治区第六届、第七届委员。

贵　桑（1951～），藏族，出生于噶尔县门士乡加雪村，中共党员。

父亲名旺堆，母亲名欧珠，家中有兄弟12人，他排行第四。1969年11

月，参加工作。先后任门士人民公社会计、门士区财经助理员、噶尔县计财局会计、副科长、科长。1982年9月，到西藏自治区党校学习。1984年9月，破格提任县委副书记、县长，是阿里地区最年轻的县长。1987年5月，任普兰县委副书记、县长。其间整顿机关工作作风，狠抓边贸和农牧业，加强财源建设，将普兰财政从赤字转为结余。1990年10月，任阿里地区财政局局长兼党组副书记。1991年9月，到中央党校学习。1992年12月，任阿里地区行署副专员。1997年5月，任阿里地委委员、地区行署第一副专员、政法委书记。在工作中实事求是，善于把握区情，不断总结经验，认真探索，勇于实践，积极为阿里的发展和稳定献计献策；狠抓分管的财政、金融、税务、教育、交通、政法系统工作，取得显著的成绩。2000年4月，任西藏自治区审计厅常务副厅长，后任西藏自治区审计厅厅长。

索巴多吉（1953～），藏族，1953年12月30日，出生于噶尔县门士村一个普通牧民家庭。中共党员。

父亲名索南多布杰，母亲名次仁央金，家有兄妹八个，他排行老大。1969年，在家乡务，其间参加公社民兵组织；1971年3月，参加工作。1976年10月加入中国共产党。历任噶尔县电影站放映员、县电影站副站长、站长，县计财局局长、财政局局长兼县建筑建材公司总经理、县人民政府副县长、县委常委、常务副县长，札达县委常委、常务副县长、县委副书记。

吴　金（1954～），女，藏族，1954年4月，出生于噶尔县索麦村，中共党员。

父亲名西热，母亲名索南，家中有兄弟3人，她排行第二。曾任民办小学教师、噶尔县索麦村村委会治保调解委员兼妇代会主任、自治区政协委员、地区政协委员。吴金在家乡筹资办夜校，教授妇女学习文化知识，使200余人脱盲；组织动员妇女参加氆氇编织等技术培训，培养30名氆氇编织技术人员。组织妇女开展编织氆氇，创汇2万美元。在农牧区向群众大力宣传社会主义市场经济，提高妇女的商品观念，带领群众治穷致富。曾被阿里团地委评选为“十佳青年”；荣获阿里地委行署授予的“十大优秀青年”、“双学双比女能手”荣誉称号，西藏自治区人民政府授予的“双语双学女能手”、“双学双比女能手”荣誉称号，全国妇联、全国农村妇女“双学双比先进女能手”荣誉称号。西藏自治区第六届政协委员。

索南平措（1955～），藏族。1955 年 6 月，出生于噶尔县左左乡郎久村，中共党员。

父亲名强巴，母亲名拉姆次仁，家中兄妹 9 人，他排行第三。1970 年，参加工作，曾任阿里地区农牧局畜牧科副科长、阿里地区改则县副县长。在任改则县副县长期间，坚持“一个中心，两个基本点”的基本路线，协助县长，出色地完成分管工作；大力销售畜产品，提高牧民群众的生活水平。1990 年 8 月，任阿里地区行署副秘书长。1992 年 10 月，任阿里地区经贸局副局长、局长。其间，深入群众，理论联系实际。在充分调查研究的基础上，于地区经贸局系统实行全员劳动合同制改革，调动企业职工的生产积极性。在抓好内功的前提下，紧紧抓住阿里畜牧业优势，不断完善经营机制，实施内引外联战略，开创阿里地区外贸工作新局面。1996 年后，历任阿里地区行署副专员、中共阿里地委委员、西藏自治区工商联党组书记兼会长。

江　久（1957～），藏族。1957 年 7 月，出生于噶尔县扎西岗乡，中共党员。

1975 年 4 月，入伍。同年，加入中国共产党，历任战士、班长、县人武部参谋、科长、副部长、部长、军分区副参谋长等职务。在人武部工作中，刻苦钻研本职业务，大力开展民兵军事训练和民兵整组工作，提高民兵素质；经常深入基层，为密切军政军民关系作出可喜成绩。

2000 年，被南疆军区授予“喀喇昆仑卫士”称号。

洛桑久美（1957～），藏族。1957 年 9 月，出生于噶尔县昆萨乡索麦村牧民家庭，中共党员。

父亲名强巴，母亲名次仁玛，家有兄妹 6 人，他排行第二。1974 年元月，加入共青团组织。1974 年 8 月，在昆萨乡索麦村当知青，与群众共同生产劳动，兼公社会计辅导员。1976 年 6 月，在公社从事共青团工作。1976 年 9 月，被保送到西北民族学院藏语言文学专业学习，大学本科学历。1979 年 8 月，分配到札达县香孜区任公安特派员，主要负责所辖两个公社的社会治安。1980 年 9 月，调札达县公安局（未到岗），10 月，任札达县委组宣部干事，开始接触组织人事工作。此后，先后担任札达县委组宣部副部长、部长，阿里地委组织部人事科科长、副部长、人事局局长（兼）、地委委员兼组织部长、党校校长、编办主任等职。1988 年 8 月，在西藏自治区党校学习。学习结束后，任《中国共产党西藏自治区阿里地区组织史资料》第二卷编审委员会副主任、主任。组织完成 1987 年 11 月至 1995 年 7 月期间组织史资料的收集和编审工作；参与了阿里地区社会主义思想教育活动。1998 年 6 月，到日本大阪市参加《中国市场经济研究课题（AOTS）》培训班研修并结业。1998 年 7 月，任中共阿里地委副书记、地委政法委书记、地区综治办主任等职。主持维护维定及政法、统战、民族、宗教工作。这一期间，始终坚持中央对西藏工作的指导方针，始终坚持反分裂斗争的基本方针，始终坚持“打防并举”原则，强化政法一线工作，完善综治目标管理措施，开展多项严打整治，确保社会局势的持续稳定。他还负责组织寺庙爱国主义教育和建立正常秩序的后续工作，深化正面教育，完善管理制度，落实核定员额，促进规范管理。

后任拉萨市委副书记、市人大常委会党组书记、主任，自治区政协副主席兼自治区民族宗教事务委员会主任。

贡　布（1957～），藏族。1957 年 12 月 1 日，出生于普兰县赤德村，中共党员。

父亲名拉巴，母亲名贡觉，家中兄妹 9 人，他排行第二。1978 年 7 月，加入中国共产党。1978 年 7 月，参加工作，历任教师，阿里地区中学党组书记、校长，中共阿里地委党校副校长，中共措勤县委副书记、政法委书记，中共噶尔县委书记兼政协噶尔县第三届委员会主席，中共阿里地委组织部常务副部长，阿里地区公安处党委书记、副处长，中共阿里地委委员、宣传部部长、文明办主任，人大阿里地区工作委员会副主任。

格巨坚赞（1958～），藏族。1958 年 4 月，出生于西藏阿里地区札达县底雅乡奴巴村，中共党员。

家有兄弟 2 人，他排行第二。1976 年 5 月，加入中国共产党。1975 年 7 月 1 日参加工作。历任札达县文卫科副科长，普兰县副县长、县委副书记、县长，噶尔县委副书记、县长，阿里地区教体委党组副书记、主任。

彭　措（1959～），藏族。1959 年 6 月 15 日出生于西藏噶尔县门士乡门士村一组，中共党员。

父亲名群培，母亲名央金，家有兄妹11人，他排名第二。少年在家放牧，1970～1976年6月，先后在门士村小学、地区中学上学。1976年7月至11月，在门士煤矿工作。1976年11月，考入新疆工学院，学习机械制造与工艺设备专业。1979年12月，大学专科毕业参加工作。1979年12月至1980年6月，任阿里地区农机厂技术员。1980年7月至1985年5月，在阿里地区保养厂工作。1985年6月至1987年4月，任阿里地区交通局科员。1987年4月至1990年6月，任改则县纪检委书记。1990年7月至1993年6月，任改则县副县长。1993年7月至1995年5月，任交通局副局长（1993年9月至1994年9月，中央党校西藏班学习）。1995年5月至1996年9月，任阿里地区建材总公司党委书记、经理，组建建筑队伍21个，为阿里建筑建材产业蓬勃发展作出了突出贡献，年创利税300余万元，企业首次实现扭亏为盈。1996年9月至2000年年底，任普兰县委副书记、县长。把握县情，努力实现了县域经济跨越式发展，边境社会安定团结，积极发展边贸旅游和特色优势产业，加强财源建设，六年间实现县财政收入十倍增长（2000年3月至2000年底到中央党校学习）。

晋美多吉（1959～），藏族。1959年8月，出生于噶尔县索堆村，中共党员。

父亲名多吉占堆，母亲名卓玛。家中兄弟8人，他排行第五。1970年，参加工作，历任阿里地区革委会办公室通讯员、阿里地委办公室秘书、阿里地委副秘书长、革吉县委书记、西藏自治区统计局长（正县级）、国家统计局西藏调查总队副队长、统计局党组书记、副局长（副厅级）、西藏自治区科技厅党组书记。曾牵头组织开展西藏自治区第四次全国人口普查工作，第一次西藏经济、西藏农业、西藏工业普查工作。自参加工作以来，先后多次受到中共阿里地委、西藏自治区、国务院有关部委的表彰、奖励。撰写有《西藏统计改革之我见》、《关于西藏经济发展的几点思考》、《西藏人口与自然环境状况》、《西藏农村经济发展现状与对策思考》等论文并获奖。曾担任《西藏自治区统计志》主编。

次仁加布（1961～），藏族。1961年，出生于噶尔县左左乡郎久村，中共党员。

父亲名强巴，母亲名拉姆次仁，家中兄妹 9 人，他排行第七。1988 年，参加工作。历史学硕士、副研究员，享受国务院特殊津贴专家，中国人权研究会第三届全国理事会理事、中国西藏文化保护与发展协会第二届理事、四川大学藏学系客座教授、西藏自治区博物馆特聘研究员、西藏自治区人民警察学校客座教授。曾任西藏自治区政协文史资料编辑部汉文编辑、西藏社科院宗教所所长，主要从事西藏西部阿里历史、文化、宗教和藏传佛教噶举派历史等方面研究。曾多次在奥地利维也纳大学，瑞士苏黎士、鲁卡诺、博尔尼、洛桑、日内瓦及法国巴黎大学，德国慕尼黑大学、莱比锡大学、诺恩拜克大学等进行学术讲座。参加过在荷兰莱顿大学举办的第九届国际藏学研讨会。并在美国的弗吉尼亚大学、北卡洲立大学、俄亥俄州立大学以及波士顿大学、纽约哥伦比亚大学、华盛顿大学等从事学术交流和讲座。其编译著有：合译《雅拉香布山下的文明》，荣获第一届中国藏学研究珠峰奖英文译著类三等奖；合著《西藏森巴战争》，2000 年由中国藏学出版社出版。发表论文主要有：《阿里名刹托林寺》、《阿里古刹廓迦寺》、《浅析藏传佛教长期存在的根源》、《阿里噶尔恰钦盛会》、《神山冈仁波齐峰史话》、《论原始宗教及其产生的历史条件》、《论我故乡郎久的历史背景及其主供神美拉赞》等。

白　姆（1962～），女，藏族。1962 年，出生于噶尔县狮泉河镇加木村，中共党员。

父亲名尼玛扎西，母亲名字不详，家中有兄弟 4 人，她排行第四。1989 年，加入中国共产党，任噶尔县狮泉河镇加木村党支部书记。在任期间，建立健全了村务公开制度，大力推进民主选举、民主决策、民主管理、民主监督的村民自治制度，充分调动广大党、团员的积极性，带领群众为加木村经济社会发展作出了积极贡献。

仓决卓玛（1962～），女，藏族。1962 年，出生于噶尔县朗玛村。中共党员。

父亲名顿珠索南，母亲名次旦白珍，家有兄妹 8 人，她排行第四。1986 年参加工作，先后任西藏社会科学院《西藏研究》编辑部副主任、主任、汉文版主编，中国出版协会理事、西藏自治区出版协会常务理事及期刊工作委员会副主任。

曾参加在北京举行的世界妇女大会、在瑞士日内瓦召开的第 52 届世界人权会和在意大利罗马召开的“中国文化论坛：西藏发展的前景和合作的机遇”等国际性论坛和学术会议。主要论著有：《格萨尔论文选集》、《西藏妇女权利地位今昔谈》、《论我区发展与稳定的辩证关系》、《西藏妇女研究综述》、《西藏牧区妇女社会地位的变迁——以那曲聂荣县为例》（合作）；《西藏妇女在西藏经济社会发展中的地位和 作用》、《藏族的占卜仪式及线占卜》、《行止——藏医的一个重要部分》、《藏族传统中的自我重构——喜马拉雅山区的死亡模式和哀悼习俗》、《五史册披露的第一位藏王出身的神话》等。译文有藏译英《色拉大乘洲画志》、《昌珠寺简志·智者喜语》，合译有《永远的〈格萨尔〉》、《罗卜林卡列入世界文化遗产申请报告》等。

索　穷（1965～），藏族。1965 年，出生于噶尔县门士乡三村。

本名索南次仁，其父亲名多吉，母亲名央金，家有兄弟姐妹 6 人，他排行第二。中国作家协会西藏分会会员，自由撰稿人，从事西藏文化题材创作。

1985 年以来，先后在《人民文学》、《中国青年报》等中央和其他省区主流媒体发表小说、散文、摄影、纪实文学作品 1000 多件（幅），代表作品有小小说《最蓝的天》、《隧道》、《九道班一夜》等，其文学作品入选《西藏新小说》（西藏人民出版社）、《聆听西藏》（小说卷、云南人民出版社）、《玛尼石藏地文丛》（小说卷、四川文艺出版社）、《聆听西藏》（匈牙利文卷）等刊物；《融冰——民主改革亲历者口述》等作品被译成英文，入选新世纪出版社《生活在世界屋脊上》刊物。出版专著有：《〈格萨尔王传〉及其说唱艺人》、《娘容辖私塾的创办人仁增·伦珠班觉》、《西藏记忆》、《拉萨老城区八廓游》，《氧气饱和的地方——藏族青少年内地求学 60 年》等。报告文学《觉木隆藏戏》获得西藏自治区庆祝建党 70 周年征文二等奖。

江白加措（1971～），藏族。1971 年 12 月 13 日，出生于日土县日土村。

其父亲名江白仁庆，母亲名巴桑，家有兄妹 6 人，他排行第三。噶尔县门士完全小学校长。

1998 年，荣获“全国优秀教师”和西藏自治区“先进工作者”称号。

三、表

（一）本籍在外任副县（处）级以上干部名录表

姓名	民族	性别	出生年月	2000年职务
洛桑群培	藏	男	1926年	阿里地区噶尔政协副主席
拉　　增	藏	男	1931年	阿里地区噶尔政协副主席
欧　　珠	藏	男	1942年2月	阿里地区人大常委会副主任
旦增遵珠	藏	男	1948年12月	阿里地区政协副秘书长
欧　　珠	藏	男	1949年2月	阿里地区城建局书记
加　　措	藏	男	1951年12月	阿里地区政协副主席、统战部长
扎西班久	藏	男	1952年8月	阿里地区藏医院党组书记
索巴多吉	藏	男	1952年12月	阿里地区札达县县长
永　　忠	藏	男	1953年2月	阿里地区国资委调研员
旦　　祖	藏	男	1953年4月	阿里地区交通实业发展公司总经理
次仁桑珠	藏	男	1953年6月	阿里地区民政局书记
索南平措	藏	男	1955年6月	阿里地区行署副专员
次仁群久	藏	男	1955年7月	阿里地区法院副院长
曲　　加	藏	男	1955年12月	日土县副县长
石　　松	藏	男	1956年7月	阿里地区人大助理调研员
洛桑久美	藏	男	1957年9月	拉萨市委副书记、人大常委会主任
次仁扎西	藏	男	1958年3月	噶尔县政协副主席
加央仁青	藏	男	1958年4月	阿里地区日土县副县长
益西拉姆	藏	女	1958年7月	阿里地区法院副院长
旺　　扎	藏	男	1958年8月	阿里地区札达县人大常委会副主任
日　　利	藏	男	1958年11月	狮泉河镇镇长（兼）
嘎 尔 琼	藏	男	1959年5月	阿里地区行署秘书长
晋美多吉	藏	男	1959年8月	自治区统计局
平　　措	藏	男	1959年11月	阿里地区行署副专员
洛桑次仁	藏	男	1960年2月	阿里地区劳动局书记

续表 1

姓名	民族	性别	出生年月	2000 年职务
多 尔 琼	藏	男	1960 年 6 月	阿里地区开发公司书记总经理
扎西罗布	藏	男	1960 年 6 月	阿里电力公司书记
南 木 色	藏	男	1960 年 12 月	阿里地区政协副秘书长
贡觉热旦	藏	男	1961 年 7 月	阿里地区公安处副处长
阿旺顿珠	藏	男	1961 年 9 月	阿里地区措勤县政法委书记
曲绕多吉	藏	男	1963 年 11 月	阿里地区中学书记
才旺卓玛	藏	女	1963 年 12 月	阿里地区建设局副局长
阿旺楚成	藏	男	1965 年 8 月	阿里地区法院副县审判员
旺 扎	藏	男	1966 年 1 月	阿里地区烟草专卖局局长
卫 东	藏	男	1967 年 9 月	阿里地区革吉县法院院长
贡 桑	藏	男	1951 年 3 月	自治区审计厅副厅长
平 措	藏	男	1959 年 3 月	阿里地区改则县副县长

（二）荣获部、军级以上表彰的先进个人

1. 国务院表彰的先进个人

1995 年国务院表彰的全国劳动模范

吴　　金　索麦乡妇联主任

2. 国家部委表彰的先进个人

（1）1979 年全国妇联表彰的三八红旗手

白　　玛　县粮食局出纳员

次仁平措　县教育局副局长兼县完小校长

（2）1992 年全国民族德育先进个人

贡嘎晋美　县完全小学教师

（3）1998 年全国优秀教师

江白加措　孔繁森小学

3. 军以上单位表彰的先进个人

（1）1995 年新疆军区表彰的优秀“四会”教练员

日　　达　县人武部军事科科长

（2）2000 年兰州军区表彰的“十优百尖”尖子参谋

达瓦多吉　县人武部军事科参谋

（3）2000 年南疆军区表彰的喀喇昆仑卫士

阿旺多吉　县人武部副部长

小 强 巴　县人武部军事科科长

(4) 2000年被南疆军区授予"基层建设先进个人"

雷 德 强　县扎西岗边防连连长

(三) 荣获自治区党委、自治区人民政府及西藏军区表彰的先进个人

1.1990年8月自治区人民政府表彰的民族团结先进个人

白玛多吉　县委书记

噶 尔 玛　左左乡牧民

2.1991年自治区体育道德风尚先进个人

次仁央宗　县完全小学体育教师

3.1992年5月自治区人民政府表彰的劳动模范

噶 尔 玛　左左区上左左乡牧民

旺　　布　昆萨区信用社主任

嘎拉松　门士煤矿工人

4.1992年8月自治区党委、人民政府表彰的老干部先进个人

白玛多吉　原县委书记

5.1995年自治区人民政府表彰的民族团结先进个人

冉 红 梅　县民政局副局长

6.1998年全区十佳辅导员全区优秀辅导员

卓玛扎西　孔繁森小学美术教师

(四) 荣获地(厅)、师级表彰的先进个人

1. 荣获自治区各委办、厅、局表彰的先进个人

(1) 1987年自治区妇联表彰的先进个人

拉　　姆　门士煤矿

(2) 1986年9月获自治区级优秀教师

才旦多吉　县完全小学

(3) 1990年获自治区级教书育人先进个人

贡嘎晋美　昆萨小学

(4) 1995年获自治区级优秀教师

次仁平措　孔繁森小学

(5) 1997年全区十佳少先队员

格桑桑布　孔繁森小学学生

(6) 1999年自治区三好学生

达　　珍　孔繁森小学学生

2. 阿里地委、行署表彰

(1) 1991年荣获中共阿里地委表彰的优秀党员、优秀党务工作者

彭措次仁　县机关驾驶员

桑　　布　索麦乡乡长

贾　　布　县民政局局长

才旺索南　索堆乡支部书记

次仁欧珠　扎西岗乡长

多 布 吉　门士区干部

达　　杰　门士煤矿党委书记

南 木 色　县委组织部副部长

(2) 1994年荣获中共阿里地委表彰的教育先进个人

格桑卓玛　县完全小学

洛珠加措　县完全小学

才旺欧珠　县完全小学

次仁平措　县完全小学

(3) 1994年7月荣获中共阿里地委表彰的优秀共产党员、党务工作者、优秀纪检干部

多吉顿珠　噶尔县人大常委会主任

强巴年扎　县人民法院院长

丹增绕杰　左左区郎久乡乡长

次旺索南　门士区索堆乡党支部书记

桑　　布　昆萨区索麦乡乡长

罗　　布　原昆萨区那木如乡乡长

仁曾旺久　县纪委案件审理室副主任

(4) 1994年10月荣获中共阿里地委表彰的优秀寺管人员

单增钦饶　扎西岗寺

丹增楚成　古如江寺

(5) 1996年荣获中共阿里地委表彰的优秀共产党员、党务工作者

奔　　加　索麦乡党支部书记

噶 尔 玛　左左乡党支部书记

贡觉次仁　孔繁森小学驾驶员兼司务长

(6) 1997年7月荣获中共阿里地委表彰的民族团结先进个人

施 纪 平　孔繁森小学

次仁平措　孔繁森小学

强巴年扎　县法院

张 文 涛　县委组织部

(7) 1996年荣获中共阿里地委表彰的教育先进个人

次仁平措　孔繁森小学

强巴次仁　县完全小学

达瓦次仁　孔繁森小学

次仁卓嘎　孔繁森小学

索南普布　门士完全小学

加央次仁　门士完全小学

(8) 1998年荣获中共阿里地委表彰的教育先进个人

德　　列　孔繁森小学

才旺多吉　孔繁森小学

仑　　珠　孔繁森小学

永　　忠　孔繁森小学

才旦多吉　孔繁森小学

普布扎西　孔繁森小学

贡嘎晋美　孔繁森小学

(9) 2000年荣获中共阿里地委表彰的教育先进个人

次仁平措　县完全小学

尼玛拉珠　孔繁森小学

达瓦次仁　孔繁森小学

强巴次仁　县教育局

白玛多占　县教育局

次仁多吉　孔繁森小学

拉　　巴　孔繁森小学

次仁多吉　孔繁森小学

曲宗普赤　孔繁森小学

洛珠加措　县教育局

(10) 1999年中共阿里地委表彰的卫生工作先进个人

旦增曲珍　县人民医院

(11) 2000年6月中共阿里地委表彰的优秀共产党员、党务工作者

多吉扎巴　原县政协主席

奔　　加　昆萨乡索麦村党支部书记

(12) 2000年6月中共阿里地委表彰的“7·14”市场拆迁行动先进个人

扎西平措　县公安局驾驶员

次仁达娃　县人民法院立案庭庭长

3. 荣获阿里军分区表彰的先进个人

(1) 1991年军分区授予二等功

林　　旭　县人武部政工科干事

(2) 1998年军分区授予三等功

蔺相如　扎西岗边防连战士

(3) 1999年军分区授予三等功

郑　　海　县人武部司机

熊昌红　扎西岗边防连排长

柳尽功　扎西岗边防连战士

(4) 2000年军分区授予三等功

陈继峰　县人武部士官

雷德强　扎西岗边防连连长

达瓦多吉　县人武部军事科参谋

张振民　扎西岗边防连战士

王宝华　扎西岗边防连指导员

(5) 2000年军分区表彰的优秀共产党员

王建科　县人武部政工科干事

何廷璋　扎西岗边防连排长

马洪义　扎西岗边防连士官

(五) 先进集体名录

1. 荣获自治区党委、自治区人民政府及西藏军区表彰的先进集体

(1) 1960年12月自治区筹委会表彰的先进集体

索麦乡麻日来互助组

（2）1985年2月荣获自治区党委、自治区人民政府表彰的勤劳致富先进集体

噶尔县

（3）1994年荣获自治区人民政府表彰的爱国守法先进寺庙

芝达布日寺

（4）1999年荣获自治区检察院表彰的先进集体

县检察院

（5）1999年荣获自治区检察院表彰的五好县检察院

县检察院

2. 荣获中共阿里地委、行署表彰的先进集体

（1）1991年6月阿里地委表彰的先进党支部

下左左乡党支部

县文卫党支部

（2）1994年7月阿里地委表彰的先进党组织

昆萨区索麦乡党支部

（3）1994年10月阿里地委、行署表彰的爱国守法先进寺庙

芝达布日寺

（4）1997年3月阿里地委表彰的基层党组织

昆萨区索麦乡党支部

（5）1994年7月中共阿里地委、行署表彰的民族团结先进集体

扎西岗区

（6）1998年阿里地委、行署表彰的教育工作先进集体

昆萨区希望小学

（7）1998年阿里地委、行署表彰的支教先进集体

县人民政府办公室

（8）1998年4月5日阿里地委、行署表彰的先进集体

县人民政府办公室

（9）1999年3月阿里地委、行署表彰的先进企业

县建材公司

（10）1999年中共阿里地委表彰的“7·14”市场拆迁行动先进集体

县人民法院

大事记

大事记

石器时代

从考古发现旧、新石器时期的细石器、打制石器、陶片等分析，在距今一两万年前，境内已有人类生存，并已经初步具有如何支配自然的意识。

公元前

约 3000 年前，“门人”（土著民）在森格藏布流域从事农牧业生产。

公元前 1000 年左右，象雄部落形成，在此基础逐步形成部落联盟（汉文史籍称“羊同”），噶尔县域属象雄部落联盟的一部分。

唐宋时期

唐贞观十八年（644 年，藏历木龙年）

吐蕃赞普松赞干布通过联姻形式将象雄纳入吐蕃治下，设立象雄“赤德”，噶尔属象雄“赤德”治辖。

唐乾封二年（667 年，藏历火兔年）

象雄发生反抗吐蕃的武装暴动。

后唐同光元年（923 年，藏历水羊年）

吐蕃末代赞普达玛之孙吉德尼玛衮为避战乱，逃至森格藏布本县境内的热拉（今扎西岗乡境内）落脚，并修建城堡。此后在阿里普兰境内的噶尔冻称“阿里王”。

北宋建隆元年（960 年，藏历金猴年）

阿里王先后将其长子日巴衮、次子扎西衮、幼子德祖衮分封至玛尔玉、布让和桑噶三地，史称“上部三衮占三围”。噶尔属布让王管辖地区。

元朝时期

元至元五年（1268 年，藏历第五绕迥土龙年）

元朝中央政府派大臣阿衮和米林二人，与萨迦本钦释迦桑波一起，对吐蕃乌斯藏、纳里速（阿里）各地土地人口户数进行了详细的清查，进一步完善了包括噶尔在内的西藏税收制度。

元至元二十四年（1287 年，藏历第五绕迥火猪年）

元朝在萨迦至阿里设 4 个驿站，噶尔纳入萨迦地方政权统一管理。

元至元二十九年（1292 年，藏历第五绕迥水龙年）

元朝中央政府置乌思藏纳里速古鲁孙等三路宣慰使司都元帅府，其中派纳里速古鲁孙元帅 2 人，总理包括噶尔在内的阿里军政事务。

元大德十一年（1307 年，藏历第五绕迥火羊年）

贡塘王系俄达赤德前往元朝大都觐见元朝皇帝，元朝皇帝下谕旨曰：“尔为西藏统治者后裔，应予封赐。”封其为王，领“阿里三围”君主之衔，并赐予印章、金册诏书及礼品。元朝进一步加强对包括噶尔在内的西藏西部地区的管理。

明朝时期

14 世纪中叶

第十五代古格王扎巴德兼并普兰王和亚泽王，统一阿里。其境域也随之扩大，东至日喀则的昂仁县西部，北至羌塘草原，南至尼泊尔西部。噶尔县域全部归属古格王。

明洪武八年（1375 年，藏历第六绕迥木兔年）

明朝中央政府在阿里置俄力思军民元帅府，封搠思公失监为元帅，府址在今西藏日喀则地区吉隆县。元帅府下设万户、千户，管理包括噶尔县在内的阿里政务。

明崇祯三年（1630 年，藏历第十一绕迥金马年）

“阿里三围”之一的拉达克利用古格上层矛盾，用武力征服古格，在此后的 50 余年内，包括噶尔在内的“阿里三围”受其统治。

清朝时期

清康熙二十年（1681 年，藏历第十一绕迥金鸡年）

管理西藏地方军务的达赖汗派蒙古族将领甘丹才旺率领蒙藏联军收复“阿里三围”，并攻入拉达克，甘丹才旺与拉达克王签订协议，拉达克仍归属西藏地方政府并纳年供；保留拉达克王位和其自管领地。包括噶尔县域在内的原古格王辖地归西藏地方政府管辖。

清康熙二十五年（1686 年，藏历第十一绕迥火虎年）

西藏地方政府设立阿里噶本政权机构，甘丹才旺被任命为第一任阿里噶本。噶尔雅萨和昆萨成为历任阿里噶本驻地。

同年，在阿里噶本下设那木如、左左等两个如本，并派官员对土地、庶民进行清查登记。随后，又在寺院内开展以地名、产物、税收收入等为内容的大规模清查，编制 56 部加盖印章的收入清册。地方政府开始按清册所记土地数量计征差税。

清康熙五十五年（1716 年，藏历第十二绕迥火猴年）

康济鼐被拉藏汗委任为第三任阿里噶本。在其任职的第三年，准噶尔军队劫掠布达拉宫大量财宝后，经过噶尔运往新疆伊犁途中，康济鼐指挥阿里的地方武装，在日土宗多玛地方截获并交归噶厦，后康济鼐被清朝皇帝封为西藏噶厦首席噶伦。

清雍正五年（1727 年，藏历第十二绕迥火羊年）

藏历六月，拉萨发生噶伦之间争夺权势的武装动乱（史称“阿尔布巴之乱”）。阿里各宗、本及百姓响应噶本嘎西瓦次旦扎西之号召，组织兵力，由噶本率领，与后藏军一起前往拉萨平息动乱，虽噶本在此次战斗中英勇牺牲，但在颇罗鼐领导下，官兵英勇作战，最终平息动乱。

清乾隆四年（1739年，藏历第十二绕迥土羊年）

清朝中央政府诏封颇罗鼐长子久美次丹（即珠尔默特策布登）为阿里噶本。

清乾隆十四年（1749年，藏历第十三绕迥土蛇年）

藏历十二月，颇罗鼐次子久美朗杰（即珠尔默特那木扎勒）诬告其兄聚兵谋叛，借机派人奔赴噶尔毒死其兄。

清道光十一年（1831年）

波错（今噶尔县境内）发生特大雪灾，造成大量人畜死亡。

清道光二十一年（1841年，藏历第十四绕迥金牛年）

在英国东印度公司的唆使下，位于印度西北部的查谟王室古拉伯·辛格派倭色尔·辛格率6000多道格拉人（森巴）沿森格藏布（沿线）等地侵占噶尔在内的阿里西南部地区，进而觊觎前后藏。道光帝多次谕令驻藏大臣孟保、海朴和西藏地方政府迅速进兵攻剿，收复失地，追拿搜剿逃散余匪，务使不留余孽。次年，驻藏大臣和噶厦团结一致，先后派出兵力近万人，实施反击，击毙敌首倭色尔·辛格，粉碎了英帝国主义及其帮凶侵占西藏的图谋，捍卫了祖国西南边陲领土的完整。

清光绪三十年（1904年，藏历第十五绕迥木龙年）

英国根据《拉萨条约》，在噶大克（雅萨）架设电报线，设立邮局。英印政府在噶尔雅萨开辟市场，设立商务办事处，大量收购阿里各地畜产品。

清光绪三十一年（1905年，藏历第十五绕迥木蛇年）

藏历七月中旬，阿尔莫拉委员谢林（英国大不列颠人）从强拉山口入藏抵达普兰，考察阿里最大的传统交易市场甲尼玛。噶本政府派官员从噶大克抵达普兰迎接并陪同考察。

清光绪三十四年（1908年，藏历第十五绕迥土猴年）

英印开辟印度至噶大克的邮路，并在雅萨设立电报局，称“噶大克电报局”。

民国时期

民国十五年至民国十七年

（1926 年至 1928 年，藏历第十五绕迥火鼠至第十六绕迥土龙年）

噶尔等地发生大雪灾，造成数十人冻、饿死，牲畜大量死亡，部分群众背井离乡，流浪境外。

民国二十五年（1936 年，藏历第十六绕迥　年）

琼追·晋美朗喀开始修建琼龙多阿扎加林寺（今古如江寺），1946 年完工，成为附近群众看病就医和宗教活动的重要场所。

民国三十年（1941 年，藏历第十六绕迥水蛇年）

藏历四月，在噶本根敦尊珠时期，境内哈萨克匪帮约数百人，逃窜至噶尔境内，噶本组织牧民截击，虽双方各有胜负，但大部匪帮被驱逐逃亡克什米尔。

民国三十一年（1942 年，藏历第十六绕迥水马年）

驻江孜英国商务代办赛克尔上尉进入噶大克，并与驻噶大克的西藏地方官员商讨印度与中国西藏地方的贸易及中国在强拉山口南征收赋税问题。

1950 年

2 月 6 日，中央军委指示："中国人民解放军第一野战军第一兵团在完成进军和解放新疆后，要组织一支部队进军西藏。担负配合由四川、青海、云南进军的中国人民解放军，进军藏北。"

3 月，新疆军区驻扎在南疆的二军为完成解放阿里地区的光荣任务，从集训学习的起义军官中找到曾经到过阿里的藏族中尉排长、达赖喇嘛的表兄土化瑛，并决定由其担任进军藏北部队的向导及翻译。二军军长郭鹏根据土化瑛提供的情况上报独立骑兵师准备进军的路线，“确定于田这条小路，入藏后可先行占领善和（今日土县乌江村），而后南下噶大克。”

10月10日，阿里噶本派管家才旦朋杰和秘书扎西才让两代表携带信件到解放军先遣连驻地进行谈判，双方达成五点协议。随后，李狄三将才旦朋杰、扎西才让给中央人民政府主席毛泽东的电报上报新疆军区，由新疆军区代司令兼政委王震转给毛泽东。

12月7日，阿里噶本政府致电在亚东的西藏地方政府，报告人民解放军进入情况：“距噶大克12天路程的东北边境天空出现共产党骑兵，经派人向汉官说明情况时，他们回答：‘我们不要打内战，应和睦相处。我们都是好朋友，可以互相帮助。来的军队多一点，不要怕，衣食全由汉政府供给。’……我们送了一些礼品，表示愿意和好……现他们战马死亡多，缺粮，不可能开往别处，现三人和二代表结成朋友，还说准备参观他们的军营……眼下这里没有大危险，如果和谈不能进行，这些军队可能开往札什伦布管辖的地方。”

12月20日，中央人民政府主席毛泽东致电阿里噶本，电文称“我很高兴，知道你们同到达你们那里的人民解放军结成了朋友”。“中央人民政府和人民解放军对待西藏各界人民的办法，已在西南军政委员会和西南军区司令部的联合布告内说得很详细，现在已命令前线部队将这个布告抄寄到拉萨方面去。你们如对布告有什么意见，请告诉我。”信中对噶本提出的五点要求给予答复。

1951年

1月2日，独立骑兵师先遣连总指挥兼党代表李狄三写信向阿里噶本赤门色祝贺新年，并要求到噶大克进一步谈判。

1月3日，阿里噶本电呈噶厦，报告二代表同解放军和谈情况，并就和谈之事是否有可能性请求明确指示。

1月9日，噶厦复电阿里噶本，说明西藏代表将去北京，“汉藏和谈”不久开始，可派人向李狄三说明。

4月19日，噶厦复函阿里噶本，说“你们派人帮助解放军在附近购买吃食，做法很对，是符合藏汉团结精神的。今后你们要继续教育人民在藏汉团结问题上造成好的印象，而不能损害这种团结，切记、切记。”

6月29日，安志明率领后续部队抵达阿里南部门户重镇普兰。7月8

日，阿里噶本赤门色和副噶本门郎巴率20多人到达普兰宗与安志明会面，并赠送400千克青稞和糌粑，向解放军表示慰问和欢迎。

8月3日，安志明率部队进驻阿里首府噶大克，标志着阿里全境的和平解放。此后，阿里地区以该日为和平解放纪念日。

1952年

2月3日，印度在阿里的商务代表团负责人拉克希曼之弟白生声，在噶尔昆萨等地非法收集中国军事情报，拍摄驻军照片，绘制军事地图；对噶本政府施加压力，要求对解放军实行封锁。阿里骑兵支队发现后，当即将其捕获并驱逐出境。

5月14日，中共西藏工委政策研究室完成包括噶尔在内的阿里概况调查报告，成为研究噶尔历史的重要参考资料。

同年夏季，阿里骑兵支队在昆萨开荒种地，兴修水利，解决生活问题，团结、影响群众。

10月，中国共产党在阿里成立的第一个组织——中共阿里分工作委员会（简称“阿里分工委”），在昆萨成立。

1953年

8月22日，中国人民银行阿里支行在昆萨成立，王以之任行长，是境内第一家金融机构。

10月，在噶大克成立阿里第一个人民邮电机构——噶大克电讯局，宫本翰为负责人，当时只办理电报业务。

1954年

2月，中共西藏工委下达《西藏工委关于阿里办学问题的批复》。指示：“经向噶厦商谈同意，有噶厦电告阿里总管尽力协办，学校经费中央政府筹办事宜，应争取阿里总管及各阶段人士组成筹委会办公室，并以他们为主成立校董事会，我们可派副职，均不可由我们出面创办。”

2月26日，外交部电告阿里，转达了国务院总理周恩来在与印度关于通商交通协定谈判中，中方同意对印度开放噶尔县境内的噶大克和扎西岗两地为边境贸易市场。

5月3日，中共阿里分工委派医疗组到噶尔雅萨等地进行疾病疫情调查。

6 月 17 日，由新疆海关关长马高维亚任团长，新疆军区保卫部长李子英任第一副团长，喀什地区副专员牙合甫阿吉、和田地区副专员薛森、南疆军区保卫科长刘少稚任副团长，《新疆时报》负责人安俊川为慰问团秘书长的全国人民慰问团阿里分团抵达噶尔昆萨。在昆萨进行慰问和演出活动。

1955 年

2 月 1 日，人行阿里支行在噶尔等地累计发放贷款 5000 元，发放农贷粮 587 千克。

5 月 4 日，中共阿里分工委在昆萨举行庆祝“五四青年”节活动，有 79 名藏族青年参加。

9 月 3 日，中共阿里分工委成立西藏地方政府噶大克市场管理小组，并发出《关于市场管理工作的意见》。

9 月 16 日，中共阿里分工委和噶本政府在昆萨联合开办头人训练班。

10 月 1 日，中共阿里分工委在噶大克举行由当地群众、机关部队、头人集训班人员以及外商约 1500 人参加的国庆庆祝大会。大会分别由噶本和中共阿里分工委候补委员杨仁山主持，印度商务代理秘书参加观礼。

1956 年

2 月 18 日，西藏军区司令员张国华指示阿里骑兵支队参谋长孙占文带领一支汽车队，踏勘出一条去阿里的路线。随后，孙占文带领 50 多人驾驶 10 多辆汽车，与西藏贸易总公司阿里物资采购办事处经理牛青山一起从黑河（那曲）出发，历时 1 个月，于 3 月 23 日，把汽车开到噶大克，从黑河到阿里首府噶大克的简易公路正式通车，成为境内开辟的第一条公路。作为现代运输工具的汽车在噶尔境内首次出现。

3 月，噶大克电讯局、噶尔昆萨电讯局合称为噶大克邮电局，局址设在昆萨。噶大克邮电局行政上划归西藏邮电管理局领导。

3 月 25 日，中共阿里分工委修路领导小组决定开始踏勘昆萨至雅萨 53 千米公路。

4 月 29 日，中共阿里分工委在昆萨举行有 100 多人参加的大会，成立由副噶本、日土宗本和中共阿里分工委负责人组成的“庆祝西藏自治区筹备委员会成立”领导小组。

5 月，阿里雅萨发生麻疹，患者达 20 多人。中共阿里分工委卫生所积极组织医务人员进行防治。

6 月 7 日，中共阿里分工委组成由阿里外事分处副处长杨仁山、中共阿里分工委社会科科长孙占文为首的 44 人踏勘队，从昆萨出发，行程 310 千米，踏勘噶尔雅萨至普兰公路。

6 月初至 9 月 4 日，中共西藏工委社会部派 2 个调查组，历时 72 天，对扎西岗在内的阿里五个传统边贸市场进行调查。

7 月 16 日，中共中央代表团第三分团（阿里分团）到达昆萨慰问。

9 月 5 日，阿里骑兵支队写信给印军司令官，建议于 1956 年 9 月 9 日下午 2 时在典角附近举行中印两国边防部队联欢会。

9 月 28 日，阿里基巧办事处在昆萨成立。

10 月 25 日，在中共中央和国家交通部的帮助下，黑河到昆萨的公路正式动工修筑。

12 月，中共阿里分工委卫生所首次给阿里各机关和雅萨等藏族群众较集中的地方接种“牛痘苗”和“四联疫苗”，至 1958 年 9 月结束。

1957 年

7 月，中共西藏工委行政处小车队邹宜贵驾驶英国威力斯吉普车至噶尔昆萨，成为境内出现的第一辆小汽车。

10 月 6 日，在昆萨隆重举行新藏公路通车典礼，噶本洛桑才旺向毛泽东像敬献哈达，向筑路英雄和汽车驾驶员敬献了青稞酒；中共阿里分工委副书记魏善琦、阿里骑兵支队副政委马瑞云分别在大会上讲话。

1958 年

3 月 13 日，根据中国人民解放军总政治部和中共西藏工委指示，中共阿里分工委组织由中共阿里分工委、噶本政府、基巧办事处、骑兵支队、共青团、青联等单位组成的“阿里各界人民春节慰问分团”，在春节前后分别对驻昆萨等地部队和群众进行慰问。

8 月 1 日，噶大克至新疆喀什汽车邮路开通，每月 10 日至 15 日一班。

9 月 13 日，新疆军区文工团在噶尔演出。

10 月 4 日，噶尔雅萨举行庆祝国庆赛马大会。

12 月 6 日，由中共西藏工委副书记周仁山率领的中共西藏工委、西藏军区联合工作组到达噶尔昆萨。

1959 年

3 月 5 日，中共阿里分工委、骑兵支队为加强战备，开始组织全体干官兵修筑昆萨围墙工程。同年 6 月完工。围墙长 2500 米，宽 2 米，大小碉堡 40 个，并有数百个单人掩体，修护城河 1 条。

3 月 15 日，中共阿里分工委在昆萨召集头人会议，传达中共西藏工委、西藏军区关于 3 月 10 日西藏地方政府上层反动集团进行武装叛乱事件的布告，并要求头人协助人民解放军作好宣传、安定工作，不要追随噶厦上层反动集团。

3 月 23 日，中共阿里分工委、骑兵支队党委奉中共西藏工委、西藏军区命令，动员全体人员当日收缴噶本及阿里各宗政府的枪支、弹药，登记封存其一切文件和财产，责令其不得继续压榨和剥削群众，不得搞背叛祖国的活动。收缴英式步枪 160 支、子弹 15346 发；卡宾枪 2 支、子弹 17 发；各种手枪 15 支、子弹 431 发；硝 120 箱；登记封存粮食 2680 藏斗，卢比 52702 个，藏噶 4118 个，尼币 82 个，沙金 23 两。

4 月 4 日，经中共西藏工委研究决定，噶尔县制定土地“谁种谁收”的政策，收益归耕种者所有，并免除当年公粮，对土地所有权暂不规定。

4 月 5 日，根据阿里地区军事管制委员会第一号布告精神，废除噶本政府，噶尔境内左左本、那木如本及各头人随之被废除。

5 月 5 日，根据中央西藏工委关于对旧官员的处理指示，军管会决定对噶本、宗本、代理宗本、噶本管家、驿站站长、代理站长实行集中管训。在昆萨进行管制训练，组织学习和改造。

5 月 10 日，阿里军事管制委员会在昆萨举行有 76 名头人参加的大会，宣布民主改革工作开始。

6 月，噶尔县动员牦牛 670～700 头，马 110～160 匹，民工 115～130 人支援平叛。

6 月 13 日，参加平叛作战的解放军第五野战医院从宁波到达昆萨，并于 7 月 6 日开始接收伤病员。

7 月 1 日，经中共阿里分工委批准，噶尔县组织各界群众在昆萨欢庆平叛后第一个党的生日。

7 月 11 日，中共阿里分工委派出工作组前往扎西岗寺进行民主改革工作试点。

8月15日，噶尔新村正式成立，是阿里和平解放以后成立的第一个基层人民政权。

9月1日，噶尔新村委员会成立，成为阿里地区第一个人民民主基层政权组织。同时，在民主改革的基础上建立平叛生产委员会，负责领导群众搞好生产，并开展反叛乱的斗争。

9月15日，中共阿里分工委派工作组在玛尔勒、索麦开展“三反、双减、牧工牧主两利”政策的试点工作。同时，在那木如、雅萨、加木、扎西岗开展一般性宣传工作。

10月6日，噶尔雅萨举行废除旧政权后的第一个群众性赛马大会，有168个骑手参加比赛，观看群众达300多人。

10月7日，经中共西藏工委批准，中共噶尔县委在昆萨宣告成立，王占彪任县委书记，张振兴任县委副书记。

同日，噶尔县委机关分别建立党、团支部。

11月21日至22日，中共噶尔县委召开会议，对当前开展“三反两利”运动地区的工作进行全面细致的分析，着重研究了如何充分发挥和组织群众的问题。

11月22日，中共阿里分工委根据中共中央及中共西藏工委有关指示，就不丹管家遗留在噶尔境内的财产问题作出批示，要求对不丹管家所属的噶宗等寺庙，取消其封建剥削，割断其与群众的经济联系，寺内喇嘛生活有困难，由中方补助。

12月20日，县委召开群众性反叛斗争大会。至此，噶尔县反叛斗争全面展开。

12月20日，县委组织头人进行集训，从开始的24人增加到38人，县委书记王占彪作了“关于民主改革若干问题的报告”、“宗教问题的报告和爱国主义的报告”。历时9天。

1960年

1月4日，噶尔召开了试点区群众反叛乱检举大会，到会的有索麦乡、噶尔新乡的群众、参加集训头人、机关和工作队干部，共计420多人。

1月6日，驻昆萨、雅萨附近农牧民集会，热烈庆祝翻身后的第一个新年，并欢庆人民政府成立。

1月8日，噶尔县人民政府成立。委派王占彪为县长、刘东华为副县长。同日，县工作队进入扎西岗，进行“三反两利”和民主改革运动。

同日，中共昆萨区委、区公所成立，是本县成立的第一个区委和区公所。

1月10日至15日，噶尔县全面进行了群众自我教育，总结了反叛乱运动的意义和收获，并从上至下检查了政策宣传、贯彻、落实情况。

1月15日，左左、门士、扎西岗区公所成立。

1月，县公安局成立。

2月22日，根据中共阿里分工委发出的《开展春季植树造林的联合通知》，噶尔县在有条件的地区开展春季植树造林。

2月14日，索麦乡召开全县第一个农牧协会代表会议，总结了前一阶段的工作，掀起了一个群众性的爱国保畜的高潮。选举索南罗布为农牧协会第一任主任。

2月25日，噶尔县在两个牧区乡开展“三反两利”运动，对未叛乱领主债务实行减息政策。

3月1日，经中共西藏工委批准，在昆萨成立阿里专员公署。

4月，扎西岗半农半牧区和扎西岗寺的民主改革运动结束。

4月23日，噶尔县组织200匹马和部分酥油，支援平叛工作。

4月26日，县委召开民主改革的两个试点乡干部扩大会议，参加会议的有各工作队、各乡干部以及县机关干部共62人，历时10天。

4月，县贸易公司成立，既是商业行政管理机构，也是国营商业经营机构。

5月17日，扎西岗区开展头人集训。

5月21日，门士区召开新、旧头人会议，宣传党的政策。参加会议的头人29名、喇嘛9名、活佛1名。

5月，噶尔县政府从昆萨迁到雅萨。

5月28日，噶尔县人民政府参事室成立。

6月14日，中共西藏工委指示：噶尔县组织牦牛150头，支援参加平叛的中国人民解放军四师十团。

7月6日，扎西岗召开“三反两利”运动庆祝大会。动员群众转入民主改革第一步，即分配土地。参会人员达271人，至8月15日，土地分配完毕。

7月20日，县工作组在门士、索堆、雅萨、扎西岗四个点开展征收农业税，即爱国公粮宣传工作。

8月23日，县委农牧工作部成立，杨文铿任部长。

9月18日，县工作组在索堆乡发动群众，大搞盐、粮、毛交换。

10月8至12日，县委、县政府召开全县第一次先进生产者和先进工作者会议。参加会议代表47人，列席代表16人。

10月28日，阿里兽医总站针对门士、索麦、那木如的牲畜发生口蹄疫、炭疽、羊肺炎、羊痢疾等病进行了医治。

11月21日，中共阿里分工委创办的昆萨小学开学，吸收昆萨附近农牧民子女上学，首批招收学生30名，学校有教师1名。

12月12日，阿里专区在昆萨召开先进生产者代表大会，索麦乡的仁青罗布、扎西岗乡次仁卓玛、噶尔新乡的官却次仁被专区评为“先进生产者”。

12月13日，县委下达《关于寺庙、僧尼的生活、劳动、宗教活动进行妥善安排的通知》。

12月24日，为配合札达县做好外逃群众回归工作，噶尔县组织150头牦牛，分两次向札达县运送1.35千克粮食，其中面粉0.6千克，青稞0.75千克，茶叶1500千克。

11月28日，扎西岗区马尔来村在大力开展“三反两利”运动的同时，开办一所民办夜校，学员38人。在教授以藏文为主的文化课的同时，还进行了“互助合作”教育以及爱国主义教育。

1961年

1月1日，阿里地区昆萨气象服务站建成，并投入使用。

1月14日，海关总署对阿里海关《关于设立海关分关的报告》作出批复：阿里海关总关设在中共阿里分工委所在地昆萨，普兰县设分关，日土、札达设支关。后因各方面原因，未果。

1月15日，随着民主改革工作的深入，为适应工作、便于管理，成立了中共左左区委、门士区委、扎西岗区委。至此，本县四个区委、区公所全部建立完毕。

1月20日，经中共阿里分工委指示，噶尔县对整风运动作出安排，决定在区以上干部中开展整风运动。整风运动计划分两批进行，从2月上旬开始，4月10日前结束。

1月21日，县委、县委组织部组成索堆乡建党建团试点工作组。

1月30日，县委统战部成立，王占彪兼任部长。

4月5日，中共阿里分工委在昆萨召开第二次三级干部会议，开展以反官僚主义、反违反政策纪律、反贪污浪费为中心的整风运动。参加会议的有区以上干部108人。

4月19日，门士乡开始试种青稞，是本县境内海拔最高的农业种植点。

6月，驻昆萨的中共阿里分工委干部、职工和人民解放军官兵抓紧时机，播种来自太原、兰州、乌鲁木齐和拉萨的蔬菜种子。同月，根据疫病流行特点，噶尔县制定了以防为主、防治结合、以土为主、土洋结合的防治方针。

6月29日，县组织流动工作组在加木、鲁玛两乡先后召开农牧协会、头人座谈会，了解各个阶层的思想情况，宣传“二十六条”政策及争取外逃边民回归工作。

7月6日，印军侵占典角，并加紧运输物资，修建据点。

7月15日，中共西藏工委议决定，任命黄宝玉任噶尔县委副书记；何达成任噶尔县副县长。

7月21日，阿里专区选择索麦乡进行普选工作试点。

7月23日至9月5日，噶尔县组织工作组利用52天时间，在索麦乡宣传党的政策，发动群众进行“鸣放辩论”，并对该乡“三反两利”运动后群众生产生活各个方面的变化作了调查；同时进行普选宣传和选民审查登记，进行了普选。用回忆对比进行阶级教育。群众阶级觉悟有了显著提高，进一步相信了党的政策，安定了农牧民。

7月24日至9月15日，共青团阿里分工委、阿里妇联在索麦乡开展争创“五好”青年和“五好”妇女活动，并选举曲珍为乡妇联主任。

9月9日，中共阿里分工委、骑兵支队就印度侵占典角一事电告扎西岗分队，电文指出：“印度侵占典角一事，外交部已于8月12日向印方提出抗议照会。”

9月27日，扎西岗、昆萨、门士三个区先后成立增产保畜委员会。

10月4日，县委开始进行征粮评产工作。

10月31日，门士乡在冈底斯山下海拔4700米处试种的20克青稞获得丰收。平均单产120.5千克。

12月3日，中国政府照会印度政府，提出1954年签订的《关于中国西藏和印度之间的通商和交通协议》已到期，应缔结新协定。遭印方拒绝后，印度撤回驻噶大克等地商务代办。根据中国驻印度大使馆要求，阿里群众欠印商的债务暂不偿还。

12月15日，国务院全体会议第114次会议通过《国务院关于西藏地区设立海关的决定》，决定在噶尔等四处设立海关，在帕里、日土、普兰、札达设分关。由于中印关系趋于恶化，至1962年只在噶尔昆萨设立阿里海关，在普兰设立分关。

1962年

3月7日，县政府召开县参事座谈会，邀请门士区古如江寺活佛旦增旺扎列席会议。会议了解了县参事人员的生产生活情况，征求了参事人员对县委、县政府工作的意见和群众对各项政策的反映。

5月14日，噶尔县第一批发展的农牧区5名党员在索堆乡举行新党员入党宣誓仪式。5名党员分别是旦增赤来、达吉扎西、尼玛、贡觉、拉宗（女）。5月15日，成立索堆乡临时党、团支部。党支部书记由崔晋业兼任；团支部书记由县团委副书记扎西次仁兼任。

7月2日，《中印交通通商协定》因印方原因停止执行后，噶尔县外出经商的群众遭印方阻止后返回，同时由于印度的阻挠破坏，境内市场粮价上涨，盐价猛跌，盐粮交换失控。

7月22日，噶尔县组织夏季生产组座谈会，总结经验，表彰先进。

9月20日，西藏邮电管理局建立噶尔至日喀则直达备用电路。

9月24日，县民教科成立，是本县首次成立的民政事务及教育工作管理机构。

10月3日，县政府召开县参事扩大会议。会上，副县长向达诚作了《关于国际国内和西藏形势以及中印关系的报告》，代表12人参加。

10月20日晨，中国边防部队在中印边境东西两线（西线包括阿里地区的日土、噶尔）同时发起对印自卫反击作战。至10月28日，人民解放军收复被印军占领的饿洛典角等地区，拔除了印军在中国境内建立的据点。

11月5日，噶尔县7户、39人带走山羊9396只、绵羊803只、牛64头、马11匹逃至境外。

12月16日，人行阿里中心支行首次在噶尔县投放人民币。

1962年，阿里地区试点建立左左供销社、扎西岗供销社。供销社作为农牧区商品流通的主渠道作用开始发挥。

1963 年

1 月 7 日，县委、县政府机关各成立一个党支部、一个团支部。

2 月 7 日，县人民政府党组成立，王占彪兼任党组书记。

2 月 15 日，经社会各界协商并报中共阿里分工委批准，噶尔县索麦乡乡长、塔尔江互助组乡长才巴等三人被选举为全国人大代表。

3 月，阿里专区邮电局在雅萨设立邮电所。

3 月，门士区遭受雪灾，连续 3 次降雪造成牲畜大量死亡。

3 月 15 日，县委、县政府召开各区、乡干部代表会议，共有 15 名代表参加。会议进行了形势教育和宗教政策宣传，对群众生活、生产进行了安排。

7 月 3 日，噶尔县增产节约和“五反”运动开始。

11 月 16 日，中共阿里分工委、专署及阿里各界人民组成以专署专员丹巴坚作为团长的慰问团，在扎西岗等地慰问对印自卫反击战的人民解放军参战部队，并赠送锦旗。

1964 年

1 月 15 日，噶尔县首次财政金融、粮食工作会议召开。

1 月 18 日，中共阿里分工委组成工作组在索麦乡开展“三大教育”试点。此项工作持续 3 个月之久。

4 月 11 日，扎西岗武工队成立，由 9 人组成。

6 月，扎西岗、昆萨发生旱灾，共损失青稞 70 多克，县委在贯彻地委关于“紧急动员起来，全力进行抗旱斗争的紧急指示”的同时，制定了抗旱工作方案。

6 月 5 日，扎西岗、郭尔巴两地合并成立草场管理委员会。

6 月 27 日，根据中共阿里分工委、专署重点试办供销合作社的指示，由专、县、区抽调 7 名干部组成工作组，在门士区试办供销社，至 9 月 5 日结束。

8 月 14 日，噶尔县委成立扶贫领导小组，县委代理第一书记杨培功兼任组长。

8 月 20 日，在索堆乡进行征收爱国牧业税试点。

同日，自治区商业局对印度人在扎西岗擅自收购羊毛和出售境外商品所得人民币问题批复，指出“考虑扎西岗区域特殊，对印商收购的6000斤羊毛补交征税，进行教育，不得违反我区统购统销政策后，允许其携带出境。”

10月4日，县委召开扩大会议，研究牧业生产、办组、整组和供销社、信用社工作。

10月8日，建立昆萨农村信用合作社（简称信用社），是本县第一个农牧区金融机构。

12月1日，索麦乡调查发现，30多户外来户中有28户参加过叛乱，不法活动时有发生。

12月6日，县首届基层干部训练班开学，历时15天；学习内容以阶级教育为主，结合形势和任务，讲解党的阶级路线、人民民主专政以及党的各项政策。

1965年

1月10日，县首届手工业加工会议召开，对如何改进农牧业生产工具进行了座谈。

1月16日，县贸易公司召开农牧民代表座谈会。会议对生产工具供应等问题征求群众意见。各区委书记、区长、乡长和互助组长以及各方代表36人参加会议。

2月1日，县政府召开铁器加工及手工业加工工作座谈会，邀请全县手工业工人参加。

3月8日，建成鲁玛大桥，是噶尔藏布第一座大桥。

4月1日，县成立由9人组成的选举委员会，并分成5个工作组分别赴鲁玛、郎久、下左左、索堆4个乡开展普选工作。通过调查，四个乡共有选民609人，参加选举的有574人，选出乡人民代表46人。

4月22日，西藏自治区筹委会批准成立噶尔县选举委员会。由7人组成，杨培功任主席、向达诚任副主席。

6月1日，在昆萨暴发流行性脑脊髓膜炎疫情，专区人民医院组织医护人员到疫区防治，无一人死亡。

6月16日，噶尔县第一届人民代表大会召开。会议历时7天，应到代表49人，实到代表36人。会议审议通过县人民政府工作报告、财政预决算报告；选举产生县人民委员会县长、副县长、县人民法院院长。大会执行主席杨培功、罗布。此后，县人民政府改名为县人民委员会。

7月19日，中共阿里分工委在《批转统战部关于我区保留寺庙的意见》中明确指出，噶尔县保留寺庙四座，僧尼13人。分别为扎西岗寺4人，顿久寺7人，芝达布日寺1人、拉姆康1人。

7月23日，国务院批准阿里地区领导机关由昆萨迁至森格藏布南岸（今狮泉河镇），并安排迁建资金600万元。

10月23日，阿里地委组成慰问团分赴噶尔、门士、扎西岗等区和边防哨卡慰问驻地部队。

11月10日，新藏公路幸福桥（门士）、光明桥（头道沟）、解放桥（二道沟）竣工通车。

1966年

2月12日，县召开供销社工作总结会议。会议指出全县已建立供销社三个。入社社员1207人，股金7888元，有供销社人员8名。

2月14日，据县有关部门开展人员基本情况调查显示，全县共有903户、3408人。

2月20日，县委组织工作组赴加木乡进行抗灾、保畜和备耕工作。

3月11日，噶尔县发生地震。索堆乡一带受灾较为严重，造成一牧民家因山体滑坡，死亡绵羊40多只，伤牛2头；地震造成县委机关倒塌房屋两间，四间房屋墙体严重破裂，成为危房。

3月12日，县委代理第一书记杨培功出席西南局县以上干部学习毛泽东著作积极分子代表大会。

4月26日，噶尔县成立群众业余文艺演出队及领导小组。业余文艺演出队由马义宗、曲加、李乃荣三人负责组织。并研究决定：1966年7月26日在本县举行汇演，审查节目，选拔演员。然后组成噶尔县业余演出队赴狮泉河参加阿里地区第一届文艺汇演比赛。

4月，县政府驻地由雅萨迁移回昆萨。印度特务德庆煽动扎西岗富户扎西才旺等8户27人外逃。

5月14日，加木乡试行亦工亦牧保养公路制，建立10人的养路组，重点养护狮泉河至革吉段30千米路面。

6月19日，县委学习贯彻西藏自治区党委关于“三大教育运动中对待中等农牧民若干问题的意见”。确定了“依靠贫苦农牧民，团结中等农牧民”

的工作总原则。

7月16日，县公安局召开区公安特派员会议。着重研究当前形势，明确今后的工作任务。会议为期4天

7月23日，昆萨遭受冰雹灾害，持续一小时之久，郭尔巴村受灾严重。县委组织工作组深入昆萨区安定群众生产、生活。

7月26日至30日，噶尔县首届群众业余文艺汇演在雅萨举行，来自全县四个区的32名演员，演出文艺节目38个。

8月，噶尔昆萨、新乡遭受特大洪水袭击，机关干部与驻噶尔部队一起抗洪、抢修堤坝，保护人民生命财产安全。

8月7日，扎西岗区因干部工作作风简单、粗暴，对党的政策宣传不够，受阶级敌人造谣、煽动，致使21户、83人外逃。

9月17日，第一次县长办公会议召开，研究财政预算、粮食征购和农牧业生产等问题。

10月12日，噶尔县扎西岗边境工作站成立。主要任务是打击敌人派遣活动、调查境外敌特情况、开展政治争取工作、培养隐蔽斗争的力量、宣传政策、教育群众。

1967年

2月，随着“文化大革命”运动的逐步推广，群众组织纷纷起来夺权，县委书记杨培功、县长达瓦更巴等党、政主要领导被罢官、批斗、“靠边站”，机关工作陷于瘫痪。

3月27日，县军事管制小组成立，代行县委、县政府职权。军事管制小组由四人组成。同时成立“抓革命、促生产”第一线指挥部。

3月30日，县军事管制小组决定，县级机关抽调57名干部，分两批下乡带领群众抓生产。

7月14日，鲁玛、索堆、加木三个乡群众共19户，以放牧为名，搬迁到阿里札达县曲木底，拟逃往境外。

1968年

2月9日，召开全县干部大会，根据上级关于“要把大多数领导干部解放出来，恢复正常工作”的指示，县领导杨培功、马义宗、牛瑞华、邹步杰、达瓦更巴、段承兰等恢复正常工作。会上成立噶尔县“抓革命、促生

产、促战备”指挥部，杨培功为负责人。

2 月 21 日，中共阿里地委电示停止“四大”（大鸣、大放、大字报、大辩论）。

12 月 15 日，本县第一个人民公社索麦乡人民公社成立，并改名为忠东人民公社。此后，各乡陆续成立人民公社。

1969 年

9 月 29 日，县革命委员会和县革命委员会党的核心领导小组成立，取代县委、县政府职能。大会选举产生县革命委员会主任、副主任。县革命委员会和县革命委员会党的核心领导小组下设“四大组”作为工作机构，行使县委、县政府各工作机构职能。此次大会设有人大代表，后被视为县第二届人民代表大会。

1970 年

3 月 5 日，县革命委员会在扎西岗公社开展“三反”运动试点工作。

3 月 25 日，噶尔县举办农牧区公社卫生员培训。来自各区、公社、生产队的 44 名学员参加培训。

6 月 6 日，经过两年多的时间，全县实现人民公社化。

6 月，上左左乡（公社）、下左左乡（公社）、郎久乡（公社）、门士乡（公社）、噶尔新乡（公社）党支部成立，是本县首批成立的农牧区乡村党支部。

1971 年

6 月 26 日至 29 日，县革命委员会领导参加在狮泉河镇召开的阿里地区第一次党代表大会。会议选举产生了中共阿里地委组成人员。

7 月 13 日，中共阿里地委扩大会议研究决定成立门士煤矿。

9 月 18 日，中共噶尔县第一届代表大会在昆萨召开。出席大会的党员代表 107 名。其中，机关代表 44 人、农牧民代表 49 人、解放军代表 14 人。大会审议通过了县党的核心领导小组组长杨培功代表县党的核心领导小组所作的题为《高举毛泽东思想伟大旗帜，沿着毛泽东革命路线胜利前进》的报告，选举产生了中共噶尔县第一届委员会组成人员。杨培功当选中共噶尔县委书记。

10月1日，阿里地区贸易公司在狮泉河开设的首家国营商业零售门市部——狮泉河综合商店开业。

1972年

7月19日，新疆维吾尔自治区党委委员司马义·托平率领慰问团从乌鲁木齐出发至阿里进行慰问。

8月，噶尔县4名体育运动员首次组队参加阿里体育代表团前往新疆，参加新疆维吾尔自治区第二届全运会。

10月16日，县戴帽中学建立，与昆萨小学一套师资。

1972年，在原县银行小组基础上成立人行噶尔县支行。

1973年

3月19日，阿里普降大雪，交通中断，藏族群众生活必需的砖茶供应断货，国务院总理周恩来指示武汉空军在噶尔境内空投10吨砖茶。

6月5日，门士煤矿在门士区建成投产。

6月15日，共青团噶尔县委员会首届代表大会在昆萨召开。会议听取扎西才旦所作的工作报告，选举产生中国共产主义青年团噶尔县第一届委员会组成人员。

6月25日，阿里军分区扎西岗边防连文书、共产党员夏锋宝在协助测绘队横渡森格藏布时，为营救被激流卷走的新战士程应权而牺牲。南疆军区为其追记一等功，号召部队官兵向夏锋宝学习。

8月14日，左左区发现国民党反动传单11种，74000余张。

1974年

4月20日，噶尔县贫协代表会议召开，会期5天。大会主要任务是：总结前段贫协组织工作情况，进行批林批孔汇报；选举县贫协委员会；成立扶贫协会组织。

7月21日，县召开青年积极分子和妇女代表大会。会期7天。会议总结交流了青年、妇女工作经验，表彰了先进人物；对达赖在青年、妇女中散布的反动思想进行深入批判。选举产生噶尔县妇联第一届委员。

1975 年

6 月，门士区发现白喉病 3 例、死亡 1 例。疫情发生后，地区人民医院组织医务人员奔赴疫区，积极预防治疗，疫情得到控制。

7 月，县商业科、民政科成立。

11 月 21 日，为了进一步贯彻毛泽东关于“学习理论，反修防修，安定团结和国民经济高上去”三项重要指示，迅速落实全国“农业学大寨”会议提出的“全党动员，大办农业，苦战五年，为普及大寨县而奋斗”的指示精神，经县委研究决定，成立普及大寨县办公室。

1976 年

9 月 2 日，国家测绘局与阿里地区地名普查核调组人员抵达噶尔县，开展地名普查核调工作。

10 月 22 日，县党政军机关和贫下中农（牧）隆重集会，坚决拥护华国锋担任中共中央主席和中央军委主席，热烈欢呼取得粉碎“四人帮”反党集团篡党夺权阴谋的伟大胜利。

10 月，噶尔县成立党的基本路线工作队，在农牧区组织开展基本路线教育和整顿人民公社工作。

1977 年

1 月 24 日，噶尔县召开四级干部会议，安排部署清理“三种人”工作，纠正“文化大革命”错误。

7 月，县委组织群众会战，用 34 天建起百亩指挥田，共平整水沟三条，运石 20.93 万立方米，运土 25.9 万立方米，修梯田 16 块 130 亩。还修了一条长 354 米、宽 20 米的机耕公路；开挖长 370 米、深 0.6 米的铺石水渠，实现了山、水、田、路的综合治理。

10 月 22 日，中共阿里地区第二次代表大会在狮泉河镇召开，与会代表 252 人，会议选举薛相儒为书记，丹巴坚作、曲加、陈瑛、向阳为副书记。会议于 27 日结束。

1977 年，根据国务院《关于调整部分干部职工工资的通知》，本县部分工作多年、工资偏低的干部职工工资得到了大幅调整。

1978 年

6 月 5 日，县第三届民兵代表大会召开，会期 4 天。会议上总结了民兵工作，制定了今后的任务。

7 月，扎西岗乡民兵排在阿里地区第二次民兵代表大会上被评为“先进民兵排”。

10 月 6 日，扎西岗区实行“四定一奖”制度，在全县率先推行生产责任制。

11 月 5 日至 8 日，噶尔县第二次党代会在昆萨召开。出席代表 72 人，列席代表 9 人。大会通过县委工作报告；选举产生了中共噶尔县第二届委员会组成人员。会议期间，学习了党的“十一大”文件、新党章和叶副主席关于修改党章的报告。9 日上午举行了第一次全体会议，选举产生了书记、副书记和常委。

同年，县托儿所成立。

1979 年

2 月 18 日至 3 月 8 日，门士区先后两次遭受特大风雪灾害。其来势迅猛，时间长，降雪量大，平均积雪厚度达 30 厘米以上，死亡牲畜 1526 头（只、匹）。

2 月 25 日，噶尔县第二届团代会、第二届妇女代表大会隆重开幕。出席两会代表共 67 名，其中妇女代表 39 名，占代表总数的 60%。会议选举产生共青团噶尔县第二届委员会领导和第二届妇女联合会领导。

3 月，噶尔县成立流落国外藏族同胞接待办公室，后改名为噶尔县接待藏族同胞归国和参观委员会。

同月，噶尔县境内普降大雪成灾。解放军总参谋部从武汉调集安—12 型飞机，从和田出发向噶尔等受灾地区空投粮食等急救物资。

4 月 1 日至 5 月 10 日，噶尔县举办社队民办教师短训班，在教育系统进行拨乱反正，开展贯彻执行毛泽东的教育方针的教育。

10 月 13 日，为提高粮食打场效率，做到颗粒归仓，县委在前进公社（噶尔新乡）召开石碾子碾场现场会。通过现场试验，使用石碾子打场比使用牛踩快两倍。

9 月 26 日，县公安局认真落实党中央和西藏自治区党委有关文件精神，落实党对四类分子的政策。对18名未叛牧主、代理人和一般富牧分子从四类分子中划分出来恢复公民权，定为社员成分；对经过落实政策，错戴帽子的2人予以纠正，3人给予公民权；对已死去的错划为一般牧主、富牧主的5人予以纠正；对出身牧主、富牧家庭的72人改为社员成分。

1979年，阿里地区从河北省、河南省调入大批干部，来自两省的援藏干部杨曾子、耿书业、焦铁军安排到本县工作，其中杨曾子被任命为县委书记，耿书业、焦铁军被任命为县委副书记。

1980年

1月1日，阿里地区的党、政工作重新交由西藏自治区管理后，第一辆满载报刊、邮件的邮车从拉萨出发开往狮泉河，实现了拉萨与阿里的直接通邮。

3月26日，为加强对计划生育工作的领导，成立噶尔县计划生育领导小组。

7月，噶尔县在鼓励社员发展家庭副业，实行开放政策的同时，举办首届物资交流会，活跃市场。

12月29日，噶尔县为在“文化大革命”中错划的富农（牧）落实兑现经济补偿。共为39户、185人（包括流落国外2人）补偿金额39591.51元，平均每人214元。其中，统战人士5户、23人补偿金额26061.51元，平均每人674.70元。

1980年，落实西藏自治区下发的“精兵减征”政策，大批汉族干部开始内调。至1981年，本县先后有56名汉族干部调回内地工作。

1981年

9月，西藏自治区党委第一书记阴法唐、书记杨岭多吉带领工作组在阿里地区调查研究和指导工作期间，在噶尔县检查指导工作。

11月，根据阿里地区第三次人口普查领导小组统一部署，本县开展第三次全国人口普查工作。

12月24日至26日，县第三届人民代表大会第一次会议召开。会议听取和审议通过政府工作报告、财政预算报告、人民法院工作报告、人民检察院工作报告、人大常委会工作报告。大会依据《中华人民共和国各级人民政府组织法》规定，撤销县革命委员会，恢复县人民政府，成立县人大常委会和人民检察院，选举产生县人民政府领导和县人大常委会领导。充分肯定了噶尔在党的领导下各行各业所取得的成绩。

1982 年

3 月 12 日，阿里地区行署发出《保护森林严禁砍伐红柳》的布告，狮泉河镇及周边地区肆意砍伐红柳等植被，破坏生态环境的现象得到遏制。

8 月 23 日，狮泉河镇开通至拉萨的无线单边电话。

12 月 19 日，西藏自治区科委根据西藏自治区党委书记阴法唐和西藏自治区副主席杨宗欣指示，组织由地质局地热地质大队、物探大队、工业厅地热研究所、西南电力设计院 12 人组成的阿里地热能考察组，完成对境内郎久地热的考察。

1983 年

2 月，由地区商业局组织的阿里地区首届物资交流会在狮泉河镇召开，历时 7 天，成交额 13 万元。

3 月，境内遭受特大雪灾，全县 7500 亩耕地在春播前全部遭受大雪袭击。

3 月 13 日至 6 月 7 日，县、区组成联合工作组一行 23 人，在门士区两个公社帮助完善包产到户生产责任制工作。

5 月 5 日，经中共阿里地委、地区行署研究决定，在门士、扎西岗等建立电影放映队。

8 月，县人武部联系实际，加强对民兵进行爱国主义和共产主义思想教育，使本县民兵队伍素质有明显提高。

10 月 6 日至 8 日，噶尔县二届二次党代会召开。出席会议代表 62 人。会议学习了中央有关文件，研究当前党的建设工作；选举出席自治区第三次党代会代表。县直属各部门领导列席会议。

11 月，县委先后派出工作组对全县 6 个后进党支部进行整顿。通过整顿，完善了基层党组织，健全了各支部组织生活制度。

12 月，在全县开展“严打”斗争中，县公安机关抓获罪犯 78 名。扎西岗边防连捕获了叛国逃犯窦天水。

1984 年

4 月 12 日，扎西岗公社党支部开展评合格党员活动，提高了党员素质。

5 月 28 日，中国人民政治协商会议噶尔县第一届一次会议在昆萨召开。会议选举产生了政协噶尔县第一届委员会委员 18 人，常务委员 6 人。其中，主席 1 人，副主席 1 人。

6 月，为适应形势的需要，改进领导方法，噶尔县在机关干部中试行“三三制”工作制度，即在三分之一的工作时间里，县委除留两名常委主持日常工作外，其他领导干部都深入到各区，帮助基层干部和群众解决问题；在三分之一的时间里搞科学示范带领群众走科学富农之路；用三分之一的时间组织干部学习党的有关现行政策，学习文化科学知识。

6 月 9 日，阿里地区政社分开建乡改革试点工作领导小组决定，在扎西岗区 3 个公社进行“撤社建乡”工作试点。

7 月，县委传达学习中共十二届四中全会精神，提出要进一步消除群众思想顾虑，稳定农牧区局势，维护社会安定。噶尔县扎西岗、加木公社牧民群众响应党的富民政策号召，在狮泉河建立门市部出售羊毛、活羊，学做生意，初尝甜头。

7 月 6 日，昆萨区突发山洪，忠东公社灾情严重，在县机关干部职工帮助下，有效地减少灾害损失。

8 月 25 日，根据阿里地区政社分开建乡改革试点工作领导小组指示，噶尔县成立扎西岗区政社分开试点工作领导小组。并决定从门士、昆萨、左左 3 个区各抽调 1 名领导干部参加。

10 月 5 日，县委、县政府联席会研究决定，在扎西岗 3 个乡分别召开各乡首届人民代表大会，依法选举各乡乡长、副乡长。

11 月，全县在开展“撤社建乡”工作中，将原各公社党支部改为乡党支部。狮泉河通讯卫星接收站建成，阿里地区电视台转播中央电视台节目，狮泉河镇开始收看电视。

12 月 4 日，门士煤矿发生副矿长戴广杰被歹徒枪杀致死案。

12 月 31 日，据统计，噶尔县人均收入 837.19 元，在阿里地区各县中排在首位。

1985年

1月15日，为配合全县开展的“整党”工作，县委常委会议对本县党员领导干部制定“约法三章”，即摆正组织与个人的关系，不搞个人主义；以普通党员的身份参加支部生活，接受党员监督；广开言路虚心听取群众意见；不以权谋私，不接受任何形式的吃请和礼物；严格要求和教育好家属子女和亲属，不搞特殊；亲自动手，起草一般性文件，不要秘书代劳。

5月，噶尔县开展声势浩大的“整党”工作。县直机关86名党员参加，占县直机关党员总数的90.5%。7月结束。

6月，中国科学院新疆生物土壤调查研究所分队，在噶尔县开展土地利用现状调查的路线调查工作。次年7月，调查试点工作开始，11月结束。

8月2日，为庆祝西藏自治区成立20周年，噶尔县成立“大庆”领导小组。

8月2日，县保密委员会成立，由9人组成。县委书记白玛多吉兼任主任，副县长曲扎兼任副主任。

8月2日，噶尔县成立企业经济体制改革领导小组。副县长曲扎兼任领导小组组长。

9月1日，噶尔县组织全体干部、职工、各界群众参加阿里地区在狮泉河镇举行的庆祝西藏自治区成立20周年大会。本月，县贸易公司和县招待所改革取得成效。贸易公司门市部5月至12月销售额达61626.64元；县招待所3月至12月，收入达4159.80元。

9月，本县第一批17名小学生被送往山西省太原市山西大学附中学习。

1985年，根据西藏自治区有关规定，阿里地区将县完小确定为地区重点公办小学，并实行包吃、保住、包学费的“三包政策”。

1986年

4月，县委、县政府采取有效措施认真搞好接羔育幼工作，全县幼畜成活率达80%以上。

6月，在机构改革中，撤销县政协组织，恢复成立县人民政府参事室。1990年8月再次恢复县政协机构。在全县农牧区群众中广泛开展“两个长期不变”教育。

夏季，西藏自治区主席多吉才让在阿里视察工作期间，深入噶尔县农牧区乡村看望慰问困难群众，了解本县落实“两个长期不变”政策情况。

10 月，县首届劳动致富表彰大会召开。

1987 年

1 月，经国务院批准，噶尔县政府驻地由昆萨迁至阿里地区所在地森格藏布南岸。

4 月 1 日，按照县委统一安排，县直机关和各区对成立以来的文书档案资料进行整理，统一归档。

5 月 25 日至 28 日，噶尔县第三次党代会在昆萨召开，61 名党员代表出席大会。

会议听取、审议了县委工作报告和县纪检委工作报告；选举产生县委领导。

8 月，噶尔县初级专业技术职称评审委员会成立，负责对本县初级专业技术职称资格的评定。

11 月，郎久地热试验电站一期工程投入试运行，并向狮泉河镇供电。

1988 年

1 月 22 日，噶尔县成立计划生育领导小组，副县长嘎玛仁青任组长。

3 月，噶尔县组织史资料编领导小组成立，县委书记白玛多吉兼任组长。随后，本县 1950～1987 年组织史资料编写进入资料征集阶段工作。

6 月 27 日，拉萨至狮泉河镇卫星通讯电路开通。

8 月，县贸易公司加大改革力度，对职工实行浮动工资制，奖优罚劣，充分调动广大干部、职工的工作积极性，工作效率明显提高。

10 月，阿里地区电视台增加了第七频道和第四频道，可同时转播中央一套、二套节目。

10 月底，阿里军分区和叶城基地在总参谋部和兰州、新疆、南疆三级军区关怀下，按要求按时保质完成狮泉河镇及巴尔等 5 个直升机场的建设任务，并建立飞行保障中队。

11 月，扎西岗乡、上左左乡、郎久乡、那木如乡和门士乡连续遭受雪灾，积雪长时间覆盖草场，因草料缺乏，造成部分牲畜死亡。

1989 年

4 月，县公安局开始为外来流动人员办理“临时居住证”。

6 月 15 日，阿里地区行署专员办公会议决定成立狮泉河镇防治风沙危害领导小组及其办公室，行署副专员次仁任组长，并在地区畜牧局设立办公室。随后，由国家投资 200 万元的狮泉河镇盆地治沙第一期工程开工建设，完成挡沙墙和苗圃基地项目。

7 月，成立县居民身份证办理工作领导小组，县公安局开始办理城镇居民身份证。

1990 年

3 月 30 日，县基本建设领导小组成立，负责全县所有基本建设项目管理，副县长嘎玛仁青任组长。

6 月 6 日，狮泉河镇南区自来水工程开工建设，解决县城 400 余户居民吃水问题。

7 月 3 日至 8 日，县第四次党代会召开。82 名党员代表出席大会。会议选举产生噶尔县第四届委员会组成人员。随后召开四届一次全委会议，选举产生县委委员 11 名，候补委员 2 名；县委常委 7 名。其中，书记 1 名，副书记 2 名。

8 月，狮泉河镇至新疆乌鲁木齐的卫星程控长途电话开通，同时开办公众电话业务。

9 月 10 日，县参事室改为政协，政协主席由县委书记兼任。

10 月 29 日，县公安局、噶尔新乡民兵班被中共阿里地委、地区行署授予“综合治理工作先进集体”荣誉称号。

12 月，阿里至新疆乌鲁木齐 SCPC 省际长途电话开通。

12 月 17 日，县机构编制委员会成立，县委书记江白兼任主任。

1991 年

1 月 14 日，县委召开区级干部读书会，学习中央《关于社会主义若干问题学习纲要》。

3 月 29 日，经中共阿里地委、地区行署指示，噶尔县组织力量开展勘界工作。

4月5日，县妇联发出《关于开展“双学、双比”（学文化、学技术，比成绩、比贡献）活动的通知》，在全县妇女中掀起“双学、双比”竞赛高潮。

5月23日，县委、县政府召开各界人士座谈会，庆祝西藏和平解放40周年及“十七条协议”签订40周年。

6月10日，县委组织部在狮泉河镇举办的乡干部短期培训班开班，培训时间两周，主要是进行时事政策理论和有关建立社会主义市场经济体制知识的学习。

6月12日，西藏自治区人民政府批复同意设立县公安边防大队，隶属县委和阿里地区公安边防支队领导。

7月，西藏自治区首次土地资源县级调查工作成果《西藏阿里土地资源》一书由中国农业出版社出版。该书对本县土地资源及利用状况作了详细记载。

8月4日，为庆祝西藏和平解放40周年，阿里地区在加木乡举行赛马大会，噶尔县选手金珠获得跑马第一名。

8月6日，赴阿里参加西藏和平解放40周年庆祝活动的自治区慰问团团长、自治区常务副主席马李胜率领代表团在噶尔县慰问干部群众，并赠送了纪念品。

9月，狮泉河自由贸易市场，因商人不慎引起汽油爆炸，导致特大火灾。武警阿里支队、一中队、二中队官兵奋力扑救，奋战6小时，将大火扑灭，挽回价值100万元的经济损失。

1991年，根据中共阿里地委、地区行署的决定，噶尔县实行干部任期目标管理责任制。

1992年

3月29日，根据中共阿里地委、地区行署有关文件精神，县委、县政府召开联席会议，会议决定从1992年起开始，在本县范围内征收草场建设费和农田基本建设费。

4月1日至3日，政协噶尔县第二届委员会第一次会议在狮泉河镇召开。17名县政协委员出席会议。县委统战部部长旺扎主持会议。会议听取并审议通过了县委书记江白代表第二届县政协所作的工作报告，选举产生政协噶尔县第二届委员会委员9名。其中，常委5名，主席1名、副主席

2名。

7月，噶尔县在全体干部职工和广大农牧民中开展普法教育宣传。

7月18日，扎西岗乡遭受数十年未遇的霜冻灾害，743亩农作物不同程度受灾，县委、县政府派出工作组深入灾区指导抗救灾工作，要求区、乡进一步加强管理，力争抗灾夺丰收。

8月，为贯彻落实邓小平南行讲话精神，根据西藏自治区党委、阿里地委的统一安排和部署，噶尔县在农牧区集中开展社会主义思想教育活动，派出12个工作组，分4个阶段开展工作。农牧民受教育面达到98%，基层干部和党员受教育面达到100%。

8月3日，县公安局根据阿里地区政法委发出的《关于清调不适合做政法工作人员的通知》，在全体干警中组织开展做“合格人民警察”活动。

8月20日，阿里地区卫生局在狮泉河镇内发放公免费医疗证。医疗证分红蓝两种颜色，持红色本为医疗费全免，对象为“五保户”、残疾人、军烈属等；持蓝色本为农牧民群众可半免医疗费，即药费收半价，检验费全免。干部职工按工龄比例收取医疗费。

10月12日，县委、县政府联席会议研究决定，成立县建筑建材公司，实行“独立核算、自负盈亏”。县计财局局长索巴多吉兼任公司经理。

12月4日，县人民政府与县建筑建材公司签订《企业承包协议书》，明确县政府向建材公司一次性投入固定资产35万元，建筑建材公司每年向县财政上缴所得利润的40%。

1992年，狮泉河镇首家个体企业——四川遂宁食品加工厂在狮泉河镇落户。

1993年

2月2日至22日，受严重暴风雪天气影响，境内平均积雪达50厘米以上。造成门士、昆萨、左左3个乡牲畜大批死亡。

2月24日，县农牧局检查出昆萨区用于牲畜疫情预防、注射的疫苗全部报废，造成直接经济损失75000元。

4月26日，典角（碟木绰克）乡村民将越过卓普河进入当地群众帐篷的印度军人纳罗布抓获，经扎西岗边防连送交阿里军分区后，与印方联系会晤，并于5月5日在莫尔多将其交还印方。

4月27日，县妇联在昆萨区举办“氆氇”编织技术学习班，各乡选派

16 名妇女参加培训，县财政从扶持民族手工业发展基金中拨款 3000 元作为技术培训费。

7 月 17 日，国家外汇管理局阿里支局在狮泉河镇挂牌成立。

8 月 16 日，昆萨区索麦乡突发山洪，冲毁青稞地 20 多亩，八户群众牲畜不同程度被洪水冲走。

10 月 27 日，县人民政府成立“三查”领导小组，在全县开展财务、税收、物价大检查。

12 月 20 日，阿里地区卫生防疫站在本县开展消灭脊髓灰质炎强化免疫及消除碘缺乏病活动，集中组织地、县、区专业人员宣传脊髓灰质炎及碘缺乏病的病因及预防办法，并发放药丸。

12 月 25 日，据统计，典角边贸市场全年入境外商达 150 余人次，成交额人民币 100 万元以上。

12 月，根据阿里地区防疫站对Ⅰ号病（人间鼠疫）调查，判定噶尔县为鼠疫自然源县，并对该县鼠疫多发地段予以监控。

1994 年

1 月 11 日，经县委研究决定，并报阿里地区工会办事处批复同意，成立县总工会。

3 月，自元月以来，全县连降大雪及暴雪，积雪平均深度 75 厘米，造成牲畜死亡 9565 头（只、匹）。

4 月 28 日，县委、县政府研究决定，投资 9 万元，整修扎西岗区驻地至典角乡 30 千米乡村公路。

6 月，森格藏布狮泉河镇段发生洪灾，150 余名部队官兵和地直机关、噶尔县全体干部职工经过两天的奋战，堵住洪水。

8 月 25 日，噶尔县与阿里地区日土县县界勘界工作完成，并在阿里地区民政局举行了《阿里地区噶尔县与日土县勘界协议书》签字仪式。

8 月 27 日，阿里普降大雨，森格藏布河水暴涨，公路、河堤受损严重，狮泉河镇军民奋力抗洪，确保了人民群众的生命财产安全。

10 月 6 日至 10 日，在狮泉河镇召开中国人民政治协商会议噶尔县第四届委员会第一次会议。会议由县委副书记索南顿珠主持，参加会议委员 15 名，其中 7 名是本届新增委员。会议以中共十五大精神为指导，高举邓小平理论伟大旗帜，紧紧围绕“一个中心、两件大事、三个确保”的工作方针，结合噶尔县实际，进一步解放思想，转变观念，以开拓创新的精神为保持稳定、促进发展，实现“九五”计划和2010年奋斗目标进行了大讨论。会议听取和审议县委书记、政协主席多吉扎巴所作的政协工作报告，会议通过各项决议。

1994年，县调频广播转播站成立，全县新建8座乡村卫星电视单收站。

1995年

1月13日，中共阿里地委、地区行署联席会议研究决定，在全地区实行地直机关包乡、县直机关包村、县级以上领导干部包户的对口帮扶办法。明确地区政协机关对口帮扶扎西岗乡、地区藏医院对口帮扶昆萨乡，地区人民医院对口帮扶左左乡上左左村，地区电视台对口帮扶左左乡下左左村，地区保险公司对口帮扶扎西岗乡鲁玛村，地区农机公司、地区交警支队对口帮扶扎西岗乡典角村，地区计划生育委员会对口帮扶昆萨乡噶尔新村，地区卫生局对口帮扶昆萨乡索麦村，地区妇保院对口帮扶昆萨乡那木如村。

5月，根据1994年中央第三次西藏工作座谈会确定的对口支援、分片负责、定期轮换的援藏工作方针，陕西省首批对口支援本县的4名援藏干部抵达狮泉河镇，开始为期3年的援藏工作。分别是县委常务副书记冯乃善，县委副书记景东成，常务副县长何存贵，副县长黎涣涣。

5月5日至10日，县第五次党员代表大会在狮泉河镇召开，出席会议代表83人。大会审议通过了县委书记贡布代表县委所作的题为《坚持党的基本路线，抓住机遇、深化改革，为实现噶尔长治久安和繁荣进步而奋斗》的工作报告；审议通过了中共噶尔县纪律检查委员会工作报告；选举产生了中共噶尔县第五届委员会领导机构，以及中共噶尔县纪律检查委员会组成人员。第五届委员会有委员23人。五届一次全委会选出常务委员会由常委11人组成，其中书记1人、副书记4人。贡布当选为中共噶尔县第五届委员会书记，扎拉当选为县纪律检查委员会书记。

5月26日，在全国青联委员、优秀残疾青年施纪平的积极倡议和资助下，中共阿里地委、地区行署批准将县完全小学更名为孔繁森小学。同时，阿里地区教体委聘任施纪平为孔繁森小学名誉校长。

6月29日，县双拥工作领导小组成立。并在县民政局设立办公室，县民政局局长白玛多吉兼任办公室主任。

7月1日，阿里地区邮电局开通狮泉河镇无线寻呼。

7月9日，县委、县人民政府召开双拥工作表彰大会，县委常务副书记、县双拥工作领导小组组长冯乃善主持会议。县委书记贡布作了讲话。会议对获得双拥先进集体的4个单位和6名先进个人予以表彰。

7月24日，为进一步深化住房改革，加强公有住房管理，噶尔县成立住房改革领导小组。

8月27日，为争取联合国儿童基金会妇幼卫生合作项目投资，阿里地区卫生局组织有关部门对噶尔县医疗卫生工作开展情况进行全面调查。

9月，为迎接西藏自治区成立三十周年，确保各项大庆活动顺利开展，县公安局组织干警连续三昼夜对狮泉河镇各单位、门店、摊点进行了三次大规模清理整顿；对油库、银行、发电房、办公楼等重要设施实行昼夜值勤制度；配合县法院对部分犯罪分子进行了公开宣判。

9月4日，中共阿里地委、地区行署在县完小举行孔繁森塑像落成暨孔繁森小学挂牌仪式。孔繁森塑像由中国革命军事博物馆捐赠，“孔繁森小学”校牌由国务院副总理李岚清亲笔题写。

11月20日，由阿里地区计委立项投资的噶尔县公安局看守所、收容所、拘留所建设完成。

1996年

5月，县委、县政府在全县实行县级干部包乡、包一户贫困户，县直、中直各单位（含县中队、人武部、边检站等驻噶部队）包村、包一户贫困户，进行三年脱贫验收的定点承包扶贫办法。同时，把扶贫工作作为各单位和各级领导干部年终考核的一项重要内容。

6月，县委组织工作组对扎西岗区鲁玛乡、门士区索堆乡党支部进行整顿，选举了新的党支部成员，建立健全了党支部规章制度。

6月25日，县档案室成立，为县委办管理的副区级事业单位，由县委办副主任兼任县档案室主任，编制两名。

8月15日，受连降暴雨影响，森格藏布河水猛涨，狮泉河镇大坝北侧决口，洪水破堤而出，致使狮泉河镇20多间民房倒塌，地区老干所、狮泉河镇派出所、地区自来水公司被淹。地、县机关干部、武警及阿里军分区官兵紧急投入抗洪抢险工作中。

1997 年

3月24日，噶尔县筹建国合联营公司。县国合联营公司由原4个区供销社和县贸易公司联合组建，供销社作为县贸易公司的基层零售网点，与县贸易公司实行报账制。

7月19日，狮泉河镇开通900兆蜂窝模拟移动电话，当年放号48户。

7月30日，县“三五”普法领导小组成立。

8月15日，县边防委员会成立。

10月6日至10日，中国人民政治协商会议噶尔县第四届委员会第一次会议在狮泉河镇召开。县委副书记索南顿珠主持会议，参加会议的委员15名，其中7名是本届新增委员。会议以中共十五大精神为指导，高举邓小平理论伟大旗帜，紧紧围绕“一个中心、两件大事、三个确保”的工作方针，结合噶尔县实际，进一步解放思想，转变观念，以开拓创新的精神，为保持稳定、促进发展作贡献。会议围绕县“九五”计划和2010年奋斗目标进行了讨论。会议听取和审议县委书记、政协主席多吉扎巴所作的政协工作报告，通过相关决议。

6月11日，由西藏自治区邮电管理局农话办投资建设的微波“一点多址”农村电话系统投入使用，狮泉河镇与县辖四个区和12个乡实现电话通讯。

6月13日，根据阿里地区教委通知精神，经县委研究决定，成立教师业务及评聘职称考核领导小组。

10月，县人民医院举办乡村医生培训班，为各区、乡卫生所培训一名藏医和西医。

11月2日至4日，县第八届人民代表大会在狮泉河镇召开。出席会议的代表74人。大会审议通过了欧珠次仁所做的县政府工作报告；审议通过了强巴念扎所作的县法院工作报告和尼玛扎西所作的县检察院工作报告；大会选举产生了噶尔县第八届人民代表大会常务会委员4人，其中主任1人、副主任2人；选举产生了噶尔县人民政府县长1人、副县长9人。

1997年冬至1998年4月，境内连降大雪，全县冻死牲畜1万余头（只、匹），死亡率达15%，冻伤40人，患病1600余人，造成直接经济损失3千余万元。国家、内地各省区、解放军三总部给予灾区巨额资金和物资援助；西藏自治区党委先后两次派出以自治区党委副书记丹增带队的工作组到本县检查指导抗救灾工作，慰问受灾群众。

1998 年

3 月，县国土资源局成立。

3 月 17 日，根据中共阿里地委召开的地区直属部门主要负责人会议精神，县委、县政府召开联席会议，会议决定将噶尔县情定位为处于社会主义初级阶段更低层次，随后县委决定在全县开展新一轮的解放思想、更新观念大讨论。

5 月，陕西省第一批对口支援本县的 4 名援藏干部结束援藏期返回原籍。第二批对口支援本县的 4 名援藏干部抵达本县。分别是县委书记薛晓毅，县委副书记王兴怀，县委常委、常务副县长席金锋，副县长吴聪聪。

5 月 1 日，为进一步加强两省援藏项目的管理和实施过程中的监督、检查、指导工作，确保发挥最大的政治、经济、社会效益，经中共阿里地委、地区行署研究决定，对本县的援藏项目实行归口管理。

5 月 8 日，县委、县政府成立军地反恐怖领导小组，在县公安局设置“维护稳定”办公室。

5 月 16 日，在阿里军分区实施的“98·6”行动中，县人武部军事科科长带领扎西岗乡民兵排进行非武装侦察活动，受到阿里军分区表扬。

6 月，狮泉河盆地治沙第二期工程开工建设。在狮泉河镇以南东西长约 15 千米，南北宽 5.5 千米范围内，实施种草、植树造林、开挖人工湖等保护生态环境工作。计划治沙总面积 7936 亩，其中种树 57.93 万株，种草 5876.76 亩，修建砾石沙障总长 628.28 千米，修建水渠总长 12.22 千米，以及引水河道、冲沙闸、引水闸等配套设施。

7 月，昆萨区突发山洪灾害，区公所驻地积水深达 1 米左右；山洪冲毁索麦乡农田 500 亩，造成颗粒无收；冲毁部分水渠、民房、羊圈。

8 月 18 日，西藏自治区党委副书记、常务副主席杨传堂在噶尔县视察指导工作。

8 月 25 日，根据中共阿里地委、地区行署指示，县委常委会议研究，决定成立县“普三”（普及三年制义务教育）自查自评领导小组，对全县普及三年制义务教育情况进行自查自评。

9 月，根据中共阿里地委指示，任命田波为科技副县长。

9 月，为切实加强信息沟通工作，在县委办公室内设县信息报送工作组，负责全县范围内的信息报送工作。

10月9日，经地区机构编制委员会研究决定，成立县乡镇企业局，与县农牧局一个机构、两块牌子，其编制从本县现有行政编制内协调解决。

10月12日，县交通局成立，为独立科级机构，行政编制3名。负责管理全县交通运输工作。

12月1日，据县卫生局调查，自入冬以来，因急剧降温，全县4个区不同程度地爆发流行性感冒，同时引发喉炎、腹泻、扁桃体炎、腮腺炎、湿疹等多种并发症。

12月13日，县卫生局组织医护人员组成巡回医疗小组，轮流蹲点各区、乡开展疫病防治。

1998年，噶尔县通过西藏自治区教育体育委员会组织的“普三”验收。

1999年

1月15日，县委、县府联席会议研究决定，成立县教育整顿领导小组，围绕提高各学校教育质量、师资水平等进行整顿。

4月9日，按照西藏自治区“三讲”教育办公室统一部署，噶尔县被阿里地区列为“三讲”教育试点单位。县委成立“三讲”教育领导小组，县委书记薛晓毅兼任组长。并抽调专人在县委组织部设立办公室。随后，在全县27个单位（含4个区）17名县级党员领导干部中开展了此次活动，县级党员领导干部受教育面达到100％。

4月20日，噶尔县实施住房公积金制度。

5月下旬，印军民30余人涉过典角河，在5166高地中方实际控制线内搭帐篷3顶。中国军队巡逻至此时印军民匆忙撤走。

6月，按照上级指示，施行“撤区并乡”工作，撤销扎西岗区、左左区、昆萨区、门士区，成立扎西岗乡、左左乡、昆萨乡、门士乡；原各区下辖乡改为村，原各村改为村民小组；新设立狮泉河镇，下辖一个村，两个居民委员会。9月结束，至此，本县行政区划调整为4乡1镇14个村（居民）委员会。

7月1日，根据气象局及水文站预测，境内降水量将较往年增多，县人民政府成立防汛抗洪指挥部。

7月27日至8月10日，阿里地区普降暴雨，狮泉河镇降水量为99.9毫米，形成百年不遇的大洪水。阿里军民奋力抗洪，确保了狮泉河镇的安全。

8月10日，昆萨乡索麦村推行以“民办公助、自愿适度”为原则的合作医疗制度改革试点。

11月17日，按上级的要求，成立以县长欧珠泽仁为主任的地方志编纂委员会。

12月18日，狮泉河镇开通数字移动通信系统（GSM），实现了GSM在全国地市城镇的全覆盖。

2000年

4月6日，为搞好第五次全国人口普查工作，噶尔县根据县委、县政府领导调整情况，调整、充实人口普查领导小组，县委副书记、县长尼玛平措兼任组长。

5月，噶尔县召开八届人大四次会议，选举索朗曲达为县人民政府县长，童玉杰、嘎玛仁青为县人民政府副县长。国家重点建设项目新疆疏勒至狮泉河镇光缆通信工程全线开工建设。

5月13日，噶尔县选派5名乡镇医生参加阿里地区卫生局举办的首届跨世纪乡村医生培训班学习。

5月中旬，总投资1104万元的狮泉河堤整治工程正式开工，计划对部分河道再次进行改道，对上游3.8千米的“C”形弯道进行裁弯取直，整治加固河堤总长9.6千米，设计防洪标准为20年一遇，部分河段防洪标准达到百年一遇。

6月15日，狮泉河镇至措勤光缆通信工程全线开工建设。

6月30日，县直机关全体干部职工在县影剧院举办建党79周年庆祝活动。同时，为了切实加强对全县农牧区、基层组织建设工作的组织领导，使农牧区、基层党建工作更加适应新时期的发展要求，成立县党建工作队，下设五个分队。

7月18日，噶尔县政法机关开展“四观”教育活动。

7月31日，阿里军分区在狮泉河镇军分区大院举行庆祝建军73周年暨狮泉河镇民兵应急营成立大会，并举行了阅兵式。中共阿里地委、地区行署和军分区领导出席大会。

7月底，昆萨乡驻地发生特大泥石流灾害，冲毁昆萨小学，未造成人员伤亡。

8月，境内普降暴雨，持续时间之长，降水量之多超过了历史最高纪录，境内十几条主要河流河水暴涨，超过警戒水位1米多。狮泉河、朗钦藏布、加木河等洪水泛滥，冲毁道路、桥梁，淹没房舍，毁坏田地，噶尔县城也被1米多的洪水浸泡10余天。县全体机关干部职工全力投入抗洪抢险。

同月，孔繁森小学四年级学生次仁桑母在西藏举办的自治区第八届运会上以5分40秒的成绩，获得女子1500米冠军。

9月，由陕西省援助的县机关新办公楼建成投入使用。

10月1日，狮泉河镇开通无线寻呼骨干网（198人工和199自动），实现全国漫游。

10月3日，西藏自治区副主席尼玛次仁一行在本县检查、指导工作。

10月17日至10月19日，噶尔县第六次党员代表大会召开，出席会议代表71人。大会审议通过了陕西省对口支援阿里地区的第二批援藏干部薛晓毅代表县委所作的题为《承前启后、继往开来、团结奋斗、顽强拼搏，以新的建设成就将噶尔全面推向21世纪》的工作报告；审议通过了中共噶尔县纪律检查委员会工作报告；六届一次全委会选举产生中共噶尔县第六届委员会领导机构，以及中共噶尔县纪律检查委员会组成人员。薛晓毅当选为中共噶尔县第五届委员会书记。

11月10日，根据县委指示，县综合治理领导小组办公室在狮泉河镇开展创建“安全小区”活动。

考

考

一、噶尔恰钦盛会①

在阿里地区历史上，每年在噶本夏季驻地雅萨举行庆典性定例盛会——噶尔恰钦。

清康熙二十二年（1683年，藏历第十一饶迥水猪年），甘丹才旺统领蒙藏军队打败统治阿里50年的拉达克军队，将阿里收归西藏地方政府直接管理。

康熙五十六年（1717年，藏历第十二饶迥火鸡年），时任阿里总管（即噶本）的康济鼐索朗杰布为应对在新疆的蒙古准噶尔部落袭击拉萨事变，向34年前跟随甘丹才旺参加过西藏地方政府驱逐拉达克军队侵占西藏阿里地区战役的阿里各本和各部落下达征兵命令，并制定清点军马、武器，举行骑兵演练和阅兵的军册②。为纪念这一历史事件，人们举行庆典活动，后形成传统。最初定于每年藏历七月十二日集中，藏历七月十六日正式结束。曾一度改为藏历八月九日集中，八月十一日正式开幕，后随着恰钦期间境内外商人逐年增多，官方也为了便于集中收税，噶尔恰钦的时间改为藏历八月一日集中报到，藏历八月八日正式结束。

① 本文参考：《论噶恰钦》（阿里历史宝典，西藏人民出版社，1996年）；古格·次仁加布《噶恰钦盛会》（阿里文明史，西藏人民出版社，2006年）；强巴次仁《简论噶恰青》（西藏艺术研究2004年4月）。

② 根据《火鸡军册》（以下简称《军册》）。

（一）开幕典礼

每年按惯例，在藏历七月初，噶本政府和所属各宗、各本、各部落主要头人开始做好盛会前各类准备工作，诸如挑选骑兵、训练马匹、准备马术表演以及歌舞演出等。

藏历八月一日，集中报到。八月二日上午，进行“囊迥”（即内部演练），正副噶本派遣的 4 名骑兵和索堆的 18 名骑兵，来到吉吴昌拉（ཀྱི་འུ་ཁང་ལ），进行 5 次试跑。“囊迥”结束由 2 名“雄捏”①、2 名卡本及其佣人、2 名乐师、2 名敬酒者就地向参赛选手敬茶、敬酒，同时敬人参果盖浇米饭。

八月二日下午，在噶尔雅萨嘎木东雄（དཀར་མོ་སྟོང་ཤོང）② 内举行恰钦开幕典礼。出席开幕典礼的有正副噶本、四位宗本、两位索麦头人、两位“雄捏”、两位知宾③、两位卡本等官员和贵族绅士身穿清朝官服和礼服，按官衔高低在帐篷内依次入座。入座后先向各级官员敬茶、敬酒、敬人参果盖浇米饭。由索麦、古格和普兰的舞者表演玄舞等。结束后由“雄捏”宣读《火鸡军册》中记载的甘丹才旺战绩和各方官员派遣的骑兵名册。骑兵队分左、中和右三路 22 组成列队形，由参会官员依次按军册规定的队形顺序进行检阅。

1. 右路

第一组：久日巴托④（ཇུ་རིགས་པ་དུར即左左本）出全套齐备的骑兵 1 名。其所属左左和加木选派配备火药枪和长矛的骑兵各 1 名和箭囊齐备的弓箭手骑兵 2 名；郎久选派配备火药枪和长矛的骑兵 1 名和箭囊齐备的弓箭手骑兵 1 名。

第二组：普兰宗本出箭囊齐备的弓箭手骑兵 1 名，宗本府选派配备火药枪和长矛的骑兵 2 名，箭囊齐备的弓箭手骑兵 2 名。

第三组：吉让头人出箭囊齐备的弓箭手骑兵 1 名，其所属选派配备火药枪和长矛的骑兵 2 名，箭囊齐备的弓箭手骑兵 2 名。

第四组：多油头人出箭囊齐备的弓箭手骑兵 1 名。其所属选派配备火药枪和长矛的骑兵 2 名，箭囊齐备的弓箭手骑兵 2 名。

---

① 专门负责恰钦期间的内务，由索麦村服役。

② “嘎木”是指绵羊，“东”意为千，“雄”意为容纳。指噶尔雅萨附近一块平坝地名。

③ 专门负责安排接待内外贵宾的官员。

④ 蒙古人，甘丹才旺时期的战将，后成为第一位左左本。据传：他是放在天上克雷、放在山口克赞神、放在门口克妖魔的三克之后人。

第五组：科加和加卓出箭囊齐备的弓箭手骑兵 1 名，配备火药枪和长矛的骑兵 2 名。从喜德选派配备火药枪和长矛的骑兵 2 名，箭囊齐备的弓箭手骑兵 2 名。

第六组：嘎尔东谿卡出配备火药枪和长矛的骑兵 2 名，箭囊齐备的弓箭手骑兵 1 名。所属选派配备火药枪和长矛的骑兵 2 名，箭囊齐备的弓箭手骑兵 1 名。

第七组：仁贡头人出配备火药枪和长矛的骑兵 2 名，箭囊齐备的弓箭手骑兵 2 名。

第八组：普兰牧区部落选派配备火药枪和长矛的骑兵 2 名，箭囊齐备的弓箭手骑兵 2 名。

2. 中路

第一组：索堆和索麦的图吉（ཐུབ་རྡེ）和吉桑喀雪钦（རྡེ་སང་ཁ་ཤོའུ་ཆེན）两头人共出配备火药枪和长矛的骑兵 10 名，箭囊齐备的弓箭手骑兵 5 名。

第二组：正噶本出箭囊齐备的弓箭手骑兵 10 名。

第三组：副噶本出箭囊齐备的弓箭手骑兵 10 名。

第四组：达巴宗府出箭囊齐备的弓箭手骑兵 5 名。由达喀其吉布(མདའ་མཁར་ཁྲིམ་པོ་ཆེ)① 和上下郭本（དགོར་དཔོན）② 等共选派配备火药枪和长矛的骑兵各 1 名，箭囊齐备的弓箭手骑兵 2 名。

第六组：曲底本出箭囊齐备的弓箭手骑兵 1 名，其所属选派配备火药枪和长矛的骑兵 2 名，箭囊齐备的弓箭手骑兵 2 名。

第七组：扎西岗三富户（楚成巴、罗布央增、洛桑顿珠）出配备火药枪和长矛的骑兵 1 名，箭囊齐备的弓箭手骑兵 1 名。

第八组：崩堆诺元出箭囊齐备的弓箭手骑兵 1 名。其所属选派配备火药枪和长矛的骑兵 3 名，箭囊齐备的弓箭手骑兵 3 名。

第九组：那如本出箭囊齐备的弓箭手骑兵 1 名。其所属选派配备火药枪和长矛的骑兵 2 名，箭囊齐备的弓箭手骑兵 1 名。格卡和仁青合出配备火药枪和长矛的骑兵 1 名。玛来和曲比合出配备火药枪和长矛的骑兵 1 名，箭囊齐备的弓箭手骑兵 3 名。

3. 左路

① 达巴堡寨下方，专供堡寨服务的大户人家。

② 寺属百姓头人。指原神山附近的寺属牧区部落头人，现属普兰巴噶乡冈萨村。

第一组：寺属百姓总管（司库却阔）出箭囊齐备的弓箭手骑兵 1 名。其所属选派配备火药枪和长矛的骑兵 10 名，箭囊齐备的弓箭手骑兵 9 名。

第二组：札布让宗府出箭囊齐备的弓箭手骑兵 5 名。

第三组：日土宗府出箭囊齐备的弓箭手骑兵 5 名。

第四组：日土多卡齐沃（Dmg’ don do kl che bo）出箭囊齐备的弓箭手骑兵 1 名。其所属共选派配备火药枪和长矛的骑兵 13 名，箭囊齐备的弓箭手骑兵 12 名。

第五组：日土羌巴（བྱང་པ་འཁྱོར་མོ）出配备火药枪和长矛的骑兵 1 名。

以上三路骑兵列队后，由雄捏具体负责清点各路各队马匹、鞍具、兵士、各种武器及马术表演所需装备。清点完后其他骑兵返回各自营地。只留下参加速度赛的正副噶本参赛的 4 匹马、日土宗本选派的 1 匹马和日土四部（འཚོ་བ་བཞི）选派的 4 匹马，对赛具和马身上加盖印章。当日下午他们在 24 名骑兵的陪同下来到离噶尔雅萨约 5 千米处的阿玖驿站（ཨ་བརྒྱུད་ཏ་ཟམ），由驿站负责接待两位卡本及卡本佣人和噶本的 4 名跑马选手。

（二）跑赛马

藏历八月三日上午，东方刚出现鱼肚白时，参加赛跑马的骑士们立刻起身，给自己的赛马进行精心打扮，即用五彩布把马鬃编得笔直挺立，双耳间的长鬃捆扎彩棒似插在马脑门上，马尾也用五彩布扎成，宛若一根弯曲的敲鼓槌。在马背上只盖一块薄垫，用肚带系好，用赭石浆在马的臀上印上雍仲，马额上盖印有日月等图案的彩布，以求马赛顺利成功。

骑手们头戴锥形帽，插上白羽，身着无左袖衣的蒙古简装。据传，这是因为当年藏蒙军统帅甘丹才旺拜桑布从敌军围困中冲杀出来时，他的帽子被敌军射飞，他便立即撕掉左袖，戴在头上，成锥形帽。以后，阿里人民为了纪念他的勇猛和智谋，这一奇特的装扮法一直沿袭下来。以上准备就绪后，骑手们按规定在起跑线上排列。

日出时，正副噶本和各级官员，在两位“雄捏”、两位知宾、两位乐师和若干蒙古兵装束的骑手陪同下来到终点——噶沃唐噶（སྒར་འོག་ཐང་ག）。同来的有来自境外尼泊尔、印度喜玛偕尔帮、北方帮、拉达克、桑噶、噶尔厦、巴尔提斯坦、觉朗、克什弥尔、卓尼等邀来的商客和贵宾。跑道的两边分别站立着观看比赛的本地百姓，各个翘首等待着本次大赛头号英雄的出现。太阳刚出山头，由卡本鸣枪发令，顿时尘土飞扬，赛马如箭矢齐发，跑向终点。发给获得冠亚军的骑手木牌以做标志，稍作庆贺，下午进入第二场比赛，即跑马射箭比赛。

（三）跑马射箭

八月三日下午，参加跑马射箭比赛的选手按《军册》规定的队列出场：右路由头戴珊瑚顶珠官帽的左右本领85名骑兵；中路出场最为显赫，在由索堆和索麦头人领85名骑兵、两位噶本直接派出参赛的4名骑手、各宗本、各本、雄捏、知宾官、卡本等官员和僧俗贵族绅士的簇拥下，以索堆、索麦两部头人头戴嘎丹举夏[①]，高举噶本府的神矛为前导出场；左队由头戴琉璃顶珠官帽的萨让如本领57名骑兵出场。3队人马依次前往吉昊昌拉。由噶本总管府向参赛选手提供人参果盖浇米饭，敬酥油茶和青稞酒。右路和左路参赛选手由各派的各宗政府、各本、各部落提供食品，敬酒、敬茶。餐饮完毕，稍作休息，参赛选手按《军册》规定配备武器和人马装束，到赛场开始比赛。参赛主要项目有：驰马射箭、表演性的马上竞技、驰马拾哈达，驰马拖鞭、驰马穿帽表演[②]、驰马射击、驰马拾银元等表演，结束后两位噶本向所有选手戴上一条哈达，然后在高呼“神灵得胜”的口号中返回驻地。

晚上在噶尔雅萨嘎母东雄大帐篷进行颁奖典礼，参加典礼的官员有六位如本、两位雄捏、两位知宾、两位卡本、几位头人和参加跑马赛的所有选手和观众。向跑马第一名奖励一叠五彩经幡、一条哈达，由曲底如本奖励一匹马。向第二名奖励一叠五彩经幡、一条哈达，由日土多卡钦如本奖励一支火枪。向第三名奖励一叠五彩经幡、一条哈达，由两位总管奖励四块砖茶。向第四名至第九名奖励一叠五彩经幡和一条哈达。

八月四日，进行射程比赛。在比赛前由两位总管各提供两支箭，由六位如本各提供一支箭。以上10支箭插在盛有青稞的斗（此斗叫丹增卡如）上，每支箭上有标签。选手把自己插的箭射出去，射完后到屏障后面，喝酥油茶和大米粥，并给每位参赛选手敬一碗青稞酒。此时，由两位雄捏和知宾按标签准确记录射程远近。接着在200米远处竖立牛皮靶子，选手们对着靶子射箭，不分名次。下午在嘎母东雄大帐篷里进行颁奖典礼，根据射程远近排名。向第一名奖励一叠五种颜色的经幡、一条哈达，由曲底如本奖励一匹马。向第二名奖励一叠五种颜色的经幡、一条哈达，由日土多卡钦如本奖励一支藏式叉子枪。向第三名奖励一叠五种颜色的经幡、一条哈达，由正副噶

① 喜足天神禳灾帽之意。
② 驰马时人仰卧在马背上，将帽子从左手从马胸前传递至右手，顺时针转动。

本奖励一块砖茶。向第四名至第十名奖励一叠五种颜色的经幡和一条哈达。

此后，由噶本给跳宣舞的索麦九名妇女，每人奖一条哈达和一叠五种颜色的经幡、一块砖茶、一斗青稞。由噶本给跳宣舞的古格舞者，奖一条哈达和一叠五种颜色的经幡、一块砖茶、一斗青稞。同样给普兰舞者进行奖励。同时向四名斟酒的年轻女子每人奖励一叠五色经幡、一条哈达、一块砖茶。

（四）公务会议

藏历八月五日和六日召开两天的公务会议（གཞུང་སྡོན）。参加会议的官员和有关人员有：四宗宗本、六如如本、总管府颂经堂格贵、总管、总管府直属四位头人、四位索如鲁巴①、两位卡本及两位佣人、噶本府的四位骑兵、两位经忏喇嘛、两位乳品加工牧民、八位敬酒者等。会议的主要内容是，传达西藏地方政府有关指令，并同时处理收税、边务、草场纠纷和大的民事纠纷。会议结束后，由两位总管对前三天为各项活动服务的有关人员给予奖励：两位知宾各三元藏银，四位知宾佣人各一元藏银，两位中餐炊事员各五元藏银，其两位助手各两元藏银，四位招待员共十元藏银，一位经堂负责三元藏银，一位服务房（ཞབས་ཁང）② 助手三元藏银，两位卡本各三元藏银，两位卡本佣人各一元藏银，茶房负责五元藏银，其助手共三元藏银，两位中灶(བར་ཐབ)③ 厨师各三元藏银，两位管理帐篷的负责人各一元藏银，其四位助手共两元藏银，四位敬酒者共十元藏银，两位负责酿酒的各三元藏银，其四位助手共两元藏银，四位骑兵共两元藏银，两位瓷器管理者（དཀར་ཇེས）共三元藏银，两位敲锣吹唢呐（བརྫོབསུ）各一元藏银各一元藏银，两位信使各两元藏银，两位房管员各一元藏银。厨房四位佣人各一元藏银。茶房师傅四元藏银。以上奖励资金由噶本开支。

（五）宴请及结束

藏历八月七日和八日举行两天宴会。参加宴会的除了参加两天公务会议的官员外，还有色本（金官）、雄聪（地方商人）、察秀（盐官）、热卡夏本和噶本府颂经堂管理员。由正副噶本分别宴请一天。两天的宴会费用由总管府开支。在噶尔恰钦期间还进行物资交流，增大了本地土产和畜产品的出口量，极大地方便了群众的生活需求，特别是对邻国商人的统一和集中性征

① 赶羊者，即为正副噶本赶羊驮，从北部驮运盐巴到南部进行盐粮交换的赶羊者。

② 这是噶尔恰钦时雄捏、知宾等的临时住所。

③ 这是专供召开两天的公务会议期间的伙房。

税，增加了地方政府的收入。

藏历八月八日，晚上在嘎母东雄大帐篷前举行篝火晚会，人们带着哈达，围着篝火高呼结束颂词，并向空中抛撒糌粑，这一年的噶尔恰钦圆满结束。

二、那木如本及左左本

（一）那木如本

住在此地的属民来自绛纳木错流域，故称其地为那木如。其族系为藏北游牧民。

那木如本是阿里四宗六本之一，有自己的组织结构和辖地。

1681 年，甘丹才旺率部来阿里时在霍尔堆托钦召集骑兵 60 人参战，其中有一名叫霍尔多扎的战士打仗勇敢，立下汗马功劳。打败拉达克后被甘丹才旺任命为那木如地方的官，并实行世袭制。据《冈日圣志明镜》记载，冈日多增衮却继承人修建色瓦龙寺时，是为了解脱罪孽，其施主为霍尔堆托钦的头人管辖的晋格俄格确图（ཇིང་གེར་ཨེར་ཀི་ཆོག་ཐུ）。霍尔多扎娶了一名拉达地方的妇女为妻。那木如本冬季驻地“琼萨”，修有一些房屋。据说是霍尔多扎娶拉达之女时通过她的亲属，提供木材，帮助设计修建的。据第七任那木如本旦增欧珠之妻回忆，房内的壁画等鲜艳如新。平日不用此房，反作为次久（藏历十日）经忏等佛事活动专用。平日住所是位于其旁边的厨房，规模只有两间房，也是后期那木如本的驻地。那木如本自第一任到民主改革历经八代，即第一任为霍尔多扎，第二任为顿珠旺杰，第三任为索南多，第四任为仁庆，第五任为嘎嘎（女），第六任为桑布，第七任为旦增欧珠，第八任为平措。

那木如本下设头人、根波、委员等具体收税负责人。那木如本辖地有四处，即那木如（20 户），玛勒（12 户）、迪亚（8 户）、夏耶（8 户，在民主改革时只有 2 户），共有 48 户属民。

耕地有 20 藏克，春季播种和秋季收割由那木如村派人负责，无任何劳务费。还有浇地 1 户、放绵羊 1 户，放山羊 1 户，每月支付劳务费粮食 1 斗和少量茶叶。内仆 2 名和放牦牛 1 名，无任何报酬。在新年、噶尔恰钦、勒孜时派马 2 匹，托运马匹均由当地百姓支付。，按照“勒”① 为单位，每年

① “勒”是差税计算方法，即一头牦牛、一匹马、七只羊为一个“勒孜”，一个上税单位。

上交税为500～600枚章嘎。从玛勒村每年收取4藏克青稞，从迪亚收取粮食、牛鞍及配件8件。使用农用机械只提供材料，不用付报酬。收税期间所有开支如住宿和餐饮等由本村支付。在夏耶村要上交农业税和钱税。其属民送女婿或嫁女时要收取“本垂”（དཔོན་འཁྲོལ）税，规定上交50元钱。

（二）左左本

左左本是阿里四宗六本之一，出现于阿里噶本时期，有自己的组织机构和辖地。

1681年，甘丹才旺率部来阿里时，有名叫久日巴托的勇士，在此次战争中打仗勇敢，立下汗马功劳，胜利后甘丹才旺将左左地方封给他管辖，称左左本（左左头人），并实行世袭制度。从久日巴托后历经四代，第二任叫思久，第三任叫拉巴，第四任为仁青多吉，第五任为仁增旺扎。1956年10月1日成立噶尔基巧办事处，左左本仁增旺扎任地区商贸科副科长。1960年仁增多吉逃往拉达。仁增旺扎曾当过阿里地区政协驻会委员。

左左本辖地主要有果仓堆、果仓麦和加木村。甘丹颇章地方政府时期，郎久村隶属于左左本。但由于左左本与邦巴本因草场纠纷，后噶本出面调停，作为对左左本的判罚，将郎久的收税权交给邦巴本。左左本辖地主要以牧业为主，耕地面积很小。左左本属下放家畜差民有放公牛、母牦牛、母绵羊、马、公羊、山羊、公山羊、公绵羊各1户，共计8户。每年春秋两季转场时，果仓堆和果仓麦村各派遣托运工5人和牦牛50头。服役的税有：每租一头牛要交1只山羊。按照“勒”为单位：大户每年要上税4只羊，小户上税2只羊，属民共计上税200只绵羊和100只山羊。还有叫“谢罗恰”（ཞེ་ལོ་ཕྱག）①的税，大户要交4“巴赤”（སྦ་ཁྲི）②酥油，小户则交2“巴赤”酥油。不管大小户或有无家畜都要上交“谢罗恰”8两酥油，如果没有酥油上交则可交8两铅矿。果仓堆和果仓麦村每年各派遣4人负责捡柴火。夏季卖盐时，果仓堆和果仓麦村各派遣托运工2名、管家1名、主妇3名和女仆1名。在加木村春季派人种4克地，夏季负责浇水和秋季收割等。加木村上交水柏枝做的木蹶子2牛托，每年派遣1名女仆。还有叫“勒差”（ལེབ་ཁྲལ）的每户上交绵羊和山羊各50只，达不到“勒差”的小户要上交1枚章嘎。

---

① 即酥油差。
② 一种出自拉达的称，一般12两为一称。

附　录

一、噶厦时期文献

（一）堆地二噶本就堆地区雪灾牲畜死亡调查事呈噶厦文

诸具福护地人主法王莲足尊前：

卑职堆地二噶本顿首禀报：奉政府先后令饬："就去年堆地区降雪量大，差民支差用畜死亡甚多，致使上、下驿站中断"事，若置之不理甚为不当，且雪灾遍及南北，妄断之言，不足为凭。为此，尔等二人须对包括桑仓在内之上、下所有驿站受灾轻重等情认真体察，令牲畜差役驿站恢复通畅，毋使差事递送受阻。可考虑赏给少量救济。从速呈报官民两利之方案。

最近，卑职二人亲往各驿站，对原有牲畜及雪灾后剩余牲畜数目切实详查，现将桑仓达措霍麦区之牲畜清册、甘苦呈文二份，托钦达措所属霍堆，三小部落[①]之牲畜清册二份、甘苦状一份，与霍堆麦两地合股支差之霍贡居[②]之牲畜清册一份，巴噶措达农牧百姓写有甘苦呈文牲畜清册一份，与巴噶、托钦二地合股支差之霍邦日娃之牲畜清册一份，门士达措百姓牲畜清册一份，北部达欧丘仓[③]达措众部落写有甘苦呈文牲畜清册一份，以及就此事附呈措施方案一份，恳请钧鉴，速颁复饬。

因受雪灾严重，人畜大多饥饿死亡，孑遗者亦缺乏生活所依。休言支差服役，多因灾荒，濒临死亡，即旧例驿递也无法支应。此事可以今生未世担

① 三小部落：指巧姆、阿岗、诺诺三部落，所处地域在今普兰县境内。
② 贡居：部落名，在今普兰县境内。
③ 达欧丘仓：在今阿里地区革吉县境内。

保，决无虚言。在暂未接到政府令饬前，已令百姓立约担保不流亡他乡，而以现有零星马匹、驮畜尽力支应差役。敬请遍知大法界略示明鉴，特此呈报。

藏历土蛇年

（二）噶厦为堆地区雪灾驿站中断按损失赈济之指令稿

（1929年 藏历土蛇年七月十日审议）

堆地二噶本：专此。尔等二人所呈禀帖及所附方案已于五月二十八日收悉，经审议，上呈至高大怙主。饬曰：堆地遭受雪灾，致使驿站差事中断。若从本处特派巡视人员，只能成为增加额外扰害之因。况此次雪灾非仅堆地，且北方各部大多遭灾，故不可听任推诿，令驿传中断。

前已下令，尔二人将以桑仓为首之上下一切驿站续断续护，毋使目前之驿站差事递送停辍。并详查雪灾大小，依据损失轻重，予以适当赈济。务须仔细体察，迅即上呈官民两利之方案。今接呈来方案内称："豁免各'切赞'[①] 征用马匹、驮畜差役，或为贫苦百姓生活计，而免除数年。"但，堆地并无"色、哲、甘"[②] 三寺及上、下密院等"切赞"役使马匹、驮畜出行之事。尔等所谓"切赞"，大概即指各盐、羊毛收税官员、色雄贸易官员、拉达克罗恰人员等而言。各盐、羊毛收税官乃例定之收取政府所得者；色雄亦近来始由政府执掌，但贸易之事则早已有之，拉达克罗恰，亦有政府间协定，为全地区福源计，仅可将年限予以一定伸缩[③]，而无法予以豁免。又称"为公事外出之各路引内所定马匹驮畜数给以支应，份外差役请予减免。令备征用者自行雇用，费用由各自利润及结算税金等项公款内赏给"云云。而差事路引所载之实际许可征用以及雇用二者，着在路引内开具区别，则因各种大小交通事务甚多，不仅会造成额外繁冗，且允许征用马匹、驮畜之外，只能由沿途各站雇用之牧民部落付费，否则北方原野上并无就近可资雇佣之牧部，差事等项进退维谷，政府物资势必阻滞，此情尔等谅必知之。

若向私家、寺庙各牧部增征差役，则因各有永久执照所定之主权，必会

---

① 切赞：意译为"巨严"，指势力大而又严厉者。原西藏地方政府时代，有七切赞：甘丹寺、色拉寺、哲蚌寺、上密院（即小昭寺）、下密院、乃琼寺（在拉萨西郊），朗杰扎仓（在布达拉宫内）。

② 色、哲、甘三寺：即色拉寺，哲蚌寺、甘丹寺。

③ 伸缩：此是旧公文惯用语，实际是要把年限"伸"长，减轻差役，而没有"缩"的意思。

多方推诿，令人生厌，造成“山石送平原”之扰累根由。各驿站之“拉顿”，如“拉恰勒金”，政府羊毛代金，“廓秀甲堆”等，应于各项内平衡。如前所述，虽仅可予以伸缩期限，而不能豁免，但目前将回收各长期路引，加以研究，并将发放实在路引。尔二堆噶本具总管三围之名分，掌有加盖内府印鉴之委任状令，不会不知往昔所下指令及在家、外出百姓之甘苦得失，竟任意搪塞，上呈草率方案。

又，本处收到火兔年雪灾致使沿途各站牲畜死亡情况缘由呈文后，立即下达赈济指令。迄今，却无视指令，束之高阁。近日孜恰勒空呈报情况云：前下指令内饬之所需堆地果品，常规及临时“载钦”所用之甜杏，前后两年份额至今阻滞，未曾收到。查其迁延之由，根源于此。是故，沿途驿站各应征所属之牲畜，暂时因重灾受损，但牲畜目今繁殖，目前务使各驿站分内递送之大小差事毋得延误，为内部福源计，于今已特别赏给桑仓各驿站马八、十、十二匹，驮牛五十头，托钦各驿站四、五、六匹，驮牛三十头，巴噶各驿站马二、三、四匹，驮牛二十二头，门士各驿站马二、三、四匹，驮牛二十二头，达欧丘仓各驿站马一、二、三匹，驮牛十五头。以上共需马十八匹，驮牛一百三十九头。由拉恰属下南北仲巴售给马六匹，驮牛四十五头，色拉寺拉基所属南改则及亚热部落两处售给马二匹，驮牛二十五头，扎什伦布寺属下南扎东扎章巴售给马二匹，驮牛二十头，珠欧曲宗已售给马二匹，驮牛十二头，噶尔属下之雄巴玛仓售给马二匹，驮牛十五头，森廓瓦售给马二匹，驮牛十五头，日土瓦售给马二匹，驮牛十五头，如已饬各方每匹马价三十、三十五、四十章两，每头驮牛价九、十、十一章两，总共价值二千零二十章两。由政府“乌康勒空”发给上述纸币，领取银钱后，应由尔二人立即向每处专派干练代表前往各地核收马匹、驮畜时，携价格指令，不得给百姓造成无必要之食用扰累。政府不惜开销全部赏现金，办事人员不得贪贿徇私，胡乱收取次马牛，而要收取可资乘骑、驮物、经得起复查之岁青质高之畜。严命下遵上饬，必须收取各地马牛齿龄岁口册籍及清晰之付款收据，各部不得混淆。尔二人须亲往各站，依各驿站等地之差务大小，为有利于支差之根本，将马匹、驮畜秉公调剂分给，毋得引起议论。令其今后顾念政府深恩，使本职所负大小“马、牛、人”三差之支应及上下差事，毫无阻滞挂碍。以上下霍尔为首各驿站所应完纳之“拉恰勒金”，政府羊毛代金，“廓秀甲堆”等现金差赋，绝无削减之望，须一如既往，按期交纳，不得有异议。从各驿站取得终结誓约，将原件与本指令一并列入发给二噶本之文档目录，继续部署毫无懈怠执行。誓约抄件、发给各地出售马牛之款项收据，牲畜之齿龄岁口册籍原件等，为便斟酌，会同禀帖依例速呈政府，不得有误。

众黎民百姓安乐，事关重大，故应名实相符，关注备至，收尾事项，务使善终。孜恰勒空所需堆地果品，用途重要，须按期运抵，部署取舍，应无误依法而行。

土蛇年七月二十日。

上述银钱从乌康管理官员“台仲”二人账目内支取，连同指令下发二噶本，钱数报销用印凭据亦已发出。

土蛇年七月二十日

给各部落分配马匹驮畜的清单南北仲巴总管和百姓共马六匹、驮牛四十五头。色拉寺拉基所属南改则和亚热部落之头人（根保），共马二匹、驮牛二十五头。扎什伦布所属扎东洛堆拉章马二匹、驮牛十二头。珠桑林所属曲葱巴之头人（根保），共马二匹、驮牛十二头。雄巴玛仓之头人（根保），共马二匹、驮牛十五头。森廓瓦头人百姓共马二匹、驮畜十五头。日土瓦头人根保共马二匹、驮牛十五头。

各方知照，兹因火兔年降雪成灾，以堆地区桑仓为首之沿途各驿站牲畜损失颇重，差事濒临中断事，若置之不理，则为不妥，本可依据平时所征差役，从该地区上下各方召人置入增差属内，但又恐成为“日多龙杰”扰累之困，如今政府不惜开销，向各站赏给支差所依之马匹驮畜。尔地区应出售马××匹（头），每匹马计价××两，每头驮牛计价××两，支出银钱，可依另饬令取。马匹驮牛需齿口轻，无病疵、质高，可资役使，不得推托。应迅即点交于堆地二嘎本之代理人员，不得各所议论。为黎庶同等之安乐，而予无上体恤，百姓不必前往支应增额差役，仅需出售少量马匹驮牛，对此马牛价钱亦将赏给现金。倘有不知足、谓原征差赋无从产出，而推诿拖延，及胡乱交给劣畜等情发生，则需至各驿站支应所依增额差役，此事之利弊，自去斟酌。所交马匹驮牛之价值收据，马牛齿龄岁口册籍等情，须立即上报清晰规整之呈文。牢记此事之取舍无误，依法而行。

藏历土龙年七月二十日

噶厦向各部下达此令，妥否？谨呈！

土蛇年

（三）阿里噶本为雪灾牲畜死亡赈济事呈噶厦文

（1927年，藏历土蛇年七月十日审议）

有关土龙年堆地区降前所未有之大雪，致使四方百姓差畜死亡，前后驿站中断一事，各地次第呈禀之复饬内示：关于驿站中断一事，如再专派部落调查委员，只有扰害百姓，不会有好结果。去年降雪，非只堆地一处，藏北大部地区亦遭其害，以此借口，中断驿站差事，如此下去甚为不妥。尔二噶本需对以桑仓为首的该地前后各驿站所挂碍延误之驿站差役进行查处，并对各驿站受雪灾情况详细调查，根据受灾轻重，适当给予生活补助，制定官民两利之方案从速呈来等语。

近时，二噶本前往各驿站，对原有差畜及灾后剩余马匹等牲畜，逐户详细调查，并将桑仓达措霍麦第基①之牲畜清册和情况报告二份，妥钦达措所属霍堆第基和觉姆、阿岗、诺诺等三小部落之牲畜清册二份，情况报告一份，霍堆麦所属霍贡居之牲畜清册一份，巴噶达措农牧两方之牲畜清册和情况报告一份，巴噶妥钦二驿站所属霍邦日之牲畜清册一份和门士达措之牲畜清册一份，羌居达沃秋仓达措第基之牲畜清册和情况报告一份等随附呈文：虽然你等受灾甚重，大量牲畜死亡，但是你桑仓驿站不用说不支付一匹马，而且根本不支付一点驿站所需食宿。还谎呈无有为政府商官支付的马匹、驮畜之具结，因不遵纪守法，耍赖，以及霍堆巴假装与霍麦交厚，随意中断支派马匹、牲畜，此将导致上、下驿站彼此效尤。依据此事件违法行为，将其主要首领系霍麦桑仓之一二头人执事和霍堆头人主犯逮捕流放，当众治罪，引以为戒。但虑及边民无知，如能改邪归正，此次给予宽大，不予治罪。

今后在支付驿站差役事宜，霍麦桑仓达措第基不但差畜只剩余三十分之一，其余全部死光外，而且差民饥荒致死，逃亡的人数甚重，霍贡居之差畜死亡十分之九，霍堆杰巴二部落差畜死亡三分之二，剩余之三千三百头

---

① 第基：即整个部落。

（只）驮牛、绵羊最近亦被土匪抢劫，觉阿等三小部落之差畜死亡十分之九。致使驿站左右大部分差民受饥荒，而且流亡人数甚重等情。如确属无法支付原来驿站差役，可否按南北各方之请求，取消征派之大批马匹、驮畜差役，或者为其恢复贫困，几年内取消征集，或者购买公用马匹驮牛，组建新驿站。若对受雪灾死亡的牲畜不给予适当的补偿贷金，是无益于百姓之生活。如果组建新驿站，因路途遥远，政府定会开支很大，若不暂时取消征集大批马匹驮畜，差民受灾贫困甚重，不用说桑仓达措按一部分路票内裁，就需支付〔付〕马匹三四五匹以上，驮畜六八十以下，和妥钦驿站所属牧民霍堆等所支付〔付〕之少量较近驿站之马匹驮畜，而且还要支付〔付〕大量的政府新旧官商、拉达克二项年供（包括黑米年供），桑噶、盐税等之新增驿站差役。如果上述差役让牧民支付〔付〕一半或三分之一或四匹之一是无需费口舌，剩余部分，因桑仓驿站尽量支付〔付〕了大量的马匹驮畜差役，为其恢复差役，八年，十年，十二年之间，免除其支付〔付〕驿站差役。至于新旧政府商官、桑噶、盐税等之马匹驮畜之费用，可自行支付。商官可从经商利润内支出，盐税可从上交政府税收内支出，但均需由噶厦出具证明。至于拉达克和黑米之二项年供，由驿站中断之桑仓和妥钦二部落牧民内剩余之马匹驮畜内支付〔付〕。费用先由各自发给，然后由政府商官与拉达克年供者按所支派马匹驮畜数目和路程远近计算发给，及费用由政府商官给拉达克支付，所付款项收据按上述发给。

此外，该地六宗宗本和所属之各寺院新老堪布、强佐以及养地宝瓶、定日粮台等之新增徭役，均由桑仓驿站按上述支付〔付〕，其费用自负盈亏。霍堆麦所支付之拉恰牲畜差税，事关重要，不予减免。但因此款数量很大，无力支付。因此，可从霍堆麦巴之地尚余之黑白牲畜每年增加繁殖之牲畜“勒”差内交付，其税赋仍按过去一头（只）藏银一分计算，每年不足部分，可由拉恰列空从传召布施基金上交政府剩余部分内支付，或由其他合适之公款内支付，由噶厦出具证明。

与此同时，在盖有摄政印章的桑噶摊派推销茶叶执据内示，为使霍尔巴休养生息，在上述年限内，不准向百姓摊派购茶，自找出路，自行销售，政府照旧收取茶税。此外，霍尔巴之政府新旧绵羊毛税，政府征集廓币之绵羊毛税，为廓尔喀赔款的羊毛税等牲畜，原为政府按吉美其美差赋租给，税款平衡合适。如果减免少量差赋，定会引起其他灾民效尤，故不便减免，需照旧支付。北部达欧秋仓巴达措公众之差畜，灾后只剩余二十分之一，其余全部死光。加之采金官等官员返回拉萨路途遥远，马匹驮畜数量甚多，实难支付，为使其休养生息，按上述时间对收金官雇佣之马匹、驮畜、人役费用按上述规定发给凭据。此外，桑噶、那仓、东西营帐等地之返回拉萨所有商人之马匹驮畜费用，由其商人自行支付，但不得对政府税收有所推延。

上述时间到后，按差畜繁殖情况，进行详细巡查，再制定徭役赋税数量妥否？或者，对桑仓达措霍麦巴之雪灾死亡差畜按呈报内由色拉寺所属改则洛玛、雅执堆巴，普兰协林所属如萨、公德林所属盆齐洛玛、扎什伦布所属扎东洛堆拉章巴、珠所属葱巴等地增补；霍尔堆、贡居、措穷三小部落之不足差役部分，由色拉寺拉基所属雅日堆巴补足；霍尔帮日、羌居达沃秋仓达措之不足差役部分，由色拉寺所属雅日代措、扎定切寺所属直齐代措，南木如村户补足。因色拉所属雅日代措牧部兴旺，南北各方驿站均在提议为支应平时和新增差役，是否根据各驿站所支付马匹驮畜数目，平均分给各驿站。除此尝赐各自新增差役，不论公私人等之岗卓拉顿，也不论平日支应抑或新增差役、盈利亏本，均需照旧完成。自负盈亏地共同支付〔付〕。或者根据要求增补支差各部落的面积大小和马匹驮畜数目，给予各部落十五、二十、二十五年的休养生息的时间，但不得磨蹭以致延误所摊派之差赋。

政府所属大户官员，大都居住在拉萨附近，可否颁发指令，召集会议，令各部派一名熟悉情况的人，制定增补支差不足部之办法和颁发对各驿站较方便催促徭役的指令执照妥否？同时，在藏北雄巴玛参、森廓、日土、确久等地判决书内示，支付顶替徭役费用之部落需按原制支付，至于请求给予生计一事，因北部之百娃亦非常贫困，今后征派马匹驮畜者多时，能否支付〔付〕，阿里噶本可根据情况向政府呈报。至于南北之纠纷，原已作出一式六份判决，不予更改，暂时不予减免。

霍尔堆麦至巴噶托钦二部落，不但支付原来的六十一只绵羊税，而且新增设传送指令、报告的马匹，人役一事，二噶本需对各部落执事调查后，另将计划报告呈来。

关于霍尔麦达措桑仓请求在本部未恢复以前，姆空拉果商埠由其管理，任何人不准经营一事，无可非议的。但虑及驿站困难甚重，可以交给。但去年与协林巴就拉果问题发生纠纷一事，各部执行均在拉萨，详细调查后，再另作裁决。

巴噶、门士二部落牲畜死亡较轻，请求札达地区向门士给予援助一事，暂时不便解决，以后考虑给予救济。

以上事宜，各支派徭役和征收赋税者应遵守上述决定，不准违背。

颁发上述指令妥否？谨呈。

土蛇年

（四）堆地二噶本就门士驿站和百姓原有牲畜及雪灾后剩余牲畜数目呈噶厦文

（藏历土蛇七月十日审议）

去年因降雪驿站中断情况：按照政府要二噶本亲自到实地切实详查，庶民门士驿站属地达喀宗原有牦牛160头，除牦牛9头外全部死于雪灾；门士头人达瓦原有60头牦牛，5匹马，羊500只，除牦牛20头，3匹马，160只羊外全部死于雪灾；头人达波原有牦牛60头，马5匹，羊435只，除牦牛5头，1匹马，71只羊外全部死于雪灾；白玛原有75头牦牛，1匹马，羊420只，除牦牛5头，马1匹，羊72只外全部死于雪灾；诺达儿子百姓头人原有牦牛65头，马4匹，羊360只，除牦牛10头，2匹马，112只羊外全部死于雪灾；头人平措原有牦牛25头，羊395只，除牦牛1头，120只羊外全部死于雪灾；次诺原有牦牛35头，3匹马，羊360只，除牦牛5头，马1匹，羊160只外全部死于雪灾；次诺原有牦牛35头，马3匹，羊360只，除牦牛5头，马1匹，羊73只外全部死于雪灾；米玛原有牦牛35头，马1匹，羊320只，除牦牛5头，羊35只外全部死于雪灾；诺顿原有18头牦牛，马2匹，羊255只，除牦牛5头，马1匹，羊112只外全部死于雪灾；头人洛桑原有37头牦牛，马1匹，羊176只，除牦牛2头，羊30只外全部死于雪灾；贡确原有25头牦牛，羊213只，除牦牛1头，羊36只外全部死于雪灾；冈增原有3头牦牛，羊65只，除牦牛1头，羊18只外全部死于雪灾；札斯塔原有35头牦牛，羊45只，除牦牛6头，羊22只外全部死于雪灾；多杰原有43头牦牛，羊177只，除牦牛7头，羊85只外全部死于雪灾；欧珠原有牦牛7头，羊150只，除牦牛2头，羊61只外全部死于雪灾；多吉原有牦牛19头，羊235只，除羊55只外全部死于雪灾；诺达原有牦牛35头，羊124只，除牦牛12头，羊81只外全部死于雪灾；旺波原有牦牛18头，羊125只，除山羊3只，绵羊19只外全部死于雪灾；尼桑原有牦牛32头，羊145只，除牦牛7头，羊28只外全部死于雪灾；头人达杰原有牦牛13头，羊227只，马3匹，除羊10只外全部死于雪灾；仓巴原有牦牛19头，羊235只，马1匹，除牦牛8头，马1匹，羊45只外全部死于雪灾；达多原有牦牛5头，羊227只，除牦牛2头，羊15只外全部死于雪灾；加措原有牦牛35头，羊160只，马1匹，除牦牛8头，羊56只，马1匹外全部死于雪灾；头人多杰原有牦牛28头，羊183只，除牦牛3头，羊45只外全部死于雪灾；次仁原有牦牛17头，羊125只，除牦牛3头，羊40只外全部死于雪灾；扎诺原有牦牛31头，羊167只，除牦牛3头，羊25只外全部死于雪灾；次顿珠原有牦牛33头，羊175只，马3匹，除牦牛5头，马1匹，羊11只外全部死于雪灾；头人降央原有牦牛20头，羊132只，除牦牛3头，羊18只外全部死于雪灾；曾志塔原有牦牛25头，羊335只，除牦牛3头，羊18只外全部死于雪灾；阿比珠吉原有牦牛51头，马1匹，羊450只，除牦牛7头，羊25只外全部死于雪灾；尼玛布赤原有牦牛17头，羊95只，除牦牛2头，羊15只外全部死于雪灾；顿珠原有牦牛7头，羊64只，除山羊5只外全部死于雪灾；多杰原有牦牛9头，羊63只，除牦牛1头，羊13只外全部死于雪灾；头人乌坚原有牦牛32头，羊325只，马2匹，除牦牛12头，羊113只，马2匹外全部死于雪灾；贡确儿子原有牦牛6头，羊10只，全部死于雪灾。拉结原有牦牛3头，羊35只，全部死于雪灾；珠吉原有牦牛5头，羊25只，全部死于雪灾。无误盖有驿站印章、“吉推噶松”达波印章、管家米玛坚拉“果尔巴”印章、措吉拉果仓巴印章。上述总计原有牦牛1084头，羊7574只，马32匹，雪灾后剩下牦牛166头，羊1590只，马13匹。即牦牛的六分之一，羊的六分之一，马三分之一全部死于雪灾。

藏历土蛇年5月29日收到，7月10日审议

二、和平解放时期及当代重要文献

（一）毛泽东给才旦朋杰、扎西才让的信

（1950 年 12 月 30 日）

才旦朋杰、扎西才让两位先生：

你们的信，已经收到了。我很高兴知道你们同到达你们那里的人民解放军结成了朋友。人民解放军开入西藏的目的，是为了帮助西藏人民解脱外国帝国主义和蒋介石反动派的压迫，所以一切开入西藏的人民解放军，到处都同西藏人民结成了朋友。中央人民政府和人民解放军对待西藏各界人民的办法，已经在西南军政委员会和西南军区司令部的联合布告内说得很详细，现在已命令前线部队将这个布告抄送给你们，希望你们用各种方法把它散布开去，并多多地寄到拉萨方向去。你们对这个布告如有什么意见，请告诉我。你们所提出的五条请求，其中第二条已在布告里说明白了。其中第一条、第三条，你们两个邦保要同当地解放军军官进行和谈，我完全同意。至于西藏高级官员如要进行和谈，也可以把和谈的意思经过当地解放军军官转达给我，决不侵扰老百姓。如果西藏官员都像你们一样同解放军合作，那么开进的部队就可以少一些。其第五条，人民解放军官兵的行动，只要不妨碍军事机密，可以预先通知你们，这件事由当地军官同你们商量办理。

我感谢你们的来信，并问候你们和两个邦保的人民。

毛泽东

（二）中华人民共和国、印度共和国关于中国西藏地方和印度之间的通商和交通协定

（1954年11月29日）

中华人民共和国政府和印度共和国政府为了促进中国西藏地方和印度之间的通商贸易和文化交流并便利两国人民互相朝圣和往来起见，双方同意基于（一）互相尊重领土主权，（二）互不侵犯，（三）互不干涉内政，（四）平等互惠，（五）和平共处的原则，缔结本协定，并各派全权代表。

中华人民共和国中央人民政府特派中央人民政府外交部副部长章汉夫；

印度共和国特派印度驻中华人民共和国特命全权大使赖嘉文。

双方全权代表相互校阅全权证书，认为妥善后，协定下列各条。

第一条　缔约双方同意互设商务代理处：

1. 印度政府同意中国政府在新德里、加尔各答、噶伦堡三地设立商务代理处。

2. 中国政府同意印度政府在亚东、江孜、噶大克三地设立商务代理处。

双方商务代理处享有同等地位同等待遇。双方商务代理在执行职务时享有不受逮捕之权；商务代理本人，依靠其生活的妻子及子女享有不受检查之权。

双方商务代理处并享有信使、邮袋和以密码通讯的权利及豁免。

第二条　缔约双方同意凡按习惯专门从事于中国西藏地方和印度之间的贸易的，双方商人在下列地点进行贸易：

1. 中国政府同意指定（一）亚东、（二）江孜、（三）帕里为贸易市场。

印度政府同意按习惯在印度，包括（一）噶伦堡、（二）西里古里、（三）加尔各答等地进行贸易。

2. 中国政府同意指定（一）噶大克、（二）普兰亲宗（塔格拉各特）、（三）姜叶马加尔里、（四）姜叶马查克拉、（五）热姆惹、（六）董不惹、（七）波林三多、（八）那不拉、（九）尚格齐、（十）扎锡〔西〕岗为贸易市

场；印度政府同意将来由于中国西藏地方阿里地区与印度之间通商贸易的发展和需要而成为必要时，印度政府在平等互惠的基础上准备在印度方面靠近中国西藏地方阿里地区的相应地区考虑指定贸易市场。

第三条　关于两国香客朝圣事宜，缔约双方同意按照下列条款的规定办理：

1. 凡属印度的喇嘛教徒、印度教徒和佛教徒可按惯例往中国西藏地方的康仁波清〔冈仁波齐〕（开拉斯山）和玛法木措〔玛旁雍措〕（玛那萨罗互湖）朝拜。

2. 凡属中国西藏地方的喇嘛教徒和佛教徒可按惯例往印度的贝纳拉斯、鹿野苑、加雅和桑吉四地朝拜。

3. 凡按照惯例往拉萨朝拜者，可依照习惯办理之。

第四条　双方商人和香客经由下列山口道路来往：

（一）什布奇山口、（二）玛拉山口、（三）尼提山口、（四）昆里宾里山口、（五）达玛山口、（六）里普列克山口。同时沿桑格藏布河（印度河）的河谷到扎锡〔西〕岗的习惯道路，仍可按以往习惯往来。

第五条　关于来往过境事宜，缔约双方同意两国外交人员、公务员以及两国国民往来过境，除本条第一款、第二款、第三款、第四款另有规定者外，均应持有本国护照并经对方签证。

一、凡按习惯专门从事于中国西藏地方和印度之间的贸易的双方商人，依靠其生活的妻子及子女以及随从人员，按照习惯在出示本国地方政府或其授权机关发给之证明并经对方边境检查站查验后，可进入印度和中国西藏地方进行贸易。

二、两国边境地区居民，凡因进行小额贸易或探亲望友而互相过境往来，仍按以往习惯前往对方边境地区而不限于经过前述第四条所指定的山口和道路，并无需护照、签证或许可证。

三、由于运输需要而互相过境往来的背夫和骡夫，只需持有本国地方政府或其授权机关发给之定期的证明书（三个月、半年或一年为期限）并在对方检查站登记即可，无需持有本国护照。

四、双方香客均无需携带证明文件，但须在对方边境检查站登记并领取朝圣许可证。

五、虽有本条前述各款之规定，双方政府可拒绝个别人入境。

六、凡按本条前述各款进入对方国境者，在履行对方规定之手续后，始可在对方境内居留。

第六条　本协定自双方政府批准之日起生效，其有效期为八年。本协定期满前六个月，如一方提出延长本协定之要求并得另一方同意后，可由双方谈判延长本协定事宜。

1954 年 4 月 29 日订于北京，共两份，每份均以中文、印地文和英文书就，中、印、英三种文字的条文具有同等的效力。

中华人民共和国中央人民政府全权代表　章汉夫

印度共和国政府全权代表　赖嘉文

（三）进藏线路调查

1. 入藏线路调查

报阎王并报军委：

据二军考察之路线情况报告如下：

由南疆至西藏只有一条小路，即由和田沿克里雅克南进，由鲁玛斯山口进，至布鲁（该地为南疆入藏必经之地），经衣下克阿大坂（弯曲小河内穿行，多巨石，异常危险），至古鲁翻越阿克大坂（牲口过需下鞍），素甫地石大坂，到卡日牙克的（气寒），再经卡日大坂（沿途崎岖 易失足）、苏巴什（巨风时起特寒）。翻昆仑山（空气稀薄）、海子滩（沙子巨风），过山自土山卡得力到阿克素（此处气候温和），经库克牙大坂、阿旦帕下至海子口（该地气候酷寒，空气稀薄，行路困难，二小时只走 5 千米），再南行越过埋衣山、马鞍山至野马滩，天气渐好，翻界山即为藏民之牧区，该地冬季无人，为藏民夏季之牧区。

以上路线全程约 1100 余里。系九军军部中尉排长司代英等 6 人走过之路。

上述各地均系勘察人员命名的。

徐　张

二月十二日（一九五〇年）

2. 入藏部队组成

王震报毛主席、彭、习：

关于入后藏问题，决定以骑兵师之二十三团及独立骑兵大队（改编成团）、且为五师独立团，编独立骑兵师，又二军各师自动报名战斗英雄班派干部加强之，由郭鹏主持在和田训练及修昆仑山道。

三月十九日（一九五〇年）

3. 先遣连之组成

彭张甘阎：

入藏公路修建情形：由和田至藏边全长 750 千米，已修建 121 千米及一部驮马路。

去藏边建立据点部队，决定由二十三团第一连进驻昆仑山南麓之阿克苏建筑兵站，其组成配备：精简老弱后全连110人，附重机枪1挺12人，团派股长、干事、掌工、兽医各1人，师附电台一部，译电员2人、报务员2人、摇电员2人、护士1人，派原四师特等战斗英雄彭清云为副连长，总共134人，马160匹。

王赛张
午　梗

4. 先遣连出发时间

彭张甘阎：

进藏建据点部队已于七月三十一日由普鲁（和田南215千米）出发。

王徐张
八月九日

何家产未俭报告入藏连电：

一团一连七月三十一日由普鲁出发，八月十五日进至藏边业见过 智、圈窝子，行程770里～800里，途中因病号过多，在阿克苏休息4天、野牛过夏休息3天，实际走了9天。

王震申俭致十八军电称：

我独立师一个连，携带一年给养，从七月三十一日出发，经三十天行军，于八月二十九日进至藏北边境改则区建立据点，由和田到改则1150千米，并已见到游牧藏民。

新藏公路越昆仑山海拔5800公尺，正赶修，先已修成169千米，预计明年七月可完成和田至改则区1150千米公路。

5. 进军阿里情况报告

彭总并党中央：

我一兵团独立骑兵师进藏先遣连136人，经过45天艰苦行军，经越5000米以上的昆仑区，于本月9日翻越新藏交界处5000多米之界山大坂，到达西藏阿里噶本政府所辖改则地区，行程约1300千米，并于本月15日在改则境内建立第一个据点。改连在两水泉短暂袖章后，将留少数人员留守此地，就地转入侦察情况，寻找藏民，发动群众，其余大部分将继续向噶大克推进。

王　震

1950 年 9 月 18 日

6. 为先遣连记功

和田转李狄三告郭王：

李曹率部队入藏全体同志英勇前进，为国有功。改部即在现地组织坚固据守，待明年增强力量后再稳步推进，只要在现地胜利驻扎下，与何师长率部入藏会合，这就可为你们全体同志记一大功，并呈请上级给你们英雄连的光荣称号。

李狄三同志不能擅用前线总指挥名义进行谈判，不能签订正式文字的条约，应以团政治主任或参谋长名义与上层联络，进行谈话。

阿里代表来了，你们可以答复，将他们意见转上级。

王　震

十二月九日

何田：

转来一月二十五日李曹李彭点悉。

李狄三同志领导入藏部队全体指战员全体记功，并由军区奖以英雄连。请告李等同志，以鼓励教育为主，克服一切不良倾向，发动今年立功，巩固部队，加强团结友爱，加强民族政策纪律教育，团结藏族人民，尊重藏民族宗教风俗习惯，注意节省粮食，设法买牛羊，搞好吃的，保护身体，以便迎接何师长率主力入藏，完成把祖国红旗插上喜马拉雅山的英雄事业。

王　震

一月三十日（一九五一年）

独立骑兵师一团一连李狄三、彭清云并全体同志：

你们奉党中央、毛主席之命，先进军阿里，在藏北高原上历尽千辛万苦，模范的执行了党的政策、纪律。在极端困难的情况下，发扬了高度的革命英雄主义和革命乐观主义精神，不怕艰苦，不畏牺牲。团结了藏族群众，打击了阶级敌人。官兵团结一心，战胜了高原上许多难以想象的困难，出色地完成了党和人民所赋予你们的各项任务，为后续部队进藏创造了条件。你们是党的忠诚战士，军区党委决定授予你连“进藏英雄先遣连”称号。并为全体同志记大功一次。牺牲的同志们永垂不朽！

西北军区党委

1951 年 1 月 30 日

（四）噶尔县第三届人民代表大会政府工作报告

（1981年12月24日）

永 建（白玛多吉）

各位代表：

现在，我受县革命委员会的委托，向第三届人民代表大会作政府工作报告。

我县形势的基本估计和今后任务

我们噶尔县从1969年9月30日第二届人民代表大会（即县革命委员会成立）到这次代表大会的召开，已经12年3个月了。在这些日子里，我们经历了同林彪、“四人帮”这场决定国家前途和命运的大决战。党胜利了，国家胜利了，人民胜利了。在党中央对西藏工作的战略决策指引下，在各级党委的正确领导下，我们坚持社会主义方向，经过全县党政军民的共同努力，取得了社会主义革命和社会主义建设的巨大胜利。在这期间，由于受了左的指导思想影响，脱离了民族、边境地区特有的实际情况，在指导方针上有过严重的失误，做了一些违背自然规律和客观经济规律的事，特别是“文化大革命”十年的破坏和人民公社化的冒进，阻碍了生产力的发展和群众生活更好的改善。这就使得我们没有取得本来应该取得的更大成就。自贯彻三中全会精神以来，特别是1980年贯彻中央对西藏工作指示以来，我们做了大量工作，在各条战线上开展了拨乱反正。在思想战线上纠正极“左”的指导思想和阶级斗争扩大化的错误，对于干部、职工在“文化大革命”中和以前受审查处理的案件作了复查解决；对长期劳动守法的领、富、反、坏分子改变了成分，摘掉了帽子，其中属于错划错戴的人也都作了纠正；平反了冤假错案。化消极因素为积极因素，从而调动了各方面的积极性，扩大了团结面。在经济上贯彻了国民经济调整方针，落实了各项经济政策，扩大了社、队、户的自主权，抓了农牧业生产责任制的落实，社员的自留地、自留畜、家庭副业和集市贸易、农牧、盐粮交换等各项政策逐步落实，开放了边境小额贸易，特别是免除农牧征购和税收，提高农副产品价格，加快了我县治穷致富的步伐，受到广大农牧民群众和基层干部的欢迎。大家普遍反映：这些政策符合实际，顺乎民心。在组织上调整合并了办事机构、精简了干部职工队伍，减轻了国家负担，进行了汉族干部、职工的内调工作，调整了各级领导班子，大批藏族干部走上了领导岗位，以藏族干部为主体的干部队伍已形成，其他各项工作也有了新的发展。1980 年，全县人均牲畜达 30 多万头（只），粮食总产 189 万斤，比 1979 年增加 69 万斤，增长了 57.5%。由于执行了放宽的经济政策，人民生活得到了进一步提高。1980 年，全县人均收入 397 元，比 1979 年，人均收入 262.91 元增加 134.09 元。由于纠正了“左”的东西，党的威信提高了，民族团结加强了，人民民主专政比过去巩固了，边境比过去更加稳定了，特别是《关于建国以来党的若干历史问题的决议》的宣传贯彻，西藏自治区党委阴法唐、杨岭多吉两位书记来我县视察、检查、指导工作以后，全县形势，特别是农牧区的形势有了新的发展，有力地促进了各级干部、群众思想的大解放，坚定不移地贯彻落实三中全会、六中全会精神，大踏步地调整了农牧区生产责任制，全县 33 生产队全部建立了各种形式的生产责任制，其中建立包干到户生产责任制的 27 个队，占全县 33 个生产队的 81.82%。社员收入显著增加。1981 年，全县人均收入，预计可达 440 元，比 1980 年每人可增收 43 元。随着各项经济政策的落实，农牧副业生产的发展，集体经济不断壮大，对国家贡献逐步增加，社员生活不断提高和改善。自 1974 年以来，平均每年可给国家提供商品粮 30 多万斤，商品畜两万多头（只），出售各类毛绒 30 多万斤；全县现有集体储备粮 20 多万斤，社队和社员存款达 100 万元，不少社员私人存款达数千元，随着收入的增加，人民的物质生活和居住条件逐步改善。人口较集中的农业点和部分能定点的牧区，绝大部分社员盖了房子。仅 1980 年和 1981 年，全县共新修房屋 115 间，增加了 170 间。家庭用房不断增加，带动和促进了文教、卫生、商业、兽防、交通、农机、邮电事业的发展，并取得了新成绩。全县四所公办小学，在校学生 164 名，比 1968 年增长 43%，33 个帐篷小学，学生 580 多名，教师队伍不断壮大，教学质量不断提高，12 年来给国家机关高等院校和人民公社输送毕业生 152 名，为社会主义建设做出了应有贡献。广大农牧民缺医少药的状况不断改变。目前，县有医院，区有卫生所，社有卫生站，队有卫生员的卫生医疗网已经形成，防病治病能力进一步加强，人民健康水平进一步提高，妇幼保健事业进一步发展，人口显著增长，1981 年，全县人口 4030 多人，比 1969 年 3613 人增长 11.54%。在“发展经济，保障供给”的财政工作总方针的指导下，经过不断地调整，合理布局了商业网点。县有贸易公司，区有供销社，并发展了七个代销点，基本形成了商业网，扩大了购销，活跃了市场，繁荣了经济，基本保证了群众生产生活资料的供应。财政收支平衡，“信贷存大于放”用于农牧业生产经费，逐年增加。对发展农牧生产起了巨大作用。发放大批贫农基金，社会救济款，救灾物资，补助款不断增长，这充分体现了党中央、人民政府对西藏各族人民的巨大关怀，也是对边疆社会主义建设的大力支援。

交通、农机从无到有。已发展到大卡车 11 辆，组建成县汽车队。基本上可以承担县内运输任务，保证生产建设和人民生活物质的供应。全县有各型拖拉机 11 台，机耕面积可达 2500 亩，占实播面积的 28.4%。各生产队都有一定数量的畜力播种机、马车、手扶拖拉机，对我县农业生产的发展起了重要的作用。

驻噶尔县人民解放军和公安部队，发扬了人民军队的光荣传统，在进行军事、政治训练、保卫边防、民兵建设、营建施工和生产的同时，从人力、物力等各方面大力支援农业生产，加强了军政、军民、民族团结。为保卫边疆，建设边防，为我县的社会主义建设事业做出了巨大贡献。

人民公安和人民法院，广泛宣传法制。教育人们树立遵守社会主义法制的观念，同各种违法犯罪行为作坚决斗争。打击敌人，保护人民，加强了社会治安，保卫了我县的社会主义革命和建设。广大民兵，坚持了劳武结合，在农牧业生产中起到了骨干作用。

12 年来，在党的正确领导下，在阿里地委、行署的具体指导和帮助下，经过全县人民、广大干部、职工、驻噶尔县人民解放军指战员、爱国人士的共同努力，全县上下发生了翻天覆地的变化。自贯彻十一届三中全会精神以来，特别是 1980 年中央对西藏工作的重要指示以来，各项工作又有了新的进步，农牧业生产又有了新的发展，人民生活又有了一定的提高。但是由于“文化大革命”十年的严重破坏和“左”倾错误思想的影响，部分干部，特别是领导干部的思想、干劲、作风还很不适应工作着重点转移后的新形势发展的需要，尤其是中央关于西藏工作指示下达后，对干部、群众和农牧区出现的新情况、新问题，很少调查，缺乏认真研究，主要是对党的三中全会以来的路线、方针、政策学习得差，理解不深，贯彻不力，思想僵化，没有从“左”的禁锢中真正解放出来。满足过去取得的成绩，只看见生产年年在发展，对贡献一年比一年多。群众收入逐年增加，个人收入不少，钱粮存得不少，思想上产生“满”，手脚就放不开。通过《决议》和中央对西藏工作的指示以及自治区对阿里工作的指示的学习，使我们清醒地认识到我们的思想、工作、作风都存在不少问题，我县的农业生产水平仍然很低，群众生活实际很困难，有钱而无物，教育落后，人才缺乏，工作、生活条件仍很艰苦。因此，必须将我们的思想、工作、作风坚定不移地转到社会主义经济建设，改变贫穷落后的面貌上来，大力发展生产力，千方百计地把农牧业生产搞上去，尽快地提高人民群众物质和文化生活水平，使人民尽快富裕起来，这是我们当前和今后一切工作的中心，考虑的一切问题，安排的一切工作，都要围绕服务于这个中心。我们必须依靠党的方针政策，依靠全县人民，进一步解放思想，团结一致、齐心协力、艰苦奋斗、扎扎实实地工作，实现这个中心。这一形势要求我们一定要做到思想上要跟这个中心，组织上要保证这个中心，作风上要适应这个中心，工作上要服从这个中心。这样，就能加快我县社会主义经济建设治穷致富的步伐，进一步发展我县的大好形势，一个团结、富裕、文明的新噶尔一定会展现在我们的面前。

认真学习、宣传《决议》和八项指示

《关于建国以来党的若干历史问题的决议》是一个成熟的、科学的、马列主义的文件，是全党集体智慧的结晶，从内容到论点是经得起历史的经验。《决议》全面地回顾了党的60年的历程，科学地总结了建国32年的基本经验，特别是实事求是，恰如其分地评价了毛主席的历史地位和毛泽东思想，科学地论述了毛泽东思想作为党的指导思想的伟大意义，正确地总结了“文化大革命”，进一步给我们指明了前进的方向，反映了人民的意愿，是全党、全军和全国各族人民统一思想和行动的强大武器。我们必须要认真学习，坚决贯彻执行《决议》精神，把广大干部、群众的思想统一到《决议》上来。在政治上同中央保持一致，坚信党中央的正确领导，坚信三中全会的路线和中央对西藏工作的指示是无比正确的。学习《决议》要正确认识毛泽东同志的功过是非和毛泽东思想作为我们党的指导思想的伟大意义。总结历史经验，明确今后的奋斗目标和努力方向。要努力学习毛泽东著作，开展学习毛泽东著作的活动，学习毛主席的立场、观点和方法，特别是实事求是、群众路线、自力更生这三条基本精神，是毛泽东思想活的灵魂，要联系实际，认真学习，深刻领会。各级领导要带头学好，自觉贯彻落实，坚决执行《决议》。切实解决涣散软弱状态，恢复和发扬党的批评和自我批评的党革传统。要充分利用冬闲季节组织干部深入牧区、农区，采取灵活多样的办法，通俗易懂的语言，向基层干部和农牧民群众宣传《决议》的精神，切实做到家喻户晓，人人明白。并且有针对性地开展政治思想工作，澄清群众中存在的各种模糊认识。学习《决议》要和学习自治区八条指示结合起来，八项指示是贯彻三中全会以来的路线、方针、政策的具体化；是指导我们加快社会主义经济建设，尽快改变贫穷落后面貌的重要贡献。学习《决议》和八项指示，必须“和”字以后所引相关语句不完整。我们的历史情况，工作现实，思想实际相结合，自觉地清理“左”的思想影响，总结经验教训，端正思想路线，正确地执行党的各项方针政策，团结一致，振奋精神，把精力集中到社会主义经济建设和我县的治穷致富上来，扎扎实实地把我们的各项工作搞好。

加强和完善农牧业生产责任制

加快农牧业生产的发展，主要靠党的政策、靠科学、靠管理。自三中全会以来，全县 33 个生产队，先后建立了生产责任制，特别是经过今年的调整，进一步调动了群众的积极性，增强了责任心，目前有 27 个队实行了包干到户，2 个队包产到户；4 个队实行几定一奖。经过一年的实践证明，包干到户这种生产责任制，更适合我县实际，更有利于发展生产力。它具有简便易行，利益直接，责任明确的优点，克服了“大呼隆”，“吃大锅饭”的现象，准确地体现了社会主义按劳分配的原则，体现社队、个人的自主权。但由于“左”的影响未彻底清除，因而，在一部分人中对生产责任制的性质有误解，特别是对包干到户有很多疑虑。加之，我们落实生产责任制的时间不长，在各方面都还存在不少问题，有待于我们去加以解决。

我们必须使广大干部群众明确，社会主义的基本特征主要是生产资料的公有制和按劳分配。只要坚持了这两条，就坚持了社会主义的方向和道路，就同资本主义和一切剥削制度有了根本区别。我们的生产责任制，是在坚持生产资料的集体所有制的前提下，经营方式和劳动组织的改变，是生产关系的部分调整和改善，使之更适应生产力的发展。更好地体现按劳分配的原则，是我们治穷致富的重要途径和措施。绝不是什么“倒退”，“偏离社会主义方向”，而是更好地坚持了社会主义。

包干到户生产责任制，是按照社会主义轨道办事，它也要正确处理个人、集体和国家关系。个人对生产资料只有使用权，没有所有权，更不能出卖或转让。而且社员水平仍然负有经济责任，要按合同规定上交提留。“提留”可用于兴办集体福利事业，救济五保户、四属户，扶持困难户的生产、生活，保住这部分人的生活不下降，而且随着大家的富裕，他们的生活也会逐年提高和富裕起来。

生产责任制的中心问题是个“包”字，越实体，越明确，效果就越好。我们一定要大力宣传党的政策，加强政治思想工作，特别要做好社、队干部的思想工作，充分认识到实行责任制以后，对领导工作的要求更高了，而不是低了。社队干部不是没事干，可以撂挑子了，而是事情更多，责任更大了。只要我们深入基层，调查研究，总结经验，及时发现新情况，解决新问题，就能大踏步地进行调整使生产责任制不断健全、更加完善。

坚定不移地贯彻“以牧为主”方针，加快经济建设

我们县是一个牧大于农的县，农业生产是群众生产的主要内容，牧业是我县国民经济的主体，在国民经济结构中，畜牧业的产值占72％以上。目前有各类牲畜30多万（只），人均75头（只），从事牧业生产户和人，均占全县总户数和总人数的70％以上。所以，牧业生产的好坏，直接涉及和影响我县经济形势。抓好牧业生产，就能加快我县社会主义经济的发展和治穷致富的步伐。在“左”的指导思想的影响下，对噶尔的自然规律和客观规律认识不足，走了不少弯路，使我们的优势没有充分发挥出来。西藏自治区党委给我们指出的“以牧为主，农牧结合，多种经营全面发展”的生产方针，是完全符合我县实际，反映了我县的客观实际，我们坚定不移地贯彻“以牧为主”的生产方针，各部门，各条战线都要把自己的工作重点尽快地转到这个轨道上来。集中精力，搞好我县国民经济的调整，争分夺秒地抓好以牧业为中心的社会主义经济建设。

根据中央关于经济调整要有一个速度的指示精神和西藏自治区八项指示精神，一个中心问题，就是要尽快使广大农牧民群众富裕起来。我们必须自觉地清除“左”的思想影响，进一步解放思想，放宽政策，动脑，想办法。广开生财之道，聚财之道，用财之道。从现在起经过10年奋战，使生产有个大发展，人民生活有个大提高，贫穷落后的面貌有个基本改观。我们的奋斗目标是：1985年，全县人均收入500元以上；1990年，人均收入600元以上。我们必须着重抓好以下工作：

（一）群策群力，下最大决心，把农牧业生产提高到一个新水平。农牧业生产是我县国民经济的基础，只有农牧业生产的大发展，我县社会主义现代化建设的实现才有可靠保证，人民群众的生活水平才能得到提高。我们要充分认识农牧业在我县经济发展中的战略地位，自觉地抓好农牧业生产。

牧业上，我们一定要下最大决心，有计划按比例地经营。在指导思想上要以稳定、优质、高产为主，重点搞牲畜总量增加，提高牲畜质量，控制存栏数在30万头以内，合理淘汰，增加商品羊18%以上，大抓产品，提高大畜、适龄母畜和绵羊比例，认真调整好畜群结构，加速畜群周转，增加畜产品数量，使牧业生产有个大发展，争取在1985年牧业产值达到180多万元。

加强草原建设。我县草原质量差，无水草原密面积大，退化、沙化严重，载畜量低，使牲畜数量的发展受的限制，质量上受到影响。为此，我们必须认真加强草原建设，满足牧业发展需要。首先要保护现有的天然草场，合理放牧，加强管理。随着包干到户生产责任制的建立，各公社应建立和恢复草场管理委员会。要充分利用现有水利资源，有计划地组织群众修渠打井，扩大草场灌溉面积。左左区已打井3眼，效果很好，计划在1982年再打8眼。各地可因地制宜组织群众进行修渠行水，人工打井，逐步解决无水草场，扩大草原的利用面积。要因地制宜，利用荒滩、荒坡和退耕还牧的土地，灌水施肥，种植饲料，1982年计划在左左区试种饲草300亩，待取得成功后，在总结经验的基础上加以推广。加强兽防工作。我县虽然建立了兽防网点，但技术水平不高，防病治病的能力不强，专职兽防干部缺乏，除请求上级给我县适当充实部分兽防骨干外，县农牧部门要有计划地每年开办一期兽防训练班，对现有兽防员分期分批进行轮训，不断提高技术业务水平。要贯彻以防为主，防治结合的方针，提倡科学放牧，加强畜群管理。积极预防牲畜疾病的发生和蔓延。要充分发挥现有专业队伍，兽防网点和民间兽医的作用，实行群专结合，土洋结合，防止疾病，减少疾病对牲畜的危害。随着包干到户责任制的建立，兽防工作量有所增加。为了不降低兽防员的经济收入，调动他们的积极性，计划每年从农牧业经费中调拨部分经费，适当增加补贴。各生产队亦可以从“提留”中，抽出部分资金，作为他们的误工补助。

加强畜圈建设。在逐步落实以包干到户为主要形式的牧业生产责任制后，将会出现畜群多，畜圈少的情况。各地应逐群逐圈进行检查，及时组织群众进行新修和维修，力争1985年前，每群有一个坚实耐用、避风保暖的羊圈和羊羔暖室。做到适龄母畜过冬和产仔度春畜圈标准化。要坚持抓好抗灾保畜工作，特别是今年春夏雨水少，草长得不好，牲畜膘情普遍差，要防止和克服麻痹情绪。从现在起就要从思想上、物质上、人员上切实做好抗灾保畜准备，减少灾害损失，使牲畜安全越冬度春。

积极改良畜种。要抓好土种选优，防止近亲繁殖。采取社与社、区与区之间交换种畜。同时，还可适当从外县、外地引进良种，抓好牲畜的夏肥工作。在配种季节，一定加强种畜的管理，防止乱交乱配。

农业上，在以牧业为主的前提下，大力发展农业，抓紧抓好粮食生产。今年我县播种面积减少1074亩，减产24万斤，直接影响了国家计划和群众生活安排。本着个人、集体、国家三兼顾的原则，从1982年起，全县必须保持8800亩的实播面积，不断提高单位面积产量，争取到1985年前粮食总产210万斤，除扣留种子饲料外，农业收入达到48万多元。

因地制宜，加强农业基本建设。实行包干到户后，各队要认真组织，合理安排劳力兴修、整修水渠、水池，成龙配套，保证农田适时用水。建设旱涝保收高产稳产田，抓好治水改土，平整土地，改良土壤，大力提高地力。

要积极选育，精选、繁育良种。采用穗选、片选、风选、筛选等方法，弃劣取优，精选种子，争取二三年内做好种子的提纯复壮。积极选育，引进和推广适合我县条件高产品种，特别是早熟高产的青稞品种，加快实现良种化，提高单位面积产量。

狠抓肥料。肥料是农业增长的关键，一方面要广积农家肥，合理施用化肥；另一方面要千方百计提高肥效，实行科学施肥。合理用地，养地，不断提高地力和单位面积产量。

要积极总结和掌握各种自然灾害的规律，发动群众，“土洋结合”，切实做好对风、旱、洪、霜、雪等灾害的预防工作，立足防灾抗灾，在灾害面前争取更多的主动权，把损失减少到最低限度。

（二）围绕农业生产，大力发展多种经济和家庭副业

多种经营是农牧区治穷致富的根本出路，我们要认真总结两年来盐、毛、粮交换和边境贸易工作的经验，充分利用我县自然优势，深挖潜力，广开门路，活跃经济。继续组织群众搞好交换和边境贸易，争取每年多换回一部分生产、生活用品，增加收入。积极发动群众进行捻线、编制氆氇、藏毯、藏被，发展家庭副业。在国营商业指导下，发展集体和个人商业，计划明年在门士、鲁玛大桥开设私人茶、酒店，县上在物资和财力上给予扶持，抽出人员具体给予帮助。亦可承包县境内公路的修筑和养护。

总之，要千方百计增加收入，争取在1981年副业收入5万元的基础上，在1985年增加到7万多元。

（三）加强商业工作，积极为农牧业生产服务

商业工作是生产到消费的纽带、桥梁，生产决定分配、流通和消费，而分配、流通和消费又影响着生产。商业工作做好了，就能促进生产的发展；做不好就会妨碍甚至破坏生产。所以组织好社会主义商业经济，对发展农业生产，提高人民生活有着极重要的作用。我们要面向群众、面向生产，加强改革观念和群众观念，明确经营思想和服务方向，不断改善经营管理。

商业干部，特别是领导干部，一定要牢固树立为农牧民群众服务的思想，要深入基层，调整研究，了解民需民用，努力做到进货适销对路，搞好物资调运，保证市场供应。特别要搞好民族商品的供应。随着放宽政策，实行生产责任制，落实“三自一副”政策，群众需要出售农牧副产品的数量将越来越大，品种收购越来越多。我们必须扩大收购范围、收购品种，提高收购质量。要正确执行国家的价格政策，不得随意压级压价或提级提价，努力把群众需要出售的而国家又需要的农牧副产品收购上来，增加群众收入。

要进一步改善服务态度，提高服务质量。要克服怕麻烦，独家经营的思想，要努力做到，库房有货，门市部有卖，使门市部商品更充足一些，花色品种更齐全一些。营业时间要安排的更合理一些，服务态度更好一些，要文明经商，礼貌待客。

（四）搞好社会主义教育卫生事业

在加快经济建设的同时，相应地加快文教、卫生事业的发展，积极培养建设人才。根据“公办为主，民办为辅”的办学方针和以“公办为主，全日制为主，住校为主”的原则，今后我县着重办好县完全小学和三个区属小学，对住校学生实行“大包干”，由国家发给一定数量的助学金和生活费。对条件好、群众坚持要办的民办小学，国家也给予帮助和适当补助。要加强调整教师队伍。提高教育质量，对现有的教师进行一次排队，对目前任教还有一定的困难，但有培养前途的教师，可输送他们到区内或区外进行培训和进修；对确实水平差，不能任教原民办教师，做好思想工作 ，动员回家参加农牧业生产。

搞好医疗卫生工作。县医院要建立健全各项规章制度，抓好在职人员的业务和政治学习，不断提高管理水平和医疗质量，改善服务态度。继续坚持以院带网，帮助社班搞好卫生站；深入持久地开展以除害灭病为中心的爱国卫生运动，防治传染病，努力提高人民的健康水平。

（五）改善人民生活水平，关心群众生活，在经济上要充分关心他们的物质利益，在政治上要保障他们的民主权利

到1985年要做到：群众不但有钱、粮、油，衣食住行有改观，而且农区群众，每户有两间较舒适、明亮住房；牧区能定点的群众，每户有一到两间简易房，而不定点的每户有一顶新帐篷（毛或毡帐篷），部分社队的农业点有电灯。不断提高群众粮油肉食标准，力争达到每人每天一斤粮，一两油、半斤肉。人人有床住，被褥齐全；户户有藏毯，藏垫；人人有一二套新服装；户户有钟表。8%以上有收音机或录音机，30%的户有缝纫机。在提高群众生活的同时，逐步改善职工的居住条件。今年我们完成了昆萨区住房，争取在1985年前完成左左、门士两区住房和迁县工程，以及县、区小电站工程。计财部门要及时掌握群众的新要求，主动搞好农牧区的建材供应工作。财政银行工作要着眼于有利于农牧区的发展，增加农牧业投资比例，农牧区需要的物资，要优先安排，保证供给，积极为发展农牧业生产，改善人民生活作出贡献。

加强政权建设，加强民族团结

全国五届人大二次会议制定的七个法律，是进行现代化建设和巩固无产阶级专政的重要保证。各级人民政府是无产阶级专政的政权机构，因此，我们必须搞好政权建设，配备好各级领导班子，确保人民群众当家做主的权利。这次代表大会，就是按照《选举法》、《组织法》的规定，选举、决定县人大常委会和县人民政府工作人员，我们一定要把那些有高度政治责任感和革命事业心，有工作能力，勤勤恳恳，办事公道，作风正派，能积极为人民谋利益的好干部选进我们的政权和政府领导班子来，搞好政权建设。各级干部要关心群众生活，倾听群众意见，接受群众监督，当好人民的勤务员。全县人民坚决维护人民政府的集中统一领导，维护执行人民意志的领导者和管理者的权威，维护正常的生产秩序、工作秩序和社会秩序。

加强干部队伍建设，提高干部的政治和业务水平，适应工作的需要。要认真学习马列主义、毛主席著作，刻苦钻研业务。各部门、各单位要建立健全干部职工的政治学习和业务学习制度，继续办好机关职工夜校，学习文化，提倡自学，对勤奋学习的同志要表扬鼓励，差的要批评教育，努力造成浓厚的学习空气。争取1985年前，在县机关干部、职工中扫除文盲。各级领导要带头学习，成为学习的模范，在群众中起表率作用，提高政策领导和管理水平，尽快达到知识化、专业化、年轻化和革命化的要求。

人民公安、检察机关和人民法院，是无产阶级专政的重要工具，要进一步搞好整顿和建设。对敌人实行专政，在人民内部实行民主，这是无产阶级专政的不可分开的两个方面。我们是社会主义国家，指定法律的权利属于人民，贯彻执行法律也必然依靠人民。要广泛宣传教育人们，树立遵守社会主义法制的观念。干部要守法，群众要守法，人人都要守法，在法律面前人人平等。要依靠广大人民群众，加强社会治安，同各种违法行为作斗争，巩固边防，巩固无产阶级专政，保卫社会主义建设。

调整民兵组织。我县民兵人数过多，范围过大，年龄偏高，层次繁琐。为使我县民兵建设适应当前“治穷致富”的新形势和边防对敌斗争的需要，根据中央指示精神，从建设西藏、保卫边疆的实际出发，本着实事求是，不影响群众的生产生活，因地制宜，积极稳妥，扎扎实实的原则，对现有的民兵进行调整。通过调整，减少数量，提高质量，使民兵组织更加落实，更具有战斗力。各单位、各部门要给予协作配合，保证调整工作的顺利进行。

以马列主义，毛泽东思想为基础加强团结，是我们的事业取得胜利的基本保证。我县党政军民历来是团结的，当前，我们正处在伟大的历史转折时期，在实现以藏族干部和藏族人民为主，充分行使民族区域自治，建设团结、富裕、文明的新西藏历史条件下，搞好党政军民的团结，尤为重要。我们要充分认识到在边疆少数民族地区的建设中，汉族干部离不开少数民族干部，少数民族干部离不开汉族干部。因此，藏、汉干部之间，藏族干部彼此之间要互相尊重，互相信任，互相支持，互相学习，取长补短，共同提高。总之，只要我们从人民利益出发，从现代化出发，顾全大局，加强民族团结。加强军政、军民团结，加强新老干部、外来干部和本地干部上下之间的团结，就一定能加快我县治穷致富步伐。

我们坚持按照宪法规定，认真执行党的宗教政策。公民有信仰宗教的自由，也有不信仰宗教宣传无神论的自由。要尊重群众的宗教信仰，允许信教群众进行正常的宗教活动，任何人不得干涉和歧视。为了给信教群众有活动场所，计划明年修复门士的“芝达布寺”和扎西岗寺经堂。但对那些利用宗教来装神弄鬼、毒害群众、挑拨民族关系、破坏民族团结、分裂祖国统一的坏人，要及时加以揭露，坚决按照法律予以惩罚。

认真执行党的统战政策，对于爱国人士，我们要在政治上关心，在学习和生活上要主动帮助，团结他们一道工作。同时，希望各爱国人士要努力学习，不断进步，使自己的思想适应新形势的发展，对我县的现代化建设做出自己应有的贡献。

要继续做好争取流落国外的藏族同胞的回归工作，认真执行，大力宣传“爱国一家，既往不咎，立功受奖，来去自由，妥善安置”的政策，欢迎一切流落国外的藏族同胞早日回来，参加噶尔社会主义现代化建设。

各位代表：我们噶尔和全国一样，正处在一个新的历史转变时期，我们肩负着我们先人没有做过的伟大事业，任重而道远。希望全县各族人民要在马列主义、毛泽东思想的伟大旗帜下，坚持四项基本原则，振奋革命精神，团结一致，为早日改变贫穷落后面貌，为建设团结、富裕、文明的新噶尔而努力奋斗。

以上报告，请大会代表审议。

三、噶尔县古今地名及概况

汉文名称	类别	藏文名称	概况
左左乡圭仓堆村境内的地名			
圭仓堆村	村	རྒོད་ཚང་སྟོད།	藏语含义为上鹰窝，位于狮泉河镇塘咔那布村东南 78 千米处。简易公路通狮泉河镇。
江 拉 达	村	ཅང་ལ་སྟག	藏语含义为不清。位于县治狮泉河镇塘咔那布村东南 78 千米。有简易公路通狮泉河镇。
玛热甲木勒	牧点	མ་ར་གྱམ་ལྷས།	藏语含义为下面岩山圈。位于乡驻地江拉达村南偏东 14 千米处。
阿 隆 勒	牧点	ཨ་ལུང་ལྷས།	藏语含义为圆环形畜栏。位于乡驻地江拉达村西南 55 千米处。
阿　　勒	牧点	ཨ་ལྷ།	藏语含义不清。位于乡驻地江拉达村南偏西 29 千米处的河流北岸。
包包汝勒	牧点	འབོག་འབོག་རུ་ལྷས།	藏语含义为土丘羊圈。位于乡驻地江拉达村东南 21 千米处。
坡　　勒	牧点	སྤོས་ལྷས།	藏语含义为香草羊圈。位于乡驻地江拉达村西南 30 千米处。
布 巴 日	牧点	བུམ་པ་རི།	藏语含义为瓶形山。位于乡驻地江拉达村南 8 千米处。
扎　　勒	牧点	བྲག་ལྷས།	藏语含义为岩石羊圈。位于乡驻地江拉达村西南 28 千米处的无名沟河北岸。
扎夺那勒	牧点	བྲག་རྡོ་སྣ་ལྷས།	藏语含义为鼻形岩石羊圈。位于乡驻地江拉达村南偏西 24 千米处，是色曲普玛西段。
扎 曲 勒	牧点	བྲག་ཆུ་ལྷས།	藏语含义为岩水羊圈。位于乡驻地江拉达村东南 33 千米处的扎内隆巴西侧。
查 仓 勒	牧点	ཁྲ་ཚང་ལྷས།	藏语含义为鹞窝羊圈。位于乡驻地江拉达村东南 20 千米处的查仓普东侧。

续表 1

汉文名称	类别	藏文名称	概况
扎夺色汝	牧点	བྲག་རྫོ་སེར་རུ།	藏语含义为黄色岩石。位于乡驻地江拉达村西南 34 千米处。
扎　加	牧点	བྲག་སྐྱ།	藏语含义为白岩石山。位于乡驻地江拉达村南 4 千米处。
直布热	牧点	གྲིབ་པོ་ལྷས།	藏语含义为阴坡羊圈。位于乡驻地江拉达村南 11 千米处的沟河东岸。
顶公勒	牧点	ལྡིང་གུང་ལྷས།	藏语含义不清。位于乡驻地江拉达村南 40 千米处。
夺布沃穷	牧点	རྫོ་པོ་ཨོ་ཆུང་།	藏语含义为青色小山。位于乡驻地江拉达村南偏东 15 千米处，即玛热甲木东侧。
夺布勒	牧点	རྫོ་པོ་ལྷས།	藏语含义为石头羊圈。位于乡驻地江拉达村南 36 千米处。
夺热勒	牧点	རྫོ་ར་ལྷས།	藏语含义为石头畜栏。在乡驻地江拉达村南 20 千米。
贡　西	牧点	དགུང་ཞི།	藏语含义不清。位于乡驻地江拉达村南偏西 38 千米处，是查仓隆巴南段。
吉色德穷	牧点	སྐྱིད་སའི་སྡེ་ཆུང་།	藏语含义为舒适的小地方。位于乡驻地江拉达村南 27 千米处，是色如塘西侧。
改巴那穷	牧点	གད་པ་ནག་ཆུང་།	藏语含义为小黑断崖。位于乡驻地江拉达村南 38 千米处的河东岸。
甲木它	牧点	རྒྱམ་ཐ།	藏语含义为小滩。位于乡驻地江拉达村南 6 千米处的沟河东岸。
嘎色定勒	牧点	ག་སེར་སྡིང་ལྷས།	藏语含义不清。位于乡驻地江拉达村西南 15 千米处。
古热嘎如	牧点	གུག་ར་དཀར་རུ།	藏语含义待猎物白地。位于乡驻地江拉达村南 28 千米处的无名沟河滩北岸。
甲木嘎布	牧点	རྒྱམ་དཀར་རུ།	藏语含义为白色滩。位于乡驻地江拉达村南偏西 17 千米处。
改　勒	牧点	གད་ལྷས།	藏语含义为断崖圈。位于乡驻地江拉达村南偏西处。
改德布勒	牧点	གད་ལྡིབས་ལྷས།	藏语含义为崩塌圈。位于乡驻地江拉达村西南处的扗桑曲北沼泽滩。
改德布日咔	牧点	གད་ལྡིབས་རི་ཁ།	藏语含义为断崖山口。位于乡驻地江拉达村西南处，是夺木隆下段。
嘎　查	牧点	ག་ཁྲ།	藏语含义为花色。位于乡驻地江拉达村西南玛隆北侧。
拉列勒	牧点	ལྷ་ལས་ལྷས།	藏语含义为神造畜栏。位于乡驻地江拉达村东南 17 千米处，是拉勒措北侧。
鲁　桑	牧点	ཀླུ་བཟང་།	藏语含义为好龙。位于乡驻地江拉达村西南 31 千米处的沟河南岸。
勒热觉觉	牧点	ལྷས་ར་ཀྱོག་ཀྱོག	藏语含义为曲羊圈。位于乡驻地江拉达村南 36 千米处。

续表 2

汉文名称	类别	藏文名称	概况
龙霍落	牧点	རླུང་འཁོར་ལོ།	藏语含义为飓风年。位于乡驻地江拉达村南 3 千米处。
鲁玛桑布	牧点	ལུ་མ་བཟང་པོ།	藏语含义为丰水泉。位于乡驻地江拉达村南 23 千米处的沟河东岸。
麦　多	牧点	སྨད་མདོ།	藏语含义为下面谷口。位于乡驻地江拉达村西南 27 千米处，是鄂穷隆东北侧。
玛姆西萨	牧点	མ་མོ་ཤི་ས།	藏语含义为母绵羊死地。位于乡驻地江拉达村南 40 千米处。
沃日玛	牧点	སྔོ་རི་མ།	藏语含义为青色山丘。位于乡驻地江拉达村南 35 千米处。
聂达那勒	牧点	གཉན་མདའ་ནག་ལྷས།	藏语含义为盘羊谷口黑羊圈。位于乡驻地江拉达村东南 21 千米处。
巴卓勒	牧点	བག་གྲོ་ལྷས།	藏语含义为舒适羊圈。位于乡驻地江拉达村南 22 千米处，是玛热甲木西岸。
穷果玛勒	牧点	ཆུ་མགོ་མ་ལྷས།	藏语含义为水源主羊圈。位于乡驻地江拉达村西南处，是鄂穷隆东北侧。
热　邦	牧点	ར་སྤང་།	藏语含义为山羊草甸。位于乡驻地江拉达村南 10 千米处。
日　勒	牧点	རི་ལྷས།	藏语含义为山上羊圈。位于乡驻地江拉达村东南 21 千米处。
日穷舍确	牧点	རི་ཆུང་ཧྲི་ཚོས།	藏语含义为不清。位于乡驻地江拉达村 34 千米处，是色如塘北段。
热布喜	牧点	རབ་ཞི།	藏语含义为很寂静。位于乡驻地江拉达村南偏东 20 千米处。
色　觉	牧点	སེར་ཀྱོག	藏语含义为黄曲。位于乡驻地江拉达村西南 11 千米处。
色日勒	牧点	སེར་རི་ལྷས།	藏语含义为黄山羊圈。位于乡驻地江拉达村东南 22 千米处，是桑木且顶南坡。
松多勒	牧点	གསུམ་མདོ་ལྷས།	藏语含义为三岔羊圈。位于乡驻地江拉达村南 16 千米处。
色　隆	牧点	སེར་ལུང་།	藏语含义为黄谷。位于乡驻地江拉达村南偏东 38 千米处。
松　多	牧点	གསུམ་མདོ།	藏语含义为三岔口。位于乡驻地江拉达村西南 26 千米处，是鄂穷隆东北侧。
桑　波	牧点	སངས་པོ།	藏语含义不清。位于乡驻地江拉达村南 20 千米处。
拖格勒	牧点	མཐོ་གད་ལྷས།	藏语含义为高崖羊圈。位于乡驻地江拉达村西南 53 千米处，是埃具沟北侧。
迪吾扎吾	牧点	དིའུ་ཁྲ་པོ།	藏语含义为斑土丘。位于乡驻地江拉达村南 22 千米处的沟河西岸。

续表 3

汉文名称	类别	藏文名称	概况
吓　　查	牧点	ཤ་ཁྲ།	藏语含义不清。位于乡驻地江拉达村南偏西 35 千米处，是吓查隆巴西南段。
亚　　杰	牧点	ཡ་རྒྱས།	藏语含义不清。位于乡驻地江拉达村西南 30 千米处，是挝桑曲西北段。
沃若贡玛	牧点	ཨོ་རོག་གོང་མ།	藏语含义不清。位于乡驻地江拉达村北 4 千米处。
衣 桑 勒	牧点	ཡིད་སངས་ལྷས།	藏语含义为敞亮羊圈。位于乡驻地江拉达村东南 36 千米处，是衣桑（沟）下段。
亚　　勒	牧点	ཡ་ལྷས།	藏语含义不清。位于乡驻地江拉达村南 34 千米处，是亚隆普东南。
扎　　嘎	山	བྲག་དཀར།	藏语含义为白岩石。位于乡驻地江拉达村东南 39 千米处。
丁 勇 巴	山	སྟེང་ཡུག་པ།	藏语含义为山顶雪厚。位于乡驻地江拉达村西南 41 千米处。
达　　嘎	山	རྟག་དཀར།	藏语含义为白石山。位于乡驻地江拉达村东南 40 千米处。
麻　　久	山	མ་རྒྱུ།	藏语含义不清。位于乡驻地江拉达村西南 20 千米处。
麦 嘎 卫	山	མན་དགའ་དབུས།	藏语含义为下面的中间。位于乡驻地江拉达村西南 36 千米处。
巴尔热拉	山口	སྤར་ར་ལ།	藏语含义不清。位于乡驻地江拉达村南 52 千米处。
梅朵嘎顶	山口	མེ་ཏོག་དཀར་ལྡིང་།	藏语含义为白花飘。位于乡驻地江拉达村南偏东 41 千米处。
帮 那 查	沟	སྤང་ནག་ཁྲ།	藏语含义为黑斑草甸。位于乡驻地江拉达村西南 53 千米处。
帮　　隆	沟	སྤང་ལུང་།	藏语含义为草甸沟。位于乡驻地江拉达村西南 22 千米处。
布　　穷	沟	སྤོས་ཆུང་།	藏语含义为小香草。位于乡驻地江拉达村东南 17 千米处，是戈壁滩浅沟，向北延伸 10 千米。
查仓隆巴	沟	ཁྲ་ཚང་ལུང་པ།	藏语含义为鹞窝沟。位于乡驻地江拉达村南偏西 31 千米处。
沃查塘咔	地片	སྔོ་ཁྲ་ཐང་ཁ།	藏语含义为青斑平坝。位于乡驻地江拉达村东南 29 千米处。
那来塘咔	地片	ན་ལས་ཐང་ཁ།	藏语含义不清。位于乡驻地江拉达村东 11 千米处。
日勒塘卡	地片	རི་ལས་ཐང་ཁ།	藏语含义为有山包平坝。位于乡驻地江拉达村东南 21 千米处。
萨色塘咔	地片	ས་སེར་ཐང་ཁ།	藏语含义黄土平坝。位于乡驻地江拉达村南 30 千米处。
塘曲塘咔	地片	ཐང་ཆུང་ཐང་ཁ།	藏语含义为小平坝。位于乡驻地江拉达村 34 千米处。

续表 4

汉文名称	类别	藏文名称	概况
圭仓麦	村	གོད་ཚང་སྨད།	藏语含义为下鹰窝。位于县境中部偏北，村驻地赤左位于狮泉河塘咔那布村东南 73 千米处的赤左雄。
赤　左	组	ཁྲི་ཚོ།	藏语含义为万群。位于乡驻地赤左村东北 43 千米处。
夏果如达	山	ཤ་མགོ་རུས་མདའ།	藏语含义为鹿茸山谷。位于乡驻地赤左村北 12 千米处。
椅　仓	山	གཡི་ཚང་།	藏语含义为猞猁窝。位于乡驻地赤左村西北 10 千米处。
亚卓琼娃	山	གཡག་སྒྲོན་ཆུང་བ།	藏语含义为牦牛跑过的地方。位于乡驻地赤左村东南 11 千米处。
直　贾	山	དཀྲིས་ཙ།	藏语含义为陡峭山。位于乡驻地赤左村西偏南 32 千米处。
甘桑拉	山口	སྐམ་སངས་ལ།	藏语含义为干透山口。位于乡驻地赤左村西南 22 千米处。
那　佐	山口	ནག་ཙོག	藏语含义为黑石。位于在乡驻地赤左村西南 25 千米处。
捏木拉	山口	གཉན་མོ་ལ།	藏语含义为野羊山口。位于乡驻地赤左村东北 17 千米处。
布木加	牧点	འབུམ་བརྒྱ།	藏语含义为千万。位于乡驻地赤左村北 4 千米处。
布若勒	牧点	སྤྲོ་རོ་ལྷས།	藏语含义为草皮羊圈。位于乡驻地赤左村东北 4 千米处。
白玛热觉	牧点	པད་མ་ར་སྐྱུག	藏语含义不清。位于乡驻地赤左村西南 8 千米处。
扎夺加如	牧点	བྲག་རྡོ་སྐྱ་རུ།	藏语含义为灰岩石。位于乡驻地赤左村北 15 千米处。
扎多嘎布	牧点	བྲག་རྡོ་དཀར་པོ།	藏语含义为白岩石。位于乡驻地赤左村西北 8 千米处，是赤左藏布西岸。
扎夺嘎穷	牧点	བྲག་རྡོ་དཀར་ཆུང་།	藏语含义为小白岩石山。位于乡驻地赤左村西南 11 千米处。
扎达达	牧点	བྲག་ཏག་ཏག	藏语含义为正合岩石。位于乡驻地赤左村北偏西 7 千米处。
夺　瀑	牧点	རྡོ་ཕུང་།	藏语含义为石碓。位于乡驻地赤左村北 14 千米处，是赤左藏布东岸的山脚。
多布那宗	牧点	རྡོ་པོ་ནག་འཛོམས།	藏语含义为齐集的黑石山。位于乡驻地赤左村西南 10 千米处。
甲隆贡玛	牧点	རྒྱབ་ལུང་གོང་མ།	藏语含义为背后沟上面。位于乡驻地赤左村东北 24 千米处，是森格藏布上游南岸。
郭　雄	牧点	ཀོ་གཞུང་།	藏语含义不清。位于乡驻地赤左村西南 44 千米处。
甲嘎拉	牧点	ལྕགས་དཀར་ལྷས།	藏语含义为白铁畜圈。位于乡驻地赤左村北偏西 9 千米处，是赤左藏布东岸。
格嘎如	牧点	གད་དཀར་རུ།	藏语含义为白断崖。位于乡驻地赤左村西南 36 千米处的隆亚与低吾查吾间。

续表 5

汉文名称	类别	藏文名称	概况
勒那布	牧点	ལྷས་ནག་པོ།	藏语含义为黑色畜圈。位于乡驻地赤左村西南 12 千米处。
麻母西莎	牧点	མ་མོ་ཤི་ས།	藏语含义为母绵羊死地。位于乡驻地赤左村西南 22 千米处。
尼查躬躬	牧点	ཉི་ཁྲ་ཀོང་ཀོང་།	藏语含义为阳斑洼地。位于乡驻地赤左村西南 14 千米处。
尼沃百勒	牧点	ཉི་སྔོན་པོའི་ལྷས།	藏语含义为阳坡青色畜圈。位于乡驻地赤左村北 7 千米处。
热亚勒	牧点	ར་ཡག་ལྷས།	藏语含义为好山羊畜圈。位于乡驻地赤左村西南 43 千米处。
热　勒	牧点	ར་ལྷས།	藏语含义为山羊圈。位于乡驻地赤左村东 3 千米处，是赤左藏布东岸。
舒　勒	牧点	སྲུབ་（སྲུབ་）ལྷས།	藏语含义为小沟羊圈。位于乡驻地赤左村东北 18 千米处。
佐查定	牧点	མཛོ་ཁྲ་དིང་།	藏语含义为犏牛斑。位于乡驻地赤左村西南 16 千米处。
卓热庆布	牧点	འབྲོག་ར་ཆེན་པོ།	藏语含义为大牧场。位于乡驻地赤左村西南 18 千米处。
阿巴拉通	山	ཨ་པ་ལ་ཐུང་།	藏语含义不清。位于乡驻地赤左村东 9 千米处。
扎假日据	山	བྲག་རྒྱ་རི་རྒྱུད།	藏语含义为宽岩山脉。位于乡驻地赤左村东北 9 千米处。
出　古	山	ཕྲུ་གུ།	藏语含义为小孩。位于乡驻地赤左村西南 25 千米处。
拉　日	山	ལྷ་རི།	藏语含义为神山。位于乡驻地赤左村西南 39 千米处。
嘎木让	山	སྐམ་རང་།	藏语含义为干硬。位于乡驻地赤左村西 31 千米处。
根布扎尼	山	རྒན་པོ་ཉེར་གཉིས།	藏语含义二十二老人。位于乡驻地赤左村西南 15 千米处。
尼查松巴	山	ཉི་ཁྲ་གསུམ་པ།	藏语含义第三阳斑。位于乡驻地赤左村西南 19 千米处。
普热布	山	ཕུ་རབ།	藏语含义上等里。位于乡驻地赤左村被偏东 18 千米处。
荣勒日	山	རོང་ལྷས་རི།	藏语含义为峡谷畜圈山。位于乡驻地赤左村西南 37 千米处。
它玛宗	山	ཐ་དམར་རྫོང་།	藏语含义不清。位于乡驻地赤左村东南 19 千米处。
达果隆勒	牧点	སྟག་མགོ་ལུང་ལྷས།	藏语含义为虎头谷畜栏。位于乡驻地赤左村东 6 千米处。
那　那	牧点	མནའ་སྣ།	藏语含义为野羊沟边。位于乡驻地赤左村西南 17 千米处的那左隆巴。
甲圭久达	牧点	བྱ་རྒོད་མཇུག་རྟགས།	藏语含义为鹰尾。位于乡驻地赤左村东北的能玛布南的山脚。

续表 6

汉文名称	类别	藏文名称	概况
卓热庆布	牧点	འབྲོག་ར་ཆེན་པོ།	藏语含义为大牧场。位于乡驻地赤左村西南 18 千米处的扎丸巴。
赤左藏布	河	ཁྲི་ཚོ་གཙང་པོ།	藏语含义为万条江河。位于果仓麦乡北部。
鲁玛果觉	河	ལུ་མ་མགོ་ཀྱུག	藏语含义为弯头泉水。位于乡驻地赤左村东北侧。
安布斯如	沟	ཨམ་བུ་སེར་རུ།	藏语含义为黄山沟。位于乡驻地赤左村西南 46 千米处。
阿　隆	沟	ཨ་ལུང་།	藏语含义为圆环。位于乡驻地赤左村西南 43 千米处。
布热色布	沟	སྤུ་ར་སེར་པོ།	藏语含义为黄色毛丛。位于乡驻地赤左村东北 11 千米处。
扎隆康巴	沟	བྲག་ལུང་ཁམ་པ།	藏语含义为褐色岩石谷。位于乡驻地赤左村西南 20 千米处。
扎 嘎 勒	沟	བྲག་དཀར་ལྷས།	藏语含义为白岩畜栏。位于乡驻地赤左村东 15 千米处。
甘　桑	沟	སྐམ་སངས།	藏语含义为干涸。位于乡驻地赤左村西南 20 千米处。
隆　央	沟	ལུང་ཡངས།	藏语含义为开阔沟。位于乡驻地赤左村西南 33 千米处。
那措隆巴	沟	ནག་མཚོ་ལུང་པ།	藏语含义为黑湖沟。位于乡驻地赤左村西南 19 千米处。
郎 久 村	乡	གླང་བཅུ།	藏语含义为十头黄牛。位于狮泉河镇塘咔那布村东南 35 千米处，是江东嘎东的东北侧。
玛　德	村	དམར་འདེད།	藏语含义不清。位于狮泉河镇塘咔那布东南 35 千米处。
比　加	村	སྤེ་རྒྱ།	藏语含义为宽阔门楼。位于乡治所玛德村东北 23 千米处，距森格藏布南岸 2 千米。
巴 嘎 勒	牧点	པ་དཀར་ལྷས།	藏语含义为小白山的羊圈。位于乡驻地玛德村西北 12 千米处。
直普罗巴	牧点	གྲིབ་ཕུའི་ལུང་པ།	藏语含义为阴坡上沟。位于乡驻地玛德村东 26 千米处。
扎 通 通	牧点	གྲ་ཐུང་ཐུང་།	藏语含义为毛刺。位于乡驻地玛德村东北 43 千米处。
指热握玛	牧点	གྲིབ་ར་འོག་མ།	藏语含义为下阴面。位于乡驻地玛德村东 28 千米处。
扎　勒	牧点	བྲག་ལྷས།	藏语含义为岩石畜圈。位于乡驻地玛德村东南 8 千米处。
直 布 热	牧点	གྲིབ་ར།	藏语含义为阴面。位于乡驻地玛德村西南 5 千米处。
查 果 勒	牧点	ཕྲ་སྒོ་ལྷས།	藏语含义为窄门羊圈。位于乡驻地玛德村西北 14 千米处。
次 旺 勒	牧点	ཚེ་དབང་ལྷས།	藏语“次旺”为名，即次旺蓄圈。位于乡驻地玛德村西北 14 千米处。
德 公 玛	牧点	སྟེ་གོང་མ།	藏语含义为上面的村。位于乡驻地玛德村东北 23 千米处，是比加（村上面）南侧。
德拉董玛	牧点	བདེ་ལྷག་གདོང་མ།	藏语含义不清。位于乡驻地玛德村东北 12 千米处。

续表 7

汉文名称	类别	藏文名称	概况
多布查武	牧点	རྡོ་ཕོ་ཁྲ་བོ།	藏语含义为花石堆。位于乡驻地玛德村东北 18 千米处。
梯措嘎查	牧点	སྡེ་ཚོ་ག་ཁྲ།	藏语含义为花村。位于乡驻地玛德村东南 21 千米处。
多碰色布	牧点	རྡོ་ཕུང་སེར་པོ།	藏语含义为黄色的石碓。位于乡驻地玛德村 21 千米处。
达 热 勒	牧点	རྟ་ར་ལྷས།	藏语含义为马圈。位于乡驻地玛德村西南 28 千米处。
达 革 勒	牧点	བརྡ་ག་ལྷས།	藏语含义不清。位于乡驻地玛德村西北 6 千米处。
达瓦勒热	牧点	ཟླ་བ་ལྷས་ར།	藏语含义不清。位于乡驻地玛德村西北 13 千米处。
机　　重	牧点	སྐྱིལ་ཀྲུང་།	藏语含义为盘坐。位于乡驻地玛德村东北 19 千米处。
改　　由	牧点	ཀལ་ཡུ།	藏语含义不清。位于乡驻地玛德村东北 12 千米处，嘎多木普南。
果朋色热	牧点	སྒོ་ཕུང་སེར་ར།	藏语含义不清。位于乡驻地玛德村东偏南 15 千米处。
嘎 热 勒	牧点	འགག་ར་ལྷས།	藏语含义为关卡畜栏。位于乡驻地玛德村东南 7 千米处。
古 古 多	牧点	ཀུ་ཀུ་རྡོ།	藏语含义为斑鸠形石头。位于乡驻地玛德村东侧。
机　　中	牧点	སྐྱིལ་ཀྲུང་།	藏语含义为盘坐。位于乡驻地玛德村东北 9 千米处。
甲　　措	牧点	རྒྱ་མཚོ།	藏语含义为大海。位于乡驻地玛德村北 15 千米处。
咔　　学	牧点	ཁ་ཤོ།	藏语含义为豁嘴。位于乡驻地玛德村东北 9 千米处。
嘎　　查	牧点	ག་ཁྲ།	藏语含义为斑点。位于乡驻地玛德村东北 19 千米处，比甲桑。
嘎查玛如	牧点	ག་ཁྲ་དམར་རུ།	藏语含义为红斑。位于乡驻地玛德村东南 22 千米处。
改 隆 勒	牧点	གད་ལུང་ལྷས།	藏语含义为崖谷畜圈。位于乡驻地玛德村东北 4 千米处。
甲木查唔	牧点	གྱམ་ཁྲ་བོ།	藏语含义为花石山羊圈。位于乡驻地玛德村北 18 千米处的森格藏布北侧。
共　　热	牧点	གོང་ར།	藏语含义为上面的畜栏。位于乡驻地玛德村北偏西 12 千米处。
启 西 莎	牧点	ཁྱི་ཤི་ས།	藏语含义为狗死地。位于乡驻地玛德村西北 18 千米处。
勒 那 布	牧点	ལྷས་ནག་པོ།	藏语含义为黑色畜栏。位于乡驻地玛德村东北 20 千米处的森格藏布南岸。
拉 嘎 穷	牧点	ལ་དཀར་ཆུང་།	藏语含义为小白山口。位于乡驻地玛德村东 30 千米处。
勒 嘎 如	牧点	ལྷས་དཀར་རུ།	藏语含义为白畜栏。位于乡驻地玛德村西南 13 千米处。
朗 强 玛	牧点	བྱང་བྱང་མ།	藏语含义为北面黄牛。位于乡驻地玛德村东南 20 千米处。

续表 8

汉文名称	类别	藏文名称	概况
拉查塘咔	牧点	ལ་ཁྲ་ཐང་ཁ།	藏语含义为花山平坝。位于乡驻地玛德村 30 千米处。
拉　波	牧点	ལ་བོག།	藏语含义为凸山口。位于乡驻地玛德村西南 34 千米处。
勒多沙	牧点	ལྷས་རྗེ་བསག།	藏语含义不清。位于乡驻地玛德村北偏东 10 千米处。
朗　丁	牧点	སྒང་སྟེང་།	藏语含义为高山柳上顶。位于乡驻地玛德村西北 9 千米处。
隆沃勒	牧点	ལུང་སྔོ་ལྷས།	藏语含义为青沟羊圈。位于乡驻地玛德村西北 15 千米处。
勒改勒	牧点	ལྷས་གད་ལྷས།	藏语含义不清。位于乡驻地玛德村西 6 千米处。
勒　隆	牧点	ལྷས་ལུང་།	藏语含义为畜圈沟。位于乡驻地玛德村北偏西 19 千米处的森格藏布南侧。
龙括罗	牧点	རླུང་འཁོར་ལོ།	藏语含义为飓风年。位于乡驻地玛德村西北 20 千米处的森格藏布南侧。
钠嘎如	牧点	ན་དཀར་རུ།	藏语含义为白山口。位于乡驻地玛德村东北 19 千米处。
沃　穷	牧点	རྔོག་ཚང་།	藏语含义为马鬃。位于乡驻地玛德村东偏北 19 千米处。
尼　查	牧点	ཉི་ཁྲ།	藏语含义为阳斑。位于乡驻地玛德村东偏北 24 千米处。
聂　达	牧点	གཉན་མདའ།	藏语含义为盘羊谷口。位于乡驻地玛德村东南 10 千米处。
那咔玛如	牧点	སྣ་ཁ་དམར་རུ།	藏语含义为红色山角。位于乡驻地玛德村西南 24 千米处。
沃角勒	牧点	སྔོ་ཀྱུག་ལྷས།	藏语含义为青色畜圈。位于乡驻地玛德村北 10 千米处。
那　共	牧点	ནག་ཁུང་།	藏语含义为黑洞，因原有红柳挡住畜栏，故名。位于乡驻地玛德村北 20 千米处的森格藏布南岸。
那　塘	牧点	སྣ་ཐང་།	藏语含义不清。位于乡驻地玛德村西骗南 12 千米处。
那咔嘎布	牧点	སྣ་ཁ་དཀར་པོ།	藏语含义为白山角。位于乡驻地玛德村北偏西 19 千米处的森格藏布南岸。
比穷得果	牧点	བེ་ཆུང་སྡེ་སྒོ།	藏语含义为草名。位于乡驻地玛德村东北 20 千米处。
帕崩尼杂	牧点	ཕ་བོང་གཉིས་རྩག	藏语含义为双层磐石。位于乡驻地玛德村东北 14 千米处。
比穷勒	牧点	བེ་ཆུང་ལྷས།	藏语含义不清。位于乡驻地玛德村东北 29 千米处。
比热勒	牧点	བེ་རག་ལྷས།	藏语含义不清。位于乡驻地玛德村西南 34 千米处。
普查弯勒	牧点	ཕུག་ཁྲ་བོ་ལྷས།	藏语含义为花洞畜圈。位于乡驻地玛德村北偏东 12 千米处。
曲　勒	牧点	ཆུ་ལྷས།	藏语含义为水边畜圈。位于郎久乡玛德村东北 45 千米处的森格藏布南岸。

续表 9

汉文名称	类别	藏文名称	概况
曲果夏拉	牧点	ཆུ་མགོ་ཤར་ལ།	藏语含义为水源东山口。位于乡驻地玛德村东北 21 千米处。
曲 咔 艰	牧点	ཆུ་ཁ་ཙན།	藏语含义为河口畜圈。位于乡驻地玛德村西 7 千米处。
热 查 勒	牧点	ར་ཁྲ་ལྷས།	藏语含义为花山羊畜圈。位于乡驻地玛德村东北 12 千米处。
绒　　勒	牧点	རོང་ལྷས།	藏语含义为峡谷畜圈。位于乡驻地玛德村东北 17 千米处。
日措玛如	牧点	རི་ཚོ་དམར་རུ།	藏语含义为群山红。位于乡驻地玛德村东北 18 千米处的雅麦多东坡。
热穷达拉	牧点	ར་ཆུང་རྟ་ལ།	藏语含义为小羊马山。位于乡驻地玛德村东南 21 千米处。
热　　细	牧点	ར་ཞི།	藏语含义不清。位于乡驻地玛德村 14 千米处。
热　　色	牧点	ར་སེར།	藏语含义为黄山羊。位于乡驻地玛德村北偏西 13 千米处。
热 西 勒	牧点	ར་བཞི་ལྷས།	藏语含义不清。位于乡驻地玛德村北偏西 5 千米处。
热 嘎 勒	牧点	ར་དཀར་ལྷས།	藏语含义为白山羊畜圈。位于乡驻地玛德村西北 17 千米处。
日甲木勒	牧点	ར་ཀྱམ་ལྷས།	藏语含义不清。位于乡驻地玛德村西 7 千米处。
色　　果	牧点	སེར་སྒོ།	藏语含义为黄色门。位于乡驻地玛德村东偏南 20 千米处。
苏 玛 如	牧点	སུལ་དམར་རུ།	藏语含义为红山沟。位于乡驻地玛德村东北 19 千米处。
多波沃扎	牧点	དོག་པོ་སྔོ་ཁྲ།	藏语含义为青色的狭小牧点。位于乡驻地玛德村东 11 千米处。
拖　　称	牧点	མཐོ་ཁྲེང་།	藏语含义不清。位于乡驻地玛德村东偏南 13 千米处。
突 嘎 勒	牧点	ཐུར་སྣ་ལྷས།	藏语含义为山脚下羊圈。位于乡驻地玛德村西北 13 千米处。
兴　　踏	牧点	ཞིང་མཐའ།	藏语含义为田边。位于乡驻地玛德村东北 20 千米处。
学 那 勒	牧点	ཤོར་སྣ་ལྷས།	藏语含义为缺耳畜圈。位于乡驻地玛德村西偏南 10 千米处。
垭莎离巴	牧点	གཡག་ས་ལི་པ།	藏语含义不清。位于乡驻地玛德村东北 24 千米处。
雅 加 勒	牧点	གཡག་བརྒྱ་ལྷས།	藏语含义为百牦牛畜圈。位于乡驻地玛德村东北 27 千米处。
亚 尔 格	牧点	དབྱར་གེས།	藏语含义为夏季畜栏。位于乡驻地玛德村 43 千米处。
雅 拉 勒	牧点	ཡ་ལ་ལྷས།	藏语含义为独山牧点。位于乡驻地玛德村东北 13 千米处。

续表 10

汉文名称	类别	藏文名称	概况
益布热	牧点	ཡིབ་ཕོ་ར།	藏语含义不清。位于乡驻地玛德村东 5 千米处。
约尔日	牧点	ཡོར་རི།	藏语含义为弯曲山。位于乡驻地玛德村西 3 千米处。
杂　控	牧点	རྫ་ཁུང་།	藏语含义为陶洞。位于乡驻地玛德村东偏南 22 千米处。
沃隆拉	山	སྔོ་ལོང་ལ།	藏语含义为青色谷。位于乡驻地玛德村南 35 千米处。
拔多热巴	山	བར་རྫོ་རག་པ།	藏语含义为棕色中间山。位于乡驻地玛德村西南 32 千米处。
顶咔拉	山口	སྟེང་ཁ་ལ།	藏语含义为上面山口。位于乡驻地玛德村东北 16 千米处。
果西莎拉	山口	མགོ་བཞི་ས་ལ།	藏语含义不清。位于乡驻地玛德村东南 23 千米处。
共　苦	山口	དགུང་ཁུ།	藏语含义不清。位于郎久乡驻地玛德村东北 14 千米处。
嘎多木普	山口	དཀར་དུམ་ཕུ།	藏语含义为白块上游。位于乡驻地玛德村东北 13 千米处。
比甲桑	沟	སྤེ་རྒྱ་སངས།	藏语含义不清。位于乡驻地玛德村东北 20 千米处。
杂拉那布	沟	བྲག་ལ་ནག་པོ།	藏语含义为黑岩口。位于乡驻地玛德村东南 14 千米处。
赤　查	沟	ཁྲིས་ཁྲ།	藏语含义为花色腰带。位于乡驻地玛德村东偏北 10 千米处。
杂隆康穷	沟	བྲག་ལུང་ཁམ་ཆུང་།	藏语含义为小褐色岩沟。位于乡驻地玛德村东南 23 千米处。
江　东	地片	སྤྱང་དོང་།	藏语含义为狼坑。位于乡驻地玛德村西南侧。
熊玛布	地片	གཞུང་དམར་པོ།	藏语含义为红盆地。位于乡驻地玛德村东偏北 42 千米处，是赤左藏布入森格藏布河口。
狮泉河	镇	སེང་གེ་ཁ་བབ།	是阿里地区行署驻地，距拉萨市西北 1100 千米处，位于森格藏布两岸。
加　木	村	རྒྱམ་སྨུག	藏语含义为紫色。位于狮泉河南塘咔那布村东南 7 千米处，是普果措久（沟河）东北岸。
塘咔那布	村	ཐང་ག་ནག་པོ།	藏语含义为黑平坝。位于森格藏布南岸，即噶尔县人民政府驻地。
甲木通	村	རྒྱམ་ཐོང་།	藏语含义不清。位于村驻地加木村西偏北 13 千米处。
苏若甲玛	村	སུ་རུབ་དམར།	藏语含义为红色滩。位于狮泉河镇北 2 千米处。
白莫宗	牧点	པད་མ་འཛོམས།	藏语含义不清。位于村驻地加木村西南 16 千米处。
扎那坡	牧点	བྲག་ནག་པོ།	藏语含义为黑岩山。位于村驻地加木村东南 9 千米处，即鲁隆下段。
夺布沃勒	牧点	རྡོ་པོ་སྔོ་ལྷས།	藏语含义不清。位于村驻地加木村西南 4 千米处。

续表 11

汉文名称	类别	藏文名称	概况
夺布那宗	牧点	རྫོ་པོ་ནག་ཚོང་།	藏语含义不清。位于村驻地加木村西南13千米处。
夺布帝舒	牧点	རྫོ་པོ་རྡེལ་ཕྲུག	藏语含义为砾石堆。位于村驻地加木村西南14千米处。
达隆嘎布	牧点	རྟ་ལུང་དཀར་པོ།	藏语含义为白马谷。位于村驻地加木村东南9千米处。
夺布玉日	牧点	རྫོ་པོ་གཡུ་རི།	藏语含义为青色石山。位于村驻地加木村西北13千米处。
同沃勒	牧点	སྔོང་རྫོ་ལྷས།	藏语含义为青色畜圈。位于村驻地加木村西北9千米处的森格藏布北岸。
吉普沃玛	牧点	སྐྱི་ཕུག་འོག་མ།	藏语含义不清。位于乡驻地加木村东北14千米处。
狮泉河镇境内的地名			
嘎仓贡玛	牧点	མགར་ཚང་འོག་མ།	藏语含义为下铁匠户。位于村驻地东北处的森格藏布北岸。
格热	牧点	སྐེད་ར།	藏语含义为山腰畜圈。位于村驻地加木村西北2千米处。
给勒指热	牧点	གེ་ལྷས་གྲིབ་ར།	藏语含义不清。位于村驻地加木村东南14千米处。
咔热	牧点	འགག་ར།	藏语含义为隘口。位于村驻地加木村西北14千米处。
古热	牧点	སྒུག་ར།	藏语含义为故意等待。位于村驻地加木村东北9千米处。
改巴托波	牧点	གད་པ་མཐོ་པོ།	藏语含义为高断崖。位于村驻地加木村东南7千米处。
康北草	牧点	ཁང་པའི་གས།	藏语含义为裂缝的房子。位于村驻地加木村西偏北14千米处的传森格藏布南岸。
康佳勒	牧点	ཁང་བརྒྱ་ལྷས།	藏语含义为百房畜圈。位于村驻地加木村17千米处的森格藏布河滩。
康巴布科	牧点	ཁམ་པ་སྦུག་འཁོར།	藏语含义不清。位于村驻地加木村东南14千米处。
拉桑	牧点	ལྷ་བསངས།	藏语含义为煨桑。位于村驻地加木村西北24千米处。
聂踏勒	牧点	གཉན་མཐའ་ལྷས།	藏语含义为盘羊沟。位于村驻地加木村南偏西15千米处。
峨温	牧点	འོར་སྡོན།	藏语含义不清。位于村驻地加木村北偏东11千米处。
峨温	牧点	འོར་སྡོན།	藏语含义不清。位于村驻地加木村南偏西13千米处。
窝切勒	牧点	ཨོལ་ཆད་ལྷས།	藏语含义不清。位于村驻地加木村东北16千米处的森格藏布北。
白嘎盖扎	牧点	བེར་ཀ་སྐད་གྲགས།	藏语含义为风大。位于村驻地加木村西北21千米处。
普咔差唔	牧点	ཕུག་ཁྲ་པོ།	藏语含义为花洞。位于村驻地加木村西南11千米处。
爬勒	牧点	བར་ལྷས།	藏语含义为中间畜圈。位于村驻地加木村南11千米处。

续表 12

汉文名称	类别	藏文名称	概况
切　热	牧点	བྱེ་ར།	藏语含义为沙子牧点。位村村驻地加木村西南 11 千米处。
热　踏	牧点	རགས་ཐ།	藏语含义为堤坝。位于村驻地加木村东南 5 千米处，是普果玛久（沟河）南岸。
日温勒	牧点	རི་སྔོན་ལྷས།	藏语含义为青山畜圈。位于村驻地加木村西北 19 千米处。
热咔色觉	牧点	ར་ཁ་སེར་སྐྱིག	藏语含义不清。位于村驻地加木村东南 10 千米处。
润揩木	牧点	རུས་ཚོམ།	藏语含义为骨堆。位于村驻地加木村西北 21 千米处。
热拉札塘	牧点	ར་ལ་རྩ་ཐང་།	藏语含义为羊绒式草场。位于村驻地加木村西偏北 23 千米处的森格藏布北。
沙　勒	牧点	གསར་ལྷས།	藏语含义为新畜圈。位于村驻地加木村西南 8 千米处。
舒热嘎如	牧点	ཤུབ་ར་དཀར་རུ།	藏语含义为白色山沟。位于村驻地加木村西北 14 千米处。
松多沃玛	牧点	གསུམ་མདོ་འོག་མ།	藏语含义为下三岔口。位于村驻地加木村东南 11 千米处，即鲁隆上段。
松多贡玛	牧点	གསུམ་མདོ་གོང་མ།	藏语含义为上三岔口。位于村驻地加木村南偏东 17 千米处，即鲁林（沟）上段。
松　日	牧点	སྲུང་རི།	藏语含义为护山。位于村驻地加木村东 5 千米处。
色姆穷	牧点	གསེར་མོ་ཆུང་།	藏语含义为规模较小的泉水。位于村驻地加木村东北 14 千米处的森格藏布河岸。
塘热贡玛	牧点	ཐང་ར་གོང་མ།	藏语含义为上坝圈。位于村驻地加木村西北 25 千米处。
雄　救	牧点	གཞུང་མཇུག	藏语含义为正尾。位于村驻地加木村东北 11 千米处的森格藏布南岸。
玉　日	牧点	གཡུ་རི།	藏语含义为玉山。位于村驻地加木村西北 20 千米处。
嘴普哈热	牧点	གཙོད་པོ་ཧར་ར།	藏语含义为神山。位于村驻地加木村西北 7 千米处的森格藏布北岸。
鲁玛桑巴	桥	ལུ་མ་བཟང་པོ།	藏语含义为好泉水。位于狮泉河镇西偏南 40 千米处。
七一桥	桥	བདུན་གཅིག་ཟམ་པ།	位于狮泉河镇东约 95 千米处，跨越于仲果河。
狮泉河桥	桥	སེང་གེ་གཙང་པོའི་ཟམ་པ།	位于狮泉河镇南，跨越森格藏布。
幸福桥	桥	བདེ་སྐྱིད་ཟམ་པ།	位于门士区驻地，新藏公路（狮泉河镇至普兰段）上，跨越亚尔穷曲。
黑阿公路	公路	ནག་མང་འ་གཞུང་ལམ	位于西藏自治区西北部羌塘高原。东起自那曲地区驻地黑河（那曲镇），西至阿里地区驻地狮泉河镇。

续表 13

汉文名称	类别	藏文名称	概况
噶尔哇	山	དཀར་བ།	藏语含义为白山。位于村驻地加木村东南13千米处。
拉桑加波	山	ལྷ་བསངས་རྒྱལ་པོ།	藏语含义为煨桑王。位于村驻地加木村西北15千米处。
鲁　顶	山	ཀླུ་སྟེང་།	藏语含义不清。位于村驻地加木村西南12千米处。
拉母曲拉	山	ལྷ་མོ་ཆོས་ལྷ།	藏语含义为神女法山、仙女法山。位于村驻地加木村东北7千米处。
益恰顶	山	ཡིད་ཆགས་སྟེང་།	藏语含义为留恋顶。位于村驻地加木村南偏东13千米处。
扎　果	山口	བྲག་སྒོ།	藏语含义为岩石门。位于村驻地加木村西北15千米处。
德里岗	山口	བདེ་ལི་སྒང་།	藏语含义不清。位于村驻地加木村北23千米处。
顶查列	山口	སྟེང་ཁྲ་ལེབ།	藏语含义为花山顶。山峰呈椭圆形，海拔5672米处。
地巴拉给	山口	སྡིག་པ་ནག་ཁེར།	藏语含义不清。位于村驻地加木村西南10千米处。
咔巴踏色	山口	གད་པ་ཐ་སེར།	藏语含义为黄石山口。位于村驻地加木村南偏东12千米处。
巩果拉	山口	གུང་གོ་ལ།	藏语含义不清。位于村驻地加木村东南8千米处。
拉　隆	山口	ལ་ལུང་།	藏语含义为山谷。位于村驻地加木村南13千米处。
那布古古	山口	ནག་པོ་གུར་གུར།	藏语含义为黑色弯弯。位于村驻地加木村南14千米处。
娥湿拉	山口	འོར་སྔོན་ལ།	藏语含义不清。位于村驻地加木村西南13千米处。
比纳苏日	山口	པེ་ན་སུ་རི།	藏语含义不清。位于村驻地加木村西18千米处。
切拉热巴	山口	བྱེ་ལ་རག་པ།	藏语含义为棕色沙山口。位于村驻地加木村西南21千米处。
亚尔拉滚拉	山口	དབྱར་ལ་དགུན་ལ།	藏语含义为冬夏山口。位于村驻地加木村东北6千米处。
扎　顶	山口	རྫབ་སྟེང་།	藏语含义为沼顶。位于村驻地加木村东南20千米处。
白姆综	沟	པད་མ་འཛོམས།	藏语（人名）。位于西南16千米处。
指布热玛布	沟	གྲིབ་ར་དམར་པོ།	藏语含义为红阴坡沟。位于村驻地加木村东北9千米处。
给　勒	沟	སྒེ་ལྷས།	藏语含义为斜畜栏。位于村驻地加木村东南16千米处。
果　嘎	沟	མགོ་དཀར།	藏语含义为白头。位于村驻地加木村东南16千米处。
干木桑	沟	སྐམ་སངས།	藏语含义为干枯。位于村驻地加木村南偏东12千米处。
甲玛日	沟	རྒྱ་དམར་རི།	藏语含义为红阔山。位于村驻地加木村东南8千米处。

续表 14

汉文名称	类别	藏文名称	概况
果贡玛	沟	གོ་གོང་མ།	藏语含义为上面的羊圈。位于村驻地加木村东南 14 千米处。
贡磨荣	沟	གོང་མོའི་རོང་།	藏语含义为雪鸡峡谷。位于村驻地加木村东南侧。
鲁林	沟	གླུ་ལེན།	藏语含义为唱歌。位于村驻地加木村南偏东 16 千米处。
拉桑	沟	ལྷ་བསངས།	藏语含义为煨桑。位于村驻地加木村东北 13 千米处的森格藏布北岸。
鲁隆	沟	ཀླུ་ལུང་།	藏语含义为龙沟。位于村驻地加木村东南 11 千米处。
聂达	沟	གཉན་མདའ།	藏语含义为盘羊沟口。位于村驻地加木村西南 13 千米处。
亚玛既卓	沟	ཡ་མ་ཅི་སྒྲོག	藏语含义不清。位于村驻地加木村南 5 千米处。
查木栋	地片	ཁྲམ་སྡོང་།	藏语含义为滩边的树。位于村驻地加木村西偏北 19 千米处的森格藏布两岸。
夺沃塘咔	地片	ཇོ་སྔོན་ཐང་ཁ།	藏语含义为青色平坝。位于村驻地加木村西北 12 千米处，是狮泉河镇西北。
丁珠	地片	ཏིང་གྲུམ།	藏语含义不清。位于村驻地加木村西南 13 千米处。
冬布固固	地片	སྡོང་པོ་གུག་གུག	藏语含义为弯曲树。位于村驻地加木村西 16 千米处。
冬沃塘	地片	གདོང་སྔོ་ཐང་།	藏语含义为青秆平坝，因南临森格藏布河滩有密灌丛，故名。位于加木村驻地加木村西北 16 千米处。
热拉札塘	地片	ར་ལ་རྩ་ཐང་།	藏语含义为山绒草场。位于村驻地加木村西 16 千米处的森格藏布南岸。
热拉雄	地片	ར་ལ་གཞུང་།	藏语含义不清。位于村驻地加木村西北 23 千米处。
门士乡境内的地名			
门士	乡	མོན་མཚེར།	藏语含义为门人住地。位于噶尔县境东南，其西南为札达县；东南接普兰县；东北邻革吉县。
俄里塘咔	村	ཨ་ལི་ཐང་ཁ།	藏语含义为项珠滩。位于县治狮泉河镇塘咔那布村东南 157 千米处，朗钦藏布上游亚尔穷曲入口处北岸。
昂玲玲	村	ཇ་ལིང་།	藏语含义为翘尾巴。位于狮泉河镇东南 165 千米处，即朗钦藏布上游河滩。
曲松布	村	ཆུ་གསུམ་གུག	藏语含义为三河汇湾。位于县治狮泉河镇东南 158 千米处，即朗钦藏布上游亚尔穷曲入口处河滩。
扎哪堆仓	牧点	བྲག་སྣ་སྡོད་ཚང་།	藏语含义为石山边上的羊圈。位于乡驻地阿里塘咔村西北 17 千米处。
查仁	牧点	ཁྲ་རིང་།	藏语含义不清。位于乡驻地阿里塘咔村东北 10 千米处，亚穷曲滩。
典孜	牧点	ལྡན་རྩེ།	藏语含义为坡顶。位于乡驻地阿里塘咔村东 29 千米处。

续表 15

汉文名称	类别	藏文名称	概况
加呢马尔果	牧点	རྒྱ་རྙེ་མར་སྒོ།	藏语含义不清。位于乡驻地阿里塘咔村西北 20 千米处。
加　日	牧点	བརྒྱ་རི།	藏语含义为百山，又说意为很多人的住过的草场。位于乡驻地阿里塘咔村西 3 千米处，朗钦藏布（象泉河）北岸。
嘎　庆	牧点	འགག་ཆེན།	藏语含义为大封地。位于乡驻地阿里塘咔村东北 11 千米处。
吉廓勒	牧点	དཀྱིལ་སྐོར་ལྷས།	藏语含义为圆环羊圈。位于乡驻地阿里塘咔村西北 23 千米处。
故如甲木	牧点	གུ་རུ་གྱམ།	藏语含义为岩棚寺。位于乡驻地阿里塘咔村西偏南 7 千米处，即朗钦藏布北岸。
各　隆	牧点	གྱེས་ལུང་།	藏语含义为岔路口。位于乡驻地阿里塘咔村西北 8 千米处。
勒贡玛	牧点	ལྷས་གོང་མ།	藏语含义为上畜圈。位于乡驻地阿里塘咔村西北 21 千米处。
陆　勒	牧点	ལུག་ལྷས།	藏语含义为绵羊圈。位于乡驻地阿里塘咔村西偏南 29 千米处。
罗　勒	牧点	ལོ་ལྷས།	藏语含义为年圈。位于乡驻地阿里塘咔村西 34 千米处。
芒　查	牧点	མང་བྲག	藏语含义为多岩山。位于乡驻地阿里塘咔村西北 10 千米处。
巴　热	牧点	བྲག་（བག་）ར།	藏语含义为岩山院。位于乡驻地阿里塘咔村北 3 千米处。
松白达若	牧点	གསུམ་པའི་དར།	藏语含义为三角冰。位于乡驻地阿里塘咔村西北 37 千米处。
翁布通通	牧点	འུམ་བུ་ཐུང་ཐུང་།	藏语含义为短红柳。位于乡驻地阿里塘咔村西北 9 千米处。
扎达布日	牧点	དྲི་བདའ་སྲོས་རི།	梵语含义为罗刹。位于乡驻地阿里塘咔村东南 2 千米处，即朗钦藏布河岸。
门士煤矿	矿	མོན་མཚེར་སོལ་གཏེར།	门士乡而得名。位于乡驻地阿里塘咔村东北 23 千米处。
安　普	山	ཨམ་ཕུ།	藏语含义为大岩深沟。位于乡驻地阿里塘咔村北偏东 19 千米处。
阿木隆	山	ཨམ་ལུང་།	藏语含义为岩石沟。位于乡驻地阿里塘咔村东北 16 千米处。
扎热巴	山	བྲག་རག་སྤར།	藏语含义为棕色岩山排。位于乡驻地阿里塘咔村东北 18 千米处。
色热隆巴	沟	སེ་ར་ལུང་པ།	藏语含义为冰雹谷。位于门士乡驻地阿里塘咔村西北 25 千米处。

续表 16

汉文名称	类别	藏文名称	概况
棍 日	山	མགོན་རི།	藏语含义为黑天护法山。位于乡驻地阿里塘咔村东北 15 千米处。
贡普日	山	མགོན་པོ་རི།	藏语含义为黑天护法山。位于乡驻地阿里塘咔村西北 42 千米处。
昂 查	山	ངང་ཁྲ།	藏语含义为花野鸭。位于乡驻地阿里塘咔村北偏东 21 千米处。
拉 隆	山口	ལ་ལུང་།	藏语含义为山口谷。位于乡驻地阿里塘咔村东北 33 千米处。
嘎布拉	山口	དཀར་པོ་ལ།	藏语含义为白色山口。位于乡驻地阿里塘咔村东北 38 千米处。
昂查拉	山口	ངང་ཁྲ་ལ་།	藏语含义为花野鸭山口。位于门士乡东北 20 千米处昂查（山）鞍部。
亚尔庆曲	河	དབྱར་ཆེན་ཆུ།	藏语含义为正夏大河。位于门士乡境东部。
嘎 比	沟	དཀར་བྱེ་（བེ་）	藏语含义为白沙子沟。位于乡驻地阿里塘咔村东北 35 千米处。
嘎 穷	沟	དཀར་ཆུང་།	藏语含义为小白沟。位于乡驻地阿里塘咔村东北 38 千米处。
棍布荣	沟	དགོན་པོ་རོང་།	藏语“棍布”是人名，沟以人名。位于乡驻地阿里塘咔村西北 23 千米处。
嘎 东	沟	དཀར་དུམ།	藏语含义为白谷地。位于乡驻地阿里塘咔村北偏东 16 千米处。
贡觉达如	沟	གོ་འཇོ་སྟུར།	藏语含义不清。位于乡驻地阿里塘咔村西北 43 千米处。
加布卓咔	沟	རྒྱ་རྫོག་ཁ།	藏语含义不清。位于乡驻地阿里塘咔村北 10 千米处。
加隆普	沟	ཆང་ལུང་ཕུ།	藏语含义不清。位于乡驻地阿里塘咔村西 35 千米处。
奇古雪热	沟	ཁྲི་གུ་ཤོ་རས།	藏语含义为豁嘴小狗，因地形得名。位于乡驻地阿里塘咔村东北 29 千米处。
典孜达隆	沟	ལྡན་རྩེ་རྟ་ལུང་།	藏语含义为有泉水的放马沟。位于乡驻地阿里塘咔村东 30 千米处。
尼玛隆	沟	ཉི་མ་ལུང་།	藏语含义为阳沟。位于乡驻地阿里塘咔村东北 37 千米处，即嘎布拉西侧。
强 玛	沟	བྱང་མ།	藏语含义为北面。位于乡驻地阿里塘咔村西北 37 千米处。
日杰隆	沟	རི་རྒྱལ་ལུང་།	藏语含义为山王谷。位于乡驻地阿里塘咔村东南 15 千米处。
岗 热	牧点	སྒང་ར།	藏语含义为上面畜栏。位于乡驻地阿居村南偏东 22 千米处的罗摩切曲北岸。

续表 17

汉文名称	类别	藏文名称	概况
毒　拉	沟	དུག་ལ།	藏语含义为毒山口。位于乡驻地阿里塘咔村东 38 千米处。
多拉曲隆	沟	དོག་ལ་ཆུ་ལུང་།	藏语含义为隘口沟。位于乡驻地阿里塘咔村东北 35 千米处。
达　那	沟	དར་ནག	藏语含义为黑冰。位于乡驻地阿里塘咔村东南 6 千米处。
嘎　如	沟	ཤ་རུ།	藏语含义不清。位于乡驻地阿里塘咔村西北 46 千米处。
野　莫	沟	དབྱར་མོ།	藏语含义为夏季。位于乡驻地阿里塘咔村东北 34 千米处。
尊肖普	沟	བཙོན་ཤོར་ཕུ།	藏语含义不清。位于乡驻地阿里塘咔村东北 21 千米处，即巴尔穷曲上源。
杂　隆	沟	རྫ་ལུང་།	藏语含义为乱石谷。位于乡驻地阿里塘咔村西北 29 千米处。
查　加	地片	ཁྲ་རྒྱ།	藏语含义为花色的戈壁滩。位于乡驻地阿里塘咔村西北 27 千米处，措玛尔登南。
莫果邦坚	地片	མོ་གོ་སྤང་ཞེར།	藏语含义为长有莫果（草）邦坚（花）的草场。位于乡驻地阿里塘咔村西北 26 千米处。
呐咔康巴	地片	ན་ཁ་ཁམ་པ།	藏语含义为棕色草滩。位于乡驻地阿里塘咔村东 25 千米处，即棍亚塘嘎东。
维色塘	地片	འོད་ཟེར་ཐང་།	藏语含义为光芒平坝。位于乡驻地阿里塘咔村东 14 千米处。
索堆乡境内的地名			
索　堆	乡	སོག་སྟོད།	藏语含义为上蒙古部落，又说意为肩胛骨。村驻地阿居村位于狮泉河镇塘咔那布村东南 113 千米处。
阿　居	村	ཨ་རྒྱུ།	藏语含义不清。位于县治狮泉河镇塘咔那布村东南 113 千米处，即腊浪松多北侧，哦居措北岸。
巴尔热仲措	村	སྤར་ར་གྲོང་ཚོ།	藏语含义为巴尔水流域的村庄。位于县治狮泉河镇东南 120 千米处的巴尔热曲北岸。
折布咔	牧点	འབྲི་མོ་ཁ།	藏语含义为岩石洞。位于乡驻地阿居村东南 32 千米处的雪隆巴（沟河）岸。
钟木西萨	牧点	འབྲོང་མོ་ཤི་ས།	藏语含义为母野牛死地。位于乡驻地阿居村东南 16 千米处。
次隆勒	牧点	ཚེར་ལུང་ལྷས།	藏语含义为刺草沟畜圈。位于乡驻地阿居村西南 10 千米处的巴强曲东岸。
扎　勒	牧点	བྲག་ལྷས།	藏语含义为岩石畜圈。位于乡驻地阿居村西 7 千米处。
得布仁	牧点	སྡེབས་རིང་།	藏语含义为宽敞的牧场。位于乡驻地阿居村东南 36 千米处。
吉布庆	牧点	སྐྱིད་པོ་ཆེན།	藏语含义为大乐。位于乡驻地阿居村西北 3 千米处。

续表 18

汉文名称	类别	藏文名称	概况
吉布勒	牧点	སྐྱིད་པོ་ལྷས།	藏语含义为舒适畜圈。位于乡驻地阿居村西北 4 千米处。
加族朋	牧点	བརྒྱ་ལུས་ཕུང་།	藏语含义不清。位于乡驻地阿居村东南 32 千米处。
吉果尔果	牧点	གེའི་སྐོར་སྐོར།	藏语含义不清。位于乡驻地阿居村南偏东 10 千米处。
咔热木	牧点	ཁ་རམ།	藏语含义为茅草边。位于乡驻地阿居村东南 17 千米处的巴尔热（河）东南侧。
科朗加木	牧点	ཁར་རླངས་རྒྱམ།	藏语含义不清。位于乡驻地阿居村东南 34 千米处的昂查东侧。
奖普咔	牧点	རྒྱམ་ཕུག	藏语含义不清。位于乡驻地阿居村东南 17 千米处的巴尔热（河）东南。
勒贡玛	牧点	ལྷས་གོང་མ།	藏语含义为上畜圈。位于乡驻地阿居村东南 38 千米处的追亚隆（河）。
拉指多布	牧点	ལྷ་འདྲེ་རྡོ་པོ།	藏语含义为神鬼石头。位于乡驻地阿居村东南 19 千米处。
拉木勒	牧点	ལམ་ལྷས།	藏语含义为通路畜圈。位于乡驻地阿居村东南 13 千米处。
隆嘎	牧点	ལུང་དཀར།	藏语含义为白沟。位于乡驻地阿居村东南 44 千米处。
莫落江	牧点	མོ་ལོ་རྒྱམ།	藏语含义不清。位于乡驻地阿居村南偏西 27 千米处。
尼总勒	牧点	ཉི་འཛོམས་ལྷས།	藏语含义为暖圈。位于乡驻地阿居村东南 12 千米处的仲嘎隆（沟滩）。
俄查庆	牧点	སྔོ་ཁྲག་ཆེ།	藏语含义不清。位于乡驻地阿居村南偏东 9 千米处。
呢咔	牧点	ཉེན་ཁ།	藏语含义为险处。位于乡驻地阿居村南偏东 16 千米处，即尼尔热（沟河）西北岸。
普孜顶	牧点	བུ་རྩེ་ལྡིངས།	藏语含义不清。位于乡驻地阿居村西南 37 千米处，即直木母曲上段。
爬美巴尔	牧点	བྲག（བག་）མེ་འབར།	藏语含义为燃火岩。位于乡驻地阿居村东 2 千米处。
瑞炯	牧点	རུས་འཛོམས།	藏语含义不清。位于乡驻地阿居村南偏东 23 千米处，罗摩切曲南岸。
热玛加木	牧点	རགས་མ་རྒྱམ།	藏语含义不清。位于乡驻地阿居村西南 20 千米处，定列仲布咔（沟河岸）。
热布踏	牧点	རབ་མཐའ།	藏语含义为渡口边。位于乡驻地阿居村 13 千米处，即巴尔热（沟）岸。
萨咔勒	牧点	བསག་ལྷས།	藏语含义不清。位于乡驻地阿居村东南 23 千米处。
苏母如	牧点	སུ་སྨུ་རུ།	藏语含义不清。位于乡驻地阿居村西南 19 千米处，即罗摩切曲岸。

续表 19

汉文名称	类别	藏文名称	概况
铜 布 绒	牧点	རྡོང་པོ་རོང་།	藏语含义不清。位于乡驻地阿居村东南 17 千米处，即巴尔热西岸。
土折沃麻	牧点	ཐུག་འཕྲད་འོག་མ།	藏语含义不清。位于乡驻地阿居村东南 11 千米处，是仲隆（沟河）岸。
吾 木 栋	牧点	འུམ་དུམ།	藏语含义为小块红柳。位于乡驻地阿居村西南 12 千米处，即凯巴强曲岸。
夏查勒庆	牧点	ཤར་ཁྲག་ལྷས་ཆེན།	藏语含义为东血大畜圈。位于乡驻地阿居村东南 42 千米处，是雪隆巴（沟河）北岸。
巴尔丘站	兵站	པ་འར་དམག་མིའི་འབབ་ཚུགས།	藏语含义不清。位于乡驻地阿居村南偏西 18 千米处，即巴尔热曲汇入罗摩切曲河岸、新藏公路边。
噶尔宗贡巴	庙	གད་རྫོང་དགོན་པ།	藏语含义为崖堡寺。位于乡驻地阿居村西 19 千米处，即噶尔宗隆西岸。
邦 顶	山	སྤང་ལྡིང་།	藏语含义为空中草坪。位于乡驻地阿居村东南 54 千米处，属冈底斯山。
琪 布 伦	山	ཆིབས་སློན།	藏语含义不清。位于索堆乡西南。
牛 日	山	སྙིང་རི།	藏语含义为心脏山。位于乡驻地阿居村西南 34 千米处。
色 热 它	山	སེར་（བ་）ཐ།	藏语含义为冰雹山。位于乡驻地阿居村东南 22 千米处。
塔 康 巴	山	ཐ་ཁམ་པ།	藏语含义为棕色的边缘山。位于乡驻地阿居村东偏南 17 千米处，属冈底斯山。
塔 岗 杰	山	དར་སྣང་སྣལ།	藏语含义不清。位于乡驻地阿居村东南 28 千米处。
直 孜	山	འབྲི་རྩེ།	藏语含义为母牦牛顶。位于乡驻地阿居村东南 32 千米处。
巴穷松多	山口	སྤར་ཆུང་གསུམ་མདོ།	藏语含义不清。位于乡驻地阿居村东偏南 24 千米处。
噶尔宗拉	山口	གད་རྫོང་ལ།	藏语含义为崖堡山口。位于乡驻地阿居村西偏南 37 千米处。
隆 嘎 拉	山口	ལུང་དཀར་ལ།	藏语含义为白乡山口。位于乡驻地阿居村西南 24 千米处。
隆巴俄巴	山口	ལུང་པ་ལྔ་ལ།	藏语含义为五沟山口。位于乡驻地阿居村西南 6 千米处。
确 科 拉	山口	ཕྱོགས་ཁ་ལ།	藏语含义为各方山口。位于乡驻地阿居村西南 41 千米处。
亚尔穷拉	山口	དབྱར་ཆུང་ལ།	藏语含义为小夏山口。位于乡驻地阿居村东南 51 千米处，即阿木隆（雪山）北。

续表 20

汉文名称	类别	藏文名称	概况
巴尔热曲	河	སྤར་ཆུ།	藏语含义不清。位于索堆乡东南部。
果尔宗曲	河	གད་རྫོང་ཆུ།	藏语含义为崖堡水。位于索堆乡西南部。
罗摩切曲	河	སློ་མོ་ཆེ་ཆུ།	藏语含义不清。位于乡驻地阿居村西南。
吾木同曲	河	ཨུམ་བུང་ཆུ།	藏语含义为小红柳水。位于乡驻地阿居村西。
巴尔热穷	沟	སྤར་ཆུང་།	藏语含义不清。位于乡驻地阿居村东南 11 千米处。
邦　　嘎	沟	སྤང་དཀར།	藏语含义为白草坪。位于乡驻地阿居村西南 29 千米处。
邦隆沃扎	沟	སྤང་ལུང་སྔོ་ཁྲ།	藏语含义为绿色草坪沟。位于乡驻地阿居村东南 48 千米处。
邦 庆 木	沟	སྤང་ཆེན་མོ།	藏语含义为广阔草坪。位于乡驻地阿居村东南 24 千米处。
巴尔聂隆	沟	བར་རྫུལ་ལུང་།	藏语含义不清。位于乡驻地阿居村东南 27 千米处。
扎 托 布	沟	扎托布	藏语含义为高岩石。位于乡驻地阿居村东南 4 千米处。
定列仲布	沟	ལྡིངས་ལས་གྲོང་ཕུག	藏语含义不清。位于乡驻地阿居村西南 16 千米处。
久　　达	沟	མཇུག་རྟགས།	藏语含义为尾号。位于乡驻地阿居村南 24 千米处。
贡 查 普	沟	གོང་ཁྲ་ཕུ།	藏语含义为上花斑沟头。位于乡驻地阿居村西南 29 千米处。
俄 居 措	沟	སྔ་རྒྱུད་མཚོ།	藏语含义为晨沟。位于乡驻地阿聚村西 3 千米处。
拿咔纳孜	沟	སྣ་ཁ་སྣ་རྩེ།	藏语含义为鼻形顶，以黑山头得名。位于乡驻地阿居村东南 28 千米处。
沃　　差	沟	སྔོ་ཁྲ།	藏语含义为绿斑。位于乡驻地阿居村东南 9 千米处。
俄　　纠	沟	སྔ་རྒྱུ།	藏语含义不清。位于乡驻地阿居村西偏北 12 千米处。
奇 娃 隆	沟	འཕྱི་བ་ལུང་།	藏语含义为旱獭谷。位于乡驻地阿居村东南 28 千米处。
谊　　庆	沟	རུབ་ཤོག་ལུང་པ།	藏语含义为信任。位于乡驻地阿居村东南 27 千米处。
仲　　隆	沟	འབྲོང་ལུང་།	藏语含义为野牛沟。位于乡驻地阿居村东南 12 千米处。
定列塘咔	地片	ལྡིང་ལས་ཐང་ཁ།	藏语含义不清。位于乡驻地阿居村西南 16 千米处，即吾木同曲西侧。
定日塘咔	地片	སྡིང་རི་ཐང་ཁ།	藏语含义不清。位于乡驻地阿居村西南 5 千米处。
江栋贡咔	地片	སྤྱང་མཐོང་གོང་ག	藏语含义为见狼山凹。位于乡驻地阿居村东南 25 千米处，即罗摩千切曲南。
夏定乜曲	地片	ཤར་ཏིང་པི་ཆུ།	藏语含义不清。位于乡驻地阿居村西南 15 千米处，即剀巴强曲西侧。

续表 21

汉文名称	类别	藏文名称	概况
		昆萨乡境内的地名	
琼　普	村	ཁྱུང་པོ།	藏语含义为大鹏鸟。为村驻地，位于县治狮泉河镇塘咔那布村南偏东 66 千米处。
納木如村	村	གནམ་རུ།	藏语含义为天角、弓。位于噶尔县境南部，位于县治狮泉河镇塘咔那布村南偏东 66 千米处，即噶尔藏布西岸。
噶尔亚沙仲措	村	སྒར་དབྱར་ས་གྲོང་ཚེ	藏语含义为夏营村。位于县治狮泉河镇东南 85 千米处，即噶尔藏布上游东岸。
塘　热	村	ཐང་ར།	藏语含义为平川畜圈、平源滩。位于县治狮泉河镇东南 75 千米处，即噶尔藏布中游东侧。
扎　墩	牧点	བྲག་དུམ།	藏语含义为岩块。位于乡驻地琼普村东南 24 千米处，即噶尔藏布上游沼泽滩西侧。
达布加果	牧点	རྟ་ཇག་སྒོ།	藏语含义为劫马门。位于乡驻地琼普村东南 27 千米处，即吾木同曲西侧。
夺波沃若	牧点	རྡོ་པོ་སྔོ་རོག	藏语含义为绿石山。位于乡驻地琼普村东南 9 千米处，即噶尔藏布西岸。
夺布沃布	牧点	རྡོ་པོ་སྔོ་པོ།	藏语含义为青山。位于乡驻地琼普村西偏北 6 千米处，即夺布与百亚隆两条沟谷交汇处。
夺　热	牧点	རྡོ་ར།	藏语含义为石垒起来的羊圈。位于乡驻地琼普村西南 15 千米处。
岗母桑	牧点	སྐམ་བསངས།	藏语含义为干沟。位于乡驻地琼普村北 17 千米处。
岗　热	牧点	སྒང་ར།	藏语含义为上院。位于乡驻地琼普村东南 11 千米处。
廓夺热巴	牧点	འཕོར་རྡོ་རག་པ།	藏语含义不清。位于乡驻地琼普村北 15 千米处，即噶尔藏布东岸。
甲木差	牧点	རྒྱམ་ཁྲ།	藏语含义为花色的滩。位于乡驻地琼普村东北 3 千米处，即噶尔藏布东岸。
嘎　喳	牧点	ག་ཁྲ།	藏语含义为花斑。位于乡驻地琼普村东南 25 千米处。
康　加	牧点	ཁང་བརྒྱ།	藏语含义百房。位于乡驻地琼普村东南 25 千米处，即吾木同曲西岸。
格　嘎	牧点	གད་དཀར།	藏语含义为白崖。位于乡驻地琼普村西北 14 千米处。
勒吉布	牧点	ལྷས་སྐྱིད་པོ།	藏语含义为舒适的畜圈。位于乡驻地琼普村西南 16 千米处，即托枯番木西北。
蓝木勒	牧点	ལམ་ལྷས།	藏语含义为路边蓄圈。位于乡驻地琼普村东南 6 千米处，即噶尔藏布东侧。
俄伟其	牧点	སྔ་འོད་ཕྱི།	藏语含义不清。位于乡驻地琼普村东 23 千米处。
普查勒	牧点	ཕུ་ཁྲ་ལྷས།	藏语含义为斑沟畜圈。位于乡驻地琼普村东北 20 千米处，即普查（沟）西侧。

续表 22

汉文名称	类别	藏文名称	概况
泼若西萨	牧点	ཕོ་རོག་ཤི་ས།	藏语含义为乌鸦死地。位于乡驻地琼普村西南 14 千米处。
切　隆	牧点	བྱེ་ལུང་།	藏语含义为沙子谷。位于乡驻地琼普村东南 16 千米处，即噶尔藏布东岸山坡。
曲 辱 果	牧点	ཆུ་རུད་སྒོ།	藏语含义为山洪门。位于乡驻地琼普村东南 10 千米处，即噶尔藏布东侧。
热泽隆玛	牧点	ར་རྫི་ལུ་མ།	藏语含义为牧人泉水。位于乡驻地琼普村东南 2 千米处，即噶尔藏布东岸。
热 布 喜	牧点	རབ་བཞི།	藏语含义不清。位于乡驻地琼普村北 14 千米处，即噶尔藏布东侧山坡。
绒　果	牧点	རོང་སྒོ།	藏语含义为峡门、沟口。位于乡驻地琼普村（沟）西南 12 千米处。
桑工夺热	牧点	སངས་གུང་རྡོ་ར།	藏语含义不清。位于乡驻地琼普村北偏西 10 千米处，即噶尔藏布西岸。
舒热嘎布	牧点	ཤུབ་ར་དཀར་པོ།	藏语含义不清。位于乡驻地琼普村北偏西 13 千米处。
踏 嘎 如	牧点	ཐ་དཀར་རུ།	藏语含义为白石山小羊圈。位于乡驻地琼普村东偏南 18 千米处，即俄隆下段。
翁 布 孜	牧点	འུམ་བུ་གད།	藏语含义为红柳断岸。位于乡驻地琼普村东南 27 千米处。
夏　隆	牧点	ཤར་ལུང་།	藏语含义为东谷。位于乡驻地琼普村西北 8 千米处。
隅尼奇热	牧点	གཡུ་ཉེ་རྡོ་ར།	藏语含义不清。位于乡驻地琼普村西南 18 千米处，即帮布拉东北。
雅　切	牧点	གཡག་ཆད།	藏语含义为牦牛累倒。位于乡驻地琼普村东南 8 千米处。
阿　列	山	ཨ་ལེ།	藏语含义为项链山。位于乡驻地琼普村东偏南 24 千米处。
伦 波 嘎	山	ལྷུན་པོ་སྒར།	藏语含义为雄纬营。位于乡驻地琼普村西南 30 千米处。
足 隆 普	山	མཛོ་ལུང་ཕུ།	藏语含义为犏牛的山谷。位于乡驻地琼普村南偏东 29 千米处。
薄 果 拉	山口	སྤོགས་གོ་ལ།	藏语含义不清。位于乡驻地琼普村西南 34 千米处。
补 孜 拉	山口	འབུར་རྩེ་ལ།	藏语含义不清。位于乡驻地琼普村西南 15 千米处。
拉　莎	山口	ལ་གསར།	藏语含义为新山口。位于乡驻地琼普村西南 17 千米处。
色 虾 拉	山口	གསེར་ཤ་ལ།	藏语含义为金蘑菇山口。位于乡驻地琼普村南偏西 35 千米处。
曲　锐	泉	ཆུ་རུལ།	藏语含义为臭水。位于乡驻地琼普村东南 15 千米处。
局　迟	沟	རྒྱུགས་ཁྲི།	藏语含义不清。位于乡驻地琼普村东南 30 千米处。

续表 23

汉文名称	类别	藏文名称	概况
江固隆巴	沟	སྤྱང་ཁུ་ལུང་པ།	藏语含义为狼谷。位于乡驻地琼普村南 4 千米处。
甲 格 梯	沟	ལྕགས་དེའུ།	藏语含义为铁丘。位于乡驻地琼普村西南 18 千米处。
改　　色	沟	གད་སེར།	藏语含义为黄色断崖。位于乡驻地琼普村东北 8 千米处。
岗日松那	沟	གངས་རི་གསུམ་སྣ།	藏语含义为雪山三岔。位于乡驻地琼普村东 21 千米处。
朗　　庆	沟	གླང་ཆེན།	藏语含义为长有大高山柳。位于乡驻地琼普村东北 37 千米处。
沃　　隆	沟	སྔོ་ལུང་།	藏语含义为青色沟。位于乡驻地琼普村南 38 千米处。
热西沃觉	沟	ར་ཞི་སྔོ་སྐྱུག	藏语含义不清。位于乡驻地琼普村西南 24 千米处。
桑　　工	沟	གསང་སྐྱུང་།	藏语含义不清。位于乡驻地西南 19 千米处。
踏布查色	沟	ཐ་སྤྲུ་ཁྲ་སེར།	藏语含义不清。位于乡驻地琼普村东偏南 18 千米处。
踏 巴 热	沟	ཐག་པ་ར།	藏语含义为绳网。位于乡驻地琼普村南 13 千米处。
扎 巴 隆	沟	སྐྱག་པ་ལུང་།	藏语含义雪鸡沟。位于乡驻地琼普村西北 10 千米处。
宗　　穷	沟	རྫོང་ཆུང་།	藏语含义为小城堡。位于乡驻地琼普村东南 19 千米处。
久迟塘咔	地片	རྒྱུག་ཁྲི་ཐང་ཁ།	藏语含义不清。位于乡驻地琼普村东南 30 千米处，即吾木同曲东侧。
改　　新	地片	གད་ཞིང་།	藏语含义为断岸田地。位于乡驻地琼普村西北 6 千米处。
踏 巴 热	地片	ཐག་པ་ར།	藏语含义为绳子。位于乡驻地琼普村东南 15 千米处，噶尔藏布西岸。
昆萨乡新村境内的地名			
噶尔新村	乡	སར་གྲོང་གསར་པ།	藏语含义为新营村。位于噶尔县境中部，乡驻地比吾塘咔村位于噶尔县治狮泉河镇塘咔那布村南 48 千米处。
比吾塘咔	村	སྤྲེའུ་ཐང་ཁ།	藏语含义为猴子平滩。位于县治狮泉河镇塘咔那布村南 18 千米处，即噶尔藏布东岸。
朗曲得萨	牧点	གླང་བཅུ་བསྡད་ས།	藏语含义为郎久乡人所住地。位于乡驻地比吾塘咔村北 11 千米处，即噶尔藏布河滩。
纳沃娃俄	牧点	ཝ་འོག་ཞ་ཟ།	藏语含义为狐尾山脚下。位于乡驻地塘咔村北偏西 20 千米处。
曲米吉吉	牧点	ཆུ་མིག་གྱིལ་གྱིལ།	藏语含义为泉水圈圈。位于乡驻地比吾塘咔村西北 21 千米处，即噶尔藏布河东岸。
庆日色布	牧点	ཁྱི་རི་གསེར་པོ།	藏语含义为黄色外山。位于乡驻地比吾塘咔村北东 4 千米处，即噶尔藏布东侧山凹处。
苏 布 热	牧点	སྤུབ་ར།	藏语含义为中间羊圈。位于乡驻地比吾塘咔村北偏西 17 千米处，即噶尔藏布东侧。

续表 24

汉文名称	类别	藏文名称	概况
色 佐	牧点	སེར་ཚོག	藏语含义为黄色包。位于乡驻地比吾塘咔村北偏西 23 千米处，即噶尔藏布东侧山坡。
塘 热	牧点	ཐང་ར།	藏语含义为戈壁滩上的羊圈。位于乡驻地比吾塘咔村北 9 千米处，即噶尔藏布河网东侧。
差夺热巴	牧点	ཛ་རྡོ་རག་པ།	藏语含义为棕色片石。位于乡驻地比吾塘咔村西北 5 千米处，即噶尔藏布河滩。
播 隆 日	山口	སྤོས་ལུང་རི།	藏语含义为香草山。位于乡驻地比吾塘咔东北 25 千米处。
隆 仁 拉	山口	ལུང་རིང་ལ།	藏语含义为长谷山口。位于乡驻地比吾塘咔村东偏北 10 千米处。
奴 玛 拉	山口	ནུ་མ་ལ།	藏语含义为奶头山口。位于乡驻地比吾塘咔村东北 20 千米处。
多吉玉真	沟	རྡོ་རྗེ་གཡུ་སྒྲོན།	藏语含义为女神名。位于乡驻地比吾塘咔村北 14 千米处。
嘎孜咔如	沟	ཀབ་རྩེ་དཀར་རུ།	藏语含义为白镊子。位于乡驻地比吾塘咔村北偏东 10 千米处。
嘎嘎鲁隆	沟	དགའ་དགའ་ཀླུ་ལུང་།	藏语含义为欢喜龙谷。位于乡驻地比吾塘咔村北 22 千米处。
卡 尔 咔	地片	དགའ་དཀའ་	藏语含义为欢喜。位于乡驻地比吾塘咔村西北 26 千米处。
昆萨乡索麦村村境内的地名			
索 麦 村	村	སོག་སྨད།	藏语含义为下蒙古。位于噶尔县中部。乡驻地辛科贡村位于县治狮泉河镇塘咔那布村西南 400 千米处。
辛 科 贡	村	ཞིང་ཁ་གོང་།	藏语含义为上田。位于县治狮泉河镇塘咔那布村西南 40 千米处，即噶尔藏布西岸。
达热布卡	村	ལྟག་ར་ཕུག	藏语，达热为人名。位于县治狮泉河镇南 30 千米处，即噶尔藏布西侧。
朗 果	村	ལུ་མ་འགོ	藏语含义为泉头。位于县治狮泉河镇西南 47 千米处。
白 尔 布	村	བེར་པོ།	藏语含义不清。位于乡驻地辛科贡村东南 14 千米处。
玛 勒	村	མ་ལྷས།	藏语含义为主要畜圈。位于县治狮泉河镇西南 46 千米处，即噶尔藏布滩地。
奇 乌	村	བྱིའུ།	藏语含义为鸟。位于县治狮泉河镇西南 29 千米处。
塔尔仲措尼巴	村	ཐར་ཆང་གྲོང་ཚོ་གཉིས་པ།	藏语含义为塔尔江二村，塔尔江为河名。位于县治狮泉河镇西南 44 千米处。
扎 若 若	牧点	བྲག་རོག་རོག	藏语含义为黑压压的岩石。位于乡驻地辛科贡村东南 32 千米处。

续表 25

汉文名称	类别	藏文名称	概况
那　　措	牧点	ནགས་ཁྲོད།	藏语含义为林中。位于乡驻地辛科贡村东南 20 千米处，白尔布塘。
阿瓜布日	牧点	ཨ་ཀོ་ཕུ་རི།	藏语含义不清。位于乡驻地辛科贡村西偏北 10 千米处。
帮 布 庆	山	སྤང་པོ་ཆེ།	藏语含义为大草坪。位于乡驻地辛科贡村南偏东 17 千米处。
札 玛 日	山	གྲ་མ་རི།	藏语含义为茅刺山。位于乡驻地辛科贡村西北 12 千米处。
柴尔塔日	山	ཚེ་ཐང་རི།	藏语含义不清。位于乡驻地辛科贡村西北 13 千米处。
喀尔勒日	山	ཁ་ལ་རི།	藏语含义为尼姑冰山。位于乡驻地辛科贡村南偏西 18 千米处。
奇 吾 拉	山	བྱིའུ་རི།	藏语含义为鸟山。位于乡驻地辛科贡村西偏北 12 千米处。
他江宋那	山	ཐར་ཚང་གསུམ་སྣ།	藏语含义不清。位于索麦乡西南部、阿伊拉日居山东坡。
噶尔藏布	河	སྒར་གཙང་པོ།	藏语含义为兵营河、帐篷河。位于噶尔县境中部，冈底斯山与阿伊拉山脉间。
塔尔江曲	河	ཐར་ཚང་ཆུ།	藏语含义不清。位于乡驻地辛科贡村东南。
昂 巴 措	湖	ངང་པ་མཚོ།	藏语含义为鸭子湖。位于乡驻地辛科贡村北偏西 6 千米处。
阿绒普恰巴	冰川	ཨ་རོང་ཕུ་འཁྱག་པ།	藏语含义为深沟的冰川。位于乡驻地辛科贡村西南 10 千米处，即阿伊拉山脉东坡。
柴尔踏恰巴	冰川	ཚེ་ཐང་འཁྱག་པ།	藏语含义为寿坝冰川。位于乡驻地辛科贡村西北 13 千米处。
贡古普恰巴	冰川	གོང་མོ་སྤྲུག་འཁྱག་པ།	藏语含义为雪鸡冰川。位于乡驻地辛科贡村西 10 千米处。
塔尔江踏	冰川	ཐར་ཚང་དར།	藏语含义为塔尔江冰川，位于乡驻地辛科贡村西南 16 千米处，阿伊拉山脉东坡。
塔尔果庆布	冰川	དར་མགོ་ཆེན་པོ།	藏语含义不清。位于索麦乡西、阿伊拉山脉东坡。
柴 尔 踏	沟	ཚེ་ཐང་	藏语含义为寿坝。位于乡驻地辛科贡村西北 14 千米处。
麻尔咔拉	沟	མར་ལེ་ཁ་ལ།	藏语含义为下巴山口。位于乡驻地辛科贡村南 16 千米处。
塔 尔 江	沟	ཐར་ཚང་།	藏语含义不清。位于乡驻地辛科贡村南偏西 15 千米处。
塔果庆布普	沟	དར་འགོ་ཆེན་པོ་ཕུ།	藏语含义不清。位于乡驻地辛科贡村西 4 千米处。
翁　　隆	沟	ཨུམ་ལུང་།	藏语含义为红柳谷。位于乡驻地辛科贡村西北 12 千米处。
果 尔 巴	地片	སྐོར་པ།	藏语含义为游商者。位于乡驻地辛科贡村北 14 千米处。

续表 26

汉文名称	类别	藏文名称	概况
果尔巴	地片	སྒོར་པ།	藏语含义为游商者。位于乡驻地辛科贡村东北 6 千米处。
麻勒那措	地片	མར་ལེ་ནགས་ཁྲོད།	藏语含义为下巴林中。位于乡驻地辛科贡村东南 14 千米处，即噶尔藏布两侧河滩。
扎西岗乡扎西岗村境内的地名			
扎西岗	乡	བཀྲ་ཤིས་སྒང་།	藏语含义为吉祥岗。位于噶尔县境西北部。乡驻地扎西岗村位于县治狮泉河镇塘咔那布村西偏北 37 千米处。
扎西岗	村	བཀྲ་ཤིས་སྒང་།	藏语含义为吉祥岗。位于县治狮泉河镇塘咔那布村西偏北 37 千米处，即森格藏布西岸。
江基	村	ལྗང་གཅིག	藏语含义为一棵树。位于县治狮泉河镇西北 40 千米处，即森格藏布西侧。
隆沃普	村	ལུང་སྔོ་ཕུ།	藏语含义为青沟上游。位于县治狮泉河镇西偏北 46 千米处。
扎夺嘎布	牧点	བྲག་རྡོ་དཀར་པོ།	藏语含义为白岩石。位于村驻地扎西岗村北偏东 22 千米处。
扎果	牧点	བྲག་མགོ	藏语含义为岩石顶。位于村驻地扎西岗村东北 19 千米处。
扎吾给惹	牧点	བྲག་འུ་གེ་རེ།	藏语含义为矗立岩。位于村驻地扎西岗村东北 19 千米处。
指热庆布	牧点	གྲིབ་ར་ཆེན་པོ།	藏语含义为大阴坡。位于村驻地扎西岗村东北 15 千米处。
扎琼	牧点	བྲག་ཆུང་།	藏语含义为小岩山。位于村驻地扎西岗村东北 19 千米处。
德钦勒咔	牧点	བདེ་ཆེན་ལྷས་ཁ།	藏语含义为吉乐畜圈。位于村驻地扎西岗村东 20 千米处，即热拉扎塘北。
鲁绕	牧点	ལུག་རོབ།	藏语含义不清。位于村驻地扎西岗村东北 29 千米处。
杰勒	牧点	རྒྱས་ལྷས།	藏语含义为兴旺畜圈。位于村驻地扎西岗村西北 15 千米处，即森格藏布西岸。
甲布惹敦	牧点	རྒྱ་པོ་རབ་བདུན།	藏语含义为渡口。位于村驻地扎西岗村南偏东 11 千米处。
康拉克	牧点	ཁང་ཁ་ལ།	藏语含义为房口山口。位于村驻地扎西岗村东 14 千米处。
爬崩那布	牧点	ཕ་བོང་ནག་པོ།	藏语含义为黑磐石。位于村驻地扎西岗村东北 13 千米处。
曲米处赛	牧点	ཆུ་མིག་སད།	藏语含义为泉水。位于村驻地扎西岗村南 4 千米处，即噶尔藏布入森格藏布河口西岸。
切隆常莫	牧点	བྱེ་ལུང་གྲང་མོ།	藏语含义为冷沙谷。位于村驻地扎西岗村东北 23 千米处。

续表 27

汉文名称	类别	藏文名称	概况
曲安纽	牧点	ཆུ་མངར་རྙོག	藏语含义为甜混水。位于村驻地扎西岗村东北 23 千米处。
色吉阿垄	牧点	གསེར་གྱི་ཨ་ལོང་།	藏语含义为金耳环。位于村驻地扎西岗村北偏东 23 千米处。
色庆栋	牧点	སེར་ཆེན་གདོང་།	藏语含义为大黄前。位于村驻地扎西岗村东北 12 千米处。
色日栋	牧点	སེར་རི་གདོང་།	藏语含义为黄山前。位于村驻地扎西岗村东北 12 千米处。
萨勒	牧点	ས་ལྷས།	藏语含义不清。位于村驻地扎西岗村东北 28 千米处。
赛热吉吉	牧点	ཟེར་ར་དཀྱིལ་དཀྱིལ།	藏语含义不清。位于村驻地扎西岗村东北 15 千米处。
塘拉搅绕	牧点	ཐང་ལ་ཀྱིག་རོག	藏语含义为弯曲平坝。位于村驻地扎西岗村北偏东 22 千米处。
下如库	牧点	ཤ་རུས་འཁོལ།	藏语含义为骨肉地。位于村驻地扎西岗村南 3 千米处。
果洛	山	ཀོ་ལོག	藏语含义为坑山。位于村驻地扎西岗村西北 18 千米处。
嘎戈木隆	山	དགའ་ག་སྨུག་ཆུང་།	藏语含义不清。位于村驻地扎西岗村西北 14 千米处。
贡布日	山	མགོན་པོ་རི།	藏语含义为护法神山。位于村驻地扎西岗村东北 20 千米处。
过布达	山	ཀོ་པོ་མདའ།	藏语含义不清。位于村驻地扎西岗村西南 8 千米处。
麦拉加木	山	མེ་ལ་གྱམ།	藏语含义为火山滩。位于村驻地扎西岗村东北 21 千米处。
聂塔	山	གཉན་མདའ།	藏语含义为盘羊谷口。位于村驻地扎西岗村北 11 千米处。
阿栋	山	ང་བརྡུང་།	藏语含义为敲鼓。位于村驻地扎西岗村东北 5 千米处。
聂隆拉	山	གཉན་ལུང་ལ།	藏语含义为盘谷山口。位于村驻地扎西岗村北 25 千米处。
沃夺	山	སྔོ་རྡོ།	藏语含义为青色山或青色石。位于村驻地扎西岗村东偏南 15 千米处。
色木扎	山	སེར་མོ་བྲག	藏语含义为灰色岩石山。位于村驻地扎西岗村西北 20 千米处。
乌塔拉	山	ཨུར་ད་ལ།	藏语含义为刮风山口。位于村驻地扎西岗村东 10 千米处。
拥仲日	山	གཡུང་དྲུང་རི།	藏语含义为永恒山或坚固山。位于村驻地扎西岗村西南 14 千米处。
米处日拉	山口	མིག་རིལ་ལ།	藏语含义为眼珠山口。位于村驻地扎西岗村西南 19 千米处。

续表 28

汉文名称	类别	藏文名称	概况
邦日隆巴	沟	སྤང་རི་ལུང་པ།	藏语含义为草山沟。位于村驻地扎西岗村西偏南 8 千米处。
隆沃普	沟	ལུང་སྔོ་ཕུ།	藏语含义为青山沟。位于村驻地扎西岗村西北 10 千米处。
隆嘎勒	沟	ལུང་དཀར་ལྷས།	藏语含义为白沟畜圈。位于村驻地扎西岗村东北 24 千米处。
隆　沃	沟	ལུང་སྔོ།	藏语含义为青沟。位于村驻地扎西岗村西偏南 14 千米处。
隆孔贡玛	沟	ལྐུང་ཁུང་གོང་མ།	藏语含义为上沟源。位于村驻地扎西岗村南偏西 10 千米处。
隆孔隆巴	沟	ལྐུང་ཁུང་ལུང་པ།	藏语含义为沟源谷。位于村驻地扎西岗村南偏西 6 千米处。
米处日隆巴	沟	མིག་རིལ་ལུང་པ།	藏语含义为眼珠沟。位于村驻地扎西岗村西南部。
色香普	沟	སེར་ཤང་ཕུ།	藏语含义为黄色沟。位于村驻地扎西岗村西北 15 千米处。
登尼巴	地片	སྡེང་གཉིས་པ།	藏语含义不清。位于村驻地扎西岗村东北 18 千米处。
扎西岗乡朗玛村境内的地名			
朗玛尔	村	གླང་དམར།	藏语含义为红牛。位于县治狮泉河镇塘咔那布村西南 30 千米处，即噶尔藏布西岸。
阿　邦	牧点	ཨ་པང་།	藏语含义为草药。位于乡驻地朗玛村东北 36 千米处。
甲玛顶	牧点	རྒྱབ་དམར་ལྡིང་།	藏语含义为空中红色背后。位于乡驻地朗玛村东偏南 22 千米处。
果嘎赖	牧点	ལྕགས་དཀར་ལྷས།	藏语含义为白铁畜圈。位于乡驻地朗玛村东北 40 千米处。
果　加	牧点	གོ་རྒྱ།	藏语含义为见识。位于乡驻地朗玛村东北 39 千米处。
朗玛格	牧点	གླང་དམར་གི།	藏语含义为红牛。位于乡驻地朗玛村北 4 千米处。
拉色勒	牧点	ལ་སེར་ལྷས།	藏语含义为黄色山口畜圈。位于乡驻地朗玛村东北 41 千米处，北界日土县。
尼　栋	牧点	ཉི་གདོང་།	藏语含义为太阳面或阳坡。位于乡驻地朗玛村东北 31 千米处。
维　沃	牧点	འོར་སྔོན།	藏语含义不清。位于乡驻地朗玛村东北 32 千米处。
普克查吾	牧点	ཕུག་ཁྲ་བོ།	藏语含义为斑洞。位于乡驻地朗玛村东北 35 千米处。
普松肖热	牧点	ཕུ་གསུམ་ཤོ་རལ།	藏语含义为三岔缺口。位于乡驻地朗玛村东北 35 千米处。
舒热座栋	牧点	ཧུབ་ར་རྩེ་དོང་།	藏语含义不清。位于乡驻地东北 26 千米处。

续表 29

汉文名称	类别	藏文名称	概况
松 字 扎	牧点	སུམ་རྩེགས།	藏语含义为三叠。位于乡驻地朗玛村东北 31 千米处。
吐 拉 觉	牧点	ཐུར་ལ་རྒྱུགས།	藏语含义为下坡跑。位于乡驻地朗玛村东北 31 千米处。
顶 热 拉	山	ལྡིང་ར་ལ།	藏语含义为很高的山口。位于朗玛村东北 28 千米处。
朗波色娃	山	གླང་པོ་སེར་བ།	藏语含义为黄象。位于乡驻地朗玛村东北 34 千米处。
那喀那觉	山	སྣ་ཁ་ནག་སྐྱོག	藏语含义为弯山脚。位于乡驻地朗玛村东 10 千米处。
南木嘎娃	山	གནམ་ཀ་བ།	藏语含义为天柱。位于乡驻地朗玛村东北 20 千米处。
宁日脱布	山	སྙིང་རི་མཐོ་པོ།	藏语含义为心脏形的高山。位于乡驻地朗玛村东北 25 千米处。
曲米处拉	山	ཆུ་མིག་ལ།	藏语含义为泉眼山口。位于乡驻地朗玛村东北 7 千米处。
秦 白 塔	山	མཆིན་པའི་ཐ།	藏语含义为肝边。位于乡驻地朗玛村东北 38 千米处。
日 色 日	山	རི་སེར་རི།	藏语含义为黄色圆山。位于乡驻地朗玛村东偏北 14 千米处。
夏拉嘎布	山	ཤར་ལ་དཀར་པོ།	藏语含义为白色东山口。位于乡驻地朗玛村东北 37 千米处。
衣 隆 日	山	གཡི་ལུང་རི།	藏语含义为猞猁山。位于乡驻地朗玛村西南 11 千米处。
超玛海拔	山口	གྲོག་དམར་ཆེན་པོ།	藏语含义为大红蚂蚁，因山形得名。位于乡驻地朗玛村东北 42 千米处。
竹 角 拉	山口	གྲུ་ཀྱོག་ལ།	藏语含义为弯曲山口。位于乡驻地朗玛村西 18 千米处。
舒 热 拉	山口	སྲུབ་ར་ལ།	藏语含义为白色山口或间隙山口。位于乡驻地朗玛村东偏北 12 千米处。
曲米处措	湖	ཆུ་མིག་ལ།	藏语含义为泉水湖。位于乡驻地朗玛村东南 18 千米处。
拉 梅 隆	沟	ལ་མེད་ལུང་པ།	藏语含义为无山口沟。位于乡驻地朗玛村东北 38 千米处。
沃　 荣	沟	སྔོ་རོང་།	藏语含义为绿色谷。位于乡驻地朗玛村西偏北 9 千米处。
拉 隆 巴	地片	ལྷ་ལུང་པ།	藏语含义为神谷。位于乡驻地朗玛村东南 15 千米处，即噶尔藏布主河道东北。
拉　 梅	地片	ལ་མེད་ལ།	藏语含义为无山口之山口。位于乡驻地朗玛村东北 33 千米处。
朗 玛 尔	地片	གླང་དམར།	藏语含义为红牛。位于乡驻地朗玛村南侧。
白白塘咔	地片	བལ་བལ་ཐང་ཁ།	藏语含义为呈白色的地块。位于乡驻地朗玛村东北 21 千米处。

དཀར་ཆག

ལེ་ཚན་བཞི་པ། སྲིད་དབང་དང་སྲིད་དོན་གྱི་སྐོར།

ལེ་ཚན་ལྔ་པ། སྤྱི་བདེ་ཞིབ་དཔྱོད་དང་འདྲི་གཅོད་བཅས་ཀྱི་སྐོར།

ལེ་ཚན་དྲུག་པ། དམག་དོན་གྱི་སྐོར།

ལེ་ཚན་བདུན་པ། སྲིད་དོན་ལོ་རྒྱུས་ཀྱི་སྐོར།

ལེ་ཚན་བརྒྱད་པ། དཔལ་འབྱོར་ལས་རིགས་དོ་དམ།

ལེ་ཚན་དགུ་པ། ཞིང་འབྲོག་དང་ནགས་ལས་ཆུ་བེད་བཅས་ཀྱི་སྐོར།

ལེ་ཚན་བཅུ་པ། འཁྲིམ་འགྲུལ་དང་ཡིག་ཟམ། གློག་འཕྲིན། གྲོང་ཁྱེར་འཛུགས་སྐྲུན་བཅས་ཀྱི་སྐོར།

ལེ་ཚན་བཅུ་གཅིག བཟོ་ཚོང་ལས་རིགས་ཀྱི་སྐོར།

ལེ་ཚན་བཅུ་གཉིས། ནོར་ཁྲལ་དང་དངུལ་རྩའི་སྐོར།

ལེ་ཚན་བཅུ་གསུམ། རིག་གནས། རྒྱང་བསྒྲགས། གློག་བརྙན་བཅས་ཀྱི་སྐོར།

ལེ་ཚན་བཅུ་བཞི། སློབ་གསོ་དང་ལུས་རྩལ། འཕྲོད་བསྟེན། ཚན་རྩལ་བཅས་ཀྱི་སྐོར།

ལེ་ཚན་བཅོ་ལྔ། སྤྱི་ཚོགས་ཀྱི་སྐོར།

索　引

A

H

J

K

N

P

Q

R

S

T

Y

Z

Directory

Part II Establishment of Administrative Regions

Part III Political Parties, CPPCC & Mass Organizations

Part Ⅳ Political Regimes & Political Affairs

Part Ⅴ Police, Procuratorate and Court

Part Ⅵ Military Affairs

Part Ⅶ Summary of Government Affairs

Part Ⅷ Comprehensive Economic Management

Part Ⅸ Agriculture, Animal Husbandry, Forestry & Water

Part Ⅹ Communications, Post and Telecommunications, Urban Construction and Tourism

Part Ⅻ Fiscal Taxation & Finance

Part XIII Culture, Broadcast & Film and Television

Part XIV Education, Sports, Health & Technology

Part XV Society

编后记

《噶尔县志》是噶尔县的第一部方志，也是噶尔历史上第一部由官方编纂的志书。

《噶尔县志》编纂工作从1998年酝酿，2000年起步，2013年完成编修任务并出版，历时15个春秋，跨越两个世纪，经历五届县委、县政府领导班子，数易篇目，克服专业技术人员缺乏、人员变动频繁、古近代历史资料奇缺零散、且个别重大历史问题无定论等所带来的各种困难，最终完成《噶尔县志》的编纂。其过程大体经历了6个阶段。

1998年，根据中央领导关于“西藏也要修地志”的要求，按照自治区第一次地方志工作会议精神，噶尔县成立了以县长欧珠次仁为主任的噶尔县首届地方志编纂委员会，但没有开展实质性工作，地方志编修仅限于酝酿过程。

1999年9月，根据中共阿里地委批转阿里地区地方志编纂委员会《关于阿里地区地方志工作的意见的请示》，本县对原有的地方志编纂领导小组进行了调整、充实，组成了噶尔县第二届地方志编纂领导小组，并在县委办公室下设专门办公室（简称县志办），配备2名工作人员；添置部分必需的办公用品，完成县志编纂的组织准备。2000年3月，根据阿里地区第一次地方志工作会议精神，县志办在阿里地区地方志办公室（以下简称地区方志办）的具体指导下，进入《噶尔县志》编纂大纲、草目初拟工作，标志着噶尔县地方志编修工作正式启动。2001年1月，《噶尔县志》编纂大纲及草目经数度修改初步形成。同年6月，县委、县政府召开了由各乡（镇）领导、县直单位负责人参加的首次地方志工作会议，讨论通过了《噶尔县志》编纂大纲，确定了编纂噶尔县志的指导思想、基本原则、工作任务、目标、方法、步骤。

参考《阿里地区志》编纂方法，《噶尔县志》采取由部门、乡镇分编与县地方志办公室直编、总纂的办法。按《噶尔县志》草目内容，将任务分解落实到全县20余个县直单位和5个乡镇，标志着《噶尔县志》编修进入全面实施阶段。

各分编单位利用地区档案馆、本部门资料室，就近征集资料；县地方志编纂领导小组也在全县范围内抽调4名同志集中进行资料征集，并负责收集汇总各分编单位所收集到的资料，拟备形成本资料长篇。但一方面因本县县城曾经先后三次迁移，各部门办公地点更换频繁，大量文字资料遗失，资料征集工作收效甚微；已收集到的资料过于零散，财政收入、农牧业生产等大量基础数据缺乏，记载各行各业工作情况的资料存在严重的缺项断限。另一方面因县志办工作人员更换频繁，缺乏工作的连续性。期间，虽两次调整县地方志编纂领导小组成员，三次更换县方志办主任，但由于缺乏有效的管理机制，致使县志编修工作至2008年年底，仍然徘徊在资料征集阶段，没有取得实质性成果。

2009年7月，新一届县委、政府领导班子组建以后，将《噶尔县志》编纂列入重要议程，采取更加有力的措施，切实推进编纂进度。一是进一步加强对县志编纂工作的领导。在继续坚持“党委领导，政府主持”的修志原则下，县委、政府指定县委副书记、常务副县长巴桑央宗具体负责此项工作。二是充实和加强县地方志工作力量，抽派责任心强、具有较高学历的论珠担任县志办主任，脱产从事县志的编修；针对本县修志专业人员缺乏情况，采取“外聘内请”的办法，聘请西藏大学副教授其美多吉作为县志的责任编辑，利用其常驻拉萨的优势，在帮助进行总纂的同时，积极寻找资料线索，充实志稿内容。同时利用寒暑假时间，亲自前往本县门士、左左等乡镇，通过走访农牧民调查了解原门士驿站、左左本等情况，搜集到大量口碑资料，进一步丰富了志书内容。三是加强沟通协调。分管地方志工作的县委、政府领导和县志办工作人员多次主动前往自治区、阿里地区方志办公室汇报工作进展情况，并将志稿呈送有关专业人员帮助进行审改，调整结构。四是克服财力紧张的困难，将地方志编修经费纳入县财政预算，更新地方志工作设备，切实做到有人办事、有钱办事。由于采取上述一系列措施，县志初稿于2010年3月形成，随后召开会议提交并通过县地方志编纂领导小组的审查。根据初审意见，县志办将工作重点转向图片资料和各种数据的搜集，深入地区税务局、统计局，县农行、县财政局等部门，在浩瀚的资料中寻找有用的线索，2010 年 10 月，形成 60 余万字的《噶尔县志》复审稿。较初稿新增图片 10 余幅，新增文字 20 余万字，删减重复交叉内容约 5 万字。从 9 月开始，编辑部将《噶尔县志》复审稿分别呈阿里地区地方志办公室、地区文物局、国土局、气象局、林业局等相关单位及曾在本县工作过的地区政协主席加措、地委统战部部长索巴多吉等老领导帮助进行审读。2010 年 11 月 12 日，经地区地方志编纂委员会批准，在狮泉河镇召开为期一天的《噶尔县志》复审稿评审会议，参会人员对志书的史实、年代、篇目设计、正文结构等进行了广泛的评议，形成复审会议纪要和评审意见。县方志办针对复审会议提出的体例上存在的不足、内容上存在的缺项断限、结构不科学、部分内容存在硬伤等问题，进行查漏补缺，尤其是补充乡镇概况，核校历史资料，精简文字，请阿里地区方志办主任凌旭峰和原地区方志办副主任扎西帮助撰写建制沿革、解放前税收、民族工作等章节内容。2012 年 3 月，《噶尔县志》终审稿初步形成，在再次征求地区各部门意见基础上，于 3 月 20 日提请阿里地区方志办组织终审，并通过审查。

根据终审意见，本县又对志稿内容进行了认真补充修改，于 2012 年 7 月，提请自治区地方志办公室批准，由自治区地方志编纂委员会组成《噶尔县志》的验收委员会，7 月 24 日在拉萨召开了近 20 人参加的《噶尔县志》验收会。与会领导及专家在认真评审的基础上，对志稿质量予以充分肯定，并同意通过验收。

2012 年 11—12 月，由地区方志办主任凌旭峰主持，自治区、地区及县三级地方志办公室人员及有关专家学者参加进行了总编和审核。2013 年 1—3 月，原西藏自治区地方志办公室曹彪林研究员在北京进行了统稿，对个别篇目、内容作了调整，噶尔县志办公室伦珠对一些内容最后进行了核实、补充。之后，交四川出版集团巴蜀书社出版。

《噶尔县志》编修工作在阿里地区地方志编委会及县委、政府的高度重视和正确领导下，在自治区、阿里地区两级地方志办公室的具体指导下，在县直各单位、各乡镇的通力配合下，通过县地方志工作者的共同努力，终于付梓出版。在此，谨向所有参与志书编纂的各乡镇、县直各单位广大编辑人员表示衷心感谢，特别感谢自治区林业调查规划研究院党委书记刘务林，阿里军分区原政委、少将袁国祥，阿里地区政协原副主席赤烈塔尔沁，以及自治区地矿厅领导、自治区社科院专家对《噶尔县志》编纂工作的大力支持和帮助；特别感谢阿里地委原副书记洛桑久美为《噶尔县志》作序；特别感谢参与党务、政务等50余篇分编志稿撰写的县委办公室、县委组织部、县委宣传部、县委统战部、县委政法委、县纪检委、县工会、县妇联、县团委、县武装部、县人大办公室、县政协办公室、县人民法院、县政府办公室、县发改委、县教育局、县民宗局、县水利局、县农牧局、县文化局、县卫生局、县公安处、武警噶尔县中队、县民政局、县财政局、县劳动局、县国土资源局、县交通局、县编译室、县广电局、县粮食局（含粮食公司）、农行噶尔县中心支行、县邮政局等单位自始至终的参与。

《噶尔县志》在编纂过程中，始终坚持“立足当代、详今明古”的原则，立求再现噶尔历史原貌，突出地方特色和时代特征，但因时间跨度长、涉及面广，受资料、时间、编纂水平等诸多因素的限制，志书中难免出现疏漏及错误，恳请广大读者予以批评指正。

《噶尔县志》编辑室

2013年3月

总后记

编史修志是中华民族的优良传统。社会主义新方志编纂工作是一项系统而浩繁的重大文化建设工程。20世纪80年代，全国社会主义新方志编纂工作全面展开之时，自治区曾酝酿过，但未能付诸实施，仅有文物、电力、科技、戏曲等少数行业和部门应国家相关部委和行业要求，编纂了行业志或部门志。当历史车轮驶入20世纪90年代末21世纪初时，编纂西藏社会主义新方志工作方才全面展开。这既是对内地修志经验的一次学习和借鉴，同时也是自身的一种探索和提高。编纂西藏社会主义新方志是西藏政治、文化生活中的一件大事，必将载入西藏史册。

20世纪90年代后期，根据中央领导“西藏也要修志”的指示和国务院办公厅《关于进一步加强地方志编纂工作的通知》精神，自治区党委、政府及时进行了研究，决定在全区全面开展修志工作，并责成区党委党史研究室负责。1996年上半年，区党委党史研究室组织区内外部分史志、编辑界专家学者起草了《〈西藏自治区志〉编纂大纲》初稿。6月，成立以自治区党、政、军领导为主任、副主任，各有关单位、部门负责人为成员的西藏自治区地方志编纂委员会（自治区地方志工作委员会），同时成立自治区地方志办公室，与区党委党史研究室合署办公，下设地方志处（部）负责具体业务。各地（市）、县、区志承编部门相继成立了地方志编委会（或领导小组）及地方志办公室（或编辑室），建立了“党委领导、政府主持、专家修志”的体制。自治区地方志编委会成立后，先后四次召开地方志编委会主任会议，及时研究解决修志工作中的具体问题。1996年11月、1999年6月，自治区人民政府两次主持召开了全区地方志工作会议，对全区修志工作进行动员部署。为使修志工作有章可依、规范运作，自治区党委办公厅、自治区人民政府办公厅、自治区地方志编委会、自治区地方志办公室先后转发和印发了中国地方志指导小组《关于地方志编纂工作的规定》、《〈西藏自治区志〉编纂大纲》、《关于进一步加强地方志工作的通知》、《〈西藏自治区志〉志稿评审、志书出版的规定》、《〈西藏自治区志〉志稿质量标准》等文件。

《〈西藏自治区志〉编纂大纲》最初确定《西藏自治区志》由71部分志组成，2000年完成编纂任务。之后，根据工作情况及中指组二届三次会议关于“西藏自治区修志启动时间较晚，任务艰巨，质量要求更高，更应当根据实际情况安排工作进度”的精神，自治区地方志编委会对全区修志工作进度进行了调整，对区志志目做了适当的合并、分解、更名、增加或取消等处理，使区志设置更趋科学、合理，更加切合实际。目前，《西藏自治区志》包括《政区建置志》、《自然地理志》、《国民经济综合志》、《人口志》、《动物志》、《植物志》、《地质矿产志》、《水利志》、《气象志》、《农业志》、《畜牧志》、《林业志》、《灾异志》、《公路交通志》、《民航志》、《城乡建设志》、《环境保护志》、《矿产、机械、化学工业志》、《轻纺工业志》、《电力工业志》、《民族手工业志》、《乡镇企业志》、《邮电志》、《粮食志》、《商业志》、《对外经济贸易志》、《物资志》、《财政志》、《金融志》、《税务志》、《工商行政管理志》、《价格志》、《质量技术监督志》、《测绘志》、《审计志》、《统计志》、《检验检疫志》、《海关志》、《文艺志》、《语言文字志》、《藏学志》、《文物志》、《广播电影电视志》、《新闻出版志》、《民俗志》、《档案志》、《科技志》、《教育志》、《体育志》、《旅游志》、《医药志》、《卫生志》、《中国共产党地方组织志》、《人大志》、《政务志》、《政协志》、《军事志》、《武警志》、《公安志》、《检察志》、《司法志》、《审判志》、《民政志》、《民族志》、《宗教志》、《外事志》、《劳动和社会保障志》、《人事志》、《工会志》、《共青团志》、《妇联志》、《人物志》、《大事记》等73部分志，下一步拟将《藏学志》更名为《社会科学志》，增加《地名志》；7个地（市）、74个县（市、区）单独成志，三级共编志书150余部。区志各分志志稿编写及初审由各承编部门负责，复审由自治区地方志办公室负责，终审由自治区地方志编委会负责。地（市）、县志志稿编写及三审由各地（市）、县地方志办公室、地方志编委会及地（市）、县政府负责。1999年，全区三级志书基本完成大纲和篇目拟定工作。从2000年开始，区志各分志、部分县志陆续成稿，并进入审查阶段。2004年9月，《江孜县志》作为江孜抗英100周年纪念活动献礼书籍出版发行，是全区第一部出版发行的社会主义新方志。2005 年 8 月，作为自治区成立 40 周年大庆献礼书籍，《昌都地区志》、《西藏自治区志·民航志》、《西藏自治区志·税务志》、《西藏自治区志·气象志》等 9 部志书已出版发行，其他志书也将陆续出版，计划 2010 年完成全部志书的编纂、出版及发行任务。

西藏的社会主义新方志编纂工作得到了党和国家领导人的重视和关心，得到了中指组的具体指导，李铁映、热地、帕巴拉·格列朗杰、陈奎元等国家领导人作过有关指示；自治区党委、政府给予了高度重视，杨传堂、列确、胡春华、李立国、拉巴平措、白玛赤林等自治区领导对地方志工作先后作出过指示、批示或题词；全区各级党委、政府、区直中直单位、驻藏部队积极配合；有关专家学者和全体修志人员辛勤笔耕，付出了心血和汗水。西藏的修志工作得到了阴法唐、江村罗布等老领导的关心，得到了四川、湖北、江苏、陕西、青海等省市区，中国藏学研究中心和中国社会科学院等单位及区外专家学者的支援与帮助，得到了社会各界的支持。西藏社会主义新方志的编纂出版发行凝聚了社会各方力量，是集体智慧的结晶。

官方组织，系统开展修志工作，在西藏尚属首次。由于资料短缺、时限跨度大，修志经验缺乏，加之各单位上报的基础稿良莠不齐，自治区地方志办公室人员少，编纂水平有限，时间仓促，难免疏漏，敬请读者和同仁不吝赐教。

借志书陆续付梓面世之机，作此以略概事由并诚表谢意。

西藏自治区地方志办公室总编室
2010 年 6 月